本书受中国历史研究院学术出版经费资助

中国历史研究院
Chinese Academy of History
学术出版资助

战国秦汉西南民族地理的格局与观念研究

| 孙 俊 著 |

中国社会科学出版社

图书在版编目（CIP）数据

战国秦汉西南民族地理的格局与观念研究 / 孙俊著.
—北京：中国社会科学出版社，2021.8
ISBN 978 - 7 - 5203 - 8527-5

Ⅰ.①战… Ⅱ.①孙… Ⅲ.①民族地理—研究—西南地区—战国时代—秦汉时代 Ⅳ.① K287

中国版本图书馆 CIP 数据核字（2021）第 095202 号

出 版 人	赵剑英
责任编辑	宋燕鹏
责任校对	王佳玉
责任印制	李寡寡

出　　版	中国社会科学出版社
社　　址	北京鼓楼西大街甲 158 号
邮　　编	100720
网　　址	http：//www.csspw.cn
发 行 部	010 - 84083685
门 市 部	010 - 84029450
经　　销	新华书店及其他书店
印　　刷	北京君升印刷有限公司
装　　订	廊坊市广阳区广增装订厂
版　　次	2021 年 8 月第 1 版
印　　次	2021 年 8 月第 1 次印刷
开　　本	710×1000　1/16
印　　张	34.25
字　　数	510 千字
定　　价	168.00 元

凡购买中国社会科学出版社图书，如有质量问题请与本社营销中心联系调换
电话：010 - 84083683
版权所有　侵权必究

中国历史研究院学术出版
编委会

主　　任　高　翔

副 主 任　李国强

委　　员　（按姓氏笔画排列）
　　　　　卜宪群　王建朗　王震中　邢广程　余新华
　　　　　汪朝光　张　生　陈春声　陈星灿　武　力
　　　　　夏春涛　晁福林　钱乘旦　黄一兵　黄兴涛

"中国历史研究院学术出版资助项目"出版说明

为了贯彻落实习近平总书记致中国社会科学院中国历史研究院成立贺信精神，切实履行好统筹指导全国史学研究的职责，中国历史研究院设立"学术出版资助项目"，面向全国史学界，每年遴选资助出版坚持历史唯物主义立场、观点、方法，系统研究中国历史和文化，深刻把握人类发展历史规律的高质量史学类学术成果。入选成果经过了同行专家严格评审，能够展现当前我国史学相关领域最新研究进展，体现了我国史学研究的学术研究水平。

中国历史研究院愿与全国史学工作者共同努力，把"中国历史研究院学术出版资助项目"打造成为中国史学学术成果出版的高端平台；在传承、弘扬中国优秀史学传统的基础上，加快构建具有中国特色的历史学学科体系、学术体系、话语体系，推动新时代中国史学繁荣发展，为实现"两个一百年"奋斗目标、实现中华民族伟大复兴的中国梦贡献史学智慧。

中国历史研究院
2020 年 8 月

序

葛剑雄

历史民族地理是历史地理的一个分支，其研究对象与当代民族地理并无二致，即民族及其相关要素的空间分布与变化。但由于历史民族地理研究时间段是历史时期，所以有其特殊的难点。

首先，"民族"是一个近代才产生的，富有中国特色的概念，现行的民族划分和识别更是直到上世纪50年代才形成的。如何将古代见于记载或流传下来的"种族"名称转换成今天法定的民族名称，即使不是完全不可能的，也是极其困难的。因为古书中记录的这些名称，大部分是以"戎""狄""蛮""夷""越""苗"等用于表示非华夏族系的名词构成的，一部分是由大小不同的地名构成的，往往很难判断它们是否构成一个族群，或者属于同一族群。

一个比较简单的办法，是完全采用原始史料中使用的族群名称。但这样做的科学性同样无法得到保证。因为存世的史料，特别是早期的史料，大部分出于华夏族系用汉字的记载，很难判断所记的族群名称究竟是其自称，还是华夏或其他族群对他们的称呼。即使是其自称，无论是音译还是意译，都难以肯定是否正确，是否有同名异译或异名同译。同一个族群在不同的时间、空间被使用不同的名称，被当作不同族群的例子比比皆是。

其次，研究当代民族地理的基本手段是田野调查和实地考察，只要工作做得足够深入和细致，几乎没有解决不了的问题。一时解决不了，可以先充分记录，积累资料，创造条件；自己解决不了的，可以邀集同行，或提交给相关学术界，或在现场讨论研究。但要研究历史民族地理，特别是早期的民族地理，在文献资料以外几乎找不到可靠的根据。对于未留下遗迹、遗址、遗物的古代族群的迁移和分布，田野调查和实地考察都无能为力。考古发掘和研究的成果往往能起决定性的作用，但这样的成果与古代的实际存在相比只是凤毛麟角，而且带有很大的偶然性。因为古代的存在能够保存下来的只是其中极少数，而其中被发现或发掘的又为少数，得到认定并能作出精确结论的就更少了。

至于涉及民族和国家的观念、思想的研究，更难在文献记载以外找到根据。在没有文字证据的情况下，考古成果至多能在生产和生活方式、原始崇拜、祭祀活动等方面提供一些不确定的信息。而汉字记录下来的内容，更多是基于华夏本位的价值体系，由华夏（汉族）选择、加工甚至曲解、编造才形成的。如对夷夏之辨的强化，对戎狄蛮夷的贬斥和丑化，对蛮夷"恭顺""向化"的夸张，对"归顺"蛮夷地区、羁縻政区、土司辖区的程式化和理想化等等，都不能简单地认定为可靠的史实。

所以，尽管老一辈的历史学家、历史地理学家早就指出民族史和历史民族地理的重要性，历史地理学界一直致力希望能构建和发展历史民族地理这个分支，但依然无法填补这一领域在时间、空间和内容上的空白。

正因为如此，孙俊的《战国秦汉西南民族地理的格局与观念研究》称得上是一项新的探索，具有创新意义，值得重视。

战国秦汉有关西南民族的史料本来就有限，新出土、新发现的史料中也少有涉及，已被现有研究论著罗掘尽净。作者又做了一次彻底的蒐罗整理，旁及碑刻记录、地方文献、汉译彝文资料，又从考古成果中梳理图像资料。对现有成果，作者也一一研讨，巨细靡遗。再借鉴、融合地理学、历史学、民族学、形象史、概念史等研究方法，在前人的基础上又进了一步。

作者揭示了在战国秦汉西南地区族群演进具有族群性、区域性双重特征，并在中华民族"多元一体"态势下存在区域性与整体性协同演进的特征；中华民族"多元一体"演进的区域性与整体性协同既受地貌、气候条件的影响，又受王朝国家建构的影响；汉族群体及其分布格局的形成既受移民因素的影响，又受巴蜀土著群体华夏认同的影响；民族地理观存在由族群与方位搭配的族群政治地理空间模式向族群与政区搭配的族群政区地理空间模式转变过程；族群地理空间的建构是以大一统多民族国家建构为导向的，并体现出结构化、秩序化特征；并得出了西南区域范围内中华民族"多元一体"演进的"自觉"阶段应始于战国时期的结论。

尽管其中一些说法的证据还显得单薄，尽管部分结论还需要更多的理论和实际的支撑，本书无疑是一项探索性、创新性的成果。对于一位刚进入历史地理领域的年轻学者，在博士论文阶段就完成了本书的基础，更是难能可贵的。所以我相信这只是作者历史民族地理研究的开端，有理由有信心期待他的新成果。

2021 年 8 月 6 日

目 录

绪 论 ·· 1

上 篇 族群分布格局的演进

第一章 巴蜀及其边缘地区群体分布格局的演进 ·················· 81
第一节 蜀国族群的活动空间及其族群结构问题 ·············· 81
第二节 巴国的族群结构及族群分布 ···························· 104
第三节 蜀西氐羌群体的分布 ······································ 119
第四节 蜀西"夷"群体的分布 ·································· 136
第五节 "胡人"的迁入、分布与流向 ························ 153

第二章 牂牁、益州、永昌地区族群分布格局的演进 ·········· 162
第一节 夜郎族群的分布 ·· 162
第二节 滇国的族群结构及其分布 ······························· 175
第三节 昆明族及其分布与迁徙 ·································· 199
第四节 哀牢的族群结构及其分布 ······························· 207

第三章 汉族群体分布格局的拓展与"汉夷"格局的演变 ······ 215
第一节 战国时期北方群体的迁入 ······························· 215
第二节 西汉时期北方群体的迁入及汉族群体的分布格局 ····· 221

第三节 东汉时期汉族群体的多向迁徙与分布格局演变 …… 231
第四节 "汉夷"格局的演变 …………………………………… 255

下篇 民族地理观的建构

第四章 疆域变迁与族群政治地理空间建构 ……………………… 281
 第一节 上古作为方位、地域的西南 ……………………… 281
 第二节 地缘因素与西南疆域的形成 ……………………… 296
 第三节 "徼"界变迁与中古族群政治地理空间的初步构型 … 308

第五章 施治措施与族群政治地理空间的结构化、秩序化 ……… 325
 第一节 武帝广关后西南区域族群政治地理空间的结构化 … 325
 第二节 政区、施治与族群政治地理空间的结构化、
    秩序化 ……………………………………………… 342

第六章 区域意象、族群意象与民族地理观分区 ………………… 363
 第一节 区域意象及其差序格局 …………………………… 363
 第二节 族群意象的差异 …………………………………… 389
 第三节 民族地理观分区 …………………………………… 403

第七章 民族地理观生成的地理机制 ……………………………… 413
 第一节 自然地理因素与民族地理、民族地理观 ………… 413
 第二节 人文地理因素对民族地理观的影响 ……………… 424

结 语 ………………………………………………………………… 429

附 表 ………………………………………………………………… 434
 附表1 秦汉道的分布 ……………………………………… 434
 附表2 秦汉时期西南区域不同形制墓葬及其数量分布 …… 436

附表3　云贵地区青铜扣饰统计·············465
附表4　《华阳国志》所载汉晋时期籍贯可考大姓数、
　　　　士女数统计·····················466
附表5　《三国志·蜀书》所载蜀汉籍贯可考人物·······468
附表6　秦汉西南封泥所见长、丞、尉印············469
附表7　战国秦汉时期西南区域汉族群体移民的迁徙源地、
　　　　迁徙地简表·····················475
附表8　战国至汉末西南主要族群分布与演进简表·······477
参考文献··································481
后　记··································531

图表目录

图目录

图 1-1　巴蜀青铜器分布 ………………………………………… 98
图 1-2　战国秦汉时期僰人的迁徙与分布 ……………………… 136
图 1-3　先秦两汉大石墓分布 …………………………………… 148
图 1-4　中江 M3 右壁上的"襄人"舞像 ……………………… 155
图 2-1　西汉滇国祭祀场景贮贝器及其场景人物 ……………… 181
图 2-2　滇文化中的儋耳人 ……………………………………… 182
图 2-3　云贵地区青铜扣饰分布 ………………………………… 184
图 2-4　江川李家山两次发掘墓葬分布 ………………………… 186
图 2-5　云南江川李家山第二次发掘所见部分人物形象 ……… 187
图 2-6　晋宁石寨山出土的刻纹铜片摹本 ……………………… 202
图 3-1　成都市新都区东汉崖墓 HM3 墓右门背面"石门关"
　　　　刻字 …………………………………………………… 245
图 3-2　汉末西南区域汉族分布格局 …………………………… 254
图 3-3　大邑县董场乡三国"六博舞乐"和"西王母"画像砖 … 272
图 3-4　赫章可乐墓群局部所见"汉夷"格局 ………………… 275
图 4-1　商代方国分布示意图 …………………………………… 290
图 4-2　文武图商形势图 ………………………………………… 299
图 4-3　汉代西南区域三重、四重民族地理观示意图 ………… 323

图 5-1　东汉西南地区内郡、边郡分布示意图 ············ 350
图 5-2　秦汉时期道分布示意图 ··························· 356
图 7-1　洱海湖泊沉积物色素含量变化 ···················· 420

表目录

表 0-1　北美祖尼人（the Zuni Indians）文化中的方位与空间隐喻地理想象 ·································· 23
表 1-1　三星堆文化各期代表性遗址 ······················· 84
表 1-2　蜀国族群典型形象列举 ···························· 91
表 1-3　蜀国族群形象发式分类 ···························· 95
表 1-4　笃慕婚配及其生子、支系、迁徙方向分解 ······ 104
表 1-5　秦汉时期考古材料所见西南"胡人"陶俑服饰区域特征 ·································· 157
表 1-6　汉代"胡人"画像分布与纪年情况 ·············· 158
表 1-7　西南地区见"胡人"俑墓葬的墓制与年代 ······ 158
表 2-1　滇国族群的图像分类 ······························ 178
表 2-2　石寨山文化各墓地的社会结构 ···················· 193
表 2-3　西南区域万家坝型铜鼓分布地统计 ··············· 203
表 3-1　西汉时期西南区域室墓分布 ······················ 227
表 3-2　西汉时期西南区域士分布 ························· 228
表 3-3　《三国志·蜀书》所载蜀汉籍贯可考人物统计 ··· 238
表 3-4　永和五年（140）至约太康初年（280）西南各郡户增长 ·································· 241
表 3-5　东汉时期西南区域室墓分布 ······················ 247
表 3-6　东汉时期西南区域崖墓分布 ······················ 250

表 3-7	东汉时期西南区域大姓、士女分布	252
表 3-8	西南区域秦汉时期室墓分布演变	258
表 3-9	西南区域两汉时期土坑竖穴墓分布演变	260
表 3-10	《华阳国志》诸郡大姓与"蛮夷"分布	262
表 3-11	东汉西南区域崖墓中的"左衽"陶俑	268
表 3-12	汉代西南地区的"左衽"画像砖	270
表 4-1	历代《禹贡》图谱中的梁州地望及和夷、西南夷分布情况	283
表 4-2	西周政治地理结构分解	295
表 4-3	汉代与疆界、民族有关"徼"的相关概念及其使用频次	309
表 4-4	战国秦汉时期西南区域徼界的变动及其动因	315
表 5-1	官修汉代正史中"五州"说相关概念的使用频次	326
表 5-2	秦汉时期西南区域重要关隘地望	337
表 5-3	汉代西南夷地区郡县化后的主要事件及汉廷应对方式	339
表 5-4	《汉书·地理志》都尉治县分布统计	340
表 5-5	汉代边郡的识别条件	345
表 5-6	秦汉边郡分布的不同方案	346
表 5-7	安帝时期西南区域属国及其所领县、道	357
表 5-8	两汉西南八郡郡守籍贯可考者统计	359
表 5-9	两汉时期的西南夷动乱事件及汉廷的应对策略、兵源	361
表 6-1	东汉时期西南地区区域自然意象	369
表 6-2	东汉时期西南地区区域经济意象	372
表 6-3	东汉时期西南地区区域人文意象	374
表 6-4	西南地区区域意象差序格局建构中的比照对象	387
表 6-5	汉晋时期西南区域大姓分布	388
表 6-6	汉晋时期西南区域士女分布	389

表6-7 《说文解字》中的"四夷"族群意象及其差序比照
对象 ……………………………………………………… 391
表6-8 汉代西南地区非汉族群族群意象 …………………… 402
表6-9 大区划分的影响因素、方案、具体情况 …………… 405
表6-10 亚区划分的影响因素、方案、具体情况 ………… 407
表6-11 区划分的影响因素、方案、具体情况 …………… 409
表6-12 西南地区民族地理观分区 ………………………… 411
表7-1 汉代西南地区不同族群生计方式及其对应的地貌单元 … 414
表7-2 两汉时期中国干湿变化的区域格局及西南区域的特性 … 417
表7-3 西南区域环境考古反映的战国秦汉时期气候状况 ……… 418

绪　　论

在中国民族学及与之相关的领域中，西南区域是一个极为重要的研究区。张光直[①]曾说，"中国西南确是研究中国民族学、民族史的宝库。……西南的民族在很大程度上反映着中国古代多样性的民族情况，西南民族史在很大程度上反映着中国民族史"。[②] 在张光直看来，西南地区自然环境复杂多样，生存其间的民族群体发展了丰富的民族文化。同时，西南地区也是中国民族多样性保存最完整的区域，其民族演进史某种程度上代表了中国民族的演进史。在中国民族学界，近年有"西南民族学'学术区'"之说。[③] "西南民族学'学术区'"，既指涉及或聚焦于西南区域的民族学研究，又指通过西南区域的民族学研究实现民族学研究学术视野的扩展、学术思想的深化、研究方法的更新。[④]

在历史民族地理学中，西南历史民族地理研究也是一个重要的"学术区"。费孝通指出，中华民族演进的"多元一体格局"，存在整体性和区域性两个层面的多元一体[⑤]，他指出的青藏高原区、藏彝

[①] 本书凡引前辈时贤观点、意见、创见等，皆有明确标注，以示对诸位先生的尊重、感激。为行文简洁，文中对涉及的人名均省去敬称、名衔，尚祈谅解。

[②] 张光直：《序》，载童恩正：《中国西南民族考古论文集》，文物出版社1990年版，第1—2页。

[③] 王铭铭：《东南与西南——寻找"学术区"之间的纽带》，《社会学研究》2008年第4期。

[④] 参见王文光、朱映占《继承与突破：中国西南古代民族的历史人类学研究前景及其可能》，《西南边疆民族研究》2018年第25辑。

[⑤] 区域性层面因空间尺度的不同又表现为不同空间尺度下的区域性"多元一体"问题。比如历史上重要的民族迁徙区和现在的多民族地区云南就是典型的以省域为尺度的区域性"多元一体"地区，其代表性研究参见郭家骥《云南民族关系的历史格局、特点及影响》，《云南社会科学》1997年第4期；伍雄武《多元一体——论云南民族关系的历史经验之一》，《云南师范大学学报》（哲学社会科学版）2005年第5期。

走廊区、云贵高原区[①]，便是中华民族区域性多元一体演进的典型区域。陈连开认为，"中华民族是以多元起源，多区域不平衡发展，反复汇聚与辐射的方式作矛盾统一运动"而形成的，且西南区域即是中国民族汇聚与辐射的重要地理单元之一。[②] 在中华民族"多元一体格局"理论视野中，战国秦汉时期是西南区域族群演进极为重要的时期。在这一时期，西南区域族群演进结束了自在演进的历程，进入自觉演进的历史阶段。[③] 这一历史演进最重要的表现在于：族群演进开始与中华民族的核心群体汉族发生大规模的族群交流与族群融合；区域族群政治地理结构也整合到全国层面的族群政治地理结构中，族群认同观念发生巨大转型。

一 区域范围：秦汉语境中的"西南"

徐新建在《西南研究论》中对"西南观"作了高度的概括，认为今日意义的西南存在"前西南""西南"两个阶段。"前西南"阶段，指西南地区文化发展未与中原地区发生任何联系之时，上至"元谋人"时代，下限则未详；"西南"阶段，又可分为"方位"的阶段和作为完整的国家单位两个阶段。[④] 在大一统国家的层面上，"西南观"的演进也可划分为自在的西南和自觉的西南两大阶段。这样做，有助于将"西南观"的讨论纳入大一统国家中华民族"多元一体"演进格局中来进行。

费孝通认为，中华民族的发展经历了自在发展和自觉发展两大阶段，二者区分的依据是近现代以来（以1840年鸦片战争为界）中国民族关系发生根本变化——各民族在西方国族观念影响下逐渐自觉地向独立的中华民族演进。也就是说，在近代西方国族观念对中华民族产生强烈影响之前的自在阶段，中华民族各族独自地相互关

[①] 费孝通：《民族社会学调查的尝试》，《中央民族大学学报》1982年第2期；费孝通：《谈深入开展民族调查问题》，《中南民族大学学报》（哲学社会科学版）1982年第3期。

[②] 陈连开主编：《中国民族史纲要》，中国财政经济出版社1999年版，第586—653页。

[③] 此一问题后文有详论。

[④] 徐新建：《西南研究论》，云南教育出版社1992年版，第1—2页。

联、相互发展。近代西方国族观念对中华民族产生强烈影响之后，新的观念使中华民族各族重新思考和定位自身的认同对象和身份，从而向国族阶段转化。①历史时期"西南观"的演变，同样经历了一个由自在到自觉的发展过程。在战国之前（可以秦定巴蜀为限），西南区域各族群处于自在的演进阶段，蜀国、巴国、滇国、夜郎等方国具有复杂的族群结构，进行着自在的区域性"多元一体"族群演进，并与中原地区存在广泛的文化交流。②但这种交流，应属于文化上的交流而不是政治上的交流。周慎靓王五年（公元前316）秦定巴蜀至东汉永平十二年（69）设置永昌郡，今日意义上的西南地区大部分区域被纳入汉王朝郡县范围之内，西南区域族群演进、族群交流便具有政治（准确地说是政区）的性质，"西南观"的性质随之变化，即进入了自觉的演进阶段。

战国秦汉时期是西南区域特别是西南区域族群演进进入自觉阶段的奠基时期，但在大一统国家的层面上，西南区域完全进入大一统国家疆域经历了三百余年的历史（周慎靓王五年秦定巴蜀至东汉永平十二年设置永昌郡），不同时期政治意义上的"西南区域"并不相同（后文有详述）。真正意义的大一统国家秦帝国③建立时，后来所称的大部分西南夷地区便未在秦帝国版图之内。东汉永平十二年（69）设置永昌郡后，元代以前的西南夷地区虽完全进入了大一统王朝国家版图，但又形成了"巴蜀—西南夷"结构性族群政治地

---

① 费孝通：《中华民族的多元一体格局》，《北京大学学报》（哲学社会科学版）1989年第4期。
② 翟国强：《先秦西南民族史论》，黑龙江教育出版社2011年版；段渝、刘弘、李克恒：《西南酋邦社会与中国早期文明》，商务印书馆2015年版。
③ 本书所说的帝国（empires）指艾森斯塔德（S. N. Eisenstadt）所说的具有合法性的最高政治领袖，依靠发达的官僚机构实现政治治理，以有效的地方行政制度保证中央对地方的管理，以及渡边信一郎所说的统制多元文化与族群的政治体（见［美］艾森斯塔德著，阎步克译：《帝国的政治体系》，贵州人民出版社1992年版，第3—14页；［日］渡边信一郎著，徐冲译：《中国古代的王权与天下秩序：从日中比较史的视角出发》，中华书局2008年版，第60—64页；胡鸿：《秦汉帝国扩张的制约因素及突破口》，《中国社会科学》2014年第11期）。此外，使用"秦帝国"一词也容易使之与非大一统国家的"秦国"相区分。

理空间结构。①这一结构性族群政治地理空间结构的形成，深刻影响了今人对战国秦汉时期"西南地区"或"西南区域"甚至是今日意义的"西南地区"或"西南区域"的认识。

就现有的意见来说，对战国秦汉时期"西南区域"地域范围的认识有两种观点。一种观点认为，在大一统国家的层面上，秦汉时期的西南区域指的就是中古史籍中的西南夷地区。方国瑜在《中国西南历史地理考释》这一极为重要的西南历史地理作品中说：

> 本书所说西南地区的范围，即现在云南全省，又四川省大渡河以南，贵州省贵阳以西，这是自汉至元代我国的一个重要政治区域——西汉为西南夷，魏晋为南中，南朝为宁州，唐为云南安抚司，沿至元代为云南行省——各时期疆界虽有出入，而大体相同。②

方国瑜在此所说的西南范围，应是为了研究的方便而选取的区域范围，体现着区域史研究中区域选取的均（同）质性、系统性和独特性原则。③方国瑜所划定的西南范围，实际上也就是秦汉史籍所说的西南夷地区。

朱惠荣《汉晋时期西南边疆的地理分区》一文提出了一个与方国瑜对其研究区域限定相似的意见，认为"西南夷""南中"等地域术语的长期流行与使用"反映了西南边疆作为单一的区域早已被人们认同"，指称的范围稳定，但界限则比较模糊。④朱惠荣划定的这个区域，与方国瑜所见略同。这里的重要问题是，西南边疆地区能否直接对等于秦汉时的西南地区。"边疆"，周平认为与王朝国家疆域内的核心区有着显著区别，"并且需要采取特殊方式治理"，于东

---

① 黎小龙等：《历史时期西南开发与社会冲突的调控》，西南师范大学出版社2011年版；张勇：《历史时期西南区域民族地理观研究》，中国文史出版社2014年版。

② 方国瑜：《中国西南历史地理考释·略例》，中华书局1987年版，第1页。

③ 徐国利：《关于区域史研究中的理论问题——区域史的定义及其区域的界定和选择》，《学术月刊》2007年第3期。

④ 朱惠荣：《汉晋时期西南边疆的地理分区》，载复旦大学历史地理研究中心主编：《面向新世纪的中国历史地理学：2000年国际中国历史地理学术讨论会论文集》，齐鲁书社2001年版，第159页。

汉时来说就是夷狄之区。①据安介生所考，中国边疆意识产生于先秦时期，标志是实体化的疆界如长城、河界堤防的产生等（迟至战国后期），并形成了基本明确化的"中国"与模糊化的"四海"的政治地理格局观念，"五方之民"思想即是代表；秦汉以降，中国边疆意识虽代有变更，但总体上仍然沿袭着早期的"华夷之防"意识，曾巩在代宋神宗起草的诏书中说"西南之地，延袤万余里，外临殊俗，内杂溪谷，诸蛮列州成县，以保安吾民"即是一典型代表②；近代以来，随着国家观念的加深，有进一步明确的疆界的产生。③按安介生所考，中国边疆地区的产生和发展，很大程度上与"中国"这个区域的身份定位有关。在这种语境中，"西南边疆"显然与"西南地区"不同，边疆地区的"蛮夷"或"汉夷"杂处之地长期承担着"保安吾民"的功能，与"中国"之西南地区是有区别的。同时，这种"保安吾民"的功能并未把"蛮夷"之地就视为"中国"之外的区域，而是在"海内"一体基础上的"外部"边陲的族群政治地理架构。④

张轲风对中国古代"西南"的范围有比较系统的研究，他将秦汉时的西南范围限制在排除了陇南等地在外的"以川西南及滇、黔二省为主体的'西南'核心区"；又说"三国两晋南北朝时期的西南地区，习惯上称为'南中'"。⑤张轲风断定秦汉时西南范围在如上区域的依据，一是秦汉正史所谓的"西南夷"之所在，为根本性的依据；二是方国瑜《中国西南历史地理考释》、尤中《汉晋时期的"西南夷"》和朱惠荣《汉晋时期西南边疆的地理分区》所作出的

---

① 周平：《国家视阈里的中国边疆观念》，《政治学研究》2012年第2期。
② （唐）曾巩：《元丰类稿》卷25《制诰》，吉林出版集团有限责任公司2005年影印文渊阁《四库全书》本，第249页上。
③ 安介生：《中国古代边疆意识的形成与发展》，《社会科学》2013年第3期。
④ 黄毅：《论"边疆观"及其空间表征的历史考察》，《西北民族大学学报》（哲学社会科学版）2013年第5期。
⑤ 张轲风：《历史时期"西南"区域观及其范围演变》，《云南师范大学学报》（哲学社会科学版）2010年第5期；张轲风：《历史语境下"四隅"概念的空间表达——以"西南"为中心》，《中国边疆史地研究》2013年第1期。

"研究区域"范围。① 将这两个依据与秦汉时的西南范围直接对应是有待商榷的：其一，秦汉正史的"西南夷"与"西南"并无直接的对应关系；其二，方国瑜《中国西南历史地理考释》中的"西南"范围，前已述及，与不同时代的西南范围没有直接对应关系，尤中和朱惠荣的结论，指涉的也是西南夷地区。

另一种观点则认为，秦汉时期的西南地区应包括巴蜀地区和西南夷地区。其中，张勇《历史时期西南区域民族地理观研究》是当前从各时期历史语境中讨论西南区域民族地理观的代表性作品，又有《"西南"区域地理概念及范围的历史演变》一文的发表，均不同意将秦汉时的西南范围限定在"西南夷"地区的意见。② 张勇认为西南区域范围在不同时期是不同的，"人为地划定一个固定的区域范围，这个'范围'不一定是当时人们心中的一个区域整体"。③ 张勇认为，"西南"一词有两层含义，一是方位概念，二是区域概念④；方位性质的"西南"在先秦时期，与今日意义的西南区域相比边界模糊；汉晋时期的"西南"已具有今日意义的西南的某些含义，其地域北至汉中、武都地区（早期），西达青藏高原东缘，南部则不断扩大，东部地区界限不甚明确。⑤

历史语境性确实是区域史研究所应有的基本原则之一⑥，张勇所说的历史语境问题，亦可稍做梳理。《汉书·地理志》云："巴、蜀、广汉本南夷。"⑦ 巴、蜀、广汉"本南夷"，是上古民族地理观视野下的族群划分问题。此问题反映出，上古时期巴、蜀、广汉地

---

① 方国瑜：《中国西南历史地理考释》，中华书局1987年版，第1页；尤中：《汉晋时期的"西南夷"》，载尤中：《西南民族史论集》，云南民族出版社1982年版，第1页；朱惠荣：《汉晋时期西南边疆的地理分区》，载复旦大学历史地理研究中心主编：《面向新世纪的中国历史地理学：2000年国际中国历史地理学术讨论会论文集》，齐鲁书社2001年版，第159页。

② 张勇：《历史时期西南区域民族地理观研究》，中国文史出版社2014年版；张勇：《"西南"区域地理概念及范围的历史演变》，《中国历史地理论丛》2012年第4期。

③ 张勇：《历史时期西南区域民族地理观研究》，中国文史出版社2014年版，第6页。

④ 张勇：《历史时期西南区域民族地理观研究》，中国文史出版社2014年版，第33页。

⑤ 张勇：《历史时期西南区域民族地理观研究》，中国文史出版社2014年版，第33、40页。

⑥ 龙先琼：《试论区域史研究的空间和时间问题》，《齐鲁学刊》2011年第1期。

⑦ 《汉书》卷28《地理志》，中华书局1962年点校本，第1645页。

区的识别存在族群认同的因素。这里的族群认同因素，事实上即是否是"中国"的问题。西周实行分封制，将姬姓群体分封到江汉一线"以绝蛮夷"（后文有详述），"巴、蜀、广汉本南夷"是以"中国"为地望的，具体来说是以汉水一线为地望的。秦定巴蜀，及至秦汉大一统国家的形成，巴、蜀、广汉逐渐成为汉族聚居区，"中国"与"四夷"的分野在西南区域便推移至巴蜀边缘地带。《史记·西南夷传》云："西南夷君长以什数，夜郎最大"，张守节正义"西南夷"曰："在蜀之南。"①在《汉书·西南夷传》和《后汉书·西南夷传》中，"西南夷"则被明确指出为："巴、蜀西南外蛮夷"②，"西南夷者，在蜀郡徼外"。③"西南夷"地望，显然不指中原，而是巴蜀。如此，将"西南夷地区"与大一统王朝国家的"西南地区"对等，是颇成问题的。王文光等说：

> 《史记·西南夷传》中说："西南夷君长以什数……此皆巴蜀西南外蛮夷也。"显然，这儿的"西南"是以蜀地为参照基点的，具体指的是今四川盆地、川西高原、横断山脉南延部分和云贵高原；与之相应，生活在上述各地非汉族也就称为"西南夷"。对此，我们认为还可以把西南分为"巴蜀地区"和"西南夷地区"。④

将西南地区划分为巴蜀地区和西南夷地区两个区域，应当说比较符合秦汉时期甚至中古时期的西南区域语境。

这里略需注意的是，汉中在秦汉时期常常被视为巴蜀地区的一部分。秦汉时期的汉中地区大部分未在今天的川渝政区之内，导致今人讨论西南地区问题时不必提及秦汉时期的汉中地区。但在秦汉时期，巴蜀地区与汉中地区实际上是在同一地域范围内的。《史记·秦始皇本纪》载秦王政九年（前238）迁嫪毐家族时，虽明确

---

① 《史记》卷116《西南夷传》，中华书局2014年点校修订本，第3625页张守节正义。
② 《汉书》卷95《西南夷传》，中华书局1962年点校本，第3837页。
③ 《后汉书》卷86《西南夷传》，中华书局1965年点校本，第2844页。
④ 王文光、朱映占：《中国西南民族史研究论纲》，《西南边疆民族研究》2010年第7辑。

说是"家房陵",但又说"夺爵迁蜀"①,可见当时的房陵被看成蜀地的一部分。《括地志》也说房陵:"古楚汉中郡地也,是巴蜀之境。"②《史记·西南夷传》有"巴蜀四郡通西南夷道"等语。③此四郡,《集解》引徐广认为即汉中、巴、蜀、广汉四郡。④此外,《史记》《汉书》多处论及刘邦为汉中王时,虽都南郑,却是"入蜀"或"入蜀汉"。由这些记载来看,秦汉时期的汉中应属蜀地或巴蜀的范围。汉初十三州刺史部设置时,汉中也被划在益州中,同样说明秦汉时期汉中与巴蜀具有一体性。⑤

此外,还有学者引当代中国民族史作品中的"西南"来界定历史时期的西南范围。在很多以区域为纲的中国民族史作品中,其所说的西南民族或西南地区民族,确实是指西南夷群体。例如,江应梁《中国民族史》中大部分时段所说的西南地区民族,指的就是西南夷群体。⑥陈连开主编《中国民族史纲要》、王锺翰《中国民族史概要》、王文光《中国民族发展史》、罗贤佑《中国民族史纲要》、王文光等《中国民族发展史纲要》等作品中所称的西南民族或西南地区民族,其实指的也是西南夷群体。⑦这些作品容易造成一种"假象",即似乎西南夷地区就是西南地区。事实上,这些作品中往往先论述汉族的发展问题,其中自然会讨论巴蜀地区汉族的问题。换言之,这些作品中所说的西南民族,是不包括汉族群体的。自然,其所说的西南地区,就与西南夷地区没有必然的关联。徐杰舜《中国民族史新编》也是以区域为纲来撰写的,其中涉及西南区域民族

---

① 《史记》卷7《秦始皇本纪》,中华书局2014年点校修订本,第293页。
② (唐)李泰等撰,贺次君辑校:《括地志辑校》,中华书局1980年版,第202页。
③ 《史记》卷116《西南夷传》,中华书局2014年点校修订本,第3637页。
④ 《史记》卷116《西南夷传》,中华书局2014年点校修订本,第3637页《集解》。
⑤ 魏晋迄宋此种一体性也很明显。详见刘逢春《战国秦蜀楚巴对汉中、黔中的争夺》,《成都大学学报》1998年第1期。
⑥ 江应梁:《中国民族史》,民族出版社1990年版。
⑦ 陈连开主编:《中国民族史纲要》,中国财政经济出版社1999年版;王锺翰:《中国民族史概要》,山西教育出版社2004年版;王文光:《中国民族发展史》,民族出版社2005年版;罗贤佑:《中国民族史纲要》,中国社会科学出版社2009年版;王文光、龙晓燕、张媚玲:《中国民族发展史纲要》,云南大学出版社2010年版。

时称的是"西南地区少数民族"①，清晰地将西南地区与西南夷地区区分出来。

综上所述，秦汉时期的"西南地区"与"西南夷地区"没有直接的关联。秦汉时期的"西南地区"，应即两汉正史所说的梁州地域范围。《汉书·地理志》云汉初政区沿革曰："汉兴，因秦制度，崇恩德，行简易，以抚海内。至武帝攘却胡、越，开地斥境，南置交阯，北置朔方之州，兼徐、梁、幽、并夏、周之制，改雍曰凉，改梁曰益，凡十三部，置刺史。先王之迹既远，地名又数改易，是以采获旧闻，考迹《诗》《书》，推表山川，以缀《禹贡》《周官》《春秋》，下及战国、秦、汉焉。"②由这条记载来看，武帝时期汉朝的疆域迅速扩大导致了相应的政区变革。在这一变革过程中，仍希望承接上古之制，新的州名需"考迹《诗》《书》"后"推表山川"，使之符合上古传统。而这里的"梁州"，是上古历代九州之说中重要的一州。

上古时期的梁州地域范围未必与汉代梁州的地域范围完全相同，但梁州确可作为秦汉时期西南区域地域范围的一个指示词。及两晋之际常璩撰《华阳国志》，秦汉时期梁州作为西南区域地域范围的指示作用便体现出来。③所谓"华阳"，即取自《禹贡》所云"华阳黑水惟梁州"。在《华阳国志》中，西南区域被分为四个区域，即汉中、巴、蜀、南中。值得注意的是，《华阳国志》中的南中仅包括牂柯、益州、建宁、朱提、云南、兴古、永昌七郡，既不指秦汉时期的"南夷"地区，又不指秦汉时期的"西夷"地区，也不指秦汉时期的"西南夷"地区。《华阳国志》所说的蜀，则包括有西夷地区的汶山、汉嘉、越巂诸郡。《华阳国志》中的涪陵郡，实际上也可看成南夷或西南夷地区。今日学者讨论秦汉甚至中古时期的西南区域范围，必引《华阳国志》这一重要作品。但由《华阳国志》

---

① 徐杰舜：《中国民族史新编》，广西教育出版社1989年版。
② 《汉书》卷28《地理志》，中华书局1962年点校本，第1543页。
③ （晋）常璩撰，任乃强校注：《华阳国志校补图注》卷3《蜀志》，上海古籍出版社1987年版。

的篇章安排来看，西南夷地区与西南地区或梁州之域也没有必然的关联。

总之，秦汉时期的西南地区，应包括巴蜀地区、西南夷地区两大部分。其中的巴蜀地区，又包括汉中地区。因本书考察时段后段限于汉末，以东汉之"西南政区"为限，即东汉的益州刺史部地区，包括今四川、重庆、贵州、云南全境，亦即今日观念中狭义的西南①，但也包括因讨论问题的需要或为符合上古民族地理观语境的今日所称广义的西南所涉及的部分地区，主要是广西西北部、湖南西北部、湖北西南部、陕西南部部分地区、甘肃东南角。同时，在某些局部问题上，考虑到区域选择过宽会导致表达过泛的问题，而过细又会导致格局或规律难以揭示的问题②，在某些局部问题上又会在如上区域范围的基础上作适当的伸缩。本书所选定的研究区域范围与《华阳国志》政区大体相同，只是《华阳国志》政区中的涪陵郡、牂柯郡两郡的区域超出了汉代益州刺史部的范围。

二 知识范畴：民族地理观研究与历史民族地理学

（一）民族地理观及其学科意义

本书题为"战国秦汉西南民族地理的格局与观念研究"，包括战国秦汉时期西南区域的民族地理和民族地理观及其相互关系三个议题。就其内容而言，这三个议题均可纳入历史民族地理研究范畴之内。战国秦汉时期西南区域的民族地理属于历史民族地理的研究范畴，这不需要特别说明。民族地理观研究与历史民族地理研究的关系，则需要详细检视。对于这一问题，笔者在《魏晋隋唐时期西南区域民族地理与民族地理观研究》中已基于学术史的梳理有详细的讨论，这里只简要讨论民族地理观研究对于扩宽历史民族地理学学术视野的意义问题。

---

① 王文光、朱映占：《中国西南民族史研究的实践与理论运用评述》，《思想战线》2009年第2期。
② 尤中：《开展中国西南边疆史地研究的一些设想》，《中国边疆史地研究》1991年第1期。

对于民族地理观,黎小龙曾给出过一个定义:

> 中国传统民族观的核心思想是以华夏为中心的"五方之民"格局,以及维系这一格局的"华夷之辨"和"用夏变夷"。而"华夷之辨"思想在其地理空间上的认识和阐释所形成的理念、观念和方法,即为民族地理观。①

由这个定义来看,民族观是民族地理观的核心,地理空间是民族观具体落实的现实基础。中国古代最经典的民族地理观,是《礼记·王制》给出的,云:

> 凡居民材,必因天地寒暖燥湿,广谷大川异制。民生其间者异俗……中国戎夷,五方之民,皆有性也,不可推移。东方曰夷,被发文皮,有不火食者矣。南方曰蛮,雕题交趾,有不火食者矣。西方曰戎,被发衣皮,有不粒食者矣。北方曰狄,衣羽毛穴居,有不粒食者矣。……五方之民,言语不通,嗜欲不同。②

对于《礼记·王制》的民族地理观问题,已有不少注解。顾铁符曾指出,《礼记·王制》中"五方之民"的划分实际上进行了两次:第一次是"中国"与"蛮夷"的划分,并用"犬"部、"虫"部的字来命名四夷;第二次是蛮、夷、戎、狄按方位的划分。③也就是说,《礼记·王制》"五方之民"民族地理观的建构,是以民族观为核心的,方位只是一种搭配的问题,并非本质。徐新建认为,"地域

---

① 黎小龙:《传统民族观视域中的巴蜀"北僚"和"南平僚"》,《民族研究》2014年第2期。
② 参见(汉)郑玄注,(唐)孔颖达疏,(清)阮元校刻:《礼记正义》卷12《王制》,《十三经注疏》,中华书局1980年影印本,第1338页中。此外,与《礼记·王制》所建构的"五方之民"民族地理观相似,清人段玉裁总结汉许慎《说文解字》"四夷"之名时,云:"夷,东方之人也,从大,从弓。……南方蛮闽从虫,北方狄从犬,东方貉从豸,西方羌从羊。西南僰人、焦侥从人,盖在坤地颇有顺理之性。惟东夷从大,大,人也。……夷俗仁,则与夏不殊。夏者,中国之人也。从弓者,肃慎氏贡楛矢石砮之类也。"参见(汉)许慎撰,(清)段玉裁注:《说文解字注》卷10"大"部"夷"条,上海古籍出版社1981年影印本,第493页上。
③ 顾铁符:《楚国民族述略》,湖北人民出版社1984年版,第3页。

差异与文化区别客观存在，但《礼记·王制》篇却先在这种差异与区别中定出尊卑，然后又强调彼此乃性之所致，不可推移。这就遗憾地表现出了自以为中者①的傲慢与偏见"。②这两种解释有一个共同点，即强调"五方之民"民族地理观中民族观的决定性作用，但似乎把《礼记·王制》的逻辑顺序给倒过来了。《礼记·王制》的叙事顺序很明显，其体现出的逻辑是："广谷大川异制"→"民生其间者异俗"→"五方之民，皆有性也，不可推移"。在这条逻辑中，是地理环境决定了民族文化，不同地理环境中的族群不可推移在于其环境与文化上的差异，不单单是文化上的问题。

《礼记·王制》的"五方之民"民族地理观生成逻辑，进入大一统王朝国家后仍得保存。汉初，有人认为"边郡山居谷处，阴阳不和，寒冻裂地，冲风飘卤，沙石凝积，地势无所宜。中国，天地之中，阴阳之际也"。③晋代大量氐羌迁居关中，江统作有著名的《徙戎论》，谓："夫夷蛮戎狄，谓之四夷。九服之制，地在要荒。……或居绝域之外，山河之表，崎岖川谷阻险之地，与中国壤断土隔。"④唐王朝是历史时期族群和谐融合的时期，但唐高祖在武德二年（619）仍说："画野分疆，山川限其内外；遐荒绝域，刑政殊于函夏。"⑤狄仁杰更是对历代治理"四夷"的经验进行了一番总结，并认为"中国"与"四夷"在空间上的区隔是"上天"的安排，谓："天生四夷，皆在先王封略之外，故东拒沧海，西阻流沙，北横大漠，南阻五岭，此天所以限夷狄而隔中外也。"⑥此类观点，史不绝书。其核心观点是，"中国"与"四夷"生存在不同的地理环境中，"中国"的地理环境是文化之乡，而"四夷"的地理环境则是"不毛之地"。

---

① 原文如此，以自我为中心之意。
② 徐新建：《西南研究论》，云南教育出版社1992年版，第41页。
③ 《盐铁论·轻重》，见王利器校注《盐铁论校注》，中华书局1992年点校本，第189页。
④ （晋）江统：《徙戎论》，载《晋书》卷56《江统传》，中华书局1974年点校本，第1529—1530页。
⑤ 《册府元龟》卷170《帝王部·来远》，中华书局1960年影印明本，第2050页上。
⑥ 《旧唐书》卷89《狄仁杰传》，中华书局1975年点校本，第2889页。

"四夷"的地理环境是"不毛之地",则"四夷"的文化也不发达。在上古时期,"四夷"与"四海"往往对举,认为"四海,海者晦也,地险,言其去中国险远,禀政教昏昧也"①,将生活在"险""远""晦"地区的群体看成文化不发达的群体。② 此一逻辑最经典的表述,是唐人李延寿的一番论证,云:

> 盖天地之所覆载至大,日月之所照临至广。万物之内,生灵寡而禽兽多;两仪之间,中土局而殊俗旷。人寓形天地,禀气阴阳,愚智本于自然,刚柔系于水土。故霜露所会,风气所通,九川为纪,五岳作镇,此之谓诸夏。生其地者,则仁义所出。昧谷嵎夷,孤竹北户,限以丹徼紫塞,隔以沧海交河,此之谓荒裔。感其气者,则凶德行禀。若夫九夷、八狄,种落繁炽;七戎、六蛮,充牣边鄙;虽风土殊俗,嗜欲不同,至于贪而无厌,狠而好乱,强则旅拒,弱则稽服,其揆一也。③

与其他充满民族歧视的描述不同,上引李延寿的一番论证似乎在寻找"四夷"民族性格的自然地理基础。在李延寿看来,天地之所覆载、日月之所照临的地理环境可分"中土"与"四方"两个部分,其区分存在天然的界限即"九川""五岳","九川""五岳"之内的人谓诸夏,其民族特征是"仁"。与诸夏的情况相反,"四夷"的分布不仅受天然的"九川""五岳"的分隔,还受人为的"徼""塞"的阻隔,其地理环境特征是荒芜,由此导致了李氏所说的一系列歧视性民族性格。这些歧视性的民族性格影响了历史上的边疆治理,苏东坡就有著名的《王者不治夷狄论》,云:"夷狄不可以中国之治治也。譬若禽兽然,求其大治,必至于大乱。先王知其

---

① (汉)毛亨传,郑玄笺,(唐)孔颖达疏,(清)阮元校刻:《毛诗正义》卷10(十之一)《蓼萧》,《十三经注疏》,中华书局1980年影印本,第420页上。
② 王子今:《上古地理意识中的"中原"与"四海"》,《中原文化研究》2014年第1期。
③ 《北史》卷94《高丽、百济、新罗等传》"总叙"条,中华书局1974年点校本,第3109页。

然，是故以不治治之。治之以不治者，乃所以深治之也。"①清人王夫之在此基础上又有所发挥，云：

> 语曰："王者不治夷狄。"谓沙漠而北，河、洮而西，日南而南，辽海而东，天有殊气，地有殊理，人有殊质，物有殊产，各生其所生，养其所养，君长其君长，部落其部落，彼无我侵，我无彼虞，各安其纪而不相渎耳。若夫九州之内，负山阻壑之族，其中为夏者，其外为夷，其外为夏者，其中又为夷，互相襟带，而隔之绝之，使胸腋肘臂相亢悖而不相知，非无可治，而非不当治也。然且不治，则又奚贵乎君天下者哉？君天下者，仁天下者也。仁天下者，莫大乎别人于禽兽，而使贵其生。……以中夏之治夷，而不可行之九州之外者，天也。其不可不行之九州之内者，人也。惟然，而取蛮夷之土，分立郡县，其功溥，其德正，其仁大矣。②

清代疆域广大，对"四夷"的看法自是有变化的。但王氏所云华夏与四夷的关系并没有发生根本性的变化，并将"内诸夏而外夷狄"的"王者不治夷狄论"归结在自然地理环境的差异基础之上，认为四夷之地"气殊""理殊""人殊""物殊"，总之是与九州（"小九州"）之地及其群体相异。

以上民族地理观及其生成逻辑，在今天看来自然是"不正确的"。不过，这些"不正确"的东西，却深刻影响了中国历史上的族群政治地理空间结构的建构。例如，张文讨论过民族意象对民族关系的影响，认为：

> 族群意象是指不同族群主体对其他族群意象的主观认识与感受，是经过了认识主体的主观加工而成的，与客观意象并不必然吻合。从心理学角度看，主流文化对少数族群的意象模塑是一种建立在文化优

---

① （宋）苏轼：《苏轼文集》卷2《王者不治夷狄论》，中华书局1986年点校本，第43页。
② （清）王夫之：《宋论》卷6《神宗》"论人之衡"条，中华书局1964年点校本，第132页。

势意识基础上,对异域或异族进行心理贬低的集体无意识行为,在历史过程中,又极大地影响了民族关系的走向。①

这里的族群意象,是受传统民族观影响而建构的,在中国传统族群意象建构中实际上就是以汉族为主体的边疆区域族群意象建构。由于受文化优势意识的影响,所谓的"与客观意象并不必然吻合",其实就是异化的族群意象。张文认为,这种异化的族群意象,对民族交往、民族战争、民族政策等层面的民族关系产生影响,而且主要是消极的影响。

与族群意象相关,刘祥学专门讨论过地域意象与中国古代边疆经略的问题,并讨论了中国古代"内外""远近"疆域观视野下的边疆区域"荒僻""旷远""地恶""民穷""人鄙""俗昧"等区域意象刻画,指出:

> 边疆的"地域形象",既有客观事实的描述,也有较多的主观想象,甚至故意歪曲的内容。……传统边疆观,不仅将"夷狄"排斥在"中国"之外,而且固执地视"夷狄"分布的边疆区域为"化外之地",对"夷狄"居住的边疆地区进行集体有意识的贬低,经过长期反复的渲染,边疆地区生活"穷苦"、环境"恶劣"、人民"野蛮"的"形象"深入人心,从而对边疆经略产生了诸多消极影响。②

这里的消极影响,在刘祥学看来主要包括:其一,中国古代版图宽广,需要大量的边疆经略人才,但内地士人多不愿前往边远地区,造成边疆地区经略的弱化;其二,边疆地区由于常常被认为相对于中原地区是"落后"的、"野蛮"的,甚至是王朝的"累赘",必然对边疆地区价值的认识相当偏颇,对疆域演变产生影响;其

---

① 张文:《民族关系视野中的传统族群形象问题浅议》,《中央民族大学学报》(哲学社会科学版)2006年第2期,文引第32页。

② 刘祥学:《地域形象与中国古代边疆的经略》,《中国史研究》2014年第3期,文引第13页。

三，由于边疆地区地域、族群均被异化，对内地与边疆地区联系的加强，以及族群向心力的凝聚，均有不利的影响。①

如上张文和刘祥学的分析中提到了两个关键概念，即族群意象和地域意象。而且，其族群意象指的就是上古及中古所说的"四夷"族群意象，地域意象则是"四夷"所居之地的地域意象。"四夷"族群意象及其地域意象的形成，其生成逻辑实际上是地理想象（geographical imagination）。地理想象是人类把握世界的基本方式之一，希尔兹（Rob Shields）说：

> 适当的社会区分和文化分类通常是空间化的，这表现在应用空间隐喻或描述空间区分上。总体上看，这些都可以归并成"想象地理"。在这些地理空间的重新编码中，场所联系着特定的价值、历史事件和感知。②

作为地理想象产物的想象地理（imaginative geographies），格雷戈里（Derek Gregory）也曾指出：

> 想象地理，它之所以重要，是因为各种各样的表述不仅仅反映世界，它们还完全进入到了世界的构型中。③

前文列述的"五方之民"民族地理观及其在中古时期的种种表现，可以说是中国上古及中古时期典型的想象地理，而其生成的逻辑，也可以说是典型的地理想象。这无形中回应了安德森（Benedict Anderson）的名言："民族是一种想象的政治共同体。"④

---

① 刘祥学：《中国古代边疆地区的地域形象与边疆建设》，《广西师范大学学报》（哲学社会科学版）2008年第4期；刘祥学：《地域形象与中国古代边疆的经略》，《中国史研究》2014年第3期。

② Rob Shields. *Places on the Margin : Alternative Geographies of Modernity*. London : Routledge, 2013，p.29.

③ Derek Gregory. *Geographical Imaginations*. Oxford : Blackwell, 1994, p.xiv.

④ ［美］安德森著，吴叡人译：《想象的共同体：民族主义的起源与散布》，上海人民出版社2003年版，第5页。

"民族是想象的共同体",这在中古西南民族地理观方面是体现得极为明显的。前已论及,秦汉时期所谓的"西南夷",是以巴蜀地区为地望而形成的族称。若仅从族群名称上看,地理的含义远甚于族群的含义。而且,因巴蜀地区被看成华夏化的区域,西南夷地区自然成了未华夏化的区域。理论上说,"西南夷"并不是一个统一性的群体,其间的族群差异极大。在《史记·西南夷传》中,西南夷群体是比较复杂的,包括"魋结,耕田,有邑聚"的群体,"编发,随畜迁徙,毋常处,毋君长"的群体,"俗或土箸,或移徙"的群体等①,按后世史书来看有氐人、羌人、濮人、越人等中古史籍所说的"种"。西南夷群体是复杂的,这一点中古史家也是承认的。不过,一旦论及西南夷及西南夷地区是否重要的问题,情况便发生了变化。在秦汉文献中,西南夷群体常常会被看成"无用之民";与之对应,西南夷地区则是"不毛之地"。而"无用之民"的族群意象,"不毛之地"的地域意象,无疑即是"五方之民"民族地理观之下想象地理的结果。

由如上讨论来看,中国上古及中古时期的"民族地理观"研究,应归到地理想象的研究范畴中。而地理想象在中国历史民族地理学中,尚属新事物。中国的历史民族地理研究,向来讲求考据。其中的代表性作品如谭其骧《中国历史地图集》,于民族地区族群分布多有考证。②方国瑜《中国西南历史地理考释》和郭声波《彝族地区历史地理研究:以唐代乌蛮等族羁縻州为中心》两部作品③,也属此方面的力作。尤中《中国西南民族地区沿革史》虽是一部政区地理的作品,但由于用力于各族群政区沿革的讨论,也可算是一部经典的历史民族地理研究作品。④更宽泛地说,绝大部分的民族史研究作品,均会涉及历史时期民族地理的问题,只不过通史性或涉及

---

① 《史记》卷116《西南夷传》,中华书局2014年点校修订本,第3625页。
② 谭其骧主编:《中国历史地图集》(全8册),中国地图出版社1982年版。
③ 方国瑜:《中国西南历史地理考释》,中华书局1987年版;郭声波:《彝族地区历史地理研究:以唐代乌蛮等族羁縻州为中心》,四川大学出版社2009年版。
④ 尤中:《中国西南民族地区沿革史:先秦至汉晋时期》,民族出版社2004年版。

区域较广的民族史作品于民族分布考论方面较为薄弱。

以往历史民族地理学所追求的目标，可从安介生关于历史民族地理学的概括中得到进一步明晰：

> 历史民族地理的主要研究任务包括：确定各个时期的民族分布图，即确定当时主要的民族区域范围；分析各个时期民族区域形成与演变的自然与社会因素，自然因素有地势、气候、水文、灾变等，社会因素有该民族生产生活方式的特征以及与周围民族的关系等；由民族分布及变迁引发的历史地理、政治史、社会史、文化史等方面的问题等等。①

以研究视野而论，安介生所总结的历史民族地理研究任务，及其所欲达成的目标，清晰地说明了历史民族地理学这一学科的主旨。问题在于，前述讨论过的诸类民族地理观问题，是否可以作为历史民族地理学研究内容或任务，或者是一种补充。事实上，将民族地理观问题纳入历史民族地理学中是有一定意义的。

首先，当前的历史民族地理研究，主要集中于客观层面的问题，主观层面的问题讨论不多。古人的想法，与今人的想法有很大的不同，甚至古代有的思想在今天看来是"不正确"的。然而，那些"不正确"的思想，却很长时期左右着历史进程。②于此方面，前文已引述过张文、刘祥学两位学者的相关研究，说明了民族地理观于中古时期族群关系、地域关系建构的影响。换言之，将民族地理观研究纳入历史民族地理学体系，至少有助于补充当前的历史民族地理学研究视野。

其次，民族地理观的研究能够丰富历史民族地理学的研究内容。民族地理观，其实是中古民族史的重要内容。马长寿很早就注意到与民族地理观有关的历史现象，他在《中国西南民族分类》中有这样的论述：

---

① 安介生：《历史民族地理》，山东教育出版社 2007 年版，第 11 页。
② 唐晓峰：《从混沌到秩序：中国上古地理思想史述论》，中华书局 2010 年版，第 15 页。

> 官吏与内地人士客居西南者……往往以好奇心理,于奇风异俗,多所采撷。归而撰为笔录,咏为诗歌者,其数不下百十种。然作者之心理,上焉者,多系撰荒经,作传奇,结果仅足资谈荟而已。其急于功利者,显露西南之物产殷富与土著之横恶玩憨状态,以求取悦朝廷,挑唆挞伐,故其所述,为鸟兽草木之名,僭号称王之事,而于种族之分类,文化之分析,不顾也。①

马长寿所说的中古文人的"奇风异俗"研究倾向,其实就是典型的民族地理观的体现。此类内容不可谓不多,马长寿也说"其数不下百十种"。不过,马长寿只是提到此问题而已,其所研究的内容是"种族之分类"和"文化之分析"。马长寿的研究路径,很长时期是中国民族学研究的主流路径。尽管偶尔也有学者的研究涉及民族地理观的问题(详见研究回顾部分),但终归不是主流。

再次,民族地理观的研究能够建构起中国古代经典的民族地理学理论体系。尽管"民族"一词在中国是舶来品,很多当前国内学界使用的民族学理论同样如此,但并不意味着中国古代没有自己的民族学理论。作为一个自古即拥有众多族群的大一统王朝国家,没有自己的民族学理论是难以想象的。就现有的研究来看,中国古代最为经典的民族学理论,应当就是"五方之民"思想。"五方之民"思想的起源是很早的,据童书业、唐嘉弘、田继周、陈连开、黎小龙等的研究②,中国上古"五方之民"思想的核心是作为"四夷"的夷、蛮、戎、狄与作为"方位"的东、南、西、北的搭配,并以此

---

① 马长寿:《中国西南民族分类》,《民族学研究集刊》1936第1期,第177页。
② 童书业:《夷蛮戎狄与东南西北》,《中国古代地理考证论文集》,中华书局1962年版,第43—52页;唐嘉弘:《春秋时期的戎狄夷蛮》,《中国古代民族史研究》,青海人民出版社1987年版,第1—35页;田继周:《先秦民族史》,四川民族出版社1988年版,第204页;陈连开:《民族称谓含义的演变及其内在联系》,载费孝通主编:《中华民族多元一体格局》,中央民族大学出版社1999年版,第220—223页;黎小龙:《周秦两汉西南区域民族地理观的形成与嬗变》,《民族研究》2004年第3期;黎小龙、徐难于:《"五方之民"格局与大一统国家民族地理观的形成》,《民族研究》2008年第6期。

支持"中国"与"四夷"的空间演进问题。"五方之民"思想起源在夏商之际，至《史记》随着大一统封建国家的形成而建构成为大一统国家民族地理观，此后一直延续至明清时期[①]。总体上看，"五方之民"思想曾长期支撑着中国大一统多民族国家的建构，其意义不可谓不宏大。

最后，民族地理观的研究有助于理清中国古代王朝国家空间认同的演进脉络。马大正已指出过，"华夷观在很大程度上也是一种疆域观"[②]，中国古代民族观与地理观总是联系在一起的。本质上，"五方之民"是一种族群空间思想，而且此种空间思想具有明显的政治地理属性。这就产生了一个重要的问题，"五方之民"思想影响下的族群政治地理空间是否会对王朝国家产生影响？在当代民族国家语境下，已有学者指出领土认同是国家认同的基础[③]，中国古代王朝国家虽无现代的"领土"观念，但仍有明确的国家空间观念，所谓"正统"不仅涉及族群、文化的问题，也涉及空间的问题。[④]"正统"的空间主要涉及华夏之地，或者说"正统"时常强调以狭义"华夏空间"为王朝国家的核心空间，但大一统王朝国家的"正统"空间并不限于狭义"华夏空间"，元人刘整就有帝王"非四海一家不为正统"之说。[⑤]同时，王朝国家空间认同不仅涉及居于中原或迁入中原的群体，也涉及生活在"四夷"地区的群体，以及"华夷"之间的群体。[⑥]不同群体特别是生活在"四夷"地区的群体对王朝国家的认同，无疑是大一统多民族国家建构特别是其族群政治地理空间建

---

① 黎小龙、徐难于：《"五方之民"格局与大一统国家民族地理观的形成》，《民族研究》2008年第6期。
② 马大正：《中国边疆经略史》，中州古籍出版社2000年版，第440页。
③ 周光辉、李虎：《领土认同：国家认同的基础——构建一种更完备的国家认同理论》，《中国社会科学》2016年第7期。
④ 饶宗颐：《中国史学上之正统论》，中华书局2015年版，第81页。
⑤ 《元史》卷161《刘整传》，中华书局1976年点校本，第3786页。
⑥ 此方面有朱圣明等较为系统的研究，详见朱圣明《华夷之间：秦汉时期族群的身份与认同》，厦门大学出版社2017年版；李飞《夷夏之间：宋元明时期的播州社会》，《贵州民族研究》2018年第10期；陈季君《论土司地区的国家认同》，《中国史研究》2017年第1期；裴一璞、张文《拒绝边缘：宋代播州杨氏的华夏认同》，《中国边疆史地研究》2014年第1期。

构的关键因素，值得加以理清。①

总之，民族地理观不仅可以纳入历史民族地理学知识体系中，而且研究民族地理观有助于扩展历史民族地理学研究视野，丰富历史民族地理学研究内容。民族地理观的研究，对阐释中国古代经典民族地理学理论，梳理大一统多民族国家族群政治地理空间建构及空间认同脉络也有裨益。

（二）民族地理观的实质

前文已提到，民族地理观的研究与当前学界所说的"地理想象"有很强的关联。地理想象作为一种古人探索未知世界的重要方式，在中西方文化中均有丰富的内涵。在中国，《山海经》是典型的地理想象作品，而且涉及族群政治地理空间建构的问题。②《山海经》在反映族群政治地理空间时，是以隐晦的方式曲折地进行的，有学者认为其内容实际上来源于《逸周书·王会篇》。③在西方，对东方的认识也是以隐晦的方式曲折地进行的，老普林尼（the elder Pliny，23-79）的37卷本《自然史》（Historia Naturalis）是其中的代表者。老普林尼的37卷本《自然史》每卷均涉及不同区域的描述，其中的第七卷尤其对世界不同区域进行了深刻的描绘，并将东方区域及其群体描绘得异常离奇，这里不妨看一下其对印度的描绘：

>　　印度……最能发现奇迹。印度有最大的动物物种：比如，印度的狗比任何其他地方的都要大。事实上，树木据说是如此高以致不能用箭射穿它们（这是肥沃的土壤、温和的气候和充足的春天带给它的），假如有人相信它的话，一个骑兵小分队在一棵树下就可以乘凉；同时，据说芦苇也很高，一片芦苇打起结来就可以造一个可乘

---

① 当前已有学者从空间层面讨论"中华民族共同体意识"的历史演进问题。参见闫丽娟、李智勇《"中华民族共同体意识"的理论渊源探析》，《广西民族研究》2018年第4期。

② 叶舒宪、萧兵、郑在书：《山海经的文化寻踪——"想象地理学"与东西文化碰触》，湖北人民出版社2004年版；刘宗迪：《失落的天书：〈山海经〉与古代华夏世界观》，商务印书馆2006年版。

③ 安京：《〈山海经〉与〈逸周书·王会篇〉比较研究》，《中国边疆史地研究》2004年第4期。

三个人的独木舟。众所周知，有些部落的人足有七英尺高，从不吐口水，从不会头痛、牙痛、眼痛，其他部分的身体也很少会痛——太阳的高温使他们如此健壮；他们的哲人，天衣派人（Gymnosophist）从早站到晚，一直一动不动地用眼睛凝视着太阳，整天都这样，一只脚站着，另一只脚插在灼热的沙土中。麦加斯梯尼（Megasthenes）说在诺勒（Nulus）山上住着一群人，他们的脚向后长，每只脚有八个脚趾，同时在其他一些山上有一个部落的人长着狗头，穿着野兽皮，说话就像狗叫，以捕猎为生，用指甲为武器。……克特西亚斯（Ctesias）写道，印度有一个种族女人终生只能生育一次孩子，儿子出生即变成灰色；他也描述了有一个部落的男人只有一条腿，它们以令人惊讶的速度跳着移动；同样有一个部落，因为在更热的气候中，他们背向地躺下，用他们的脚的影子来保护他们。他们离穴居人并不远。在这些人的西部，有些人没有脖子，眼睛长在肩膀上。在印度东部的山区中有一个部落，是一个行动迅捷的动物，有时一直四足朝地，当它们奔跑时就像人一样站着跑，因为它们的迅速，人们只能捕猎到它们的老弱病残者。陶龙（Tauron）描述了一个森林部落，这个部落的人说话简直就是鬼哭狼嚎，满身毛发，眼睛灰色，有狗的牙齿。欧多克索斯（Eudoxus）说在印度南部的男人有八尺长的脚，女人的脚却非常小……麦加斯梯尼讲述了一个印度游牧民族中的种族，只在鼻孔的地方有一个小洞，像蛇，膝向外弯曲……在印度的东方边缘上，接近于恒河，麦加斯梯尼指出奥斯托米人（Astomi）没有嘴巴，全身是毛；他们穿棉绒，只依靠空气生活，通过鼻孔呼吸；除了植物、花粉、野果的气味外，他们不饮不食，他们在他们的长途旅行中把这些气味带着便不会缺乏体力。麦加斯梯尼说他们会因更刺激的气味而丧命。……这些鬼斧神工的人种及相似的变种是大自然做出来的玩具，也是为了我们的惊奇。[①]

老普林尼在描绘印度时使用了很多人的材料，且这些材料出自

---

① Pliny（E）. *Pliny: Natural History, Volume III, Books 1—2*. Trans. Rackham H. London: Harvard University Press, 1942: 518-527.

古希腊（前 800—前 146）中晚期，说明老普林尼充其量只是个"集大成者"。老普林尼笔下的东方，与《山海经》所描述的"四方"区域意象极为相似，本质上是一种地理想象的产物。

《山海经》与《自然史》的地理想象总的来说采用两种并行的方式进行，即方位化和空间隐喻的方式。方位化，即以某一群体或某一地域为中心或起点，将其他区域"他者化"。此种"他者化"的中心或起点，对于《山海经》来说即其《中山经》所涉及的区域，对于《自然史》来说即西方。空间隐喻，《山海经》对不同区域的描述仍有"广谷大川异制→民生其间者"的逻辑存在①，《自然史》对东方的描述则更多地表现为后来所说的地理环境决定论逻辑。

方位化与空间隐喻并行的地理想象方式当然不限于以上古代中西经典作品，在 20 世纪的美洲印第安部落中，方位化与空间隐喻是这些群体认知世界的重要方式。② 其中的代表者是祖尼人系统性的方位与空间隐喻认知思维（表 0-1）。在祖尼人看来，北、南、西、东、上、下、中这些方位不仅是指示客观地理的方位，还指示着不同事物的具体内涵，不同的事物也通过这些方位被组合起来。祖尼人还通过方位将其不同氏族组合起来，且不同方位的氏族中均有一主导性的群体，颇有多元一体的意味。

表 0-1　北美祖尼人（the Zuni Indians）文化中的方位与空间隐喻地理想象

方位与事物	示例				
方位与季节			北		
			风、微风或空气，冬季		
	西	水、湿风，春季		土地、种子，霜冻季节	东
			火，夏天		
			南		

---

① 李炳海对此有系统的讨论。参见李炳海《〈海经〉、〈荒经〉东方奇形怪状之人考辨》，《齐鲁学刊》2012 年第 2 期；李炳海《〈山海经〉西部地区土著居民形貌特征的文化生成》，《甘肃社会科学》2012 年第 2 期；李炳海《空间方位理念统辖下的人体样态设计——〈山海经〉对北方土著奇形怪貌的记载》，《学习与探索》2012 年第 2 期。

② ［美］施特劳斯著，李幼蒸译：《野性的思维》，中国人民大学出版社 2006 年版，第 50 页。

续表

方位与事物	示例				
方位与社会活动	西	和平（休战）与狩猎	上方：未详	太阳、巫术、宗教	东
			北		
			武力（战争）和破坏		
			温热、农耕、医疗		
			南		
			下方：未详		
方位与颜色	西	蓝色，日落时西方可见蓝色	上方：彩色条纹，如云	未详	东
			北		
			黄色，日出日落之光		
			中部 所有色，世界之中		
			红色，夏天和火的区域		
			南		
			下方：黑色，大地深处		
方位与氏族	西	熊族 郊狼族 春草族	上方：太阳族（已灭绝）、鹰族、天空族	鹿族 羚羊族 火鸡族	东
			北		
			鹳，或鹈鹕族 松鸡，或雄艾棒鸡族 黄木，或常绿栎树族		
			中 金刚鹦鹉族		
			烟草族 玉米族 獾族		
			南		
			下方：蛙或蟾蜍族、响尾蛇族、水族		

资料来源：[法]涂尔干、[法]莫斯著，汲喆译：《原始分类》，上海人民出版社2005年版，第46—57页。

  方位化与空间隐喻的想象地理不仅是认知世界的方式，也是改造世界的方式。但是，在想象地理涉及政治时，中西方的应用倾向并不相同。在西方语境中，地理想象自中世纪后就与所谓的"世界体系"相关联，即萨义德（Edward Said）所谓的"东方主义"[①]，或者福柯（Michel Foucault）更为概括性的"异托邦"（heterotopias）问题。[②] 就其实质而言，福柯的"异托邦"与萨义德的"东方主义"具有很多相似的地方。在萨义德看来，"东方"既是地理概念，又是文化概念，它的产生是"人为建造的"，并与"西方"这个概念相互印证；"东方"的创造尽管有着那么一些实在的东西，但大体上，"几乎是欧洲人凭空创造出来的地方，自古以来就代表着罗曼司、异国情调、美丽的风景、难忘的回忆、非凡的经验"的那个"地方"；它的存在是因为它"有助于欧洲将自己界定为与东方相对照的意象、观念、人性和经验"。[③] 正因"异托邦"与"东方主义"的诸多相似性，国外不少研究中国民族问题的学者将中国类似的问题称为所谓的"内部殖民主义"或"内东方学"[④]，其中最重要的问题之一是中国的民族识别问题。[⑤] 比如，国外有学者认为中国当前的少数民族数应比当前所识别的多得多。[⑥]

更严重的问题在于，西方学者有时将萨义德等所揭示的后殖民逻辑与中国内部的民族问题对等起来，这种做法的后果当是更严重的。赵玉中《中心和边缘——海外中国西南少数民族研究》一文引述了海外西南民族研究专家郝瑞（Stevan Harrell）对中国当下"霸权性""中心—边缘"民族结构的一个论断，认为中国当前的民族关系存在"文明工程""女性化""儿童化""原始化"等各种表征不同

[①] ［美］萨义德著，王宇根译：《东方学》（第 2 版），生活·读书·新知三联书店 2007 年版，第 4 页。

[②] Michel Foucault. Of Other Spaces. Trans. Jay Miskowiec, *Diacritics*, 1986, 16（1）: 22—27.

[③] ［美］萨义德著，王宇根译：《东方学》（第 2 版），生活·读书·新知三联书店 2007 年版，第 1—2、6—7 页。

[④] 此类观点甚多，本文无法一一列述。参见潘蛟《解构中国少数民族：去东方学化还是再东方学化》，《广西民族大学学报》（哲学社会科学版）2009 年第 2 期。

[⑤] 争论见李绍明《从中国彝族的认同谈族体理论——与郝瑞（Stevan Harrell）教授商榷》，《民族研究》2002 年第 2 期；郝瑞《再谈"民族"与"族群"——回应李绍明教授》，《民族研究》2002 年第 6 期。

[⑥] 国外学者错误的话语挪用较多，在此无法一一列举。此类文献并局部的反驳参见潘蛟《解构中国少数民族：去东方学化还是再东方学化》，《广西民族大学学报》（哲学社会科学版）2009 年第 2 期。

社会发展阶梯的符号。①赵玉中引述的如上郝瑞评论中，所谓"女性化""儿童化""原始化"以及"自然化"，完全是西方后殖民理论的话语体系。②一个典型的例子是，后殖民理论体系中的"自然化"往往伴随的是欧洲中心论。

"自然化"倾向的代表人物是康德和黑格尔。在康德看来，环境影响人的体质，也影响人的德性。其中，"在经过、环绕整个地球的平行线以及这边和那边若干度上，也许是陆地上最高大和最漂亮的人"。除此纬度上的人，便不再那么完美："在热带，人在所有部分上都成熟更早，但未达到温带的完善性。人类就其最大的完善性而言在于白人种族。黄皮肤的印第安人的才能已经较低。黑人就低得多，而最低的是一部分美洲部落。"在康德笔下，"最热带的所有居民都特别懒惰"，印第安人则被形容为醉生梦死的人："其精神的疲倦要靠烧酒、烟草、鸦片和其他烈性的东西来唤醒。"只有温带的欧洲人，"比世界上人的任何其他种属身材都更漂亮，更勤劳，更诙谐，在其情欲方面更节制，更有理智"。③

黑格尔认为，黑肤人、黄肤人、白肤人的发展存在着一个"完美"的序列，黑皮肤人"可以看作没有超出其不求私利和无利害的天真状态的儿童民族"，他们"没有任何思考"，"宗教有些幼稚"，"抓不住……比较高尚的东西"，"通行的是可怕的专制政体"，"没有达到对人的人格的感觉"，"精神始终完全沉睡般地沉陷在自身之内"。黄皮肤人处在"幼稚天真状态"，他们"像庞大的蝗虫群一样伸展到其他民族，接着它又让位给漫不经心的冷淡"，他们"开始……与自然分离开"，但"精神还没有理解它自己的绝对自由"，处在试图超越自然与"重新陷入自然性"的状态中。白皮

---

① 赵玉中：《中心和边缘——海外中国西南少数民族研究》，《广西民族大学学报》（哲学社会科学版）2008 年人文社会科学专辑。

② ［美］布劳特著，谭荣根译：《殖民者的世界模式：地理传播主义和欧洲中心主义史观》，社会科学文献出版社 2002 年版。

③ ［德］康德著，李秋零译：《康德著作全集：第 9 卷，逻辑学、自然地理学、教育学》，中国人民大学出版社 2010 年版，第 314—316 页。

肤人"达到与自己本身的绝对统一""精神进到与自然性的完全对立""并因此而创造世界历史"。①

这些偏见对于理解福柯的"异托邦"概念是有用的，甚至对于理解萨义德的"东方主义"概念亦可作经典的案例。例如，尽管黑格尔声称其关于"世界体系"划分的地理知识来源于地理学家李特尔的工作②，但不巧的是李特尔的工作却是赞美上帝的，其地理知识并非完全客观的知识。这就导致了一个问题，即黑格尔的"世界体系"是一个典型的"地理想象"世界体系，缺乏坚实的地理知识基础。就连地理环境决定论的代表人物拉采尔也这样感叹：

> 这些思想是多么地非地理（ungeographical）啊！这些思想对于地理研究必须涉及的范围什么也没有说，这些思想只是表达了不公正地对待事物性质的幻象。③

假如说拉采尔的评论只是指明了黑格尔世界体系的"想象"性质的话，那么洪堡还敏锐地感觉到了黑格尔"地理想象"中可能包含的不正当行为可能性。事实上，洪堡始终对黑格尔的经验知识不信任，并有时"冷嘲热讽"。而在 1837 年 6 月 18 日给好友哈根（Rabel Varnhagen）的信中，洪堡直言不讳：

> 对我而言黑格尔的思想确实是小巫见大巫了，……但是对于像

---

① ［德］黑格尔著，杨祖陶译：《精神哲学——哲学全书，第三部分》，人民出版社 2006 年版，第 46—48 页。

② 黑格尔 1819 年写给克罗伊策的信中说："我将李特尔的工作看成有力的支持。我只是从《地学通论》中了解到他，这真是一个喜出望外的发现。可以很欣赏地说，他的工作可以看作缘于您的工作的结果。他是赞赏您的工作的。首要的是——这在他的《地学通论》中从亚洲到欧洲的安排可能是故意的。Colchis、Kola、Koros、Apaturia 等的印第安人；希罗多德关于 Sesostris（斯特里斯）等地区的地理学；亚洲与希腊神话之间的联系等——我对于您在这一点上，以及对李特尔处理和看待问题的模式的评价很好奇。"参见 G. W. F. Hegel. *The Letters*. Trans. Clark Butler and Christiane Seiler, with commentary by Clark Butler. Bloomington：Indiana University Press, 1984, p.450.

③ Dean W. Bond. Hegel's Geographical Thought. *Environment and Planning D：Society and Space*, 2014, 32（1）：179—198.

我这样的人——对于地球及其无尽变化的自然现象来说，是被诅咒的人，就像昆虫一样——对于美洲和印第安世界完全错误的事实和观点的索然无味的理论断言是充满奴役和压迫的。①

从洪堡的言辞中可以发现，不正当的"地理想象"可能会导致不正当的行为。而所谓"女性化""儿童化""原始化"以及"自然化"，其实都有"地理想象"的成分。②

《山海经》之类的作品确实说明了中国古代民族地理观的建构存在地理想象的方式，司马迁在撰《史记》时就说"至《禹本纪》《山海经》所有怪物，余不敢言之"。③ 作为西南地区经典地志的《华阳国志》，因其中有太多"诞而不经"的内容，唐人杜佑就说其"自述乡国灵怪，人贤物盛。参以他书，则多纰谬"。④ 不过，中国古代以"五方之民"为代表的民族地理观思想，虽有"地理想象"的性质，却与西方"地理想象"分属不同的逻辑系统，其实质并不相同。

其一，中国古代"五方之民"思想的语境始终是"文化"问题而非"种族"问题。

关于福柯话语分析和萨义德"东方主义"的种族主义语境，学界已有较多论述⑤，这里不再赘述。而关于中国古代"五方之民"的"民族"语境，关履权认为中国古代的华夷之别，其标准应当是文化的分野而不是种族或民族的分野，其中有"中国有恶则退

---

① Alexander von. Humboldt. *Letters of Alexander von Humboldt to Varnhagen von Ense from 1827 to 1858, with Extracts from Varnhagen's Diaries, and Letters of Varnhagen and others to Humboldt*. Cambridge: Cambridge University Press, 2009, p.34.

② Alison Blunt and Gillian Rose (Eds.). *Writing women and space: Colonial and postcolonial geographies*. London: Guilford Press, 1994; Alison Blunt and Cheryl McEwan (Eds.). *Postcolonial geographies*. London: Bloomsbury Publishing, 2003.

③ 《史记》卷123《大宛传》，中华书局2014年点校修订本，第3858页。

④ 《通典》卷171《州郡序》，中华书局1988年点校本，第4451页。

⑤ 翁时秀：《基于理论旅行视角的人文地理学中想象地理研究反思》，《地理学报》2018年第2期；安宁、朱竑：《他者，权力与地方建构：想象地理的研究进展与展望》，《人文地理》2013年第1期。

为狄,夷狄有善则进为中国"的例证。[①] 金耀基认为,不同于近代"民族国家",传统中国始终是一个以儒家思想价值为主导的文明,是一种以文化别"华夷"的"文明体国家"(civilizational state)。[②] 张磊和孔庆榕认为,中国古代的华夷之别主要在文化、礼仪上而非种族或民族上,只是存在着社会发展水平上的区分和认识,故有《春秋》所言的"诸侯用夷则夷之",而"夷进于中国则中国之",华夷之间是可以有变动的,"圣人以其行,不限以地"。[③]

当然了,历代统治者都是承认不同族群是有差异的,故"因地施政"始终是历代王朝治边的重要策略,尤以"五服"或"九服"之制中的"任土作贡"原则为代表。换言之,中国古代民族观具有"汉夷无别,一视同仁;求同存异,相互尊重;承认差异,因地施政"的三重特征,三个方面互为表里,不可分割。[④] 正如马戎在《理解民族关系的新思路》一文中指出的,中国传统的民族观是"文化"的而非"种族"的:一方面,中华传统有强调"夷夏之辨"的情况;但另一方面,也有"普天之下,莫非王土,率土之滨,莫非王臣"的"天下"理念。在这种辩证的理念中,"'夷夏'同属一个'天下'且'蛮夷'可被'教化'",虽然各族在语言、宗教、习俗等方面各有差异,但不存在刚性的区别。[⑤] 即使是在语辞上,赵炳林考中国古代"别类""别部""别裔"诸概念的含义,所涉及的"民族"也无种族的含义[⑥],且是在"天下"这一体系下来说的。

因此,尽管福柯的异托邦概念和萨义德的"东方主义"也强调

[①] 关履权:《大一统思想与中华民族的凝聚》,《增强中华民族凝聚力第一次学术讨论会论文集》,香港汉荣书局1991年版,第159—164页。

[②] 金耀基:《论中国的"现代化"与"现代性"——中国现代的文明秩序的建构》,《北京大学学报》(哲学社会科学版)1996年第1期。

[③] (清)苏舆撰,钟哲点校:《春秋繁露义证》,中华书局1992年点校本,第46页。

[④] 张磊、孔庆榕:《中华民族凝聚力学》,中国社会科学出版社1999年版,第294页。

[⑤] 马戎:《理解民族关系的新思路——少数族群问题的"去政治化"》,《北京大学学报》(哲学社会科学版)2004年第6期。

[⑥] 赵炳林:《"别种"辩义——以西南民族为例》,《贵州民族研究》2007年第4期。

差异，但于中国古代"五方之民"而言其差异是同一体系中的差异，而且差异的双方并不表现为极端的对立性关系，而是具有一定依赖关系。中国古代的"五方之民"思想有文化上的优越论或中心论，但不能说是种族上的优越论或中心论。

其二，中国古代"五方之民"所包含的大一统思想不是狭隘的民族观念，不含有排他性。

按关履权的意见，中国古代大一统观念是文化的一统而非武力的征服，历史上的民族间战争往往包括阶级斗争的问题，而且战争之后长时期的社会管理力量是文化而非武力；同时，儒家的政治思想中往往包括"政治清明"的理念，仁政是中国古代政治理念的主流等。① 金耀基所说的"文明"，同样不具有种族划分的色彩，只是说中国古代的文化模式可以视为一种文明的模式，但不是"唯一"的模式。② 这种"模式"中尽管有"排他性"的表现，但其效用相当有限。比如，《汉书·匈奴传》中汉族士大夫对匈奴的意见是这样的："（匈奴）与汉隔绝，道里又远，得之不为益，弃之不为损。盛德在我，无取于彼。"③《通典·边防》更是将中国三代以降至元代与"四夷"有关的治边之策归结为："其地偏，其气梗，不生圣哲，莫革旧风。训诰之所不可，礼义之所不及。外而不内，疏而不戚，来则御之，去则备之。"④ 在这种"来则御之，去则备之"的观念中，历代王朝追求的是"德被四海"的升平景象，不会发生随意征伐"四夷"的事。

而西方的种族主义"异托邦"逻辑，则具有相当的排斥性。利布拉斯（Peter Stallybrass）和怀特（Allon White）发现，等级制二元论在西方的存在是一种历史的产物，并随着欧洲与非欧洲的接触而

---

① 关履权：《大一统思想与中华民族的凝聚》，《增强中华民族凝聚力第一次学术讨论会论文集》，香港汉荣书局1991年版，第159—164页。
② 金耀基：《论中国的"现代化"与"现代性"——中国现代的文明秩序的建构》，《北京大学学报》（哲学社会科学版）1996年第1期。
③ 《汉书》卷96《匈奴传》，中华书局1962年点校本，第3928页。
④ 《通典》卷185《边防》，中华书局1988年点校本，第4978页。

被扩大。对于西方的高等与低级二元论来说,"不仅在依赖于某些日常发生的基于底部—他者(Low-Other)的基础,以及顶部象征性地'包容'底部的方法中,'顶部'为了其权威和地位努力拒绝和消除'底部'的努力只能发现原始的情欲组成了底部自己的迷幻生活。结果是一种摇摆的、冲突的权力焊接,恐惧与欲望的主体性建构:一种基于精确定位他者的心理基础,他者被严格地安置在社会层级的对立面和排斥掉"。① 排斥的形式有多种,地理、文化、精神、艺术、阶级、种/民族等。另外,按希尔兹(Rob Shields)的观察,西方人种论支持下的"自然化"政治策略在看待"他者"时往往采取的是鄙视的态度,"他们(指边缘群体——引者)都代表着想象、低级。"②

其三,中国古代"五方之民"思想具有文化优越论的特征,却不表现为文化霸权主义的形态。

后现代地理学家夏谱(Joanne Sharp)曾指出,在"东方主义"这种东方与西方的二元论中,评判的标准完全是从西方出发的,而且具有"否决性"的功能:"西方思想史上的差异分类标准(taxonomies of difference)并不允许'差异但平等'(different but equal)的存在。西方知识总是在双方之间强加一种价值,给予一方优先权以压倒对方。某些时候,西方的价值是被识别出来的,而东方则被证明偏离了那个价值。"③ 在此种价值判断中,西方殖民理论家要做的不是限制其意识形态的存在空间,而是向"他者"兜售其意识形态。

而中国古代大一统时期的民族政策,一以贯之的都是郡县制与羁縻制并行的政治制度,汉族的意识形态是有一定的空间限制的(如上所引狄仁杰言论如此,更早的《盐铁论》"文学者"意见亦如此)。在政区制度上,秦至宋,中央王朝对边疆民族地区实行的

---

① Peter Stallybrass. Allon White. The Poetics and Politics of Transgression. London: Methuen, 1986, p.5.
② Rob Shields. *Places on the margin: Alternative geographies of modernity*. London: Routledge, 2013, p.3.
③ Joanne Sharp. *Geographies of postcolonialism*. London: Sage, 2008, p.19.

主要是羁縻之策，即《史记·司马相如传》所说"盖闻天子之于夷狄，其义羁縻勿绝而已"，边疆民族地区的"地方"政权只是向中央王朝表示臣服受封，朝廷并不过问其内部事务，实行与郡县之制的直接统治不同的间接统治，这种情形直到元、明、清三代的改土归流后才发生根本性的改变。[①] 此种情形下，尽管"五方之民"中"中国"与"四夷"具有一定的二元性色彩，但由于对德性的强调，只表明了具有文化优越论的色彩，并非霸权主义。

葛兆光近来比较清帝国与西南族群的关系时反对海外学者的"殖民"说，其主要问题包括：是从中心向边缘扩大，还是远征海外；是为了掠夺资源，还是试图纳入帝国；是保持宗主国与"殖民地"的异质性，还是逐渐把蛮夷文明化。[②] 这里虽仅涉及清时期的问题，但其反映的是中国古代传统"五方之民"思想中长期性的问题。

结合前述的内容来看，中国古代的"五方之民"思想与福柯的"异托邦"、萨义德的"东方主义"的关系是：在共通的方面，"五方之民"和"东方主义"都存在着"异托邦"化的地理想象策略。在差异的方面，"五方之民"以文化的差别为不同群体的依据，"东方主义"则是人种；"五方之民"中的"五方之民"之间是一个体系中的差异，而"东方主义"则是两个体系间的差异；"五方之民"中的差异是一种协调性关系，而"东方主义"中的差异则是一种排斥性的关系；"五方之民"中的文化优越性未表现出政治上的一元性价值判断，"东方主义"则因文化上的优越性与政治上的一元性价值判断的结合而表现出了强烈的文化霸权主义。

总之，地理想象作为一种重要的认知世界的方式，在中西方思想文化中均有丰富的内涵。尽管方位化和空间隐喻均是地理想象的重要方式，且在中西方思想文化特别是涉及族群的思想文化中均有之，但

[①] 周振鹤、李晓杰：《中国行政区划通史·总论、先秦卷》，复旦大学出版社2009年版。
[②] 葛兆光：《成为文献：从图像看传统中国之"外"与"内"——葛兆光在上海博物馆的讲演》，《文汇报》2015年11月13日第A23—25版。

其涉及政治时明显遵循不同的逻辑。中国古代"五方之民"为代表的民族地理观思想包含有明显的地理想象性质，但在应用地理想象理论分析中国问题时，应极为注意中西方地理想象的语境差异，避免应用西方理论研究中国问题时的误置。

三 研究回顾

上文已交代过，本书的研究内容主要包括历史民族地理、民族地理观及其关联。总体上来说，历史民族地理的研究是民族地理观研究的基础，因为历史时期民族地理观的嬗变与调整，是以现实的民族地理为基础的，即历史时期族群分布格局的变动会影响民族地理观的嬗变与调整。安介生在梳理中国历史民族地理学的知识体系时，已指出过中国历史民族地理学的相关研究成果分布在民族史、历史地理（含边疆史地研究）、民族学三大领域中。[1] 张勇曾梳理过民族地理观的知识体系，也认为民族地理观的相关研究分布在民族史、历史地理、民族学（或称文化人类学）中。[2] 历史民族地理学和民族地理观相关研究确实在民族史、历史地理、民族学中有丰富的研究成果，但从战国秦汉时期的情况来看，考古学、人口史及移民史中的相关研究亦不可忽略。为此，本节对战国秦汉时期西南区域民族地理研究的回顾，主要从民族史地、考古材料、人口史及移民史三个层面来梳理，民族地理观研究的回顾则另有专论。

（一）民族史地方面的研究

民族史地方面的研究，涉及西南区域者包括通史性民族史地、区域民族史地、族群（别）史地、政区研究四类作品。对于近百年来研究的文献概况，已有目录类文献资料及部分学者的梳理可资参

---

[1] 安介生：《历史民族地理》，山东教育出版社2007年版，第14页。
[2] 张勇：《历史时期西南区域民族地理观研究》，中国文史出版社2014年版，第6页。

考①，本节主要就其重要者加以爬梳。

1. 通史性方面的研究

通史性的历史民族地理研究通常涉及西南区域的族群。此类作品总的来说包括三类。一类是专门的通史性历史民族地理研究作品，主要是史念海《中国历史地理纲要》、安介生《历史民族地理》等。其中，史念海《中国历史地理纲要》除单列"历史民族地理"一篇以区域为纲讨论各区域族群演进外，在"历史人口地理""历史政治地理""历史经济地理"各篇都涉及西南区域的问题。②特别是在"历史人口地理"篇中，除各节讨论到历史时期人口迁徙、分布所涉及的西南区域问题外，还专列了"西南地区各民族人口的估计"一节，讨论秦汉以降西南区域土著族群的户口问题，是所见西南民族人口史研究中所罕见的材料。③安介生的《历史民族地理》是国内第一部历史民族地理专著，以历史阶段复加区域为纲，从多个层面使用多种材料讨论不同历史时期各区域族群的演进，并注意历史民族地理学学科建构的讨论，备受学界好评。④对于西南区域的历史民族地理问题，《历史民族地理》一书既注重西南区

---

① 目录类作品参见陈延琪、王庭恺《中国少数民族论著索引》，新疆人民出版社1992年版；王文杰《中国民族史论著总目：1874—1992》，陕西人民教育出版社1995年版。研究进展梳理类作品参见：达力扎布主编《中国民族史研究60年》，中央民族大学出版社2010年版；王建民《中国民族学史：1903—1949》，云南教育出版社1997年版；王建民《中国民族学史：1950—1997》，云南教育出版社1998年版；王明珂《台湾地区近五十年来的中国西南民族史研究》，黄应贵主编《人类学在台湾的发展：回顾与展望》，"中央研究院"民族学研究所1999年版，第281—317页；施芳、李艳峰《中国民族史史学研究述论》，云南大学出版社2013年版；龙晓燕、王文光《中国西南民族史研究的回顾与展望》，《思想战线》2003年第1期；王文光、朱映占《继承与突破：中国西南古代民族的历史人类学研究前景及其可能》，《西南边疆民族研究》2018年第25辑；马曜《我国西南民族研究的回顾与展望》，《云南社会科学》1982年第1期；李绍明《西南民族研究的回顾与前瞻》，《贵州民族研究》2004年第3期；李绍明《西南人类学、民族学研究的历史、现状与展望》，《西南民族大学学报》2007年第10期；王建民《中国人类学西南田野工作与著述的早期实践》，《西南民族大学学报》2007年第12期。特别是，前面提到的两部目录类作品，以及达力扎布主编《中国民族史研究60年》一书（中央民族大学出版社2010年版），单独列有"西南民族史研究"相关的章节，值得特别留意。

② 史念海：《历史民族地理》，《中国历史地理纲要》，山西人民出版社1991年版。

③ 史念海：《历史民族地理》，《中国历史地理纲要》，山西人民出版社1991年版，第380—387页。

④ 郑维宽：《构建中国历史民族地理学体系的开拓之作——评安介生著〈历史民族地理〉》，《中国边疆史地研究》2008年第4期；罗凯：《安介生著〈历史民族地理〉评介》，《地理研究》2008年第3期。

域族群与中华民族多元一体演进的互动，又注重西南区域族群演进的具体进程，颇具参考价值。

除了以上专门的通史性历史民族地理研究作品外，在通史性民族史中，也有丰富的西南区域民族地理研究内容。曾有学者说，"从历史上看，地理学与民族学是最接近的姊妹学科"[①]，因为地理学和民族学都对异域风俗和族群有强烈的好奇心。因地理学与民族学的亲缘关系，学人研究民族史，也必涉及地理的问题。安介生建构历史民族地理学的知识体系时，将民族史研究视为历史民族地理学主要的知识体系之一，即缘此之故。[②] 此类作品，主要是吕思勉、王桐龄、林惠祥三人各自完成的同名作品《中国民族史》[③]，黄烈《中国古代民族史研究》和田继周《中国历代民族史》中的两卷。吕思勉、王桐龄、林惠祥的同名作品《中国民族史》注重中华民族发展史的整体性研究，虽然也涉及族群分布问题，但由于只讨论主要的族群，或者通过划分族系来讨论，于西南区域族群的具体演变特别是空间演变问题讨论较略。如在王桐龄的《中国民族史》中，第二章是通过分区来讨论上古时期各区域族群的演进的，但随后的章节中便按族系来讨论，并特别注意其与汉族的关系，涉及西南区域族群具体情况的内容比较简要。黄烈《中国古代民族史研究》虽从古代族群的立场来讨论民族演进及其有关的地理问题，但涉及族群不全，只有部分族群涉及西南区域。[④]《中国历代民族史》中涉及战国秦汉时期的两卷是田继周完成的[⑤]，其中的第2卷《秦汉民族史》采用区域为纲的方法，在"巴郡、南郡、武陵诸郡蛮和西南夷"一章中梳理了秦汉时期西南地区族群演变的问题，但于族群分布问题考

---

① ［日］石川荣吉、佐佐木高明著，尹绍亭译：《民族地理学的学派及学说》，《世界民族》1986年第5期。

② 安介生：《历史民族地理》，山东教育出版社2007年版，第14页。

③ 吕思勉：《中国民族史》，世界书局1934年版；王桐龄：《中国民族史》，文化学社1934版；林惠祥：《中国民族史》，商务印书馆1936年版。

④ 黄烈：《中国古代民族史研究》，人民出版社1987年版。

⑤ 田继周：《中国历代民族史：先秦民族史》，社会科学文献出版社2007年版；田继周：《中国历代民族史：秦汉民族史》，社会科学文献出版社2007年版。

论较略。

再一类是研究中以历史阶段复加区域为纲的作品。这类作品大多将中华民族作为一个整体来研究，并以中华民族整体性的演进来划分族群发展的历史阶段，然后在不同历史阶段下进行区域性的族群演进研究。此类作品，安介生曾讨论过陈连开《中国民族史纲要》一书，认为该书以区域为纲讨论各区域族群的演进，突出的是中华民族演进史上的区域差异和族群分布格局，实现了区域叠加民族的研究范例。[1] 在该书中，陈连开将西南区域族群演进的历史过程分战国秦汉魏晋南北朝、唐宋、元明清三个时期加以讨论，着重阐述各时期西南族群演进对中华民族整体性多元一体演进的影响。[2] 除了陈连开《中国民族史纲要》一书，采用相似方法研究中国民族史的作品是极为丰富的，包括徐杰舜《中国民族史新编》、江应梁《中国民族史》、王锺翰《中国民族史》和《中国民族史概要》、王文光《中国民族发展史》、罗贤佑《中国民族史纲要》、王文光等《中国民族发展史纲要》等。[3] 在这些作品中，不同族群演进阶段的西南区域族群通常被划分为"南方诸蛮"或"西南诸族"来讨论，并详及史籍所载的各个族群，对其渊源、分布、演化方向乃至户口情况、社会政治制度、文化特征等都有讨论，较前一类作品在区域族群演进的层面上更具参考价值。此外，在一些民族关系史和社会文化史作品中（此类作品属广义的民族史研究作品），也会采用历史阶段复加区域的框架来讨论各区域族群的分布问题，如翁独健的《中国民族关系史纲要》。[4]

---

[1] 安介生：《历史民族地理》，山东教育出版社2007年版，第17页。

[2] 陈连开主编：《中国民族史纲要》，中国财政经济出版社1999年版，第586—653页。

[3] 徐杰舜：《中国民族史新编》，广西教育出版社1989年版；江应梁：《中国民族史》，民族出版社1990年版；王锺翰：《中国民族史》，中国社会科学出版社1994年版；王锺翰：《中国民族史概要》，山西教育出版社2004年版；王文光：《中国民族发展史》，民族出版社2005年版；罗贤佑：《中国民族史纲要》，中国社会科学出版社2009年版；王文光、龙晓燕、张媚玲：《中国民族发展史纲要》，云南大学出版社2010年版。

[4] 翁独健：《中国民族关系史纲要》，中国社会科学出版社1990年版；佟柱臣：《中国边疆民族物质文化史》，巴蜀书社1991年版。

2. 区域民族史地方面的研究

西南区域民族史地方面的研究作品，主要包括以西南区域为主的通史性和断代性研究作品。西南区域通史性作品方面，又包括以完整的西南区域为研究区域的通史性研究作品，以及以西南区域某一区域为研究区域的通史性作品。以完整的西南区域为研究范围的作品，包括尤中《西南民族史论集》和《中国西南民族史》、杨铭《西南民族史研究》、王文光等《中国西南民族关系史》、龙晓燕等《中国西南民族关系史纲要》、王文光等《中国西南民族通史》等。[1] 这些作品虽是民族史作品，但对战国秦汉时期的主要族群，均较为详细地梳理了其族属，不同群体的分布地。特别是，以完整的西南区域为研究范围的作品，需要考虑西南区域范围内不同群体间的关系，以及西南区域族群与其他区域族群的关系，在梳理民族渊流方面用力颇深，奠定了西南区域历史民族地理研究的"族系"研究路径。

以西南区域某一区域为研究区域的通史性作品，以本书研究范围而论主要涉及四川、重庆、云南、贵州地区。近些年来，这些区域的区域性民族通史，均有专著问世。[2] 以某一省区为区域范围的通史性作品有一个突出特点，即特别注重对应区域族群演进的"多元一体"格局之形成。事实上，虽然历史时期的西南区域相对来说具有明显的一体性特征，但与其他区域相比，其内部的生境也存在明显的差异。童恩正就指出过，西南区域包括西部的青藏高原，南部为云贵高原，北部为四川盆地三大自然区，不同区域间族群演进态

---

[1] 尤中：《西南民族史论集》，云南民族出版社1982年版；尤中：《中国西南民族史》，云南人民出版社1985年版；杨铭：《西南民族史研究》，重庆出版社2000年版；王文光、龙晓燕、陈斌：《中国西南民族关系史》，中国社会科学出版社2005年版；龙晓燕、陈斌：《中国西南民族关系史纲要》，云南大学出版社2013年版；王文光、朱映占、赵永忠：《中国西南民族通史》，云南大学出版社2015年版。

[2] 李宗放：《四川古代民族史》，民族出版社2010年版；管维良：《重庆民族史》，重庆出版社2002年版；尤中：《云南民族史》，云南大学西南边疆民族历史研究所1985年版；方国瑜：《云南民族史讲义》，云南人民出版社2013年版；朱映占、翟国强、龙晓燕等：《云南民族通史》，云南大学出版社2016年版；侯绍庄、史继忠、翁家烈：《贵州古代民族关系史》，贵州民族出版社1991年版。

势有明显的不同。① 研究中国区域历史地理的李孝聪也认为,"从纯地理的角度看,西南地区并不是一个非常整合的统一的区域,整个区域由多个地理单元组成,单元之间甚至存在着比较大的差异"。② 不同区域生存环境的差异,对历史时期族群演进也有明显的影响。总体来说,巴蜀地区在历史时期是汉夷交替最频繁的区域,云贵地区则长时期为少数民族群体的演进所主导,且族群演进的东西差异极为明显。川西高原,其族群演进也具有明显的区域性,氐羌群体在很长时期是这一区域的主体族群。

区域性断代民族史地研究方面,段渝《西南酋邦社会与中国早期文明》和翟国强《先秦西南民族史论》是西南区域战国秦汉时期民族地理研究的代表性作品。③ 这两部作品以战国秦汉时期(有的内容也涉及战国之前)方国族群演进为核心,基于史料的详细梳理和考古文化的分析,建构起了西南区域方国族群演进的区域过程,揭示了西南区域文明演进的区域性特征,系统地理清了战国秦汉时期族群分布和族群演进态势。此外,罗二虎的《秦汉时代的中国西南》虽涉及内容较广泛,但也专门讨论过秦汉时期西南区域的族群分布问题,也可视为西南区域断代民族史地研究作品。④ 还有一些西南区域断代性民族史地研究作品涉及战国秦汉时期,因这些作品主要基于考古文化的分析,后文专论。

3. 族群(别)史地方面的研究

族群(别)史地方面的研究,在汉族群体和西南夷群体方面均有较丰富的研究成果。在汉族群体方面,战国秦汉时期西南区域汉族的历史民族地理研究主要分布在人口史研究和移民史研究作品中。全国层面上的人口史和移民史研究作品都会涉及西南区域,特别是巴蜀地区,但讨论往往简略,重在分析全国层面的户口格局和

---

① 童恩正:《中国西南民族考古论文集》,文物出版社 1990 年版,第 16 页。
② 李孝聪:《中国区域历史地理》,北京大学出版社 2004 年版,第 79 页。
③ 翟国强:《先秦西南民族史论》,黑龙江教育出版社 2011 年版;段渝:《西南酋邦社会与中国早期文明》,商务印书馆 2015 年版。
④ 罗二虎:《秦汉时代的中国西南》,天地出版社 2000 年版。

移民态势。其中,葛剑雄《中国移民史》和《中国人口史》都涉及战国秦汉时期西南区域的汉族分布和迁徙态势问题[1],但因两汉户口数据均未区分族群,人口问题不能完全反映族群问题。区域性的汉族群体史地研究,则主要涉及汉族群体的迁徙问题。其中,蓝勇《西南历史文化地理》对战国秦汉时期巴蜀区域的汉族移民有较详的梳理[2];谭红《巴蜀移民史》对战国秦汉时期汉族移民考论详细,具有较高的参考价值[3]。

以上研究通常以史料记载为主要线索,但史料中还有一类特殊的材料未触及,即两汉时期西南地区的大姓、士女资料。许倬云曾指出:"大姓之所在,当可作为汉人移民所至的指标。"[4]任乃强在校注《华阳国志》时,对各郡大姓及其族属问题进行过详细的讨论,并列出各郡大姓、士女数。[5]后来,黄宽重、孙俊等均对《华阳国志》所载大姓、士女进行了相应的梳理和考论,并以之讨论了两汉时期汉族群体的分布问题。[6]

西南夷群体的族群(别)史地研究方面,当前的研究不可谓不丰富,各类涉及西南地区的民族史作品均会有相应的内容。但就综合性或某一群体的史地研究而言,则相对贫乏。当前最为重要的作品是段丽波的《中国西南氐羌民族源流史》,对战国秦汉时期史籍所见的氐羌群体(其中含有其他学者所说的"夷"群体)分布和发展问题进行了系统的研究。[7]由于氐羌群体是战国秦汉时期西南地区

---

[1] 葛剑雄:《中国移民史》(第2卷),福建人民出版社1997年版;葛剑雄:《中国人口史》(第1卷),复旦大学出版社2002年版;费省:《唐代人口地理》,西北大学出版社1996年版;冻国栋:《中国人口史》(第2卷),复旦大学出版社2002年版。

[2] 蓝勇:《西南历史文化地理》,西南师范大学出版社1997年版。

[3] 谭红:《巴蜀移民史》,巴蜀书社2006年版。

[4] 许倬云:《汉代四川人才的分布与道路的关系》,《历史分光镜》,上海文艺出版社1998年版,第153页。

[5] 任乃强:《华阳国志校补图注》,上海古籍出版社1987年版。

[6] 刘增贵:《汉代的益州士族》,黄宽重、刘增贵主编:《家族与社会》,中国大百科全书出版社2005年版,第122—169页;孙俊、武友德:《秦汉西南"汉夷"格局——以〈华阳国志〉豪族士女和考古室崖墓分布为中心》,《中国边疆史地研究》2018年第2期;孙俊、武友德、潘玉君等:《两汉魏晋时期的西南族群地理观念及其格局》,《云南师范大学学报》(哲学社会科学版)2016年第4期。

[7] 段丽波:《中国西南氐羌民族源流史》,人民出版社2011年版。

分布广泛的族群，相关的族群史研究也极为丰富[①]，除了段丽波的作品外，冉光荣、何光岳、杨铭等也有氐羌族群史研究成果的出版。[②]

氐羌族群历史地理的系统研究，还与彝族史研究有很强的关联，这主要是因为氐羌族群与现在的彝族有渊源关系。[③] 在彝族史研究方面，方国瑜、马长寿、易谋远、王天玺、张鑫昌等均有代表性的彝族史研究作品问世[④]，其中包括有彝族历史地理研究的问题。其中，方国瑜《彝族史稿》、陇贤君《中国彝族通史纲要》、易谋远《彝族史要》等特别注重从彝文典籍方面梳理彝族的发展问题，包括不同时期的历史地理问题；马长寿《彝族古代史》注重彝文典籍与田野资料的使用，对不同时期各部族的分布也有简要的讨论；王天玺、张鑫昌主编《中国彝族通史》在汉文史料、彝文典籍、考古材料方面均有系统的梳理，在第一编详细梳理并讨论了战国秦汉时期与今彝族有关的群体及其部落的分布问题。

无论是氐羌族群史的研究还是彝族史的研究，在涉及西南地区族群史地问题时，都有将羌或彝族先民泛化的倾向，有的氐羌族群或彝族先民分布区中可能含有其他族群。

除了氐羌系统的研究外，涉及战国秦汉时期西南地区的百越族群史研究也有重要的成果出版。其中的代表作应是《百越民族发展

[①] 氐羌族群史的研究，已有较详的综述文献，涉及战国秦汉时期的包括：耿静：《羌族研究综述》，《贵州民族研究》2004年第3期；常倩：《近百年来羌族史研究综述》，《贵州民族研究》2009年第3期；赵蕤：《近30年来日本学者的羌族研究文献综述——以文化人类学为中心》，《贵州民族研究》2014年第5期；马勇：《近三十年国内氐羌族源的研究综述》，《四川民族学院学报》2017年第6期；袁琳蓉：《百年来羌族民族学研究回顾》，《西南民族大学学报》（人文社科版）2017年第1期；段丽波、龙晓燕：《中国西南氐羌系统民族源流研究述评》，《思想战线》2010年第3期。

[②] 冉光荣：《羌族史》，四川民族出版社1985年版；何光岳：《氐羌源流史》，江西教育出版社2000年版；杨铭：《氐族史》，商务印书馆2014年版。

[③] 关于彝族史研究，有综述文献可供参考。参见白兴发《近百年来彝族史研究综述》，《学术月刊》2003年第9期；白兴发《彝族史研究的回顾与前瞻》，《贵州民族研究》2003年第4期；辜永碧《20世纪60年代前后的彝族史研究——以方国瑜、马长寿和冯汉骥三位先生为例》，《贵州师范学院学报》2015年第11期。

[④] 方国瑜：《彝族史稿》，四川民族出版社1984年版；马长寿：《彝族古代史》，上海人民出版社1987年版；陇贤君：《中国彝族通史纲要》，云南民族出版社1993年版；戈隆阿弘：《彝族古代史研究》，云南民族出版社1996年版；易谋远：《彝族史要》，社会科学文献出版社2002年版；王天玺、张鑫昌主编：《中国彝族通史》，云南人民出版社2012年版。

演变史》和《中国南方古代僚人源流史》两部作品。①这两部作品是南方百越群体研究的力作，不过在讨论相关问题时需注意百越群体中涉及西南地区的群体有的存在族属争议的问题。

以上族群（别）史的研究，事实上有大量的考古资料可供参考，并有学者就考古材料所见文化类型讨论了不同文化与战国秦汉时期族群的对应关系问题。在考古材料中涉及汉族的考古材料除了数量丰富外，还有大量文字性的材料，为理解战国秦汉时期汉族群体的迁徙、分布问题提供了重要的资料支撑。此方面的研究详见后文考古材料研究方面的论述。

4. 政区方面的研究

政区方面的研究虽是政治地理学的内容，但战国秦汉时期西南地区的政区研究往往需要考虑族群分布的问题，事实上也是历史民族地理的代表性作品。方国瑜《中国西南历史地理考释》一书在讨论政区或地名问题时，往往要讨论相关的族群分布[②]，是公认的经典历史民族地理作品之一。[③]更为重要的是，方国瑜《中国西南历史地理考释》奠定的政区或地名研究，为后来学者研究西南地区历史民族地理问题提供了坚实的定位基础。尤中《中国西南民族地区沿革史：先秦至汉晋时期》一书是典型的西南地区政区研究作品。[④]在该书中，尤中对秦汉时期西南夷地区各县的族群分布状况有详细的讨论，也可视为一部经典的历史民族地理研究作品。

除了以上二著外，谭其骧主编《中国历史地图集》第二册除标注秦、西汉、东汉时期的政区地名外，还标有主要族群的分布地望[⑤]，对秦汉时期西南地区民族地理研究也具有重要参考价值。郭声波《彝族地区历史地理研究：以唐代乌蛮等族羁縻州为中心》是一

---

① 王文光、李晓斌：《百越民族发展演变史：从越、僚到壮侗语族各民族》，民族出版社2007年版；李艳峰、曾亮：《中国南方古代僚人源流史》，云南大学出版社2016年版。
② 方国瑜：《中国西南历史地理考释》，中华书局1987年版。
③ 安介生：《历史民族地理》，山东教育出版社2007年版，第7页。
④ 尤中：《中国西南民族地区沿革史：先秦至汉晋时期》，民族出版社2004年版。
⑤ 谭其骧主编：《中国历史地图集》（第2册），中国地图出版社1982年版。

部较为特殊的作品。基于翔实的道里数据梳理，该书还原、纠正了很多唐代西南地区的政区问题（主要限于当时的乌蛮地区，后续成果则还包括羌人地区）。①《彝族地区历史地理研究：以唐代乌蛮等族羁縻州为中心》一书虽主要针对唐代的族群问题，但部分与秦汉时期有关的族群也得到了梳理，对秦汉时期西南地区的西南夷民族地理研究也有一定的参考价值。

（二）考古材料方面的研究

史料与考古材料结合使用的"二重证据法"是历史研究的重要方法。②在西南区域历史民族地理研究中，这一方法的使用在战国秦汉时期有着特别的意义。一方面，史料所及战国秦汉时期特别是战国时期的族群记载较为模糊，某种程度上影响着对西南区域族群的认识。另一方面，关于战国秦汉时期西南区域族群的考古材料特别丰富，学者们借此对战国秦汉时期西南区域族群进行了深入的研究。早在30年前，童恩正就依据当时的研究，梳理了夜郎、句町、滇、靡莫之属、邛都、徙、冉駹、筰都等族群文化的考古发现研究进展③，反映了当时这些族群在考古文化上找到了对应的考古文化类型。近三十年来，考古材料发现和披露更为丰富，研究内容也更为丰富。《中国考古学：两周卷》和《中国考古学：秦汉卷》，均专节讨论战国秦汉时期巴蜀、云贵地区的主要考古发现及相关研究，呈现了当时西南地区多元文化发展态势，并简要说明了其他区域文化对西南地区文化发展的影响。④霍巍《西南考古与中华文明》一书中收录的《长江上游巴蜀文化探索的新进展》《蜀与滇之间的考古

---

① 郭声波：《彝族地区历史地理研究：以唐代乌蛮等族羁縻州为中心》，四川大学出版社2009年版。
② 于大成：《二重证据》，《理选楼论学稿》，台湾学生书局1979年版，第501—561页；王国维：《古史新证：王国维最后的讲义》，清华大学出版社1994年版，第1—58页。
③ 童恩正：《近年来中国西南民族地区战国秦汉时代的考古发现及其研究》，《考古学报》1980年第4期。
④ 中国社会科学院考古研究所：《中国考古学：两周卷》，中国社会科学出版社2012年版；中国社会科学院考古研究所：《中国考古学：秦汉卷》，中国社会科学出版社2010年版。

学》《西南地区秦汉时代的考古》三文,对战国秦汉时期西南地区的主要考古学文化区考古及研究进展进行了新的总结,并讨论了秦汉时期西南夷地区的汉文化发展问题。①

因战国秦汉时期西南地区的族群演进具有明显的族群性与区域性特征,从族群性或区域性方面梳理相关的研究均是可行的方案。考虑到汉族群体分布广泛的问题,在此以族群性为视角梳理相关的研究进展。这里所说的族群性,本可包括史籍所载的各个族群,但因考古材料发掘的多寡不同,研究文献的数量也有很大差异,暂从西南夷群体、汉族群体两类来讨论。当然,也有一些综合性的成果,可事先交代。

综合性的成果,主要是涉及整个西南地区及其族群的成果。其中的代表作是翟国强《先秦西南民族史论》、段渝等《西南酋邦社会与中国早期文明》。②在这两部作品中,翟国强和段渝等以主要方国为线索,依据翔实的考古材料和史料讨论了先秦至秦汉时期西南地区主要族群的发展过程,其重点时段在战国秦汉时期。而且,在讨论各方国文化特征的同时,翟国强和段渝等均注重分析不同方国内部的族群结构,以及不同族群间的文化差异。这两部作品,应当是当前战国秦汉时期西南民族史地研究最为重要的作品,尽管其没有讨论汉族的问题(这不是其题中之义)。

西南夷群体方面,最重要的作品仍是翟国强《先秦西南民族史论》、段渝等《西南酋邦社会与中国早期文明》两部作品③,由于已交代过,不再赘述。除了这两部作品外,其他涉及西南夷群体的考古研究成果总的来说包括两类。一类是川西群体的研究,另一类是云贵群体的研究。其中,川西群体主要涉及石棺墓、大石墓两类墓葬及其族属的研究。"藏彝走廊研究丛书"中的《藏彝走廊:文明起

---

① 霍巍:《西南考古与中华文明》,巴蜀书社2011年版。
② 翟国强:《先秦西南民族史论》,黑龙江教育出版社2011年版;段渝等:《西南酋邦社会与中国早期文明》,商务印书馆2014年版。
③ 翟国强:《先秦西南民族史论》,黑龙江教育出版社2011年版;段渝等:《西南酋邦社会与中国早期文明》,商务印书馆2014年版。

源与民族源流》《青藏高原东缘的古代文明》《交融与互动：藏彝走廊的民族、历史与文化》等作品①，其中的部分章节即大量使用考古材料来研究战国秦汉时期的川西群体，包括有石棺墓、大石墓两类考古材料。

石棺墓的发现与分布问题，《中国西南地区石棺葬文化调查与发现：1938—2008》一书有系统的梳理，罗二虎《文化与生态、社会、族群：川滇青藏民族走廊石棺葬研究》一书则补充了新近发现的材料②，孙俊后来又补充了罗二虎著作出版后的相关材料。③石棺墓广泛分布在川西、滇西北、藏东地区，涉及的族群比较复杂。其中，岷江上游石棺墓，虽其族属有氐、羌、夷诸说，但其人群应为汉代的冉駹夷群体则为诸家所公认。④滇池洱海地区的石棺墓，一般认为是嶲、昆明所留。⑤

石棺墓分布广泛，史籍所载秦汉时期川西地区的族群也比较复杂。石棺墓的对应族群，应不止一两个。近年来，此方面的研究取得了很大的进步，其中的代表作是《文化与生态、社会、族群：川滇青藏民族走廊石棺葬研究》《西南地区北方谱系青铜器及石棺葬文化研究》两书。在《文化与生态、社会、族群：川滇青藏民族走

---

① 石硕：《藏彝走廊：文明起源与民族源流》，四川人民出版社2009年版；石硕：《青藏高原东缘的古代文明》，四川人民出版社2011年版；石硕、李锦、邹立波：《交融与互动：藏彝走廊的民族、历史与文化》，四川人民出版社2014年版。

② 阿坝藏族羌族自治州文物管理所、成都文物考古研究所：《中国西南地区石棺葬文化调查与发现：1938—2008》，四川大学出版社2009年版；罗二虎：《文化与生态、社会、族群：川滇青藏民族走廊石棺葬研究》，科学出版社2012年版。

③ 孙俊：《战国秦汉西南族群演进的空间格局与地理观念》，云南师范大学博士学位论文，2016年。

④ 冯汉骥、童恩正：《岷江上游的石棺葬》，《考古学报》1973年第2期；陈宗祥：《岷江上游石棺葬的族属初探》，《西南民族学院学报》1981年第1期；李汝能：《岷江上游石棺葬族属探讨》，《西南民族学院学报》(哲学社会科学版)1985年第4期；童恩正：《四川西北地区石棺葬族属试探》，《中国西南民族考古论文集》，文物出版社1990年版，第81—87页（同见童恩正：《四川西北地区石棺葬族属试探——附谈有关古代氐族的几个问题》，《思想战线》1978年第1期）；石硕：《藏彝走廊地区的石棺葬及相关人群系统研究》，《藏学学刊》2009年第5辑；彭述贤：《石棺葬冉駹夷岷江上游石棺葬族属考》，《西南大学学报》(社会科学版)2014年第3期；文物出版社编：《茂县营盘山石棺葬墓地》，文物出版社2013年版。

⑤ 田怀清：《大理地区石棺葬族属试探》，《云南社会科学》1986年第2期。

廊石棺葬研究》一书中，罗二虎以考古材料为核心，结合史料，旁补民间传说和史诗，基本确定了战国秦汉时期史料与考古文化群体的对应关系，即冉駹与佳山文化，徙与卡莎湖文化、邛人与汉塔山文化、青衣夷与老场文化、徼外夷与扎金顶文化、邛都（濮）与大墩子文化和尔巴克苦文化、靡莫之属与石洞山文化、筰都与老龙头文化的关系。①《西南地区北方谱系青铜器及石棺葬文化研究》一书虽涉及考古文化与族群关系的内容较少，但该书有一个重要特点，即注重碳化物的分析，如其中对种子的分析，对人骨的分析，为相关考古材料研究中所独有，对认识川西地区先秦时期不同人群的生计、社会经济、体质特征有重要的推动作用②，唯大多材料在战国之前，本书涉及的内容不多。

大石墓的分布较为集中，主要分布在洱海以东区域及安宁河流域。③大石墓的分布及演变问题，张增祺、赵德云进行过较详的梳理和探讨④，认为大石墓起源于滇西洱海以东区域，在秦汉晚期或战国早期北传至安宁河流域。由于大石墓分布于多个族系的过渡地带，其族属也未能获得共识，有濮人说、氐羌说、孟高棉民族说等。⑤

---

① 罗二虎：《文化与生态、社会、族群：川滇青藏民族走廊石棺葬研究》，科学出版社2014年版。
② 四川省文物考古研究院：《西南地区北方谱系青铜器及石棺葬文化研究》，科学出版社2013年版。
③ 童恩正：《四川西南地区大石墓族属试探——附谈有关古代濮族的几个问题》，《考古》1978年第2期；唐嘉弘：《试论四川西南地区石墓的族属》，《考古》1979年第5期；李绍明：《邛都夷与大石墓的族属问题》，《西南民族学院学报》（人文社会科学版）1981年第2期；刘世旭：《试论川西南大石墓的起源与分期》，《考古》1985年第6期；张增祺：《西南地区的"大石墓"及其族属问题》，《考古》1987年第3期；罗开玉：《川西南与滇西大石墓试析》，《考古》1989年第12期；杨凌、罗亚平：《"邛"、"筰"分布区域考》，《南方民族考古》1993年第5辑；四川省文物考古研究所、凉山彝族自治州博物馆、西昌市文化管理所：《安宁河流域大石墓》，文物出版社2006年版；石硕：《"蜀曰邛"：古蜀国的邛人及相关问题探讨》，《四川大学学报》（哲学社会科学版）2008年第2期；林向：《大石墓的族属问题——巴蜀西南徼外的邛人墓葬》，《童心求真集：林向考古文物选集》，科学出版社2010年版，第99—107页；赵德云：《安宁河流域大石墓的分期及相关问题》，《考古》2019年第3期。
④ 张增祺：《西南地区的"大石墓"及其族属问题》，《考古》1987年第3期；赵德云：《安宁河流域大石墓的分期及相关问题》，《考古》2019年第3期。
⑤ 代表性观点分别参见童恩正《四川西南地区大石墓族属试探——附谈有关古代濮族的几个问题》，《考古》1978年第2期；林向《大石墓的族属问题——巴蜀西南徼外的邛人墓葬》，《童心求真集：林向考古文物选集》，科学出版社2010年版，第99—107页；张增祺：《西南地区的"大石墓"及其族属问题》，《考古》1987年第3期。

战国秦汉时期云贵高原地区的主要墓葬形式包括大石墓、石棺墓、土坑竖穴墓等类型。其中，大石墓、石棺墓分布在滇西地区，前文已就其与民族地理有关的研究进展进行了论述。土坑竖穴墓主要分布在滇中、滇东南、滇东北、滇西地区。当前，关于西南地区土坑竖穴墓的发展演变问题尚无系统的研究材料，仅见杨勇、孙俊对相关的报道有详细的梳理。① 由于相关研究的缺乏，目前尚难以从墓葬形式上来讨论战国秦汉时期云贵高原土坑竖穴墓与族群的对应关系。不过，云贵高原墓葬中出土的文化器物则很丰富，已有学者讨论了其文化分区的问题及文化区与族群之间的关系。此类研究集中于云南地区，各文化区的族群关系共识较多，族属方面则仍无共识。

在族群与文化区的对应关系方面，总的来说各家意见有如下类型。童恩正根据早期发掘的文化器物，将云南地区滇池、洱海两地的文化视为同一文化类型下的不同文化区，认为滇池地区文化代表的是滇文化，洱海地区文化代表的是"靡莫之属"文化。② 此种观点为云南地区考古文化与族群关系的主要观点之一，后来的学者主要是注意到了特殊区域的族群问题。例如，范勇认为洱海周围地区的青铜文化为"靡莫之属"文化，但可能与嶲、昆明有关；滇池周围地区的青铜文化为滇人所创造；红河区域的青铜文化与哀牢夷、鸠僚③有关。④ 另一种观点以王大道为代表，认为战国秦汉时期云南地区的青铜文化可分为滇池区域，洱海区域，红河流域，怒江、澜沧

---

① 杨勇：《战国秦汉时期云贵高原考古学文化研究》，科学出版社2011年版；孙俊：《战国秦汉西南族群演进的空间格局与地理观念》，云南师范大学博士学位论文，2016年。

② 童恩正：《近年来中国西南民族地区战国秦汉时代的考古发现及其研究》，《考古学报》1980年第4期。

③ "僚"，古籍多作"獠"。1940年，民国政府颁布训令，将西南少数民族族称中带有虫、兽偏旁者改为"亻"旁或其他不从虫、兽偏旁之字（详见杨思机《民国时期改正西南地区虫兽偏旁族类命名详论》，《民族研究》2014年第6期）。受此影响，近人著述多将古籍"獠"改为"僚"，本书亦从之。一般情况下，改"獠"为"僚"并无不妥。不过，讨论民族地理观问题，本身就是古人认识非汉族群的问题，族称即其民族地理观体现之一方面。此外，讨论古代民族地理观时，"獠"并非唯一从虫、兽的族称偏旁，南蛮、北狄、巴、蜀等均有此问题，无法一一避免。为免歧义，本书凡引述史料及讨论问题均用"僚"字，但引用近人作品则尊重作者原意，已改"獠"为"僚"者因之，仍"獠"者亦保持原貌。

④ 范勇：《云南青铜文化的区系类型研究》，《四川文物》2007年第2期。

江、金沙江上游，澜沧江中、下游五个文化类型；其中，滇池、洱海、红河区域的文化为（滇）濮人所创造，怒江、澜沧江、金沙江上游，澜沧江中、下游文化则分别为嶲、昆明（嶲、昆明被理解为一个类群）和滇越所创造。①王大道的云南地区陶器分区与青铜器分区相同，只是陶器资料有限，分区不全。②这两种观点中，洱海区域的族群与其他观点存在争议。例如，宋治民、张增祺等认为洱海区域的文化应为嶲、昆明所创造。③与之相关，"靡莫之属"在新近的考古研究中认为应在滇东地区。④

在族属方面，彭长林认为滇池地区的滇人为百越、氐羌、百濮三系重组而成的复合型族群，滇南、滇东南地区则以百越为主，兼有百濮，滇西、滇西北地区主要为百濮、氐羌中的嶲、昆明，滇东北地区主要是氐羌中的僰人。⑤杨帆认为云南地区的青铜文化是北方青铜文化南传后与本土文化结合的产物，可分滇西北及川西南、川滇黔交界区、滇池及滇东南地区三大文化区和一个文化交汇区（指楚雄至大理间的区域，滇南、滇西空白），分别代表着氐羌、百濮、百越三大族系的文化及嶲、昆明这一特殊的文化交汇族群文化。⑥这些不同族属对应的族群往往也有很大的争论，其中尤为突出者是滇人的族属问题，百越、濮人、僰人、孟高棉系诸说均有之。⑦

云南地区文化类型与族群、族属关系的争论，很大程度上可视为族群复杂性的反映。特别是在滇池地区，青铜文化反映了这一地区在战国秦汉时期生存着多个族群。冯汉骥、汪宁生、胡顺利、易

---

① 王大道：《云南青铜文化及其与越南东山文化、泰国班清文化的关系》，《考古》1990年第6期。
② 王大道：《云南青铜文化的陶器及其与越南东山、泰国班清文化陶器的关系》，《南方民族考古》1991年第3辑。
③ 宋治民：《云南西部地区一些青铜文化墓葬的初步讨论》，《南方民族考古》1987年第1期；张增祺：《云贵高原的西南夷文化》，湖北教育出版社2004年版，第256—258页。
④ 杨勇、朱忠华、王洪斌等：《云南陆良县薛官堡墓地》，《考古》2013年第4期；云南省文物考古研究所：《曲靖八塔台与横大路》，科学出版社2003年版，第189页。
⑤ 彭长林：《云贵高原的青铜时代》，广西科学技术出版社2008年版，第212—253页。
⑥ 杨帆：《试论云南及周边相关青铜文化的区系类型》，《云南文物》2002年第1期；杨帆：《试论金沙江流域及云南青铜文化的区系类型》，《中华文化论坛》2002年第4期。
⑦ 详见杨勇：《战国秦汉时期云贵高原考古学文化研究》，科学出版社2011年版，第8页。

学钟等曾就晋宁石寨山出土器物中的人物形象进行过系统的梳理，所见族群约十四个[①]，包括有昆明、哀牢群体，比史料所载的族群要多得多，形象地反映了汉初滇国"同姓相扶""离难西夷"等主要社会事件的族群内涵。

受考古资料较少的影响，贵州地区的文化区与族群关系的研究成果较为少见。不过，贵州地区的相关考古材料，在确定战国秦汉时期这一断代问题的情况下，应为夜郎遗留无疑。存在的问题是，夜郎群体部族也较多，不同地区的文化与夜郎群体各部的分布关系是一个重要的问题。近来，张合荣通过比较青铜时代滇东黔西代表性陶器的墓地及其差异来解析夜郎故地位置，将滇东黔西"魋结、耕田、有邑聚"的族群分为如下区域：滇东黔西包括云南昭通、曲靖、文山和贵州的毕节、六盘水、安顺、黔西等县及桂西北局部地区为代表的"夜郎旁小邑"活动区；北盘江以东的安顺、贵阳一带的且兰区；滇东南沅水上游、广南及桂西北右江上游一带的漏卧、句町活动区；以上区中间的南、北盘江所夹区域为夜郎活动区；夜郎活动区以西以滇池为中心的滇人区包括陆良、寻甸、东川、昆明、禄丰及楚雄一带。[②]贵州地区赫章可乐墓群是一个较为重要的战国秦汉时期贵州地区墓葬，其中的"乙类墓"为土著墓。杨勇通过比较可乐墓群出土器物与越南中、北部和柬埔寨波赫同期和稍后的墓葬出土器物，发现两汉时期可能有一支可乐群体南迁，并与史料记载相合，是一个比较重要的发现。[③]

汉族群体方面，战国秦汉时期西南地区汉族遗迹主要包括秦墓（含秦国墓和秦代墓）、室墓、崖墓三类墓葬。其中，秦墓虽不

---

① 冯汉骥：《云南晋宁石寨山出土文物的族属问题试探》，《考古》1961年第9期；汪宁生：《晋宁石寨山青铜器图象所见古代民族考》，《考古学报》1979年第4期；胡顺利：《对〈晋宁石寨山青铜器图象所见辫发者民族考〉的一点意见》，《考古》1981年第3期；易学钟：《晋宁石寨山12号墓贮贝器上人物雕像考释》，《考古学报》1987年第4期；易学钟：《晋宁石寨山1号墓贮贝器上人物雕像考释》，《考古学报》1988年第1期。

② 张合荣：《夜郎地理位置解析——以滇东黔西战国秦汉时期考古遗存为主》，《南方民族考古》2012年第7辑。

③ 详见杨勇《战国秦汉时期云贵高原考古学文化研究》，科学出版社2011年版，第357—359页。

能等同于汉族墓葬，却可视为西南地区汉系族群的早期移民所留。当前西南地区的秦墓发现不多，仅见四川成都市龙泉驿，青川县郝家坪，荥经县曾家沟、古城坪四处，宋治民、李明斌已对其文化特征、族群特征进行了较详的分析。①室墓是两汉时期西南地区汉族所采用的主要墓葬形式，且一般认为为北方汉族移民所留。张增祺、罗二虎、孙俊等都曾对两汉时期西南地区的室墓进行过较系统的研究，其中的代表作是罗二虎的《四川汉代砖石室墓的初步研究》一文。《四川汉代砖石室墓的初步研究》一文虽主要关注四川地区的室墓问题，但对四川地区室墓的结构与类型、分布、分期、演变等问题有系统的讨论，资料收集也甚为齐全，为相关的研究奠定了理论与资料基础。②孙俊对两汉时期汉族分布格局的讨论，在室墓分布的基础上，又充分考虑了各地室墓分布的数量问题，补充了罗二虎《四川汉代砖石室墓的初步研究》一文发表后的相关考古资料。③

崖墓是东汉时期西南地区以成都平原、峡江地区为中心的汉族墓葬。相对于室墓来说，崖墓在西南地区的出现要晚一些，一般认为出现于西汉末东汉初④，东汉中后期则有大量的发现，东汉晚期进入衰退阶段，但魏晋时期仍有少量的发现。⑤崖墓的出现虽晚，但数量规模却极为庞大，大多崖墓墓地其崖墓数量在数十以上，多的达到千余座。当前关于西南地区崖墓的来源有西方崖墓来源说、蜀人石棺传统说、南阳墓制影响说、崖葬来源说、崖洞墓来源说、北方窑洞来源说、中原横穴墓说、中原土洞墓说等⑥，一般认为是北方墓葬形制与西南地区地理环境结合的产物。崖墓的族属问题较为复

---

① 宋治民：《秦人移民墓葬的发现和研究》，《蜀文化与巴文化》，四川大学出版社1998年版，第253—258页；李明斌：《论四川盆地的秦人墓》，《南方文物》2006年第3期。
② 孙俊、武友德：《秦汉西南"汉夷"格局——以〈华阳国志〉豪族士女和考古室崖墓分布为中心》，《中国边疆史地研究》2018年第2期。
③ 孙俊：《战国秦汉西南族群演进的空间格局与地理观念》，云南师范大学博士学位论文，2016年。
④ 马晓亮：《四川早期崖墓及相关问题探讨》，《考古》2012年第1期。
⑤ 刘章泽、杨剑、张生刚等：《四川什邡市虎头山成汉至东晋时期崖墓群》，《考古》2007年第10期。
⑥ 参见索德浩《四川崖墓起源再论》，《中国国家博物馆刊》2018年第11期。

杂，汪宁生、罗二虎、罗开玉、唐长寿、孙俊等均讨论过崖墓的族属问题。①以主要观点而论，崖墓族属有土著汉化群体、北方汉族移民两说，以前一种为主要观点。罗二虎曾表示："砖室墓与崖墓的数量之比例和分布特点，也许大致反映了当时中原移民与原土著居民的数量比例和分布情况。"②依据近年来的考古文字材料，孙俊等认为崖墓的族属以土著汉化群体为主，但也有一定比例的北方移民群体。③但无论如何，崖墓为汉代汉族群体所遗留则是无疑的。

室墓、崖墓除了分布广泛，数量众多外还有一个特点，即有丰富的纪年材料。由于数量众多，加之有纪年材料，室墓分布的伸缩，很大程度上即代表着汉代汉族群体分布的伸缩。此外，室墓、崖墓中出土的画像，也是汉族群体发展状况的重要表征。高文等对四川汉代画像资料进行过系统的搜集，出版了《四川汉代画像石》《中国画像石棺艺术》《四川汉代石棺画像集》《巴蜀汉代画像集》《中国画像石全集：四川汉画像石》《中国巴蜀新发现汉代画像砖》《汉代画像石棺》等作品。④罗二虎曾对画像墓画像内容进行过详细的分析，认为画像墓墓主属于富裕阶层，具有相当的经济实力，应是当时的豪族大姓。⑤此外，画像中的"左衽"现象，实际上也表示

---

① 汪宁生编：《云南考古》，云南人民出版社1980年版，第95页；罗二虎：《四川崖墓的初步研究》，《考古学报》1988年第2期；罗开玉：《古代西南民族崖葬研究》，《考古》1991年第5期；罗开玉：《成都地区历代古墓概况》，《四川文物》1990年第3期；唐长寿：《乐山崖墓和彭山崖墓》，电子科技大学出版1994年版，第129—130页；孙俊：《战国秦汉西南族群演进的空间格局与地理观念》，云南师范大学博士学位论文，2016年；孙俊、武友德：《秦汉西南"汉夷"格局——以〈华阳国志〉豪族士女和考古室崖墓分布为中心》，《中国边疆史地研究》2018年第2期。

② 罗二虎：《西南汉代画像与画像墓研究》，四川大学博士学位论文，2001年，第107页。

③ 孙俊：《战国秦汉西南族群演进的空间格局与地理观念》，云南师范大学博士学位论文，2016年；孙俊、武友德：《秦汉西南"汉夷"格局——以〈华阳国志〉豪族士女和考古室崖墓分布为中心》，《中国边疆史地研究》2018年第2期。

④ 高文：《四川汉代画像石》，巴蜀书社1987年版；高文、成刚：《中国画像石棺艺术》，山西人民出版社1996年版；高文：《四川汉代石棺画像集》，人民美术出版社1998年版；龚廷万：《巴蜀汉代画像集》，文物出版社1998年版；高文主编：《中国画像石全集：四川汉画像石》，河南美术出版社2000年版；高文、左志丹、段斐斐：《中国巴蜀新发现汉代画像砖》，四川美术出版社2016年版；罗二虎：《汉代画像石棺》，巴蜀书社2002年版。

⑤ 罗二虎：《西南汉代画像与画像墓研究》，四川大学博士学位论文，2001年，第119页；罗二虎：《川渝地区汉代画像砖墓研究》，《考古学报》2017年第3期。

着当时四川地区土著群体的汉文化认同问题,以及秦定巴蜀后古蜀人群体的遗留问题。

两汉时期西南地区汉族考古材料还有石刻、碑文、石表等文字性的材料比较重要。这些材料,有的能够印证史料所记载的事件,如《汉碑集释·尹宙碑》说"秦并天下,侵暴大族,支判流离,或居三川,或居赵地"[①],即印证了秦统一六国时期关东群体入川史料记载。但更多的考古文字材料,则能补充史料所载之不足。此方面的材料主要有东汉《巴郡太守樊敏碑》、东汉《汉巴郡朐忍令广汉景云碑》、东汉顺帝时期的《王孝渊碑》、成都近郊汉墓门枋石刻、昭觉县四开区好谷乡石表和石碑、成都东汉后期《裴君碑》、成都市新都区东汉崖墓 HM3 墓右门背面"石门关"刻字、中江塔梁子崖墓 M3 壁画榜题等。[②] 此类材料往往会记载某一群体祖先处于何地,因何原因被迁往巴蜀地区,何时迁入等问题,对于认识两汉时期汉族群体的北方来源问题颇为重要。

(三)人口史与移民史方面的研究

人口史与移民史的研究通常涉及一定区域内的所有族群。不过,战国秦汉时期西南地区的非汉族群却无法通过人口史的研究来讨论。一方面,秦汉时期涉及西南夷地区时,户口数据较为模糊,包括了其时的汉族、西南夷群体数据;另一方面,即使某一郡尽为西南夷群体,也包括多个族群,户口数据仍然无法反映具体族群的问题。因此,战国秦汉时期人口史与移民史研究相关的民族地理问

---

① 高文:《汉碑集释》,河南大学出版社1997年版,第424—432页。
② 分别参见谢凌《〈东汉巴郡太守樊敏碑〉考》,《四川文物》2000年第1期;吉林省文物考古研究所、云阳县文物管理所《重庆云阳旧县坪台基建筑发掘简报》,《文物》2008年第1期;魏启鹏《读三峡新出东汉景云碑》,《四川文物》2006年第2期;谢雁翔《四川郫县犀浦出土的东汉残碑》,《文物》1974年第4期;索德浩《峡江地区汉代移民初步研究》,《中华文化论坛》2008年第2期;刘弘、陈娜、唐亮《四川凉山州昭觉县好谷乡发现的东汉石表》,《四川文物》2007年第5期;谢涛、卢引科、代延尧《成都天府广场东御街汉代石碑发掘简报》,《南方民族考古》2012年第9辑;陈云洪、张俞新、王波《成都市新都区东汉崖墓的发掘》,《考古》2007年第9期;四川省文物考古研究院、德阳市文物考古研究所、中江县文物保护管理所《中江塔梁子崖墓》,文物出版社2008年版,第93—94页。

题，前文在讨论汉族史地研究时已对汉族的情况作了交代。在涉及西南夷群体时，则只有移民史的研究能反映相关的问题。

涉及战国秦汉时期西南夷地区的移民史作品，当前所见主要包括苍铭《云南边地移民史》、谭红《巴蜀移民史》、李禹阶《重庆移民史》。[①] 此三部作品讨论移民问题时在族群结构上更完整，在史料使用上更为丰富，在叙述西南区域族群移民线索上更为系统，是研究西南地区族群迁徙的重要研究成果。

（四）民族地理观方面的研究

民族地理观是历史民族地理学中近年新兴的学术领域。作为"'华夷之辨'思想在其地理空间上的认识和阐释所形成的理念、观念和方法"的民族地理观[②]，其本质在于建构和维护大一统多民族国家观念。由此，民族地理观建构与嬗变的问题，以及民族地理观建构与嬗变所反映的族群政治地理空间建构问题，均应加以讨论。

1. 民族地理观建构与嬗变方面的研究

尽管当前认为民族地理观的研究涉及民族观、地理观、民族地理三大方面[③]，但主要的研究内容集中在民族地理观建构与嬗变、地理观（尤以区域意象为代表）两大问题上。民族地理观的建构与嬗变方面，早期关注的是"五方之民"的问题[④]，且未落实到大一统国家的层面上，西南地区的问题也鲜有触及。近十余年来，以黎小龙为代表的学者，不仅在大一统国家的层面上来讨论民族地理观的形

---

① 苍铭：《云南边地移民史》，民族出版社2004年版；谭红编：《巴蜀移民史》，巴蜀书社2006年版；李禹阶：《重庆移民史》，中国社会科学出版社2013年版。
② 黎小龙：《传统民族观视域中的巴蜀"北僚"和"南平僚"》，《民族研究》2014年第2期。
③ 黎小龙：《周秦两汉西南区域民族地理观的形成与嬗变》，《民族研究》2004年第3期；张勇：《历史时期西南区域民族地理研究》，中国文史出版社2014年版，第3页。
④ 参见童书业《夷蛮戎狄与东南西北》，《中国古代地理考证论文集》，中华书局1962年版，第43—52页；唐嘉弘《春秋时期的戎狄夷蛮》，《中国古代民族史研究》，青海人民出版社1987年版，第1—35页；田继周《先秦民族史》，四川民族出版社1988年版，第204页；陈连开《民族称谓含义的演变及其内在联系》，费孝通主编《中华民族多元一体格局》，中央民族大学出版社1999年版，第220—223页。

成与嬗变问题[①],而且将其落实到西南地区民族地理观的建构与嬗变问题上,初步理清了西南地区民族地理观建构与嬗变的历史脉络。[②]

在地理观方面,当前的研究以区域意象方面的成果最为丰富,主要涉及"蛊毒""卑湿""瘴气"等问题。"蛊毒"方面,于赓哲考论发现"蛊"在殷商甲骨文中或谓存粮器皿中的蠹虫,春秋时发展为疾病和巫术两种含义,且巫术之义逐渐成为"蛊"的主要所指。"蓄蛊"之地的范围,总体上有四个发展阶段:汉至隋末唐初,长江南北皆是,"蓄蛊"尚无明显地域倾向,但已有地域倾向之萌芽;唐初至唐中期,限于长江中下游和福建地区,"蓄蛊""南方化"倾向开始;唐中期至明后期,岭南、巴蜀、长江中下游、福建地区均为"蓄蛊"之地,且在时间上依次成为"蓄蛊"的"重灾区";明后期以来,今云南、广西、福建、湖南部分地区,"蓄蛊"尤以"西南夷"地区为盛。"蛊毒"到底存不存在是一个重要的问题,于赓哲认为这实际上是一种"蛊毒想象",其依据包括:一者,北方人认为南方人"好巫鬼,重淫祀";二者,南方一些部族善用"毒药"。此种"想象"并非一成不变,从"蓄蛊之地"的时空格局来看,"蓄蛊之地"的伸缩实与主流文化与"他者"文化的碰撞有关,随着主流文化的伸缩而伸缩[③]。

于赓哲对卑湿问题的地理研究同样是颇富成效的。《疾病、卑湿与中古族群边界》一文中,于赓哲统计所见因卑湿问题而导致

---

① 黎小龙、徐难于:《"五方之民"格局与大一统国家民族地理观的形成》,《民族研究》2008年第6期。

② 参见黎小龙《周秦两汉西南区域民族地理观的形成与嬗变》,《民族研究》2004年第3期;黎小龙《传统民族观视域中的巴蜀"北僚"和"南平僚"》,《民族研究》2014年第2期;张勇《历史时期西南区域民族地理观研究》,中国文史出版社2014年版;张勇《唐宋三重格局西南区域民族地理观的形成与演变》,《贵州民族研究》2014年第2期;马强《地理体验与唐宋"蛮夷"文化观念的转变——以西南与岭南民族地区为考察中心》,《西南师范大学学报》(人文社会科学版)2005年第9期;杜芝明《唐宋"四夷"体系下的"西南蕃"》,《重庆师范大学学报》(哲学社会科学版)2014年第6期;邹立波《汉代西南之"徼"与"徼外"夷——从文献记载看史家对西南夷人群的区分》,《西南民族大学学报》(人文社会科学版)2009年第3期;孙俊、武友德、潘玉君等《两汉魏晋时期的西南族群地理观念及其格局》,《云南师范大学学报》(哲学社会科学版)2016年第4期。

③ 于赓哲:《蓄蛊之地:一项文化歧视符号的迁转流移》,《中国社会科学》2006年第2期。

的城市或治所改造事件时空格局是：唐以前南北皆有，尤以南方为重；唐时，仅见南方的案例，反映出唐人以北方原本的观念开始大规模改造南方地区，原则均是"居高避湿"。基于这种"卑湿想象"的时空格局，于赓哲提出了一种文化身份与文化融合格局的解释路径：过于强调差异，实是文化尚未融合的体现，也是强调族群边界的体现；出现对差异的怀疑甚至理解，是文化融合的开始；接受和修改诸多"差异"，则表明文化融合基本实现了。[①]

"瘴病"问题有较多研究。"瘴病"亦并非单一的疾病，而是兼有高原反应、肿瘤、浮肿、毒气、花粉过敏等多种情况。[②] 关于"瘴病"时空分布的问题最早有龚胜生等的研究，他们揭示了中国古代"瘴病"的分布格局是：战国西汉时期"瘴病"以秦岭淮河为北界；隋唐五代时"瘴病"北界在大巴山长江一线；明清时期"瘴病"分布之北界在南岭一线，滇西地区尤为"重瘴区"。[③] 近来其他研究所得断代格局与龚胜生所得略同，但地域尺度更为精细了。[④] 其中特别值得注意的是周琼对云南、西藏地区的"瘴气"研究，不仅详细讨论了云南地区古代"瘴气"分布的演变，并讨论不同类型的"瘴气"问题。[⑤] 与之相关，王子今的研究也表明了除南方的"热瘴"外，青藏高原地区魏晋就有"冷瘴"之说。[⑥] 关于"瘴病"的分布格局，有三种

[①] 于赓哲：《疾病、卑湿与中古族群边界》，《民族研究》2010年第1期。

[②] 张文：《地域偏见和族群歧视：中国古代瘴气与瘴病的文化学解读》，《民族研究》2005年第3期。

[③] 龚胜生：《2000年来中国瘴病分布变迁的初步研究》，《地理学报》1993年第4期。

[④] 参见梅莉、晏昌贵、龚胜生《明清时期中国瘴病分布与变迁》，《中国历史地理论丛》1997年第2期；左鹏《宋元时期的瘴疾与文化变迁》，《中国社会科学》2004年第1期；周琼《清代云南澜沧江、元江、南盘江流域瘴气分布区初探》，《中国边疆史地研究》2008年第2期；周琼、李梅《清代云南生态环境与瘴气区域变迁初探》，《史学集刊》2008年第3期。

[⑤] 周琼：《三至十七世纪云南瘴气分布区域初探》，《历史地理》2007年第22辑；周琼：《清代云南澜沧江、元江、南盘江流域瘴气分布区初探》，《中国边疆史地研究》2008年第2期；周琼、李梅：《清代云南生态环境与瘴气区域变迁初探》，《史学集刊》2008年第3期；周琼：《藏区"冷瘴"新辨》，《中国藏学》2008年第1期。

[⑥] 王子今：《汉晋时代的"瘴气之害"》，《中国历史地理论丛》2006年第3期。

解释[①]：一种是认为"瘴病"与经济开发所导致的环境变化有关[②]；另一种是认为"瘴病"的分布与以汉文化为主的南方意象有关[③]；再一种是认为"瘴病"的分布实与生态环境有关。[④]但无论如何，"瘴"作为一种中古族群叙事概念，具有明显的空间意象，体现的是汉文化的地域意识。[⑤]

此外，民族观与地理观关系方面的研究也有较多成果，其重要者包括：张勇《唐宋三重格局西南区域民族地理观的形成与演变》[⑥]、邹立波《汉代西南之"徼"与"徼外"夷——从文献记载看史家对西南夷人群的区分》[⑦]等，讨论了封建王朝时期国家疆域建构对西南区域"徼内夷"与"徼外夷"划分的影响；马强《地理体验与唐宋"蛮夷"文化观念的转变——以西南与岭南民族地区为考察中心》一文考察了唐宋时期汉族士人的南方体验对南方区域观的影响，认为唐宋时期南方体验的增加一定程度上影响了唐宋士人对南方群体文化的认同[⑧]；张伟然《中古文学的地理意象》一书讨论了中古文学中的区域意象建构问题[⑨]；方丽萍讨论了唐代北方士人的"北方情结"对南方区域意象建构的影响问题。[⑩]

---

① 关于这三种解释，详见牟重行、王彩萍《中国历史上的"瘴气"考释》，《台湾师范大学地理研究报告》2003年第1期。
② 龚胜生：《2000年来中国瘴病分布变迁的初步研究》，《地理学报》1993年第4期；梅莉、晏昌贵、龚胜生：《明清时期中国瘴病分布与变迁》，《中国历史地理论丛》1997年第2期。
③ 左鹏：《宋元时期的瘴疾与文化变迁》，《中国社会科学》2004年第1期；左鹏：《"瘴气"之名与实商榷》，《南开学报》（哲学社会科学版）2011年第5期；张文：《地域偏见和族群歧视：中国古代瘴气与瘴病的文化学解读》，《民族研究》2005年第3期。
④ 王子今：《汉晋时代的"瘴气之害"》，《中国历史地理论丛》2006年第3期。
⑤ 张轲风：《从"障"到"瘴"："瘴气"说生成的地理空间基础》，《中国历史地理论丛》2009年第2期。
⑥ 张勇：《唐宋三重格局西南区域民族地理观的形成与演变》，《贵州民族研究》2014年第2期。
⑦ 邹立波：《汉代西南之"徼"与"徼外"夷——从文献记载看史家对西南夷人群的区分》，《西南民族大学学报》（人文社会科学版）2009年第3期。
⑧ 马强：《地理体验与唐宋"蛮夷"文化观念的转变——以西南与岭南民族地区为考察中心》，《西南师范大学学报》（人文社会科学版）2005年第9期。
⑨ 张伟然：《中古文学的地理意象》，中华书局2014年版。
⑩ 方丽萍：《中晚唐士人的南方感知及其转型意义》，曾大兴、夏汉宁、海村惟一主编：《文学地理学：中国文学地理学会第五届年会论文集》，中山大学出版社2016年版，第283—292页。

以当前的研究而论，无论是民族地理观的建构与嬗变问题还是区域意象的问题，抑或民族地理观生成逻辑的问题，涉及战国秦汉时期西南地区的研究成果尚不算丰富，相关的问题也仍有讨论的余地。特别是，主流的区域意象研究"蛊毒""卑湿""瘴气"等问题，在战国秦汉时期的西南地区体现还不明显，区域意象的研究应另寻相应的表征符号。

2. 族群政治地理空间建构方面的研究

在中国古代大一统多民族国家的建构与嬗变过程中，族群政治地理空间的建构是极为重要的问题，并影响着民族地理观的建构。在政治地理的层面上，从理想的圈层政治地理结构到现实的政区划分，其中都有深刻的族群因素存在。① 而且，中国古代族群政治地理空间建构的主流态势，是在以中原地区为核心的"华夷之辨"民族观影响之下进行的。由此导致的一个问题是，族群分布空间与政治地理空间高度重合，族群政治地理空间存在明显的"内地区"与"边疆区"结构性特征。② 在族群政治地理空间的"内地区"与"边疆区"结构中，居于"中心"的华夏群体如何建构统摄"四夷"群体的大一统多民族国家，即"中国"如何与"天下"重合，并对边疆地区进行有效的治理，始终是王朝国家建构、治理的重大问题。③

大一统国家族群政治地理空间建构的首要标志，在于不同族群区域在政区层面上纳入王朝国家版图之内。于战国秦汉西南地区而言，此方面的专门研究有方国瑜《中国西南历史地理考释》和尤中《中国西南民族地区沿革史：先秦至汉晋时期》④，详细梳理了西南夷

---

① 圈层政治地理结构层面的族群因素参见周振鹤《中国历史政治地理十六讲》，中华书局 2013 年版；郭声波《圈层结构视域下的中国古代羁縻政区与部族》，中国社会科学出版社 2018 年版。政区层面的族群因素如"边郡"的问题，参见杜晓宇《试论秦汉"边郡"的概念、范围与特征》，《中国边疆史地研究》2012 年第 4 期。

② 李大龙：《从"天下"到"中国"：多民族国家疆域理论解构》，人民出版社 2015 年版；周振鹤：《中国历史政治地理十六讲》，中华书局 2013 年版，第 20—52 页。

③ 周平：《国家治理须有政治地理空间思维》，《探索与争鸣》2013 年第 8 期。

④ 方国瑜：《中国西南历史地理考释》，中华书局 1987 年版；尤中：《中国西南民族地区沿革史：先秦至汉晋时期》，民族出版社 2004 年版。

地区郡县化过程。巴蜀地区的郡县化过程，则有蒲孝荣《四川政区沿革与治地今释》的详细研究。①需要略加注意的是，西南地区的郡县化过程，尽管主要受秦汉王朝的开边活动影响，但秦汉王朝的开边活动在西南地区的具体实施却受地缘因素的深刻影响。②西南地区不同区域的地缘问题（包括战略空间和地缘关系），战国时期秦定巴蜀时即已出现，宋人郭允蹈曾详细分析过巴蜀地区的地缘问题③，清人顾祖禹更是系统地分析过西南地区不同区域的战略地位及地缘关系。④近年来，刘逢春、萧映朝、方铁等对战国秦汉时期汉中、巴蜀、西南夷地区战略地位、地缘关系对其郡县化的影响进行了较详的梳理和讨论。⑤

西南地区的郡县化过程，在秦汉大一统时期主要是西南夷群体的郡县化过程，某种程度上也是"外蛮夷"不断演变为"内蛮夷"的过程。在这一过程中，秦汉王朝发展了一套区分不同群体的概念框架，即"徼"的问题。关于"徼"的问题，当前已有较多的考论，吴宏岐等认为"徼"是区分不同蛮夷群体的重要地理标志⑥，石硕认为"徼"表征着不同群体是否为秦汉王朝所实际控制。⑦朱圣明则认为，秦汉时期的"徼"不仅区分国家疆域内外的蛮夷群体，也

---

① 蒲孝荣：《四川政区沿革与治地今释》，四川人民出版社1986年版。
② 地缘因素不仅影响开边，也影响治边。参见叶自成《地缘政治与中国外交》，北京出版社1988年版，第141—261页；马大正《中国边疆经略史》，中州古籍出版社2000年版；方铁《论中原王朝的地缘政治观》，邢广程主编《中国边疆学》（第7辑），社会科学文献出版社2018年版，第3—19页。
③ （宋）郭允蹈撰，赵炳清校注：《蜀鉴校注》，国家图书馆出版社2010年版。
④ （清）顾祖禹撰，贺次君、施和金点校：《读史方舆纪要》，中华书局2005年点校本
⑤ 刘逢春：《战国秦蜀楚巴对汉中、黔中的争夺》，《成都大学学报》1998年第1期；萧映朝：《战国秦汉之际巴蜀地区地缘意义述论》，《理论界》2010年第10期；方铁：《古代云南与周边地区的关系》，《云南师范大学学报》（哲学社会科学版）2013年第2期；方铁：《历代治边与云南的地缘政治关系》，《西南民族大学学报》（人文社会科学版）2011年第9期；段渝：《治蜀要览》，巴蜀书社2007年版。
⑥ 吴宏岐、韩虎泰：《汉代西南之"徼"与"徼外"地理概念考论》，《四川师范大学学报》（社会科学版）2013年第4期；邹立波：《汉代西南之"徼"与"徼外"夷——从文献记载看史家对西南夷人群的区分》，《西南民族大学学报》（人文社会科学版）2009年第3期；段渝、刘弘、李克恒：《蜀故徼的开、关问题》，《西南酋邦社会与中国早期文明》，商务印书馆2015年版，第280页。
⑦ 石硕：《汉代的"筰都夷"、"旄牛徼外"与"徼外夷"——论汉代川西高原的"徼"之划分及部落分布》，《四川大学学报》（哲学社会科学版）2004年第4期。

区分国家疆域内的汉夷群体。至少在观念的层面上，汉代存在"内徼"与"外徼"之分。①由此，秦汉时期西南地区的族群政治地理空间包括三个层级，即汉族区、蛮夷区和徼外蛮夷区。

除了"内徼"区分国家疆域内的汉夷群体外，秦汉时期形成的"边郡""内郡"（或又加"近郡"）观念，也体现着民族地理观特别是其中的族群政治地理空间问题。关于"边郡"的问题，方国瑜、木芹、顾颉刚、李新峰、杜晓宇等均有考论，且列出了西南边郡。②在这些研究中，巴、蜀、广汉三郡有时被列为边郡，与武帝"广关"后巴蜀被纳入"大关中"区域的政治地理格局有较大的出入，尚需进一步的讨论。

"徼""边郡"在秦汉史籍中往往与蛮夷有关，具体来说秦汉时期"内徼"之外为西南夷及"徼外"群体区域，西南夷地区也可以说是边郡区。此种区分反映出秦汉族群政治地理空间具有明显的结构化特征，甚至是二元化的结构特征。③不过，"华夷之辨"思想影响下的族群政治地理空间建构，却有明显的秩序化特征。④所谓"华夷秩序"，其中的"夷"既涉及"外徼"内的群体，也涉及"外徼"外的群体，但长期以来，"华夷秩序"被理解成一种"国际"秩序，即主要涉及的"夷"是"外徼"以外的群体。⑤程妮娜近年提出，相对于传统的"华夷秩序"，即"国际"关系体系中的"华夷秩序"，还存在另一种"华夷秩序"，即中原王朝在边疆地区建构起

---

① 朱圣明：《试论汉代西南夷地区的人群划分——以不同场景变换为视角》，《史学月刊》2012年第4期。

② 谢绍鹢：《秦汉边郡概念小考》，《中国历史地理论丛》2009年第3期；方国瑜：《云南地方史导论》，《云南社会科学》1984年第2期；木芹：《两汉民族关系史》，四川民族出版社1988年版，第124—125页；顾颉刚：《郡与县》，《顾颉刚学术文化随笔》，中国青年出版社1998年版，第119页；李新峰：《试释〈汉书·地理志〉郡国排序》，《北京大学学报》2005年第1期；杜晓宇：《试论秦汉"边郡"的概念、范围与特征》，《中国边疆史地研究》2012年第4期。

③ 孙保全：《中国王朝国家的疆域格局与边疆形态》，《西南边疆民族研究》2018年第25辑。

④ 孙俊、武友德：《秦汉西南三重格局族群政治地理空间的建构》，《贵州民族研究》2019年第9期。

⑤ 详见张微微、于海洋《"华夷秩序"研究的历史演进及其启示》，《东北师大学报》（哲学社会科学版）2017年第1期。

来的，以维护和发展边疆民族地区与中原王朝政治隶属关系为中心的"华夷秩序"。①

就战国秦汉时期的西南地区来说，"华夷秩序"问题在制度层面上主要是第二种，即华夏群体与西南夷群体的"华夷秩序"问题。在某种程度上，前文提及的"徼""边郡"问题，虽有一定的二元论色彩，但也不乏秩序化倾向。比如，边郡在东汉政治家王符的思想中就是王朝国家必不可少的部分②，此种思想与动辄主张放弃边郡的思想极为不同。更多秩序化的问题，在西南地区典型地体现为"各以地比"的问题，黎小龙已从治边人才、治边军士两方面的施治措施上加以论述。③"各以地比"不仅体现在施治措施上，所谓"巴、蜀、广汉本南夷""西南夷""徼外夷"等族群身份的划分，均有着对应的地望，且这些地望均体现着"各以地比"的问题。东汉时期区域意象的建构，特别是晋人常璩区域意象的建构，均有其对应的地望，且也体现着"各以地比"的问题。此类现象的存在，表征着秦汉西南族群政治地理空间建构的秩序化问题还有很大的探讨空间。

四　研究材料与方法

（一）史料、考古材料的使用

如前所述，注重史料与考古资料结合的"二重证据法"已为古代学者所重视。近世考古学之发达，更使考古材料成为认知和解析古史的"原始性"证据，"二重证据法"亦成为历史学的基本方法之一。④考古材料中的文字性材料，在证史、校史、补史方面又有特别

---

① 程妮娜：《从"天下"到"大一统"——边疆朝贡制度的理论依据与思想特征》，《社会科学战线》2016年第1期。
② 详见赵梅春《王符的治边思想》，《中国边疆史地研究》2002年第2期。
③ 黎小龙：《论两汉王朝西南边疆开发中的"各以地比"之治边方略》，《西南师范大学学报》（人文社会科学版）2001年第6期；黎小龙：《战国秦汉西南边疆思想的区域性特征初探》，《中国边疆史地研究》2004年第4期。
④ 王国维：《古史新证：王国维最后的讲义》，清华大学出版社1994年版，第1—58页。

的功用，也可单独列出，称为"三重证据法"。[①]此三种方法在本书中均有应用，但在材料上则依托于史料与考古资料两类材料。

　　本书使用的史料包括汉文史料和彝文史料两类，以汉文史料为主。汉文史料，又复分正史史料、地志史料和其他史料。彝文史料的应用，详见后文。考古材料方面，本书主要涉及室墓、崖墓、大石墓、石棺墓、土坑竖穴墓及考古文字材料。这些材料，当前多有较系统的梳理，前文已讨论过罗二虎对室墓、崖墓材料的梳理，阿坝藏族羌族自治州文物管理所和成都文物考古研究所对石棺葬文化的梳理，孙俊对室墓、崖墓、土坑竖穴墓材料的梳理，四川省文物考古研究院和赵德云对安宁河流域大石墓材料的梳理，杨勇对云贵地区土坑竖穴墓材料的梳理等。文字材料方面，高文等的画像材料中已有不少的文字材料，其他的文字材料则还包括东汉《巴郡太守樊敏碑》、东汉《汉巴郡朐忍令广汉景云碑》、东汉顺帝时期的《王孝渊碑》、成都近郊汉墓门枋石刻、昭觉县四开区好谷乡石表和石碑、成都东汉后期《裴君碑》、成都市新都区东汉崖墓 HM3 墓右门背面"石门关"刻字、中江塔梁子崖墓 M3 壁画榜题等，前文也已有引述。这些文字材料是直接与汉族分布、迁徙有关的，且记录的信息较为详细。除此之外尚有大量的纪年材料、封泥文字材料[②]，也是讨论族群分布演变的重要文字材料。

　　考古材料可以证史、校史、补史。证史、校史方面的问题，前文讨论研究进展时已有较详的讨论。补史方面，似可稍作申述。一个经典的例子是，昆明族的东迁在两汉史籍中几乎不见记载，到《旧唐书》中突见昆明族已活动在滇东、滇东北地区。据李昆声等的研究，万家坝型铜鼓在两汉时期有一个东传的过程，昆明族的东迁

[①] 饶宗颐：《谈"十干"与"立主"——殷因夏礼的一、二例证》，《饶宗颐史学论著选》，上海古籍出版社 1993 年版，第 17—22 页。

[②] 封泥材料参见罗福颐《秦汉南北朝官印征存》，文物出版社 1987 年版，第 211—232 页（卷六"两汉颁给兄弟民族官印"）；孙慰祖主编《古封泥集成》，上海书店出版社 1994 年版；梶山胜、徐朝龙《汉魏晋时期蛮夷印章的使用方法——以西南夷印章为主进行的考察》，《南方民族考古》1991 年辑；吴幼潜《封泥汇编》，上海古籍书店 1984 年版；周晓陆、路东之《秦封泥集》，三秦出版社 2000 年版。

应当是与之有关的。① 另一个典型例子是，1988 年昭觉县四开区好谷乡发掘的石碑记载了当时越嶲郡的屯垦情况②，为研究汉族移民问题提供了资料基础。石碑还记载了东汉后期捉马群体已活动在越嶲郡北部，补充了史料失载的族群问题。

在本书的研究过程中，仅就史料与考古材料而言，均有系统的梳理。特别是其中的考古材料，于不同墓制分布地、分布数量的问题，均有相应的梳理并附表于后可供参考。

（二）彝文史籍③的应用

战国秦汉时期西南地区民族地理的研究必然涉及一个问题，即汉文史籍对相关的记载通常较为简略。为补史料的不足，已有很多学者试图通过考古材料来获得更多的资料（前文已有交代）。除了考古材料外，彝文史籍也当受到重视。前文已讨论过，陇贤君、易谋远、马长寿、王天玺等的彝族史研究，初步建立起了彝汉史籍对照讨论问题的框架，王天玺等的《中国彝族通史》还结合了考古材料。

彝文史籍确可补汉文史籍之不足。例如，汉文史籍对先秦至元西南区域族群的记述通常较简，特别是川西、滇南、黔南地区的很多历史地理问题均已很难理清，有的族群甚至失载。较汉文史籍而言，彝文史籍的记载较详，关于"六祖分支"的记载就远比汉文史籍要详细得多。特别值得一提的是，战国至宋的滇南群体汉文史籍记载极少，彝文史籍《铜鼓王》（该著实际上是史诗，由搜集演唱而成，本书亦将此类材料称为彝文史籍）却较详地记载了俫支系由洱海区域东迁滇池区域后又南迁都蒙区域，东迁普厅河、西洋江的

---

① 李昆声、黄德荣：《论万家坝型铜鼓》，《考古》1990 年第 5 期；李昆声、黄德荣：《再论万家坝型铜鼓》，《考古学报》2007 年第 2 期。
② 刘弘、陈娜、唐亮：《四川凉山州昭觉县好谷乡发现的东汉石表》，《四川文物》2007 年第 5 期。
③ 除特殊注明外，本书所说彝文史籍仅包括汉译彝文史籍。

情况[1]，丰富了滇南群体的相关史料。又如，哀牢群体的世系问题，汉文史籍是有出入的（详见后文），彝文史籍则提供了更为可信的世系情况，并延长了十世的世系[2]，对认识哀牢存国及发展问题也有裨益。

（三）形象学方法

叶舒宪研究文化人类学中的神话问题时，在"二重证据法""三重证据法"的基础上提出、阐释了"四重证据法"。所谓的第四重证据，最初主要指的是图像学方法。[3]近来，叶舒宪对"第四重证据"进行了新的总结，认为文字符号、语言符号之外的符号或符号物，包括图像、遗址、文物和其他一切承载着人类意义或文化意义的物证（如血型、肤色和基因），均可称为"第四重证据"。[4]

对于战国秦汉时期西南地区的民族地理、民族地理观研究来说，"第四重证据"的材料也较为丰富且已有相关的研究。其中的形象学研究成果颇为丰富，前文已讨论过冯汉骥、汪宁生、胡顺利、易学钟等对滇文化青铜器所见族群的研究。除了滇文化的青铜器外，蜀文化青铜器实际上也有大量的人物形象材料，李绍明、蓝勇依据这些材料对古蜀人的人种问题进行了初步的讨论。[5]除了青铜器中的人物形象外，汉代画像中的人物形象，以及陶俑中的人物形象，实际上也能反映出族群的问题来。例如，汉代画像中巴蜀地

---

[1] 汉文史籍所见昆明族，可能有的并无直接的渊源关系。比如，林超民等曾提出，洱海地区的昆明是"编（辫）发"之民，而牂柯地区的昆明则是"曲头、木耳、环铁、裹结"。同被称为"昆明"的人，不仅分布地域，而且语言、风俗、嗜欲、服饰等方面有差异，不能混为一谈（详见林超民《试论汉唐间西南地区的昆明》，《民族研究》1982年第6期）。今所称的彝族，其先民中有的群体可能也存在较远的渊源关系，《铜鼓王》所反映的彝族先民可能即是此类情况。

[2] 王天玺、张鑫昌主编：《中国彝族通史》，云南人民出版社2012年版，第196—197页。

[3] 叶舒宪：《鲧大启化熊的神话通释——四重证据法的立体释古方法》，《兴大中文学报》2008年第23期。

[4] 叶舒宪：《羌人尚白与夏人尚黑——文化文本研究的四重证据法示例》，《文学人类学研究》2018年第1期。同见杨骊、叶舒宪：《四重证据法研究》，复旦大学出版社2018年版。

[5] 李绍明：《古蜀人的来源与族属问题》，载《三星堆与巴蜀文化》，巴蜀书社1993年版，第11—16页；蓝勇：《西南历史文化地理》，西南师范大学出版社1997年版，第3—4页。

区画像的"左衽"问题就颇值得注意。秦定巴蜀后，蜀文化逐渐势弱，巴蜀地区在西汉初期就实现了文化转型。不过，在所见画像或陶俑中，仍有一定数量及一定比例的"左衽"人物存在，部分见有"左衽"形象的画像中"左衽"人物当任职颇高，或颇为富裕，并持续至三国时期。此类"左衽"现象的存在，为理解秦定巴蜀后蜀人的遗存问题提供了一个重要的窗口。

(四) 体质人类学方法

体质人类学方法主要基于不同群体肤色、发型、头型、鼻型等判断群体所属族群。西南地区是重要的族群交流通道，不同族群的迁徙、分布可能会留下一些可供参考的体质材料，为判断相关的族群问题提供依据。

就战国秦汉时期西南地区的族群研究而言，能提供体质人类特征分析的材料主要包括青铜像、画像、俑形、人骨等。其中青铜像主要见于蜀文化和滇文化墓葬，李绍明、徐鹏章、段渝、蓝勇等据三星堆文化中的典型青铜像分析了古蜀人的体质特征及人种、族属问题[1]，冯汉骥、汪宁生、易学钟、童恩正、胡顺利等据晋宁石寨山出土青铜像讨论了古滇国的族群结构和主要群体的族属问题。[2]画像方面的资料主要涉及汉族群体，且当前的研究多涉及族群文化的问题，族群地理方面的讨论不多。不过，画像中时常会涉及"胡人"的问题，特别是中江崖墓群M3右壁上端墨书"襄人"榜题，下有

---

[1] 李绍明:《古蜀人的来源与族属问题》，载《三星堆与巴蜀文化》，巴蜀书社1993年版，第11—16页；段渝:《商代蜀国青铜雕像文化来源和功能之再探讨》，《四川大学学报》1991年第2期；徐鹏章:《古蜀人所处的自然环境与种属问题》，载《文物考古研究》，时代出版社1993年版，第1—16页；蓝勇:《西南历史文化地理》，西南师范大学出版社1997年版，第3—4页。

[2] 冯汉骥:《云南晋宁石寨山出土文物的族属问题试探》，《考古》1961年第9期；汪宁生:《晋宁石寨山青铜器图象所见古代民族考》，《考古学报》1979年第4期；易学钟:《晋宁石寨山12号墓贮贝器上人物雕像考释》，《考古学报》1987年第4期；童恩正:《古代中国南方与印度交通的考古学研究》，《考古》1999年第4期；胡顺利:《对〈晋宁石寨山青铜器图象所见辫发者民族考〉的一点意见》，《考古》1981年第3期。

对应的"襄人"舞像①，呈现了汉代西南地区"襄人"的具体形象，备受学界关注，谢崇安、刘文锁、王子今、龙腾等据此讨论了汉代西南地区"胡人"的体质特征、族属、来源等问题。②俑形方面的研究也多涉及"胡人"的问题，不再赘述。

人骨方面的研究因受考古材料的限制当前并不丰富。朱泓、胡兴宇等讨论了四川珙县洛表区、滇东北地区悬棺"僰人"的体质特征问题，并就此分析了其人种问题，但所依据的悬棺"僰人"人骨多来源于明清时期，尚不知其与秦汉时期僰人的关系。③朱泓等对永胜堆子遗址战国秦汉时期186例人骨的研究，揭示了此期永胜地区典型的族群交流态势。④云南宜良纱帽山滇文化墓地中发现的39具人骨应是战国后期至西汉晚期的滇人群体所留⑤，曾雯等对其颅骨的分析表明这一群体应属蒙古人种东亚类型，与同期黄河中下游的瓦沟组关系最为密切，也接近于西北地区火烧沟组的特征。⑥

在涉及体质特征的青铜像、画像、俑形、人骨等材料中，由于人骨的材料较少，研究成果也较少，本书无法以之系统讨论族群方面的问题。青铜像、画像、俑形等方面，则将在已有成果的基础上，通过梳理相关的材料特别是新近披露的材料，讨论巴蜀地区的族群融合问题（主要是汉族），以及"胡人"群体的族群结构问题。

---

① 四川省文物考古研究院、德阳市文物考古研究所、中江县文物保护管理所：《中江塔梁子崖墓》，文物出版社2008年版，第64页。

② 谢崇安：《中江塔梁子东汉崖墓胡人壁画雕像考释——兼论印欧人种入居我国西南的时代问题》，《四川文物》2005年第5期；刘文锁：《巴蜀"胡人"图像札记》，《四川文物》2005年第4期；王子今：《中江塔梁子崖墓石刻画像榜题"襄人"考》，《秦汉边疆与民族问题》，中国人民大学出版社2010年版，第250—255页；龙腾：《襄人不是胡人——四川中江塔梁子东汉崖墓榜题考》，《文物》2013年第2期。

③ 朱泓：《"僰人县棺"颅骨的人类学分析》，《南方民族考古》1987年第1辑；胡兴宇、肖洪文：《僰人颅骨的测量研究》，《解剖学杂志》1999年第4期。

④ 朱泓、赵东月、刘旭：《云南永胜堆子遗址战国秦汉时期人骨研究》，《边疆考古研究》2014年第16辑第2期。

⑤ 张德琳、张聪、刘力等：《云南宜良纱帽山滇文化墓地发掘报告》，《南方民族考古》2012年第8辑。

⑥ 曾雯、潘其风、赵永生等：《纱帽山滇文化墓地颅骨的人类学特征》，《人类学学报》2014年第2期。

（五）环境史方法

在环境史领域，气候变化与社会经济变迁是一个颇为重要的问题。[①]气候变化的社会经济影响包括族群迁徙的问题，当前的研究也基本形成共识：气候恶化对社会经济的影响会导致北方群体南迁，中原、关东群体随之南迁。[②]北方群体南迁的过程中，巴蜀地区是一个重要的迁入地。北方群体何以选择巴蜀地区为迁入地的问题，以往的解释是巴蜀安定、富庶。实际上，巴蜀地区的安定、富庶有一定的环境因素。张伟然已讨论过，巴蜀地区的"险""远"是其中古时期"安定"意象形成的条件之一，即地貌因素的影响。[③]基于葛全胜等《中国历朝气候变化》对不同时期不同区域气候演变组合特征[④]的梳理还可发现，西南地区历史时期气候变化组合特征是"冷湿—暖干"，但变率不大。与之相反，历史时期族群外迁频繁的北方地区，其气候变化组合特征是"冷干—暖湿"，且变率较大。[⑤]

西南地区的气候变化组合特征及变率较小的因素，意味着在北方气候恶化的情况下西南地区生活环境较为优越。当前西南地区战国秦汉时期气候变化尚无法建立系统的演化序列，但也可肯定战国

[①] 王铮、张丕远、周清波：《历史气候变化对中国社会发展的影响——兼论人地关系》，《地理学报》1996年第4期；方修琦、萧凌波、苏筠等：《中国历史时期气候变化对社会发展的影响》，《古地理学报》2017年第4期。

[②] 研究地理环境与族群演进格局关系的代表性作品有：童恩正：《中国北方与南方古代文明发展轨迹之异同》，《中国社会科学》1994年第5期；费孝通：《中华民族多元一体格局》，中央民族大学出版社1999年版；瞿林东：《关于地理条件与中国历史进程的几个问题》，《史学史研究》1999年第1期；管彦波：《民族大迁徙的地理环境因素研究——以中国古代民族迁徙为考察的重点》，《西北民族大学学报》（哲学社会科学版）2010年第3期。研究自然环境变迁特别是气候环境变迁对族群演进格局影响的代表性作品有：王会昌：《2000年来中国北方游牧民族南迁与气候变化》，《地理科学》1996年第3期；张敏：《自然环境变迁与北魏的兴衰——兼论十六国割据局面的出现》，首都师范大学博士学位论文，2002年；方修琦、葛全胜、郑景云：《环境演对中华文明影响研究的进展与展望》，《古地理学报》2004年第1期；葛剑雄、胡云生：《黄河与河流文明的历史观察》，黄河水利出版社2007年版；张允锋、赵学娟、赵迁远等：《近2000a中国重大历史事件与气候变化的关系》，《气象研究与应用》2008年第1期；葛全胜等：《中国历朝气候变迁》，科学出版社2011年版。

[③] 张伟然：《中古文学的地理意象》，中华书局2014年版。

[④] 本书所涉及气候组合类型是长时期的气候变化类型，不是某年份的水温组合。

[⑤] 葛全胜等：《中国历朝气候变化》，科学出版社2011年版。

秦汉时期西南地区气候变化具有明显的区域性特征；其中，巴蜀地区的气候条件可能长期较为暖湿。巴蜀地区的暖湿气候变化态势在北方气候恶化的条件下，易于吸引北方群体迁入。不过，在战国秦汉时期，西南地区的部分地区也可能长期保持冷干，冉䮾、昆明的东迁都可能与其所居地区秦汉时期的冷干气候条件有关。

需说明的是，战国秦汉时期涉及西南地区的气候史料不算丰富[①]，一定程度上影响了此期西南地区气候演变序列的建构。相比之下，环境考古方面的研究成果则较为丰富（详见后文），但当前的研究大多只论及气候变化与人类活动的关系问题，尚未建构气候变化与族群的关系。有鉴于此，本书在涉及族群问题特别是族群迁徙问题时，侧重于气候变化与族群迁徙关系的建构。

（六）概念史方法

概念史方法是历史学领域"剑桥学派"以欧克夏（Michael Oakeshott）和斯金纳（Quentin Skinner）为代表的历史学家的治史方法之一，其针对的问题是史学界所称的"辉格"问题，主张对历史时期的评价、描述应当基于"其时""其地"的具体语境[②]，在国内科学史研究领域已取得了较丰硕的成果。[③] 概念史方法涉及的问题常常与评价有关，如斯金纳对"时代误置"（anachronisme）的描述是："我们发现某一位作者持有某种观点，而实际上他根本不可能有这样的意图，只是碰巧使用了类似的术语。"[④] 这一描述只属于拔高古人见识的评估，同样存在的是贬低古人的评估，比如随意认为古

[①] 蓝勇：《中国西南历史气候初步研究》，《中国历史地理论丛》1993年第2期；水利部长江水利委员会等编：《四川两千年洪灾史料汇编》，文物出版社1993年版。

[②] 方维规：《概念史研究方法要旨——兼谈中国相关研究中存在的问题》，黄兴涛主编：《新史学》（第3卷），中华书局2009年版，第3—20页；孙江：《概念、概念史与中国语境》，《史学月刊》2012年第9期。

[③] 代表性作品有唐晓峰：《从混沌到秩序：中国上古地理思想史述论》，中华书局2010年版；潘晟：《宋代地理学的观念、体系与知识兴趣》，商务印书馆2014年版。

[④] Quentin Skinner, *Vision of politics* (volume 1, *Regarding Method*). Cambridge：Cambridge University Press, 2002, p.60.

代的认识简单、机械、杂乱等。这种评估具有一定的参考意义，问题在于未考虑到其时知识体系的社会贡献。概念问题是概念史方法分析的核心，传统的意见认为概念的含义是固定的，概念研究的意义在于从概念发展的过程中来透视知识的进步性和科学性。与此相反，斯金纳等人却认为"概念"的含义是变动的，将"概念"视为不变的社会因素的概念史研究实际上没有"历史"。[1] 受维特根斯坦（Ludwig Whittgenstein）"概念即工具"（concepts are tools）思想的影响，斯金纳认为不存在一成不变的概念，而只存在不同的使用概念的（争论）历史。[2]

概念史方法的应用在本书中主要涉及民族地理观的问题。以"西南"一词的所指为例，徐新建认为中国历史上的"西南"存在方位、区域、疆域三种含义[3]，研究今西南区域的历史问题时不同时期的所指当有一定考虑才行。对于"西南区域"的问题，张勇不主张将西南视为固定不变的范围，因为"人为地划定一个固定的区域范围，这个'范围'不一定是当时人们心中的一个区域整体"。[4] 特别是，由于历史时期有许多"西南夷""西南蛮"之类的表述，部分学者便将"西南夷地区"或"西南蛮地区"径直等同于对应时期的"西南区域"，至多反映了其时的"边疆观"，与其时的"疆域观"就有较大的出入了，大大缩减了其时的"西南区域"地域范围。

与"西南"的定位有关，秦汉时期形成的"西南夷"概念是典型的概念史问题。"西南夷"一名的地望是巴蜀，此点向来无异议。问题在于，秦汉时期的"西南夷"何以要以巴蜀为地望而不是以中原为地望。事实上，以巴蜀为地望，在反映出秦汉时期民族地理观中的"华夏"与"四夷"结构性问题的同时，也反映了其时的秩序

---

[1] Quentin Skinner, *The foundations of modern political thought*（Vol.1, the renaissance）. Cambridge: Cambridge University Press, 1978, p.xi.
[2] Melvin Richter, *The history of political and social concept: A critical introduction. Oxford*: Oxford University Press, 1995, p.133.
[3] 徐新建：《西南研究论》，云南教育出版社 1992 年版，第 1—2 页。
[4] 张勇：《历史时期西南区域民族地理观研究》，中国文史出版社 2014 年版，第 6 页。

性问题。结构性与秩序性的存在，表明"西南夷"概念的形成表面上是以巴蜀为地望，实则是在大一统王朝国家背景下建构起来的，以巴蜀为地望形成的"西南夷"概念只是大一统王朝国家族群政治地理空间建构中的一环。

在秦汉时期结构化、秩序化的民族地理观中，一些特殊群体的位置颇为值得注意。后文会讨论到，西南夷群体中的"僰人"是一个特殊的群体，云其"仁"实与当时"僰人"分布的特殊格局有关。而更为惊奇的是，板楯蛮群体作为秦汉时期具有重要影响的族群，则长期既不在"四夷"体系中，更不在"西南夷"体系中。板楯蛮群体的特殊性，反映了秦汉时期西南地区民族地理观建构并不一味以真实的族群分布而论，大一统王朝国家族群政治地理空间建构的影响因素应是板楯蛮群体的特殊性出现的真实原因。

（七）地理学方法及地理分区方法

本书所涉及的地理学方法主要是地理要素分析方法和地理分区方法。

地理要素的分析主要涉及某些具体问题的讨论。本书所涉及的地理要素主要是自然地理要素，即气候、地貌要素。气候、地貌因素可作历史民族地理研究和民族地理观研究的参考，当前历史民族地理研究中因涉及族群分布的主要地望（主要是水文和地貌方面）、族群迁徙的主要自然环境变化背景（主要是气候变化方面）、多元一体演进中的区域环境差异（主要是地貌方面）已有较多研究，引入民族地理观研究的尚不多见。

历史民族地理研究方面，于西南区域来说地貌因素和气候因素对移民产生了重要的影响。地貌因素当前已有很多分析，主要分析的侧重点在于巴蜀地区地貌环境的相对封闭性对长时期的相对和平局面的影响，但气候因素的分析当前较弱。事实上，西南区域的气候因素对历史时期北方群体移入西南区域的影响也是比较明显的，因此方面的问题涉及环境史方法的应用，前文已有讨论，这里不再赘述。

历史时期民族地理观的建构和发展与自然地理环境要素也存在直接的关系。前引"文学者"、江统、狄仁杰和朱元璋关于华夏与四夷分布的问题及认为四夷的分布为"天地之所限"的观念，事实上表明了以山、川为代表的自然地理要素对于建构民族地理观的重要影响。区域民族地理观的研究还可与历史时期的区域意象建立较直接的关系。在秦汉时期，西南区域自然意象、经济意象的建构，实际上与自然地理要素中的地貌和气候紧密相关。例如，秦汉时期所载西南地区土地的"刚"问题便是由地貌因素引起的，土地的"寒"问题则明显与气候因素有关。

本书涉及的人文地理要素主要是地缘因素。地缘的问题在中国古代史的研究中不是十分重视，所幸近来方铁、郑维宽已做了很好的尝试，并认为中国古代已发展了很系统的地缘政治理论。[①]西南区域的地缘问题主要涉及商末文武图商时的"西土"问题[②]，秦定巴蜀时的司马错与张仪之争，秦末刘邦据汉中时的巴蜀重要地位问题，武帝平南越和北击匈奴时的西南夷地区问题，以及秦汉以后的"巴蜀本位"问题等，都是典型的西南区域地缘因素与王朝国家疆域建构的案例。秦汉版图包括西南区域后，相应的族群分布格局和民族地理观也发生了调整，可见地缘因素也是一个历史民族地理和民族地理观研究不可忽视的因素。

分区是依据一定标准对地理事物划出分布区的方法，通常以地理要素量上的差异或地理事物质上的差异作出分区[③]，如自然分区、水文分区、气候分区、土壤分区、地貌分区、文化分区等。本书进行的战国秦汉时期民族地理和民族地理观研究，二者均可以以不同

[①] 参见方铁《边疆地缘政治与中原王朝施治》，《方略与施治：历朝对西南边疆的经营》，社会科学文献出版社2015年版；郑维宽：《历代王朝治理广西边疆的策略研究：基于地缘政治的考察》，社会科学文献出版社2014年版。

[②] 近来因有考古材料的发掘已有新的阐释，参见李零《三代考古的历史断想》，《中国学术》2004年第2期。

[③] 郑度、欧阳、周成虎：《对自然地理区划方法的认识与思考》，《地理学报》2008年第3期。

的标准进行分区。本书暂以民族地理观作为依据进行分区，因为以民族地理观作出的分区很大程度上是与民族地理分区和区域意象分区相重合的，这与民族地理观分区需综合考虑民族地理因素、民族观因素、地理观因素等有关。在某种程度上，民族地理观分区是一种综合分区方法。

分区同时需要考虑尺度问题，尺度大小与分区准确性成反比关系，尺度越大分区的准确性越小。而考虑到尺度因素时，一般有自下而上和自上而下两种分区方法。自下而上是在底层分区的基础上进行合并，自上而下是在顶层分区的基础上进行拆分。当有特殊因素的影响时，两种方法可以并用。本书在进行民族地理观分区时，因为要同时考虑民族地理因素、民族观因素、地理观因素，交叉使用这两种方法。

五　研究思路、篇章安排及相关问题的说明

（一）研究思路

如前所述，本书的研究议题包括战国秦汉时期西南区域的民族地理、民族地理观两个问题。这两个问题并不是相互独立的，而是相互关联的。由此，民族地理与民族地理观关系的问题，亦在本书讨论范围之内。前文已提及，民族地理观的嬗变与民族观、地理观、民族地理三个因素有关。其中的民族地理，是民族地理观建构最现实的基础。为此，本书先讨论民族地理的问题，以揭示民族分布、民族活动如何影响民族地理观的建构。

对于民族地理的问题，本书侧重于族群分布格局演进方面的研究，即注重分析和讨论不同族群的迁徙、分布、融合问题。族群迁徙方面，主要基于各类资料的梳理，讨论族群迁徙的路径、族群迁徙的原因、族群迁徙的规模。族群迁徙涉及的资料主要包括汉文史籍、彝文史籍和考古材料。其中，汉文史籍较为丰富，且有断代，为本书的基础性材料。彝文史籍也有较多的材料，不过尚难以与汉

文史籍完全对照讨论相关问题，加之断代困难，只能局部使用。考古材料方面，则为战国秦汉时期西南地区民族地理研究极为重要的材料，因为战国秦汉时期西南地区的考古材料不仅丰富（与之相反，西南区域考古材料存在"晋唐考古的'缺失'""唐代断痕"[①]），而且系统，各类族群均有，不仅有"证史"之功，还有"补史"之功。

族群分布方面，主要考虑族群分布在何地，如何分布（聚居、散居、杂居）等问题。族群分布研究所涉及的材料也包括汉文史籍、彝文史籍和考古材料三类，其应用大体与族群迁徙的方式相似。

族群融合方面，战国秦汉时期族群融合问题体现比较明显的是蜀地的族群融合，且主要是北方群体（汉代可称汉族）与蜀人的融合。此方面的讨论，除从汉文史籍所载族群分布格局变化来进行外，还结合了考古材料中的画像、俑形材料来阐述相关问题，特别是其中的"左衽"群体问题。

在理清民族地理问题的基础上，本书从族群政治地理空间建构、区域意象、族群意象三个层面结合民族地理来讨论战国秦汉时期西南地区的民族地理观建构与嬗变问题。在族群政治地理空间建构层面上，本书尤为注重在大一统王朝国家建构过程中西南地区如何由"方位"转变为"疆域"，在此过程中"徼"界的变动又如何体现了族群政治地理空间的建构，武帝"广关"及特殊的政区（特别是"边郡"观念，道制）如何促进了西南地区族群政治地理空间的结构化，特殊的施治措施（主要是"各以地比"）又如何实现了族群政治地理空间的秩序化等问题的分析。

在区域意象与族群意象方面，本书主要关注两个问题。其一，史籍对不同区域在自然、经济、文化方面的描绘所造成的区域意象的差异，不同族群的族群性格刻画所造成的族群意象的差异。其

---

① 参见刘复生《"泸县宋墓"墓主寻踪——从晋到宋川南社会与民族关系的变化》，《四川大学学报》（哲学社会科学版）2014年第6期；蓝勇《巴蜀历史发展中的"唐代断痕"问题——兼论中国古代的低生产力势力与战争负能量问题》，《人文杂志》2017年第5期。

二，史籍中区域意象、族群意象建构的参照点问题，及其所带来的区域意象、族群意象的差异性和秩序性问题。与族群政治地理空间的结构性和秩序性互为表里，族群政治地理空间、区域意象、族群意象均体现了民族地理观建构中的结构性和秩序性的问题。

在理清民族地理问题，初步揭示民族地理、族群政治地理、区域意象、族群意象与民族地理观关系的基础上，本书亦对同时影响着民族地理、民族地理观的地理因素略作探讨。其中，自然地理因素方面的讨论主要涉及地貌和气候。在地貌因素方面，本书注重分析地貌的区域差异如何影响了战国秦汉时期西南地区族群演进的区域性"多元一体"态势，以及地貌特征如何影响了战国秦汉时期西南地区"险""远"区域意象的形成。在气候因素方面，本书尤注意分析北方气候演变的"冷干—暖湿"组合特征与西南地区气候演变的"冷湿—暖干"组合特征如何影响了北方群体的南迁，从而促进了西南地区族群演进态势由区域性"多元一体"转变为区域性与整体性协同演进的"多元一体"演变模式。自然地理因素对民族地理观的影响，既体现在其影响族群演进基础上对民族地理观建构的影响上，又体现在直接对区域意象建构的影响上。

人文地理因素方面，本书主要考虑民族地理、民族观、地理观、族群政治地理空间对民族地理观的影响。与自然地理因素不同，人文地理因素对民族地理观的影响更为直接。本书所注重者，在于民族地理的演变如何为民族地理观的嬗变提供了最现实的基础，民族观、地理观特别是族群政治地理空间如何影响了民族地理观在真实与想象之间滑动，使民族地理观体现为典型的"想象地理"。

（二）篇章安排

本书的目的是建构系统的战国秦汉时期西南地区族群地理演进序列，并基于此讨论民族地理观的建构问题。按照这一路径，本书分两篇讨论相关的问题。

上篇"族群分布格局的演进"以区域和族群为纲,详细讨论不同地区、不同族群的演进问题。本篇所涉及的族群,包括蜀国群体、巴国群体(含廪君蛮、板楯蛮、獽、濮等)、蜀西群体(含冉䮾、青衣夷羌、徙、筰牛、邛都、筰都、捉马、巂、"胡人"等)、夜郎群体、滇国群体、昆明群体、哀牢群体、汉族群体等。本篇注重考察的问题主要包括各族群演进态势、各族群的族群结构(主要是方国区域)、各族群分布地域范围及其变化(即族群迁徙)。在关于汉族群体的部分,还留意族群融合的问题及汉族群体分布格局的变化对西南区域"汉夷"格局演变的影响。

下篇"民族地理观的建构"分四章讨论四个相互关联的问题。其一,疆域变迁与族群政治地理空间建构;其二,施治措施与族群政治地理空间的结构化、秩序化;其三,区域意象、族群意象与民族地理观分区;其四,民族地理观生成的地理机制。通过以上问题的讨论,本篇欲阐明:其一,战国秦汉时期西南区域民族地理观的建构实际上也是一个族群政治地理空间的建构过程,并体现出明显的秩序化族群政治地理空间建构取向;其二,族群分布格局的演进与民族地理观的建构存在明显的关联,且此种关联可从地理层面上加以解释。

(三)相关问题(概念)说明

本书的篇章安排及行文,有几个问题需予说明。

一是章节安排"纲"的问题。历史民族地理研究既需要考虑族群的问题,又需要考虑区域的问题,由此形成了"族群为纲"和"区域为纲"两种研究模式。[1]当前,"族群为纲"的作品比较丰富,多因族群史的研究需要讨论地理的问题。"区域为纲"的作品则不多见(前文有详述)。本书采用"区域为纲"、"族群为辅"的篇章安排方法,主要是因为战国秦汉时期西南区域不同族群的地理问题记

---

[1] 安介生:《历史民族地理》,山东教育出版社2007年版,第14页。

载详略有很大差异,"族群为纲"会导致讨论起来篇幅长短不一,结构失衡。

二是族群类别的问题。正如林惠祥所指出,民族的分类"应有一种历史上的分类,复有一种现代的分类","二种分类可由于指出其民族变化之线索而结连之"。[①] 从战国秦汉时期西南区域的族类来看,民族分类不仅有文化上的依据,"种"的依据[②],还有地理的依据。加之部分族群不仅迁徙频繁,而且处于分化与重组过程中,族类的划分更为复杂。故此,本书族群类别上划分为汉族群体(其特殊问题详见下文)、氐羌群体、"夷"、百越(夜郎)、闽濮群体和"胡人",只是一个大致的划分方案,而且是着眼于秦汉时期的情况来划分的。其中,"夷"是一个相对特殊的群体。《华阳国志·蜀志》云:"筰,筰夷也:汶山曰夷,南中曰昆明,汉嘉、越巂曰筰,蜀曰邛,皆夷种也。"[③] 蒙默等据此认为,筰(都)、冉駹、昆明、邛都、哀牢、三襄、青衣、旄牛、旄牛徼外夷等在战国时期应属一个独立的群体"夷"。[④] 此说可从。不过,唐人张守节也曾明确表示:"筰,白狗羌也。"[⑤]

三是族群类别识别的问题。部分群体的族群类别划分,只是本其主要群体而进行的。此一方面主要涉及板楯蛮的问题。后文将述,板楯蛮是故巴国境内的主要族群,但故巴蜀境内的巴人包括有渝水巴人(即秦汉板楯蛮的主体,又称賨人),夷水廪君之后巫蜑(又或当作"巫、蜑"),以及涪陵之枳巴、獽、蜑等。板楯蛮在本

---

① 林惠祥:《中国民族史》,商务印书馆1936年版,第6页。
② 王文光:《中国古代的民族识别》,云南大学出版社1997年版;何星亮:《中国历史上的民族分类与民族认同》,《云南民族大学学报》(哲学社会科学版)2015年第4期;周星:《古代汉文化对周边异民族的"生/熟"分类》,《民族研究》2017年第1期。
③ (晋)常璩撰,任乃强校注:《华阳国志校补图注》卷3《蜀志》"越巂郡定莋县"条,上海古籍出版社1987年版,第142页。
④ 参见蒙默《试论汉代西南民族中的"夷"与"羌"》,《历史研究》1985年第1期;石硕《汉晋时期南中夷、越辨析》,《民族研究》2006年第1期;石硕《藏彝走廊地区的石棺葬及相关人群系统研究》,《藏学学刊》2009年第5辑;陈东、袁晓文《唐以前西南民族地区的"夷"、"羌"之别》,《思想战线》2010年第1期。
⑤ 《史记》卷123《大宛传》,中华书局2014年点校修订本,第3844页张守节正义。

书中叙于氐羌群体中，这是因为大多学者认为板楯蛮为氐羌群体。至于巫蜑、獽、蜑，汉晋之后已难知其详情，只在讨论相关问题时略为提及。此外，"胡人"是一个较为特殊的群体。"胡人"主要见于考古材料，且与出土的"襄人"画像形象相似，似应是一个较为重要的族群。由于资料贫乏，此类群体的具体情况尚无定论。[①]本书讨论"胡人"的问题，但不必与某一族群对应。

四是族群含义的广狭问题。战国秦汉时期西南地区的主要族群，特别是曾建立过"国"的族群，实际上在其分布区内有众多的群，史料往往以"什数"来表达，具体的情况则不知。一些考古材料和彝文史籍已揭示了此类问题，但所见群体的具体分布情况仍无法明确。故此，文内凡有"蜀人""巴人""滇人""夜郎""哀牢"等类似的表达，均是广义的族群名称，或主要指某一"国"居于中心区域的族群，不代表相应区域的全部族群。此外，两汉时期史籍中的"蜀人"，一般是指蜀地的汉族，与故蜀国的"蜀人"含义是有差别的。换言之，本书用"蜀人"一词，不同语境中有不同含义，战国时期的"蜀人"指故蜀国的蜀人，秦汉时期的"蜀人"则指蜀地的汉族群体。其他当前存在争论的族称，如"氐羌"，使用时也存在广义的问题。

五是"汉族"的含义问题。战国秦汉时期西南地区民族研究涉及"汉族"一词时需要考虑两个问题。一般认为汉族是秦汉时期以华夏群体为核心形成的统一体，秦汉时期的大一统观念及其实践是汉族认同形成的关键。[②]在此过程中，西南地区比较特殊。一般讨论汉族共同体形成问题时主要讨论的是上古时期的"华夏"诸群体，并不涉及巴蜀地区。不过，秦定巴蜀后，迟至汉初"巴蜀亦关中"的观念已形成，巴蜀地区应当视为华夏之地。更奇怪的是，巴蜀地区迟至东汉仍有不少非汉族群体，但这些群体在两汉完成的作品中

---

① 龙腾：《襄人不是胡人——四川中江塔梁子东汉崖墓榜题考》，《文物》2013年第2期。
② 陈连开：《汉族》，中国大百科全书编委会：《中国大百科全书·民族卷》，中国大百科全书出版社1986年版，第168—173页；李龙海：《汉民族形成之研究》，科学出版社2010年版。

并不在"四夷"体系中（两汉以后完成的作品则有变化），可见巴蜀地区在汉代已是华夏之地。换言之，在战国秦汉汉族形成这一关键时期，巴蜀地区的汉族共同体认同问题应是汉族共同体形成应讨论的一个重要问题，或者说巴蜀地区的汉族先民也参与到了汉族共同体认同的建构过程中。径直将巴蜀地区汉族群体的形成视为外来汉族迁入的结果的结论是不妥的。因此，本书凡用"汉族"一词时，仅在宽泛的意义上使用之，泛指战国秦汉时期与"汉族"有关的群体。而对于具体时期的"汉族"问题，则又以其他的术语来表明不同时期的区别，如"秦民""北方群体"等。

六是民族地理观的前置效应问题。本书所述的民族地理观问题，主要是基于汉文史籍来讨论的。①在汉文史籍中，战国秦汉时期的史籍有一部分是后人完成的，此类史籍对讨论民族地理问题没有太大问题，但对讨论民族地理观问题则需特别留意。就本书所及民族地理观建构而言，尽管"五方之民"思想一直是民族地理观建构的潜在思想根源，但在区域意象、族群意象建构方面《后汉书》《华阳国志》两部作品显然比《史记》《汉书》要系统，区域意象、族群意象间的差异也更为明显。《后汉书》《华阳国志》虽然能彰显民族地理观建构的系统性，但有一部分观念却不能代表两汉时期的情况。如在西南夷群体意象方面《华阳国志》有多处提到的"恶夷"问题，虽宽泛地说可归入汉代民族地理观中，但所谓"恶夷"的称呼很可能出自魏晋士人。《华阳国志》对南中地区区域意象的建构已有神异化、巫化的色彩，晋人《南中八郡志》《永昌郡传》中的南中意象，更是令人悚然，难怪唐人杜佑说《华阳国志》这样的作品"自述乡国灵怪，人贤物盛。参以他书，则多纰谬"。②从传世文

---

① 事实上，彝文史籍中也有一些民族地理观的内容。例如，乾阳、坤阴运年纪元顺次与人文运年时代的七国封域中，七国的分布与方位有一定关系，其中的慕齐齐默氏被称为"中央皇臣黑国"。彝文经典中也有反映族群不平等的文字，如《训言》有"贤美人""卑贱人"的划分，前者包括语言雅美、行为正美、道德善美三类人，后者包括知识浅薄、作风不正、思维浅见三类。详见王天玺、张鑫昌主编：《中国彝族通史》，云南人民出版社 2012 年版，第 75、79 页。

② 《通典》卷 171《州郡序》，中华书局 1988 年点校本，第 4451 页。

献来看，西南夷地区被中原人看成"险恶之地""瘴疠之乡"至早应是魏晋时期的事。在此情况下，《华阳国志》《后汉书》中对西南夷地区神异化、巫化的问题，尽管其叙述的事是两汉时期的，但其观念却应来自魏晋及南朝时期。此类问题，可称为观念上的"前置效应"。

七是族群的叙事问题。战国秦汉时期，由于族群迁徙频繁，对各族群的影响各不相同，史料所及只是影响较大的族群，部分族群因影响较小的缘故而未被详及，其演进路径亦极为模糊。后一类情形包括蜑、獽、百濮。特别是其中的百濮，由《华阳国志》的记载来看分布广泛，但对其具体情况又未详载，导致难以讨论其具体的分布问题。因此，本书在涉及蜑、獽、百濮等群体时，只在有史料可证的部分提及，不再单独列出章节讨论。

上篇
族群分布格局的演进

战国秦汉是西南地区中古大一统王朝国家层面上族群分布格局的奠基时期。在这一时期，西南区域族群演进的自在阶段结束，进入了自觉演进阶段。而在此过程中，随着大一统王朝国家疆域的不断外推，北方群体的不断进入，逐渐构型了"巴蜀—内蛮夷—外蛮夷"的族群分布格局。族群分布格局的演进是民族地理观调整与嬗变的基础。本篇集中于族群分布格局的演进方面，族群分布格局演进引起的民族地理观的调整与嬗变问题则留待下篇来讨论。

战国秦汉时期西南区域族群演进态势具有明显的族群性和区域性特征。族群性方面，战国秦汉时期西南区域存在一些遍居西南区域的群体，如汉族、叟人，其分布格局的演变会对西南区域整体性的族群演进产生明显的影响。聚居性的族群，也有其族群演进的自身特征。区域性方面，《史记·西南夷传》所区分的"魋结，耕田，有邑聚"、"编发，随畜迁徙，毋常处，毋君长"、"俗或土著，或移徙"、氐类等族群类型，以及汉族群体，其分布区域并不相同，生计方式也存在明显的差异，使得族群演进在具有族群性的同时，区域性也非常明显。

就族群分布格局演进方式来说，族群迁徙与族群融合是战国秦汉时期西南区域族群演进的主要方式。族群迁徙方面，北方群体的迁入，秦定巴蜀后蜀国族群的南迁，两汉时期昆明族的东迁和南迁，都引起了族群分布格局的变化。特别是，北方群体的迁入，使巴蜀地区逐渐华夏化，并最终构型了西南区域的"巴蜀—西南夷"族群分布格局，其影响不可谓不深。族群迁徙往往伴有族群融合，北方群体迁入巴蜀地区引起的巴蜀地区群体华夏化，是促进巴蜀地区华夏化的重要因素。迁入益州地区的北方群体、僰人、叟人，则与魏晋时期形成的爨蛮特别是西爨白蛮群体有关。

第一章 巴蜀及其边缘地区群体分布格局的演进

战国秦汉时期巴蜀及其边缘地区的群体包括四类：蜀国、巴国西部及蜀西北区域群体为氐羌群体，蜀西南区域为"夷"群体，巴国南部为濮越群体；除了这三类群体外，自秦定巴蜀开始，大量北方群体（这一部分群体后来演变为汉族，也可称汉族先民）移居巴蜀地区，并与巴蜀群体融合形成汉族群体，亦是战国秦汉时期巴蜀地区的一大群体。战国秦汉时期巴蜀及其边缘地区族群演进的态势具有明显的区域性多元一体特征。蜀国、巴国、筰都国、邛都国、白马国等史籍虽称"国"，其族群结构均比较复杂，而且其历史时期曾发生过明显的族群融合，是西南区域族群演进自在性阶段区域性多元一体的典型。

第一节 蜀国族群的活动空间及其族群结构问题

一 蜀国史上的族群与文化

蜀见于汉文史籍最先为"西人"[①]，但族群发展情况不详。《蜀王

[①] 今文献，特别是考古报告中，常将巴蜀文化亦称为"西南夷"文化。然而，"西南夷"之名，始见于汉代史志，此前并无"西南夷"之说。汉代史志所说之"西南夷"，是以蜀郡、巴郡为地望的，其西为"西夷"，其南为"南夷"，合称"西南夷"。是以，巴蜀文化所代表的巴人、蜀人，至多可以用先秦"五方之民"之"西人"或"西戎"来称之，即使"西夷"亦当与秦汉"西南夷"之"西夷"区分开来。采用"西人"之称似更恰当。"西人"之称见于《尚书·牧誓》，称"西土之人""西土之君"（见顾颉刚、刘起釪：《尚书校释译论》，中华书局2005年版，第1094页）。《汉书·地理志》又说"巴、蜀、广汉本南夷"（见《汉书》卷28《地理志》，中华书局1962年点校本，第1645页），这是秦汉大一统国家观念下族群身份再造的结果，与史实已有偏离。

本纪》始载蜀史，云：

> 蜀之先称王者，有蚕丛、柏濩、鱼凫，开明。是时人萌椎髻左衽，未晓文字，未有礼乐。从开明上至蚕丛，积三万四千岁。①

按此所载，蜀当为一直繁衍于蜀地的族群，且至开明时仍然相当落后。《蜀王本纪》又记："鱼凫田于湔山，得仙。今庙祀之于湔，时蜀民稀少。"②这一记载说明鱼凫时蜀地耕种文化有相当的发展，但开垦规模并不大，人丁稀少。鱼凫之后有杜宇，《蜀王本纪》说杜宇"自立为蜀王，号曰望帝，治汶山下邑曰郫"。③汶山多考为岷山，郫为秦所置县名，在今成都市西北，今仍沿用此名，其北有古郫城。杜宇时，蜀地玉山出水成灾，望帝不能治，荆人鳖灵治水后望帝禅位于鳖灵，鳖灵即位后号开明帝。

开明帝后，蜀又有五代称王者，《蜀王本纪》记五王名不详。但此时，蜀与秦有了征战，而且这些征战中蜀国一直处于守势。《华阳国志》记载，秦惠文王时，蜀王与秦惠文王狩猎相遇，秦惠文王以金相赠，结果金在蜀王手中变为土，秦臣贺秦惠文王曰："天奉我矣，王将得蜀土地。"秦惠文王喜而作"牛便金"，蜀王请回后发现被骗，嘲笑秦人为"东方牧犊儿"，秦人则说"吾虽牧犊，当得蜀"。④这则故事，多被解读为秦欲开通蜀道的象征，后来秦攻蜀亦经此道而成行。《蜀王本纪》和《华阳国志》均又记此期蜀王好色之事，秦知道后送美女。这类事的记载反映了一个事实，即此期秦与蜀并无战事，相对安定，但文化上有较多的交流。后，蜀王封其弟为苴侯，其地在汉中；苴侯与巴王交好，而巴与蜀本有嫌，故

---

① 《蜀王本纪》，见（汉）扬雄撰、郑文注：《扬雄文集笺注》，巴蜀书社2000年版，第331页。查此本《蜀王本纪》，与明郑朴辑本"璧经堂丛书本"相同，当为郑朴辑本；郑朴辑本见《中国野史集成》编委会、四川大学图书馆：《先秦—清末中国野史集成1》，巴蜀书社1993年版，第211—213页。

② 《蜀王本纪》，见（汉）扬雄撰、郑文注：《扬雄文集笺注》，巴蜀书社2000年版，第332页。

③ 《蜀王本纪》，见（汉）扬雄撰、郑文注：《扬雄文集笺注》，巴蜀书社2000年版，第332页。

④ （晋）常璩撰，任乃强校注：《华阳国志校补图注》卷3《蜀志》，上海古籍出版社1987年版，第187—188页。

"蜀王怒，伐苴侯"。① 苴侯向巴、秦求救，秦借机取蜀、巴两地，《蜀王本纪》记之曰："蜀王据有巴蜀之地，本治广都樊乡，徙居成都。秦惠文王遣张仪、司马错定蜀，因筑成都而县之"，至扬雄撰《蜀王本纪》时成都"与长安同制"。② 秦取蜀后积极在蜀地经营以谋楚，《蜀王本纪》记："蜀王有鸚武舟。秦为太白船万艘，欲以攻楚。秦为舶舡万艘，欲攻楚。"③ 这些记载反映的应当是秦经营蜀地后，在财力和技术方面都取得了巨大的发展，因此蜀地原来的鸚武舟有可能被改造成更大的战船，且数量极多。

常璩《华阳国志》所载蜀事尚需注意者，是《华阳国志》将蜀的历史与中原之史相比配，谓"蜀之为国，肇于人皇，与巴同囿。至黄帝，为其子昌意娶蜀山氏之女，生子高阳，是为帝喾；封其支庶于蜀，世为侯伯。历夏、商、周，武王伐纣，蜀与焉"。④ 此记将蜀纳入了华夏族源的体系中。此段文字的可信度应当并不高。与之矛盾的是，《华阳国志》记"有周之世"蜀"不得与春秋盟会，君长莫同书轨"，则蜀在周之时并不是华夏之一。及"周失纲纪"才有"侯蚕丛，始称王"。⑤ 后杜宇"自以功德高诸王"，称帝为望帝。

同时，《华阳国志》记杜宇"教民务农，一号杜主"，其时"巴亦化其教而力农务，迄今巴、蜀民农时先祀杜主君"⑥，可见巴蜀地区在杜宇时农业才发展起来。但此时蜀"以汶山为畜牧，南中为园苑"⑦的记载表明蜀的畜牧业仍然占有重要的位置。杜宇为帝时，开明治水有功，这应当反映的是蜀地农业发展开垦耕地的情形，开明

---

① 《蜀王本纪》，见（汉）扬雄撰、郑文注：《扬雄文集笺注》，巴蜀书社2000年版，第334页。
② 《蜀王本纪》，见（汉）扬雄撰、郑文注：《扬雄文集笺注》，巴蜀书社2000年版，第334页。
③ 《蜀王本纪》，见（汉）扬雄撰、郑文注：《扬雄文集笺注》，巴蜀书社2000年版，第336页。
④ （晋）常璩撰，任乃强校注：《华阳国志校补图注》卷3《蜀志》，上海古籍出版社1987年版，第175页。
⑤ （晋）常璩撰，任乃强校注：《华阳国志校补图注》卷3《蜀志》，上海古籍出版社1987年版，第181页。
⑥ （晋）常璩撰，任乃强校注：《华阳国志校补图注》卷3《蜀志》，上海古籍出版社1987年版，第173页。
⑦ （晋）常璩撰，任乃强校注：《华阳国志校补图注》卷3《蜀志》，上海古籍出版社1987年版，第118页。

亦因治水有功禅授为帝，帝号丛帝。

　　史料所见蜀国发展过程，在考古文化上也能够获得支持。能与史料所载蜀国发展过程相对应的蜀国考古文化主要是三星堆文化。三星堆文化主要分布于四川盆地内的成都平原，以三星堆遗址和十二桥遗址群为分布中心，在广汉、什邡、新都、彭县、成都市陴江两岸、雅安、汶川、阆中、南充、大渡河流域等地同期遗址中均有显著的三星堆文化特征。①《中国考古学：夏商卷》认为，四川盆地的群山对其古代居民的对外交往有相当的影响，但成都平原广汉三星堆文化或都江堰十二桥文化可越过山间谷道达到东北的汉中、川东和鄂西地区。而且，这些地区与周围的文化相比更接近于四川盆地的文化，故成都平原、汉中、川东、鄂西在夏商时期可归为同一比较庞大的文化系统。②与之相关，袁广阔等系统考察了旧石器时代至青铜时代四川盆地与中原地区的文化关系，认为在旧石器时代至青铜时代中原与四川盆地间已形成了汉水谷地、峡江地区两条重要的文化通道。③

　　三星堆文化可分六期（表1-1；或者将三星堆遗址分三期或四期，将十二桥遗址分三期），其中第一期的年代与中原龙山文化相当，年代在公元前2500年左右④，二期至六期的年代相当于夏商时期。

表1-1　　　　　　　　　　三星堆文化各期代表性遗址

分期	代表性遗址
一期	三星堆遗址1980—1981年发掘的④、③层，1986年发掘的⑪、⑫层，1985—1986年发掘的⑦层
二期	三星堆遗址1980—1981年发掘的②层，1986年发掘的Ⅲ区⑩、⑨层

---

①　中国社会科学院考古研究所：《中国考古学：夏商卷》，中国社会科学出版社2003年版，第498—504页。

②　陈德安：《三星堆遗址的发现与研究》，《中华文化论坛》1998年第2期；中国社会科学院考古研究所：《中国考古学：夏商卷》，中国社会科学出版社2003年版，第491页。

③　袁广阔、罗伊：《从考古发现看中原与西南地区早期文化的关系》，社会科学文献出版社2014年版。

④　四川省文物管理委员会、四川省博物馆、广汉县文化馆：《广汉三星堆遗址》，《考古》1987年第2期。

续表

分期	代表性遗址
三期	三星堆遗址1986年发掘的Ⅲ区⑧a-c层
四期	十二桥遗址⑬层，三星堆遗址1986年发掘的Ⅲ区⑦、⑥层，新繁水观音遗址M4遗迹
五期	十二桥遗址⑫、⑪层，新繁水观音遗址③层，三星堆遗址二号器物坑遗迹
六期	抚琴小区④层

资料来源：中国社会科学院考古研究所：《中国考古学：夏商卷》，中国社会科学出版社2003年版，第501—504页。孙华五期的方案见孙华：《成都平原的先秦文化》，载宿白主编：《苏秉琦与当代中国考古学》，科学出版社2001年版，第470—494页。

三星堆文化具有一些明显的区域性特征，主要包括[1]：

陶器在一至六期中均是主要文化遗物。陶质以夹砂陶为主，有灰褐、黑灰两色，泥质陶比例有减少的态势。器表素面者一直占较大比例，纹饰有绳纹、米粒纹、乳钉纹、蚌纹、镂孔纹、附加堆纹、划纹、戳纹、云雷印纹、心形纹、人字纹等。器类有小平底罐、高柄豆、罐圈足豆、平底盘、圈足盘、纺轮、盉、鸟头柄勺、甗形器、尊形器等。其中，二期时高柄豆、鸟头柄勺更流行，尊形器出现于二期；三期时平底盘、圈足盘已很少见，鸟头柄勺已多带纹饰，偶见尖底盏和器座；四期时圈足盘、平底盘基本消失，尖底罐、尖底盏、尖底杯等尖底器和圈足罐、器座等成为该期重要文化特征；五期陶器出现鸟纹，尖底器增加，平底器减少，鸟头柄勺、甗形器近于消失，新出现喇叭口鼓腹凹底罐、绳纹圜底釜。

青铜器有大型立人像、持璋小人像、小人像、人头像、跪坐人像、兽面具、人面具、眼形器、眼沟、爬龙柱、虎形器、罍、盘、尊、锄形器、神殿和神坛模型、铃、鸟形饰、龙形饰、蛇形饰、神树、戈和戈形器、镞、凿、钺等。其中，大型立人像头戴花冠，身着左衽长襟衣；跪坐人像卷发，着右衽长袖短衣；人头像类型较复杂，但下堆均为管状；人面具多半圆形，巨耳，大嘴，眼球凸出眼眶；青铜礼器与殷墟相似，但是以罍、尊的组合为主，饕餮多横贯

---

[1] 中国社会科学院考古研究所：《中国考古学：夏商卷》，中国社会科学出版社2003年版，第498—504页。

口纹、额上有牌状饰物；戈、青铜牌饰等，有与中原文化相似的地方。

金器有杖皮、面罩、虎形、璋形、鱼形箔饰等。杖皮饰有人头、鱼、鸟图案。玉石器有球、戈、琮、璧、环、戚、斧、锛、凿、刀、由管等；其中，玉璋类颇多，可分双歧、斜直、圆、鱼形等类。骨器笄、针、像、镞等较少。

三星堆遗址群还发现东、西、南三面城墙（北面或原即以河为屏障，或被水冲毁），长达1600—2100米，现存总面积3.6平方公里。在城址中轴线上，还分布着三处台地，文化堆积丰富，其中的西泉坎或为玉器作坊（集中分布有石璧成品、半成品、废件）。三星堆遗址和十二桥遗址均发现木结构建筑。三星堆的建筑遗迹多为方形；居住面由生土踩踏或拍打而成，部分见一层白膏泥；四周的墙多有沟槽和柱洞，墙体应为木骨泥墙。十二里桥遗址的建筑技术更为进步，建筑群达到1万平方米，材料有圆木、方木、木板、竹类及茅草类，见竹篾绑扎、榫卯与竹篾绑扎、榫卯结构等推合方法，亦见地梁基础、桩基础。三星堆遗址南部的三个起伏相连的土堆，或为祭祀或封神用的祭坛。

三星堆文化中的某些元素，也与中原地区文化具有共性。例如，三星堆遗址出土陶盉、高柄豆盘，一号器物坑三期青铜礼器、玉璋、玉戈等，与二里头文化相似；二号器物坑出土青铜器多饰双层或三层花纹，鸟纹有冠、钩喙、尾，铜尊多侈口、高领、束颈、鼓腹等，与殷墟二期偏晚至三、四期相近；六期的敛口尖底盏、直领尖底罐等，与陕西宝鸡茹家庄H2、H3等同类器相近，后者属于刘家文化系统[1]；出土玉器中的琮、璧、环、瑗等，则见于长江下游的良渚文化中。[2] 因此，一方面，三星堆文化从一期至六期相继发

---

[1] 中国社会科学院考古研究所：《中国考古学：夏商卷》，中国社会科学出版社2003年版，第506页。

[2] 陈德安：《三星堆遗址的发现与研究》，《中华文化论坛》1998年第2期；翟国强：《先秦西南民族史论》，黑龙江教育出版社2011年版，第158页。

展,长达千余年;另一方面,三星堆文化在发展过程中吸收了不少周边文化的因素,而且文化交流活动一直存在。同时,在影响程度上,夏商文化对三星堆文化的影响似乎有一个加强的过程。夏文化的影响,主要体现在如上二里头文化上。进入商代后,三星堆文化与商文化的共性特征之处除盉、觚、玉璋、铜牌饰外还有铜尊、罍、盘、器盖、玉石戈、玉琮等。[①] 除以上文化关系外,孙华所划分的成都平原第五期(以青羊宫文化为代表)为晚蜀文化,鼎、盏盂、盏敦、尊缶等见江汉楚文化的影响[②],楚文化的木椁墓、船棺、独木棺等见于成都平原且数量极多。[③]

在三星堆文化吸收周围区域文化的同时,三星堆文化对周围区域文化也有一定程度的影响。例如,三星堆遗址中大量发现的玉器中,在殷墟妇好墓中出土的Ⅰ式玉戈和Ⅱ式玉戈与之极为相似,其他中原文化遗址中则未见,这说明殷墟妇好墓所见文化是受三星堆文化一定影响的。[④]

这些文化交流应当是以三星堆文化为主体的选择性吸收。一方面,青铜人像、面具、神树、神树坛殿、眼形饰等为三星堆文化独见,说明三星堆文化的发展有一定的独立性。另一方面,中原地区已不见或处于衰落期的文化,如三星堆中的两件铜牌饰和玉石璋,同期中原地区已不见,但仍然是三星堆文化的主要组成要素;又如在中原地区处于礼器重要地位的尊、罍等,在三星堆文化中成了最重要的礼器;再如春秋战国后期,中原地区已不再流行克胡铜戈、柳叶形铜剑等,在三星堆文化中则十分常见。[⑤]这些都说明,三星堆文化的发展是具有一定独立性的。

---

① 中国社会科学院考古研究所:《中国考古学·夏商卷》,中国社会科学出版社 2003 年版,第498—504 页。
② 孙华:《成都平原的先秦文化》,载宿白主编:《苏秉琦与当代中国考古学》,科学出版社 2001 年版,第 490 页。
③ 孙华、苏荣誉:《神秘的王国——对三星堆文明的初步理解和解释》,巴蜀书社 2003 年版,第391 页。
④ 陈德安:《三星堆遗址的发现与研究》,《中华文化论坛》1998 年第 2 期。
⑤ 翟国强:《先秦西南民族史论》,黑龙江教育出版社 2011 年版,第 159 页。

三星堆文化的发展过程中，可能伴有大规模的族群融合过程。孙华认为成都平原文化长时期明显的继承发展关系应当表明了蜀国族群发展的连续性，并有其共同特征，但发展的某些特征也可能表明蜀国族群"王族"间的差异。于蜀文化各期的共同特征而言，孙华所划分第二期起即有不少鸟的遗迹出现，包括陶器柄、铜鸟头、鸟身人首铜像、鸟形巫师等。差异者，如代表二期王族特征的镶嵌绿松石铜饰牌三期以后消失，三星堆和十二桥为代表的核心铜礼器尊在第四（新一村）、五两期（青羊宫）中却是罍等。① 这些不同文化期之间的差异，可能是由于蜀文化本身的内部族群结构差异引起的。

蜀国族群考古文化与文献记载有一定对应关系。孙华认为，三星堆遗址一号器物坑中的三具凸眼铜面具，很可能就是蜀人的天神烛龙和祖神蚕丛氏。② 高大伦又认为，三星堆遗址一号器物坑中出土的金杖所见鱼、鸟、矢组合图案，可能是蜀人祖先的"鱼凫"之意，三星堆中流行的鸟头柄勺似乎与鱼凫有一定关系。③ 雷雨将三星堆文化部分特征与蜀人祖先中的世系对应起来，认为三星堆一期与蚕丛氏、二期与柏灌氏、三期与鱼凫氏、四期与杜宇氏有关联，蚕丛氏与养蚕相关联，柏灌为一种水鸟，"凫"就是鱼鹰，杜宇与杜鹃鸟相关联。④ 朱章义认为，三星堆一号祭祀坑出土的金杖，或即与蜀人祖先鱼凫氏、杜宇氏有关：一方面是金杖可能代表王权，人头像中的面目狰狞形象可能表示王权神圣不可侵犯；另一方面，表面的箭穿鸟、鱼图案与蜀人传说中的渔猎、耕种活动有关。⑤ 此外，三星

---

① 孙华：《成都平原的先秦文化》，载宿白主编：《苏秉琦与当代中国考古学》，科学出版社 2001 年版，第 490—491 页。
② 孙华：《凸眼铜面像——蜀人的尊神烛龙和蚕丝》（二），《中国文物报》1992 年 5 月 24 日（转引自中国社会科学院考古研究所：《中国考古学：夏商卷》，中国社会科学出版社 2003 年版，第 507 页）。
③ 高大伦：《三星堆器物坑饰"鱼凫"纹金杖与強国墓地"鸭首"形铜瓠》，《中国文物报》1999 年 10 月 12 日（转引自中国社会科学院考古研究所：《中国考古学：夏商卷》，中国社会科学出版社 2003 年版，第 507 页）。
④ 雷雨：《三星堆遗址的发现、发掘与研究》，载李进增主编：《古蜀王国：三星堆和金沙遗址出土文物精华录》，宁夏人民出版社 2012 年版，第 21—28 页。
⑤ 朱章义：《成都市金沙遗址的发掘及初步认识》，载李进增主编：《古蜀王国：三星堆和金沙遗址出土文物精华录》，宁夏人民出版社 2012 年版，第 29—36 页。

堆遗址中出土的凸眼形象，可能与蚕丛氏的"纵目"有关（为数众多的铜眼器对此亦可解释），大耳或与杜宇有关（杜鹃鸟的翅膀），铜人鸟首器物可能与"大鸟王"帝颛顼有关。[①]

除了以上差异性的对应关系以外，孙华认为蜀文化二至五期中的众多与鸟有关的器物可能与蜀王五代中的中间三代有关[②]，柏灌之"灌"或作"濩"，"灌"似双眼圆睁的大鸟；鱼凫如前所解；浦卑中的浦《礼记·明堂位》有"浦，合蒲，如凫头"之说。[③] 此外，《说文解字》谓"巂"："周燕也。……一曰蜀王望帝，淫其相妻，惭亡去，为子巂鸟。故蜀人闻子巂鸣，皆起云'望帝'"[④]，可知杜宇氏实际上还是与鸟有关。

以上所见，说明蜀人祖源并非单一的族群。一种能够结合考古文化和传世文献的解释是，传世文献所说诸王实际上就是不同的氏族或族群。于此问题，段渝的研究很有系统性，其结论是可信的，现引述如下[⑤]：

> 蚕丛氏，兴起于岷江上游河谷，其中心区在今茂县北境的叠溪。蚕丛氏进入成都平原是沿岷江南下的，沿线有蚕崖关、蚕崖石、蚕崖市等古地名。在族属上，蚕丛氏或即为古氐羌的一支，或即为冉駹，"冉駹"与"蚕丛"古音相通。若如此，则蚕丛即《后汉书·冉駹传》中的族群，其时汶山郡（治今茂县凤仪）"其山有六夷、七羌、九氐"，冉駹即其中"依山居止，累石为室，高者数十丈，为邛笼"者。同时，这一族群的"纵目"特征……与三星堆文化出土铜器相近。蚕丛氏进入成都平原并发展其文化的时期，在夏代前后。

---

① 朱章义：《成都市金沙遗址的发掘及初步认识》，载李进增主编：《古蜀王国：三星堆和金沙遗址出土文物精华录》，宁夏人民出版社2012年版，第29—36页。
② 以下三代之解释见孙华：《成都平原的先秦文化》，载宿白主编：《苏秉琦与当代中国考古学》，科学出版社2001年版，第490—492页。
③ （汉）郑玄注，（唐）孔颖达疏，（清）阮元校刻：《礼记正义》卷31《明堂位》，《十三经注疏》，中华书局1980年影印本，第1490页下。
④ （汉）许慎：《说文解字》，中华书局1983年影印本，第76页上。
⑤ 段渝：《政治结构与文化模式：巴蜀古代文明研究》，学林出版社1999年版，第18—23页。

柏灌时期史料记载不详。鱼凫时期的文化特征可能与三星堆遗址出土大量鸟头长勺柄有关，遗物极似鱼鹰。如上所述，一号祭祀坑中的金杖亦或有关联。鱼凫氏亦为氐羌一支，《山海经·大荒经》中"互人之国，人面鱼身"的"互"或即为"氐"字之借。

以上三代蜀王的关系，段渝认为是三种不同族群争夺成都平原的时间呈现。其中，柏灌氏居于成都平原发展的是低地农业，蚕丛氏和鱼凫氏均是南下的族群，经营的是高地农业。① 这一发展历程是较为缓慢的，《蜀王本纪》说"蚕丛、柏灌、鱼凫，此三代各数百岁"，说明蚕丛、柏灌、鱼凫三代存在过较长的时间。在蚕丛、柏灌、鱼凫三代更替过程中，自然也有大量的族群迁徙活动，《史记·三代世表》中的"周衰，先称王者蚕丛国破，子孙居姚、嶲等处"即是说明。②

鱼凫氏之后的两代蜀王文化情形，以翟国强所考颇为合理。按翟国强所考，鱼凫氏战败于杜宇时期，随后迁徙，留下了鱼复县（今奉节）、鱼复浦（今奉节东南）、巴涪水（即今乌江，巴涪通假鱼凫）、巴符关（今合江县）、鱼凫关（今叙永县）、鱼涪津（今宜宾市南）、鱼凫山（今彭山县）、鱼凫城（今温江区）等古地名。③ 翟国强认为，鱼凫氏之后的杜宇氏，其代表性文化特征见于金沙十二桥、方池街、君平街、指挥街等遗址，以十二桥遗址规模最大，故亦有名为"十二桥文化"的文化命名。因金沙遗址所见文化特征总体上与三星堆两个器物坑文化特征相似，翟国强认为"十二桥文化"可能是三星堆文明衰落后在成都平原兴起的一个政治、经济和文化中心，有可能就是杜宇王朝的都城所在。④

---

① 段渝：《政治结构与文化模式：巴蜀古代文明研究》，学林出版社1999年版，第18—23页。
② 段渝：《政治结构与文化模式：巴蜀古代文明研究》，学林出版社1999年版，第18—23页。
③ 翟国强：《先秦西南民族史论》，黑龙江教育出版社2011年版，第228页。
④ 翟国强：《先秦西南民族史论》，黑龙江教育出版社2011年版，第233—234页。

二　形象学视野中的蜀国族群结构

蜀的族系意见不一。一种认为，蜀的族系即叟，因蜀与叟古音通。[①]另一种意见认为，蜀王的蚕丛、鱼凫、开明等最初是氏族或某一部落首领的名称[②]，甚至像"鱼凫"这样的称呼也是两个部族融合的结果。这些氏族或部落，随着蜀国的建立应当获得了相当的融合，成为蜀国的中坚力量，可合称为蜀族。这些意见大多可获得史料或考古材料的支持。不过，在考古材料中还有一类特殊的材料，即考古材料所见人物形象类的材料，更能直观地反映出蜀国的族群结构问题。[③]

蜀国族群的形象材料，以三星堆文化遗址一、二号墓坑出土青铜雕像群最多，其他遗址也见有为数不少的族群形象材料，现梳理如下（表1-2）：

表1-2　　　　　　　　　　蜀国族群典型形象列举

形象	名称与编号	形象	名称与编号
	三星堆祭祀二号坑立人像（K2:149、150）（大、小各1件）		三星堆祭祀二号坑鸟装铜人像（K2③:264）（1件，另有人形鸟足像1件）
	三星堆祭祀一号坑跪坐人像（K1:293）（多件）		三星堆祭祀一号坑A型人头像（K1:2）（多件）

[①]（晋）常璩撰，刘琳校注：《华阳国志校注》卷3《蜀志》，修订版，成都时代出版社2007年，第90页。

[②] 王文光、龙晓燕、陈斌：《中国西南民族关系史》，中国社会科学出版社2005年版，第26页。

[③] 段渝：《商代蜀国青铜雕像文化来源和功能之再探讨》，《四川大学学报》1991年第2期。

续表

形象	名称与编号	形象	名称与编号
	三星堆祭祀一号坑B型人头像（K1∶5）（多件）		三星堆祭祀一号坑C型人头像（K1∶72）（多件）
	三星堆祭祀二号坑A型人面像（K2②∶148）（多件）		三星堆祭祀二号坑B型人头像（K2∶34）（36件）
	三星堆祭祀二号坑B型人头像（K2②∶90）（1件）		三星堆祭祀二号坑C型人头像（K2②∶58）（1件）
	三星堆祭祀二号坑D型人头像（K2②∶83）（1件）		三星堆祭祀二号坑小人像A型（K2②∶05、07）（多件）
	三星堆祭祀二号坑石边璋人像局部（K2③∶204）（1件）		金杖上的小人（1件）
	金沙遗址铜立人像（2001CQJC∶17）（1件）		金沙遗址石雕跪人像（2001CQJC∶166、2001CQJC∶212、2001CQJC∶717）、成都方池街遗址石跪坐人像（多件）

资料来源：四川省文物管理委员会、四川省文物考古研究所、广汉市文化局等：《广汉三星堆遗址一号祭祀坑发掘简报》，《文物》1987年第10期；四川省文物管理委员会、四川省文物考古研究所、广汉市文化局等：《广汉三星堆遗址二号祭祀坑发掘简报》，《文物》1989年第5期；朱章义：《成都市金沙遗址的发掘及初步认识》，载李进增主编：《古蜀王国：三星堆和金沙遗址出土文物精华录》，宁夏人民出版社2012年版，第35页；黄俞华：《古蜀金沙：金沙遗址古蜀文明探析》，巴蜀书社2003年版，第41、68—69页；朱章义、王方、张擎等：《成都金沙遗址Ⅰ区"梅苑"地点发掘一期简报》，《文物》2004年第4期。

对于以上人物形象，可从人物身份和族群差异两方面来分析。[①]在人物身份上，孙华和段渝已进行过较系统的解释，他们都认为以上人物形象至少可分神、巫、人三类。所谓的神、巫两类形象，指的是统治阶层的人物形象，如三星堆青铜像中的立人像。族群差异方面，也已有较丰富的研究。李绍明曾对三星堆文化所见青铜人像的体质特征进行了分析，认为虽然这些青铜人像具有一些夸张的成分，但反映了客观上的体质特征。据《三星堆遗址一号祭祀坑发掘简报》所区分的A、B、C三种型式铜人像描述，李绍明认为：首先，据狭长及中等大的眼裂开度，外角高于内角的眼裂方向，有内眦褶，眉弓稍宽，鼻宽中等，鼻根低而扁平且中等高，鼻孔出度中等，额骨突出度显著，面突出度扁平，中颌，唇厚中等，唇形稍凸等特征，三星堆遗址一号祭祀坑的青铜人像当为蒙古人种；其次，根据A型如简报所说的"蒜头鼻"和B、C型的"尖圆鼻头"的特征，A型当接近于蒙古人种南方类型，B、C型则更近于蒙古人种北方类型；再次，从青铜立人像的特征来看，在三星堆文化中蒙古人种北方类型当处于主导地位，即统治阶层的上层群体。因此，三星堆文化所反映的处统治地位的群体，当是其时的氐羌系统，其种属为蒙古人种北方类型；而与蜀结为联盟的族群或被统治的族群，则既有氐羌系统，也有濮越系统，主要为蒙古人种南方类型。[②]

蓝勇认为，三星堆文化遗址所反映的居民体质特征可能主要是古蜀上三代（即鱼凫之前）的情况，而成都指挥街周代遗址五具人头骨所反映的蒙古人种南方类型的长颅型、上面低矮、鼻型扁平等特征则是开明氏族群的特征。[③]蓝勇同时推断，川东地区的古代居民可能很早就属于蒙古人种南方类型。

---

① 孙华：《关于三星堆器物坑若干问题的辩证》，《四川文物》1993年第4期；孙华：《四川盆地的青铜时代》，科学出版社2000年版，第186页；段渝：《商代蜀国青铜雕像文化来源和功能之再探讨》，《四川大学学报》1991年第2期。

② 李绍明：《古蜀人的来源与族属问题》，载《三星堆与巴蜀文化》，巴蜀书社1993年版，第11—16页。

③ 蓝勇：《西南历史文化地理》，西南师范大学出版社1997年版，第3—4页。

徐鹏章曾结合《华阳国志》所载蜀国史和部分考古材料认为[①]，蜀国的蚕丛、柏灌、鱼凫、杜宇四代君王中，前三代均以游牧为生，杜宇时转为农业为主要经济生活。这些君王代表的是不同的族群，这一点尤见段渝的研究（前文已述）。[②]徐鹏章认为，《史记·三代世表》所说的"周衰，（蜀）先称王者蚕丛，国破，子孙居姚嶲等处"是蜀蚕丛一朝受羌攻击失败后而向西南迁徙。大体的推定是，因此后便无太大的战争，蚕丛氏之后的蜀国族群群体柏灌、鱼凫都是羌族。杜宇时，由于农业的发展，羌族改称为氐，此即《逸周书·王会篇》孔晁所解之"氐地之羌不同。故谓之氐羌，今谓之氐矣"[③]；又因氐字可作"高低"之"低"，"氐地之羌"实即"低地之羌"。杜宇氏为氐人，徐鹏章举了二例，一是1973年青海大通上孙家寨发掘的马家窑文化类型墓葬M384所出土的一件"有尾人"的彩盆，与《后汉书·西南夷传》所说的盘瓠氏（高辛氏）后代"衣服制裁，皆有尾形"相符；二是三星堆祭祀坑中的陶俑、铜俑，有高眼眶大眼睛，与南方人种的低眼眶有很大的不同。开明氏时，蜀国族群的结构有了很大的变化。按徐鹏章的意见，开明氏治水而取代杜宇氏，但开明氏即鳖灵，《蜀王本纪》有"荆人鳖灵死，其尸流亡，随江水至成都，见蜀王杜宇，杜宇以为相"的记载。[④]开明氏是荆人，一般来说当为蒙古人种南方类型。按《华阳国志·蜀志》的记载，开明氏传十二世，以平均三十年计有三百六十年，自然造成蜀地群体体质特征的巨大变化。[⑤]

《史记·西南夷传》说秦汉时期西南夷群体的类型有"魋结，耕田，有邑聚"者、"编发，随畜迁徙，毋常处，毋君长"者、"俗或

---

① 徐鹏章：《古蜀人所处的自然环境与种属问题》，载《文物考古研究》，时代出版社1993年版，第1—16页。
② 段渝：《政治结构与文化模式：巴蜀古代文明研究》，学林出版社1999年版。
③ 《王会篇笺释》中卷，《续修四库全书》史部第301册，第265页上。
④ 《蜀王本纪》，见（汉）扬雄撰、郑文注：《扬雄文集笺注》，巴蜀书社2000年版，第331页。
⑤ 按郑连斌对云南蒙古族体质特征的研究，云南蒙古族在约750年的族群融合中便由典型的北方类型转变为了南方类型，三百余年的时间也足够引起蜀人体质特征的较大变化了。关于云南蒙古族体质特征的研究见郑连斌、陆舜华、丁博等：《云南蒙古族体质特征》，《人类学学报》2011年第1期。

土箸，或移徙"者。①若按《史记·西南夷传》的西南夷族群分类，则蜀国族群的主要文化特征包括椎髻者（即魋结）、辫发者（即"编发"）两大类，也有结髻者等类型（表1-3）。一般认为，《史记·西南夷传》中的椎髻群体为濮越群体，但也有意见认为为氐羌群体，特别是彝族史研究作品有此主张。若认为椎髻群体为濮越群体，则蜀国族群确实由濮越、氐羌两大群体组成。若认为椎髻群体为氐羌群体，则蜀国族群可能是由不同的氐羌群体组成的。

表1-3　　　　　　　　蜀国族群形象发式分类

分类	名称与编号
椎髻者	三星堆祭祀二号坑立人像（K2：149、150）、三星堆祭祀二号坑鸟装铜人像（K2③：264）、三星堆祭祀一号坑B型人头像（K1：5）、三星堆祭祀一号坑跪坐人像（K1：293）似是、三星堆祭祀一号坑C型人头像（K1：11）、三星堆祭祀二号坑B型人头像（K2②：90）、三星堆祭祀二号坑C型人头像（K2②：63）、三星堆祭祀二号坑小人像A型（K2②：05、07）、三星堆祭祀二号坑小人像B型（K2②：05、07）
辫发者	三星堆祭祀二号坑A型人头像（K2：34）、三星堆祭祀一号坑C型人头像（K1：72）、三星堆祭祀二号坑石边璋人像局部（K2③：204）、金沙遗址铜立人像（2001CQJC：17）、金沙遗址石雕跪人像（一）（2001CQJC：717）、金沙遗址石雕跪人像（二）（2001CQJC：212）
结髻者	三星堆祭祀二号坑C型人头像（K2②：83）
其他	金沙遗址石雕跪人像（三）（2001CQJC：166）、三星堆祭祀一号坑A型人头像（K1：626）等

注：三星堆祭祀一号坑跪坐人像（K1：293）有"覆面"的迹象。
资料来源：同表1-2。

三　蜀国族群活动空间的变化与蜀国族群结构的复杂化

蜀国族群的复杂化，除了与历代蜀国主要族群可能有差别外，与蜀国族群活动空间的变化也有关联。蜀国族群活动空间的变化史无详载，但从有限的史料亦可观察到蜀国族群活动空间有一个不断扩大的过程。史载杜宇称帝时，蜀国：

> 以褒斜为前门，熊耳、灵关为后户，玉垒、峨眉为城郭，江、

---

① 《史记》卷116《西南夷传》，中华书局2014年点校修订本，第3625页。

潜、绵、洛为池泽，以汶山为畜牧，南中为园苑。[①]

"褒斜"即后来的褒斜道区域，《史记·秦本纪》载秦惠公十三年（前387）"伐蜀，取南郑"[②]，亦可证南郑及其以北的褒斜区域曾为蜀所领。熊耳在今四川省青神县南；灵关在今四川峨边县南；玉垒为今四川茶坪山，为今都江堰市与汶川界山，古时常年积雪而称"玉垒"；潜或为今渠江或为今四川广元潜溪江；绵为今流经德阳的绵远河；洛为今什邡的古亭江。[③]这些地望的范围，是以成都平原为中心分布的，是今四川省中、北部的范围。

上引杜宇帝时蜀国以南中为"园苑"，表明杜宇时曾向南开拓疆土。《华阳国志·蜀志》"总叙"条记杜宇时提到："时朱提有梁氏女利游江源，宇悦之，纳以为妃。"[④]后文将叙，古滇国及古夜郎国均存在一些"旁小邑"，这些群体活动于古蜀国边界，杜宇纳梁氏女为妃反映了朱提地区曾受古蜀国的控制，或与之联姻。《华阳国志·蜀志》"总叙"条说蜀之为国有"滇、僚、賨、僰僮仆六百之富"[⑤]，亦当是古滇国及古夜郎国北部群体长期受蜀国影响的反映，即古滇国及古夜郎国北部群体在战争中被大量迁往蜀国为仆，这些群体进入蜀地也会加剧蜀国族群结构的复杂化。

开明时，蜀地的农业应当又取得了相当的发展，是以自其子卢帝始蜀开始扩张土地。《华阳国志》记开明帝时徙治成都，其子卢帝攻秦至雍，卢帝之子保子帝攻青衣、雄张僚僰，周显王时蜀有褒、汉之地。[⑥]至周显王时期，蜀国疆域应达到最大范围，其地：

---

① （晋）常璩撰，任乃强校注：《华阳国志校补图注》卷3《蜀志》，上海古籍出版社1987年版，第118页。
② 《史记》卷5《秦本纪》，中华书局2014年点校修订本，第254页。
③ （晋）常璩撰，刘琳校注：《华阳国志校注》卷3《蜀志》，巴蜀书社1984年版，第184页。
④ （晋）常璩撰，任乃强校注：《华阳国志校补图注》卷3《蜀志》，上海古籍出版社1987年版，第118页。
⑤ （晋）常璩撰，任乃强校注：《华阳国志校补图注》卷3《蜀志》，上海古籍出版社1987年版，第113页。
⑥ （晋）常璩撰，任乃强校注：《华阳国志校补图注》卷3《蜀志》，上海古籍出版社1987年版，第115—117页。

东接于巴，南接于越，北与秦分，西奄峨嶓。[1]

"巴"在此应指巴国，后文详述。南接于越的"越"，在《华阳国志》中有"越巂"之"越"和"越人"之"越"两种。"越巂"之"越"地望不合，唯有"越人"之"越"是可能的。《华阳国志·南中志》"总叙"条说："南中在昔盖夷越之地，滇濮、句町、夜郎、叶榆、桐师、巂唐侯王国以十数。"[2]同条又有"东越攻南越，大行王恢救之"，"夷濮阻城，咸怨诉竹王非血气所生，求立后嗣"等记载，说明常璩的"越人"之"越"是一个相当模糊的概念，西南地区长江以南的群体大抵是与"越"有关的百越族群。"北与秦分"，当指前文引周显王之世的"褒、汉"之地，即蜀、秦以褒中、汉中相分。峨嶓，峨眉山、嶓冢山；峨眉山今山；嶓冢山，今山，汉水源地，今陕西宁强县、甘肃天水市间。

蜀国疆域的扩大，必然使周边族群亦被纳入蜀国群体中。在蜀国西部，青衣"夷"（详见后文）的部分群体成为蜀国的属族。而且，由巴蜀青铜器的分布来看，还有可能有大量蜀国族群迁居青衣江流域（图1-1）。巴蜀青铜器未必就属于蜀国族群所有，如釜、鍪、柳叶剑、柳叶矛、虎纹单胡戈和凸刃环首削是巴蜀群体共用的青铜器，但柳叶剑、柳叶矛、三角援戈、双胡戈、无胡戈、荷包钺、斤、凿、直刃无首削和凸刃环首削等青铜器确主要为蜀国族群所使用，釜、鍪、虎纹单胡戈、斧形钺和斧则主要为巴国族群所使用。[3]巴蜀青铜器的族属问题主要是巴国族群和蜀国族群的问题，但在青衣江流域，巴蜀青铜器的分布可视为蜀国族群分布的指示器，因为这一区域并未涉及巴国族群。

---

[1] （晋）常璩撰，任乃强校注：《华阳国志校补图注》卷3《蜀志》，上海古籍出版社1987年版，第113页。
[2] （晋）常璩撰，任乃强校注：《华阳国志校补图注》卷4《南中志》，上海古籍出版社1987年版，第229页。
[3] 冉宏林：《试论"巴蜀青铜器"的族属》，《四川文物》2018年第1期。

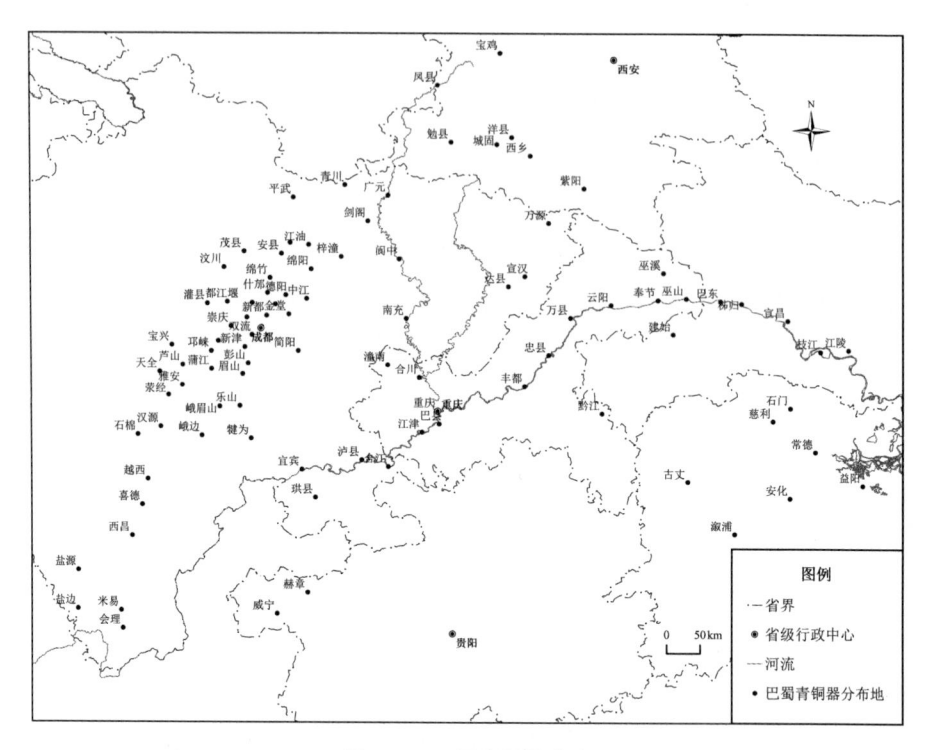

图 1-1 巴蜀青铜器分布

注：本书凡自制地图，现代政区基于自然资源部标准地图服务网站审图号为 GS（2019）1698 号的标准地图制作，历史时期政区基于谭其骧主编《中国历史地图集》对应政区地图制作，底图无修改。

资料来源：中国青铜器全集编辑委员会：《中国青铜器全集》（第13卷，巴蜀卷），文物出版社1993年版，第32页。

蜀国西部的丹、犁两个群体，在蜀国后期也被纳入蜀国族群结构中。《史记·秦本纪》记秦惠文王更元十四年（前311），"丹、犁臣蜀，蜀相壮杀蜀侯来降"[①]；秦武王元年（前310），"伐义渠、丹、犁"。[②] 张守节正义曰："（丹、犁）二戎号也，臣伏于蜀。蜀相杀蜀侯，并丹、犁二国降秦。在蜀西南姚府管内，本西南夷，战国时蜀、滇国，唐初置犁州、丹州也。"[③]

张守节说丹、犁为二国，说明丹、犁可能并非单一的族群。丹、犁为重要群体，但汉代史籍不载丹、犁群体，即可能与丹、犁

[①]《史记》卷5《秦本纪》，中华书局2014年点校修订本，第262页。
[②]《史记》卷5《秦本纪》，中华书局2014年点校修订本，第263页。
[③]《史记》卷5《秦本纪》，中华书局2014年点校修订本，第263页注释[十]。

为"国"有关，其族实为"夷"系统群体（按后文，当是筰都夷、汶山夷）。张守节说丹、犁在"姚府管内"，可能有误。唐代的姚州都督府在今大姚，但丹、犁二州并不在这一区域。唐代犁州在月支都督府，当与秦汉时期的犁部无关。这里的"犁"，应是"黎"之形讹，为唐代都督府。丹州，唐为逋租羌地。逋租羌为贞元九年（793）随东女国内附之一国，内附时其王名邓吉知，唐王朝授其主"丹州长史"。① 这里的"丹州"，一般认为是"冉州"之误。《旧唐书·地理志》载有冉州，云"本徼外敛才羌地。贞观五年（631），置西冉州。九年，去'西'字"。②《新唐书·地理志》也载有冉州，为茂州都督府羁縻羌州。逋租羌地区有逋租城，史载贞元十七年（801）唐王朝三路进攻吐蕃，"路惟明自灵壁、夏阳攻逋租、偏松城"③，逋租城考在今小金县南部。④ 唐代的黎、冉二州，在今汉源、茂县，其西为羁縻羌州。

唐代的黎、冉二州分布地，与汉代的沈黎郡有关。"沈"读音为"丹"⑤，犁、黎形近音通，一般认为战国时期丹、犁二部的分布地，即后来的沈黎郡。⑥ 沈黎郡，为汉代筰都夷地，《后汉书·西南夷传》云："筰都夷者，武帝所开，以为筰都县。其人皆被发左衽，言语多好譬类，居处略与汶山夷同。……元鼎六年，以为沈黎郡。"⑦ 沈黎郡的设置虽与筰都夷有关，但由于汶山夷与筰都夷"居处略同"，可能存在族群交流的问题。汶山夷当是指汶山郡的夷群体，史载汶山郡有"六夷、羌胡、羌虏、白兰峒、九种之戎"。⑧ 在

---

① 《旧唐书》卷197《南蛮西南蛮传》"东女国"条，中华书局1975年点校本，第5277页。
② 《旧唐书》卷41《地理志》"剑南道茂州都督府"条，中华书局1975年点校本，第1692页。
③ 《新唐书》卷158《韦皋传》，中华书局1975年点校本，第4935页。
④ 郭声波：《川西北羌族探源：唐宋岷江西山羁縻州部族研究》，《中南民族大学学报》（人文社会科学版）2002年第4期。
⑤ 蒙文通：《巴蜀古史论述》，四川人民出版社1981年版，第28页。
⑥ 段渝：《四川通史》（卷1，先秦时期），四川人民出版社2010年版，第451页。
⑦ 《后汉书》卷86《西南夷传》，中华书局1965年点校本，第2854页。
⑧ （晋）常璩撰，任乃强校注：《华阳国志校补图注》卷3《蜀志》"汶山郡"条，上海古籍出版社1987年版，第184页。

汉代，筰都被视为"夷"类，与汶山夷当为同一群体。筰都夷与汶山夷的分布格局，大体也与丹、犁二部的分布格局相同，说丹、犁即后来沈黎郡群体，应是可信的。

在蜀国的东部，蜀苴部本为巴国群体，在蜀后期也被纳入蜀国族群结构中。《华阳国志·巴志》说故巴国"其属有濮、賨、苴、共、奴、獽、夷、蜑之蛮"。①《史记·张仪传》载周慎王五年（前316），"苴蜀相攻击，各来告急于秦"。②裴骃《集解》引徐广曰："谯周曰益州'天苴'读为'包黎'之'包'，音与'巴'相近"，《索隐》曰："苴音巴"③，说明"苴"原不是蜀国群体。又因中古史籍有"巴濮"之说（"苞满"即"巴濮"④），一般认为苴为濮人群体之一。⑤

苴地后为蜀所夺，"蜀王别封弟葭萌于汉中，号苴侯，命其邑曰葭萌"⑥，但苴地族群结构应当未发生变化。秦定巴蜀后，苴群体不再见于史籍，应当与其族群融合有关。苴群体所在地葭萌在今广元市，是秦汉时期北方群体入蜀要道，在大规模移民浪潮下不可能不受影响。《史记·货殖列传》载有卓氏之事曰："蜀卓氏之先，赵人也，用铁冶富。秦破赵，迁卓氏。卓氏见虏略，独夫妻推辇，行诣迁处。诸迁虏少有余财，争与吏，求近处，处葭萌。"⑦"迁虏"多聚居于葭萌，则会使葭萌地区族群结构发生巨大变化，苴群体随后与北方南迁群体相融合，形成了汉族。此外，汉代葭萌地区的土著群体，一般认为是板楯蛮，而板楯蛮为一庞大族群，且具有复杂的

---

① （晋）常璩撰，任乃强校注：《华阳国志校补图注》卷1《巴志》，上海古籍出版社1987年版，第5页。
② 《史记》卷70《张仪传》，中华书局2014年点校修订本，第2774页。
③ 《史记》卷70《张仪传》，中华书局2014年点校修订本，第2774页注释［一］。
④ 邓少琴：《巴蜀史迹探索》，四川人民出版社1983年版，第18页；徐中舒：《论巴蜀文化》，四川人民出版社1981年版，第92—93页。
⑤ 段渝：《四川通史》（卷1，先秦时期），四川人民出版社2010年版，第432页。
⑥ （晋）常璩撰，任乃强校注：《华阳国志校补图注》卷3《蜀志》，上海古籍出版社1987年版，第126页。
⑦ 《史记》卷129《货殖列传》，中华书局2014年点校修订本，第3977页。

族群结构，苴也有可能在史籍中被看成板楯蛮了。

四 彝文史籍中的蜀史问题

彝文史籍认为蜀国是彝族先民所建，但相关的记载也较为简略。彝族史籍中关于彝族祖先的来源有两个部分，一个部分是蜀山氏希慕遮部，另一个部分是出自东夷群体的昆夷系。昆夷系本出东夷，西迁后称昆夷、昆吾[①]，《西南彝志》旧译本族称中的"可蒙"即可音译为"昆夷""昆明"，也可能与汉文先秦史籍中的"昆仑"有关。[②] 昆夷系又与蜀山氏有一定的姻亲关系，但因蜀山氏先建立蜀国且国破后先向西南区域迁徙，远早于昆夷系南迁的时间。而且，因昆夷系的笃慕六子影响颇大，被称为彝族再生的"六祖"。

据易谋远的梳理和研究，蜀山氏希慕遮部至武洛撮时共传28代，且此时12部共称武僰系。武洛撮时武僰系族群发生了巨大分化，彝文典籍载：

> 武洛撮一世，（有十二兄弟，）乃娄珠武的十二个儿子。其中，有十一家过河去变了。武珠一是卷，卷珠变成妖，到岩穴里住去。武珠二是陀，珠陀变成秧，住在树枝上。武珠三是尼，尼珠变能叫，与禽鸟作伴。武珠四是缔，缔珠变成虎，住到箐里去。武珠五是益，益珠变成猴，住在红岩头。武珠六是朋，朋珠变成熊，与野兽同住。武珠七是觉，觉珠变成蛇，住在土穴里。武珠八是明，明珠变成蛙，住到水池里。武珠九是通，通珠变成木，在禾稼里居住。武珠十是迭，迭珠变成鸡，与家禽作伴。武珠十一是执，执珠变成犬，与家畜同群。[③]

《物始纪略》《彝族源流》有着类似的记载。[④] 所谓的"变成"动

[①] 陈平：《从"丁公陶文"谈古东夷族的西迁》，《中国史研究》1998年第1期。
[②] 易谋远：《彝族史要》，社会科学文献出版社2000年版，第180页。
[③] 马学唐、罗国义：《增订〈爨文丛刻〉》（上册），四川民族出版社1986年版，第85页。
[④] 毕节地区民族事务委员会、毕节地区彝文翻译组编译：《物始纪略》（第2集），四川民族出版社1991年版，第231—234页；毕节地区彝文翻译译：《彝族源流》（第9—12卷），贵州民族出版社1992年版，第473—496页。

植物等，应是武僰系不同群体演变为了不同信仰的族群，动植物是图腾的符号。据易谋远所考，武洛撮即汉文史籍中的蚕丛。① 考古材料认为，三星堆一期与蚕丛氏时代大体重合②，在公元前2500年前后③，则希慕遮部在公元前3200年前后。若武洛撮即汉文史籍中的蚕丛氏，那么武洛撮当在公元前2500年前后即开始南迁，即《史记·三代世表》中的"周衰，先称王者蚕丛国破，子孙居姚、巂等处"的事件。④

彝文史籍对武洛撮之后的世系记载不详，至笃慕时又有详载。据彝文史诗《洪水纪·勤耕勤牧笃慕家》载：

> 在笃慕之世，笃慕一家人，一家三兄弟……上山会牧羊，下地勤耕种。……所有可耕地，多已开挖尽；剩些边与角，石堆和岩缝，不比羊皮宽，窄得没法种。……去挖乱石堆，对那石旮旯，一锄挖下去，把条小青蛇，连泥刨将起。……青蛇没奈何……住进地角边，再难将面露。……箐林也垦完，只剩猪鬃般，稀稀几棵树。正在这时呢，有一个老妖……钻进了坟墓。……岩上和岩下，岩头全耕尽。剩点零碎地，小如衣和裙。于是两仙神……岩洞去安身。……终于剩下了，发丝般几绺，再也种不成。独眼木觉（水神或水怪）呢，却又哭啼啼……退往恩岂考。⑤

《勤耕勤牧笃慕家》所载诸事应当是笃慕群体发展农业并导致与其毗邻的其他族群迁徙的问题。在《勤耕勤牧笃慕家》中，笃慕三兄弟应是三个部族，青蛇、老妖、仙神、独眼木觉等对应的也是部族，是不同部族信仰特别是图腾的反映。笃慕群体不断开垦耕地，

---

① 易谋远：《彝族史要》，社会科学文献出版社2000年版，第315页。
② 雷雨：《三星堆遗址的发现、发掘与研究》，载李进增主编：《古蜀王国：三星堆和金沙遗址出土文物精华录》，宁夏人民出版社2012年版，第21—28页。
③ 中国社会科学院考古研究所：《中国考古学：夏商卷》，中国社会科学出版社2003年版，第498—504页。
④ 段渝：《政治结构与文化模式：巴蜀古代文明研究》，学林出版社1999年版，第18—23页。
⑤ 王子尧译：《洪水纪》，贵州民族出版社1988年版，第61—69页。

可耕之地不断减少，反映了农业的迅速发展。而在农业发展过程中，青蛇"住进地角边"，老妖"钻进了坟墓"，仙神"岩洞去安身"，独眼木觉"退往恩岂考"等，表明笃慕群体的农业发展使这些不同的群体发生了迁徙。

　　一般认为，笃慕即汉文史籍中的杜宇。杜宇时期，蜀国疆域确实大为扩展，"以褒斜为前门，熊耳、灵关为后户，玉垒、峨眉为城郭，江、潜、绵、洛为池泽，以汶山为畜牧，南中为园苑"。① 在此段汉文史籍中，成都平原已以农业为主，汶山、南中地区则仍发展牧业，与《勤耕勤牧笃慕家》所载事件相合。

　　杜宇时蜀地发生水灾，杜宇不能治，"其相开明决玉垒山以除水害……遂禅位于开明，帝升西山隐焉"。② 所谓"帝升西山隐"，当是指西迁。《太平御览》曰望帝禅位后："遂自亡去，化为子规"。③ 彝文史籍不载开明之事，但载有笃慕因洪水而南迁之事，迁徙后居米雅洛恒山（一作洛尼白，或乐尼白）。④ 笃慕迁居米雅洛恒山后娶妻三房，每房生二子，即彝文史籍中所称的六祖（表1-4）。六祖中的"武""乍""糯""恒"等实际上是笃慕所封六国中"侯"的名称。其中的"糯"侯蜀国，《点苍国以天象布局》中称"峨眉洪所国"，氏族有三。⑤ "糯"支系以慕雅（阿）热为始祖，传十一世，与汉文史籍所载开明氏"凡王蜀十二世"⑥ 大体相符。

----

① （晋）常璩撰，任乃强校注：《华阳国志校补图注》卷3《蜀志》，上海古籍出版社1987年版，第118页。
② （晋）常璩撰，任乃强校注：《华阳国志校补图注》卷3《蜀志》，上海古籍出版社1987年版，第118页。
③ 《太平御览》卷166《州郡部·剑南道》"益州"条，中华书局1966年影印本，第808页上。
④ 易谋远：《彝族史要》，社会科学文献出版社2000年版，第430—433页。
⑤ 王天玺、张鑫昌主编：《中国彝族通史》，云南人民出版社2012年版，第73页。《西南彝志·糯氏支系》有类似表达，详见毕节地区彝文翻译组译：《西南彝志》（第6卷），贵州民族出版社1994年版，第180页。
⑥ （晋）常璩撰，任乃强校注：《华阳国志校补图注》卷3《蜀志》，上海古籍出版社1987年版，第126页。

表1-4　　　　笃慕婚配及其生子、支系、迁徙方向分解

婚配		生子	支系	迁徙方向
笃慕	长房：尼以咪哺（沽君尼之女）	慕雅切	武	"楚吐以南"，即昭通以南，后布于滇中、滇南、滇西
		慕雅考	乍	
	次房：能以咪冬（呢君能之女）	慕雅热	糯	"洛博以北拓"，即向北迁徙，后布于川西、川南
		慕雅卧	恒（一作"侯"）	
	幺房：蛊以武吐（呗君蛊之女）	慕克克	布	"实液中部漫"，向东西两个方向发展
		慕齐齐	默	

资料来源：王天玺、张鑫昌主编：《中国彝族通史》，云南人民出版社2012年版，第73—75页。

彝文史籍所载蜀史虽然同样简略，但也反映了蜀国族群结构的复杂性问题，且此种复杂性问题与蜀国主体族群的更替和族群关系的变化均有关联。

第二节　巴国的族群结构及族群分布

一　巴国的族群结构

巴国是上古西南区域重要方国之一，已有考古材料表明古巴国境内文化有一个连续的发展过程；又因古巴国境内的考古文化具有明显的区域性，一般称为巴文化。从考古材料来看，巴国族群最早的生活地域应当是在鄂西、三峡地区，时代在新石器时代到夏商时期。此期在鄂西、三峡地区的文化遗存中，背城溪文化年代在距今7000年。背城溪文化陶器的某些特征与夏商时期的巴人遗物有相似之处，如圜底器、尖底器占有较高比例。同时，长江西陵峡发现与背城溪文化类型相似的文化遗存点还包括朝天嘴、杨家嘴、柳林溪、王家河、三斗坪、杨家湾等，以及大溪文化、屈家岭文化遗址。清江流域以香炉石为代表的夏商遗址文化与鄂西、西陵峡地区的文化亦相近。[1]这些不同区域间文化的共性，表明当时存在明显的

---

[1] 翟国强：《先秦西南民族史论》，黑龙江教育出版社2011年版，第305—311页。

文化交流甚至族群交流现象。

　　文化交流和族群交流使巴文化具有明显的区域性，主要包括：巫鬼文化异常发达，形成了川东、鄂西以及三峡地区为代表的巫文化圈；乐舞发达，人们能歌善舞，青铜乐器以錞为重器；存在崇拜白虎（廪君蛮）与畏惧白虎（板楯蛮）信仰的共生与交织；女神崇拜文化发达。①不过，巴文化也明显受蜀文化的影响。例如，西陵峡两岸出土的夏商器物可见三星堆文化集结的情形，三星堆文化所特有的夹砂灰陶系在此区有大量发现，陶器的圜底罐、小平底罐、高柄豆、陶盉、鸟头柄勺、尖底器等组合特征也见明显的三星堆文化特征。②西陵峡两岸的遗物中，也有明显的二里头文化及部分独特土著文化的特征，可见该区域实际上是多元文化的接触交流区。③

　　依据考古材料的梳理，翟国强认为古巴国的发展实际上可以分为三个阶段：第一个阶段，传世文献所记廪君之前，巴人活动在鄂西、三峡地区，其年代在夏代之前；第二个阶段，大约从夏代开始，巴人开始沿清江西进，其时或因廪君的势力强大而导致传世文献对其记录甚详，或亦正因廪君集团势力较强而将廪君推举为君长；第三个阶段，春秋时巴人或迫于楚国的压力，其主要部分又陆续从清江流域返回三峡故地。④翟国强所说的古巴国发展阶段，也有史料可证。《后汉书·南蛮传》云：

> 巴郡南郡蛮，本有五姓：巴氏、樊氏、瞫氏、相氏、郑氏。皆出于武落钟离山。其山有赤黑二穴，巴氏之子生于赤穴，四姓之子皆生黑穴。未有君长，俱事鬼神，乃共掷剑于石穴，约能中者，奉以为君。巴氏子务相乃独中之，众皆叹。又令各乘土船，约能浮者，当以为君。余姓悉沉，唯务相独浮。因共立之，是为廪君。乃乘土船，从夷水至盐阳。盐水有神女，谓廪君曰："此地广大，鱼盐所出，愿留

---

① 段渝：《政治结构与文化模式：巴蜀古代文明研究》，学林出版社1999年版，第70页。
② 段渝：《政治结构与文化模式：巴蜀古代文明研究》，第58—59页。
③ 段渝：《政治结构与文化模式：巴蜀古代文明研究》，第60页。
④ 翟国强：《先秦西南民族史论》，黑龙江教育出版社2011年版，第278—279页。

共居。"廪君不许。盐神暮辄来取宿，旦即化为虫，与诸虫群飞，掩蔽日光，天地晦冥。积十余日，廪君伺其便，因射杀之，天乃开明。廪君于是君乎夷城，四姓皆臣之。①

这里的"巴郡南郡蛮"，是以政区名来命名族群的，可能与巴国境内族群结构复杂有关。廪君时，巴氏、樊氏、瞫氏、相氏、郑氏发生族群融合，形成以"巴"为氏的廪君群体，故中古史籍有"廪君种"之说。廪君时期，新形成的廪君群体发生了一次较大的迁徙，由夷水至盐阳。在盐阳地区，廪君群体又与盐水神女群体（盐水神女群体当仍处母系社会阶段）发生族群融合，构成了古巴国的一个主要群体。②在巴国族群融合过程中，巴氏（即廪君群体）可能一直处于主导地位，故有巴国为"子孙以国为氏"之说。③

大规模的族群迁徙必然加剧族群融合，廪君五姓、盐水神女群体逐渐融合成一个强大的群体，巴国随之成为一个较重要的方国。周初，巴国"与秦、楚、邓为比"④，秦霸西土后才导致巴国无法北上与诸诸侯会盟。巴国鼎盛时期，其地"东至鱼复，西至僰道，北接汉中，南极黔、涪"。⑤在这一较广的地域范围内，巴国的族群结构是比较复杂的，《华阳国志·巴志》说故巴国"其属有濮、賨、苴、共、奴、獽、夷、蜑之蛮"。⑥这些群体中，"濮"当指百濮，后有略论；"賨"与后来的板楯蛮有关；"苴"当指前文已提到的蜀苴部，其初为巴国统制，后为蜀国族群；"共"当为板楯蛮

---

① 《后汉书》卷86《南蛮传》，中华书局1965年点校本，第2840页。
② 杨华：《对巴人起源于清江说若干问题的分析》，《四川文物》2001年第1期。
③ （汉）宋衷注，（清）秦嘉谟等辑：《世本八种》，商务印书馆1957年版。引王谟辑本第26页。
④ （晋）常璩撰，任乃强校注：《华阳国志校补图注》卷1《巴志》，上海古籍出版社1987年版，第10页。
⑤ （晋）常璩撰，任乃强校注：《华阳国志校补图注》卷1《巴志》，上海古籍出版社1987年版，第5页。
⑥ （晋）常璩撰，任乃强校注：《华阳国志校补图注》卷1《巴志》，上海古籍出版社1987年版，第5页。

"罗[①]、朴、督、鄂、度、夕、龚"七姓之"龚"[②]，为"龔"的异写；"奴"，据考可能与古卢国有关[③]，《华阳国志·巴志》载宕渠郡："长老言，宕渠盖为故賨国，今有賨城、卢城"[④]；"獽"后有详论；"夷"已不可考[⑤]；蜑可能是廪君群体，后有详论。

在这些群体中，主要族群应当是曾被称为"巴"，即曾是巴国统治族群的群体，包括：阆中渝水之巴，其族为板楯蛮，又称賨人[⑥]；夷水廪君之巴，其族为巫蜑，又称廪君蛮；有涪陵之枳巴，其族为獽、蜑；有汉水中游宗姬之巴，其族为华夏周人。[⑦]这些族群除板楯蛮的族属可确定为氐羌系统外其他群体都有可能为濮、越系统[⑧]。由于不同族群在巴国境内角逐，导致了巴国都城有多次变动。《华阳国志》说"巴子虽都江州，或治垫江，或治平都，后治阆中。其先王陵墓多在枳"[⑨]，似是指巴国有多次迁都，实际上是不同族群在巴地角逐后导致的都城多变现象。同时，由于巴国主体族群的来源不同，巴国族群的渊源问题也就比较复杂。巴国族群渊源问题一

---

① 罗姓，《文献通考·封建考》"春秋列国传授本末事迹"条称："罗，熊姓，爵未详，国在南郡枝江县，今襄阳宜城"。参见《文献通考》卷263《封建考四》，中华书局1986年影印本，第2085页上。
② 侯绍庄、史继忠、翁家烈：《贵州古代民族关系史》，贵州民族出版社1991年版，第40—41页。
③ （晋）常璩撰，任乃强校注：《华阳国志校补图注》卷1《巴志》，上海古籍出版社1987年版，第10页注释［十二］。
④ （晋）常璩撰，任乃强校注：《华阳国志校补图注》卷1《巴志》，上海古籍出版社1987年版，第49页。
⑤ 一般认为这里的"夷"是泛称，与"蛮"相似。不过，若是泛称则不当列出。疑此处的"夷"是专称。此外，《太平寰宇记》引李膺《益州记》云："此四郡獽也。又有夷人，与獽类一同。又有獠人，与獽、夷一同，但名字有异而已。"（《太平寰宇记》卷76《剑南道·简州》"风俗"条，中华书局2007年点校本，第1537页）虽然獽、夷、獠"一同"，但"夷"也是一个特殊的群体，不当作泛称。"四郡"，可确定的是宋代的简州、资州、怀安郡，详见后文关于獽分布的讨论。
⑥ 须注意的是，賨人并不特指板楯蛮，而可能是赋税较轻的巴国族群的泛称。奉节县南岸甲高坝双河口曾出土一枚"汉归义賨侯"金印，主人当即汉代賨人。此支賨人生活的地区当在长江以南，亦即后世所称廪君蛮的地区。参见梶山胜、徐朝龙《汉魏晋时期蛮夷印章的使用方法——以西南夷印章为主进行的考察》，《南方民族考古》1991年第4辑。
⑦ 蒙默：《试论古代巴蜀民族及其与西南民族的关系》，《贵州民族研究》1983年第4期。
⑧ 段丽波：《中国西南氐羌民族源流史》，人民出版社2011年版，第69—70页。
⑨ （晋）常璩撰，任乃强校注：《华阳国志校补图注》卷1《巴志》，上海古籍出版社1987年版，第27页。

直未有定论①，应当与巴国族群的不同来源有关，不妨把巴国族群看成一个多元的群体。

由于巴国族群具有复杂的族群结构，后文讨论的族群主要是廪君蛮、板楯蛮以及濮、獽群体。至于上文提到的"共"，因只是板楯蛮的一部分，不作详论。"苴"前文已有讨论。"奴""夷"，因史料有限，亦不作详论。此外，巴国还曾统制过麇人、蔓子、禆、儵、鱼人等群体，因其在战国之前已融入巴国其他群体中，亦不详论。

二　廪君蛮的来源、迁徙和分布

廪君蛮是古巴国的主要族群。前已述及，廪君蛮在《后汉书》中被称为"巴郡南郡蛮"。而其真正的族称，《世本》雷学淇辑本载有"巴郡南郡蛮，本有五姓。廪君之先，故出巫诞"之说②，中古史籍和今人也认为廪君蛮才是古巴国的主要族群。廪君蛮群体何以被称为"巫诞"，杨华有颇富创见的解释。一方面，杨华认为清江连接着川渝群巫之地，如《山海经·海内西经》中的巫彭、巫抵、巫阳、巫履、巫凡、巫相等地名，《山海经·大荒西经》中的巫咸、巫即、巫朌、巫彭、巫姑、巫真、巫礼、巫抵、巫谢、巫罗、十巫等地名。另一方面，杨华引管维良《巴族史》谓"廪"与"灵"音

---

① 关于巴国族群渊源，当前主要有如下观点：(1) 渝西川东之说（徐中舒：《巴蜀文化初论》，《论巴蜀文化》，四川人民出版社1981年版，第19—21页；童恩正：《古代的巴蜀》，重庆出版社1998年版，第14页；王善才：《我国古代早期巴人历史考证》，《湖北民族学院学报》2008年第6期）；(2) 由汉水而至清江之说（童书业：《春秋左传研究》，上海人民出版社1980年版，第241—243页；潘光旦：《湘西北的"土家"与古代巴人》，《中国民族问题研究集刊》1955第4辑；唐金裕：《汉水上源巴文化与殷周关系的探讨》，《文博》1988年第1期；黄尚明：《城固洋县商代青铜器群族属再探》，《考古与文物》2002年第5期；石泉：《古代荆楚地理新探续集》，武汉大学出版社2004年版，第15页；蔡靖泉：《巴人的流徙与文明的传播》，《华中师范大学学报》2005年第4期；张正明：《巴人起源地综考》，《华中师范大学学报》2004年第6期）；(3) 江汉之巴与清江之巴二元之说（邓少琴：《巴史迹探索》，四川人民出版社1983年版；董其祥：《巴史新考》，重庆出版社1983年版；李绍明：《川东南土家与巴国南境问题》，《思想战线》1985年第5期）；(4) 洞庭之蛮西迁江汉及清江之说（彭邦炯：《关于巴的探索》，《巴渝文化》（第3辑），西南师范大学出版社1994年版）；(5) 东夷西迁之说（杨铭：《巴人源出东夷考》，《历史研究》1999年第6期；赵炳清：《"巴人起源"问题的检讨》，《江汉考古》2012年第4期）。

② 《世本八种》雷学淇辑本第51页。

近之说，在古音、古义的层面将诞、蜒、蛋、蜑等词与巴联系起来。①不过，"蜑"在中古时期是一种泛称，《说文解字》说："蜑，南方夷也"②，可见秦汉时期所称的"蜑"族是泛称。中古时期还有"蛮蜑""蜑贼""蜑民""蜑户"等说法，也不专指某族。据文献中与"蜑"有关的族称来看，"蜑"在古代自汉以来常常用于对南方族群的称呼，主要有长江流域之蜑和东南沿海之蜑，有时还与"蛮"同义。③

由"蜑"的指称结合前引《世本》的说法来看，廪君蛮可能仅指"巫蜑"，即生活在清江一带的群体。④《通典》说："按《后汉史》：其（此指板楯蛮，但实误）在黔中、五溪、长沙间则为盘瓠之后，其在硖中、巴、梁间则为廪君之后"⑤，其中涉及的"廪君之后"可能就与"巫蜑"有关。廪君五姓，其族群来源也比较复杂。缪钺、蒙文通、徐中舒、邓少琴、董其祥、李绍明、沈长云、杨铭均认为，廪君时的五姓，并非完全是巴人，包括有姬姓、西北族群、东南百越或东方族群等群体。⑥其中的巴氏，李学勤认为可能就是包山楚简中的"䣙"，即"巴"，二者古音通，亦可与后来的巴国发展联系起来。⑦

前已引述过，廪君蛮群体曾发生过大规模的迁徙。廪君蛮的迁

---

① 杨华：《巴族之"巴"字涵义》，《四川文物》1994年第2期；杨华：《对巴人起源于清江说若干问题的分析》，《四川文物》2001年第1期。
② （汉）许慎：《说文解字》，中华书局1963年影印本，第283页。
③ 詹坚固：《试论蜑名变迁与蜑民族属》，《民族研究》2012年第1期。
④ 杨权喜：《荆楚地区巴蜀文化因素的初步分析》，载《三星堆与巴蜀文化》，巴蜀书社1993年版。
⑤ 《通典》卷187《边防·板楯蛮》，中华书局1988年点校本，第5047页。
⑥ 参见缪钺《〈巴蜀文化初论〉商榷》，《四川大学学报》1959年第4期；蒙文通《巴蜀古史论述》，四川人民出版社1981年版，第6263页；董其祥《巴史新考》，重庆出版社1983年版，第76—77页；徐中舒《论巴蜀文化》，四川人民出版社1982年版，第91—99页；邓少琴《巴史迹探索》，四川人民出版社1983年版，第56—75页；蒙默《试论古代巴蜀民族及其与西南民族的关系》，《贵州民族研究》1983年第4期；李绍明《川东南土家与巴国南境问题》，《思想战线》1985年第6期；沈长云《论姬姓巴国的建立与其土著的族属等问题》，载《巴渝文化》（第3辑），西南师范大学出版社1994年版，第82—93页；杨铭《"廪君传说"的姓氏由来与分布研究》，载《巴蜀文化研究集刊》第四卷，巴蜀书社2008年版，第36—40页。
⑦ 李学勤：《包山楚简"䣙"即巴国说》，《四川师范大学学报》（社会科学版）2006年第6期。

徙路径，杨华据考古材料的梳理认为廪君蛮最初当分布在清江下游，其文化遗址年代在新石器时代晚期；夏末，廪君蛮群体向清江中游迁徙，分布在长阳、巴东、恩施的部分地区；商周时期，廪君蛮群体到达清江上游，包括从恩施以上至清江源头的利川西部都亭山，时间在周末或春秋时代。①周宏伟近来对廪君蛮地望及其迁徙路径给出了新的解释，认为廪君蛮原在今大宁河，后南迁至长阳县清江流域。②两种立论的关键在于"武落钟离山"为何处的问题。杨光华的解释是，"武落钟离山"本名"武陵钟离山"，"武落"与"武陵"是传写之误，"武落"另有"五落""武洛""武罗"等写法。而且，"武陵"即武陵郡，廪君的发源地在清江流域。③近来，宫哲兵等发现了一幅民国十年的地图，其正西有"难留城山"。"难留城山"，《读史方舆纪要》和《太平寰宇记》都曾说"难留城""一名武落钟山"④，在长阳县。

当前的史籍和考古材料，主要支持廪君蛮西迁说。廪君蛮西迁后，分布地域大为扩展，主要分布在巴郡南部和南郡。秦定巴蜀后，巴国区域的族群没有发生大规模的迁徙，直至东汉时期，巴国区域族群才发生大规模的迁徙。首先发生大规模迁徙的是南郡的廪君蛮群体。前已讨论过，为廪君蛮立传的是《后汉书·南蛮传》。但在《后汉书·南蛮传》中，"廪君蛮"条在叙述廪君蛮群体迁徙后，便对巴郡地区廪君蛮群体发展情况交代不清，反倒是记载到了南郡地区的廪君蛮群体发展情况。据《后汉书·南蛮传》记载，南郡地区的廪君蛮群体东汉时期发生了大规模的东迁活动。建武二十三年（47），南郡潳山蛮雷迁等反叛，武威将军刘尚平叛后"徙其种人七千余口置江夏界中"，这一部分群体后来被称为沔

---

① 杨华：《对巴人起源于清江说若干问题的分析》，《四川文物》2001 年第 1 期。
② 周宏伟：《廪君巴人夷水应为今大宁河考——兼论廪君巴人的迁徙原因》，《历史地理》2008 年第 23 辑。
③ 杨光华：《廪君巴人发源地"武落钟离山"地名新解》，《中国历史地理论丛》2010 年第 1 期。
④ （宋）乐史撰：《太平寰宇记》卷 149《山南东道》，中华书局 2007 年版，第 2864 页。

中蛮。① 和帝永元时期，巫蛮许圣等反叛，平定后也被迁往江夏。被迁往江夏地区的廪君蛮后裔当是为数可观的。在东汉末期，江夏地区的廪君蛮后裔被称江夏蛮，且有大规模的叛乱活动。如光和三年（180），"江夏蛮复反，与庐江贼黄穰相连结，十余万人，攻没四县，寇患累年"。② 江夏蛮在南朝时期又被称为豫州蛮，《宋书·蛮夷传》就说："豫州蛮，廪君后也。……北接淮、汝，南极江、汉，地方数千里。"③ 胡三省说"晋、宋之荆州蛮，分居沔中西阳者，即巫蛮之余种"④，指的应是江夏蛮。

巴郡地区的廪君蛮群体，在秦汉时期的发展情况史料未详。《晋书·李特载记》曾详细记载过李特群体的迁徙问题，并说李特为"廪君之苗裔"。⑤ 不过，李特群体应当是板楯蛮而非廪君蛮，详见后文的分析。三国魏晋时期是巴郡地区廪君蛮群体的大迁徙时期，《华阳国志·巴志》云涪陵郡曰：

> 土地山险水滩，人多戆勇，多獽、蜑之民。……汉时赤甲军常取其民，蜀丞相亮亦发其劲卒三千人为连弩士，遂移家汉中。延熙十三年……移其豪徐、蔺、谢、范五千家于蜀，为猎射官。分羸弱配督将韩、蒋，名为助郡军，遂世掌部曲，为大姓。晋初，移弩士于冯翊莲勺。其人性质直，虽徙他所，风俗不变，故迄今有蜀、汉、关中、涪陵；其为军在南方者犹存。⑥

此段文字记载中的蜑当即巫蜑，为廪君蛮群体。蜀汉及晋初，巫蜑群体被迁往汉中、蜀地、关中，并有大量巫蜑被征从军，巫蜑

---

① 《后汉书》卷86《南蛮传》，中华书局1965年点校本，第2841页。
② 《后汉书》卷86《南蛮传》，中华书局1965年点校本，第2841页。
③ 《宋书》卷97《蛮夷传》，中华书局2018年点校修订本，第2630页。
④ （宋）司马光编著，（元）胡三省注：《资治通鉴》卷48《汉纪四十》，"永元十四年"，中华书局1956年点校本，第1553页。
⑤ 《晋书》卷121《李特载记》，中华书局1974年点校本，第3040页。
⑥ （晋）常璩撰，任乃强校注：《华阳国志校补图注》卷1《巴志》，上海古籍出版社1987年版，第41—42页。

的分布地大为扩展，形成了蜀地、汉中、涪陵三个分布区。这三个分布区中，应以涪陵地区为主要的分布区。除前引《华阳国志·巴志》云涪陵郡"多獽、蜑之民"的记载外，南北朝时期关于巫蜑的分布记载也主要涉及的是涪陵地区，只是分布范围更为宽广。南齐建元元年（479），传涪陵郡蜑民田健等获古钟一尊，"蜑人以为神物，奉祠之"。①南齐建元二年（480），南齐文献王萧嶷"以荆州邻接蛮、蜑，虑其生心，令镇内皆缓服"。②北周天和初年，"信州蛮、蜑据江硖反叛，连结二千余里"，西至涪陵地区。③垂拱四年（688），武后"欲发梁、凤、巴蜑，自雅州开山通道，出击生羌"。④这些记载说明，廪君蛮后裔蜑群体一直活动于涪陵地区，而且数量庞大。不过，武后所说的"巴蜑"，其中的"蜑"有泛称的可能，因为唐代的巴州在今巴中市，与涪陵地区有一定的距离。而且，隋唐时期的巴州，主要是僚的分布。

三　板楯蛮分布格局的演变

板楯蛮是秦汉时期西南区域主要族群之一，主要分布在巴郡峡江以北区域。尽管板楯蛮是战国秦汉时期西南地区的一个主要族群，但其来源却史无详载。《后汉书·南蛮传》为板楯蛮首次立传时，对于板楯蛮的历史最早也就只记载到秦定巴蜀后的情况。史载秦昭襄王（前325—前251年在位）时曾与板楯蛮盟誓曰："秦犯夷，输黄龙一双；夷犯秦，输清酒一钟。"⑤由此记载来看迟至战国中期板楯蛮已形成了较大的部落联盟，其分布北界一度与秦地相接。秦定巴蜀后，部分板楯蛮可能外迁，《蜀王本纪》记："秦襄王时，宕渠郡献长人，长二十五丈六尺。"⑥这种神话政治指的应

---

① 《南齐书》卷18《祥瑞志》，中华书局2017年点校修订本，第403页。
② 《南齐书》卷22《豫章文献王嶷传》，中华书局2017年点校修订本，第456页。
③ 《北史》卷28《陆俟传》，中华书局1971年点校本，第1013页。
④ （宋）司马光编著，（元）胡三省注：《资治通鉴》卷204《唐纪二十》，"垂拱四年"，中华书局1956年点校本，第6455页。
⑤ 《后汉书》卷86《南蛮传》"板楯蛮"条，中华书局1965年点校本，第2842页。
⑥ 《蜀王本纪》，见（汉）扬雄撰、郑文注：《扬雄文集笺注》，巴蜀书社2000年版，第336页。

是当时板楯蛮承担了一定的兵役任务，但是否引起族群迁徙尚不得知。

秦末，刘邦为汉王时依靠板楯蛮东征，史载板楯蛮助汉高祖还定三秦后"乃遣还巴中，复其渠帅罗、朴、督、鄂、度、夕、龚七姓。阆中有渝水，其人多居水左右"①，明确了其时板楯蛮分布的中心区域应当是今嘉陵江两岸，其中的七姓则是板楯蛮七个较大的部落之称。②但在此之前，板楯蛮的分布中心可能在今渠县区域。《华阳国志·巴志》载宕渠郡："长老言，宕渠盖为故賨国，今有賨城、卢城。"③賨城在今渠县、营山界，《水经注》云宕渠县："县以延熙中分巴立宕渠郡，盖古賨国也，今有賨城。"④隋唐时期设有賨城县，"賨城"之名当源自故賨国城。

两汉时期板楯蛮的分布变化不大。汉史中记载到汉代的板楯蛮之事包括元初元年（114）西羌掠武都巴郡板楯蛮将兵救之，建和二年（148）益州刺史率板楯蛮讨伐白马羌。⑤这些事件发生在东汉时期，但其反映的板楯蛮分布与秦及西汉时相差不大。不过，秦定巴蜀时就有一支板楯蛮迁往严道地区。虽史料不见记载，但这一支板楯蛮在秦至魏晋时期一直存在并发展，今荥经严道古城遗址南的庞大岩墓群及雅安青衣江畔发现的"賨侯之赆"铜印为这支板楯蛮所留。⑥此外，《弘明集·辨惑论》载，东汉光和元年（178）⑦，张陵之子衡伪称张陵于鹄鸣山（又写作"鹤鸣山"，在今成都市大邑县

---

① 《后汉书》卷86《南蛮传》"板楯蛮"条，中华书局1965年点校本，第2842页。
② 《通典》卷145《乐五》"巴渝舞"条称，汉高祖定三秦时"阆中范且率賨人以从帝"，号"板楯蛮"，后被封为阆中侯"复賨人七姓"（中华书局1992年点校本，第3708页）。
③ （晋）常璩撰，任乃强校注：《华阳国志校补图注》卷1《巴志》，上海古籍出版社1987年版，第49页。
④ （北魏）郦道元注，王国维校：《水经注校》卷29《潜水》，《王国维全集》第13卷，浙江教育出版社2009年版，第278页。
⑤ 均见《后汉书》卷86《南蛮传》"板楯蛮"条，中华书局1965年点校本，第2843页。
⑥ 何元灿：《严道賨人考》，载李绍明、林向、徐南洲主编：《巴蜀历史·民族·考古·文化》，巴蜀书社1991年版，第84—92页。
⑦ 关于此事，《集古今佛道论衡》卷乙《周高祖登朝论屏佛法，安法师上论事》云是《蜀记》（即《益州记》）所载。参见（唐）道宣撰，刘林魁校注：《集古今佛道论衡校注》，中华书局2018年点校本，第108页。

境）升玄都，时"米民山僚蚁集阘外"。[①] 所谓米民山僚，即信奉五斗米教的僚人。但这里的"僚"应当指的是板楯蛮。"僚"称是魏晋时期新形成的族称，其族源一般认为是夜郎群体。成汉时期，李氏"引僚入蜀"，在"僚"称形成的同时，"僚称"亦泛化，巴蜀地区非汉族群均被称为"僚"，实际上包括有复杂的族群结构。[②] 东汉时期"僚"称尚未形成，僚人北迁之事也尚未发生，"米民山僚"当指板楯蛮，因"僚"称泛化而被称为"僚"。

汉末的战乱引起了板楯蛮分布的极大变化。《华阳国志·李特雄期寿势志》载汉末张鲁据汉中时，"以鬼道教百姓，賨人敬信；值天下大乱，自巴西之宕渠移入汉中。魏武定汉中，祖父虎与杜濩、朴胡、袁约、杨车、李黑等移于略阳北土，复号曰'巴人'"。[③] 此次迁徙的板楯蛮人口规模当是相当可观的，史载张鲁"北降曹公，然卒破杜濩、朴胡，杀夏侯渊，据汉中"。[④] 这里的杜濩、朴胡是板楯蛮的王族。建安二十年（215）九月，板楯蛮七姓夷王朴胡和賨邑侯杜濩"举巴夷、賨民"附于曹操，"于是分巴郡"，并以朴胡为巴东太守、杜濩为巴西太守，爵位为侯。[⑤] 曹操平张鲁（建安二十年，215）后不久当即移朴胡、杜濩往汉中。同时被迁徙的板楯蛮首领还包括李特的祖父李虎，前引《华阳国志》所载板楯蛮汉末因五斗米教而北移事时已提及。崔鸿《十六国春秋》又云在李虎等北迁之时又徙板楯蛮万余家"散居陇右诸郡及三辅、弘农"[⑥]，使板楯蛮的分布遍及今陕西中部和河南西部。

魏晋时期，板楯蛮的分布地已大为扩散。史载"自刘、石乱

[①] 《弘明集》卷8《辨惑论》，《大正新修大藏经》第52册《史部传四》，第48页中。

[②] 吕春盛：《魏晋南北朝时代的"僚族"与西南土著社会的变迁》，《成大历史学报》2008年总第35号。

[③] （晋）常璩撰，任乃强校注：《华阳国志校补图注》卷9《李特雄期寿势志》"李特"条，上海古籍出版社1987年版，第483页。

[④] 《三国志》卷43《蜀书·黄权传》，中华书局1964年点校本，第1043页。

[⑤] 《三国志》卷1《魏书·武帝纪》，"建安二十年"，中华书局1964年点校本，第46页。

[⑥] （北魏）崔鸿著，（清）汤球辑：《十六国春秋辑录》卷76《蜀录》（一），中华书局1985年影印本，第533页。

后，蛮渐得北迁，陆浑①以南，满于山谷"。②按蒙默的梳理，北迁的板楯蛮东至河东地区，关中地区自然也不少。③就其主要分布地而言，魏晋时期板楯蛮主要分布在川东、荥经地区、安康、陕西中西部及河南北部等地。川东地区，即秦汉时的巴郡地区。这一地区是板楯蛮的传统分布区，两汉间不断有汉族进入但数量有限。魏晋南北朝时期除了部分板楯蛮北迁外，由"蜀梓潼、建平、汉固三郡蛮巴降于勒"④的记载来看留在故地的板楯蛮数量也不少。四川荥经地区，即秦汉时的严道地区，秦定巴蜀时即有板楯蛮分布，前已述及。

安康地区，《魏书·世祖纪》和《魏书·李崇传》记载到魏高祖初、神䴥元年（428）、太延四年（438）、太和元年（477）上洛巴渠的叛乱、内附等事；特别是，《魏书·世祖纪》载神䴥元年"上洛巴渠泉午觸等万余家内附"⑤，足见此地板楯蛮分布之多。《魏书·世宗纪》也记载到北魏永平二年（509）伊阙（河南伊川县）西南杂蛮中有"愚巴"。⑥这一地区的板楯蛮北周时仍存，《周书·阳雄传》记载到魏恭帝二年（555）洵州（治今安康县）杂有賨渝之民⑦，《隋书·王谊传》说太建十二年（580）"北至商洛，南拒江淮，东西二千余里，巴蛮多叛，共推渠帅兰雒州为主"⑧，表明这一地区的板楯蛮仍然数量众多且分布广泛。《隋书·地理志》将这一区域的板楯蛮分布追溯至汉初，云"上洛、弘农，本与三辅同俗。自汉高发巴蜀之人，定三秦，迁巴之渠率七姓，居于商洛之地，由是风俗不改其壤。其人自巴来者，风俗犹同巴郡。淅阳、淯阳，亦颇同其

---

① 在今洛阳市嵩县，汉置有陆浑县、陆浑关。"陆浑以南"当以陆浑关为地望。
② 《北史》卷95《蛮传》，中华书局1974年点校本，第3149页。
③ 蒙默：《魏晋南北朝的賨人》，载李绍明、林向、徐南洲主编：《巴蜀历史·民族·考古·文化》，巴蜀书社1991年版，第105—121页。
④ 《晋书》卷105《石勒载记》，中华书局1974年点校本，第2748页。
⑤ 《魏书》卷4《世祖纪》，"神䴥元年八月"，中华书局2017年点校修订本，第87页。
⑥ 《魏书》卷8《世宗纪》，"永平二年四月"，中华书局2017年点校修订本，第248页。
⑦ 《周书》卷44《阳雄传》，中华书局1971年点校本，第797页。
⑧ 《隋书》卷40《王谊传》，中华书局1973年点校本，第1168页。

俗"。①《隋书·地理志》此处还将板楯蛮分布的区域划为其时豫州的一个单独文化区，其实是板楯蛮的聚居区。

陕西中西部及河南北部等地，《晋书·石勒载记》中所说石勒在平阳降"巴帅及诸羌、羯降者十余万落"②，其中就有板楯蛮，事在太兴元年（318）；《晋书·刘曜载记》又记载到刘曜平定尹东之乱时，"巴氐尽叛，推巴归善王句渠知为主，四山羌、氐、巴、羯应之者三十余万，关中大乱"③，事在太兴三年（320），表明其时的板楯蛮多与氐、羌相杂处。

四 濮、獠的分布

濮是上古时期南方主要族群之一，秦汉时期仍存，魏晋以后不复见载。据考古和上古史料的记载，濮在战国前主要活动于江汉地区，战国时期楚国的扩张可能导致大量的濮人西迁巴蜀地区，留居故地的濮人则与其他族群发生融合而不再见载。④汉晋正史不载濮事，可能与其时濮人影响大为减弱有关。《华阳国志》载故巴国族群时，濮被列于首位⑤，濮应是巴国的主要族群之一。汉初司马相如作《喻蜀父老文》云"略斯榆，举苞满"⑥，这里的"苞满"之"满"为"蒲"之形讹⑦，"苞蒲"即"巴濮"，谯周说益州"苞（包）"与"巴"音近⑧，"蒲"亦与"濮"音近。⑨斯榆为秦汉时期西南区域族群，向来无异议，则"苞满"即"巴濮"，在秦汉之际当仍存。

---

① 《隋书》卷30《地理志》"豫州总叙"条，中华书局1973年点校本，第843页。
② 《晋书》卷104《石勒载记》，中华书局1974年点校本，第2728页。
③ 《晋书》卷103《刘曜载记》，中华书局1974年点校本，第2686页。
④ 舒向今：《试探考古学上的濮文化》，《民族研究》1993年第1期；王文光、朱映占、赵永忠：《中国西南民族通史》，云南大学出版社2015年版，第243—244页。
⑤ （晋）常璩撰，任乃强校注：《华阳国志校补图注》卷1《巴志》，上海古籍出版社1987年版，第5页。
⑥ 《史记》卷117《司马相如传》，中华书局2014年点校修订本，第3695页。
⑦ 《史记》卷117《司马相如传》，中华书局2014年点校修订本，第3733页注释［九二］。
⑧ 《史记》卷70《张仪传》，中华书局2014年点校修订本，第2774页注释［一］。
⑨ 邓少琴：《巴蜀史迹探索》，四川人民出版社1983年版，第18页；徐中舒：《论巴蜀文化》，四川人民出版社1981年版，第92—93页。

扬雄的《蜀都赋》也说蜀"东有巴賨，绵亘百濮"①，因《蜀都赋》所载其他族群均是汉代所存在的族群，说明迟至两汉之际有大量濮人分布在其时的巴郡地区。晋人左思《蜀都赋》虽说蜀东"左绵巴中，百濮所充"②，但其时巴郡地区已没有太多濮人的分布，因为左思《蜀都赋》涉及族群时往往是追述战国秦汉时期甚至更早时期的情况，并不反映晋代的情况。

濮人如上史料记载的特殊性，可能与濮人大量西迁有关。《华阳国志·蜀志》曾载越巂会无县曰："故濮人邑也。今有濮人冢，冢不闭户。"③会无县与战国之前濮人分布的区域有较大距离，说明濮人曾有远迁。此支濮人西迁后，只留下"濮人冢"，说明濮人已融入其他族群之中。《华阳国志·南中志》说："南中在昔盖夷越之地，滇、濮（或作'滇濮'）、句町……王国以十数。"④这里的濮或滇濮，一般认为是西迁的濮人或濮人与滇人融合后的族称。濮人西迁，也与夜郎群体相杂居，所以《华阳国志·南中志》说夜郎竹王"雄夷濮"。⑤魏晋以后濮人不复见载，当与濮人迁徙后与其他族群杂居融入其他族群中有关。中古史籍中所载的尾濮、木绵濮、文面濮、折腰濮等，则属闽濮群体⑥，暂不详论。

獠是中古时期南蛮中较有影响的群体，《北史·蛮传》云南蛮"种类非一，与华人错居，其流曰蜒，曰獠⑦，曰俚，曰僚，曰㐌"。⑧详细记载獠群体分布、迁徙的史料是《华阳国志·巴志》，云涪陵

---

① （清）严可均辑：《全汉文》卷51 扬雄《蜀都赋》，商务印书馆1999年版，第517页。
② （清）严可均辑：《全晋文》卷74 左思《蜀都赋》，商务印书馆1999年版，第777页。
③ （晋）常璩撰，任乃强校注：《华阳国志校补图注》卷3《蜀志》，上海古籍出版社1987年版，第210页。
④ （晋）常璩撰，任乃强校注：《华阳国志校补图注》卷4《南中志》，上海古籍出版社1987年版，第229页。
⑤ （晋）常璩撰，任乃强校注：《华阳国志校补图注》卷4《南中志》，上海古籍出版社1987年版，第230页。
⑥ 王文光、朱映占、赵永忠：《中国西南民族通史》，云南大学出版社2015年版，第334—336页。
⑦ 《隋书》作"狼"，当是形讹。参见《隋书》卷82《南蛮传》，中华书局1973年点校本，第1831页。
⑧ 《北史》卷95《蛮传》，中华书局1974年点校本，第3164页。

郡"多獽蜑之民",又说涪陵郡之汉发(今彭水县)等县"诸县北有獽、蜑",并有"汉时赤甲军常取其民,蜀丞相亮亦发其劲卒三千人为连弩士,遂移家汉中",延熙十三年(250)"移其豪徐、蔺、谢、范五千家于蜀,为猎射官。分羸弱配督将韩、蒋,名为助郡军,遂世掌部曲,为大姓","晋初,移弩士于冯翊莲勺。其人性质直,虽徙他所,风俗不变,故迄今有蜀、汉、关中、涪陵;其为军在南方者犹存"等记载。① 由以上记载来看,獽、蜑是两个分布区域大体相似的杂居群体。

其中的蜑族群分布与迁徙的问题前文已述。由后世文献的记载来看,上引《华阳国志·巴志》所载"故迄今有蜀、汉、关中、涪陵"应主要针对的是蜑群体,獽群体的分布可能仅限于蜀地、涪陵地区。涪陵地区是獽的传统分布区,《华阳国志·蜀志》记载到朱辰任巴郡太守去世后"郡獽民北送及墓。獽、蜑鼓刀辟踊,感动路人"。② 因朱辰是东汉人,其时巴郡尚未分郡,獽可能仍分布于《华阳国志》所说的涪陵郡北部区域。同时,由"郡獽民北送及墓"的记载来看,汉晋时期的巴郡治县即今重庆市中心区域当有大量獽群体的分布。

外迁的獽群体,则主要分布在蜀地。《太平寰宇记》引李膺《益州记》云:"此四郡獽也。又有夷人,与獽类一同。又有僚人,与獽、夷一同,但名字有异而已。"③ 这里的"四郡",可确定的是宋代的简州、资州、怀安军。④ 宋代资州在今资中,简州在今天简阳,怀安军在今金堂,简州和怀安军已分布在成都平原,与魏晋时期的涪陵郡有一定的距离。南北朝时期的族群融合,可能已使成都

---

① (晋)常璩撰,任乃强校注:《华阳国志校补图注》卷1《巴志》,上海古籍出版社1987年版,第41—42页。
② (晋)常璩撰,任乃强校注:《华阳国志校补图注》卷3《蜀志》,上海古籍出版社1987年版,第158页。
③ 《太平寰宇记》卷76《剑南道·简州》"风俗"条,中华书局2007年点校本,第1537页。
④ 《太平寰宇记》卷76《剑南道》"资州风俗"并"怀安军风俗"两条均云两地风俗"同简州"(中华书局2007年点校本,第1540、1543页),则四郡当包括太平年间的简州、资州、怀安军地区,大体而言是泸江下游地区。

平原区域没有獽的分布。《隋书·地理志》"梁州总叙"条说"其边野……又有獽、狿、蛮、賨"①，獽只分布在梁州的边缘区域。这里的梁州，因为隋代主要是巴蜀地区，也可以说隋唐之际獽分布在巴蜀边缘区域。唐人刘禹锡所说巴蜀地区"夷风伧伫，獽俗惶害"之"獽"②，也应主要分布在巴蜀边缘区域。迟至宋代，巴蜀地区仍有獽的分布，《太平寰宇记》云简州："有獽人，言语与夏人不同。"③

还需注意的是，獽的传统分布区涪陵地区的獽群体在唐宋时期未见记载。此一情况，与汉晋时期獽的分布地有很大的变化有关。此外还可能有一个原因，即南北朝时期僚人北迁后，"僚"称泛化④，涪陵地区的獽遂不见载。

第三节　蜀西氐羌群体的分布

一　叟人的分布

叟，通"搜"，是战国秦汉时期西部大族。《尚书·禹贡》所载"织皮昆仑、析支、渠搜、西戎即叙"中的渠搜（又或作"渠、搜"）⑤，当分布在当时的华夏群体西北区域，或与《汉书·地理志》所载朔方郡渠搜县有关。《逸周书·王会篇》曰"渠搜以⊠犬"⑥，且渠搜被列在西域（《王会篇》中的西域主要是今陕西、甘肃地区）之国中。《大戴礼记·少闲》谓"昔虞舜以天德嗣尧……通于四海，海外肃慎、北发、渠搜、氐羌来服"⑦，亦可见叟是大族，且居于华夏

---

①　《隋书》卷29《地理志》，中华书局1973年点校本，第829—830页。
②　《全唐文》卷610《祭兴元李司空文》，中华书局1983年影印本，第2733页下。
③　《太平寰宇记》卷76《剑南道·简州》"风俗"条，中华书局2007年点校本，第1537页。
④　吕春盛：《魏晋南北朝时代的"獠族"与西南土著社会的变迁》，《成大历史学报》2008年总第35号。
⑤　顾颉刚、刘起釪：《尚书校释译论》，中华书局2005年版，第738页。
⑥　《王会篇笺释》中卷，《续修四库全书》史部第301册，第258页下。
⑦　（清）王聘珍撰，王文锦点校：《大戴礼记解诂》，中华书局1983年点校本，第216页。

边缘。汉代有"左东海,右渠搜"之说①,但其中的渠搜位置尚难定论,有意见认为渠搜可能西迁至汉代的西域地区。②一些西南夷群体也与叟有关。如蜀为《尚书·牧誓》所载八国之一,孔颖达疏正曰:"羌在西蜀叟……'叟'蜀夷之别名也。"③又如,巂群体,尤中认为"巂"即"叟"。④何光岳认为,"搜""叟""傁""瘦"通,本属东夷,汉时越巂地区之叟为其一部。⑤

以以上材料为限,叟人在上古时期应当是一个不小的群体,且靠近华夏群体,故成为华夏群体分布极限的表征。何光岳认为,叟人原居河套地区,南迁后广泛分布于川西地区,且为汉化程度较高的族群⑥,可备一说。进入秦汉时期,叟人在中原王朝看来已是一个独立的群体。其分布地,据《华阳国志》记载,主要涉及汉晋时期的武都郡、阴平郡、越巂郡、晋宁郡。⑦在武都、阴平地区的叟人,在东汉时期渐为边患,史载武都地区叟人因所处地区地险,"氐傁常依之为叛"。⑧

越巂郡的叟人两汉时期因实行的是羁縻之制,未见大规模的叛乱。不过,在汉末汉族移民渐多的情况下,叟人也与汉族群体有一定的冲突。1988年昭觉县四开区好谷乡发掘的石碑中有"(初平二年,191)队食汉民治水……书赐复除……有斯叟备路障……初平三

---

① 《汉书》卷87《扬雄传》,中华书局1962年点校本,第3568页。
② 顾颉刚、刘起釪:《尚书校释译论》,中华书局2005年版,第758页。
③ (汉)孔安国传,(唐)孔颖达疏,(清)阮元校刻:《尚书正义》卷11《牧誓》,《十三经注疏》,中华书局1980年影印本,第183页上。
④ 尤中:《云南民族史》,云南大学出版社1994年版,第27—28页。
⑤ 何光岳:《渠搜、叟人的来源和迁徙》,《思想战线》1991年第1期。
⑥ 何光岳:《渠搜、叟人的来源和迁徙》,《思想战线》1991年第1期。
⑦ 参见(晋)常璩撰,任乃强校注:《华阳国志校补图注》卷2《汉中志》"武都郡"条,上海古籍出版社1987年版,第96—97页;(晋)常璩撰,任乃强校注:《华阳国志校补图注》卷2《汉中志》"阴平郡"条,上海古籍出版社1987年版,第103页;(晋)常璩撰,任乃强校注:《华阳国志校补图注》卷3《蜀志》"越巂郡苏示县"条,上海古籍出版社1987年版,第210页;(晋)常璩撰,任乃强校注:《华阳国志校补图注》卷4《南中志》"晋宁郡"条,上海古籍出版社1987年版,第267页。
⑧ (晋)常璩撰,任乃强校注:《华阳国志校补图注》卷2《汉中志》"武都郡"条,上海古籍出版社1987年版,第96—97页。

年……礼部斯叟□事□□司□□□邛都"字样①，反映出在汉朝廷向越巂地区移民开发水利过程中与斯叟群体有一定的冲突。蜀汉时，随着对越巂地区经略的加深，叟人有较多的叛乱，史称"越巂郡自丞相亮讨高定之后，叟夷数反"。②《资治通鉴》载咸和元年（326）"成主讨越巂斯叟，破之"。③

晋宁郡原本为古滇国中心区域，这一区域的群体包括有大量的叟人，甚至在部分史家看来古滇国的统治族群即为叟人，《华阳国志》就说"汉武帝元封二年，叟反，遣将军郭昌讨平之，因开为郡，治滇池上"。④诸葛亮平孟获后，还请孟获劝降夷叟。⑤

除此之外，今大理以北地区，似也有叟人的分布。在《华阳国志》所载叟人中，有氐叟、茂叟、斯叟等。氐叟之称当与叟人与氐人杂处有关，茂叟中"茂"是地名，斯叟之称则与"斯"人有关。斯叟分布在越嶲郡，但与其毗邻的汉叶榆地区，林超民认为"叶"古音读如"斯"。古藏缅语中，"榆"本有"地区""区域"之意，"斯榆"可释为"斯人居住地"，即汉叶榆地区也当有斯叟。⑥《资治通鉴》载咸和元年（326）"成主讨越巂斯叟，破之"，胡三省注曰："巂，音髓。徙，音斯。此斯，即汉之斯种也；蜀谓之叟"⑦，将巂、徙、斯、叟等群体看成具有渊源关系的群体。

除了文献记载的以上区域外，两汉时期的犍为郡南部也当有一定数量的叟人分布。1936年昭通洒渔河边汉代古墓出土铜印"汉叟邑长"，说明有汉一代在滇东北地区已有叟人聚居。⑧

---

① 刘弘、陈娜、唐亮：《四川凉山州昭觉县好谷乡发现的东汉石表》，《四川文物》2007年第5期。
② 《三国志》卷43《蜀书·张嶷传》，中华书局1964年点校本，第1052页。
③ （宋）司马光著，（元）胡三省注：《资治通鉴》卷92《晋纪十四》，"咸和元年"，中华书局1956年点校本，第1918页。
④ 尤中：《滇国及其境内外的民族》，《思想战线》1999年第6期。
⑤ 尤中：《滇国及其境内外的民族》，《思想战线》1999年第6期。
⑥ 林超民：《试论汉唐间西南地区的昆明》，《民族研究》1982年第6期。
⑦ （宋）司马光著，（元）胡三省注：《资治通鉴》卷92《晋纪十四》，咸和元年，中华书局1956年点校本，第1918页。
⑧ 张希鲁：《滇东古物目略》，《西楼文选》，云南美术出版社2006年版。

叟人数量庞大，但分布较为分散，这或许是《华阳国志》说"夷人大种曰'昆'，小种曰'叟'"[①]的原因。同时，由于叟人分布广泛，形成了"无大君长""无相统属"的发展态势，有学者将其分为渠叟、蜀叟、氐叟、斯叟、滇叟等群体。[②]

秦汉之后，叟人的流变问题是较为复杂的。其中，武都、阴平地区的叟人当大量外迁了。建安二十一年（216），由于刘备占领汉中逼近下辩，武都太守杨阜徙武都汉、氐、叟（或作"氐傁"[③]）约万户于京兆、扶风、雍、天水等地。[④] 元康八年（298）"氐叟、青叟数万家，以郡土连年军荒，就谷入汉川……布散梁州及三蜀界"[⑤]。其中，迁入蜀地的叟人，尔后成为成汉政权的主要依靠群体之一。不过，由于成汉时期族群冲突严重，部分叟人可能又有外迁。此外，武都、阴平地区的叟人还被征从军，如史载董卓攻长安时，"吕布军有叟兵内反"[⑥]，这实际上是被征从军的叟人；又如诸葛亮《后出师表》云蜀军中有"賨、叟、青羌散骑、武骑一千余人"[⑦]，其中的叟军也是应征而来。越嶲、晋宁等地的叟人，则在魏晋南北朝时期与其他族群发生族群融合。迟至隋唐时期，叟人已不再见载，秦汉时期叟人分布区代之的是乌蛮、白蛮群体。叟人与南北朝隋唐时期的乌蛮、白蛮群体都有渊源关系，但一般认为叟人与白蛮的关系更近。

二 氐人的分布与迁徙

氐是上古西部大族。在甲骨文和金文中，"氐"写作"𠂌"，是

---

① （晋）常璩撰，任乃强校注：《华阳国志校补图注》卷4《南中志》"总叙"条，上海古籍出版社1987年版，第246页。
② 方国瑜：《云南民族史讲义》，云南人民出版社2013年版，第180—182页。
③ （晋）常璩撰，任乃强校注：《华阳国志校补图注》卷2《汉中志》"武都郡"条，上海古籍出版社1987年版，第97页。
④ 《三国志》卷25《魏书·杨阜传》，中华书局1964年点校本，第704页。
⑤ （晋）常璩撰，任乃强校注：《华阳国志校补图注》卷8《大同志》，上海古籍出版社1987年版，第445页。
⑥ 《后汉书》卷72《董卓传》，中华书局1965年点校本，第2333页。
⑦ 诸葛亮：《后出师表》，中国人民解放军五四七三二部队、烟台师范专科学校《诸葛亮著作选注》组选注：《诸葛亮著作选注》，山东人民出版社1976年版，第53页。

今河南西部、山西南部的方国之名。①甲骨文和金文中的"𢀎"与战国秦汉时期的"氐"分布地域相差悬殊，或与族群迁徙有关。②1945年甘肃临洮发掘的寺洼山墓葬具有火葬特点，夏鼐认为当与氐羌文化有关③，此后学者多认为寺洼文化为氐人所创造。当前所见发掘的寺洼文化遗址年代大致在公元前1375±155年至西周早期，分布在北达庄浪、西达临洮、南达西和的区域④，经济文化形态以畜牧业为主，农业也有一定发展。⑤同时，上古之"氐"族常常与"羌"混称为"氐羌"，但由《山海经》《周书·王会篇》《诗经》《毛诗》《竹书纪年》等所载之事来看迟至商中晚期"氐"已有明显的独立性。⑥

作为独立族群的"氐"，在考古材料中常常写为"羝"，如史书中所载的"刚氐道"在汉印中就写为"刚羝道"。⑦"氐"作为独立的族群，其发源地有多种论说⑧，以陇山山地一说较为可信。⑨陇山战国秦汉时期有"陇坻"之说。《说文解字》云："秦谓陵阪曰阺"⑩；应劭曰："天水有大坂，名曰'陇坻'。"⑪不过，陇山不仅是氐人分布的地望，也是其他族群分布的地望，清人胡三省说"陇以西，本冀戎、獂戎、氐、羌之地"。⑫冀戎、獂戎、氐、羌中的部分

---

① 李孝定：《甲骨文字集释》，《"中央研究院"历史语言研究所专刊之五十》，1965年版，第3747—3749页。
② 杨铭：《西南民族史研究》，重庆出版社2000年版，第134—137页。
③ 夏鼐：《临洮寺洼山发掘记》，《考古学论文集》，科学出版社1961年版，第11—50页。
④ 参见杨铭《西南民族史研究》，重庆出版社2000年版，第139页。近年发现和发掘的甘肃岷县占旗遗址、临潭磨沟墓地、卓尼洮砚乡达勿坪白土梁寺洼文化墓葬群及其人骨年代，其分布和年代亦不出前期研究的时空范围。
⑤ 谢端琚、张长寿：《寺洼文化》，《新中国的考古发现和研究》，文化出版社1984年版。
⑥ 李孝定：《甲骨文字集释》，《"中央研究院"历史语言研究所专刊之五十》，1965年版，第3747—3749页。
⑦ 孙慰祖主编：《古封泥集成》，上海书店出版社1994年版，封泥印编号826、1545、1546。
⑧ 孙功达：《氐族研究》，甘肃人民出版社2005年版，第34—69页。
⑨ 马长寿：《氐与羌》，上海人民出版社1984年版；杨铭：《氐族史》，吉林教育出版社1991年版；杨铭：《西南民族史研究》，重庆出版社2000年版；孙功达：《氐族研究》，甘肃人民出版社2005年版。
⑩ （汉）许慎撰：《说文解字》卷14"阺"，中华书局1963年影印本，第305页下。
⑪ （汉）许慎撰，（清）段玉裁注：《说文解字注》，上海古籍出版社1981年影印本，第734页。
⑫ 《资治通鉴》卷4，"赧王三十五年"，中华书局1956年版，第134页。

群体，除了其中的氐外，冀戎、獂戎也可能与秦汉时期的氐有关。《三国志·魏书》引《魏略·西戎传》云广魏郡之氐人："盖乃昔所谓西戎在于街、冀、獂道者也。"①街、冀、獂等，不仅是族名，也是地名。例如，街、冀是《史记·秦本纪》所载秦武公十年（前688）"伐邽、冀戎，初县之"之二戎部②，邽部在汉陇西郡上邽县。獂为汉道，在今甘肃天水西北。

街、獂等地名的分布区，大体上也是寺洼文化的分布区，反映出东周早期氐人仍未发生大规模的迁徙。不过，蒙文通、杨铭等认为，自西周初年开始至西周末期，由于气候转冷，可能导致氐人注重农业的发展，并向南迁徙。③此次迁徙可能已使氐人的分布与秦汉时期相同，即氐人分布的南界抵达秦汉时期的阴平地区。《史记·西南夷传》云："自冄駹以东北，君长以什数，白马最大，皆氐类也。"④司马迁此载氐人的分布，至少应是秦汉之际的情况。西汉初，氐人分布区被纳入郡县，部分氐人因叛乱被迁往酒泉地区。《后汉书·西南夷传》载：

> 白马氐者，武帝元鼎六年（前111）开，分广汉西部，合以为武都。……居于河池，一名仇池，方百顷，四面斗绝。……元封三年（前108），氐人反叛，遣兵破之，分徙酒泉郡。……建武初，氐人悉附陇蜀。⑤

但《后汉书·西南夷传》所述仅是氐人分布核心区的范围，除武都郡外陇西郡、汉阳郡、阴平郡、蜀郡北部有氐人分布当是无疑的。一方面，这些郡中有"氐"道的分布，包括甸氐道、刚氐道、

---

① 《三国志》，中华书局1964年点校本，第858页引《魏略·西戎传》。
② 《史记》卷5《秦本纪》，中华书局2014年点校修订本，第233页。
③ 蒙文通：《周秦少数民族研究》，龙门联合书局1958年版，第1—7页；杨铭：《西南民族史研究》，重庆出版社2000年版，第134—137页。
④ 《史记》卷116《西南夷传》，中华书局2014年点校修订本，第3625页。
⑤ 《后汉书》卷86《西南夷传》"白马氐"条，中华书局1965年点校本，第2859页。

湔氐道、氐道（附表1）。这些道在《二年律令》中已有之①，可知这些道区域的氐人迟至秦时已有之。②另一方面，白马氐的分布也可由地名窥见一斑，《读史方舆纪要》载陕西曲水废县有白马水，"在县西南。出故长松县西南之白马溪，北流注于白水"。③此二"白马"当也与白马氐有关，因为长松县在今文县西南，汉属广汉郡。

元封时期氐人大迁徙后，形成了两个氐人分布区。《魏略·西戎传》云："自汉开益州，置武都郡，排其（指'氐'）种人，分窜山谷间，或在福禄（当作'禄福'），或在汧、陇左右。"④在汧、陇左右者实在故地，福禄即酒泉郡郡治县。于武都故地，武帝徙白马氐入酒泉郡后，武都的氐人当仍不少，至魏武时仍大量徙氐人入关中表明武都地区一直是两汉氐人分布的重心所在。与武都相邻的陇西地区也有氐的分布是无疑的，且在数量上陇西地区亦当不少。《后汉书·孔奋传》载建武（25—56）中期陇西"郡多氐人，便习山谷，其大豪齐钟留者，为群氐所信向"⑤，表明陇西郡的氐人也不在少数。酒泉地区的氐人，主要是元封三年所徙之氐人。酒泉郡《汉书·地理志》云武帝太初元年（前104）置，实当按《汉书·武帝纪》等所载元狩二年（前121）匈奴昆邪王内附置。北迁的部分氐人见有史载者，《后汉书·孝安帝纪》载永宁元年（120）"沈氐羌寇张掖"，李贤注曰："沈氐，羌号也。《续汉志》曰：'羌在上郡西河者，号沈氐'也。"⑥《后汉书·孝桓帝纪》又载延熹七年（164）"先零、沈氐羌与诸种羌寇并、凉二州"。⑦另外，汉张掖郡有氐池

---

① 朱红林：《张家山汉简〈二年律令〉集释》，社会科学文献出版社2005年版。
② 由"氐"道分析氐之分布见：杨铭：《氐族史》，吉林教育出版社1991年版；马长寿：《氐与羌》，上海人民出版社1984年版，第33页。
③ 《读史方舆纪要》卷59《陕西巩昌府》"曲水废县"条，中华书局2005年点校本，第2856页。
④ 《三国志》，中华书局1964年点校本，第858页引《魏略·西戎传》。
⑤ 《后汉书》卷31《孔奋传》，中华书局1965年点校本，第1099页。
⑥ 《后汉书》卷5《孝安帝纪》，"永宁元年春"，中华书局1965年点校本，第231页引李贤注[一]。
⑦ 《后汉书》卷7《孝桓帝纪》，"延熹四年"，中华书局1965年点校本，第309页。

县，一般认为治今甘肃民乐县。①"氐池"之名向来无注，其靠近张掖与沈氏寇张掖的记载相符，当与氐人的北迁并分布在此有关。北迁的氐人在250年后仍存，且有较大的政治事件记录，说明当初迁往该地的氐人数量不少。

汉末特别是三国交攻时期，氐人的分布发生了较大变化。《三国志·魏书·乌丸鲜卑东夷传》评论引《魏略·西戎传》云氐人"各有王侯，多受中国封拜"，表明氐人在两汉间发生了分化，主要的部落有兴国氐阿贵部和百（原志作"白"，当是形误）项氐千万部，各领万余落。这两部氐人建安十六年（211）为夏侯渊所破后千万入蜀，降众东迁。建安二十年（215）曹操攻张鲁时武都郡氐人阻道，曹操破之并杀万余人。②建安二十四年，曹氏又"徙氐五万余落出居扶风、天水界（汉安定郡）"③，引起了氐人分布的极大变化。次年，"武都氐王杨仆率种人内附，居汉阳郡"。④不久，由于刘备占领汉中逼近下辩，武都太守杨阜又徙武都汉、氐、叟约万户于京兆、汧、雍、天水、南安等地。⑤蜀汉延熙三年（240）郭淮击退姜维后，又徙陇西氐人三千余落以实关中。⑥

汉末氐人大迁徙后，在魏晋间形成了氐人分布的两个中心区：一是京兆、扶风、始平地区，《魏略·西戎传》云魏"置扶风、美阳，今之安夷、抚夷二部护军所典"即是以东迁氐人为基础设置的政区⑦，这一记载可通过陕西岐山、扶风出土的两方"魏率善氐佰长"印章得到印证。⑧二是天水、南安界的氐，魏置广魏郡领

---

① 周振鹤：《汉书地理志汇释》，安徽教育出版社2006年版，第359页。
② （宋）郭允蹈撰，赵炳清校注：《蜀鉴校注》卷2《曹操平张鲁取汉中》，国家图书馆出版社2010年版，第35页。
③ 《三国志》卷15《魏书·张既传》，中华书局1964年点校本，第473页。
④ 《三国志》卷2《魏书·文帝纪》，"延康元年秋"，中华书局1964年点校本，第60页。
⑤ 《三国志》卷25《魏书·杨阜传》，中华书局1964年点校本，第704页。
⑥ 《三国志》卷26《魏书·郭淮传》，中华书局1964年点校本，第735页。
⑦ 《三国志》卷30《魏书·乌丸鲜卑东夷传》"评曰"条引《魏略·西戎传》，中华书局1964年点校本，第859—900页。
⑧ 庞怀靖：《陕西岐山县博物馆藏两方官印》，《文物》1986年第11期。

之。而在氐人传统分布的武都地区，氐人的分布已不多。《华阳国志·汉中志》载武都郡云："魏将夏侯渊、张郃、徐晃征伐常由此郡；而蜀丞相亮及魏延、姜维等多从此出秦川，遂荒无留民。"①由于武都地区的特殊地缘特征，导致蜀汉、曹魏加强对武都氐人的控制和迁徙，这一因素应是武都地区氐人记载迅速减少的主要原因。

三 广汉黑水羌、白水羌、紫羌的分布

秦汉时期与武都毗邻的广汉郡北部地区（大体上即东汉时期的广汉属国地区；魏晋时期的阴平郡地区）和蜀郡北部地区（魏晋汶山郡北部地区）是典型的族群杂居区，史载"其山有六夷、七羌、九氐，各有部落"。②其中的羌人，也当占有相当的比例。《华阳国志·汉中志》云阴平郡曰：

> 阴平郡，本广汉北部都尉。永平后，羌虏数反，遂置为郡。……土地山险，人民刚勇。多氐傁，有黑、白水羌、紫羌。胡虏风俗，所出与武都略同。③

其中的黑水羌、白水羌，当是以水名为族名。黑水，《读史方舆纪要》引《水经注》曰："黑水出羌中，西南径黑水城西，又西南入于白水。"④李绍明认为，秦汉时期的黑水，即隋唐时期的南水。⑤白水，又称羌水，《汉书·地理志》"陇西郡"条载："羌水出塞外，南至阴平入白水。"⑥《水经注》"漾水"条附载曰："白水，西北出

---

① （晋）常璩撰，任乃强校注：《华阳国志校补图注》卷2《汉中志》"武都郡"条，上海古籍出版社1987年版，第96页。
② 《后汉书》卷86《西南夷传》"冉駹夷"条，中华书局1965年点校本，第2858页。
③ （晋）常璩撰，任乃强校注：《华阳国志校补图注》卷2《汉中志》"武都郡"条，上海古籍出版社1987年版，第103页。
④ 《读史方舆纪要》卷59《陕西》"巩昌府曲水废县"条，中华书局2005年点校本第2856页。
⑤ 李绍明：《唐代西山诸羌考略》，《四川大学学报》（哲学社会科学版）1983年第1期。
⑥ 《汉书》卷28《地理志》"陇西郡"条，中华书局1962年点校本，第1610页。

于临洮县西南西倾山，……东南流与黑水合，水出羌中。"①出西倾山之白水实即经今迭部、舟曲、武都之白龙江，谭本《中国历史地图集》第五册图61—62所注即此。此外，据《水经注》记载，魏晋时期曾在白水区域置有白水县。②

黑水羌、白水羌是从羌人中分离出来的群体，而且均是以水名为族名的群体，其所属尚难确定。其中的白水羌，应当是邓至羌别部。邓至羌，《北史·羌传》"邓至"条记载："邓至者，白水羌也，世为羌豪，因地名号，自称邓至。其地自亭街以东，平武以西，汶岭以北，宕昌以南，土风习俗，亦与宕昌同。"③这里将白水羌与邓至羌等同，与秦汉时期白水羌的记载有很大的不同。秦汉时期的白水羌，尚只专指蜀郡北部的羌人群体，南北朝的白水羌，则以白水为地望，族称已泛化。换言之，秦汉时期的白水羌，应只是后来所称的白水羌中的一部分。

黑水羌，可能与《资治通鉴》所载刘宋元嘉二年（425）"秦王炽盘镇南将军吉毗等南击黑水羌酋丘担"之黑水羌有关。④此外，前已提及，黑水在隋唐时期又称为南水，且在隋唐史籍中有南水羌。《旧唐书·西南蛮传》载，贞元九年（793）南水国王薛尚悉曩与西山八国率其种落诣剑南西川内附，唐王朝授薛尚悉曩为试少府少监，兼霸州长史。⑤霸州，《旧唐书·地理志》载为天宝元年（742）招生羌置静戎郡，乾元元年（758）改为霸州。⑥《读史方舆纪要》云霸州在松潘卫"西南二百五十里"⑦，李绍明说南水即黑水，霸州在

---

① （北魏）郦道元注，王国维校：《水经注校》卷20《漾水》，《王国维全集》第12卷，浙江教育出版社2009年版，第661页。
② （北魏）郦道元注，王国维校：《水经注校》卷20《漾水》，《王国维全集》第12卷，浙江教育出版社2009年版，第650页。
③ 《北史》卷96《羌传》，中华书局1974年点校本，第3191页。
④ 《资治通鉴》卷120《宋纪二》，（刘宋）元嘉二年七月，中华书局1956年点校本，第3776页。
⑤ 《旧唐书》卷197《南蛮西南蛮传》"东女国"条，中华书局1975年点校本，第5277页。
⑥ 《旧唐书》卷41《地理志》"剑南道茂州都督府"条，中华书局1975年点校本，第1706页。
⑦ 《读史方舆纪要》卷73《四川八》"松潘卫"条，中华书局2005年点校本，第3434页。

今黑水县。①

紫羌，史无详载，应当是以紫岩山而得名，紫岩山在广汉郡。②隋唐间的紫祖羌，也可能与秦汉时期的紫羌有关。史载隋初崔仲方任会州总管时（应在开皇末），"诸羌犹未宾附，诏令仲方击之"，未几，"紫祖、四邻、望方（又作'望族''望人'）、涉题、千碉、小铁围山、白男王、弱水等诸部悉平"。③此次归附的群体，是隋唐间最先归附的羌人群体，应距当时的会州不远。会州，武德三年置总管府，后改为茂州都督府，在今茂县。

以上所论黑水羌、白水羌、紫羌的分布及其渊流，因史料有限，实难有确论。但可确定的是，自汉中叶开始，大量的羌人群体有东迁的态势。前已引述，永平年间阴平郡的设置与"羌虏数反"有关。至永初时期，羌人的分布似又向东扩展了不少。史载："永初中，广汉、汉中羌反，虐及巴郡。"④广汉原本有羌，但汉中地区的羌则当是东迁后定居的羌人群体。而在阴平地区，随着羌人群体的迁入，羌患一度较为严重。《华阳国志·汉中志》"阴平郡"条载汉安帝永初二年（108）："羌反，烧郡城，郡人退住白水。"⑤此次羌乱导致汉族群体退居白水一带，说明羌乱的影响是较大的，羌人的数量自然不少。

羌人大量迁居广汉地区的态势，还可从后世广汉地区的族群结构中观察到。如前所述，秦汉时期，广汉及蜀郡北部地区的族群结构是"六夷、七羌、九氐"，且"各有部落"。但到了隋唐时期，对应区域及其毗邻区域的族群就只有羌人，分布在松、茂所属诸羌

---

① 李绍明:《唐代西山诸羌考略》,《四川大学学报》(哲学社会科学版) 1983 年第 1 期。
② 《汉书》卷 28《地理志》"广汉郡"条，中华书局 1962 年点校本，第 1597 页。
③ 《北史》卷 32《崔仲方传》,中华书局 1974 年点校本，第 1178 页；同见《隋书》卷 60《崔仲方传》,中华书局 1973 年点校本，第 1449 页。
④ （晋）常璩撰，任乃强校注：《华阳国志校补图注》卷 1《巴志》,上海古籍出版社 1987 年版，第 17 页。
⑤ （晋）常璩撰，任乃强校注：《华阳国志校补图注》卷 2《汉中志》,上海古籍出版社 1987 年版，第 104 页。

州中。①

四 "僰人"的族源、分布与迁徙

（一）"僰人"的族源问题

关于僰人之来源，当前有三种主流性的意见。林超民认为，僰人作为族群之称甲骨文已见之，战国时期受秦攻西戎的影响后迁入西南区域。②林超民同时认为，建安二十一年（216）《檄吴将校部曲文》中所说的"湟中羌僰"，是僰人南迁后留下的僰人记忆或外界对湟中地区的族群文化意象。何光岳《僰人的来源和迁徙》一文引郑玄对《礼记·王制》之"屏之远方，西方曰棘"之"棘"注为："棘当为僰，僰之言偪，使之偪寄于夷戎，盖指此僰西言之也"③，并通过考察今所见或史料中与"棘"有关之地名，认为古僰人或原居于山东，后西迁至川南滇东北地区者为史料所记之僰人。④刘复生认为，僰人为本土族群⑤，所依据资料有三：其一，"湟中羌僰""羌僰""氐僰"等，均系泛称，不专指僰人；其二，"僰侯国"并未建立过，至多是一"邦"，如同《尚书》"牧誓八国"之国一样，与中原诸夏之诸侯是不同的；其三，"僰侯国"地已有考古材料表明旧石器时代并局部新石器时代即有古人类活动。⑥

除了史载的僰人外，现代的孤人自认为为僰人后裔，分布在云南省文山壮族苗族自治州文山市、丘北县，红河哈尼族彝族自治州

---

① 关于隋唐时期诸羌族的分布，参见李敬洵《四川通史》（第3册），四川大学出版社1993年版，第118—143页；郭声波《唐代弱水西山羁縻部族探考》，《中国藏学》2002年第3期；郭声波《川西北羌族探源：唐宋岷江西山羁縻州部族研究》，《中南民族大学学报》（人文社会科学版）2002年第4期。

② 林超民：《僰人的族属与迁徙》，《思想战线》1982年第5期。张增祺、尤中亦持此说。详见张增祺《滇文化》，文物出版社2001年版，第12页；尤中《中国西南的古代民族》，云南人民出版社1980年版，第16—32页。

③ 此句意：以棘围治"国"中之人，棘可解为藩篱之寨，僰人特有之治民方式。

④ 何光岳：《僰人的来源和迁徙》，《吉首大学学报》（哲学社会科学版）1998年第1期。

⑤ 刘复生：《僰国与泸夷：民族迁徙、冲突与融合》，巴蜀书社2000年版，第8—26页。

⑥ 意见并论证引文并见刘复生《僰国与泸夷：民族迁徙、冲突与融合》，巴蜀书社2000年版，第8—26页。

弥勒市、泸西县，曲靖市师宗县、罗平县等县市[①]，为彝族的一个支系。其中丘北县自称"葛"的僰人，祖传自师宗迁往丘北只有七至八世，约200年。[②]石宏等采集今云南丘北"僰人"32份男性DNA样本进行Y染色体单倍型以及mitochondrial DNA（mtDNA）单倍型分析，结论认为此群"僰人"具有典型蒙古人种南方类型特征，与同属氐羌后裔的彝族DNA样本Y染色体单倍型以及mitochondrial DNA（mtDNA）单倍型所表现的蒙古人种北方类型具有较大差异，故此群"僰人"当为古越人沿长江西迁后的"僰人"之后裔。同时，此群"僰人"祖先西迁，是氐羌人南迁及汉文化扩张双重原因导致的古越人分布地收缩造成的。[③]

除了现代"僰人"的分子人类学研究成果外，考古学上的"僰人"悬棺所获材料也有体质人类学的研究。[④]西南地区的悬棺，见报告有云南省的威信县长安乡（7具，唐代；另龙潭白虎岩仅有木桩20多根）[⑤]、永善县、盐津县、昭通市、镇雄县[⑥]，四川省的珙县（295具）、兴文、高县、筠连、彭山，重庆市的彭水、黔江、酉阳、秀山、奉节、巫山、巫溪，贵州省的道真、务川、正安、德江、铜仁、松桃、岑巩、全州、田东、隆安、平果、大新、崇左、龙州、扶绥等地。[⑦]这些悬棺的年代，有人骨者明确的是明清时期，至多也只能通过元人李京等的文献推至宋元时期。同时，以上悬棺的分布，除滇东北区域外均无法与前述史料建立联系。

依据朱泓对四川珙县洛表区麻塘坝邓家岩和白马洞明代悬棺墓十具人骨的体质人类学研究，该群"僰人"人种学特征表现为与印

---

① 邱运胜：《彝族孤人支系族群认同与"僰人后裔"身份建构》，《思想战线》2014年第5期。
② 翁家烈：《僰人考》，《贵州民族研究》1986年第2期。
③ 石宏、李易、罗虹等：《云南僰人源流的父系和母系遗传研究》，《动物学研究》2006年第5期。
④ 黄华良、李诗文：《悬崖上的民族：僰人及其悬棺》，巴蜀书社2006年版。
⑤ 刘宏、刘旭、吉学平等：《云南省威信县长安乡瓦石棺木岩悬棺考古发掘》，《云南地理环境研究》2001年第2期。
⑥ 刘宏、孙德辉：《云南悬棺葬地理分布及其现状初步调查》，《云南地理环境研究》1996年第2期。
⑦ 陈明芳：《中国悬棺葬》，重庆出版社2004年版，第二章。

度尼西亚、华南种群的接近性，次之与西藏B组和华北组接近①，这种组间关系反映出僰人很可能是由川西南经僰道区域南下的。又有胡兴宇通过体质人类学的研究认为，滇东北的悬棺人与三峡地区的悬棺人可能并不是同一族，三峡地区的悬棺人在体质人类学上表现为更多的近壮族特征，其可能的族群渊源关系是廪君后裔。②

由于悬棺材料所依据的人骨均来自明清时期，此时"僰人"早已与蒙古人种南方类型发生了大规模的基因交流，接近于蒙古人种南方类型的体质特征是能够解释的，可作一参考。要之，关于"僰人"来源的观点，当前已有四种。由于这些观点所依据的材料不同，尚难确定秦汉时期西南区域僰人的族源问题。

（二）"僰人"的分布与迁徙

战国秦汉时期，时人一般认为僰人为氐羌系统族群。《史记·司马相如传》、裴骃《史记集解》引徐广云僰人为"羌之别种"。③《史记·主父偃传》《汉书·严安传》《汉书·扬雄传》等，亦有"羌僰"之说。④《盐铁论·备胡篇》《后汉书·杜笃传》有"氐僰"之说⑤，李绍明认为氐亦羌系⑥，故僰人仍可归入氐羌系统之中。

僰人作为族群之称甲骨文已见之，战国时期受秦攻西戎的影响后迁入西南区域，战国时期西南区域的僰人已是一大地方性族群。《吕氏春秋·恃君览》云僰人、氐人、羌人、呼唐等均为西方族群，并有"僰人、野人、篇笮之川"之说。⑦这里的"笮"，

---

① 朱泓：《"僰人县棺"颅骨的人种学分析》，《南方民族考古》1987年第1辑。
② 胡兴宇、肖洪文：《僰人颅骨的测量研究》，《解剖学杂志》1999年第4期；胡兴宇、罗传富、蓝顺清等：《三峡悬棺人颅的测量与悬棺主人族属的探讨》，《泸州医学院学报》2008年第5期。
③ 《史记》卷117《司马相如传》，中华书局2014年点校修订本，第3689页。
④ 《史记》卷112《主父偃传》，中华书局2014年点校修订本，第3584页；《汉书》卷64《严安传》，中华书局1962年点校本，第2811页；《汉书》卷87《扬雄传》，中华书局1962年点校本，第3561页。
⑤ 王利器校注：《盐铁论校注》卷7《备胡》，中华书局1992年点校本，第445页；《后汉书》卷80《杜笃》，中华书局1965年点校本，第1598页。
⑥ 李绍明：《为川南"僰人悬棺"正名》，《民族学研究》1982年第1期。
⑦ （战国）吕不韦著，陈奇猷校释：《吕氏春秋新校释》，上海古籍出版社2002年点校本，第1331页。

通"筰""莋",既是族名,又是地名,族群及地名均在今川西南(详见后文)。由此看来,战国时期的僰人应当生活在川西南区域。前文叙述蜀国史时已提及,蜀国有"滇、僚、僰、僮仆六百之富",保子帝时期还随着蜀国的扩张导致"雄张僚僰"。结合前述材料来看,战国时期的僰人分布在蜀西南部边缘的区域。战国时期的僰人东与蜀接,西则当与邛、筰等族群相接。武帝初欲开西南夷道(即后来的灵关道),道远不能供应粮饷,"散币于邛、僰以辑之"①,可见邛、僰分布在相近的地域,且是西南夷道所经之区域。《后汉书·郡国志》蜀郡属国"严道"(严道,四川荥经县治)条注"有邛僰九折坂者"②,当是因有僰人曾生存于此而留下的地名。

迟至秦汉之际,大量的僰人已跨过长江,生活在今滇东北区域,汉初开南夷道后于僰人生活区域设有僰道县。《汉书·西南夷传》载:"及汉兴,皆弃此国而开(当作'关')蜀故徼。巴蜀民或窃出商贾,取其筰马、僰僮、髦牛,以此巴蜀殷富。"③巴蜀故徼在此即以长江为界,巴蜀民越"徼"而获取僰僮,可见当时大量的僰人应生活在长江以南今滇东北地区。不仅巴蜀地区有僰僮,京师也有之④,可见当时存在大量的僰僮买卖。许慎撰《说文解字》云"僰"曰:"犍为蛮夷。从人,棘声"⑤;《水经注》引《地理风俗记》云僰曰:"夷中最仁,有人道,故字从人。"⑥所谓僰人之"仁",当与僰人的奴隶买卖有关,非族群性格的真实写照。当然,也有另一种解释是,僰人被大量迁往蜀地甚至中原地区,较易接受汉文化,故而形成"仁"的族群意象。

---

① 《汉书》24卷《食货志》,中华书局1962年点校本,第1158页。
② 《后汉书》志23《郡国志》,中华书局1965年点校本,第3515页。
③ 《史记》卷116《西南夷传》,中华书局2014年点校修订本,第3627页。
④ 《史记》卷116《西南夷传》,中华书局2014年点校修订本,第3628页《索隐》引服虔。
⑤ (汉)许慎:《说文解字》卷8"人"部"僰"条,中华书局1963年影印本,第167页下。
⑥ (北魏)郦道元注,王国维校:《水经注校》卷33《江水》(一),《王国维全集》第13卷,浙江教育出版社2009年版,第383页。

两汉间，随着巴蜀地区汉族户口的不断增长，大量汉族向南流动，引起了僰道区域僰人的再次南迁。《华阳国志·蜀志》载犍为郡僰道县云："本有僰人，故《秦纪》言僰僮之富。汉民多，渐斥徙之。"①大量僰人南迁后，与滇人杂处，故有"滇僰"之说。②由于僰人大量南迁，成为两汉王朝西南治边涉及的主要族群，所以僰人成为史书中的重要族群。《汉书·扬雄传》中有"麋节西征，羌僰东驰"的记载③，《汉书·王莽传》中有"今胡虏未灭诛，蛮僰未绝焚"之说④，僰人已成为西南区域一大族。

两汉时期僰人南迁的南端，至少应在今江川地区。今江川地区西汉置有胜休县，王莽时此地有夷族反抗，王莽政权战胜后改为"胜僰县"。"僰"即"僰"，《汉书·地理志》犍为郡"僰道"曰："僰道，莽曰僰治。"⑤所谓胜僰县，当即征讨僰人后而设的县。

秦汉之后，僰人的记载已极少。《新唐书·王毛仲传》中所说的王毛仲"募严道僰僮千口为牧圉"⑥，"僰"当为"僚"。一者，唐宋史籍中涉及的"僰"，只是在郡县沿革时提到，如《通典·州郡志》云戎州为"故僰侯国"⑦，《括地志》云戎州僰道县为"古僰国"⑧，《宋史·蛮夷传》"西南诸夷"条云"董蛮在马湖江右，（当脱'故'或'古'）僰侯国也"⑨等。二者，成汉时期僚人入蜀后，僚称泛化，其中的僰人亦被包括在广义的僚人之中⑩，史籍未再有僰人的记载。《宋会要辑稿·蕃夷五》载有臣僚言："叙州既外控蛮夷，而

---

① （晋）常璩撰，任乃强校注：《华阳国志校补图注》卷3《蜀志》"犍为郡僰道县"条，上海古籍出版社1987年版，第210页。
② 滇僰之说汉初已有之。见《史记》卷129《货殖列传》，中华书局2014年点校修订本，第3958页。
③ 《汉书》卷87《扬雄传》，中华书局1962年点校本，第3569页。
④ 《汉书》卷99《王莽传》，中华书局1962年点校本，第4164页。
⑤ 《汉书》卷28《地理志》，中华书局1962年点校本，第1599页。
⑥ 《新唐书》卷121《王毛仲传》，中华书局1975年点校本，第4336页。
⑦ （唐）杜佑等撰，王文锦等点校：《通典》，中华书局1992年点校本，第4316页。
⑧ （唐）李泰等撰，贺次君辑校：《括地志辑校》，中华书局1980年版，第207—208页。
⑨ 《宋史》卷496《蛮夷传》"叙州三路蛮"条，中华书局1977年点校本，第14238页。
⑩ 吕春盛：《魏晋南北朝时代的"僚族"与西南土著社会的变迁》，《成大历史学报》2008年总第35号。

城之内外（棘）[僰]夷（原文如此）、葛僚又动以万计，与汉族杂处。"[1]这里的"（棘）[僰]夷"，可能是宋人眼中的区域性族群意象，因为当时的叙州地区在宋代史籍中并无僰人。与之相似，《宋史·地理志》叙述至道时期宋疆域"西尽巴僰"中的"僰"[2]，也是宋人眼中的区域性族群意象。

僰人的迁徙与融合问题彝文史籍也有记载。《彝族创世志·谱牒志》云乍支系系出乍祖慕雅考，传至十世时（约在公元前250）"乍迁西方去，兴起汉文化。建庙如积云，塑偶如红岩，乍变汉去了。（与）汉一样繁衍。"[3]罗国义等译《宇宙人文论》译注时也提到"变汉人去了"的问题。[4]易谋远认为，汉文史籍中的"僰侯国"应是彝文史籍中武僰系的某一支系所建，疑即《宇宙人文论》中所提到的"变汉人去了"的那一支系。[5]慕雅考为彝族的"再生始祖"笃慕之子，而笃慕一般认为即为汉文史籍中的杜宇，对应的是三星堆文化的四期[6]，在公元前1000年至公元前500年前后。[7]慕雅考传至十世，应在杜宇之后约250年，即在公元前750至公元前250年前后，与秦定巴蜀（前316）后大量迁徙北方群体入蜀的事件大体能够衔接上。

据前文所论，战国秦汉时期僰人的迁徙与分布概况如图1-2所示。

---

[1] （清）徐松辑，刘琳、刁忠民、舒大刚校点：《宋会要辑稿》第16册《蕃夷》"西南溪峒诸蛮"条，上海古籍出版社2014年版，第9900页上。
[2] 《宋史》卷85《地理志》，中华书局1977年点校本，第2094页。
[3] 贵州省赫章县民族事务委员会、贵州民族学院彝文文献研究所编译：《彝族创世志·谱牒志》（一），四川民族出版社1991年版，第299页。
[4] 罗国义、陈英译：《宇宙人文论》，民族出版社1984年版，第97页注五。
[5] 易谋远：《彝族史要》，社会科学文献出版社2000年版，第318页。
[6] 雷雨：《三星堆遗址的发现、发掘与研究》，载李进增主编：《古蜀王国：三星堆和金沙遗址出土文物精华录》，宁夏人民出版社2012年版，第21—28页。
[7] 孙华：《成都平原的先秦文化》，载宿白主编：《苏秉琦与当代中国考古学》，科学出版社2001年版，第470—494页。

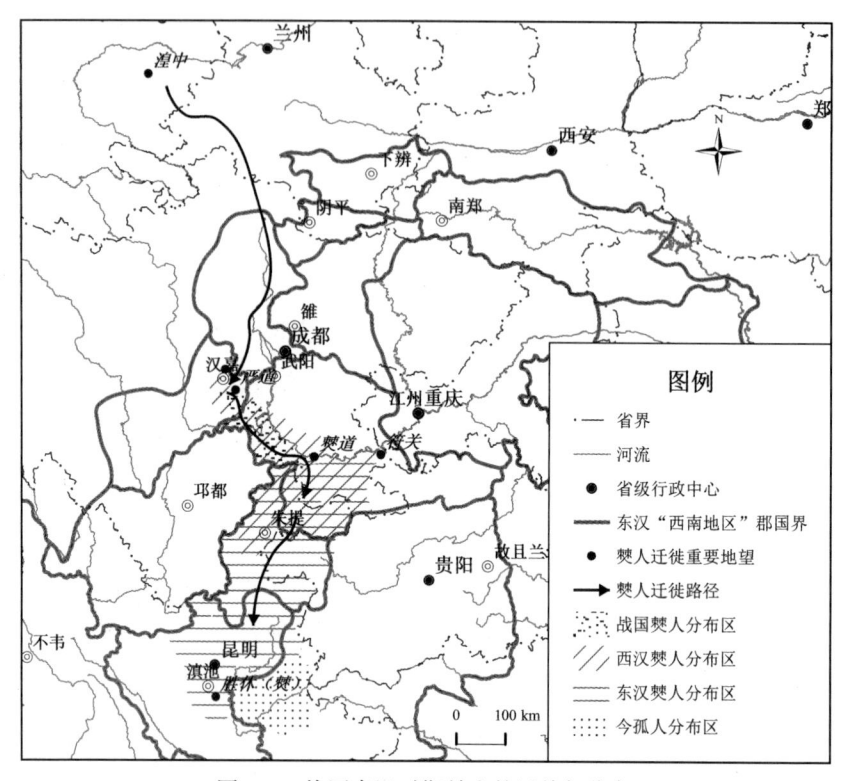

图 1-2　战国秦汉时期僰人的迁徙与分布

第四节　蜀西"夷"群体的分布

一　冉駹的渊流与分布

冉駹是秦汉时期蜀西较有影响的族群,《史记·西南夷传》云:"自筰以东北,君长以什数,冉駹最大。"[1] 武帝元鼎六年(前111)置汶山郡,其族群主要即是冉駹。《汉书》《后汉书》均载有冉駹之事,但最初冉駹可能是冉、駹两个群体。[2] 虽然《史记·西南夷

---

[1] 《史记》卷116《西南夷传》,中华书局2014年点校修订本,第3625页。
[2] 李绍明:《冉駹与冉家人的族属问题》,《中南民族学院学报》(社会科学版)1987年第1期;饶宗颐:《甲骨文中的冉与冉駹》,《文物》1998年第1期。

传》提到冉駹时将其作单独族群看待，但在《史记·司马相如传》中又有"邛、筰、冉、駹、斯榆之君皆请为内臣"，"朝冉从駹，定筰存邛，略斯榆，举苞满"的记载。① 《史记·大宛传》中也说张骞使西域时"四道并出：出駹，出冉，出徙，出邛、僰"②，冉駹是"冉""駹"两个独立的群体。汉初针对是否应开四夷之地展开的争论中，提到的也是"冉""駹"两个群体。③

汉代的冉駹主要分布在元鼎六年所开汶山郡，地节三年（前67）省为蜀郡北部都尉，汉灵帝时又复置汶山郡。④ 汶山郡的辖县包括汶江（今茂县北部）、绵虒（今汶川县西南部）、湔氐（今四川松潘县北部）、广柔（今汶川县西北部、理县东北部）、蚕陵（今茂县北部）五县。⑤ 冉駹的分布中心区，则应在汶江区域。如前所述，冉駹原本冉、駹两个群体，冉当以山为名，駹则以水为名。⑥ 唐初曾置有西冉州（后去"西"字）及冉山县⑦，在今茂县，"冉"当为山名；《华阳国志·蜀志》云汶山"濊水、駹水出焉"⑧，这里的駹水也在茂县，当与冉駹之"駹"有关。

从考古文化来看，冉駹应是汶山地区的一个土著群体。一般认为，川西石棺葬文化为冉駹所创造⑨，原因包括：一是，《史记·西南夷传》所记冉駹分布核心区与石棺葬分布核心区相符；二是，罗

---

① 《史记》卷117《司马相如传》，中华书局2014年点校修订本，第3692页。
② 《史记》卷123《大宛传》，中华书局2014年点校修订本，第3844页。
③ 王利器校注：《盐铁论校注》卷7《备胡》，卷8《结和》，中华书局1992年点校本，第455、480页。
④ 《后汉书》卷86《西南夷传》，中华书局1965年点校本，第2859页。
⑤ 尤中：《中国西南民族地区沿革史：先秦至汉晋时期》，民族出版社2004年版，第64—68页；翟国强：《先秦西南民族史论》，黑龙江教育出版社2011年版，第251页。
⑥ 冉山、李绍明：《关于羌族古代史的几个问题》，《历史研究》1963年第5期。
⑦ 《旧唐书》卷41《地理志》"剑南道茂州都督府"条，中华书局1975年点校本，第1692页。
⑧ （晋）常璩撰，任乃强校注：《华阳国志校补图注》卷3《蜀志》，上海古籍出版社1987年版，第188页。
⑨ 童恩正：《四川西北地区石棺葬族属试探》，《思想战线》1978年第1期；蒙默：《试论汉代西南民族中的"夷"与"羌"》，《历史研究》1985年第1期；林向：《〈羌戈大战〉历史分析——岷江上游石棺葬的族属》，《巴蜀文化新论》，成都出版社1995年版；徐学书：《试论岷江上游"石棺葬"的源流》，《四川文物》1987年第2期；德吉卓嘎：《试论嘉绒藏族的族源》，《西藏研究》2004年第2期；李青：《试论嘉绒、嘉良夷、冉駹与戈人的关系——兼论嘉绒藏族的族源》，《四川民族学院学报》2010年第4期。

开玉《川滇西部及藏东石棺墓研究》采用碳14测定的石棺葬文化共分八期，自夏商至明，其中的前七期（第七期在东汉至南北朝初期）在考古资料上是衔接的[1]，与冉駹记载的消失时间基本相符；三是，《后汉书》等史料所记冉駹王侯"颇知文书"[2]与今发现的石棺葬文化中的"亭""市""姑可""朱帝"等字可符。同时，仅以墓葬文化为限，罗开玉将其分为岷江上游、大渡河—青衣江流域、金沙江—雅碧江流域三区，所见文化特征有族群迁徙和族群杂居两种遗迹，说明冉駹的分布并不固定，岷江上游地区多种文化因素的存在与史料所说其山有"六夷、七羌、九氐"相符。[3]

罗二虎近来的研究袭前人意见，将佳山文化视为冉駹文化，其主要遗址包括茂县城关墓地A、B、C三区，茂县别立黄角树墓地，理县佳山墓地，理县子达砦墓地，汶川萝葡墓地1号墓，汶川大布瓦砦墓地等。罗二虎推定佳山文化为冉駹所创造，理由包括[4]：佳山文化有牧业、农业两种形态，与《后汉书》所载冉駹"以麦为资"相符[5]；冉駹所居之"邛笼"乃"累石为室"，可与佳山文化墓葬用材及建筑形式相符；佳山文化中有明显的社会分化，尤其在贫富方面体现明显；冉駹的女性享有较高的社会地位，史载其"贵妇人，党母族"[6]，在佳山文化女性随葬品中也可以反映出来。除此之外，佳山文化分布时段的西汉早期至西汉中晚期这一格局亦与史料可合。

秦汉之后，冉駹群体的记载较少。《魏略·西戎传》提到的"蚺氐"[7]，应是冉駹，但分布情况未详。《隋书·苏沙罗传》载隋开皇八

---

[1] 罗开玉：《川滇西部及藏东石棺墓研究》，《考古学报》1992年第4期。
[2] 《后汉书》卷86《西南夷传》，中华书局1965年点校本，第2859页。
[3] 罗开玉：《川滇西部及藏东石棺墓研究》，《考古学报》1992年第4期。
[4] 罗二虎：《文化与生态、社会、族群：川滇青藏民族走廊石棺葬研究》，科学出版社2012年版，第482页。
[5] 《后汉书》卷86《西南夷传》，中华书局1965年点校本，第2859页。
[6] 《后汉书》卷86《西南夷传》，中华书局1965年点校本，第2859页。
[7] 《三国志》卷30《魏书·乌丸鲜卑东夷传》"评曰"条引《魏略·西戎传》，中华书局1964年点校本，第858页。

年"冉尨羌作乱,攻汶山、金川二镇,沙罗率兵击破之"。① 隋唐时期的冉尨羌即为冉駹之后,只不过秦汉时期的冉駹为夷,隋唐时期的冉尨则因族群融合的缘故被视为羌。由冉尨羌"攻汶山、金川二镇"的记载来看,秦汉之后冉駹的分布地未发生太大变化。不过,自秦汉时期可能就有一部分冉駹群体迁居巴蜀地区。《汉书·西南夷传》说冉駹所在地"土气多寒,在盛夏冰犹不释",故"夷人冬则避寒,入蜀为佣,夏则违暑,反其邑"。② 颜师古注曰:"今夔州、开州首领多姓冉者,本皆冉种也。駹音尨。"③ 唐代夔州、开州在今奉节、开县地区,与汉代冉駹分布的汶山郡有较大距离,夔州、开州地区的冉駹后裔当是因为被雇佣而逐渐迁居而来的。《元和姓纂》也载有"云安冉氏"曰:"盘瓠后冉髦之种类也"。④ "髦"当是"駹"的形讹,云"云安冉氏"为"盘瓠后冉髦之种类"事实上混淆了"盘瓠""冉駹"两大群体,也有可能是冉駹群体东迁后发生族群融合,或冉駹东迁后其族属被模糊化。

现代的嘉绒藏族一般认为是冉駹后裔,冉駹也被看成羌族史诗《羌戈大战》中的戈基人,唐代的嘉良(哥邻)。⑤ 冉駹即戈基人,因为⑥:一者,今羌族并不认为石棺葬是他们先民的墓葬,而是将石棺葬称为"戈基呷钵"(意"戈基之墓");二是,石棺葬在岷江上游地区盛行的年代下限与羌人大规模南下至岷江流域的时间相符;三是,《羌戈大战》中记载的戈人"身强像野猪,皮厚刀矛戳不穿",应当是戈人战争中身穿铜类防护用具的写照,与今石棺葬出土铜战具相符;四是,《羌戈大战》中记载戈基人有养猪、种植的习

---

① 《隋书》卷46《苏沙罗传》,中华书局1973年点校本,第1260页。
② 《汉书》卷95《西南夷传》,中华书局1965年点校本,第3837页。
③ 《汉书》卷95《西南夷传》,中华书局1965年点校本,第3838页颜师古注。
④ (唐)林宝撰,岑仲勉校记:《元和姓纂》(附四校记)卷9"云安冉氏",中华书局1994年版,第1148页。
⑤ 李青:《试论嘉绒、嘉良夷、冉駹与戈人的关系——兼论嘉绒藏族的族源》,《四川民族学院学报》2010年第4期。
⑥ 李青:《试论嘉绒、嘉良夷、冉駹与戈人的关系——兼论嘉绒藏族的族源》,《四川民族学院学报》2010年第4期。

俗，今理县出土有粟类作物遗存。唐代的嘉良在今丹巴县[①]，也是今嘉绒藏族的分布地，较秦汉时期冉駹的分布地偏南。《羌戈大战》记载戈基曾建有冉駹府，"接着再把兵将分，兵将分驻汶山郡"，"迁居各处领地盘，地盘业主举寨首"[②]，表明戈基曾有一个迁徙过程，唐代嘉良和今嘉绒藏族分布地较秦汉时期冉駹的分布地偏南可能与此次迁徙有关。

二 青衣夷的分布及青衣地区族群结构的变化

青衣地区的族群在战国秦汉时期有较大的变化。在战国前期，青衣地区的族群以青衣夷为主。青衣夷在青衣地区的存在较早，《华阳国志·蜀志》有保子帝"攻青衣，雄张獠僰"的记载。[③]顾祖禹梳理史料认为，此青衣夷在青神县（今县），"以蚕丛氏衣青而教民农事，人皆神之也。此则以古有青衣国与叙州邻慕义来宾而名"。[④]青衣夷应主要分布在青衣江中游区域。其东界，按前文蜀国有移治成都的记载，后保子帝时攻青衣的记载，兼及秦定巴蜀后置城以防"西夷"的情形看[⑤]，当以岷江之都江堰以南至大渡河交界处一段为限。青衣夷分布的北界，按前文有以冉駹为汶山郡的记载，当以汶山郡之南界为限。青衣夷分布的西界和南界，当与徙、笮牛两个群体的分布区相分，并见后文。

秦定巴蜀后，青衣地区的族群结构开始复杂化。荥经曾家沟曾

[①] 郭声波：《唐代弱水西山羁縻部族探考》，《中国藏学》2002年第3期。
[②] 《中国少数民族社会历史调查资料丛刊》编辑委员会：《羌族社会历史调查》，民族出版社2009年版，第147页。
[③] （晋）常璩撰，任乃强校注：《华阳国志校补图注》卷3《蜀志》，上海古籍出版社1987年版，第122页。
[④] 《读史方舆纪要》卷70《四川五》"叙州府"条，中华书局2005年点校本，第3320页。
[⑤] 胡大贵等以为成都、郫、临邛三城主要是为了防止蜀王旧族的反叛［见胡大贵、冯一下：《蜀郡设置和第一任蜀守考》，《四川师范大学学报》（社会科学版）1993年第2期］。由下文蜀西族群分布并秦的确置城防御"西夷"的情况看临邛城确有防"西夷"的功能（徙部分）。

发现七座（M11—M16、M21）长方形土坑竖穴墓[①]，是西南区域为数不多的早期秦人入川留下的集群式墓葬。[②]荥经有秦人的遗迹，则青衣地区亦当有之。秦时期青衣地区应当已纳入郡县，秦汉之际郡县废弃，高后六年（前182）又"城僰道，开青衣"。[③]武帝开西夷后，不断有汉族群体迁往青衣地区。例如，高帝十年（前197），"上赦（彭越）以为庶人，传处蜀青衣"。[④]青衣地区汉族的增多，可能导致青衣夷的分布略有西移。天汉四年（前97），汉廷在青衣地区"置两部都尉：一治旄牛，主外羌；一治青衣，主汉民"[⑤]，说明青衣地区是"汉夷"分界之所在，汉族分布不在少数。

除了汉族外，秦定巴蜀后，即有一支板楯蛮迁往青衣江流域与青衣县毗邻的严道地区。虽史料不见记载，但这一支板楯蛮在秦至魏晋时期一直存在和发展，今荥经严道古城遗址南的庞大岩墓群及雅安青衣江畔发现的"賨侯之賖"铜印为这支板楯蛮所留。[⑥]

东汉时期，青衣地区已成为夷、羌杂处区域，且当以羌人为主。《水经注》说青衣县"故青衣羌国也。……公孙述之有蜀也，青衣不服，世祖嘉之，建武十九年（43）以为郡。安帝延光元年（122），置蜀郡属国都尉，青衣王子心慕汉制，上求内附"。[⑦]由此记载来看，青衣地区在东汉初已为羌地，且为羌族聚居区。出土的

[①] 四川省文管会、雅安地区文化馆、荥经县文化馆：《四川荥经曾家沟战国墓群第一、二次发掘》，《考古》1984年第12期；四川省文物管理委员会、荥经县文化馆：《四川荥经曾家沟21号墓清理简报》，《文物》1989年第5期。

[②] 宋治民：《秦人移民墓葬的发现和研究》，《蜀文化与巴文化》，四川大学出版社1998年版，第253—258页；李明斌：《论四川盆地的秦人墓》，《南方文物》2006年第3期。

[③] （晋）常璩撰，任乃强校注：《华阳国志校补图注》卷3《蜀志》，上海古籍出版社1987年版，第128页。

[④] 《史记》卷90《彭越传》，中华书局2014年点校修订本，3146页。

[⑤] （晋）常璩撰，任乃强校注：《华阳国志校补图注》卷3《蜀志》，上海古籍出版社1987年版，第142页。

[⑥] 何元灿：《严道賨人考》，载李绍明、林向、徐南洲主编：《巴蜀历史·民族·考古·文化》，巴蜀书社1991年版，第84—92页。

[⑦] （北魏）郦道元注，王国维校：《水经注校》卷36《青衣水》，《王国维全集》第13卷，浙江教育出版社2009年版，第453页。

封泥中也见有"汉青羌邑长"印①，且即出土于青衣地区。东汉《巴郡太守樊敏碑》所载"季世不详，米巫虐，续蠢青羌，奸狡并起"中的青羌②，也应分布在青衣地区。此支羌群体，应是羌人较早南迁的群体，有学者认为是《后汉书·西羌传》所称的"与众羌绝远，不复交通"之羌人一部。③

东汉时期青衣地区应仍有大量青衣夷的分布。史载元初二年（115），"青衣道夷邑长令田，与徼外三种夷三十一万口，……举土内属"④，说明东汉中期青衣地区仍有不少青衣夷的分布。由于青衣道夷邑长令田内属时有"与徼外三种夷"等字，也可能东汉中期青衣夷已西迁，青衣地区族群结构实际上已发生根本性的变化。进入蜀汉，青衣地区的族群只见有"青羌"的记载⑤，魏晋时期史料也未再见有青衣区域"夷"的记载。

三 徙的分布

徙是秦汉时期蜀西较有影响的族群，《史记》《汉书》之《西南夷传》"总叙"条均说"自巂以东北，君长以什数，徙、筰都最大"。⑥其中的徙，历代注家均认为为国名，即族名。汉初蜀郡领有徙县，徙当即分布在徙县，徙县治所在今天全县东。不过，若徙只分布在徙县，则当不为"最大"的族群。颜师古曰："徙通斯"。⑦胡三省也说："徙，音斯"。⑧徙通斯，则《史记·司马相如传》所

---

① 孙慰祖主编：《古封泥集成》，上海书店出版社1994年版，封泥编号2326。
② 谢凌：《〈东汉巴郡太守樊敏碑〉考》，《四川文物》2000年第1期。
③ 孙华：《四川盆地的青铜时代》，科学出版社2000年版，第224页。
④ 《后汉书》卷5《孝安帝纪》，"元初二年正月"，中华书局1962年点校本，第222页；《后汉书》卷86《西南夷传》，中华书局1965年点校本，第2857页。
⑤ （三国）诸葛亮：《后出师表》，中国人民解放军五四七三二部队、烟台师范专科学校《诸葛亮著作选注》组选注：《诸葛亮著作选注》，山东人民出版社1976年版，第53页。
⑥ 《史记》卷116《西南夷传》，中华书局2014年点校修订本，第3625页；《汉书》卷95《西南夷传》，中华书局1962年点校本，第3837页。
⑦ 《汉书》卷95《西南夷传》，中华书局1962年点校本，第3837页颜师古注。
⑧ （宋）司马光著，（元）胡三省注：《资治通鉴》卷92《晋纪十四》，"咸和元年"，中华书局1956年点校本，第1918页。

载"略斯榆,举苞满","略定西夷,邛、筰、冉、駹、斯榆之君皆请为内臣"之斯榆①,当即徙。林超民又认为,昆明族分布之叶榆,"叶"古音读如"斯",叶榆又作"楪榆",在今云南大理市北,也与"徙"有关。②《华阳国志》中的斯叟,亦值得注意。斯叟或即为斯榆,这是可能的。古藏缅语中,"榆"本有"地区""区域"之意,"斯榆"可释为"斯人居住地"③,常璩只是为"斯"人加了一个时人的族属之名。《华阳国志》所记叟甚多,自武都郡以下蜀西诸郡并南中地区皆有,氐叟、茂叟等。陈东认为,《华阳国志》之斯叟即徙。④秦汉时期说徙是大族,又设有徙县,应当是徙分布格局的差异引起的,即徙聚居于徙县,在其他区域则是散居。

徙在秦汉以后的史籍中已不见载,甚至《后汉书》中已不载徙事。徙在史籍中失载的问题有两种解释,一种解释是融入汉族⑤,另一种解释是迁往他处且与其他族群相融合。徙县在青衣江流域,且距青衣县不远,青衣地区有大量汉族迁入(前文已述),徙确有可能与汉族发生族群融合。但更多的徙群体,应当是迁往其他族群所居区域。因"徙"可通"斯",蜀人谓"斯"为"叟"⑥,汉晋时期的叟人、斯叟都可能与徙有关。叟人,前文已表分布地域广泛。而斯叟,则只分布在越嶲地区⑦,徙与斯叟的关系应当更近。

在考古文化上,卡莎湖文化应当是徙人所留。卡莎湖人群喜好佩戴各种项饰但不使用陶器,具有典型的迁徙流动群体的特征;卡莎湖墓地本身处海拔2000米以下的青衣江流域,但草地却多位于海

---

① 《史记》卷117《司马相如传》,中华书局2014年点校修订本,第3695页。

② 同时,林超民认为叶榆可能为昆明族中一个较大的部落,后用作地名。均见林超民《试论汉唐间西南地区的昆明》,《民族研究》1982年第6期。又,林超民认为"嶲、昆明"当为两个族群,且"嶲"即"嶲唐",引注见林超民《试论汉唐间西南地区的昆明》一文。

③ (晋)常璩撰,任乃强校注:《华阳国志校补图注》卷3《蜀志》,上海古籍出版社1987年版,第201页。

④ 陈东:《汉代西南夷之"徙"及其去向》,《西南民族大学学报》(人文社会科学版)2009年第6期。

⑤ 陈东:《汉代西南夷之"徙"及其去向》,《西南民族大学学报》(人文社会科学版)2009年第6期。

⑥ (宋)司马光著,(元)胡三省注:《资治通鉴》卷92《晋纪十四》,咸和元年,中华书局1956年点校本,第1918页。

⑦ (宋)司马光著,(元)胡三省注:《资治通鉴》卷92《晋纪十四》,咸和元年,中华书局1956年点校本,第1918页。

拔 3500 米以上，与史料记载徙人"夏处高山，冬入深谷"的经济活动状况相符。①卡莎湖文化当前发现地较少，有宝兴瓦沟、炉霍卡莎湖、炉霍城中三处墓地，且卡莎湖墓地多达 275 座墓，文化面貌全面，故罗二虎主张称该类型文化为"卡莎湖文化"。②

四 旄牛的分布

旄牛是蜀西靠近蜀地的群体，《史记·货殖列传》云蜀"西近邛笮、笮马、旄牛"。③汉武帝元封四年（前107），曾在蜀西置旄牛道（在今汉源），当即以处旄牛而置。天汉四年（前97），旄牛道改为部都尉"主外羌"。④秦汉史籍关于旄牛族群活动的记载不多。元初五年（118），"越巂蛮夷及旄牛豪叛，杀长吏"。⑤延光二年（123），"旄牛夷叛，寇灵关，杀县令"。⑥由这两条记载来看，东汉时期的旄牛应居于旄牛道、灵关道之间的区域，大体即今汉源南部、越西北部、峨边西部的区域。

旄牛蜀汉时期仍存，《三国志·蜀书·张嶷传》载张嶷为越巂太守时，汉嘉郡界有旄牛夷四千余户。⑦并且，《三国志·蜀书·张嶷传》记载："郡（指越巂郡）有旧道，经旄牛中至成都，既平且近；自旄牛绝道，已百余年。……嶷遣左右赍货币赐路，重令路姑喻意，路乃率兄弟妻子悉诣嶷，嶷与盟誓，开通旧道。……奏封路为旄牛朐毗王。"⑧所谓"旄牛绝道"，应指的是灵关道。灵关道所经区域为"旄牛中"，说明灵关道所经区域曾为旄牛所居。而由旄牛

---

① 罗二虎：《文化与生态、社会、族群：川滇青藏民族走廊石棺葬研究》，科学出版社 2012 年版，第 483 页。
② 罗二虎：《文化与生态、社会、族群：川滇青藏民族走廊石棺葬研究》，科学出版社 2012 年版，第 144 页。
③ 《史记》卷 129《货殖列传》，中华书局 2014 年点校修订本，第 3958 页。
④ （晋）常璩撰，任乃强校注：《华阳国志校补图注》卷 3《蜀志》，上海古籍出版社 1987 年版，第 142 页。
⑤ 《后汉书》卷 5《孝安帝纪》，"元初五年"，中华书局 1965 年点校本，第 228 页。
⑥ 《后汉书》卷 5《孝安帝纪》，"延光二年"，中华书局 1965 年点校本，第 237 页。
⑦ 《三国志》卷 43《蜀书·张嶷传》，中华书局 1964 年点校本，第 1053 页。
⑧ 《三国志》卷 43《蜀书·张嶷传》，中华书局 1964 年点校本，第 1053 页。

绝道百余年的记载来看，自东汉中期牦牛一直生活在灵关道所经区域。蜀汉时期牦牛的分布区域，由如上记载来看较东汉时期没有太大变化。

五 邛都的分布

邛都是战国秦汉时期蜀西大族，《史记》《汉书》之《西南夷传》"总叙"条均说"自滇以北，君长以十数，邛都最大"。①《后汉书·西南夷传》载邛都之事曰："邛都夷者，武帝所开，以为邛都县。……后复反叛。元鼎六年（前111），汉兵自越巂水伐之，以为越巂郡。"②由此条记载来看，越巂郡在汉初均有邛都的分布，越巂郡郡治邛都县应是邛都群体分布的中心区域。不过，在越巂郡设置之前，邛都群体的分布当更为广泛。《华阳国志》载蜀郡临邛县（在今邛崃）："本有邛民，秦始皇徙上郡民实之。"③《资治通鉴》注引《华阳国志》佚文云："邛崃山本名邛筰，故邛人、筰人界也。"④由《华阳国志》的记载来看，临邛县地区原本是有邛都群体分布的，在秦汉时期已无。临邛地区邛都群体，应是随着汉族群体迁入临邛地区的影响而南迁了，考古材料也表明西汉早期邛崃地区即有汉族群体的分布（详见后文），与邛崃地区相毗邻的青衣地区天汉四年（前97）曾置都尉"主汉民"⑤，说明邛崃、青衣地区西汉时期汉族群体已为数不少。

越巂郡地区秦汉时期有邛都的分布，这应当没有太大疑议。不过，东汉时期越巂郡地区的邛都群体有南迁的趋势。《华阳国志》

---

① 《史记》卷116《西南夷传》，中华书局2014年点校修订本，第3625页；《汉书》卷95《西南夷传》，中华书局1962年点校本，第3837页。
② 《后汉书》卷86《西南夷传》，中华书局1965年点校本，第2852页。
③ （晋）常璩撰，任乃强校注：《华阳国志校补图注》卷3《蜀志》，上海古籍出版社1987年版，第157页。
④ （宋）司马光编著，（元）胡三省注：《资治通鉴》卷18《汉纪十》，"元光五年"，中华书局1956年点校本，第590页。
⑤ （晋）常璩撰，任乃强校注：《华阳国志校补图注》卷3《蜀志》，上海古籍出版社1987年版，第142页。

载越巂郡阑县（在今越西），"故邛人邑"①。所谓"故邛人邑"，指的是邛都群体已迁出阑县。邛都群体何时迁出阑县暂不得详，但由《史记·货殖列传》云蜀"西近邛筰、筰马、旄牛"的记载来看②，阑县地区在汉初当仍有邛都群体的分布。阑县邛都群体的南迁，当与前文已论及的旄牛绝（灵关）道百余年有关。东汉初还有一部分邛都群体被迁往成都地区。建武十九年（43），邛都人长贵为越巂太守，武威将军刘尚欲平益州夷时，途经越巂，越巂太守长贵担心祸及自身，欲反，"（刘）尚知其谋，即分兵先据邛都，遂掩长贵诛之，徙其家属于成都"。③

邛都群体南迁后，其原先的聚居区邛都县仍是邛都群体的聚居区。《华阳国志》载邛都县："因邛邑名也。邛之初有七部，后为七部营军。"④此条记载反映了两条信息：其一，邛都地区迟至西晋初仍有大量邛都群体的分布；其二，邛都并非单一的族群，而是以地为名的统称。⑤因史料贫乏，可以暂认为东汉时期越巂郡邛都及其以南便为邛都群体的分布区。

邛都群体的得名可能与邛都县有关，但实际上应包括更为复杂的族群结构。《后汉书·西南夷传》中，姑复县的姑复夷为大牟种，遂久县的群体为卷夷大牛种，徼界地带有徼外夷大羊等八种，均被叙于"邛都夷"条中⑥，即被视为邛都群体。

战国秦汉时期邛都群体分布格局的演进态势，在大石墓文化上也有一定的反映。西南区域的大石墓文化，主要发现于川、滇地区。对于川、滇地区的大石墓文化，一种意见认为为邛都群体由滇

---

① （晋）常璩撰，任乃强校注：《华阳国志校补图注》卷3《蜀志》，上海古籍出版社1987年版，第209页。

② 《史记》卷129《货殖列传》，中华书局2014年点校修订本，第3958页。

③ 《后汉书》卷86《西南夷传》，中华书局1965年点校本，第2853页。

④ （晋）常璩撰，任乃强校注：《华阳国志校补图注》卷3《蜀志》，上海古籍出版社1987年版，第209页。

⑤ 李绍明：《邛都夷与大石墓的族属问题》，《西南民族学院学报》（人文社会科学版）1981年第2期。

⑥ 《后汉书》卷86《西南夷传》，中华书局1965年点校本，第2853—2854页。

西迁居川西南地区而形成[①]，一种意见认为滇西的大石墓文化与川西南的大石墓文化无明确族群继承关系。[②] 大石墓的族属虽有争论，但川西南大石墓为邛都群体所留，向来无异议。川西南地区的大石墓文化分布在安宁河流域，北达理县，时代在春秋至东汉初（图1-3，详细数据见附表2），与史料所载邛都群体在战国秦汉时期的分布格局大体相符。特别是在西昌地区，大石墓的发现数量较多，且在时间上没有明显的中断，说明今西昌地区应是邛都群体的分布中心。不过，在理县桃坪地区，曾发现西汉晚期的大石墓1座[③]，说明西汉时期临邛地区仍有邛都群体的存在，只是数量已较少。由于邛都群体具有复杂的族群结构，其考古文化也有明显的差异。前文已讨论过，姑复县的姑复夷大牟种，遂久县卷夷大牛种，在《后汉书》中被视为邛都群体。但这两个群体，实际上与以大石墓为特殊墓葬文化的邛都群体有很大的不同。2010年永胜枣子坪遗址的调查发掘中，发掘有新石器时代墓葬10座，青铜时代墓葬3座，均为长方形土坑竖穴墓，断代晚至西汉时期。报道者结合发掘器物认为，永胜青铜时代的文化与鹤庆黄坪青铜时代墓葬、宁蒗大兴镇青铜时代墓葬及其出土的器物相似，部分出土器物与西昌经久大洋堆遗址M4出土器物相似。[④] 由以上报道来看，姑复夷大牟种和卷夷大牛种的文化特征其实与邛都群体有很大的差别。另据朱泓等的报道，永胜堆子遗址共发掘战国秦汉时期墓葬140座，但有土坑墓、石棺墓、石构墓和瓮棺墓四种类型且打破关系复杂，反映了墓区民族迁徙的通道性。永胜堆子遗址人骨186例，其中战国秦汉间就有165例，男性蒙古人种北方类型特征明显，女性蒙古人种南方类型特征

[①] 张增祺：《西南地区的"大石墓"及其族属问题》，《考古》1987年第3期；李连：《安宁河流域大石墓的再探索》，《西南民族学院学报》1987年第1期；刘弘：《川西南大石墓与邛都七部》，《文物》1993年第3期。

[②] 刘世旭：《试论川西南大石墓的起源与分期》，《考古》1985年第6期；童恩正：《试论我国从东北至西南的边地半月形文化传播带》，《文物与考古论集》，文物出版社1987年版。

[③] 徐学书、范永刚：《理县桃坪大石墓调查简报》，《四川文物》1992年第3期。

[④] 蒋志龙、朱之勇、吴敬等：《云南永胜县枣子坪遗址发掘报告》，《边疆考古研究》2014年第16辑第2期。

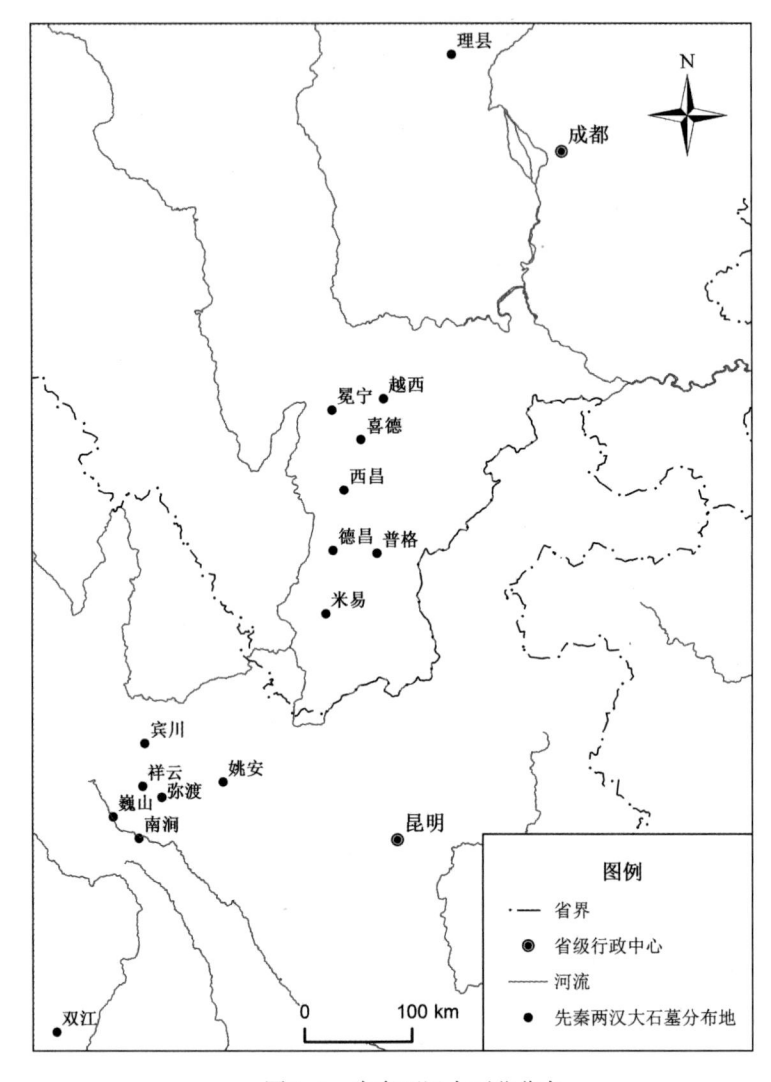

图 1-3　先秦两汉大石墓分布

明显，也反映了激烈的基因交流因素存在。①尽管相关的资料有限，但由考古材料来看战国秦汉时期越嶲地区的族群流动比较频繁，不同时期的族群结构有明显的差异。事实上，汉文史籍也反映了这一

---

① 朱泓、赵东月、刘旭:《云南永胜堆子遗址战国秦汉时期人骨研究》,《边疆考古研究》2014 年第 16 辑第 2 期。

问题，前文已讨论过的旄牛群体，此处所论邛都群体，以及后文所论筰都、捉马群体，在秦汉时期都有明显的迁徙过程。

六 筰都的分布与迁徙

筰（又作"莋"）都，《史记》《汉书》之《西南夷传》"总叙"条均说"自巂以东北，君长以什数，徙、筰都最大"。①《后汉书·西南夷传》载："莋都夷者，武帝所开，以为莋都县。……元鼎六年，以为沈黎郡。延光二年春……分置蜀郡属国都尉，领四县如太守。……灵帝时，以蜀郡属国为汉嘉郡。"②沈黎郡辖县未详，一般认为与后来的蜀郡属国、汉嘉郡属县相当，即曾领有汉嘉（今芦山）、严道（今荥经）、徙（今天全）、旄牛（在今汉源）四县道。《华阳国志》云汉嘉郡："本筰都夷也。"③不过，可明确的蜀郡属国、汉嘉郡领县中，并无筰都群体的分布地。沈黎郡初置时汉嘉当为青衣群体所居，严道为秦移民与蜀人错居区域，徙是徙群体所居之地，旄牛是旄牛群体所居之地。而且，筰都县在《汉书》《后汉书》中均无。

对于筰都县弃置的特殊情况，段渝的解释较为合理。④段渝认为，《华阳国志》佚文所云"邛崃山本名邛筰，故邛人、筰人界也"⑤，表明筰都群体的分布曾北达临邛地区，即今邛崃地区。《华阳国志·蜀志》记秦昭襄王三十年（前277），秦"疑蜀侯绾反，王复诛之，但置蜀守。张若因取笮及其（楚）江南地"。⑥这里的"笮"，当即指筰都群体，"笮"为"筰"之形讹。司马相如通西夷

---

① 《史记》卷116《西南夷传》，中华书局2014年点校修订本，第3625页；《汉书》卷95《西南夷传》，中华书局1962年点校本，第3837页。
② 《后汉书》卷86《西南夷传》，中华书局1965年点校本，第2854页。
③ （晋）常璩撰，任乃强校注：《华阳国志校补图注》卷3《蜀志》，上海古籍出版社1987年版，第195页。
④ 段渝：《四川通史》（卷1，先秦时期），四川人民出版社2010年版，第432页。
⑤ （宋）司马光编著，（元）胡三省注：《资治通鉴》卷18《汉纪十》，"元光五年"，中华书局1956年点校本，第590页。
⑥ （晋）常璩撰，任乃强校注：《华阳国志校补图注》卷3《蜀志》，上海古籍出版社1987年版，第129页。

时曾说"邛、筰、冉、駹者近蜀,道亦易通,秦时尝通为郡县,至汉兴而罢"①,也说明秦时曾在筰都地区置有郡县。而且,这里的"邛、筰、冉、駹"是自南而北来叙述的,说明筰都在秦定巴蜀后应仍居于临邛地区。武帝开西夷置沈黎郡,本以处筰都夷而置,且郡治当在筰都县。《汉书》《后汉书》无筰都县,可能与筰都南迁有关,即筰都南迁后筰都县即废。而在《汉书》《后汉书》中,在越嶲郡中却出现了一些与筰都有关的县名,如(定)莋、莋秦、大莋均含"莋",应是筰都南迁后所居之县。②石硕也认为,之所以沈黎郡史无详载,即筰都南迁造成的,而其地则由羌人所填补。③

筰都群体在后世史籍中失载,唯《新唐书·南蛮传》载:"黎、邛二州之东,又有凌蛮。西有三王蛮,盖莋都夷、白马氏之遗种。杨、刘、郝三姓世为长,袭封王,谓之'三王'部落。"④三王蛮,宋代又称五部落蛮、部落蛮。《宋史·蛮传》载黎州诸蛮十二,其中有三王蛮"亦曰部落蛮,在州西百里",又云部落蛮"有刘、杨、郝、赵、王五姓"。⑤唐代的黎、邛二州之西,即今汉源、西昌以西地区。汉代的莋秦、大莋等县分布在这一区域,可视为筰都的分布地,唐人的推断应是可信的。

七 捉马的分布

捉马在史籍中首见于《三国志·蜀书·张嶷传》,云张嶷任越嶲太守时,"北徼捉马最骁劲,不承节度,嶷乃往讨,生缚其帅魏狼,又解纵告喻,使招怀余类。表拜狼为邑侯,种落三千余户皆安土供职"。⑥蜀汉时期的捉马在越嶲郡"北徼",即今大渡河区域。捉马群体迟至东汉后期当即已分布在这一区域。1988年昭觉县四开

---

① 《史记》卷117《司马相如传》,中华书局2014年点校修订本,第3692页。
② 段渝:《西南夷考释》,《天府新论》2012年第5期。
③ 石硕:《羌人入据青衣江流域时间探析》,《民族研究》2007年第2期。
④ 《新唐书》卷222《南蛮传》"黎州诸蛮"条,中华书局1975年点校本,第6323页。
⑤ 《宋史》卷496《蛮夷传》"黎州诸蛮"并"部落蛮"条,中华书局1977年点校本,第14231、14236页。
⑥ 《三国志》卷43《蜀书·张嶷传》,中华书局1964年点校本,第1052页。

区好谷乡发掘的石碑中有"（初平二年，191）捉马虏种攻没城邑方□精"的记载①，说明捉马群体在东汉后期即活动在越巂郡。"捉马虏种攻没城邑"中的"城邑"，应是越巂郡属县卑水的城邑，若是郡治县则当称"郡邑"。由"捉马虏种攻没城邑"的记载来看，东汉后期的捉马群体应分布在越巂的卑水县区域，今昭觉地区。此外，张嶷任越巂太守时，捉马群体只有三千余户，其分布地域范围是不会太大的。

八　巂的渊流与分布

巂（又作"嶲"）是战国秦汉时期西南区域大族。《史记·西南夷传》载："巂、昆明，皆编发，随畜迁徙。"② 巂的族属颇为复杂。《资治通鉴》载咸和元年（326）"成主讨越巂斯叟，破之"，胡三省注曰："巂，音髓。徙，音斯。此斯，即汉之斯种也；蜀谓之叟"③，将巂、徙、斯、叟等群体看成具有渊源关系的群体。此一观点，近人亦有主张者，如尤中认为"巂"即"叟"。④ 此外，张增祺曾认为，巂为塞亚种人，见于晋宁石寨山 13 号墓"纳贡"场面和鎏金铜牌饰，其特征是高鼻深目、蓄长须、着高筒皮靴。⑤ 徐中舒认为，"巂"为蜀人之后⑥，石硕袭此说并详加论证。按石硕的论证，巂人为蜀人之后，原因包括⑦：其一，《说文解字》谓"巂"曰"蜀人闻子巂鸣，皆云望帝"，《尔雅注疏·释鸟》谓"子巂鸟出蜀中"，均将蜀与巂联系起来。其二，"巂"在汉代作为地名或人名

---

① 刘弘、陈娜、唐亮：《四川凉山州昭觉县好谷乡发现的东汉石表》，《四川文物》2007 年第 5 期。

② 《史记》卷 116《西南夷传》，中华书局 2014 年点校修订本，第 3625 页。

③ （宋）司马光著，（元）胡三省注：《资治通鉴》卷 92《晋纪十四》，咸和元年，中华书局 1956 年点校本，第 1918 页。

④ 尤中：《云南民族史》，云南大学出版社 1994 年版，第 27—28 页。

⑤ 张增祺：《中国西南民族考古》，云南人民出版社 1990 年版，第 36—44 页。

⑥ 徐中舒：《〈交州外域记〉蜀王子安阳王史迹笺证》，《徐中舒历史论文选辑》（下），中华书局 1998 年版，第 36 页。

⑦ 石硕：《汉代西南夷中"巂"之族群内涵——兼论蜀人南迁以及与西南夷的融合》，《民族研究》2009 年第 6 期。

或鸟名，都不在蜀地及后来的越巂郡，而是大量出现于益州郡和南中西北部一带，如巂水、巂山、越巂、巂唐等，唯一的解释是蜀人南迁过程中所形成的族群记忆。其三，史料所记蜀史"周衰，先称王者蚕丛。国破，子孙居姚、巂等处"①中的姚、巂，姚在今云南大姚县，巂为巂唐县，地在今云南云龙、保山一带。其四，褚少孙补《史记》说"蜀王，黄帝后世也。至今在汉西南五千里，常来朝降，输献于汉"，说明汉时"蜀人"仍有相当的影响。此"蜀人"地望也与前述姚、巂等地相符。

除此之外，《水经注·叶榆河注》引《交州外域记》所记"蜀王子将兵三万，来讨雒王雒侯"②中的蜀王子，后被封为安阳王，国在战国后期至西汉初，一般认为是蜀国破后南迁的蜀国群体。③由这些材料来看，秦灭蜀后一段时间内蜀人南迁规模当是相当可观的，并且仍然保持了一定程度的政权组织形式，故有"常来朝降，输献于汉"的记载。在这一过程中，蜀人的南迁之道有二：其一即"五尺道"，经今乐山、犍为至宜宾，越金沙江南下；其二，零关道（又称为"牦牛道"），大致经雅安、汉源、越西、西昌、会理、攀枝花、大姚而至大理。

以上，还仅是巂的部分蜀人后裔。按蒙文通的意见，《史记·西南夷传》中的"皆魋结、耕田，有邑聚"群体都是蜀人的后裔，地在牂柯、益州、越巂三郡。④徐中舒又认为，巂只是"其在越巂或南中者，则为越巂、为巂唐"的部分，蜀人子孙实际上分布在沿青衣江、雅砻江南下的广大地区。⑤但在秦汉史籍中，明显表达为族群

---

① 《史记》卷13《三代世表第一》"褚先生"条，中华书局2014年点校修订本，第643页司马贞《索隐》。

② （北魏）郦道元注，王国维校：《水经注校》，《王国维全集》第13卷，浙江教育出版社2009年版，第497页。

③ 孙华：《蜀人南迁考》，《成都大学学报》1991年第1期；葛剑雄：《中国移民史》（第2卷），福建人民出版社1997年版，第27页。

④ 蒙文通：《巴蜀史的问题》，《四川大学学报》1959年第5期。

⑤ 徐中舒：《〈交州外域记〉蜀王子安阳王史迹笺证》，《徐中舒历史论文选辑》（下），中华书局1998年版，第36页。

的只有巂唐。《史记·西南夷传》云："西自同师以东，北至楪榆，名为巂、昆明，皆编发。"① 司马贞《索隐》引崔浩认为"巂""昆明"均为国名，亦即族名。《史记·大宛传》载张骞使西域时"四道并出……南方闭巂、昆明"②，这里的巂、昆明也当是族名之意。《盐铁论·备胡篇》有"氐僰、冉、駹、巂唐、昆明之属"的说法③，其中的巂唐显然是族名。《华阳国志·南中志》叙述战国秦汉时期南中族群时，也提到南中曾有"滇濮、句町、夜郎、叶榆、桐师、巂唐侯王国以十数"。④

由以上讨论来看，战国秦汉时期的巂在指涉族群时应分广义和狭义，广义的巂指与巂有渊源关系的群体，狭义的巂为史籍中所说的巂唐。巂唐分布的区域，汉孝武时期曾置巂唐县，属永昌郡，巂唐当即分布在巂唐县。巂唐县治所在云南云龙地区，但其辖地广泛，刘琳认为昆明（族群）以西、越巂（郡名）以南即为巂唐分布地，包括澜沧江、怒江两岸区域。⑤ 此外，因有建初元年（76）"哀牢王类牢与守令忿争，遂杀守令而反叛，攻巂唐城"的记载⑥，而哀牢居永昌（治今保山北），说明巂唐当分布在永昌以北区域。

第五节 "胡人"的迁入、分布与流向

一 "胡人"的族属问题

"胡人"在秦汉时期就有大量的文献记载，但其族群归属难以

---

① 《史记》卷116《西南夷传》，中华书局2014年点校修订本，第3625页。
② 《史记》卷123《大宛传》，中华书局2014年点校修订本，第3844页。
③ 王利器校注：《盐铁论校注》卷7《备胡》，卷8《结和》，中华书局1992年点校本，第455、480页。
④ （晋）常璩撰，任乃强校注：《华阳国志校补图注》卷4《南中志》，上海古籍出版社1987年版，第229页。
⑤ （晋）常璩撰，刘琳校注：《华阳国志校注》卷4《南中志》，成都时代出版社2007年修订版，第230页。
⑥ 《后汉书》卷86《西南夷传》，中华书局1965年点校本，第2851页。

指实。邢义田认为，汉代所谓的"胡人"可能存在汉族的"共同想象"问题，胡人形象可能与斯基泰文化有关的某些白种民族有关。①朱浒系统考察了汉代"胡人"形象的特征，认为汉代"胡人"形象的高鼻、深目、髡发、多须、尖帽、披发、胡服、黥面等特征难以与某一民族对应，这些"胡人"形象应是地域或文化相关的多个族群所拥有的特征，在人种上甚至还包括蒙古人种的东胡（乌桓、鲜卑）、匈奴（混合型人种），以及属于高加索人种的西胡（大月氏、大宛、康居、安息等）、羌胡（羌族、小月氏）等群体。②

西南区域虽不是史籍所载"胡人"分布最多的区域，但其族属仍较为复杂。由于西南区域是上古、中古文化交流的重要交通区域，其上古、中古时期的族群结构也较为复杂。例如，云南晋宁石寨山M7、M12、M13所出土的部分器物，有学者认为是先秦时期伊朗波斯帝国文化、古印度哈拉巴文化、中亚西徐亚人文化传入的产物。③文化传入并不一定意味着族群的迁入，但史籍确有记载表明秦汉时期有部分域外群体迁入西南地区。例如，《后汉书·西南夷传》所载之"海西人"（大秦人）和《后汉书·西域传》所载之大秦人无疑为两汉间迁入的大秦人。④又如，林梅村考"骊轩"是汉代流入西南地区的黑种人。⑤此外，叟人一般认为是上古即生活在西南区域的一个庞大族群，汉晋时期散处蜀西南、滇中、滇东区域。张增祺认为，叟人在汉文史籍中与"巂人"相通，实即"塞人"（斯基泰人）。⑥

---

① 邢义田：《画为心声——画像石、画像砖与壁画》，中华书局2011年版，第301—311页。
② 朱浒：《汉画像胡人图像研究》，生活·读书·新知三联书店2017年版，第186—202页。
③ 童恩正：《古代中国南方与印度交通的考古学研究》，《考古》1999年第4期；谢崇安：《中江塔梁子东汉崖墓胡人壁画雕像考释——兼论印欧人种入居我国西南的时代问题》，《四川文物》2005年第5期。
④ 谢崇安：《中江塔梁子东汉崖墓胡人壁画雕像考释——兼论印欧人种入居我国西南的时代问题》，《四川文物》2005年第5期。
⑤ 林梅村：《古道西风——考古发现所见中西文化交流》，生活·读书·新知三联书店2000年版，第176—177页。
⑥ 张增祺：《中国西南民族考古》，云南人民出版社1990年版，第36—39页。

西南区域较为明确记载有胡人分布的，是佚名《蜀志》所载蜀汉延熙十年（247）"凉州胡率众降，禅居之繁县。以县于此而繁，俗谓之新繁"之事。① 不过，据史料和考古材料来看，秦汉时期西南区域存在较多的"襄人"，似也与胡人有关。"襄人"这一群体，其形象与汉代"胡人"形象相近。在2002年发掘的中江崖墓群中，M3右壁上端墨书"襄人"榜题，报告者认为此"襄人"当即胡人，"襄人"舞像中的族群形象也具有"深目高鼻""尖顶帽"的特征（图1-4）。② 不过，"襄人"的族属尚有争议。龙腾认为，"襄人"当是先秦时期蜀国之"獽人"，为蜀人后裔③；刘文锁认为，"襄人"未必是一个单独的族群，可能是蜀地人"胡人"意象的反映，表现于见有较多"胡人"形象的汉族墓群中，其特征是擅长乐、舞，也有少量的"胡人"意象具有勇猛的特征，如乐山门吏之执斧形象。④ 王子今认为，"襄人"之"襄"或与"鬤"有关，指发或毛乱的群体；"襄"又与"髯"通，"髯"本指鬓角相连的络腮胡，这一特征也可

图1-4 中江M3右壁上的"襄人"舞像

资料来源：四川省文物考古研究院、德阳市文物考古研究所、中江县文物保护管理所：《中江塔梁子崖墓》，文物出版社2008年版，第64页。

---

① （南北朝或唐）佚名：《蜀志》，载王文才编：《蜀志类钞》，巴蜀书社2010年版，第151页。
② 四川省文物考古研究院、德阳市文物考古研究所、中江县文物保护管理所：《中江塔梁子崖墓》，文物出版社2008年版，第64页。
③ 龙腾：《襄人不是胡人——四川中江塔梁子东汉崖墓榜题考》，《文物》2013年第2期。
④ 刘文锁：《巴蜀"胡人"图像札记》，《四川文物》2005年第4期。

能与族群意象有关。①

"賨人"史籍也有所记载。《后汉书·西南夷传》载,安帝永初元年(107),"蜀郡三襄种夷与徼外污衍种并兵三千余人反叛,攻蚕陵城(今茂县西北)";延熹二年(159),"蜀郡三襄夷寇蚕陵,杀长吏"。② 在近五十年的时段内,"賨人"应均主要分布在川西北蚕陵城(今茂县西北)以西地区。这两处记载中的"襄种夷""襄夷"与中江 M3 右壁上的"賨人"舞像题字并无二致,但"三襄"的说法可能表明其时"賨人"是多个部落。

"賨人"既见于史籍,又见于考古材料,似是一个较为明确的族群。《华阳国志》载汶山郡夷人因汶山地区"多冰寒,盛夏凝冻不释",故"冬则避寒入蜀,庸赁自食,夏则避暑反落,岁以为常"③,也表明"賨人"周期性地进入蜀地。賨人只是在冬季入蜀避寒,则其文化特征当具有相当的一致性。与此不同,考古材料中的部分"胡人"服饰文化特征,除"尖帽"这一共性外,衣领则不同,左衽、右衽、"V"领均有之,且这些领式与同墓所见汉族服饰领式相似(表1-5)。这一文化上的共性与差异性反映出,考古材料中的"胡人"除有本族群的文化特征外,也与其雇主有文化共性。此外,汶山郡夷人入蜀主要是进行劳作,其工作性质可能与考古材料所见绝大部分"胡人"的乐舞工作有所不同。这也从一个侧面反映出,秦汉时期西南区域的"胡人",可能具有复杂的族群结构。霍巍等甚至认为,战国秦汉时期西南地区的"胡人"有不同的来源,巴蜀地区的群体可能多来源于西北地区,益州地区的群体则来源于域外印度河流域。④

---

① 王子今:《中江塔梁子崖墓石刻画像榜题"賨人"考》,《秦汉边疆与民族问题》,中国人民大学出版社 2010 年版,第 250—255 页。
② 《后汉书》卷 86《西南夷传》"莋都夷"条,中华书局 1962 年点校本,第 2857 页。
③ (晋)常璩撰,任乃强校注:《华阳国志校补图注》卷 3《蜀志》"汶山郡"条,上海古籍出版社 1987 年版,第 184 页。
④ 霍巍、赵德云:《战国秦汉时期西南地区的对外文化交流》,巴蜀书社 2007 年版,第 268 页。

表 1-5　　秦汉时期考古材料所见西南"胡人"陶俑服饰区域特征

墓地及陶俑编号	"胡人"形象	同墓相关人物形象
重庆万州区青龙嘴墓地 "胡人"：M47∶11； 相关：M47∶14、M47∶18、M47∶13		
贵州兴仁县交乐十九号汉墓 "胡人"：M19∶20； 相关：M19∶24—1、M19∶21		
重庆市丰都县汇南墓群 "胡人"：2000FHLM2∶15、2000FHLM2∶80、DM17∶12、JM15∶18； 相关：2000FHLM2∶10、2000FHLM2∶34、2000FHLM2∶73、2000FHLM2∶27、2000FHLM2∶6、2000FHLM2∶5		

资料来源：刘宝山：《重庆万州区青龙嘴墓地考古发掘简报》，《华夏考古》2010年第1期；李飞：《贵州兴仁县交乐十九号汉墓》，《考古》2004年第3期；李国洪、徐本远、毛卫等：《重庆市丰都县汇南墓群2000年度发掘简报》，《四川文物》2013年第4期；陈德安、钟治、罗泽云等：《重庆市丰都县汇南墓群2001年度发掘简报》，《四川文物》2012年第2期；陈德安、罗泽云、焦中义等：《重庆市丰都县汇南墓群2003年度发掘简报》，《四川文物》2013年第2期。

二 "胡人"的分布

关于汉代"胡人"分布问题的材料，以朱浒所录存"胡人"图像材料的梳理最详。[1]如表1-6所示，在朱浒所录材料中，西南区域是汉代"胡人"分布最集中的区域之一。而且，尽管汉代"胡人"是迁徙而来的人群，但也具有相当的"聚族而居"特点。

---

[1] 朱浒：《汉画像胡人图像研究》，上海大学博士学位论文，2012年。

表 1-6　　　　　　　　汉代"胡人"画像分布与纪年情况

分区	分布地	纪年情况
山东地区	平阴、诸城、长清、肥城、莒县、微山、邹城、曲阜、嘉祥、滕州、汶上、沂南、费县、莒南、沂水、新泰、青州、苍山、平邑	东汉建初八年(83)至光合元年(178)
苏北、皖北、浙江地区	徐州铜山、睢宁、邳州、贾汪地区（较多）和连云港地区（较少），皖北淮北市、萧县（较少），浙江海宁	仅见徐州茅村熹平四年(175)画像石墓一例
河南、陕北、山西地区	南阳市及其周边的方城、唐河、新野等地，榆林地区的绥德、米脂、子洲、神木等县，山西吕梁市离石地区	仅见南阳东关李相公庄建宁三年(170)许阿瞿画像石和新莽天凤五年(18)唐河冯君孺人墓两例
四川、重庆地区	成都、广汉、什邡、彭山、中江、永川区、璧山、富顺、忠县	尚无

秦汉时期西南区域"胡人"的分布，总体来说存在散居与聚居两种形式。散居方面，主要是分布在成都平原及峡江地区的"胡人"。由于这类群体在所见考古材料中多为乐伎，局部武士，为仆人一类角色，其分布便与汉族的分布具有一定的关联性。如表 1-7 所示，在秦汉时期（主要是东汉），在今成都平原、峡江、黔西、滇东北、滇西地区，有大量的"胡人"俑存在，这是"胡人"散居的表现。关于这类"胡人"的处境如何，以及其族群认同问题，资料有限难以讨论。不过，由前述所见此类"胡人"与其雇主存在共同文化特征来看，此类"胡人"可能较易发生族群融合，而且族群融合当与汉族有很大的关系。

表 1-7　　　　　　　　西南地区见"胡人"俑墓葬的墓制与年代

出土地点	墓制	种类及数量（件）	年代
成都金堂李家梁子 M23	砖室墓	胡人面具 1，胡人石座 1	东汉晚期
新都马家公社采集		画像砖 1	东汉晚期至蜀汉
广汉		画像 1	东汉
彭山江口镇 M550、M951-2	崖墓	吹笛俑 1，墓门石刻 1	东汉永元十四年(102)
中江塔梁子崖墓 M3、中江玉桂乡天平梁子 M1	崖墓	甬道石刻 5，墓门石刻 1	东汉中晚期

续表

出土地点	墓制	种类及数量（件）	年代
资阳		吹笛俑画像1	东汉
内江东汉崖墓M4	崖墓	墓门石刻1	东汉
乐山城郊崖墓	崖墓	俑1	东汉
乐山肖坝采集		庖厨俑1	东汉
西昌天王山M4	室墓	俑1	东汉晚期
绵阳石塘乡		摇钱树人像2	东汉晚期
三台郪江坟台嘴崖墓M1	崖墓	画像1	东汉中晚期
丰都县汇南墓群M3、M9、M13、M15、M18等	砖室墓	吹笛俑8	东汉晚期至蜀汉
丰都赤溪村M2；丰都槽房沟M2		吹笛俑1；立俑1	东汉晚期
丰都三峡淹没区	砖室墓	不详	东汉早期至蜀汉
丰都大湾墓群M3、M12、M21、M24	砖室墓	胡人吹箫俑4	两汉
武隆江口镇蔡家汉墓		吹笛俑1	东汉晚期
云阳洪家包M3	砖室墓	吹笛俑2	西汉中晚期至东汉
万州大坪	砖室墓		西汉前期至晚期
万州礁芭石墓地M3	砖室墓	吹箫俑1	东汉
万州松岭包		吹笛俑1	东汉晚期
万州武陵镇吊嘴墓群M8	土坑竖穴墓	陶胡俑头1	东晋中晚期
巫山麦沱M47	崖墓	吹笛俑1	东汉早期
云阳马沱墓地M47、M48	砖室墓	吹笛俑2	西汉
云阳马岭墓地M2	长方形岩洞墓	吹笛俑1	东汉
云阳李家坝03YLIV M9		吹笛俑1	东汉晚期
奉节白帝城		跪拜俑多件	东汉
涪陵太平村M6、M14、M12、M13	砖室墓	吹箫俑2、吹埙俑2	东汉中晚期
合川市南屏QM2	砖室墓	吹箫俑1	东汉晚期或蜀汉时期
璧山棺山坡M1、M5	崖墓	吹箫俑2	东汉晚期
忠县涂井蜀汉崖墓M14	崖墓	女吹笛俑2	蜀汉早期
武胜山水岩M1、M2、M4、M6	崖墓	吹箫俑3，类侍俑1	东汉至晋
重庆九龙坡大竹林	砖室墓	"胡人相扑"画像2（人）	西汉晚期至东汉中期

续表

出土地点	墓制	种类及数量（件）	年代
重庆市江津区烟墩岗 M1	砖室墓	吹箫俑 1	东汉中晚期
金沙县汉画像石墓	砖室墓	石吹笛俑 1	东汉中晚期
兴仁交乐 M6、M19	砖室墓	吹笛俑 6	东汉和帝前后，东汉晚期
赤水市复兴马鞍山 M13、M16、M20	崖墓	俑头 2	东汉
大理市下关城北东汉纪年墓	砖室墓	吹笛俑 4	东汉熹平年间（172—178）
个旧黑玛井村东汉墓		俑灯 1	东汉
昭通洒渔河		吹笛俑 1	
江川李家山 M51	土坑竖穴墓	铜鼓立体形象 3	西汉中晚期

资料来源：霍巍、赵德云：《战国秦汉时期西南地区的对外文化交流》，巴蜀书社 2007 年版，第 263—265 页；孙俊：《战国秦汉西南族群演进的空间格局与地理观念》，云南师范大学博士学位论文，2016 年，第 415—418 页；陈昱疃：《川渝地区汉代胡人吹箫俑的研究》，重庆师范大学硕士学位论文，2018 年。

聚居方面，东汉中后期的三襄夷当长期生活在蚕陵以西区域。魏晋时期，这一区域的"胡人"随着其他"胡人"群体的迁入数量有较大增长，大为边患。《华阳国志》云阴平郡有"胡虏风俗"[1]，汶山郡有"六夷、羌胡、羌虏、白兰峒、九种之戎"[2]，可见"胡人"与羌、夷、戎杂处。不过，随着"胡人"数量的增长，其与其他族群的冲突也见于史籍。泰始十年（274），"汶山白马胡恣纵，掠诸种"，蜀郡典学何旅云"胡夷相残，戎虏之常"[3]，看来"胡人"与其他族群的冲突由来已久。咸宁五年（279），濬龙骧将军"自成都帅水陆军及梁州三水胡七万人伐吴"[4]，表明此时晋尚能控制胡人群

---

[1]（晋）常璩撰，任乃强校注：《华阳国志校补图注》卷 2《汉中志》"阴平郡"条，上海古籍出版社 1987 年版，第 103 页。

[2]（晋）常璩撰，任乃强校注：《华阳国志校补图注》卷 3《蜀志》"汶山郡"条，上海古籍出版社 1987 年版，第 184 页。

[3]（晋）常璩撰，任乃强校注：《华阳国志校补图注》卷 8《大同志》，上海古籍出版社 1987 年版，第 435 页。

[4]（晋）常璩撰，任乃强校注：《华阳国志校补图注》卷 8《大同志》，上海古籍出版社 1987 年版，第 441 页。

体。但不久,"胡人"群体引起的边患便更为严重。特别是,元康八年(298):

> 汶山兴乐县黄石、北地卢水胡成豚坚、安角、成明石等与广柔、平康文降、刘紫利羌有仇,遂与蟀蛧羌郅逢等数千骑劫县令,求助讨紫利。太守杨邲挞杀豚坚,欲降其余类,余类遂叛,杀长吏。冬,西夷校尉西平麴炳表出军,遣牙门将孙眺为督护,万人征之。战于常安,大为胡所破。九年,炳以败军征还。夏,用江夏太守陈总为代。胡退散。①

晋以万人征讨而不得平,可见当时汶山地区"胡人"势大,难以控制。其中的安角,为卢水胡粟特安氏群体。②《华阳国志·后贤志》"王化"条又记载到,王化曾为乐涫令,"县近边塞,值胡虏断道重围,孤绝七年"③,可见"胡人"引起的边患存在较长时期。

《隋书·何妥传》载何妥事曰:"父细胡,通商入蜀,遂家郫县。"④《华阳国志·蜀志》载蜀郡郫县曰:"冠冕大姓:何、罗、郭氏。"⑤有学者认为,隋代何妥之先可能就是《华阳国志》中的大姓何氏。⑥若如此,则何氏之先入蜀当不会晚于东汉时期。

---

① (晋)常璩撰,任乃强校注:《华阳国志校补图注》卷8《大同志》,上海古籍出版社1987年版,第445页。
② 刘森垚:《中古西北胡姓与边疆经略研究——以墓志文献为主要素材》,陕西师范大学博士学位论文,2018年,第103页。
③ (晋)常璩撰,任乃强校注:《华阳国志校补图注》卷11《后贤志》"王化"条,上海古籍出版社1987年版,第633页。
④ 《隋书》卷75《何妥传》,中华书局1973年点校本,第1709页。
⑤ (晋)常璩撰,任乃强校注:《华阳国志校补图注》卷3《蜀志》"越嶲郡定苲县"条,上海古籍出版社1987年版,第257页。
⑥ 吴焯:《四川早期佛教遗物及其年代与传播途径的考察》,《文物》1992年第11期。

第二章　牂牁、益州、永昌地区族群分布格局的演进

战国秦汉时期，牂牁、益州、永昌地区的主要族群包括史籍所载的夜郎、滇人、昆明、哀牢、巂唐、闽濮、越人、鸠僚等群体，其中的夜郎、滇人、昆明、哀牢曾建立过联盟制方国。方国的存在使战国秦汉时期西南区域族群演进具有明显的区域性特征，不同方国内族群演进的多元一体态势也较为明显。

第一节　夜郎族群的分布

一　夜郎的族群结构问题

夜郎群体是战国秦汉时期西南夷的主要族群之一。《史记·西南夷传》曰："西南夷君长以什数，夜郎最大。"① 而且在秦汉之际，所谓的南夷主要指的就是夜郎群体，晋灼曰："南夷谓犍为、牂柯也。西夷谓越巂、益州。"② 汉初唐蒙苦巴蜀之民，武帝遣司马相如抚慰蜀民时曾说："南夷之君，西僰之长……欲为臣妾，道里辽远，山川阻深，不能自致。"③ 这里的"南夷之君"，方国瑜考证即为夜郎。④

---

① 《史记》卷116《西南夷传》，中华书局2014年点校修订本，第3626页。
② 《史记》卷116《西南夷传》，中华书局2014年点校修订本，第3693页注释［五］。
③ 《史记》卷117《司马相如列传》，中华书局2014年点校修订本，第3694页。
④ 方国瑜：《中国西南历史地理考释》，中华书局1987年版，第5页。

夜郎群体最初见于史籍，实称牂牁。《管子·小匡》载葵丘会盟（前651）时齐桓公谓管仲曰齐国之威："南至吴、越、巴、牂柯、𩨳、不庾、雕题、黑齿，荆夷之国。"①这里的牂柯，应与后来所称的夜郎群体有关。不过，史籍中所载的夜郎，应作广义和狭义的理解。《汉书·西南夷传》载："夜郎者，临牂柯江，江广百余步，足以行船。"②这里的夜郎，应指狭义的夜郎，即分布在关岭、晴隆一带的夜郎群体，也是汉代牂柯郡夜郎县所在区域。此支夜郎群体，从地域范围来看与司马迁所说"夜郎最大"不相符，司马迁所说"夜郎最大"的夜郎，当是广义的夜郎。

广义的夜郎群体应当包括汉代牂柯地区的夜郎群体，犍为郡南部的夜郎群体，以及九真徼外的夜郎群体。犍为南部的夜郎群体，汉初唐蒙使夜郎后便已约为置吏。建元六年（前135），唐蒙由符关入夜郎，"遂见夜郎侯多同。蒙厚赐，喻以威德，约为置吏，使其子为令。夜郎旁小邑皆贪汉缯帛，以为汉道险，终不能有也，乃且听蒙约。还报，上以为犍为郡"。③此次郡县化的夜郎群体，并非夜郎群体的主体。犍为郡初置不久，因"力事匈奴"，汉王朝决定放弃南夷地区的进一步开拓，"罢西夷，独置南夷两县一都尉，稍令犍为自葆就"。④犍为郡地区的夜郎群体，由史料来看当一直在郡县之内，东汉时期亦然。不过，史籍称为夜郎的群体，还分布在九真徼外，容后详述。

夜郎群体分布地域广泛，虽曾建立过方国，但仍是联盟性质的方国。前已引述过，犍为郡设置之初，即在部分夜郎群体地区"约为置吏"。部分夜郎群体能够脱离夜郎王的控制，反映了夜郎群体联盟的松散性。此外，夜郎群体间可能还时常伴有争斗。南越反叛时，"上使驰义侯因犍为发南夷兵。且兰君恐远行，旁国虏其老

---

① （春秋）管仲述，刘柯、李克和译注：《管子译注》，黑龙江人民出版社2003年版，第156页。
② 《汉书》卷95《西南夷传》，中华书局1962年点校本，第3839页。
③ 《史记》卷116《西南夷传》，中华书局2014年点校修订本，第3628页。
④ 《史记》卷116《西南夷传》，中华书局2014年点校修订本，第3629页。

弱，乃与其众反，杀使者及犍为太守"。①且兰部的反叛，原因在于恐"旁国虏其老弱"，说明当时的夜郎群体并不稳定。武帝开牂柯后，夜郎群体的争斗仍存。始元元年（前86），牂柯、谈指、同并等叛乱，"句町侯亡波率其邑君长人民击反者"。②成帝河平元年（前28），"夜郎王兴与句町王禹、漏卧侯俞更举兵相攻"。③由这些事件来看，夜郎群体在整个西汉时期是较为多乱的群体，夜郎虽可视为一个统一体，但其内部的族群结构却比较复杂。

二 夜郎族群的分布

如上所述，夜郎具有较复杂的族群结构。武帝开牂柯后，夜郎群体仍具有较强的自主性，封王者有狭义的夜郎（后称夜郎本部）、句町，封侯者有漏卧。两汉时期，牂柯郡共有十六县或十七县，故且兰、镡封、鳖、漏卧、平夷、同并、谈指、宛温、毋敛、夜郎、毋单、漏江、西随、都梦（东汉省）、谈稿（又作"藁"）、进桑（《后汉书·郡国志》作"乘"，形讹）、句町。这些县实际上是"约为置吏"而设置的，故学者们论及牂柯群体时，通常认为一县即一族。④夜郎群体各部的分布地，已有多位学者考论⑤，不再赘述，此就其要者或有异议者论述如下。

（一）夜郎本部的分布及迁徙

夜郎本部，即前文已述狭义的夜郎群体。据《史记·西南夷传》记载，夜郎群体最先实现郡县化的是犍为郡的夜郎"旁小邑"。及南越反，汉王朝先后平服南越、夜郎群体中的且兰、头兰

---

① 《史记》卷116《西南夷传》，中华书局2014年点校修订本，第3631页。
② 《汉书》卷95《西南夷传》，中华书局1962年点校本，第3843页。
③ 《汉书》卷95《西南夷传》，中华书局1962年点校本，第3843页。
④ 尤中：《中国西南民族地区沿革史：先秦至汉晋时期》，民族出版社2004年版，第49—55页。
⑤ 参见尤中《中国西南民族地区沿革史：先秦至汉晋时期》，民族出版社2004年版，第49—55页；王文光、朱映占、赵永忠《中国西南民族通史》，云南大学出版社2015年版，第229—233页；侯绍庄、史继忠、翁家烈《贵州古代民族关系史》，贵州民族出版社1991年版，第51—55页；何仁仲《贵州通史》（第1卷），当代中国出版社2003年版，第110—117页。

后，方才"平南夷为牂柯郡"。这里的"南夷"指的应是狭义的夜郎群体。《史记·西南夷传》同时记载，"夜郎侯始倚南越，南越已灭，会还诛反者，夜郎遂入朝。上以为夜郎王"。① 这里的夜郎王，应是狭义的夜郎群体的君侯。此条记载亦说明，狭义的夜郎距南越不会太远。前文已引述，狭义的夜郎群体"临牂柯江"。结合这些史料来看，狭义的夜郎群体与《华阳国志·南中志》中所载的夜郎郡地域范围当大致相当。《华阳国志·南中志》"夜郎郡"条记载："夜郎郡，故夜郎国。"② 夜郎郡辖有夜郎、谈指两县，其中的夜郎县"有竹王三郎祠"。竹王即夜郎王，《后汉书·西南夷传》载："夜郎者，初有女子浣于遯水，有三节大竹流入足间，闻其中有号声，剖竹视之，得一男儿，归而养之。及长，有才武，自立为夜郎侯，以竹为姓。"③ 夜郎郡虽是新置，但夜郎、谈指二县汉初置牂柯郡时已存，在今关岭、贞丰地区。

近来，张合荣从考古文化的层面上对狭义的夜郎群体分布地进行了详细的研究，认为：滇东黔西包括云南昭通、曲靖、文山和贵州的毕节、六盘水、安顺、黔西南州县及桂西北局部地区为代表的"夜郎旁小邑"活动区；北盘江以东的安顺、贵阳一带的且兰区；滇东南元水上游、广南及桂西北右江上游一带的漏卧、句町活动区；以上区间的南、北盘江所夹区域为夜郎活动区。④ 考古文化所得狭义夜郎群体活动区域，与《华阳国志》所载夜郎郡区域相差不大。

不过，谈指虽为夜郎郡辖县，却并不一定为狭义的夜郎群体所居区域。两汉时期牂柯郡地区的诸县，一般认为是"约为置吏"而置的县，即一县有一族。⑤ 此外，谈指与谈稿，由县名来看可能是

---

① 《史记》卷116《西南夷传》，中华书局2014年点校修订本，第3631页。
② （晋）常璩撰，任乃强校注：《华阳国志校补图注》卷4《南中志》"汶山郡"条，上海古籍出版社1987年版，第184页。
③ 《后汉书》卷86《西南夷传》，中华书局1965年点校本，第2844页。
④ 张合荣：《夜郎地理位置解析——以滇东黔西战国秦汉时期考古遗存为主》，《南方民族考古》2012年第9辑。
⑤ 尤中：《中国西南民族地区沿革史：先秦至汉晋时期》，民族出版社2004年版，第49—55页。

两个以"谈"为氏的群体所居区域。汉初置牂牁郡时,并无夜郎郡之置,只是封夜郎侯为王,故谈指确有可能是广义的夜郎群体之一部,只是受夜郎王统治。

武帝平南夷后,可能有一部分夜郎群体向南迁徙,到达今老挝琅勃拉邦等地。建武(25—56)初,任延任九真太守,"徼外蛮夷夜郎等慕义保塞"。① 这是汉文史籍首次记录到九真外有夜郎群体。此部分夜郎群体一直发展,永初元年(107),"九真徼外夜郎蛮夷举土内属,开境千八百四十里。"② 所谓九真徼外,当指今越南清化省西北区域。这一区域东部是海,所谓"开境千八百四十里"当是向西,可知九真徼外的夜郎群体在今老挝琅勃拉邦、桑怒、川圹、万象、甘蒙等地。以上区域的夜郎群体,蒙文通认为是"夜郎王兴与句町王禹、漏卧侯俞举兵相攻"后南迁的夜郎群体③,其说可从。另据杨勇的梳理,可乐文化中的特有文化,在今越南、老挝、柬埔寨等地有不少的发现,如在柬埔寨波萝勉省波赫(Prohear)墓地发现有套头葬、覆面葬习俗,在越南清化省、义安省曾发现可乐文化镂空牌形茎首剑类似的铜剑和铜柄铁剑,且见有五铢钱。④ 这些考古材料与史籍所载夜郎群体南迁事件能够相合,应是夜郎群体南迁所致。

(二)且兰部

且兰,《华阳国志·南中志》说"周之季世,楚(威)顷襄王遣将军庄蹻泝沅水出且兰,以伐夜郎"。⑤ 按此,且兰当在沅水上游一带。《汉书·地理志》"牂柯郡"条注故且兰县:"沅水东南至益阳入江,过郡二,行二千五百三十里"。《水经注》亦云:"沅水出牂柯且兰县,为旁沟水,又东至镡成县,为沅水。……无水出故且兰,

---

① 《后汉书》卷76《循吏传》"任延"条,中华书局1965年点校本,第2462页。
② 《后汉书》卷86《西南夷传》,中华书局1965年点校本,第2837页。
③ 蒙文通:《越史丛考》,人民出版社1983年版,第50页。
④ 杨勇:《战国秦汉时期云贵高原考古学文化研究》,科学出版社2011年版,第356—357页。
⑤ (晋)常璩撰,任乃强校注:《华阳国志校补图注》卷4《南中志》,上海古籍出版社1987年版,第229页。

南流至无阳故县。县对无水，因以氏县。"①旁沟水即今清水江，无水即今之潕阳河，故且兰当在今黄平县。②且兰是一个较大部落，其分布当较故且兰县地域范围为广，可取福泉、黄平、余庆、瓮安一带为限。③

（三）句町的地域范围与族群

句町（又作"钩町"），是秦汉时期夜郎群体中的一个重要部落，《华阳国志·南中志》曾说："南中，在昔盖夷越之地，滇濮、句町、夜朗、叶榆、桐师、嶲唐、侯国以十数。"④句町在南中部族中与夜郎并列，可知其影响较大，分布范围也不会太小。牂牁郡设置后，句町曾一度由"句町王"管理，可见句町影响之大。在语源角度上，句町按古壮语有三种含义：其一，"九部联盟"或"多氏族部落联盟"；其二，"坡顶上面的国家"⑤；其三，"红色的藤蔓"或"长满红色藤蔓的地方"。⑥前两个含义表明句町国与氏族联盟有密切关系，后一个含义因与西林地区人们的习俗有关而可解为古句町国可能曾以西林地区为都。⑦

句町的地域范围，有云南临安府（今玉溪、蒙自、文山）、广西太平府（今崇左县）、广西天保县（今德保县）、云南开化府（今文山地区）、贵州兴义县诸说⑧，现多认为句町的地域范围当以今云南省文山壮族苗族自治州的广南县连城为中心，包括珠江腹地和红

---

① （北魏）郦道元注，王国维校：《水经注校》卷37《沅水》，《王国维全集》第13卷，浙江教育出版社2009年版，第508页。
② 张卉：《西南夷地名拾零》，《贵州民族研究》2012年第5期。
③ 尤中：《中国西南民族地区沿革史：先秦至汉晋时期》，民族出版社2004年版，第52页。
④ （晋）常璩撰，任乃强校注：《华阳国志校补图注》卷4《南中志》，上海古籍出版社1987年版，第229页。
⑤ 何正廷：《句町国史》，民族出版社2011年版，第8—10页。
⑥ 吕嵩崧：《对"句町"及与之相关的西林地名的考释——兼谈广西西林曾为句町国政治中心》，《广西民族研究》2008年第2期。
⑦ 吕嵩崧：《对"句町"及与之相关的西林地名的考释——兼谈广西西林曾为句町国政治中心》，《广西民族研究》2008年第2期。
⑧ 张世铨：《汉句町四题》，《民族研究》1983年第5期。

河腹地的接合部，即今中国滇东南、桂西及越南北方的部分地区[①]，主要依据包括以下三点。

一者，《汉书·地理志》"牂牁郡句町县"条载："句町，文象水东至增食入郁，又有卢唯水、来细水、伐水。"文象水，今称西洋江；卢唯水，今称驮娘江；来细水、伐水则是西洋江的支流。但这只是句町国的中心区域，并非全部领域。以古壮族语"町"有"红色"之意解，今西林、隆林、富宁都是句町国政治活动集中区域的地名遗迹。[②]

二者，句町文化的分布较当前句町的政治区域要宽泛得多。据彭长林的梳理，句町文化北达南盘江以北区域，西北与滇池区域的滇文化接壤，东北与夜郎文化相接，西面在元江一线，东面延伸达百色盆地与西瓯、骆越文化相接，南面与东山文化相连，今越南北部的老街省、河江省的部分地区亦是古句町文化的分布范围。[③]这一区域内的句町文化，在时代和空间上有一定的连续发展痕迹。在时代上，句町东部的田东南哈坡、大岭坡古墓时代在战国早、中期；个旧石榴坝、蒙自鸣鹫等句町西部的文化年代在战国晚期至西汉早期；广南小尖山墓葬文化年代在西汉早、中期。东汉以后，句町国的文化已与汉文化发生较明显的更替现象。

三者，《汉书·西南夷传》记载："王莽篡位，改汉制，贬句町王以为侯。王邯怨恨，牂柯大尹周钦诈杀邯。邯弟承攻杀钦，州郡击之，不能服。三边蛮夷愁扰尽反，复杀益州大尹程隆。"张世铨认为，"三边蛮夷"指的就是牂牁郡、益州郡、交趾郡三郡的交界地带，共有宛温、镡封、胜休、毋棳、贲古、西随、进桑、都梦八

[①] 采此说者见张世铨《汉句町四题》，《民族研究》1983年第5期；何正廷《句町国史》，民族出版社2011年版，第3页。

[②] 吕嵩崧：《对"句町"及与之相关的西林地名的考释——兼谈广西西林曾为句町国政治中心》，《广西民族研究》2008年第2期。

[③] 彭长林：《句町文化及其族系研究》，载中共西林县委县人民政府、广西文物考古研究所、广西历史学会：《句町国与西林特色文化》，广西人民出版社2009年版；另见何正廷《句町国史》，民族出版社2011年版，第86页。

县，蜀汉时划归为兴古郡，"皆号鸠民"。①句町王的叛乱能得到"三边蛮夷"的响应，说明句町对"三边"蛮夷有广泛的影响。

因句町有较广泛的影响，有学者认为句町当有建国的历史。方国瑜认为在春秋战国时期句町已有部族组织。②按何正廷的研究，句町国是在原始居民的基础上发展而来的，春秋战国时已进入青铜时代并形成了以句町部族为主的与进桑、漏卧等部族联盟的方国，战国至西汉中期迅速发展，至南朝梁代罢句町县方才终止，句町国的发展长达六百余年。在考古文化上，何正廷认为句町国在方国阶段，已进入奴隶社会，其特征如下③：其一，以铜鼓这种重器为代表，句町文化区域内均发现楚雄万家坝型铜鼓、晋宁石寨山型铜鼓、广西藤县冷水冲型铜鼓（由前两型发展而来）等，说明族群权力集中的现象很突出。④但从壮族社会直到近代仍然保持"寨老制"的情形看，句町国基层可能实行的是村寨长老（或称都老）民主议事制度，而且保留有母系氏族的色彩。其二，句町社会制度相对完善，句町王室遗迹（主要是大墓及其随葬品）显示句町王室结构实行的是世袭制，且能够控制各群体的邑君、邑长，能够发动大规模的战争（如汉昭帝元年因"斩首捕虏有功"而被封为王，汉成帝河平年间与漏卧侯共同与夜郎相战，王莽改制后反叛等），对各群体经济具有相当的统摄权。其三，句町经济形态以奴隶制为主，奴隶除有阶级分化的缘故之外，征战所得亦占相当比重。其四，商品交换不发达，表现在缺乏自己的铸币，交易多为农副产品，度量衡方式原始（比如长度存在庹、拃方式），精制的铁器、丝绸、铜镜、漆器等从南越国、滇国、南亚输入等现象普遍存在。

句町的族属，史料均记为濮族一系，或谓"鸠民"，或谓"鸠僚濮"（《华阳国志》）等，是今壮族的先民，或与今壮族布依

---

① 张世铨：《汉句町四题》，《民族研究》1983年第5期。
② 方国瑜：《云南地方史讲义》，云南广播电视大学1983年内部发行，第38页。
③ 何正廷：《句町国史》，民族出版社2011年版，第5—6、202—225页。
④ 何正廷：《句町国史》，民族出版社2011年版，第21—40页。

（越）、布依两个支系有渊源关系。① 但在秦汉时期，由于族邦制的痕迹还相当明显，故句町国时期的壮族先民实际上还在进行着由血缘关系为主的族邦至地缘关系为主的方国族群转化阶段。除此之外，西汉中后期之后，由于昆明族的东进和汉族的进入，句町国之内族群结构发生了较大变化。②

在考古文化上，个旧市黑玛井古墓群现已发掘 13 座，均为西汉晚期至王莽时期（出土物有"大泉五十"并"大新"字样），所见器物以青铜器和陶器为主，见明显汉文化影响。③ 出土铜灯俑亦与滇池地区人物形象中的"儋耳人"有较多共性，比如无发、大耳、嘴部前突等特征。

滇东南的泸西石洞村、大逸圃墓群的发掘报道认为，这两区的文化特征表明墓群的分布时间至少持续到西汉中晚期，陶质、陶色与滇文化相似，但在墓葬形制和器物组合上又有地方特色，器物所见族群当以狩猎、游牧为主要的经济形态，并有一定数量火葬墓。依据文化特征并结合《华阳国志》所记成帝河平中夜郎王兴与句町王禹、漏卧侯俞举兵相攻的记载，报道者认为泸西石洞村、大逸圃墓群为漏卧部族墓，但可能与句町有联盟关系。④

（四）头兰

头兰，仅见于《史记·西南夷传》，云：

> 及至南越反，上使驰义侯因犍为发南夷兵。且兰君恐远行，旁国虏其老弱，乃与其众反，杀使者及犍为太守。汉乃发巴蜀罪人尝击南越者八校尉击破之。会越已破，汉八校尉不下，即引兵还，行诛头

---

① 覃圣敏：《句町古史钩沉》，《广西民族研究》1988 年第 3 期；田阡：《句町：古壮国初探》，《社会科学战线》2014 年第 4 期。
② 何正廷：《句町国史》，民族出版社 2011 年版，第 21—40 页。
③ 云南省文物考古研究所、红河州文物管理所、个旧市博物馆：《个旧黑玛井古墓群发掘报告》，载云南省文物考古研究所编：《云南考古报告集：2》，云南科学技术出版社 2006 年版，第 70—105 页。
④ 云南省文物考古研究所等：《泸西石洞村、大逸圃墓地》，云南科技出版社 2009 年版，第 106—108 页。

兰。头兰，常隔滇道者也。已平头兰，遂平南夷为牂柯郡。①

上述记载中的"头兰"，一般认为即"且兰"，唐人司马贞《索隐》即说："头兰，即且兰也。"②《史记》之后的史料，也径直将"头兰"改为"且兰"。侯绍庄等曾云：

> 且兰反叛，已为汉尝击南越之八校尉击破在先，头兰则是在八校尉还兵巴蜀途中所灭。同时，且兰在今贵州安顺，并非巴蜀至滇的通道，谈不上"常隔滇道"的问题。……故《史记·会证》引姚范说："且兰为不发兵助汉击南越，而头兰则常隔滇道，事不相蒙"。因此，疑头兰亦应为当时夜郎旁之另一小邑，其地或即在今赫章、威宁一带。③

侯绍庄等说当是，头兰当是与且兰所不同的一个夜郎群体。此外，《史记·西南夷传》中，"头兰"与"且兰"并存，笔误的可能性是不大的。

（五）夜郎"旁小邑"的分布

"夜郎旁小邑"，为汉初最先实现郡县化的夜郎群体。由《史记·西南夷传》建元六年（前135）的记载看，唐蒙入见夜郎侯是从巴郡符关南下的。汉始置犍为郡时，"发巴、蜀卒治道，自僰道指牂柯江"，则是从僰道（今宜宾县境）南下的。由符关、僰道入夜郎，"旁小邑"只有两种可能，一种是位于今遵义地区的鳖部落并其北部地区，另一种就是位于夜郎本部北、鳖部落西的群体。夜郎本部北至鳖部落的区域，大体上就是后来《华阳国志》所说的平

---

① 《史记》卷116《西南夷传》，中华书局2014年点校修订本，第3631页。
② 《史记》卷116《西南夷传》，中华书局2014年点校修订本，第3631页注释［二］司马贞《索隐》。
③ 侯绍庄、史继忠、翁家烈：《贵州古代民族关系史》，贵州民族出版社1991年版，第52页。

夷郡，汉犍为郡南部。汉已有平夷县，在今贵州毕节市以东与大方县交界一带，说明平夷县当即以"旁小邑"为主要治理对象而设置的，在夜郎以北、鳖以西。有学者将"平夷"县之"夷"视为夜郎群体的一部分，并称其为"平夷"。将"平夷"地区的群体视为夜郎之一部分的"旁小邑"无误，但"平夷"并非族名。①

三　彝文史籍中的夜郎史地问题

在彝文史籍中，夜郎群体也是彝族先民，称为"液那"（又作"益那"）。虽当前汉文史籍中的"夜郎"即彝文史籍中的"液那"这一观点已为共识，但汉文史籍研究所得夜郎群体与彝文史籍研究所得"液那"群体的史地问题相差很大，可略作爬梳以作参考。关于液那的渊流、迁徙问题，《彝族源流·液那（夜郎）源》及《夜郎史话·夜郎源》有相似的记载，现引述《夜郎史话·夜郎源》如下：

> 武僰夜郎根，夜郎僰子孙，夜郎竹根本，夜郎水发祥。（以下为世系：僰阿蒙—蒙阿夜—夜郎朵—郎朵乍—乍慈慈—慈阿弘—阿弘武—武阿古—古阿举—举阿哲—哲阿尼—尼阿哎—哎阿鄂—鄂鲁默—鲁默姆—姆赫德—德阿哲—哲默遮—默遮索—索武额—额哼哈—哼哈足哲—足哲多—多同弭—同弭匹—匹鄂莫—莫雅费）夜郎朵之世，居液那勾纪……。武阿古之后，武古笃相助，武古笃联姻，在太液之南，南岸乃夜郎……。武乍夜郎根，武乍来相助，武乍来联姻，居可乐住姆……。七十二次战，做一天打完。液那勾纪家，迁往东方去，居大革落姆。在大革落姆，开三代新亲，先与句甸开，后与漏卧开。默遮索之世，夜郎迁西方，三代开濮甸。……多同弭之世，住多同弭谷……。莫雅费之世，乱出柴确星，赫万妖横行，赫洪怪乱世，立慎特罢凶，夜郎被攻打，夜郎被消灭……夜郎的残余，迁往啥弭去，住

---

① 尤中亦持此说。见尤中《中国西南民族地区沿革史：先秦至汉晋时期》，民族出版社2004年版，第49页。

唅弭卧甸。①

"夜郎竹根本""夜郎水发祥"之说，在汉文史籍中有相似的记载。前已引述过，《后汉书·西南夷传》载："夜郎者，初有女子浣于遯水，有三节大竹流入足间，闻其中有号声，剖竹视之，得一男儿，归而养之。……夷僚咸以竹王非血气所生，甚重之，求为立后。"与汉文史籍的记载不同，上引《夜郎史话·夜郎源》多出了很多夜郎族群迁徙及与之有关的信息。在《夜郎史话·夜郎源》中，出于武僰系的夜郎群体有多次迁徙，并在迁徙过程中与多个部族"联姻"，反映了夜郎群体在迁徙、发展过程中的族群融合问题。此外，《夜郎史话·夜郎源》还记载了莫雅费时期夜郎群体的西迁问题，即夜郎国破后西迁洱海地区。

彝文史籍所载的夜郎强盛时期的地域范围也与汉文史籍有很大差异。《益那悲歌·武濮所世系》载：

> 益那亡以后，中部所有濮，由播勒（与）扯勒，阿哲与乌撒，陡弥与磨靡，德歹与芒部，南方阿外惹，打弄纪阿太，各部去统属。②

据王天玺等所考，播勒在今贵州安顺一带；扯勒在今川南叙永、古蔺一带；阿哲在贵州大方、毕节一带；乌撒在贵州威宁一带；陡弥疑即唐代文献中的阿芋陡弥，在云南东川、会泽一带；磨靡在云南宣威一带；德歹即德歹朴卧，在云南昭通昭阳；芒部在云南镇雄；阿外惹在贵州普安；打弄即妥鲁打弄，疑即汉文史籍所说的"同劳"，在云南陆良一带。③若此类考证无误，则彝文史籍中的夜郎国疆域为今川、滇、黔接合区域，与汉文史籍所载有很大的不同。

---

① 陈绍举主编：《夜郎史话》，贵州民族出版社2009年版，第6页。
② 阿洛兴德、阿侯布谷译：《益那悲歌》，贵州民族出版社1997年版，第262页。
③ 王天玺、张鑫昌主编：《中国彝族通史》，云南人民出版社2012年版，第181页。

此外，彝文史籍中的夜郎群体的中心区域曾有变化。夜郎群体立国时所居的区域，即"液那勾纪"。今学者研究夜郎群体在区分广义的夜郎、狭义的夜郎后，多认为狭义的夜郎在安顺以西关岭、晴隆等地。但在彝文史籍中，"液那勾纪"应在今威宁、赫章、毕节地区。例如，威宁有迤那镇，毕节七星关区有野那沟，黔西县有野那沟、野那村，大方县有野那哆啰村，织金有以那镇，纳雍有以那河、以那仲，赫章珠市乡有"夜即玛迪"（夜郎练兵坝子）、妈姑镇（"液那骂谷"）等地名，均与"液那"有关。

《夜郎史话·夜郎源》中提到的"可乐住姆"，部分彝文史籍又译"可乐洛姆"，一般认为即今赫章可乐；"大革落姆"一般认为在贵州安顺一带。①夜郎群体在大革落姆与句甸（当即句町）、漏卧发生族群融合，并在默遮索时西迁，也留下了大量的地名、人名。《汉书》和《后汉书》中简单地记载到南夷地区反叛的人名若豆、邪务、邪豆，过去多未留意，概因史籍记载过简难以讨论，实际上是同人异译的结果。王天玺等注意到乾德五年（967）入宋朝贡的西南蛮群体中绝大部分群体的"若"名问题，有顺化王武才、武才弟若启、武龙州部落王子若溢、东山部落王子若差、罗波源部落王子若台、训州部落王子若从、鸡平部落王子若冷、战洞部落王子若磨、罗母殊部落王子若母等。②这些"若"名（非姓），应是某种身份标识的含义，与汉代的邪（若）务、若（邪）豆夜郎群体取名时冠以"若"（邪）字相似。③宋代诸"若"中提到的武龙州、训州，一般认为在今黔西南、桂西北地区，较汉代汉文史籍所载夜郎群体分布的中心区域偏西，与彝文史籍所载夜郎群体的西迁情况相符，大体上也应是夜郎国破时期夜郎群体分布的中心区。

彝文史籍中的夜郎疆域、中心区域与汉文史籍不同，对应的一些重要地名，其分布地也不同。如鳖，今人据汉文史籍所载认为在

---

① 王天玺、张鑫昌主编：《中国彝族通史》，云南人民出版社2012年版，第181页。
② 《宋史》卷496《蛮夷传》，中华书局1977年点校本，第14224页。
③ 王天玺、张鑫昌主编：《中国彝族通史》，云南人民出版社2012年版，第181页。

遵义，王天玺等据彝文史籍认为"鳖—比楼（唐代）—毗那（宋代）—比拉（又作'喇'，清代）"是一组有继承关系的地名，大体即今织金地区；又如且兰，今人据汉文史籍考在贵定、黄平地区，但王天玺等据彝文史籍认为且兰即古诺、果诺、更糯，在今贵阳。①

第二节 滇国的族群结构及其分布

一 史籍所见滇国及其族群分布

滇国见于史籍较早。《尚书·禹贡》曰："导黑水，至于三危，入于南海"。正义曰："《地理志》：益州郡在蜀郡西南三千里，故滇王国也。武帝元封二年始为郡。"②按《史记》所载，楚威王时庄蹻入滇，庄蹻既然想到入滇，则当时中原人认识到滇久矣。与夜郎群体相似，滇国也是一个具有联盟性质的方国。《史记·西南夷传》载："其（指夜郎）西靡莫之属以什数，滇最大。……元封二年（前109），天子发巴蜀兵击灭劳浸、靡莫，以兵临滇。滇王始首善，以故弗诛。滇王离难西（南）夷，举国降，请置吏入朝，于是以为益州郡。赐滇王王印，复长其民。"③劳浸、靡莫，一般认为是滇国的部族，受滇王统治。滇王归附时，还存在一个"离难西（南）夷"事件，亦说明滇国具有一定的联盟性质。

益州郡设置之初，辖有二十四县：滇池、双柏、同劳、铜濑、连然、俞元、收靡、谷昌、秦臧、邪龙、味、昆泽、叶榆、律高、不韦、云南、巂唐、弄栋、比苏、贲古、毋棳、胜休、健伶、来唯。在这一区域内，分布着为数众多的族群，现列述如下：

滇人。张增祺认为，滇国的主体民族当是百越，即滇人为百越群体。百越的分布，遍及两广、云南，张增祺认为《华阳国志·南

---

① 王天玺、张鑫昌主编：《中国彝族通史》，云南人民出版社2012年版，第176页。
② （汉）孔安国传，（唐）孔颖达疏，（清）阮元校刻：《尚书正义》卷6《禹贡》，《十三经注疏》，中华书局1980年影印本，第150页上。
③ 《史记》卷116《西南夷传》，中华书局2014年点校修订本，第3625、3631页。

中志》所记"南中在昔盖夷、越之地"与《华阳国志·蜀志》所记"(蜀)东接于巴，南接于越"的记载是可信的，夷与越的分布是有一定区隔的，夷即滇西的"昆明夷""摩沙夷"等，越即滇池区域及其东部的"越"；同时，张增祺认为滇池区域的越与东汉后的僚有直接的渊源关系。① 汪宁生认为滇人当属濮族群系统，濮人的分布其时包括洱海、滇东、滇南、滇西南、贵州、川西南（越嶲）和川东地区（巴濮）②，且这些濮与江汉之濮同。③ 又有学者认为，夜郎、滇、邛都均属于濮人群体。④

僰人。如前所述，僰人在战国至西汉初期主要分布在四川南部的宜宾及其以西地区，西汉初始流入滇东北，东汉时继续大量南下。东汉时滇东北地区的族群已相当复杂，朱提地区汉族居多，朱提以南则因僰人的南迁及滇人的南迁而形成了滇、僰的杂居区。

叟人。《华阳国志·南中志》记元封二年（前109），"叟反，遣将军郭昌讨平之，因开为郡，治滇池上"。⑤ 据此，尤中认为叟人当为滇国属民之一，但其分布当在四川凉山至云南保山，又自云南保山至昭通的广大地区⑥，1936年昭通洒鱼河古墓出土驼钮铜印"汉叟邑长"可证此说。⑦ 另有意见认为，滇国的建立者主要即叟人，汉晋时"建宁孟获说夷叟"表明叟人在汉晋时期不仅分布在原滇国境内，还分布在原夜郎国西南部，即今滇中、滇东北、滇东南、黔西及黔西南地区。⑧

昆明。主要分布在滇国中、西部，及滇池区域，详见专节。

---

① 张增祺：《滇文化》，文物出版社2001年版，第15—22页。
② 汪宁生：《中国西南民族的历史与文化》，云南民族出版社1989年版，第20页。
③ 汪宁生：《中国西南民族的历史与文化》，云南民族出版社1989年版，第22页。
④ 颜建华、颜勇：《论"西南夷"中的部落族群》，《贵州民族研究》2013年第6期。
⑤ （晋）常璩撰，任乃强校注：《华阳国志校补图注》卷4《南中志》，上海古籍出版社1987年版，第267页。
⑥ 尤中：《滇国及其境内外的民族》，《思想战线》1999年第6期。
⑦ 张希鲁：《滇东古物目略》，《西楼文选》，云南美术出版社2006年版。
⑧ 木芹：《两汉民族关系史》，四川民族出版社1988年版，第271页。

濮。在滇国东部、东南部及南部与夜郎交界地带。此地带内汉晋亦有僰、叟、昆明等族群。[1]濮群体的分布问题前文已述及，滇东、滇东南地区的濮人一般认为是江汉百濮迁徙而来。[2]《华阳国志·南中志》载句町县、兴古郡、建宁郡均有濮。[3]

苞满、闽濮。居于滇国西部、西南部，为与哀牢错居群体。[4]

二 考古文化所见滇国族群结构及其区域特征

（一）考古文化所见滇国族群结构

滇国的疆域与族群结构，传世史料记载过于模糊，只能通过考古发掘作进一步的解答。滇国青铜器遗物发现的范围，东至今云南石林、泸西一线，北达会泽、昭通等地，南抵新平、元江及个旧一带，西到安宁及其附近地区。[5]按张增祺的意见，以上滇国区域文化具有明显的连续性，滇国的建国时间迟至战国初期，至汉王朝定滇历经约500年。[6]蒋志龙认为，滇国的建立至迟在战国中期，理由有三：其一，墓葬大墓居中，小墓围绕大墓分布的格局在战国早中期已形成；其二，财富高度集中，大墓中的随葬品占到全部墓葬随葬品的60%以上；其三，标志权力、地位和象征的铜鼓和贮贝器等在战国中期已经出现。[7]据此，滇国的建立大概在公元前5世纪中期，延续近300年。[8]翟国强以晋宁石寨山文化推测滇国存在时间，认为长达1000多年的石寨山文化呈现连续发展的特征，滇国大墓随葬品在该文化遗址二期（早期）即已出现，滇国的存在时间应超过

---

[1] 尤中：《滇国及其境内外的民族》，《思想战线》1999年第6期。
[2] 翟国强：《先秦西南民族史论》，黑龙江教育出版社2011年版，第339页。
[3] （晋）常璩撰，任乃强校注：《华阳国志校补图注》卷4《南中志》，上海古籍出版社1987年版，第267、272页。
[4] 尤中：《滇国及其境内外的民族》，《思想战线》1999年第6期。
[5] 张增祺：《滇国与滇文化》，云南美术出版社1997年版，第11页。
[6] 张增祺：《滇文化》，文物出版社2001年版，第26页。
[7] 蒋志龙：《滇国探秘：石寨山文化的新发现》，云南教育出版社2002年版，第356页。
[8] 蒋志龙：《滇国探秘：石寨山文化的新发现》，云南教育出版社2002年版，第356页。

300 年。[①]

滇国虽存在时间较长，但其族群结构应当一直比较复杂。上文已就文献所见材料作了分析，考古材料也能反映出滇国族群结构的复杂性来。滇国考古材料出土有较多的青铜器，且青铜器上的画面栩栩如生，冯汉骥[②]、汪宁生[③]已就青铜器图像分析了滇国的族群结构问题。汪宁生方案是在冯汉骥方案基础上进一步修正的，现按汪宁生方案列述如下（表 2-1）。

表 2-1　　　　　　　　　　滇国族群的图像分类

发式	组别	图示	场合特征	文化特征	族别
椎髻者	一		各种场合中均出现；居于主导地位	对襟无领的外衣长及膝，男子系腰带；男女均佩戴耳环、手镯等装饰品；将发叠成一髻（男于顶，女于后），髻根束带（多段）	滇人
	二		执伞男俑；杖头女俑；舞蹈男俑；杀人祭祀场面参与仪式或操杂役	男子椎髻于顶，髻根大如盘，妇女椎髻但打散披于背，以带束之；服饰与第一组同；耳环坠重	与滇人密切者，如劳浸（深）、靡莫之属
	三		纳贡负猪腿者；猎虎铜饰；战争骑马者；野兽搏斗者	椎髻甚高，根部呈圆筒状；服饰与一、二组略同，见"尾饰"	

[①] 翟国强：《先秦西南民族史论》，黑龙江教育出版社 2011 年版，第 339 页。
[②] 冯汉骥：《云南晋宁石寨山出土文物的族属问题试探》，《考古》1961 年第 9 期。
[③] 汪宁生：《晋宁石寨山青铜器图象所见古代民族考》，《考古学报》1979 年第 4 期。

第二章　牂牁、益州、永昌地区族群分布格局的演进　179

续表

发式	组别	图示	场合特征	文化特征	族别
椎髻者	四		纳贡；供奉人头房屋模型中靠墙饮者；杀人祭祀场面参与议事者	头髻缠帕，似椎髻；头帕前端有竖起装饰；服饰除与上组特征相似外有外衣束带，带上有圆扣；见"尾饰"	与滇人密切者，如劳浸（深）、靡莫之属
	五		执伞俑；纳贡抬物者；铜饰牌骑士	髻梳于顶呈圆形，只在髻根束带；部分髻外系缠帕	
	六		纳贡牵马、牛来献者；铜饰牌骑士；杀人祭祀场面中对女奴仆主作迎谒状者	发似第五组，髻外另戴草辫纹发箍数道，顶戴圭形饰物，有的插羽毛；身穿及膝外衣	
辫发者	七		战争中被杀戮和被俘战士；俘掠奴仆铜饰牌中被掳掠妇女；纺织场面女奴仆；杀人祭祀场面充当牺牲者；图画文字中被猎头者、戴枷锁者；贡纳场面中肩负盾牌来献者；杀人祭祀场面对女奴仆主作迎谒状或贡纳者	男女均头梳双辫，男子或额前束带；男女均穿有直条纹短袖衣，有的男子外披毛皮；部分妇女腕部戴钏多件	昆明族
	八		纳贡场面中牵羊来献者；杀人祭祀场面中牵牛献女仆者	服饰与第七组同，辫发之上又缠一帕，并将帕头突出于前；衣袖较第七组为长	昆明之属

续表

发式	组别	图示	场合特征	文化特征	族别
结髻者	九		纺织场面女仆；捧盘侍奉女仆；侍候男僮；杀人祭祀场面伏地献物者；铜饰牌骑马之年轻妇女；贮贝器战争图中之持矛者、持锥者、持戈者	将发打结成髻，不须束带，妇女之结髻由于年龄、地区及个人嗜好等略有差异，男子结髻多位于头顶缠一帕；妇女的显著特征是上穿短袖之衣，下系无褶紧身之裙，有的外加披风；男子服装是上身穿短袖之衣，发式略同妇女，下系围腰	仆人，或为焚僰
螺髻者	十		纺织场面中的织布者；杀人祭祀场面中参与仪式者；兵器饰品人物	头梳高髻，髻系以发盘旋而成，余发披于背后（发式1980年代滇池地区苗族妇女仍存）；上身着短袖衣，下着裙	不详
其他	十一		纳贡场面中牵牛背筐来献者；双人舞蹈铜饰牌中持拔佩剑而舞者	面貌的显著特点是深目高鼻，穿长裤（兽皮制成）；喜蓄长须，佩长剑；盘发于脑后为长形髻	或为身毒之民或僄人

注：局部在汪宁生意见基础上有修改。
资料来源：汪宁生：《晋宁石寨山青铜器图象所见古代民族考》，《考古学报》1979年第4期。

以上族别第七组，胡顺利认为当为羌人，其头发大部披于头后及背部与额前留有短发的特征与《后汉书·西羌传》所记"被发覆面，羌人因以为俗"相符。[1] 第二组，张增祺认为是濮人。[2]

从以上族群区分来看，有两点是不同方案得出的共同特征：其一，滇国族群结构相当复杂，即使是滇国之"主要民族"亦不止一

---

[1] 胡顺利：《对〈晋宁石寨山青铜器图象所见辫发者民族考〉的一点意见》，《考古》1981年第3期。
[2] 张增祺：《绚丽多彩的滇、昆明青铜文化》，载中国青铜器全集编辑委员会：《中国青铜器全集：第14卷，滇、昆明卷》，文物出版社1993年版，第16页。

个，其疆域内的民族自然更多；其二，滇国的社会性质应当是体制相当完备的奴隶制国家，所见人群等级森严。以上复杂的族群结构，即使在同一地的考古文化中也能反映出来。例如，石寨山12号墓出土贮贝器上便有复杂多样的人物形象，这些人物形象按冯汉骥、汪宁生的意见亦当与族群有关（图2-1）。该贮贝器场景一般认为是祭祀场景，见干栏式房屋一间，动态人物一百二十七个（不包括残缺者）。场景分三层，底层、平台层和高凳层：高凳层，一位妇女坐高凳上，似为主祭人；平台层，有十六面铜鼓，参祭者列于高坐妇女两侧，有喂孔雀者，带虎、犬者；底层，有杂役者、击鼓錞者、待刑者、献物者。

图2-1　西汉滇国祭祀场景贮贝器及其场景人物
资料来源：左图：中国青铜器全集编辑委员会：《中国青铜器全集：第14卷，滇、昆明卷》，文物出版社1993年版，第7页；右图：晋宁县文化体育局：《古滇王都巡礼：云南晋宁石寨山出土文物精粹》，云南民族出版社2006年版，第32页。

除了上表冯汉骥、汪宁生所识别的群体外，晋宁石寨山、昆明羊甫头所见"儋耳"群体也当与族群有关。如图2-2所示，"儋耳"群体的突出特征是儋耳（或为哀牢人，见哀牢专节），裸体当与其身份有关，亦即属于奴仆一类，从事生产劳动。此类人群，早先见于剑柄饰纹（晋宁石寨山 M71：30、70）和铜扣饰（晋宁石寨山 M71：90）。见于剑柄饰纹的人物形象，早先认为是夸张的"怪物"，但晋宁石寨山 M71 的铜扣饰中有类似形象，应为一类独特的群体，铜扣饰反映了该群体的驯牛情景。昆明羊甫头也见此类人物形象，可见"儋耳"群体应有较广的分布地域。

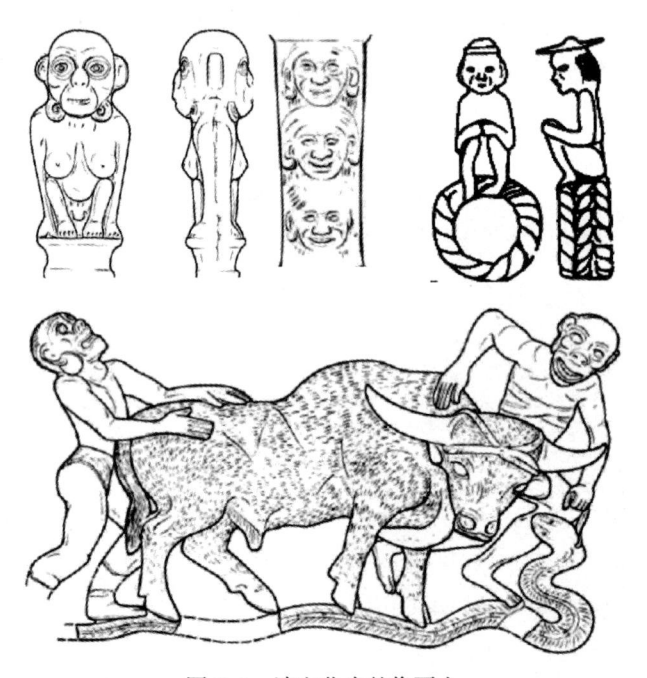

图 2-2　滇文化中的儋耳人

上左：晋宁石寨山 M71 一字格铜剑柄饰人物形象（M71：30、70）；上右：昆明羊甫头 M113 弓形器附件（M113：359）；下：晋宁石寨山 M71 铜扣饰（M71：90）上的人物形象

资料来源：上左：云南省文物考古研究所、昆明市博物馆、晋宁县文物管理所：《晋宁石寨山：第五次发掘报告》，文物出版社 2009 年版，第 54-55 页；上右：杨帆、王桂蓉、梅丽琼等：《云南昆明羊甫头墓地发掘简报》，《文物》2001 年第 4 期；下：云南省文物考古研究所、昆明市博物馆、晋宁县文物管理所：《晋宁石寨山：第五次发掘报告》，文物出版社 2009 年版，第 83 页。

（二）考古文化所见滇国族群的地域结构

古滇国存在众多族群是无疑的，但是否由单一的"民族"构成主体族群则尚无法断定：一方面，有考古材料表明古滇国存在明显的族群认同问题，这种族群认同的有意强调可能与滇国的主体族群有关[1]；但另一方面，滇国主体族群中的"主体"可能不止一族，且存在空间分布上的差异。

于第一个方面，滇国动物搏噬纹材料的发现集中于滇池区域墓葬中；滇池以东的滇东高原及曲靖盆地的八塔台墓葬中动物搏噬纹的材料已非常少见；滇西仅见祥云大波那木椁铜棺墓中有动物搏噬纹。这反映出滇人的分布是相当集中的。另外，即使是在滇中地区，也可分为不同的类型。其中，滇池东南岸的晋宁石寨山墓葬、星云湖西北岸的江川李家山墓葬，其所见动物搏噬纹使用最频繁，种类丰富，滇池北岸墓葬动物搏噬纹与石寨山更为接近；滇池以北的昆明羊甫头、呈贡天子庙、安宁太极山墓葬中的动物搏噬纹类型与铸造风格相似。按刘渝的解释，这反映出滇国本身是一个联盟性国家，既使在滇池区域可能也存在多个部族。[2]同时，刘渝认为，动物搏噬纹的分布并未随着滇文化的扩大而扩展，而是始终保持在滇池区域集中分布，这可以看成滇国上层阶层表达本部族身份认同的缘故；正因如此，动物搏噬纹除有分布空间的相对集中性外，在阶层分化上也有反映，如动物搏噬纹仅见规模较大的墓葬而不见于数量庞大的中下层墓葬中。[3]铜扣饰的分布也有此特点。不少学者已指出扣饰可能是古滇人身份的象征[4]，最近给出的证据是滇文化墓葬等级越高，铜扣饰的数量就越多。[5]按当前可见资料的统计（图2-3；详细数据见附表3），滇文化中的铜扣饰确实亦围绕着滇池为中心而分布，但其反映的空间集中性远比动物搏噬纹要强烈。

---

[1] 杨勇：《云贵高原出土青铜扣饰研究》，《考古学报》2011年第3期。

[2] 刘渝：《西南少数民族族群的历史形成与社会结构——以滇国动物搏噬纹为中心考察》，《贵州民族研究》2014年第8期。

[3] 刘渝：《西南少数民族族群的历史形成与社会结构——以滇国动物搏噬纹为中心考察》，《贵州民族研究》2014年第8期。

[4] 萧明华：《青铜时代滇人的青铜扣饰》，《考古学报》1999年第4期；杨勇：《云贵高原出土青铜扣饰研究》，《考古学报》2011年第3期。

[5] 蒋志龙：《金莲山墓地研究》，吉林大学博士学位论文，2013年，第102页。

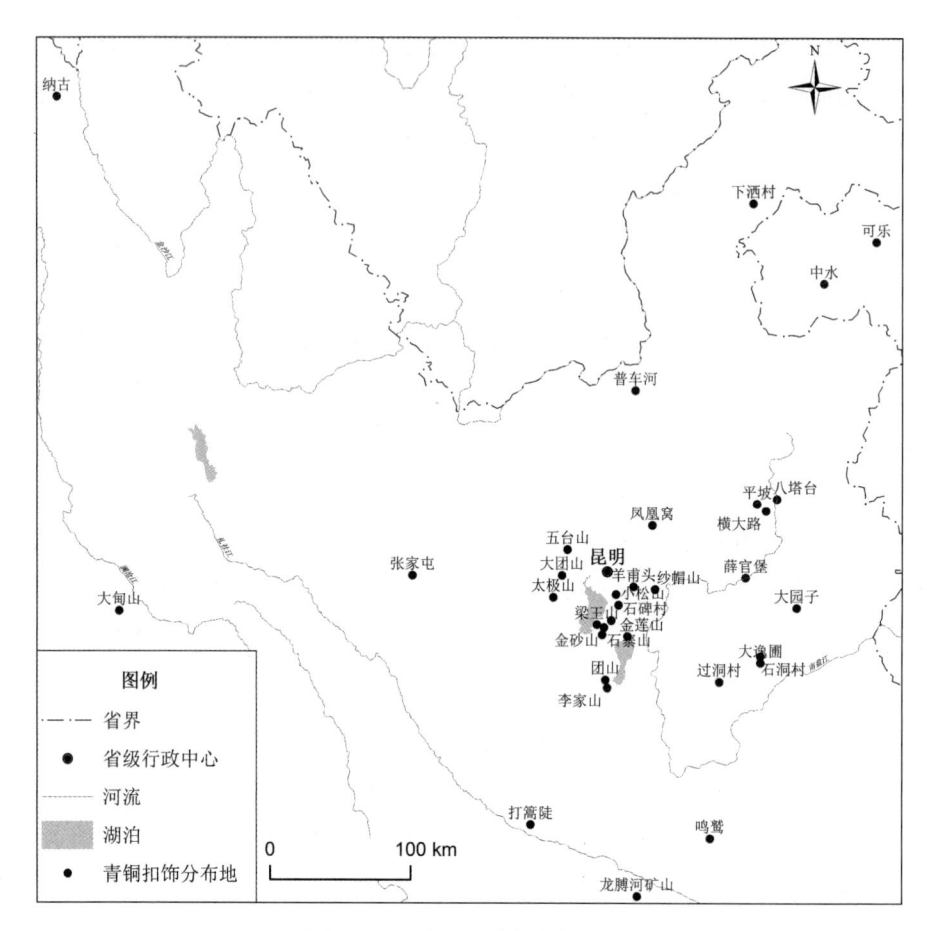

184　战国秦汉西南民族地理的格局与观念研究

图 2-3　云贵地区青铜扣饰分布

于第二个方面从晋宁石寨山和江川李家山的考古材料来看，两地间可能存在着人群主体差异的问题。江川李家山第二次发掘时，共发掘滇文化墓 59 座，与前一次发掘 27 座共 86 座。两次发掘墓的时段，第一次发掘墓为战国至东汉初。① 第二次发掘墓共分四期，第一期西汉中期武帝置郡前，第二期为武帝置郡后的西汉中、晚期，第三期为西汉晚期到东汉初期，第四期为东汉前期。② 两次发掘墓的

---

① 云南省博物馆：《云南江川李家山古墓群发掘简报》，《文物》1972 年第 8 期；张增祺、王大道：《云南江川李家山古墓群发掘报告》，《考古学报》1975 年第 2 期。
② 云南省文物考古研究所、玉溪市文物管理所、江川县文化局：《江川李家山：第二次发掘报告》，文物出版社 2007 年版，第 232 页。

分布时间序列完整。在空间上，总体上自山顶到山脚存在时间上的由早到晚连续性（图 2-4）。两次所见文化特征，汉文化特征自西汉中期墓葬逐渐增加。

江川李家山第一次发掘所见人物形象较少，第二次则见有丰富的人物形象（图 2-5）。与晋宁石寨山人物形象相比，江川李家山人物形象存在以下特征。

其一，江川李家山人物所见场景多为生产、生活活动，祭祀场景仅见一例。

其二，江川李家山同一青铜器所见人物形象的人数规模较晋宁石寨山同一青铜器所见人物形象的规模要逊一筹。江川李家山 M51：262 鼓面骑士 3 人，M69：162 鼓面 4 人，M69：169 器面 35 人，M51：263 器面 10 人，M69：139 器面 10 人，均较晋宁石寨山所见同类青铜器人物形象的人数要少得多。

其三，江川李家山的"王族"一类人物形象与晋宁石寨山的"王族"人物形象颇为不同。若按汪宁生的意见[①]，晋宁石寨山的"王族"人物为椎髻者三组，而江川李家山的"王族"为椎髻者一组。同时，在晋宁"诅盟"贮贝器上，椎髻者三组在椎髻者一组人物之旁（台上）；也就是说，在场景对比中，在晋宁"诅盟"贮贝器上位于滇王人物旁的人物在江川李家山的场景中成了"王"一类人物。江川李家山墓群两次发掘者均认为，江川李家山中的"王族"为史料所记"滇王旁小邑""王族"[②]，这个判断当是成立的。

其四，尽管椎髻者一组在江川李家山墓群中是"王族"一类的人物，但很明显，该组在江川李家山墓群人物形象中的角色比较多，"王族"一类有之，仆人一类更多，这说明在古滇国的奴隶制中族群与阶层的分化是交叉的。

---

① 汪宁生：《晋宁石寨山青铜器图象所见古代民族考》，《考古学报》1979 年第 4 期。
② 云南省博物馆：《云南江川李家山古墓群发掘简报》，《文物》1972 年第 8 期；张增祺、王大道：《云南江川李家山古墓群发掘报告》，《考古学报》1975 年第 2 期；云南省文物考古研究所、玉溪市文物管理所、江川县文化局：《江川李家山：第二次发掘报告》，文物出版社 2007 年版，第 232 页。

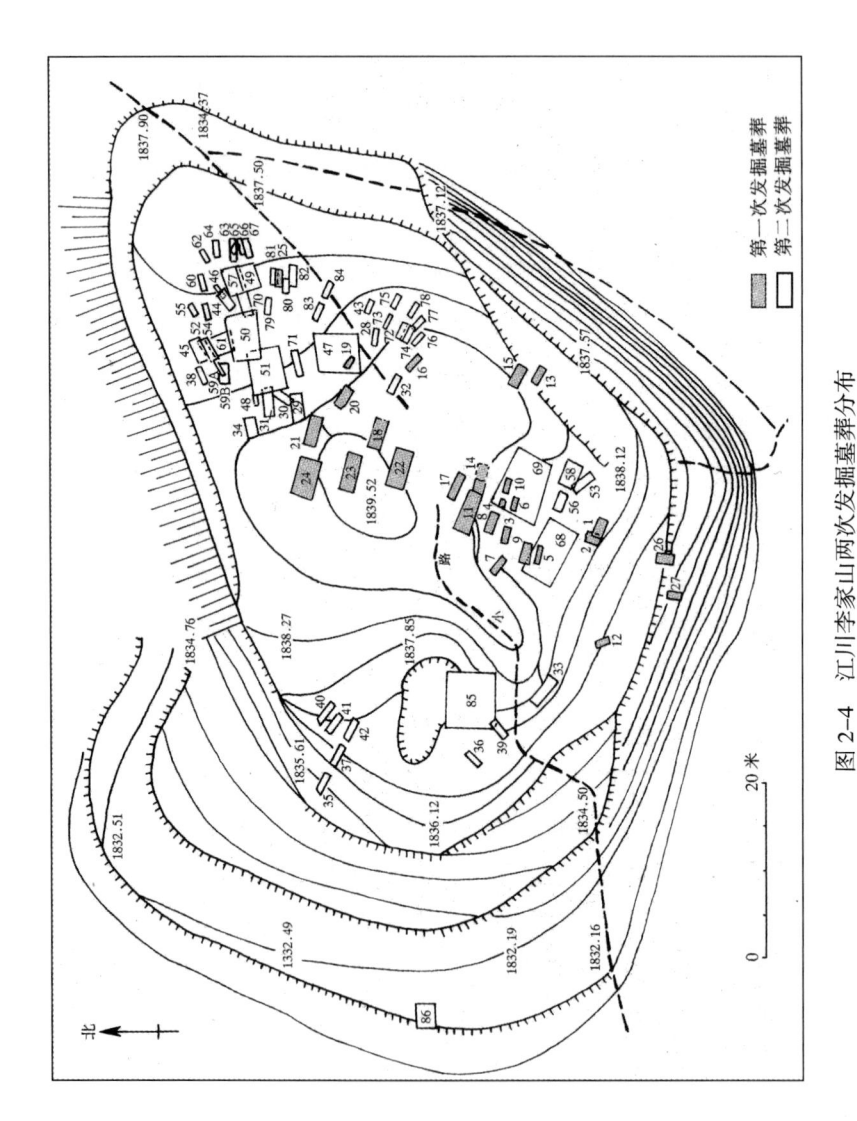

186　战国秦汉西南民族地理的格局与观念研究

图 2-4　江川李家山两次发掘墓葬分布

资料来源：云南省文物考古研究所、玉溪市文物管理所、江川县文化局：《江川李家山：第二次发掘报告》，文物出版社 2007 年版，第 7 页。

第二章　牂牁、益州、永昌地区族群分布格局的演进　187

图 2-5　云南江川李家山第二次发掘所见部分人物形象

注：一行左，Ⅱ式铜鼓 M69:162 绘本；一行中，鼓形铜贮贝器 M69:157 绘本；一行右，桶形贮贝器 M51:263；二、三、四、五行，鼓形铜贮贝器 M69:157 人物局部绘本；六、七行，桶形贮贝器 M51:263 人物绘本。

资料来源：云南省文物考古研究所、玉溪市文物管理所、江川县文化局：《江川李家山：第二次发掘报告》，文物出版社 2007 年版，第 121—128 页。

其五，若按汪宁生的意见，江川李家山的人物形象在族类上略少一些，有与晋宁石寨山人物形象相同的椎髻一、二、三、四、五组，辫发者七、八组，结髻者九组[①]，螺髻者十组；缺椎髻六组，其他者十一组。同时，螺髻者十组的数量，江川李家山的人物形象所见比晋宁石寨山人物形象所见要多，结髻者九组同样如此。

据上，江川李家山墓群所见文化特征可得如下结论：其一，江川李家山大型墓主定为"滇王旁小邑""王族"当是可信的[②]，其文化特征主要是汪宁生据发式所见的椎髻者一组；其二，在分布时间上，江川李家山墓群与晋宁石寨山墓群重合较多，也就是说滇国的联盟性质持续时间较长（滇国的持续时间见前文）；其三，椎髻者一组、螺髻者十组、结髻者九组，江川李家山墓群所见比晋宁石寨山墓群所见要多得多，这三组人物的分布在江川地区应当更多。

同时值得注意的是，滇人的文化特征，最突出的是椎髻。易学钟后来对石寨山M12：26场面又作了进一步的梳理。[③] 从俯视图上看，椎髻在古滇国中极为流行，王族一类椎髻甚高，官员次之，仆人椎髻较低。但是，这一格局在江川李家山墓葬所见人物形象中发生了重要变化。若按前表汪宁生的意见列江川李家山人物形象，可发现高椎一组人物在江川李家山中已不见。同时，石寨山人物中特多的椎髻者五组人物，在江川李家山中已较为少见。江川李家山所见最多的人物，是汪宁生的椎髻者一组。而石寨山人物中偶见的结髻者九组、螺髻者十组两类人物，在江川李家山中较多，辫发者似在石寨山和江川李家山中均大致相等。由此，江川李家山的主要族群，应当是椎髻者一组，次之为结髻者九组、螺髻者十组，与石寨山的族群结构有较大差异。

---

① 桶形贮贝器M51：263人物，报道者说"十人皆头顶梳螺髻，缠头帕"（云南省文物考古研究所、玉溪市文物管理所、江川县文化局：《江川李家山：第二次发掘报告》，文物出版社2007年版，第129页）。而按汪宁生的分类，此类人物为"结髻者"。见汪宁生：《晋宁石寨山青铜器图象所见古代民族考》，《考古学报》1979年第4期。

② 类似群体的考古学证据又见于滇东北区域。

③ 易学钟：《晋宁石寨山12号墓贮贝器上人物雕像考释》，《考古学报》1987年第4期。

羊甫头墓地所见人物形象不多，但在有限的材料中可以发现羊甫头墓地的人物形象多出现在饰品中，以椎髻一组和"儋耳"两类人物居多。[①]而且，从所见人物形象来看这些群体均属于奴仆一类，有跪坐俑、驯牛俑、乐伎俑等。

天子庙墓地也见一定数量的人物形象，报道者将其分为十五类，以高髻为多，亦有辫发者，也见"儋耳"类群体。[②]而且，在天子庙墓地发现有属于重器的鼎和贮贝器，天子庙可能是滇国族群的一个部族。

要之，从考古材料和史料来看，滇国是一个多族群整合而成的方国，且在不同地域主体族群并不相同。

三 古滇国社会性质与族群演进状态

（一）古滇国社会性质研究的回顾

长期以来，对古滇国的社会性质有部落联盟首领推举制、母权制向父权制社会过渡[③]、奴隶制国家[④]、酋邦制[⑤]、人口1万—10万人的小国[⑥]诸说。同时，作为族群演进的"多元一体"格局，在云南地区也有典型的体现，或者说云南地区是中华民族多元一体演进中的一元。有意见认为，云南地区族群演进的多元一体格局奠基于新石器时代文化区之间的联系[⑦]，秦汉以后进一步发展而进入整体的中华

---

① 云南省文物考古研究所、昆明市博物馆、官渡区博物馆：《昆明羊甫头墓地》，科学出版社2005年版。
② 胡绍锦：《呈贡天子庙滇墓》，《考古学报》1985年第4期。
③ 云南省文物考古研究所等：《昆明羊甫头墓地》（第1卷），科学出版社2005年版，第120页。
④ 童恩正：《中国西南地区的奴隶社会》，《天府新论》1987年第1期；黄懿陆：《滇国史》，云南人民出版社2004年版，第143页。
⑤ 童恩正：《中国西南地区古代的酋邦制度——云南滇文化中所见的实例》，《中华文化论坛》1994年第1期；翟国强：《先秦西南民族史论》，黑龙江教育出版社2011年版，第325—336页。
⑥ 谢崇安：《从环滇池墓区看上古滇族的聚落形态及其社会性质——以昆明羊甫头滇文化墓地为中心》，《四川文物》2009年第4期。
⑦ 王文光、翟国强：《西南民族的历史发展与中华民族多元一体格局关系述论》，《思想战线》2005年第2期。

民族多元一体演进格局中。①

社会性质与古滇国族群演进进程息息相关。滇池区域的上古族群讨论，以 1959 年晋宁石寨山古墓群 20 座古墓考古资料的发布为契机，有较多考论，现列如下以备后论。

1959 年晋宁石寨山古墓群考古报告主要是对发掘的 20 座古墓的报道，这些墓葬的时间在西汉初或更早一些至西汉中后期，为滇国晚期墓葬。②报告中虽然没有给出古滇国社会性质的明确结论，但大体上认为其社会性质是母系社会向父系社会过渡的社会，且已立国，原因主要是：其一，大多墓葬的身份应当是滇王及其亲属的墓葬，这类墓葬除第六号墓出土"滇王金印"外，其他墓葬中均发现有大量随葬品，其中铜器、金器、珠玉类很多，可与《华阳国志》"有鹦鹉、孔雀、盐池、田渔之饶，金、银、畜产之富，俗奢豪"的记载相符；其二，第 8、9 号两墓随葬品极少，可能为王族仆从墓葬，与其他墓葬随葬品相比反映出贫富差距相当悬殊；其三，随葬品除了连续性关系，比如叉、锤、镞在中晚期较多，弩机和戟在中期才有等特征外，晚期随葬兵器制作精良，且附有生动的立体装饰成对出现，可能是仪仗之用而非简单的作战之用；其四，许多墓葬中贝壳丰富，在第 13 号墓中还发现一"赶集"（现多解读为"纳贡"）场面的贮贝器（M13：2），表明当时商品经济已相当活跃；其五，两件祭祀场景中青铜器（M12：26，M20：1）的主祭人均是女性，应是母系社会向父系社会过渡的反映；其六，出土滇王金印、祭祀铜柱，很多兵器中有蛇饰的存在，可以看成"蛇是当时滇王国崇拜的图腾"。③

---

① 郭家骥：《云南民族关系的历史格局、特点及影响》，《云南社会科学》1997 年第 4 期；王文光、翟国强：《西南民族的历史发展与中华民族多元一体格局关系述论》，《思想战线》2005 年第 2 期；伍雄武：《多元一体——论云南民族关系的历史经验之一》，《云南师范大学学报》（哲学社会科学版）2005 年第 5 期；蒋立松：《略论西南民族关系的三重结构》，《贵州民族研究》2005 年第 3 期；姬兴涛：《中国西南近代民族关系特点与中华民族多元一体》，《西南农业大学学报》（社会科学版）2013 年第 6 期。

② 云南省博物馆：《云南晋宁石寨山古墓群发掘报告》，文物出版社 1959 年版，第 132—133 页。

③ 云南省博物馆：《云南晋宁石寨山古墓群发掘报告》，文物出版社 1959 年版，第 134—136 页。

胡绍锦报道呈贡天子庙墓葬群时，认为古滇国进入了奴隶制社会，原因如下：其一，41号墓为云南所见最大墓[①]，发掘时墓口长6.3米，宽4.0米，深4.0米；墓壁做工严整，四壁有加工打磨印迹；出土器物三百一十多件，贝一千五百多枚，绿松石珠万余，均摆放有规律，部分器物无使用痕迹，当为专门为墓主人特制的，墓葬规模和随葬品都反映出当时相当明显的阶层分化。其二，41号墓出土有一象征权力的重器铜鼎（M41∶132），铜鼎又见于33号墓中（M33∶29）。其三，33号墓中有五牛盖铜贮贝器（M33∶1），七人"皆高髻、长裙、跣足，肩扛长矛作巡逻状"，反映的当是滇国建有军队的情形。其四，部分墓坑中有发现殉葬的可能，同时有殉仆发现，当是古滇国进入奴隶社会的表现。其五，出土器物纹饰及其刻画动物形象，大量农业用具等反映出农业在古滇国占有相当地位，与史料"耕田有邑聚"的记载相符。其六，从制作器具水平看，古滇国已具备铜加锡、银或铬、镍的制作方法。[②]

黄懿陆依据呈贡天子庙所见青铜器，也认为滇国是一个较强大的奴隶制国家，原因如下：其一，滇王是最高统治者；其二，建立有国家专政机器军队；其三，有可寄托的精神力量，巫师的形象说明在王权统治下的巫师主宰着人们的精神意志；其四，有刑法，第41号墓见一件青铜扣饰（M41∶47），一头牛踩着一个人，其余七人似为执刑者（原报道的解释是："牛祭柱场面扣饰……八人在牛身前后左右正忙于拴系。"[③]）；其五，聚落而居，见双层干栏式建筑模型。[④] 同时，黄懿陆认为呈贡天子庙M41号墓主即滇国第一任国王庄蹻，呈贡天子庙M33号墓主之后迁都晋宁，滇国开国者即为庄蹻，呈贡天子庙测年数据推断亦在战国中后期。与此相对应的是，

---

① 晋宁所见墓葬多随地形沿石坑而葬，故除随葬品、大墓与中小型墓分布外，规模不一定能反映社会状况。
② 胡绍锦：《呈贡天子庙滇墓》，《考古学报》1985年第4期。
③ 胡绍锦：《呈贡天子庙滇墓》，《考古学报》1985年第4期，第525页。
④ 黄懿陆：《滇国史》，云南人民出版社2004年版，第141—144页。

呈贡两代国王随葬品中见楚文化痕迹，鼎尤其如此。[1]呈贡天子庙首次发掘报道者胡绍锦也曾指出过该墓所见巫师纹铜鼎和牛盖铜匜具有明显的岭南百越文化色彩。[2]

　　李昆声和钱成润认为，古滇国是典型的方国，其原因包括：其一，大型墓葬中青铜器数量繁多，且大多青铜武器并无使用痕迹，不少装饰华丽而无实用价值，当是代表身份地位的礼器或权力象征物。其二，社会分工很明显，除农用器物外，纺织业多由女性承担，女性贵族则控制着纺织品的生产，部分纺织品也可能是财富和身份地位的标志。其三，青铜器上不少狩猎场景装饰，当是滇人上层的娱乐或宗教性活动而非经济行为（这也可以解释为，这部分贵族已经从生产中脱离出来成为生产的管理者，承担了国家管理职能）。其四，尽管滇池区域没有发现城墙遗迹，但聚落之间的层级关系非常明显，石寨山、李家山、羊甫头、天子庙墓葬等级最高，墓地规模最大，有滇国青铜文化等级最高的大型墓，是不同时期滇青铜文化的权力中心；次一级为澄江金莲山、呈贡石碑村、昆明五台山、安宁太极山等墓群；又次一级为江川团山、呈贡小松山、昆明大团山、东川普车河等墓群。这三个级别的墓地"似乎与都、邑、聚的聚落规律基本对应，彼此之间有一定的统属关系"。[3]其五，滇国的政体很可能表现为与中原地区夏代相似的政权结构，即由多个同姓族邦联合形成，最早的权力中心在羊甫头和天子庙，有羊甫头M19、M113和天子庙M41之类的王墓，后移至石寨山区域，王族控制着滇池区域，李家山及其相当的族邦控制着玉溪地区，曲靖土堆墓族邦的地位似要低一些，因而滇国文化所表现的是"由以什数的大大小小的族邦构成的联合体"[4]，已步入早期国家的阶段——方国。其六，墓葬所见滇国社会分层较为复杂，可分五或六

---

[1] 黄懿陆：《滇国史》，云南人民出版社2004年版，第137—142页。
[2] 胡绍锦：《呈贡天子庙滇墓》，《考古学报》1985年第4期。
[3] 李昆声、钱成润主编：《云南通史》（第1卷），中国社会科学出版社2011年版，第355页。
[4] 李昆声、钱成润主编：《云南通史》（第1卷），中国社会科学出版社2011年版，第357页。

个层级，包括王族、贵族、政权执行者、基层官吏或族长、平民，不同阶层的群体具有明显的职业分工。其七，已具备不同的社会管理制度，"上仓图"说明滇国具有较完备的贡赋制度，刑法则有生命型（器物见斩首、喂蛇、牛践踏等）、身体型（器物见反缚双手下跪、戴枷、夹木、吊打等）、耻辱型（器物见当众赤身裸体等）、训诫型等[①]，征战及巡逻图见相应的军事制度。[②] 谢崇安依据滇池区域的人口数量测算，认为滇池区域当时的人口数量为四万多人，符合文化考古学所说一万至十万人口为方国的特征。[③]

与李昆声等的意见相似，蒋志龙近来的研究表明了古滇国是一个复杂的酋邦联合体，因为金莲山、石寨山、李家山、羊甫头、天子庙几处重要的墓葬文化均反映了各区域由王、王室成员或显贵、显贵或新贵、贵族、平民、贫民等群体所构成的区域性政治联合体，且存在和发展时间较长（表2-2）。

表2-2　　　　　　　　石寨山文化各墓地的社会结构

等级	墓地											
	金莲山		石寨山		李家山		羊甫头		天子庙		石碑村	
	中期	晚期	中期	晚期	中期	晚期	中期	晚期	中期	晚期	中期	晚期
王			√	√	√	√	√		√			
王室成员或显贵			√	√	√	√	√		√			
显贵或新贵		√	√	√		√		√				
贵族	√	√	√	√	√	√					√	√
平民												
贫民	√	√	√	√						√		√

资料来源：蒋志龙：《金莲山墓地研究》，吉林大学博士学位论文，2013年。

---

① 参见方慧《滇国法制初探》，《思想战线》2003年第2期。
② 李昆声、钱成润主编：《云南通史》（第1卷），中国社会科学出版社2011年版，第350—368页。
③ 谢崇安：《从环滇池墓区看上古滇族的聚落形态及其社会性质——以昆明羊甫头滇文化墓地为中心》，《四川文物》2009年第4期。

张增祺认为，滇国是保留了较多原始公社形态的奴隶制国家，所谓原始公社形态包括：所见奴隶主或祭祀活动的人几乎全都是妇女；滇池区域青铜器中有不少男女媾和形象；滇池区域青铜器中妇女多承担农事活动，男子多从事放牧、狩猎、战争等；大多墓群文化特征表现出相当强烈的单一氏族公墓特征；商品贸易很不发达；奴仆的主要来源是掠夺和战争中的俘虏，"滇人"中则找不到奴仆的痕迹；奴仆的占有和使用仅限于王室的个别生产部门和家内杂役。[①]

童恩正早先认为滇国是一个奴隶制国家，原因是：滇国阶层分化显著（见如前墓葬差异诸特征），但墓群的出现也表明氏族特征仍然明显；农业和手工业已获得相当发展，畜牧业也占相当比重；王族对平民采取了间接的、纳贡的剥削方式；奴仆主要来源于对外族的征战，并对外提供大量奴仆买卖。[②] 后来，童恩正又认为滇国本质上仍是酋邦制社会，其原因包括：其一，尽管滇中地区具有农业风险小的特点，但是湖泊众多、植物资源丰富、大量鱼蚌等可食性资源及多样的自然地理条件也为采集、渔猎等生计提供了长时期存在的空间，红壤的广泛分布对滇国农业生产也有相当的限制；其二，滇国的范围，按公认的理解只有十二万平方公里，人口只有三十万人左右；其三，滇池的环境，总体上是较为封闭的地理环境，对外交流相当有限。[③] 如上特征自然影响到了滇国的发展，使其"初期虽然也能由部落社会向复杂社会发展，但其规模和复杂的程度，都有一定的限制，到达某一阶段以后，它便会停滞不前"。[④] 因这些特征的存在，以及童恩正早先所说的奴隶制国家的某些特征的出现，童恩正最后将滇国定位为"复杂酋邦"社会，原因就是滇

---

① 张增祺：《古代滇王国奴隶制社会的特征》，《贵州民族研究》1982年第2期；同见张增祺《古代滇王国奴隶制社会的特征》，《中国西南民族考古》，云南人民出版社1990年版，第359—372页。
② 童恩正：《中国西南地区的奴隶社会（续一）》，《天府新论》1987年第2期。
③ 童恩正：《中国西南地区古代的酋邦制度——云南滇文化中所见的实例》，《中华文化论坛》1994年第1期。
④ 童恩正：《中国西南地区古代的酋邦制度——云南滇文化中所见的实例》，《中华文化论坛》1994年第1期，第88页。

国既保留了酋邦制社会的特点,但又跨进了向国家型社会转变的阶段,却又无法得到突破,陷入"集聚—发展—崩溃—集聚"的自我循环之中。① 翟国强在《先秦西南民族史论》中秉承童恩正后期观点。②

(二)古滇国的族群演进状态

李昆声和钱成润在考察所见滇池区域墓葬群后,依据其丧葬方式提出这样一个意见:

> 不同墓地里有多种丧葬方式,……不同的葬俗表明他们应该属于不同的民族,这种不同民族的人同葬一个墓地说明滇国并不完全是以血缘关系的宗族村落为单位,也有以地缘关系杂居的村落为单位,这是社会复杂化的结果,也说明滇国的统治范围已有一定的地域关系。③

李昆声和钱成润以此判定,滇国实际上进入了正脱离血缘关系转型为以地缘关系为基础的方国阶段。这尚是以呈贡天子庙文化特征得出的推论,亦即滇国的早期阶段。就现有的考古材料来看,滇国确应已步入以奴隶制为基础的方国阶段,而非简单的酋邦制社会,并表现在以地缘代替血缘,阶层代替部族两个转型特征上。

其一,滇国的阶层分化已非常明显。一方面,滇国的阶层分化如前所述可以划分出五到六个层级。另一方面,滇国的上层阶层,尽管主要以滇人为主,但并非完全由滇人担任。晋宁石寨山71号墓叠鼓形贮贝器(M71:142)上的人物形象中,两位骑马者应当来自两个部族的人群,左边的一个结髻,服饰简约;右边的一个椎髻,服饰较繁。同时,该贮贝器饰纹展开图中,椎髻与结髻的两位骑马狩猎者,服饰又有相同,说明两者在文化上的区分有淡化的迹象。

---

① 童恩正:《中国西南地区古代的酋邦制度——云南滇文化中所见的实例》,《中华文化论坛》1994年第1期,第88页。
② 翟国强:《先秦西南民族史论》,黑龙江教育出版社2011年版,第325—336页。
③ 李昆声、钱成润主编:《云南通史》(第1卷),中国社会科学出版社2011年版,第355页。

以上器物共涉及人物七人，骑马者四人，其中结髻者和椎髻者分别为二人；另外三人，结髻者二人，辫发者一人，场景所示角色大概是驱赶猎物和为骑马者扛回猎物。这样的场景反映的事实是，阶层中夹杂着族群，族群中夹杂着阶层；其中的狩猎者，应当是已脱离生产的阶层，这与前述引文推定大墓主人随葬品大多不具实用价值而是装饰价值的性质判定具有一致性。参见前文职业分工的论述，特别是汪宁生等不同族群分工的说明，可知阶层中夹杂族群、族群中夹杂阶层的痕迹在滇国文化中是很常见的。

其二，滇国的军队，当已制度化，应具有相当的数量且族群结构较为复杂。呈贡天子庙 33 号墓中有五牛盖铜贮贝器（M33：1），七人"皆高髻、长裙、跣足、肩扛长矛作巡逻状"，这是古滇国军队的形象写照。[1] 昆明羊甫头墓群滇文化墓葬达到 495 座，大型墓葬极少，位于墓群中心，中、小型墓葬围绕大型墓葬分布；昆明羊甫头墓群滇文化墓葬器物的特征之一是陶器占相当大的比例，与呈贡天子庙相似，反映该时期农业发展极为重要[2]，此二特征均可作为前已述及的阶层分化明显的例证。同时，昆明羊甫头墓群 M113 墓葬出土一箭箙（M113：365），长 49.6 厘米、宽 12.8 厘米、厚 4.0 厘米，阴刻图纹精美，臂甲（Ml13：265）亦如此。[3] 类似征战用具见于晋宁石寨山多具青铜器中，这暗示古滇国应当是具有相当数量的征战军队的，对于军事建设亦是相当重视，出土器物中军队用器物之多更是明显的说明。

关于滇国军队的数量，可能达到数万人之多。《汉书·地理志》说益州郡"户八万一千九百四十六，口五十八万四百六十三"，《汉书·西南夷传》又说"滇王者，其众数万人，其旁东北劳深、靡莫皆同姓相扶，未肯听"。这两个数字，一般认为"其众数万人"记得不正确，或者解释为"其众数万人"只是益州郡中原很

---

[1] 胡绍锦：《呈贡天子庙滇墓》，《考古学报》1985 年第 4 期。
[2] 杨帆、王桂蓉、梅丽琼等：《云南昆明羊甫头墓地发掘简报》，《文物》2001 年第 4 期。
[3] 杨帆、王桂蓉、梅丽琼等：《云南昆明羊甫头墓地发掘简报》，《文物》2001 年第 4 期。

小的滇国人的人口。谢崇安根据人口考古学墓葬与现实人口的比例为1∶5计算，认为环滇池地区人口在四万人以上，其测算依据是昆明羊甫头滇文化墓地群的规模。[①] 这里有两个问题：其一，环滇池区域只包括李昆声和钱成润所说的第一层权力中心区域，并不包括二、三层区域，后二者及其以下的群体数量应当是更多的；其二，墓葬所见，除考虑目前发掘情况外，还存疑的是这些墓葬未必就是当时去世时的全部阶层人口，大量的奴仆及战争人口可能并未留下墓葬，或者如童恩正所说，"真正的奴隶，恐怕多半是弃尸荒野，骸骨无存，什么痕迹也保留不下来的"[②]，但这些人口的数量却是相当庞大的。另外，滇国人口的分布还受族群因素的强烈影响。李昆声和钱成润已指出，滇国二、三级权力中心可能主要由族邦组成，这些群体主要分布在滇池、抚仙湖以外，所谓"族邦"实际上也就意味着这些群体的大量人口并未进入滇国中心区域，滇国中心区域的人口当以"滇人"为主，这就进一步削弱了滇池区域聚邑对人口的聚集效应。至于这些族邦的数量，尽管无法确定，但从汉设置益州郡二十四县的情形来看，除滇池区域的县外，尚约近二十个县是有聚邑的，其人口即使不如滇池区域那么多，也不会太少。滇池区域已有四万多人，那么整个益州郡的人口达到四十多万是可能的，《汉书》所说五十八万应当是可信的，"同姓相扶"只是涉及滇国部分族群而已。这就出现一个问题，"其众数万人"，指的可能是军队数量而不是全部人口的数量。

其三，滇国族群联盟的性质，并不是简单的酋邦。在众多场合中，滇人都具有至高无上的地位，这就相当于费孝通说中华民族的多元一体格局形成中存在一个凝聚核心一样，滇人是滇国区域内族群的核心。同时，滇人存在的众多场合中，最多的是祭祀和战争

[①] 谢崇安：《从环滇池墓区看上古滇族的聚落形态及其社会性质——以昆明羊甫头滇文化墓地为中心》，《四川文物》2009年第4期。

[②] 童恩正：《中国西南地区的奴隶社会（续一）》，《天府新论》1987年第2期。

类，也包括"诅盟"场景。在非战争的场景中，通常伴有军士的存在，说明滇国决定大政方针时并不仅仅是依靠部落的平等联合，而是存在使用武力使其他族群归依的性质。

其四，古滇国已具备不同的社会管理制度。前已述及，"上仓图"说明古滇国具有较完备的贡赋制度，人物形象中见有刑法制度①，征战及巡逻图见相应的军事制度。②

其五，传世文献所说滇王"同姓相扶"和"离西（南）夷"二事，在表明滇国具有血缘关系的同时，也说明了滇国有明显的地缘关系转化态势。"同姓相扶"和"离西（南）夷"的背景，都是说滇国面临汉王朝军队和昆明族的夹攻之势，"同姓相扶"自然可以解释为滇国上层极强的血缘关系，但"离西（南）夷"却无法完全用血缘关系来解释。"离西（南）夷"中的"西夷"，一般认为即与滇国结成短暂同盟的昆明族，又或是滇池与洱海之间较大区域的族群。若这样来理解，那么就意味着在滇国境内，除滇王族外基本没有实力较强的族群了，滇国境内的族群都以滇王为首举国而降。滇王附汉后，封为王的，只有滇王一人，这一情形与夜郎群体并不相同，这也从侧面反映出滇国境内实际上已不存在能够跟滇王族相抗衡的族群。

其六，李昆声和钱成润在考察所见滇池区域墓葬群后，认为不同等级的墓葬群表明了古滇国存在着相互统摄的都、邑、聚的聚落关系，古滇国已进入了早期国家形态的阶段，亦即方国阶段，正脱离原始的氏族、族邦阶段。谢崇安依据滇池区域的人口数量测算，认为滇池区域当时的人口数量为四万多人，符合文化考古学所说一万至十万人口为方国的特征。③但按前所述，谢崇安所推测的人口只是滇池区域的人口，并不是古滇国的全部人口。如按都、邑、聚

---

① 方慧：《古滇国法制初探》，《思想战线》2003年第2期。
② 李昆声、钱成润主编：《云南通史》（第1卷），中国社会科学出版社2011年版，第350—368页。
③ 谢崇安：《从环滇池墓区看上古滇族的聚落形态及其社会性质——以昆明羊甫头滇文化墓地为中心》，《四川文物》2009年第4期。

的聚落关系来看古滇国的族群关系，可知古滇国"多元一体"的格局已经构成，滇人为古滇国一体化的核心力量。

其七，不同的族群可能生活在同一区域内，此方面以昆明族与滇人的冲突最多，通常认为昆明族居于山间而滇人居于平坝，两者时有冲突。但各民族在同一区域内并非完全以冲突的形式共存，融合的形式亦不少，前文已引述过李昆声和钱成润对同一地不同族群墓葬分布的分析。①

总之，滇国应当是一个以奴隶制为基础的方国，其主要特征包括：其一，滇国阶层分化与族群关系不具有完全的单一对应关系，而是相互的混合关系，统治阶层是滇人无疑，但其中也包括非滇人的成分，在奴仆、战士、平民的层面上族群杂居融合的特征更为明显；其二，各族的分布，具有相当的集中性，但杂居性也是主流特征，多族群墓葬共处，"同姓相扶"等说明滇国文化不仅具有血缘关系的表现，地缘关系的表现也相当明显；其三，聚落的都、邑、聚的空间关系，动物搏噬纹的空间关系，都表明滇人在滇国内占据主导地位，区域性的"多元一体"格局明显；其四，滇国能够形成多族群共存的局面，无法用酋邦联盟来解释，滇国内的不同群体尽管具有混合性，但也有滇王族占据主导地位的特征，战争、军队、刑法等的存在说明滇国的统治不可能是平等的联盟制，而是有威慑力量的存在。

第三节　昆明族及其分布与迁徙

一　汉文史籍所见昆明族的分布

昆明族是西夷中较为重要的一个群体。《史记·西南夷传》云："同师以东，北至楪榆，名为嶲、昆明，皆编发，随畜迁徙，毋常

---

① 李昆声、钱成润主编：《云南通史》（第1卷），中国社会科学出版社2011年版，第355页。

处，毋君长，地方可数千里。"①同师是今大理以南、保山以北的澜沧江河谷，今永平、南涧县地；楪榆包括今金沙江以南的鹤庆、宾川、剑川、洱源等地。②"同师以东，北至楪榆"按郡县包括西汉时期益州郡的叶榆、邪龙、云南、弄栋、比苏、不韦、巂唐七县。

益州郡初置时，叶榆、邪龙、云南等县并未设置，《后汉书·西南夷传》云元封二年（前109）置益州郡时："以其地（指滇王之地）为益州郡，割牂柯、越巂各数县配之。"③但此时昆明族所居之地并未郡县化，"后数年，复并昆明地，皆以属之此郡"。④叶榆、邪龙、云南、弄栋、比苏、不韦、巂唐七县，也并非尽为昆明族所居。其中，巂唐前文已述为巂人群体的分布地。李贤还引《古今注》注《后汉书·郡国志》所载巂唐县曰："永平十年置益州西部都尉，治巂唐，镇尉哀牢人楪榆蛮夷。"⑤这里的"楪榆蛮"，实即昆明族之一部。由巂唐县"镇尉哀牢人楪榆蛮夷"的记载来看，巂唐在永昌郡设置之初具有特殊的战略地位。"镇尉哀牢人楪榆蛮夷"中的哀牢在巂唐之南，昆明族之一部的"楪榆蛮"则在巂唐之东。

史料所见昆明族活动也说明昆明族在巂唐之东。建初元年（76）类牢王类叛乱，"攻巂唐城，太守王寻奔楪榆。哀牢三千余人攻博南，燔烧民舍。……明年春，邪龙县昆明夷卤承等应募，率种人与诸郡兵击类牢于博南，大破斩之"。⑥由此条记载来看，昆明族居邪龙县（在今巍山）是无疑的，其北的叶榆，其东的云南（在今祥云）也当是昆明族所居，均在巂唐之东。博南县（在今永平）虽有"哀牢三千余人攻博南"的记载，但实是哀牢的分布地，《后汉书·西南夷传》云永平十二年（69）："哀牢王柳貌遣子率种人内属……。西南去洛阳七千里，显宗以其地置哀牢、博南二县，割益

---

① 《史记》卷116《西南夷传》，中华书局2014年点校修订本，第3625页。
② 张增祺：《中国西南民族考古》，云南人民出版社1990年版，第20页。
③ 《后汉书》卷86《西南夷传》，中华书局1965年点校本，第2846页。
④ 《后汉书》卷86《西南夷传》，中华书局1965年点校本，第2846页。
⑤ 《后汉书》志23《郡国志》，中华书局1965年点校本，第3514页注释[二]。
⑥ 《后汉书》卷86《西南夷传》，中华书局1965年点校本，第2851页。

州郡西部都尉所领六县，合为永昌郡。"①既然是"以其地置哀牢、博南二县"，则博南县当为哀牢群体所居。博南县为哀牢群体所居，则其南部的不韦县亦当为哀牢群体所居。

云南、弄（又作"梇"）栋、比苏三县，史料未详载其族群，但有可能为昆明族所居。建武十八年（42），"夷渠帅栋蚕与姑复、楪榆、弄栋、连然、滇池、建伶、昆明诸种反叛，杀长吏。……二十年，进兵与栋蚕等连战数月，皆破之。明年正月，追至不韦，斩栋蚕帅，凡首虏七千余人"②。姑复、楪榆、弄栋、连然、滇池、建伶、昆明诸名，除"昆明"在此用作族群名称外，其余均既是族名又是地名（县）。其中，姑复、楪榆、弄栋、连然等应是昆明族所居。《旧唐书·高宗本纪》载，唐王朝麟德元年（664）"于昆明之弄栋川置姚州都督府"。③"昆明之弄栋川"之"昆明"，可能指昆明族，也可能是地名。唐代史籍所见与汉代有关的族群主要是乌蛮，但也有昆明族。大和七年（833），"麟德殿对吐蕃、渤海、牂柯、昆明等使"。④这里的"昆明"即指的是族群。前已引述过《史记·西南夷传》所载昆明族情况，唐人张守节曾正义曰："昆明，巂州县，盖南接昆明之地，因名也。"⑤张守节所说的"昆明"是地名，为唐代巂州属县，在今盐源县地。"南接昆明之地"，则姑复在汉代也当是昆明族所居之地。弄栋为昆明族所居，则其西的云南也当是昆明族所居。

林超民认为，越巂郡的遂久县"大牛种"、姑缯夷（在青蛉县），均有与昆明族联合反叛的记载，当为昆明族。⑥姑缯与姑复可能存在血缘关系，可视为昆明族。遂久县"大牛种"，在《后汉

---

① 《后汉书》卷86《西南夷传》，中华书局1965年点校本，第2849页。
② 《后汉书》卷86《西南夷传》，第2847页。
③ 《旧唐书》卷4《高宗本纪》，"麟德元年"，中华书局1975年点校本，第85页。
④ 《旧唐书》卷17《文宗本纪》，"大和七年"，中华书局1975年点校本，第577页。
⑤ 《史记》卷116《西南夷传》，中华书局2014年点校修订本，第3626页注释［十］张守节正义。
⑥ 林超民：《试论汉唐间西南地区的昆明》，《民族研究》1982年第6期。

书·西南夷传》中是邛都夷之一部[①]，可能与昆明族有渊源关系，但在汉代未被视为昆明族，可暂置不论。此外，《史记·司马相如传》云司马相如"略定西夷，邛、筰、冄、駹、斯榆之君皆请为内臣"中的"斯榆"，林超民认为即叶榆，"叶"古音读如"斯"，叶榆又作"楪榆"。[②] 这里的斯榆，应只是昆明族群在越嶲郡的部分群体，因为司马相如使西夷时楪榆地区尚未实现郡县化（楪榆地区的郡县化按前所引在元封年间，当时司马相如已去世）。要之，从史料上看汉代的昆明族主要居于永昌郡的叶榆、邪龙、云南三县，益州郡的弄栋县，以及越嶲郡的姑复、青蛉二县。

二 考古文化所见昆明族的分布

考古文化所见昆明族的分布，较史籍所见昆明族的分布要广泛一些。前已引述过，《史记·西南夷传》说昆明族是"编发，随畜迁徙，毋常处，毋君长"的群体。晋宁石寨山出土的刻纹铜片所见人物形象（图 2-6），以及前文已讨论过的滇国青铜器所见辫发群体，应即昆明群体。在秦汉时期昆明族活动的相关区域，其新石器时代晚期的主要遗物是有肩石斧，但未见刀类、建筑遗迹、碳化谷物等，陶器也较少，应是游牧生活的反映。约在公元前 12 世纪，昆明族大量南迁至洱海区域，在坝区的昆明族开始从事农业，并逐渐替换该区域原有族群文化。约公元前 6 世纪，昆明族又

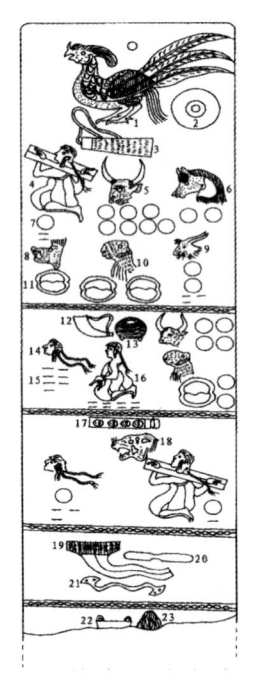

图 2-6 晋宁石寨山出土的刻纹铜片摹本

资料来源：樊海涛：《再论云南晋宁石寨山刻纹铜片上的图画文字》，《考古》2009 年第 1 期。

[①] 《后汉书》卷 86《西南夷传》，中华书局 1965 年点校本，第 2853 页。
[②] 林超民：《试论汉唐间西南地区的昆明》，《民族研究》1982 年第 6 期。

以洱海为中心四面扩张，昆明族文化也逐渐达到其文化所及的最大范围，即云南中部、西部、西北部，云南西南部亦见，东与滇文化相接。① 作为昆明族文化代表的万家坝型铜鼓，也广泛分布在云南楚雄、大理、丽江、保山、普洱、昆明、曲靖、红河、文山地区，以及与之毗邻的广西百色（广南）、四川西昌（盐源）地区（表2-3；在中国境外也有部分分布）。②

表2-3　　　　　　　西南区域万家坝型铜鼓分布地统计

地区		数量	出土地点	地区		数量	出土地点
云南	楚雄	7	楚雄万家坝（5）、大海波、三街	云南	昆明	6	不详
	祥云	1	大波那		大理	2	不详
	永胜	2	严家菁		曲靖	2	八塔台
	昌宁	2	八甲大山、天生桥		梁河	1	勐来
	牟定	3	小贝苴村、吴家山（一地不详）		蒙自	1	鸣鹫
	弥渡	2	三岔路、青石湾		砚山	1	大各大村
	腾冲	3	固东二龙山、古永苦草坝坡、中和		勐海	1	曼囡
	禄丰	1	麦池冲		安宁	1	太极山
	姚安	3	下新屯（2）、营盘山		丘北	1	草皮村
	大姚	1	七街		文山	1	平坝
	南涧	1	三岔河		广南	2	沙果村、者偏
	云县	1	曼遮	广西	田东	3	南哈坡（2）、大岭坡
	凤庆	1	石簸	四川	盐源	1	盐源

注：近年无相关发现报道。

资料来源：李昆声、黄德荣：《论万家坝型铜鼓》，《考古》1990年第5期；李昆声、黄德荣：《再论万家坝型铜鼓》，《考古学报》2007年第2期；李昆声、黄德荣：《论黑格尔Ⅰ型铜鼓》，《考古学报》2016年第2期。

---

① 张增祺：《中国西南民族考古》，云南人民出版社1990年版，第20页；刘金双、段丽波：《昆明族与滇国关系考——从考古学文化的视角》，《云南社会科学》2013年第4期。

② 李昆声、黄德荣：《论万家坝型铜鼓》，《考古》1990年第5期；李昆声、黄德荣：《再论万家坝型铜鼓》，《考古学报》2007年第2期。

学界一般认为，万家坝型铜鼓是昆明族所创造，而且主要存在于战国至东汉时期。李昆声等认为，滇中偏西地区是万家坝型铜鼓的起源地，越南、中国文山地区出土的万家坝型铜鼓都是从楚雄、大理等地传播过去的。[①] 由此亦可说明，两汉时期昆明族有东迁滇东南地区的态势。前已引述过建武十八年（42）"夷渠帅栋蚕与姑复、楪榆、弄栋、连然、滇池、建伶、昆明诸种反叛"[②] 之事，但未申明连然、滇池、建伶地区是否也有昆明族的分布。由滇国青铜器所见人物形象来看，战国秦汉时期已有大量昆明群体被迁滇池地区（一般是作为奴仆），两汉时期昆明族的东迁，可能使滇池以西、以南的区域有更多的昆明族分布，建武十八年参与反叛的群体可能主要就是昆明族。

昆明族东迁后，分布范围扩大，成为西南夷地区一个庞大的族群。《华阳国志·南中志》云："夷人大种曰昆，小种曰叟，皆曲头、木耳、环铁、裹结"[③] 中的"昆"即昆明族，所谓曲头是古代昆明族用铜制作的"头箍"或"发箍"，两端有穿孔，便于系索紧束；木耳乃是以木制作的耳环，见呈贡黄土山古墓残器数件，文献所称"木耳夷"当与此有关；环铁指铁手镯，滇西祥云检村古墓见两件[④]；裹结似是与椎髻民族交流后形成以布裹椎髻的特征，可能就是滇国青铜器中所见的螺髻群体。

三 彝文史籍所见战国秦汉时期昆明族的迁徙

前文引述汉文史籍和考古文化均表明两汉时期昆明族有东迁态势，汉文史籍也记载到隋唐时期滇东地区、黔西地区有昆明族的分布（黔西地区的昆明族一般称牂牁昆明）。不过，对于两汉魏晋南北朝时期昆明族的东迁情况，汉文史籍未详载，考古文化也没有发

---

① 李昆声、黄德荣：《再论万家坝型铜鼓》，《考古学报》2007年第2期；李昆声、黄德荣：《论黑格尔Ⅰ型铜鼓》，《考古学报》2016年第2期。
② 《后汉书》卷86《西南夷传》，中华书局1965年点校本，第2847页。
③ （晋）常璩撰，任乃强校注：《华阳国志校补图注》卷4《南中志》，上海古籍出版社1987年版，第247页。
④ 张增祺：《中国西南民族考古》，云南人民出版社1990年版，第25—26页。

现太多明确的证据。在彝文史籍中，却有部分材料记载昆明族的东迁情况。对于魏晋南北朝及隋唐时期昆明族的分布问题，方国瑜、林超民已有详论①，加之不在本书讨论的时间范围内，不作详论，这里主要就彝文史籍所见战国秦汉时期昆明族的东迁问题展开讨论。彝文史籍所载今彝族先民的迁徙是以滇北洛尼山为中心的（以"彝族六祖"笃慕为始），易谋远已对此类彝文史籍有详细的分析。②但与已关注到的彝文史籍不同，《铜鼓王》描述了倮支系由滇西向滇东、滇南迁徙的过程，与汉代史籍和考古文化所见昆明族东迁态势高度吻合，可能反映了汉代史籍和考古文化所见的昆明族东迁情况。③

《铜鼓王·铸鼓》载彝族先民昆夷由西北高原"南逃到雪山"后开始从事农业并发展铜器，铜鼓的创始人波罗、罗里芬夫妻制作了公、母铜鼓。④此事在考古材料上也有一定反映，楚雄万家坝型铜鼓就见于西南各地，但明显集中于楚雄、大理地区，而且李昆声和黄德荣早先就注意到此类铜鼓多有成对（公母）现象。⑤楚雄万家坝型铜鼓的生产时间据碳14测定距今已2600余年，可见迟至春秋晚期昆明族已分布在大理、楚雄地区。同时，按《铜鼓王·迁鼓》的记载其时昆明族还主要分布于滇西地区，"整个雪山地，都有铜鼓声"的描述加上前引"南逃到雪山"后发展农业的情况来看也只有滇西地区才符合地理条件，前文也已分析约在公元前12世纪洱海地区就有农业发展。

《铜鼓王》记载的此支彝族先民后向东迁徙，史载"滇王又宣

---

① 方国瑜：《中国西南历史地理考释》，中华书局1987年版，第516页；林超民：《试论汉唐间西南地区的昆明》，《民族研究》1982年第6期。

② 易谋远：《彝族史要》，社会科学文献出版社2000年版。

③ 汉文史籍所见昆明族，可能有的并无直接的渊源关系。比如，林超民等曾提出，洱海地区的昆明是"编（鬓）发"之民，而牂牁地区的昆明则是"曲头、木耳、环铁、裹结"。同被称为"昆明"的人，不仅分布地域，而且语言、风俗、嗜欲、服饰等方面都有差异，不能混为一谈（详见林超民《试论汉唐间西南地区的昆明》，《民族研究》1982年第6期）。今所称的彝族，其先民中有的群体可能也存在较远的渊流关系，《铜鼓王》所反映的彝族先民可能即是此类情况。

④ 黄汉国、黄正祥、高廷芳等译：《铜鼓王》，云南人民出版社1991年版，第19—23页。

⑤ 李昆声、黄德荣：《论万家坝型铜鼓》，《考古》1990年第5期。

告，接纳昆明族"，并且彝族祖先将铸铜鼓技术传给了滇人，滇人也由此发展了高超的铸铜鼓技术。[①] 之后滇人与昆明族发生了较大的冲突，《铜鼓王·诈鼓》载"天旋地也转，世事有多变"，原本"亲如一家人"的滇人与昆明族为争财产冲突日起，"人员遭杀戮，庄稼受摧残"。[②] 此次战乱必然导致彝族先民的迁徙，《铜鼓王·诈鼓》和《铜鼓王·祈鼓》均记载到昆明族迁徙到了都蒙地（红河境内），《铜鼓王·卫鼓》又记载到后因相互争斗昆明族再次迁到普厅河（富宁境内），宋时又南迁至普梅村（中越边境）及滇、桂交界地区。值得注意的是，《铜鼓王·诈鼓》《铜鼓王·祈鼓》和《铜鼓王·卫鼓》记载的诸彝族迁徙重要地都蒙、普宁二地，都蒙地在《铜鼓王》中有二，一是南诏旧称都蒙诏，二是《铜鼓王·诈鼓》所载与滇国作战后南迁之都蒙。《铜鼓王·诈鼓》说昆明族与滇人作战后：

> 为了求生存，聚众来商谈。个个出主意，最后作决断：出路只一条，还是往南迁。前奔都蒙诏（即南诏），远走把身安。于是离滇池，集体大搬迁。[③]

此处所云"前奔都蒙诏"事在《铜鼓王·争鼓》中亦有之，是迁滇之前的事，可能时间有误。[④] 正因各诏争斗，才导致昆明族东迁，故"前奔都蒙诏"意指不能再西迁了。此次迁徙不仅距离远，而且规模大，按《铜鼓王·诈鼓》、《铜鼓王·祈鼓》和《铜鼓王·卫鼓》的描述其迁徙地为：滇池地→滇南地（云地处亚热带；此处云"走进"，滇南地当是一种泛称）→老熊冲（南方，约一月而达，住至冬季并休整）→都蒙（今红河州境内，《铜鼓王·祈鼓》

---

① 黄汉国、黄正祥、高廷芳等译：《铜鼓王》，云南人民出版社1991年版，第52—59页。
② 黄汉国、黄正祥、高廷芳等译：《铜鼓王》，云南人民出版社1991年版，第73—89页。
③ 黄汉国、黄正祥、高廷芳等译：《铜鼓王》，云南人民出版社1991年版，第83页。
④ 《铜鼓王》此载时间有误。此所说的南诏当指哀牢，但又与六诏之事相混。后文云俫支系东迁滇池区域后又南迁至都蒙地、西洋江、普厅河等阶段都经历了不少代的发展，在普厅河发展后至京僚时方才至宋代，足见《铜鼓王·争鼓》《铜鼓王·迁鼓》所载南诏等事与汉文史籍中的南诏、大理事有差距。

描述其地理环境为"都蒙好地方，水秀山也青。到处是河流，水草绿茵茵。坝子很肥活，泥黑地也松"，当即今蒙自地区）→西洋江（数月而至，因后又云翻山越岭后至普厅河，当是东迁。西洋江疑为今经文山、马关的明江）→普厅河（此后数代至京獠一代时已为宋）。

以上迁徙路径按之汉文史料，《铜鼓王·铸鼓》《铜鼓王·争鼓》所载不会晚于汉文史料的战国时期，此期的事迹主要是昆明族的发展及其内部的争斗。《铜鼓王·迁鼓》《铜鼓王·赞鼓》《铜鼓王·传鼓》《铜鼓王·诈鼓》等所载之事当主要在战国两汉时期，其记载的主要事迹是昆明族与滇人的共同发展及争斗之事，其间昆明族有几次距离较小的迁徙。《铜鼓王·祈鼓》《铜鼓王·卫鼓》所载是东汉魏晋南北朝至隋唐之事，其主要的事迹是昆明族由滇池向南迁，在老熊冲、都蒙这两个重要的滇南地都有长时间的停留和发展。

以上所见《铜鼓王》所记载之昆明族的迁徙与前引李昆声等分析的楚雄万家坝型铜鼓东传路线相似，即昆明族东迁之后主要聚居在滇中楚雄地区，受滇人攻伐后沿红河一线向东南迁徙，后到达普厅地区，宋时又南迁至中越边境地区。李昆声等所研究的铜鼓多在战国秦汉时期，考虑到《铜鼓王·诈鼓》《铜鼓王·祈鼓》《铜鼓王·卫鼓》所记载的事是连续发生的，且《铜鼓王·诈鼓》载欲迁往都蒙地，《铜鼓王·祈鼓》《铜鼓王·卫鼓》则载昆明族在都蒙地之事，说明昆明族的南迁时段主要是在《铜鼓王·诈鼓》所载事迹中，即与滇人发生大规模冲突之时，不会晚于东汉晚期，与考古材料所见楚雄万家坝型铜鼓东传时段相差不大。

第四节　哀牢的族群结构及其分布

一　哀牢及其族群结构问题

哀牢是战国秦汉时期的一个重要方国。《后汉书·西南夷传》载哀牢在九隆时九隆被"共推以为王"①，哀牢国立。"共推"表明九隆时哀牢当是部族联盟制。九隆立国后，其部族还与"种人皆刻画其身，象龙文，衣皆著尾"②的哀牢山下群体婚配，也反映了哀牢国的联盟性质。九隆之后，哀牢"分置小王，往往邑居，散在溪谷"③，部族联盟制仍得保留。据《哀牢传》记载，哀牢传国情况如下：

> 九隆代代相传，名号不可得而数，至于禁高，乃可记知。禁高死，子吸代；吸死，子建非代；建非死，子哀牢代；哀牢死，子桑藕代；桑藕死，子柳承代；柳承死，子柳貌代；柳貌死，子扈（贤）栗（粟）代。④

扈栗当即《后汉书·西南夷传》所载的贤栗，史载建武二十三年（47）哀牢王"贤栗遣兵乘箪船，南下江、汉，击附塞夷鹿茤"。二十七年，"贤栗复遣其六王将万人以攻鹿茤"。⑤不过，扈栗之前的柳貌，在汉文史籍中却活动于扈栗之后。《后汉书·西南夷传》载永平十二年（69）："哀牢王柳貌遣子率种人内属，其种邑王者七十七人。"⑥一种可能是，柳貌与扈栗并非同一部族。例如，柳貌之前哀牢王有柳承、柳代，均姓柳（"柳"，史籍又形讹为"抑"），"扈"无论是从音还是从形的层面上均与"柳"相去甚远。王叔武也说："'贤栗'一名不见于《哀牢传》，或非柳貌一系。"⑦

---

① 《后汉书》卷86《西南夷传》"哀牢"条，中华书局1965年点校本，第2848页。
② 《后汉书》卷86《西南夷传》"哀牢"条，中华书局1965年点校本，第2848页。
③ 《后汉书》卷86《西南夷传》"哀牢"条，中华书局1965年点校本，第2848页。
④ （汉）杨终《哀牢传》，王叔武辑著：《云南古佚书钞》，云南人民出版社1981年版，第2页。一般认为"扈栗"即"贤栗"，"柳貌"即"柳貊"，又作"抑狼""柳狼"，均见于汉文史籍。按此辑本，哀牢历代之王顺序为：禁高—吸—建非—哀牢—桑藕—柳承—柳貌—扈栗，共八代。查《哀牢传》诸本，即李贤注《后汉书》、《云南古佚书钞》（王叔武辑）、《汉唐地理书钞》（王谟辑）、《汉唐方志辑佚》（刘纬毅辑）所载诸本，均为八代。宁超《滇国、滇越国、哀牢国、掸国、八百媳妇国史料汇编》辑本《哀牢传》呈现的是"禁高—吸—建非—哀牢—桑藕—柳承—扈栗"的顺序，共七代，缺了柳貌一代。
⑤ 《后汉书》卷86《西南夷传》"哀牢"条，中华书局1965年点校本，第2848页。
⑥ 《后汉书》卷86《西南夷传》"哀牢"条，中华书局1965年点校本，第2848页。
⑦ 王叔武辑著：《云南古佚书钞》，云南人民出版社1981年版，第3页注释。

《彝族源流》之《艾鲁谱系》所载哀牢世系，却又与汉文史籍不同。《艾鲁谱系》的哀牢世系如下：

> 鲁儒纪（音译九隆，下同）—儒纪古（禁高）—纪古许（吸）—许籍奋（建非）—籍奋艾鲁（哀牢）—艾鲁叟厄（桑藕）—叟厄吕柴（柳承）—吕柴吕姆（柳貌）—吕姆余吕（扈［贤］栗）—余吕舍支—舍支确—确鲁蒙—蒙默遮—黔遮窦—窦毕吕—吕通奋—奋阿武—武阿蒙—阿蒙舍。①

按《艾鲁谱系》的记载，柳貌应活动于扈栗之前才对。由于《艾鲁谱系》采用的是父子连名制，似更为可信。

扈栗之后，哀牢为王者尚有类牢，史载建初元年（76）"哀牢王类牢与守令忿争，遂杀守令而反叛，攻巂唐城。……攻博南"②。类牢攻巂唐城、攻博南，则其分布地与扈栗当相去不远，史籍却未载类牢与贤栗的关系，表明类牢与扈栗可能并非同一群体。《艾鲁谱系》的哀牢世系中，若类牢与扈栗为同一群体，则应是余吕舍支或舍支确，但音均不合。王叔武认为类牢为哀牢群体的"其他邑王，与柳貌并无直接亲属关系"，此说当是。③哀牢群体王族并不一致，在汉文史籍中也有反映。《后汉书·显宗孝明帝纪》载永平十二年（69），"益州徼外夷哀牢王相率内属，于是置永昌郡，罢益州西部都尉"。④这里的"哀牢王相率内属"，便表明当时存在互不统摄的诸王，并非一王。结合前述柳貌与扈栗的情况来看，东汉时期的哀牢群体可能确是联盟性质，且缺乏统一性的王族。

哀牢国的存在时间，一般取《华阳国志》所记沙壹、九隆二代，加《哀牢传》所记禁高至扈栗八代，共十代。按《说文解

---

① 毕节地区彝文翻译组译：《彝族源流》（第9—12卷），贵州民族出版社1992年版，第256—264页。
② 《后汉书》卷86《西南夷传》，中华书局1965年点校本，第2851页。
③ 王叔武辑著：《云南古佚书钞》，云南人民出版社1981年版，第4页注释。
④ 《后汉书》卷2《显宗孝明帝纪》，中华书局1965年点校本，第114页。

字》"三十年为一世"的说法，或三百年①；或取一世为二十五年为二百五十年；或取一世为二十年，为两百年。②这些意见，都只能确定禁高在周秦之际，而"九隆代代相传，名号不可得而数"则无法解释；另外，扈栗以下，尚有类牢一代。按耿德铭的意见，哀牢国可取十五或十六代，持续约四百年。③《艾鲁谱系》与类牢相近时段及其之后的世系尚有十世，似也应视为哀牢国的存国时间。《旧唐书·南蛮西南蛮传》曰："南诏蛮，本乌蛮之别种也，姓蒙氏。蛮谓王为'诏'。自言哀牢之后，代居蒙舍州为渠帅，在汉永昌故郡东，姚州之西。"④"代居蒙舍州为渠帅"之"蒙舍"应与《艾鲁谱系》中哀牢的最后一世阿蒙舍有关。南诏兴起于隋唐之际，"代居蒙舍州"说明在"蒙舍"之后尚有数代。又因蒙舍为地名，可能是阿蒙舍群体留下的地名，则阿蒙舍未必要与南诏有必然的世系关系，"代居蒙舍州"的时间可能更久。

此外，史籍所载如上哀牢王中，贤栗攻鹿茤时尚有其他六王，柳貌内属时尚有"邑王者七十七人"，可见迟至东汉初哀牢国仍实行联盟制，且是氏族联盟制。氏族联盟制意味着哀牢国族群结构比较复杂。《艾鲁谱系》也有这样的记载：

> 阿蒙舍时代，迁往西边去，到啥咪奋龙，确舍来扶持，就是这样的。⑤

阿蒙舍西迁后得到确舍的帮助，应反映了两个较大群体的共生问题。此记载也表明至阿蒙舍时哀牢群体也不止一部。

---

① （民国）龙云、卢汉修、周钟岳等纂：《新纂云南通志》卷2，云南人民出版社2007年版，第42页。
② （晋）常璩撰，刘琳校注：《华阳国志校注》卷4《南中志》，成都时代出版社2007年修订版，第223页。
③ 耿德铭：《史籍中的哀牢国》，《云南民族大学学报》（哲学社会科学版）2002年第6期；耿德铭：《哀牢国与哀牢文化》，云南人民出版社2003年版。
④ 《旧唐书》卷197《南蛮西南蛮传》"南诏"条，中华书局1975年点校本，第5280页。
⑤ 毕节地区彝文翻译组译：《彝族源流》（第9—12卷），贵州民族出版社1992年版，第264页。

以上涉及的群体可视为狭义的哀牢群体。此外，在哀牢国尚有其他群体。《华阳国志·南中志》载，哀牢国"东西三千里，南北四千六百里"，其民"有穿鼻、儋耳种，闽、越濮、鸠僚。其渠帅皆曰王"，"有闽濮、鸠僚、僄越、裸濮、身毒之民"。[1] 在这些群体中，只有"穿鼻、儋耳"群体是真正的哀牢群体，《后汉书·西南夷传》载哀牢的特征云："哀牢人皆穿鼻、儋耳，其渠帅自谓王者，耳皆下肩三寸，庶人则至肩而已。"[2]

二 哀牢国的族群分布

哀牢国族群结构比较复杂，但秦汉史籍载其较详者比较少，主要有狭义的哀牢群体和鹿茤部。狭义的哀牢群体分布，其北界在永平地区，其分布的中心区域则可能在盈江地区，东汉时期在此设有哀牢县。李贤曾引《古今注》注《后汉书·郡国志》所载巂唐县曰："永平十年置益州西部都尉，治巂唐，镇尉哀牢人楪榆蛮夷。"[3] 由此条记载来看，哀牢群体当分布在巂唐以南区域。与此条记载相应，建初元年（76）哀牢王类叛乱时，曾攻巂唐城、博南城（均在今永平）[4]，可见哀牢群体应分布在今永平以南区域。永平十二年（69）哀牢王柳貌率其部众附汉，汉朝廷才设置永昌郡。永昌郡曾辖不韦、巂唐、比苏、楪榆、邪龙、云南、哀牢、博南八县，但只有哀牢、博南二县为永平中置（应即永平十二年），且明确记载为哀牢群体内附后置，即为哀牢群体所居之地。不韦县虽设置较早，但一般认为当设置于今保山北。不韦县以北的博南县尚为哀牢所居，则不韦县也当是以哀牢内附而设置的县。前引哀牢王攻巂唐城、博南城的群体，当即居于不韦县。

今凤庆至永平一带的澜沧江，大体应是西汉时期哀牢群体与昆

---

[1] （晋）常璩撰，任乃强校注：《华阳国志校补图注》卷4《南中志》，上海古籍出版社1987年版，第285页。
[2] 《后汉书》卷86《西南夷传》"哀牢"条，中华书局1965年点校本，第2849页。
[3] 《后汉书》志23《郡国志》，中华书局1965年点校本，第3514页注释[二]。
[4] 《后汉书》卷86《西南夷传》，中华书局1965年点校本，第2851页。

明族的分界线。2012 年在昌宁大甸山发掘了一批战国中晚期至西汉晚期墓葬，其中土洞墓 23 座，土坑竖穴墓 174 座，瓮棺墓 1 座。报道者认为，土洞墓、土坑竖穴墓应分别属于哀牢群体和氐羌群体，但土坑竖穴墓所属族群尚无法断定。[①]大甸山以北的坟岭岗也曾发现 50 座土坑竖穴墓，报道者认为应属嶲、昆明群体所留。[②]由于昌宁地区处嶲、昆明、哀牢群体三角区域，土坑竖穴墓确可能为嶲、昆明群体所留，可暂取昌宁地区的土坑竖穴墓为嶲、昆明群体所留的意见。由于昌宁地区存在两种不同形制的墓葬，说明西汉时期昌宁地区可能是族群杂居区域。由不同类型墓葬数量来看氐羌群体似应占有较高比例。

鹿茤，《后汉书·西南夷传》载建武二十三年（47）哀牢王贤栗"遣兵乘箄船，南下江、汉，击附塞夷鹿茤"，李贤注云："鹿茤，茤单多，其种今在"[③]；《集解》引沈钦韩谓"'江汉'字误，当为'澜沧'"，又引惠栋谓"《水经注》'鹿茤'作'鹿崩'"。[④]赵吕甫认为汉代所称"附塞夷"可能为哀牢之"附塞"部，在今伊洛瓦底江，为唐时寻传蛮所居之地，疑即《云南志》所载之禄㝫。[⑤]任乃强认为鹿茤为"附塞夷"，指的是鹿茤靠近汉代郡县边徼。[⑥]《华阳国志》记载如上事件为"南攻鹿茤"，且有耆老曰"哀牢略徼"，刘琳据此认为鹿茤当在徼内，按西汉并东汉初版图只及怒江，则"哀牢所下江应为怒江，鹿茤在今施甸、镇康一带"。[⑦]

"塞"确有"徼"之意（详见后文），"附"则未必在徼内。

---

① 胡长城、王黎锐、杨帆：《云南昌宁县大甸山墓地发掘简报》，《考古》2016 年第 1 期。
② 云南省文物考古研究所：《云南昌宁坟岭岗青铜时代墓地》，《文物》2005 年第 8 期。
③ 《后汉书》卷 86《西南夷传》"哀牢"条，中华书局 1965 年点校本，第 2849 页注释［三］。
④ 《后汉书》卷 86《西南夷传》"哀牢"条，中华书局 1999 年简体字本，第 1935 页注释。
⑤ （唐）樊绰著，赵吕甫校释：《云南志校释》卷 4《名类》，中国社会科学出版社 1985 年版，第 160 页。
⑥ （晋）常璩撰，任乃强校注：《华阳国志校补图注》卷 4《南中志》，上海古籍出版社 1987 年版，第 289 页注释［七］。
⑦ （晋）常璩撰，刘琳校注：《华阳国志校注》，成都时代出版社 2007 年修订版，第 224 页。

"附",《说文解字》"𨸏"部"附"字说"附娄,小土山也"①,清段玉裁又说"土部坿,益也"。②"益",通"溢",所谓"附塞夷"当在徼外,但沿徼。按字意,鹿茤的分布应以刘琳所说为是。不过,鹿茤的分布地可能比今施甸、镇康二县的地域范围要小一些。建武二十三年(47)哀牢王贤栗攻鹿茤时,"贤栗复遣其六王将万人以攻鹿茤,鹿茤王与战,杀其六王"。③鹿茤王能够取得胜利,其户口当不会太少。建武二十七年哀牢王贤栗率部归附时,"户二千七百七十,口万七千六百五十九"。④贤栗王曾率六王,其户口只有两千余户,鹿茤的户数当不会超过这个数。史籍所载鹿茤王,应只是部落主。贤栗所率六王,加贤栗一王,共七王,平均每王只统有约四百户。永平十二年,哀牢王柳貌率众内附,"其种邑王者七十七人,户五万一千八百九十,口五十五万三千七百一十一"⑤,加上柳貌,每个王也只统有不到七百户的户口。四百户至七百户,应只有数村而已。这也反映出,鹿茤的地域范围不可能太大。

哀牢国哀牢、鹿茤以外的其他群体,因秦汉时期史籍所载极少,不容易确定其分布地。不过,裸濮应与隋唐时期的朴子蛮、野蛮(又称裸蛮)有渊源关系,分布在永昌郡西部(今滇西及其与缅甸毗邻的区域);闽濮应与隋唐时期的望蛮、三濮有渊源关系,分布在永昌郡南部(今滇南地区);鸠僚应与隋唐时期的僚人有渊源关系,分布在永昌郡东南部(今滇东南)。⑥《华阳国志·南中志》记载蜀汉章武初永昌郡无太守,"值诸郡叛乱,功曹吕凯奉郡丞蜀

---

① (汉)许慎:《说文解字》卷14"𨸏"部,中华书局1963年影印本,第305页上。
② (汉)许慎著,(清)段玉裁注:《说文解字注》卷13"土"部,上海古籍出版社1981年影印本,第689页下。
③ 《后汉书》卷86《西南夷传》"哀牢"条,中华书局1965年点校本,第2849页。
④ 《后汉书》卷86《西南夷传》"哀牢"条,中华书局1965年点校本,第2849页。
⑤ 《后汉书》卷86《西南夷传》"哀牢"条,中华书局1965年点校本,第2849页。
⑥ 因超出本书时间范围,不详论。可参看(唐)樊绰著,赵吕甫校释《云南志校释》卷4《名类》,中国社会科学出版社1985年版,第163—172页;方国瑜《中国西南历史地理考释》,中华书局1987年版;王文光、朱映占《哀牢研究三题:历史人类学视角》,《广西民族大学学报》(哲学社会科学版)2014年第4期;朱映占、翟国强、龙晓燕等《云南民族通史》,云南大学出版社2016年版。

郡王伉保境六年。……李恢迁濮民数千落于云南、建宁界，以实二郡"。①这里的"濮民"或指裸濮，或指闽濮，原文未明确记载。方国瑜认为，濮即哀牢群体②，似被迁的群体即哀牢群体，然为何部未详，现亦难以考证。此次被迁的濮人应主要是迁往云南郡。《太平御览》注引《永昌郡传》曰："云南郡在建宁南四十五里，治云南县，亦多夷濮，分布山野。"③

---

① （晋）常璩撰，任乃强校注：《华阳国志校补图注》卷4《南中志》，上海古籍出版社1987年版，第286页。
② 方国瑜：《唐代前期洱海区域的部族》，《云南民族大学学报》1984年第2期。
③ 《太平御览》卷791《南蛮·西南夷》"濮"条，中华书局1966年影印本，第3508页下。

第三章 汉族群体分布格局的拓展与"汉夷"格局的演变

华夏群体进入西南地区并成为汉族群体的一部分，应始于周慎靓王五年（前316）秦定巴蜀。秦定巴蜀后，大量华夏群体迁居巴蜀地区，并逐渐成为巴蜀地区的主要群体。秦汉时期同时是华夏群体演变为汉族的时期，在这一过程中，西南区域的汉族群体分布地域之演变以两种方式交互进行。一种方式是，大量的华夏群体不断迁居巴蜀地区，并向西南夷地区扩展，使得迟至汉末时汉族群体已成为巴蜀地区的主要族群，在西南夷地区也有其聚居地。另一种方式是，迁居巴蜀地区的华夏族群，与巴蜀土著群体发生族群融合，也对巴蜀地区族群结构的转型特别是汉族分布格局的变化产生了明显的影响。西南区域汉族分布格局的变化，同时引起了"汉夷"格局的变化，形成了"巴蜀—西南夷"族群分布格局。

第一节 战国时期北方群体的迁入

战国时期北方群体进入西南区域有两个特点：在移民来源的层面上，早期的移民以秦民入川为主，秦统一六国时期则以关东地区移民为主；在移民迁入地的层面上，战国时期北方群体进入西南区域仅限于巴蜀地区。

一 秦移民入川

一般认为，北方移民进入西南特别是巴蜀地区应始于周慎靓王五年（前316）秦定巴蜀。但在此之前，因巴蜀地区地近中原，当已有一定数量的北方移民进入巴蜀地区。《后汉书·南蛮传》记载巴国有"世尚秦女"的风尚。① 与之相似，周显王三十二年（前337）蜀侯遣使使秦，"秦惠王数以美女进，蜀王感之，故朝焉。惠王知蜀王好色，许嫁五女于蜀"。② 由这两条记载来看，秦国建立后与巴、蜀存在大量的文化交流，且有一定数量的秦人进入巴蜀地区。

周慎靓王五年（前316）秦定巴蜀后，为加强对巴蜀地区的控制，更有大量秦移民进入巴蜀地区。史载周赧王元年（前314）秦置巴郡时，以"戎伯尚强"，"移秦民万家实之"。③ 由此条记载来看，最初的秦民入川，是有组织性的移民，而且规模比较庞大。为控制巴蜀地区，具有影响的大族也可能被迁往巴蜀地区。如蔺氏，司马错伐蜀时即已居蜀，魏末才由蜀归关中居郑县。④

除此之外，秦法严苛，犯罪者也大量移入巴蜀地区。《史记·项羽本纪》就载范增说："巴、蜀道险，秦之迁民皆居之。"⑤《汉书·高帝纪》也注引如淳注曰："秦法，有罪迁徙之于蜀汉。"⑥ 迁入巴蜀地区的罪人，大体有两类。一类是秦达官贵族，此类群体迁徙时往往有数千家之多。如《史记·秦始皇本纪》载秦王政九年（前238）嫪毐作乱被杀后，"夺爵迁蜀四千余家，家房陵"⑦。两年后，受嫪毐之乱徙蜀者都免赋役。《史记·吕不韦传》又载秦王政十一年，徙吕不韦"家属"入蜀⑧。除了吕不韦家人外，《华阳国

---

① 《后汉书》卷86《西南夷传》，中华书局1965年点校本，第2841页。
② （晋）常璩撰，任乃强校注：《华阳国志校补图注》卷3《蜀志》，上海古籍出版社1987年版，第122页。
③ （晋）常璩撰，任乃强校注：《华阳国志校补图注》卷3《蜀志》，上海古籍出版社1987年版，第128页。
④ （唐）林宝撰，岑仲勉校记：《元和姓纂》（附四校记）卷9"蔺氏"，中华书局1994年版，第1273页。
⑤ 《史记》卷7《项羽本纪》，中华书局2014年点校修订本，第403页。
⑥ 《汉书》卷1《高帝纪》，中华书局1965年点校本，第31页注释［五］。
⑦ 《史记》卷7《秦始皇本纪》，中华书局2014年点校修订本，第293页。
⑧ 《史记》卷85《吕不韦传》，中华书局2014年点校修订本，第3049页。

志·汉中志》载吕不韦舍人万家被徙至新城郡房陵县。①

普通平民犯罪也有被迁往巴蜀地区的案例,只是此类案例见于史籍者极少。睡虎地秦墓②竹简记录了一位父亲要求将儿子迁往蜀地边县的情况,并要求其子终身不得离开蜀地边县,官府似乎未经审讯即同意了这位父亲的要求。③葛剑雄推断,官府未经审讯即能将犯罪者迁往蜀地,说明当时有一套成熟的安置"罪犯"入蜀的制度。④若如此,则因罪被迁往巴蜀地区的平民当有相当的数量。

大量的秦民入川,留下了大量与秦移民有关的地名。其重要者如严道,《史记·樗里子传》载樗里子秦惠文王二十六年(前312)"助魏章攻楚,败楚将屈丐,取汉中地。秦封樗里子,号为严君"。"严君",司马贞《索隐》曰:"严君是爵邑之号,当是封之严道。"⑤不过,严道的得名另有一说。《太平御览·州郡部》剑南道"雅州"条引《蜀记》注严道曰:"秦灭楚,徙楚严王之族于此,故谓之严道。"⑥唐宋时期的嘉州罗目县有秦水,《太平寰宇记》曰:"秦水在县西一百二十里,昔秦惠王伐蜀,移秦人万家以实蜀中,秦人思秦之泾水,乃呼此水为泾水。唐天宝六年改为秦水。"⑦此条秦水的说法,《读史方舆纪要·四川·嘉定州》袭之。

墓葬材料方面也可证战国中后期的秦民入川情况。据滕铭予的研究,关中地区秦墓从春秋早期到战国中期的时段以口大底小的长方形竖穴土坑墓为主,且带二层台,这是秦墓固有的传统墓葬形制;战国中晚期,关中秦墓出现洞室墓并渐向东向西扩展。⑧西南

---

① (晋)常璩撰,任乃强校注:《华阳国志校补图注》卷2《汉中志》,上海古籍出版社1987年版,第87页。
② 本书所说的秦墓,包括秦国秦人墓,即秦定巴蜀至一统六国时期的秦人墓(前316—前221)和秦一统六国后的秦人墓(前221—前206),即秦代墓。
③ 睡虎地秦墓竹简整理小组编:《睡虎地秦墓竹简》,文物出版社1990年版,第261页。
④ 葛剑雄:《中国移民史》(第2卷),福建人民出版社1997年版,第78页。
⑤ 《史记》卷71《樗里子传》,中华书局2014年点校修订本,第2787页。
⑥ 《太平御览》卷166《州郡部·剑南道》"雅州"条,中华书局1966年影印本,第809页下。
⑦ 《太平寰宇记》卷74《剑南西道》,中华书局2007年点校本,第1151页。
⑧ 滕铭予:《关中秦墓研究》,《考古学报》1992年第3期。

地区战国中晚期发现了类似于秦关中地区的墓葬，判断为"秦民移川"者所遗留，主要有青川郝家坪墓地、荥经曾家沟和古城坪墓地、成都市龙泉驿区墓地[1]，现简述如下。

四川青川县郝家坪战国墓群发掘72座墓，见半两钱、"更修为田律"木牍及"二年十一月"纪年牍等可供断代的器物（尤以M50为代表），墓群时代断为战国晚期。72座墓均为竖穴墓，无墓道，部分墓有生土二层台。所见随葬器物具有秦、楚文化特征，但未发现楚墓中常见的鼎、簠、壶，鼎、敦、壶或鼎、簠、敦、壶组合形式，却有关中秦墓组合中的鼎、壶组合要素，故可判定为秦人墓[2]，原报道者也认为其族当为"秦民移川"者。[3]

成都龙泉驿区北干道木椁墓群共发掘30座，漆器多楚文化特征，亦见秦半两钱，报道者推断为楚移民，断代在战国晚期至西汉初。[4]李明斌按所见报道的部分墓口大底小墓、有二层台及出土器物中有陶釜等特征认为当是秦文化为主。[5]

荥经曾家沟的七座秦墓（M11—M16、M21），均为长方形土坑竖穴墓，多有熟土二层台，并有头箱、边箱的存在。[6]随葬品中，漆器组合跟青川郝家坪秦人墓几乎完全相同，罐、釜组合亦与战国秦墓相似。宋治民、李明斌都认为荥经曾家沟的七座墓为秦墓。[7]

以上秦民入川区域，均集中在后来所称的金牛道沿线。此外，还当有一部分秦民沿嘉陵江南下。《后汉书·板楯蛮传》记载了这样

---

[1] 宋治民：《秦人移民墓葬的发现和研究》，《蜀文化与巴文化》，四川大学出版社1998年版，第253—258页；李明斌：《论四川盆地的秦人墓》，《南方文物》2006年第3期。

[2] 李明斌：《论四川盆地的秦人墓》，《南方文物》2006年第3期。

[3] 李昭和、莫洪贵、于采芑：《青川县出土秦更修田律木牍——四川青川县战国墓发掘简报》，《文物》1982年第1期；左培鼎、吴光烈、尹显德等：《四川青川县郝家坪战国墓群M50发掘简报》，《四川文物》2014年第3期。

[4] 江章华、刘雨茂：《成都龙泉驿区北干道木椁墓群发掘简报》，《文物》2000年第8期。

[5] 李明斌：《论四川盆地的秦人墓》，《南方文物》2006年第3期。

[6] 四川省文管会、雅安地区文化馆、荥经县文化馆：《四川荥经曾家沟战国墓群第一、二次发掘》，《考古》1984年第12期；四川省文物管理委员会、荥经县文化馆：《四川荥经曾家沟21号墓清理简报》，《文物》1989年第5期。

[7] 宋治民：《秦人移民墓葬的发现和研究》，《蜀文化与巴文化》，四川大学出版社1998年版，第253—258页；李明斌：《论四川盆地的秦人墓》，《南方文物》2006年第3期。

一件趣事：

> 秦昭襄王时，有一白虎，常从群虎数游秦、蜀、巴、汉之境，伤害千余人。昭王乃重募国中有能杀虎者，赏邑万家，金百镒。时，有巴郡阆中夷人，能作白竹之弩，乃登楼射杀白虎。昭王嘉之，而以其夷人，不欲加封，乃刻石盟要，复夷人顷田不租，十妻不算，伤人者论，杀人者得以倓钱赎死。盟曰："秦犯夷，输黄龙一双；夷犯秦，输清酒一钟。"夷人安之。①

秦昭襄王时，已在板楯蛮地区设置巴郡，故说"国内"。盟文中的"秦"，指的就是秦移民。而由盟文来看，当时巴蜀地区的秦人与板楯蛮应当已有较严重的族群冲突，才有必要盟誓。而较严重的族群冲突，则意味着有大量的秦人迁入巴郡。

二 关东移民入川

秦朝是一个大移民的时代，北方群体的迁徙极为频繁。② 对于西南区域来说，在秦统一全国的过程中，有为数不少的关东群体被迁往巴蜀地区。《汉碑集释·尹宙碑》说："秦并天下，侵暴大族，支判流离，或居三川，或居赵地。"③ 这里的"三川"，概指当时的巴蜀地区④，可见在秦统一六国的过程中巴蜀地区是安置六国移民的重要区域之一。《史记·货殖列传》载有卓氏、程氏之事，一定程度上代表着当时关东移民入川的迁入地取向：

> 蜀卓氏之先，赵人也，用铁冶富。秦破赵，迁卓氏。卓氏见虏略，独夫妻推辇，行诣迁处。诸迁虏少有余财，争与吏，求近处，处葭萌。唯卓氏曰："此地狭薄。吾闻汶山之下，沃野，下有蹲鸱，至

---

① 《后汉书》卷86《西南夷传》，中华书局1965年点校本，第2842页。
② 详见葛剑雄《中国移民史》（第2卷），福建人民出版社1997年版，第256页。
③ 高文：《汉碑集释》，河南大学出版社1997年版，第424—432页。
④ 刘复生：《由虚到实：关于"四川"的概念史》，《中国历史地理论丛》2013年第4期。

死不饥。民工于市，易贾。"乃求远迁。致之临邛，大喜，即铁山鼓铸，运筹策，倾滇蜀之民，富至僮千人。田池射猎之乐，拟于人君。程郑，山东迁虏也，亦冶铸，贾椎髻之民，富埒卓氏，俱居临邛。①

此条记载中有两条重要信息：其一，在卓氏迁徙过程中，已有大量的六国移民居于葭萌地区。文中的"迁虏"，泛指山东六国被迁徙的群体。其二，卓氏、程氏居本为蛮夷的临邛地区能够达到巨富，拥有仆僮至千人，说明迁至临邛地区的北方移民当是不少的，数量太少则立足尚难，无法使大量的西南夷群体沦为仆僮。《华阳国志·蜀志》就记载了蜀郡临邛县，"本有邛民，秦始皇徙上郡实之"。②这里的"上郡"，并非指秦汉时期设置的郡级政区上郡，而是泛指"上郡""下郡"之分中的"上郡"。③

秦及秦王朝移民入川的规模，现已难知其详情。但从巴蜀地区文化演变态势来看，移入巴蜀地区的北方群体当是相当可观的。前文已提及，蜀西南的濮人，在两汉之际已受汉族分布的影响而南迁滇东北地区，说明在两汉之际蜀中心区域应当已尽为汉族所居了，而汉族当主要来源于北方移民。当然，在北方移民入蜀后，也必然引起古蜀人与北方移民的融合。正是由于北方移民户口众多，才引起了蜀地文化的巨大变化。例如，《华阳国志·蜀志》对蜀地的文化变迁有这样的描述：

秦惠文、始皇克定六国，辄徙其豪侠于蜀，资我丰土。家有盐铜之利，户专山川之材，居给人足，以富相尚。故工商致结驷连骑，豪族服王侯美衣，娶嫁设太牢之厨膳，归女有百两之从车，送葬必高坟瓦椁，祭祀邛羊豕夕牲，赠襚兼加，赗赙过礼，此其所失。原其由

---

① 《史记》卷129《货殖列传》，中华书局2014年点校修订本，第3977页。
② （晋）常璩撰，任乃强校注：《华阳国志校补图注》卷3《蜀志》，上海古籍出版社1987年版，第160页。
③ （晋）常璩撰，任乃强校注：《华阳国志校补图注》卷3《蜀志》，上海古籍出版社1987年版，第160页注释[十七]。

来，染秦化故也。①

在晋人常璩看来，战国中后期秦人入川及六国移民入川是巴蜀地区文化繁荣的重要因素。此种文化变迁态势反映出，秦王朝移民入川当有相当的数量。扬雄在《蜀都赋》中也说："秦、汉之徙，充以关东。"② 而由扬雄、常璩的论述来看，秦及秦王朝时期移入巴蜀区域的北方群体，可能关东群体占有更高的比例。

第二节 西汉时期北方群体的迁入及汉族群体的分布格局

一 西汉时期北方群体的南迁

秦汉之际北方战乱，可能已有大量北方群体移居巴蜀地区③，只是史料较略。《汉书·扬雄传》载：

> 其先出自有周伯侨者，以支庶初食采于晋之（杨）[扬]……扬在河、汾之间……扬侯逃于楚巫山，因家焉。楚汉之兴也，扬氏溯江上，处巴江州。而扬季官至庐江太守。汉元鼎间避仇复溯江上，处岷山之阳曰郫。④

由扬雄家族的迁徙情况来看，在秦汉之际已有大量中原群体由峡江西进进入巴蜀地区。峡江一带当为中古汉族群体迁居巴蜀地区

---

① （晋）常璩撰，任乃强校注：《华阳国志校补图注》卷3《蜀志》，上海古籍出版社1987年版，第148页。
② （清）严可均辑：《全晋文》卷74左思《蜀都赋》，商务印书馆1999年版，第777页。
③ 在中国历史时期，每逢北方战乱，均有大量北方群体移居巴蜀地区。如唐高祖《遣使安抚益州诏》云："西蜀僻远，控接巴夷；厥土沃饶，山川遐旷。往者隋末丧乱，盗寇交侵，流离之民，遂相杂揉。游手堕业，其类实繁。"参见《全唐文》卷2《遣使安抚益州诏》，中华书局1983年影印本，第27页上。
④ 《汉书》87《扬雄传》，中华书局1962年点校本，第3513页。

的重要通道，四川省博物馆藏有东汉《巴郡太守樊敏碑》拓片，其文曰：

> 晋为韩魏，鲁分为扬。充曜封邑，厥土河东。楚汉之际，或居于楚，或集于梁。君缵其绪，华南西疆。滨近圣禹，饮汶茹汸……光和之末……①

樊敏家族的西迁，与扬雄家族一样是在楚汉之争时期溯峡江而上。由碑文来看，樊敏家族西迁后当一直居于碑文所说的汶江（水）区域（在雅安芦山地区，该碑发现于此地，其族当居此地），直至东汉末。

刘邦为汉王时，曾有一次规模较大的中原群体西迁活动，史载"列侯从高帝入蜀、汉中者六十八人，皆益封各三百户"。②此六十八人不可能全部封在汉中地区，当有很大部分是封在蜀地的。《汉书·高帝纪》载高帝十年（前197）"令士卒从入蜀、汉、关中者""皆复终身"③；十二年又诏"入蜀、汉定三秦者，皆世世复"。④这两条诏书说明，随刘邦西迁的群体广泛分布在汉中、巴蜀地区。

秦汉之际的北方战乱，还导致了北方经济遭到极大破坏。在此态势之下，入汉以来仍有大量北方群体进入巴蜀地区。如史载汉元二年，"诸侯并起，民失作业，而大饥馑。凡米石五千，人相食，死者过半。高祖乃令民得卖子，就食蜀汉。"⑤灾荒导致的流民群体，通常来说规模庞大，此期迁入巴蜀地区的群体当不在少数。

汉朝建立后，将关东大族及犯人群体迁入西南区域的秦制得到沿袭，也当导致大量北方群体迁入西南区域特别是巴蜀地区。《汉

---

① 谢凌：《〈东汉巴郡太守樊敏碑〉考》，《四川文物》2000年第1期。
② 《史记》卷10《孝文本纪》，中华书局2014年点校修订本，第534页。
③ 《汉书》卷1《高帝纪》，中华书局1962年点校本，第73页。
④ 《汉书》卷1《高帝纪》，中华书局1962年点校本，第78页。
⑤ 《汉书》卷24《食货志》，中华书局1962年点校本，第1127页。《汉书》卷1《高帝纪》亦载此事。

巴郡朐忍令广汉景云碑》详细记载了景氏群体的西迁原因及流徙过程，云：

> 汉巴郡朐忍令广汉景云叔于，以永元十五年（103）季夏仲旬己亥卒。君帝高阳之苗裔，封兹楚熊，氏以国别。高祖龙兴，娄敬画计，迁诸关东豪族英杰，都于咸阳，攘竟蕃卫。大业既定，镇安海内。先人伯沈，匪志慷慨，术禹石纽、汶川之会。帱屋甲帐，龟车留遗，家于梓潼，九族布列，裳繞相龙，名右冠盖。①

由《汉巴郡朐忍令广汉景云碑》记载来看，景氏原为中原贵族，封于楚国熊地。西汉初，景氏因迁关东豪族以实关中的原因被迁咸阳，后又迁居汶川地区，再迁梓潼。汉代的朐忍在今云阳，但景氏应当未迁至云阳地区，而是仍居梓潼地区，《华阳国志》云梓潼县大姓有四，文、景、雍、邓，《华阳国志》提及的景氏有景毅（曾任益州太守）、景鸾、景骞等。②不过，不排除景云群体可能又会长期居于云阳的可能。如，成都老官山汉墓（均为竖穴土坑墓）M1多件耳杯上有漆书铭文"景氏"文字材料③，索德浩结合《汉巴郡朐忍令广汉景云碑》及上文所引史料分析认为，这是汉初南迁的景氏群体中的一部分进入成都地区留下的，而M1的封土、竖穴土坑木椁墓、墓葬填充青膏泥、椁室分区、大量随葬漆木器等文化特征则表明M1景氏的最初来源为楚地。④

东汉顺帝时期的《王孝渊碑》则明确记载到汉初有部分关东豪族被直接由关东迁往巴蜀地区。碑云：

---

① 吉林省文物考古研究所、云阳县文物管理所：《重庆云阳旧县坪台基建筑发掘简报》，《文物》2008年第1期；魏启鹏：《读三峡新出东汉景云碑》，《四川文物》2006年第2期。
② （晋）常璩撰，任乃强校注：《华阳国志校补图注》，上海古籍出版社1987年版，第91、497、612页。
③ 成都文物考古研究所、荆州文物保护中心：《成都市天回镇老官山汉墓》，《考古》2014年第7期。
④ 索德浩：《成都老官山汉墓M1墓主族属考察》，《考古》2016年第5期。

永初二年（108）四日丁巳，故县功曹郡掾□□孝渊卒。呜呼！□孝之先，元□关东，□秦□益，功烁纵横。汉徙豪杰，迁□□梁，建宅处业，汶山之阳。①

王孝渊家族本居关东，"汉徙豪杰，迁□□梁"等字表明王孝渊家族是在汉初因"汉徙豪杰"而被迁往蜀地的。

在犯人迁徙方面，仅王侯一类的迁徙就有十余例。王族的迁徙，以汉中的上庸、房陵地区最为集中。自建元三年（前138）迁济川王明至汉中始，至平帝元始三年（3），前后共有9王被迁往汉中地区。②这9王中，有6王被徙往房陵地区，《华阳国志·汉中志》"新城郡"条也说"汉时宗族、大臣有罪，亦多徙此县（房陵县，为新城郡治县）"。③蜀地也是迁徙罪犯的重要地区之一。汉元十一年（前196），"梁王彭越谋反，废迁蜀"。④吕氏失势后，有一支吕氏群体也被迁往蜀地。成都近郊一处汉墓门枋上的石刻谓吕氏：

唯吕氏之先，本丰沛吕氏子孙。……禄兄征过，徙蜀汶山□□□□□□□□建成侯急征过，徙蜀汶山□□东杜（社）造墓藏丘冢。⑤

景帝前元六年（前151），淮南王作乱被平后，"迁蜀"。⑥

除了王侯一类群体被迁往汉中、巴蜀地区以外，在西汉时期一般的平民犯罪也可能被大量迁往汉中、巴蜀地区。元鼎年间（前116—前111），且兰反，"汉乃发巴蜀罪人尝击南越者八校尉击破之"。⑦这里的"巴蜀罪人"，便不大可能全部来源于巴蜀地区，其

---

① 谢雁翔：《四川郫县犀浦出土的东汉残碑》，《文物》1974年第4期。
② 详见葛剑雄：《中国移民史》（第2卷），福建人民出版社1997年版，第256页。
③ （晋）常璩撰，任乃强校注：《华阳国志校补图注》卷2《汉中志》，上海古籍出版社1987年版，第87页。
④ 《汉书》卷1《高帝纪》，中华书局1962年点校本，第71页。
⑤ 四川省博物馆藏，引自索德浩：《峡江地区汉代移民初步研究》，《中华文化论坛》2008年第2期。
⑥ 《史记》卷10《孝文本纪》，中华书局2014年点校修订本，第540页。
⑦ 《史记》卷116《西南夷传》，中华书局2014年点校修订本，第3631页。

中当包括大量由其他区域迁入巴蜀地区的罪人。

西汉时期西南区域的移民特别是北方移民群体，其分布已突破巴蜀地区而向西南夷地区延伸。北方移民群体向西南夷地区的延伸，总的来说包括三种类型。一种类型是因汉开西南夷地区后出于对西南夷地区的管理而派驻的官员，分布于各县治所所在地。例如，史籍中记载到汉开僰道、南夷道（或称夜郎道）、西夷道（又称零关道、灵关道）、博南道（或称永昌道）时，都有置吏的记载。另一种类型是因开发西南夷地区的需要而迁徙的群体，如《史记·平准书》说武帝开南夷道时，"悉巴蜀租赋不足以更之"，"乃募豪民田南夷"，"作者数万人"。[1] 此类群体的移民，当为数不少。汉武帝开益州后，为加强对益州地区的管理，罪人也是被迁往益州地区的对象之一，《华阳国志·南中志》"晋宁郡"条就记载到益州初开时，"汉乃募徙死罪及奸豪实之"。[2] 第三种类型，是因巴蜀中心区域特别是成都平原人口压力而导致的自主移民，如《华阳国志·蜀志》载犍为郡僰道县云："本有僰人，故《秦纪》言僰童之富。汉民多，渐斥徙之。"[3] 此类移民，当以巴蜀地区的汉族群体为主。

二 西汉时期汉族群体的分布格局

西汉时期，汉族群体已成为巴蜀地区的主要族群，在西南夷地区也有为数不少的汉族群体。历史时期西南区域汉族的分布格局，通常可以用正史或其他史料所载户口格局来反映[4]，但《汉书·地理志》和《后汉书·郡国志》所载西南区域户口数据不仅包括汉族群体，也包括非汉族的土著群体，无法用户口数据来讨论汉族的分布格局。一些学者已试图采用其他具有指示作用的材料来讨论汉族分

---

[1] 《史记》卷30《平准书》，中华书局2014年点校修订本，第1739页。
[2] （晋）常璩撰，任乃强校注：《华阳国志校补图注》卷4《南中志》，上海古籍出版社1987年版，第267页。
[3] （晋）常璩撰，任乃强校注：《华阳国志校补图注》卷3《蜀志》，上海古籍出版社1987年版，第210页。
[4] 例如魏晋隋唐时期的载籍户口数据便主要是汉族载籍户口数据。

布格局，主要是汉系墓、大姓和士女材料。①

如上汉族分布的指示材料中，涉及西汉时期的主要是室墓、大姓和士女三个方面②，崖墓则主要是东汉时期讨论汉族分布的指示材料。室墓一般分为石室墓和砖室墓两类，一般认为是汉族群体遗留，且为汉族群体中的中原移民遗留，没有太大异议。③

大姓方面，许倬云曾指出："大姓之所在，当可作为汉人移民所至的指标。"④许倬云所说的大姓，主要就是《华阳国志》前四卷中所交代的大姓（附表4）。不过，许倬云的判断只能说大体可信，因为部分大姓并非源于汉族，而是西南夷群体。例如，巴郡江州的大姓波、毋、鈆、然、谢等，其实是西南夷群体，任乃强说这些姓氏"多是中原所无之稀姓，说明其中（指大姓）颇多是少数民族"。⑤又如，涪陵郡的豪族徐、蔺、谢、范，实来源于獽、蜑之民。⑥再如，《华阳国志》中的大姓，又多见于《益部耆旧传》，但《益部耆旧传》所载大姓既有源于汉族者，又有源于汉夷融合者，又有夷者，并非单一来

---

① 参见罗二虎《四川崖墓的初步研究》，《考古学报》1988年第2期；罗二虎《四川汉代砖石室墓的初步研究》，《考古学报》2001年第4期；孙俊《战国秦汉西南族群演进的空间格局与地理观念》，云南师范大学博士学位论文，2016年；孙俊、武友德《秦汉西南"汉夷"格局——以〈华阳国志〉豪族士女和考古室崖墓分布为中心》，《中国边疆史地研究》2018年第2期。

② 在墓葬材料中，不排除部分土坑竖穴墓亦为汉族群体所遗留。如，成都天回镇老官山汉墓4墓均为西汉时期的土坑竖穴墓，其中M1见有多件耳杯上有漆书铭文"景氏"字样，报道者推测为关东楚地移民关中后又在西汉初南迁蜀地的望族（王军、陈平、杨永鹏等：《成都天回镇老官山汉墓发掘简报》，《南方民族考古》2016年第12辑）。索德浩结合史料和其他考古材料详细梳理了秦汉时期景氏由关东楚地迁关中后又南迁蜀地的过程，并提出绵阳双包山汉墓大墓M1、M2（均为土坑竖穴墓）、邛崃羊安汉墓群24号点大墓M36、M39（均为土坑竖穴墓）也可能是关东群体迁蜀遗留的观点（详见索德浩《成都老官山汉墓M1墓主族属考察》，《考古》2016年第5期）。

③ 童恩正：《近年来中国西南民族地区战国秦汉时代的考古发现及其研究》，《考古学报》1980年第4期；罗二虎：《四川汉代砖石室墓的初步研究》，《考古学报》2001年第4期；孙俊：《战国秦汉西南族群演进的空间格局与地理观念》，云南师范大学博士学位论文，2016年；孙俊、武友德：《秦汉西南"汉夷"格局——以〈华阳国志〉豪族士女和考古室崖墓分布为中心》，《中国边疆史地研究》2018年第2期。

④ 许倬云：《汉代四川人才的分布与道路的关系》，《历史分光镜》，上海文艺出版社1998年版，第153页。

⑤ （晋）常璩撰，任乃强校注：《华阳国志校补图注》卷1《巴志》"涪陵郡"条，上海古籍出版社1987年版，第32页。

⑥ （晋）常璩撰，任乃强校注：《华阳国志校补图注》卷1《巴志》，上海古籍出版社1987年版，第41—42页。

源。① 此外，考古材料也反映出大姓中也有夷人或汉夷融合后的群体。例如，成都站东乡汉墓群 M3 中"宴饮图""传经图"中的人物，虽全是"左衽"②，但从图上来看当是豪族，且汉文化程度也不低，这类人物当即《华阳国志》中发生群体融合后的"夷人"大姓。

相较于大姓，《华阳国志·序志并士女目录》专门列出的士女，则应当绝大多数源于汉族群体。士女的分布地，通常来说均有大姓分布，有士女而无大姓分布的区域，查《华阳国志》之《先贤士女总赞》《序志并士女目录》所见士女均与"夷"无关。

西汉时期西南区域室墓、士的分布情况如表 3-1、表 3-2 所示。

表 3-1　　　　　　　　西汉时期西南区域室墓分布

地区	数量（墓）	墓地
成都	8*	凤凰山汉墓（3）、青白江区大同磷肥厂工地汉墓（5*）
广汉	27	二龙岗墓群
汉源	6	龙王庙汉墓
邛崃	3	土地坡汉墓群
昭觉	9	好谷村古墓群
巫山	>50	瓦岗槽墓地、水田湾墓地、下湾遗址、下西坪古墓群、秀峰一中两汉墓地
巴县	16	冬笋坝汉墓
丰都	3*	火地湾墓地、林口墓地、麒麟包墓群
江北区	6	四马溪遗址汉墓
万州	>15	西山公园汉墓（1）、大坪墓群（7*）、钟嘴墓群（5）、嘴嘴墓群（2）
云阳	3*	洪家包墓地
忠县	4*	将军村墓群汉墓（1*）、崖脚墓地（3*）
赫章	27*	（城西）可乐甲类汉墓
清镇、平坝	13*	羊昌河汉墓
威宁	3*	中水汉墓

注：（1）表中墓地一栏涉及多个墓地时，均注明不同墓地数量（未注明者为不明确）。（2）带"*"者为估测数据，主要原因是相应墓地中的室墓包括西汉、东汉时期的数据，且部分墓葬断代不清晰。（3）清镇、平坝墓数为两县毗邻的羊昌河流域墓数，原报道未详细区分，故一并统计；后文同。（4）墓地中带有的"汉墓""砖室墓"等字样，是为文献检索的方便而保留的，这些字样通常也是文献中的字样。

资料来源：见附表 2。

---

① （三国）谯周：《益部耆旧传》，载王文才编：《蜀志类钞》，巴蜀书社 2010 年版，第 20—58 页。
② 见徐鹏章《成都站东乡汉墓清理记》，《考古通讯》1956 年第 1 期。

表 3-2　　　　　　　　　西汉时期西南区域士分布

郡	县	士数（人）	郡	县	士数（人）
蜀郡	成都	7		江州	*
	临邛	3		枳	*
	郫	3		临江	*
	江原	2		平都	*
	繁	2	巴东郡	朐忍	*
	广都	2		阆中	*
广汉郡	新都	?	巴西郡	南充国	*
	绵竹	?		安汉	*
	雒	?		江阳	*
	什邡	?	江阳郡	汉安	*
	广汉	?		新乐	*
	郪	?	宕渠郡	宕渠	1
犍为郡	武阳	?		成固	4
	资中	?	汉中郡	褒中	1
	南安	?		南郑	
	僰道	?	魏兴郡	西城	1
梓潼郡	梓潼	?	朱提郡		*
	涪	?	建宁郡	味	*
巴郡	垫江	*	永昌郡	不韦	*

注：表中标"?"者表示有较多士的分布但原材料未分期；表中标"*"者表示有较多大姓但无士记载的情况。

资料来源：见附表4。

由表3-1、表3-2来看，西汉时期汉族群体主要分布在汉中地区，成都平原的成都、资阳、内江、德阳、绵阳、广汉等地，峡江地区，川西南的西昌地区，黔西北及黔中地区。汉中地区本书未梳理其墓葬材料，但该区在上古时期是西南区域最先华夏化的区域，在秦汉时期未见非汉族群大量定居的材料，在西汉时期其居民当以汉族群体为主。此外，汉中地区也有为数不少的大姓、士女的存在。在成都平原，成都、资阳、内江、德阳、绵阳、广汉等地的室墓分布虽然不多，但士的分布较多，成都平原应当是秦及西汉时期中原移民分布最多的区域。在峡江地区，尤其是峡江东部地区，江北区、巴县、巫山、万州的室墓分布为当前西南区域室墓分布最多的区域。峡江地区巴郡、巴东郡、江阳郡等《华阳国志》所载士没有分布，但由于该区除有大量的室墓外，大姓数量亦不少，当有大量的汉族群体居住。例如，《华阳国志·南中志》记载有江阳县的一件趣事："昔云世祖微时，过江阳，有一子，望气者曰：'江阳有贵儿气。'王莽求之，县人杀之。后世祖为子立祠，谪江阳民不使冠带者数世。"[1]这里的"县人""江阳民"，一般不指明"蛮夷"的都是汉族，可能此期此地已有大量汉族分布。所谓"不使冠带者数世"，应当是对犯事汉族的一种处罚。

以上区域是西汉时期汉族的主要分布区。除了以上分布区，西汉时期还有两个较为重要的汉族分布区。其中的川西南西昌地区，昭觉好谷村古墓群发现有一定数量的室墓，说明西汉时期曾有一定数量的汉族群体迁居这一地区。昭觉并不是西汉重镇，其西的西昌市是西汉时期越巂郡郡治所在，当有更多的汉族群体居住。此外，1988年在昭觉县四开区好谷乡发掘的石表、石碑中有如下字样[2]：

领方右户曹史张湛白前换苏示县有秩冯佑转为安斯乡有秩庚子诏书听转示部为安斯乡有秩如……光和四年（181）……诏书听郡则上诸安斯二乡复除☐齐☐乡及安斯有秩诏书既日☐☐☐劝农督邮书掾李仁邛都奉行……诏书即日始君迁千里☐☐☐☐……（石表1）

☐☐大官守长常部曲部劝农督邮书掾李仁邛☐☐☐于诏书书到奉行务……（石表1表侧）

（初平二年？，191）冲要为诸郡国……百人以为常屯……二百人……马☐☐☐☐☐☐☐宗亲……二乡缘此……队食汉民治水……书赐复除……丁男给宅☐☐☐☐缮治邮亭……（石碑1）

缮治……故遣……复除……集……官民……益州……其……田

---

[1] （晋）常璩撰，任乃强校注：《华阳国志校补图注》卷3《蜀志》，上海古籍出版社1987年版，第182页。

[2] 刘弘、陈娜、唐亮：《四川凉山州昭觉县好谷乡发现的东汉石表》，《四川文物》2007年第5期。

租部署……缮治……缮治……授买汉民田地……部署坐盟陈府君故遣……集会……（石碑1碑阴）

由以上内容来看，东汉后期曾在越巂郡进行过一定规模的屯垦。这一情况可从如下方面反映出来：其一，当时越巂郡设有劝农督邮一职，此职《汉书》《后汉书》均无，当是临时设置①，但亦可见"劝农"曾在越巂郡是一项重要政务。其二，越巂郡屯垦的区域不止一处，"换苏示县有秩冯佑转为安斯乡有秩"表明，当时越巂郡的屯垦之地至少有两处，一处在苏示县，一处在"安斯乡"，且"安斯乡"当在当时的卑水县。有秩，两汉均有此官，《汉书·百官》曰："十亭一乡，乡有……有秩、啬夫……。……啬夫职听讼，收赋税……"②；《后汉书·百官》云："乡置有秩……。本注曰：有秩，郡所署，秩百石，掌一乡人；其乡小者，县置啬夫一人。皆主知民善恶，为役先后，知民贫富，为赋多少，平其差品。"③由"换苏示县有秩冯佑转为安斯乡有秩"的记载来看，当时冯佑所曾任、转任的两个乡，均应为较大的乡。大乡，按《后汉书·百官》的说法有五千户之多。其三，由"百人以为常屯……二百人"等字来看，当时越巂郡每一屯区有二百人。除此之外，由"队食汉民治水""书赐复除""丁男给宅"等字来看，当时仍在鼓励移民，越巂郡应存在军屯和民屯两类屯户。东汉时期如上文字记载到的汉族群体，其先民可能与西汉时期已存在的室墓墓主有关。

西汉时期另一个较重要的汉族分布区是黔西北及黔中地区。赫章、威宁、清镇、平坝发掘的室墓，应为汉族群体遗留。比较而言，虽然黔西北、黔中地区的室墓发现地不多，但其数量却不算太少。不过，黔西、黔中地区的汉族群体，未能成为这些区域的主要

---

① 考释详见伊强《〈光和四年石表〉文字考释及文书构成》，《四川文物》2017年第3期。
② 《汉书》卷19《百官公卿表》，中华书局1962年点校本，第742页。
③ 《后汉书》志28《百官志》，中华书局1965年点校本，第3624页。

族群，而是与南夷群体杂居。特别是，赫章可乐汉墓，虽数量较多，持续时间较长，却与南夷群体处在相同的墓地[1]，说明在这一区域的汉族群体数量不会太多，且未能成为主要居民。

除了以上区域外，益州地区西汉时期应有一定数量的汉族群体居住，只是相关材料分期不明（大姓），暂时难以讨论，留待东汉部分一并论述。

第三节　东汉时期汉族群体的多向迁徙与分布格局演变

一　东汉时期汉族群体的多向迁徙

西汉末成帝至东汉初，因自然灾害频发及战乱的原因，曾有一次大规模的北方汉族群体入蜀事件。从现有的研究来看，两汉之际的公元前45年至公元30年是秦汉时期气候比较寒冷的时期，尤以东中部为甚。[2] 在这一时期，北方社会经济遭到重创，并引发大规模流民问题。永始中，谷永的奏对中提到"百姓财竭力尽，愁恨感天，灾异屡降，饥馑仍臻。流散冗食，喂死于道，以百万数"。[3] 哀帝即位初，"阴阳错谬，岁比不登，天下空虚，百姓饥馑，父子分散，流离道路，以十万数"。[4] 由于东中部气候寒冷，自然灾害发生率较高，导致大量东部汉族群体西迁。《汉书·食货志》载西汉末，"北边及青徐地人相食，雒阳以东米石二千……流民入关者数十万人"。[5] 一代名士山东琅邪人承宫，"将诸生避地汉中，后与妻子之蒙阴山"。[6]

---

[1] 贵州省博物馆考古组、贵州省赫章县文化馆：《赫章可乐发掘报告》，《考古学报》1986年第2期。
[2] 葛全胜等：《中国历朝气候变化》，科学出版社2011年版，第146—147页。
[3] 《汉书》卷85《谷永传》，中华书局1962年点校本，第3462页。
[4] 《汉书》卷81《孔光传》，中华书局1962年点校本，第3358页。
[5] 《汉书》卷24《食货志》，中华书局1962年点校本，第1145页。
[6] 《后汉书》卷27《承宫传》，中华书局1965年点校本，第944页。

流入关内的群体，稍后又大规模外迁。更始二年（24），"赤眉遂烧长安宫室市里，害更始。民饥饿相食，死者数十万，长安为虚，城中无人行"。①建武二年（26），"三辅大饥，人相食，城郭皆空，白骨蔽野"。②关内群体的外迁，巴蜀地区是一个重要的迁入地。例如，扶风茂陵申屠刚在王莽篡位时，"避地河西，转入巴、蜀，往来二十许年"。③廉范之父曾任大司马庸部牧，当居关中，"范父遭丧乱，客死于蜀汉，范遂流寓西州"。④所谓"丧乱"，当指王莽乱政。2010年在成都发掘的《裴君碑》有"累锡苻银，四世遵統。爱命典蜀，荡心垂治……。祖自河东，先人造创。银艾相承，选由孝廉。……迹立八载，元嘉有二"等字⑤，说明裴君在建康元年（144）至元嘉二年（152）任蜀郡郡守。裴君史载未详，由"祖自河东，先人造创。银艾相承，选由孝廉"，"累锡苻银，四世遵統"等文字来看裴氏当在西汉末或东汉初流入蜀地，可能与两汉间的河东群体流入蜀地有关。

公孙述据蜀，也对北方群体迁居巴蜀地区有一定影响。《后汉书·公孙述传》载：

> 蜀地肥饶，兵力精强，远方士庶多往归之。……自更始败后，光武方事山东，未遑西伐，关中豪杰吕鲔等往往拥众以万数，莫知所属，多往归述，皆拜为将军。遂大作营垒，陈车骑，肄习战射，会聚兵甲数十万人，积粮汉中，筑宫南郑。⑥

这里记载到的迁入巴蜀地区群体数量不详，但其规模当是相当可观的，吕鲔便有众数万。《后汉书·公孙述传》记载到归附公孙述

---

① 《汉书》卷99《王莽传》，中华书局1962年点校本，第4193页。
② 《后汉书》卷11《刘盆子传》，中华书局1965年点校本，第484页
③ 《后汉书》卷29《申屠刚传》，中华书局1965年点校本，第944页。
④ 《后汉书》卷31《廉范传》，中华书局1965年点校本，第1101页。
⑤ 谢涛、卢引科、代福尧：《成都天府广场东御街汉代石碑发掘简报》，《南方民族考古》2012年第9辑。
⑥ 《后汉书》卷13《公孙述传》，中华书局1965年点校本，第535页。

的延岑、田戎二人，也曾有众数万：

> 延岑、田戎为汉兵所败，皆亡入蜀。……岑字叔牙，南阳人。始起据汉中，又拥兵关西，所在破散，走至南阳，略有数县。戎，汝南人。初起兵夷陵，转寇郡县，众数万人。岑、戎并与秦丰合，丰俱以女妻之。及丰败，故二人皆降于述。①

建武初，岑彭击败田戎，"（田）戎与数十骑亡入蜀，尽获其妻子士众数万人"。② 由此看来，《后汉书·公孙述传》说田戎入蜀时部众有数万，当是不假的。

大量迁居巴蜀地区的北方群体，是公孙述据蜀的主要依靠力量之一。更始初，公孙述"欲悉发北军屯士及山东客兵，使延岑、田戎分出两道，与汉中诸将合兵并势"。③ 所谓北军屯士及山东客兵，应当主要是由关中和关东群体组成的。《华阳国志·公孙述志》记载到公孙述"多改易郡县，分封子弟，淫恣过度。然国富民殷，户百余万"。④ "改易郡县，分封子弟"，实际上是为安置招降而来的大量北方移民而进行的，说明当时归附于公孙述的北方群体数量巨大。此条文献中记载的"户百余万"虽有夸张的可能，但也可明确当时巴蜀地区的人口没有太大的减损。据《汉书·地理志》的记载，元始二年（2），巴蜀、汉中地区的汉中郡、蜀郡、巴郡、广汉郡、犍为郡合计805410户，较公孙述据蜀后上述文献所说的"户百余万"只少了二十万户，较北方地区来说户口减损不是十分严重。

东汉中期仍有部分北方群体迁入西南地区特别是巴蜀地区，但规模较小。2010年在成都发掘的《李君碑》有"惟汉阳嘉……移

---

① 《后汉书》卷13《公孙述传》，中华书局1965年点校本，第535页。
② 《后汉书》卷17《岑彭传》，中华书局1965年点校本，第656页。
③ 《后汉书》卷13《延岑传》，中华书局1965年点校本，第539页。
④ （晋）常璩撰，任乃强校注：《华阳国志校补图注》卷5《公孙述志》，上海古籍出版社1987年版，第329页。

符于蜀，同心齐鲁，诱进儒墨，远近缉熙，亢学复殖……吴国李君"等字。^① 其中的"阳嘉""吴国"，表明吴地李君当在东汉阳嘉（132-135）时期移居蜀郡做太守。李君虽不是蜀郡郡守中较有政绩者，但由"同心齐鲁，诱进儒墨，远近缉熙，亢学复殖"的文字来看李君曾大量引进儒、墨人才，使蜀地文化取得了很大进步。燃灯寺东汉墓墓门铭文有"梁离狐茂陵任君元生神门（左门）/中平四年（187）十二月十三日葬（右门）"等字^②，其中的"梁"即魏都大梁，"离狐"乃汉代离狐县，古属魏国，在今山东境内。由铭文来看，任氏当原为兖州离狐县人，后迁于陕西茂陵。任氏之墓发现于成都，说明任氏在生前已迁往成都。此墓铭文未载任氏迁居成都的时间，但由中平四年葬于成都的记载来看任氏当在东汉时期迁居成都。

东汉时期西南区域郡县有所开拓，当有大量屯户的存在。1988年昭觉县四开区好谷乡发掘的东汉石碑中有"队食汉民治水"（石碑1碑面）、"授买汉民田地"（石碑1碑阴）字样，表明在东汉时期昭觉地区曾有为数不少的汉族群体迁入，进行水利开发，发展农业。^③ 此外，碑文中还有"书赐复除""丁男给宅"字样，表明东汉时期曾对移民给予免除赋税与徭役，并为移民建造房宅以安置移民的积极措施。^④ 碑文有"百人以为常屯……二百人"字样，表明越巂郡地区在东汉时期存在军屯，且昭觉的军屯人数为二百人（可能与战略要地有关）。^⑤

新开置的永昌郡地区，也有一定数量的汉族群体进入。例如，《华阳国志·南中志》"永昌郡"条云不韦县之得名曰："徙南越相

---

① 谢涛、卢引科、代福尧：《成都天府广场东御街汉代石碑发掘简报》，《南方民族考古》2012年第9辑。
② 毛求学：《燃灯寺东汉墓》，《成都文物》1983年第1期。
③ 刘弘、陈娜、唐亮：《四川凉山州昭觉县好谷乡发现的东汉石表》，《四川文物》2007年第5期。
④ 刘弘、陈娜、唐亮：《四川凉山州昭觉县好谷乡发现的东汉石表》，《四川文物》2007年第5期。
⑤ 刘弘、陈娜、唐亮：《四川凉山州昭觉县好谷乡发现的东汉石表》，《四川文物》2007年第5期。

吕嘉子孙宗族实之，因名不韦，以彰其先人恶"。① 近年在云南保山龙王塘出土砖侧"中平四年（187）吉"字样土砖等，也应是汉族所留。②

东汉时期西南区域迁入的群体中，还有大量由峡江地区迁入的故楚地群体。《华阳国志·巴志》载有东汉永兴二年（154）巴郡太守议分立巴郡之事，云：

> 谨按《巴郡图经》境界……户四十六万四千七百八十，口百八十七万五千五百三十五。③

以上材料中的巴郡户口，永和五年（140）时只有三十一万多户，十余年后即增加至四十六万户，增长了33.15%，是户口的自然增长所不能达到的。而在这些户口中，"其人半楚"表明有大量故楚地群体移入江州以东区域。

汉末中原离乱，族群迁徙频繁，汉族迁徙也不在少数。《后汉书·董卓传》云："初，帝入关，三辅户口尚数十万，自催、汜相攻，天子东归后，长安城空四十余日，强者四散，羸者相食，二三年间，关中无复人迹。"④ 关中地区"无复人迹"现象的出现与战争导致的人口锐减有关，更与人口大量外流特别是南迁有关。在此过程中，西南区域是人口流入的重要区域，并集中流向巴蜀地区。刘焉入据四川后，其中的依靠力量即包括流民。原本，刘焉是因益州叛乱而入益州为刺史的，但刘焉到益州后，"抚纳离叛，务行宽惠，而阴图异计"⑤，渐为割据势力。刘焉所依托的"离"者即包括大量

---

① （晋）常璩撰，任乃强校注：《华阳国志校补图注》卷4《南中志》，上海古籍出版社1987年版，第285页。
② 详见古永继：《秦汉时西南地区外来移民的迁徙特点及在边疆开发中的作用》，《云南民族大学学报》（哲学社会科学版）2006年第3期。
③ （晋）常璩撰，任乃强校注：《华阳国志校补图注》卷1《巴志》，上海古籍出版社1987年版，第20页。
④ 《后汉书》卷72《董卓传》，中华书局1965年点校本，第2341页。
⑤ 《后汉书》卷75《刘焉传》，中华书局1965年点校本，第2431页。

移民。《后汉书·刘焉传》载：

> 初，南阳、三辅民数万户流入益州，焉悉收以为众，名曰"东州兵"。璋性柔宽无威略，东州人侵暴为民患，不能禁制，旧士颇有离怨。赵韪之在巴中，甚得众心，璋委之以权。韪因人情不辑，乃阴结州中大姓。建安五年（200），还共击璋，蜀郡、广汉、犍为皆反应。东州人畏见诛灭，乃同心并力，为璋死战，遂破反者，进攻韪于江州，斩之。①

东州人原本流入蜀地后居于成都西南的沙头津，《华阳国志·蜀志》载："沙头津，刘璋时召东州民居此，改曰东州头。"②任乃强云，沙头津即今成都、新津间之毗河渡："刘二牧时，自中原来之移民（东州民）与蜀地人不睦，故聚居于此处，以其为蜀与广汉两郡分界处，便其应变进退也。"③刘璋时，由于"柔宽无威略"，导致对东州人约禁松散，"东州人侵暴为民患"。这里的"侵暴"表明东州人的分布已大为扩散，布及蜀中地区。东州人与蜀中士族的冲突应当是比较严重的，导致赵韪叛乱时，三郡皆反，刘璋则主要依靠东州兵来平乱，可见东州人户口之众。

与刘焉、刘璋父子割据相似，张鲁据汉中也与流民有很大关系。史载张鲁创五斗米教，"以祭酒为理，民夷信向"，不少流民前来拜教。韩遂、马超乱后，更有"关西民奔鲁者数万家"，遂有下属建议张鲁称汉中王。④

上述刘焉、刘璋、张鲁所依靠的流民，还多是一般的民户。除此之外，士人也有不少流入巴蜀地区。据《三国志》载：刘焉、刘

---

① 《后汉书》卷75《刘焉传》，中华书局1965年点校本，第2432—2433页。
② （晋）常璩撰，任乃强校注：《华阳国志校补图注》卷3《蜀志》，上海古籍出版社1987年版，第152页。
③ （晋）常璩撰，任乃强校注：《华阳国志校补图注》卷3《蜀志》，上海古籍出版社1987年版，第154页注释［七］。
④ 《后汉书》卷75《张鲁传》，中华书局1965年点校本，第2345—2346页。

璋时，费祎家族随伯仁一家投刘璋[1]；董和"率宗族西迁"入蜀[2]；许慈、许靖等建安中俱自交州入蜀，其时又有魏郡胡潜亦在蜀。[3]《册府元龟》又载：法正、李严、邓芝、谢坚、孟光、来敏等均在刘焉、刘璋时入蜀。[4]这些记载多是逃亡性质的迁徙，也大多是举族迁徙的，可见当时流入巴蜀地区的士人当不在少数。

刘备入蜀时，流入西南区域的汉族群体规模更大。《蜀鉴·照烈君臣由江道入蜀》载建安十六年（211），"照烈自荆州将数万人入蜀，至江州北，由垫江水诣涪。"[5]《三国志·蜀书·先主传》亦载："先主留诸葛亮、关羽等据守荆州，将步卒数万人入益州。"[6]随刘备入蜀的群体除数万军士外尚有大批士人和百姓。士人方面，各种统计资料中有明显的差异：《蜀中广记》中有高官16位，15位非巴蜀士族，但各郡太守又多为巴蜀士人[7]；葛剑雄考《三国志》所载随刘备入蜀士人60余人，主要来源于今河南、河北地区，其次是南阳、荆州地区，再次是关中地区。[8]《三国志·蜀书》所载蜀汉150余位人物中，有146位人物籍贯可考，其分布情况如下（表3—3；详细数据参见附表5）。

---

[1] 《三国志》卷44《蜀书·费祎传》，中华书局1964年点校本，第1060页。
[2] 《三国志》卷39《蜀书·董和传》，中华书局1964年点校本，第979页。
[3] 《三国志》卷42《蜀书·许慈传》，中华书局1964年点校本，第1022—1023页。
[4] 《册府元龟》卷947、948《总录部·逃难》（一）（二），中华书局1960年影印明本，第1158—1172页。
[5] （宋）郭允蹈撰，赵炳清校注：《蜀鉴校注》卷4《昭烈君臣由江道入蜀》，国家图书馆出版社2010年版，第39页。
[6] 《三国志》卷32《蜀书·先主传》，中华书局1964年点校本，第881页。
[7] 《蜀中广记》卷41—46《人物记》，上海古籍出版社1993年影印本，第536—653页。另可参见蓝勇《西南历史文化地理》，西南师范大学出版社1997年版，第27—28页。
[8] 葛剑雄：《中国移民史》（第2卷），福建人民出版社1997年版，第273—277页。

表 3-3　　　　　《三国志·蜀书》所载蜀汉籍贯可考人物统计

籍贯	人数（人）	籍贯	人数（人）	籍贯	人数（人）	籍贯	人数（人）	籍贯	人数（人）	籍贯	人数（人）
蜀郡	7	巴郡	1	天水	1	武陵	2	魏郡	1	常山	1
广汉	8	建宁	1	南郡	7	荆州	1	广阳	1	山阳	1
犍为	6	永昌	1	涿郡	8	河南	3	东海	4	北海	1
梓潼	4	（右）扶风	5	义阳	10	陈留	3	琅邪	3		
汉嘉	2	南阳	14	江夏	7	汝南	3	河东	2		
巴西	20	襄阳	13	零陵	3	沛	1	鲁国	1		

资料来源：据《三国志·蜀书》各传整理。此外《册府元龟·总录部·逃难》也有少量记载，但人物与《三国志·蜀书》同。

以上籍贯可考蜀汉人物中，巴蜀士人约占三分之一，是一个不小的比例。只不过，在任职上外来士人在高官中更多，而巴蜀士人在郡县一级更多。《孙盛蜀世谱》云："蜀少人士，故慈、潜等并见载述"[1]，表明孙氏已注意到蜀地士人在蜀汉政权高层中相对较少的现象。外来士人的来源与刘备入蜀的路径有很大关系，南郡、南阳、襄阳、江夏这几个蜀汉外来士人较多的区域均是刘备入蜀所经路径。其次是河南、河东、关中地区，在蜀汉外来士人中也有相当的数量。

外来士人迁往蜀地过程中，大多是举族迁徙的。如在蜀汉可考籍贯的士人中（附表5），大多同姓的士人实际上是同一家族的成员。一般来说，家族或宗族迁入蜀地，人口数量是较多的。如史载霍峻与其兄霍笃于乡里招合部曲数百人，"笃卒，荆州牧刘表令峻摄其众。表卒，峻率众归先主，先主以峻为中郎将。先主自葭萌南还袭刘璋，留峻守葭萌城"。[2]

百姓方面，《三国志·蜀书·刘巴传》载"先主奔江南，荆、楚群士从之如云"，《三国志·蜀书·先主传》载刘备至荆州时"琮左

---

[1] 《三国志》卷42《蜀书·许慈传》引《孙盛蜀世谱》，中华书局1964年点校本，第1023页注释[一]。

[2] 《三国志》卷41《蜀书·霍峻传》，中华书局1964年点校本，第1007页。

右及荆州人多归先主。比到当阳，众十余万"。①此批随刘备入蜀的人口"被甲者少"，说明多为百姓。不过，因为迁徙过程中受曹军袭击，入蜀的人口可能只有几万人。

蜀汉末，西南区域的汉族移民发生了重要转折。战国末秦汉时期，西南区域的汉族移民主要是由北方迁入，且数量规模庞大。②蜀汉灭亡后，西南区域汉族迁徙的态势便发生了逆转，即由迁入的态势转为了迁出的态势。魏咸熙元年（264），"后主既东迁，内移蜀大臣宗预、廖化及诸葛显等并三万家于（关或河）东及关中，复二十年田租"。③蜀汉高官的迁徙时常伴有大规模的户口流动。如薛氏在蜀汉任巴、蜀二郡太守，"蜀亡，率户五千降魏，拜光禄大夫，徙河东汾阴"。④薛氏尔后成为河东地方豪强，史称"蜀薛"。⑤又如，《晋书·地理志》记载济南郡曰："或云魏平蜀，徙其豪将家于

---

① 分别参见《三国志》卷39《蜀书·刘巴传》，中华书局1964年点校本，第981页；《三国志》卷32《蜀书·先主传》，中华书局1964年点校本，第887页。

② 关于战国末秦汉间西南区域的汉族移民，史料分析和考古材料分析均得出了相似的结论。史料分析方面参见葛剑雄《西汉人口地理》，人民出版社1986年版，第198页；葛剑雄《中国移民史》（第2卷），福建人民出版社1997年版，第77—79、254—259页；葛剑雄《中国人口史》（第1卷），复旦大学出版社2002年版；蓝勇《西南历史文化地理》，西南师范大学出版社1997年版，第21—27页；谭红《巴蜀移民史》，巴蜀书社2006年版，第27—55页。考古材料分析方面参见罗二虎《四川崖墓的初步研究》，《考古学报》1988年第2期；罗二虎《四川汉代砖石室墓的初步研究》，《考古学报》2001年第4期；罗二虎《西南汉代画像与画像墓研究》，四川大学博士学位论文，2001年；孙俊《战国秦汉西南族群演进的空间格局与地理观念》，云南师范大学博士学位论文，2016年，第190—206页；孙俊、武友德《秦汉西南"汉夷"格局——以〈华阳国志〉豪族士女和考古室崖墓分布为中心》，《中国边疆史地研究》2018年第2期。

③ （晋）常璩撰，任乃强校注：《华阳国志校补图注》卷8《大同志》，咸熙元年，上海古籍出版社1987年版，第435页。

④ （清）储大文：《山西通志》卷64《氏族》，文渊阁《四库全书》史部第550册，第15页。

⑤ 薛氏在南北朝时期是一大望族，史籍又时常写为"河东薛薛""河东蜀"。部分"绛蜀"也涉及薛氏。关于"河东蜀"的讨论，详见陈寅恪《〈魏书·司马睿传〉江东民族条释证及推论》，《"中央研究院"历史语言研究所集刊》1944年第11期；刘淑芬《北魏时期的河东蜀薛》，黄宽重、刘增贵主编《家族与社会》，中国大百科全书出版社2005年版，第259—281页；许蓉生、林成西《河东薛氏研究——两晋南北朝时期地方豪强的发展道路》，《西南民族大学学报》（人文社科版）2004年第11期。不过，关于薛氏，其出身有两种说法：一种认为薛氏为蜀族人；一种认为薛氏为汉族，蜀汉时迁蜀，蜀汉灭亡后迁河东。关于薛氏的族属，赵水静《洛阳出土〈薛府君夫人张氏墓志〉、〈薛文休墓志〉考释》（《唐史论丛》2015年第20辑）列有近人研究成果，可资参考。不过，薛氏的族属牵涉社会认同与自我认同，尚难获得确论。关于此方面的讨论，参看林宗阅《试论河东"蜀薛"的渊源问题》，《早期中国史研究》2009年第1期。

济河北，故改为济岷郡。"① 若只是豪族的迁徙，不至改郡。改郡可能与大量蜀汉人口的迁入有关。再如，罗宪在蜀汉为巴东太守，"蜀亡，以郡降。后卒，追封西鄂侯。"② 又有蔺氏，司马错伐蜀时即已居蜀，"魏末自蜀归关中，因居郑县"，当是北迁后居郑县了。③

除了迁徙蜀汉高官外，曹魏又在咸熙元年（264）末"劝募蜀人能内移者，给廪二年，复除二十年"。④ 蜀汉灭亡时蜀地经济环境并不算优越，加上曹魏劝募，估计除了明确记载的三万家外尚有数万户北迁，迁徙人口至少在十万。另外，蜀汉原有的"带甲将士十万二千"及"吏四万人"，不可能全留在原地，部分群体当分徙他处，涉及的人口也应当是有相当数量的。晋太康元年（280），梁、益二州16郡共有23.19万户，较蜀汉灭亡时少了约5万户。若再考虑到近二十年间的自然增长，则蜀汉灭亡后外迁的户口不会少于六七万户。

除了北迁外，蜀汉时期也有一部分巴蜀地区的汉族群体南迁。此方面的情况，史料未能详载，但可从户口分布格局中观察到。东汉永和五年，汉族聚居的汉中郡、南郡、蜀郡、巴郡、广汉郡、犍为郡、犍为属国有户1116573，口4409834。至蜀汉章武元年（221），与之对应的区域，只有户20万，口90万。⑤ 魏景元四年（263）蜀汉灭亡时，其呈交的《士民簿》"计领户二十八万，男女口九十四万，带甲将士十万二千，吏四万人"。⑥ 即使以魏景元四年的总人口来计算，也不到东汉永和五年的30%，可见在汉末至魏晋时

---

① 《晋书》卷14《地理志》"青州济南郡"条，中华书局1974年点校本，第449页。
② 《文献通考》卷271《封建考·晋五等侯》"罗宪"条，中华书局1986年影印本，第2151页上。
③ （唐）林宝撰，岑仲勉校记：《元和姓纂》（附四校记）卷9"蔺氏"，中华书局1994年版，第1273页。
④ 《三国志》卷4《魏书·陈留王奂纪》，"咸熙元年丙午"，中华书局1964年点校本，第153页。
⑤ 蜀汉章武元年的户口数参见《晋书》卷14《地理志》，中华书局1974年点校本，第414页。同见《通典》卷7《食货·历代盛衰户口》，中华书局1988年点校本，第145页；《册府元龟》卷486《邦计部·户籍门》，中华书局1960年影印本，第809页。
⑥ 《三国志》卷33《蜀书·后主传》注引王隐《蜀记》，中华书局1959年点校本，第901页。同见《通典》卷7《食货·历代盛衰户口》，中华书局1988年点校本，第145页。

西南区域汉族户口减损相当严重。

大量的人口减损，与蜀汉长期的战争有关，更与大量巴蜀地区群体的外流特别是南迁有关。东汉永和五年至晋太康初年，西南区域各郡户口总体上来说处于大减的态势。但值得注意的是，与其他区域的户口大减态势相反，益州郡户口不仅没有减少，反而增长了31.56%（表3-4），不得不说是一个奇怪的现象。史籍没有记载汉末至西晋太康年间汉族迁入益州郡的情况，但从邻近区域的汉族户口情况来看益州郡的户口增长应当是由汉族南迁引起的。《华阳国志·蜀志》载犍为郡僰道县云："本有僰人，故《秦纪》言僰童之富。汉民多，渐斥徙之。"[①] 僰道县本为僰人分布区，"道"即蛮夷所居之"县"，是特殊的政区。汉族大量进入僰道县后，导致僰人南迁，说明进入僰道县的汉族数量是不少的。或许正因如此，魏晋在僰道县地区改设朱提郡。不过，在汉末西南区域族群迁徙的过程中，僰道地区的汉族可能又继续南迁，导致魏晋时期朱提郡著籍户口大减，但益州郡的户口却有大幅的增长。

表3-4　　永和五年（140）至约太康初年（280）西南各郡户增长

郡	户（户） 140年	户（户） 约280年	增长率（%）
蜀郡	412020	79000	-80.83
巴郡	310691	26200	-91.57
广汉郡	176975	39700	-77.57
犍为郡	145651	15700	-89.22
越嶲郡	130120	53400	-58.96
益州郡	29036	38200	31.56
牂牁郡	31523	7300	-76.84

注释：本表户口数据对比涉及的政区以永和五年辖区为准。其中辖区有变化的区域包括：巴郡包括太康初的巴西、巴东、巴、涪陵四郡；广汉郡包括太康初的广汉、梓潼、新都三郡；蜀郡包括太康初的蜀、汶山、汉嘉三郡；犍为郡包括太康初的犍为、江阳、朱提三郡；益州郡包括太康初的云南、建宁二郡；牂牁郡包括太康初的牂牁、兴古二郡。

资料来源：政区及户数均据《后汉书·郡国志》《晋书·地理志》梳理。

[①]（晋）常璩撰，任乃强校注：《华阳国志校补图注》卷3《蜀志》"犍为郡僰道县"条，上海古籍出版社1987年版，第210页。

越嶲郡的户口数也很特殊。尽管较东汉永和五年时的数据来说晋太康初年的户数也有大量的减损，但其减损的程度远小于其他区域。特别是，越嶲郡太康初年的53400户这一数据较蜀郡50000户都为多，与两汉时期的情况有很大的差异。在汉末户口大减的态势下，越嶲郡晋时户口数偏高的原因可能是人口流动的因素引起的。汉晋间汉族流入西南夷区域的方向主要有二：一是由川西南取道灵关道南下，二是由川南滇东北取道五尺道南下。越嶲郡处汉族南迁要道，可能有大量汉族群体迁至越嶲郡后便定居下来了。

除了以上主要的线索外，东汉时期开始羌人群体渐为边患，羌乱可能导致部分居于武都、阴平地区的汉族群体外迁。例如，安帝永初二年（108）："羌反，烧郡（指阴平郡）城，郡人退住白水。"[1] 又如，建安末武都太守杨阜"前后徙民、氐，使居京兆、扶风、天水界者万余户"。[2] 阴平、武都地区没有明确的史料记载有汉族迁入，考古材料当前也没有反映出来，却有汉族的迁出，说明在东汉时期确有一定数量的汉族居于阴平、武都地区。通常，在西南夷地区设置郡县需要派官员、军士来进行管理，但上文的"郡人""民"则是一般的汉族平民，说明在西南夷地区郡县化的区域除官员、军士外还有平民的进入。

二 东汉时期汉族群体分布格局的演变

东汉时期可供讨论汉族分布格局的材料较为丰富，包括汉系墓、大姓和士女等材料。其中，汉系墓中的崖墓墓葬材料，是东汉时期指示汉族分布格局的新材料，且材料较为丰富。除了崖墓墓葬材料外，其他材料对于汉族分布指示性的问题前文已有交代，在此先讨论崖墓墓葬对于汉族分布格局的指示问题。

崖墓的族属当前尚存在一定争议，在此先对各家观点略加爬

---

[1] （晋）常璩撰，任乃强校注：《华阳国志校补图注》卷2《汉中志》，上海古籍出版社1987年版，第104页。

[2] 《三国志》卷25《魏书·杨阜传》，中华书局1964年点校本，第704页。

梳。①考虑到崖墓是上古及中古时期广泛分布在中国南方的一种重要墓型，一般将其分为"汉系崖墓"和"夷系崖墓"两类。②西南地区的崖墓，其族属应以汉族为主。汪宁生曾认为，云南并川渝地区的崖墓实是"汉系崖墓"。③罗二虎是当前对西南四川盆地墓葬文化族属研究最为系统的学者，他在《四川崖墓的初步研究》一文中指出：

> 有学者认为崖墓应是当时四川境内少数民族所使用的墓葬。我们认为，这种看法应予否定。秦汉以来，四川与内地在各方面已逐渐融为一体，不可能设想还会新出现一种像崖墓这样在四川地区分布如此广泛、数量如此众多、流行时间如此之久，但却是少数民族的墓葬。④

在罗二虎看来，四川地区的崖墓为汉族群体所遗留，主要原因包括：其一，四川盆地的经济在汉末已与内地融为一体；其二，四川盆地的文化汉代已为汉文化区之一；其三，秦汉向西南地区的移民"使汉人成为当时四川地区的主体民族"；其四，秦定巴蜀之后巴人、蜀人融入了汉族；其五，与同时代的砖室墓、石室墓相比，崖墓除构筑手法不同外其余如形制、随葬品、葬具和葬制都大体相同。同时，罗二虎认为四川崖墓的形成实受中原横穴墓的影响而成，特别是秦人的土洞墓对其影响较大。⑤崖墓墓主虽为汉族群体，但在罗二虎看来应主要属于土著居民发生族群融合后而形成的汉族群体。在比较西南区域砖室墓和崖墓形式后，罗二虎认为：

> 从墓葬形式的来源上看，西南地区的砖室墓直接来源于中原地

---

① 西南地区汉代崖墓来源的观点，有西方崖墓来源说、蜀人石棺传统说、南阳墓制影响说、崖葬来源说、崖洞墓来源说、北方窑洞来源说、中原横穴墓说、中原土洞墓说等（参见索德浩《四川崖墓起源再论》，《中国国家博物馆馆刊》2018年第11期）。本书不论及崖墓起源的问题，只针对崖墓墓主族属进行讨论。
② 汪宁生编：《云南考古》，云南人民出版社1980年版，第95页。
③ 汪宁生编：《云南考古》，云南人民出版社1980年版，第95页。
④ 罗二虎：《四川崖墓的初步研究》，《考古学报》1988年第2期。
⑤ 罗二虎：《四川崖墓的初步研究》，《考古学报》1988年第2期。

区的砖室墓，二者基本相同……崖墓的出现和盛行除了受到中原地区横穴墓的影响外，在不同的程度上也受到了巴蜀境内原土著居民的崖葬习俗和原蜀人墓前立石等习俗的影响。……砖室墓的墓主成分多为中原移民的后裔，崖墓的墓主成分多为原土著居民。而崖墓的出现和盛行正是巴蜀地区原土著居民对外来的中原文化认同的一种具体体现。①

罗开玉是另一位对崖墓有系统研究的学者，他在《古代西南民族崖葬研究》一文中认为四川古代崖墓有"汉系崖墓"和"夷系崖墓"两类。"夷系崖墓"包括两类，甲类在四川盆地北、中、南部均有分布，时代在东晋至宋；乙类则主要分布在川南地区，在宋代前后。②罗开玉在此所说的"夷系崖墓"包括崖穴墓、悬棺、崖墓三式，与汉代崖墓有一定差异，可暂时不表。在《四川非汉系崖墓初探》一文中，罗开玉认为"汉系崖墓"有新都马家山崖墓群、金堂郊外崖墓、成都天回山崖墓群、遂宁县笔架山崖墓群、遂宁船山坡崖墓、荥经水井坎沟崖墓群、宜宾市山谷祠崖墓群、牧马山灌溉渠崖墓群、宜宾县黄伞崖墓群等，并认为"基本不见发钗发簪出土"③，即无"椎髻"传统，故汉代崖墓为东汉前后的汉族所留。罗开玉《成都地区历代古墓概况》一文亦有类似判断。④

唐长寿认为，四川室墓主人为汉族后裔，而崖墓则为"汉化"了的"巴蜀""土著汉族"之墓，主要原因在于：室墓多分布于中原人迁蜀之地，崖墓的分布为原土著"保留"较多的区域；画像题材上，室墓多国家礼仪制度、伦理方面的车骑行列、讲经求学等内容，而崖墓则多神灵祥瑞、巫风鬼道；政治身份上，室墓墓主二千石官吏较多，而崖墓墓主则差不多均为政治身份较低的县吏一级。⑤

---

① 罗二虎：《西南汉代画像与画像墓研究》，四川大学博士学位论文，2001年，第107—108页。
② 罗开玉：《古代西南民族崖葬研究》，《考古》1991年第5期。
③ 罗开玉：《四川非汉系崖墓初探》，《四川文物》2008年第4期。
④ 罗开玉：《成都地区历代古墓概况》，《四川文物》1990年第3期。
⑤ 唐长寿：《乐山崖墓和彭山崖墓》，电子科技大学出版社1994年版，第129—130页。

索德浩近来在比较新津瑞麟寺山墓地崖墓群与关中土洞墓、峡江地区土洞墓、中原西汉崖墓异同的基础上认为，"四川崖墓起源于关中土洞墓，是土洞墓适应四川地理环境而产生的一种具有地域特点的洞室墓"。而且，四川崖墓的出现与"中原移民大量入蜀"有关。①

从以上诸观点来看，汉代西南区域的崖墓应为"汉系墓"，问题只在于此类墓的墓主是中原移民还是土著群体华夏化、汉化的问题。罗二虎曾提到，支持崖墓墓主为中原移民的文字材料极少。近年发掘的文字材料，则说明崖墓墓主中中原移民也当有明显的比例。成都市新都区东汉崖墓HM3墓右门背面有一"石门关"刻字（图3-1），内容是：

图3-1　成都市新都区东汉崖墓HM3墓右门背面"石门关"刻字
资料来源：陈云洪、张俞新、王波：《成都市新都区东汉崖墓的发掘》，《考古》2007年第9期。

> 惟自旧怅，段本东州。祖考徕西，乃徙于兹。因处广汉，造墓定基。魂零不宁，于斯革之。永建三年（128）八月，段仲孟造此万岁之宅，刻勒石门，以示子孙。②

此段文字清晰地表明，此段氏家族是从关东迁来的。东州在东汉泛指司隶、兖、豫、徐、冀、并六州，或特指青州、北海国一带。③《后汉书·皇后纪》载："及元兴、延平之际，国无储副……

---

① 索德浩：《四川崖墓起源再论》，《中国国家博物馆馆刊》2018年第11期。
② 陈云洪、张俞新、王波：《成都市新都区东汉崖墓的发掘》，《考古》2007年第9期。
③ 魏启鹏：《新都廖家坡东汉崖墓〈石门关〉铭刻考释》，《四川文物》2002年第3期。

又遭水潦，东州饥荒。"李贤注："延平元年，安帝初即位，六州大水。永初元年，禀司隶、兖、豫、徐、冀、并六州贫人也。"①可知东州泛指关东特别是黄河流域地区。

中江塔梁子崖墓 M3 的壁画榜题中有如下内容：

第一幅榜题的关键信息包括："先祖南阳尉"，"☒父即鸿芦，拥十万众，平羌有功，赦死西徙，处此州郡县乡卒"。

第五幅壁画右者上方榜题的关键信息包括："荆☒☒☒☒☒父造此墓"。

第七幅左边一人榜题：荆子安字圣应主。②

此三墓题表明墓主家族是因罪从东迁来的，由于荆文君子宾史无载，迁徙源地不详，明确的是南阳。该家族"平羌有功"之事当是真实的，但"拥十万众"似是夸张之辞，也可理解成该家族具有相当的地方影响力。

以上文字材料表明，东汉西南区域的崖墓墓主，其实是有迁徙而来的汉族群体的。只不过，由于此类文字尚少，尚无法断定迁入的汉族群体在所见崖墓汉族群体中的比例。

在明确东汉时期西南地区室墓、崖墓、大姓士女为汉族分布指示性材料的基础上，现从这些方面来讨论东汉时期的汉族分布格局。

在室墓方面，东汉时期西南区域的室墓主要分布在成都平原、峡江地区、川西南西昌地区、黔中及黔西地区、滇中、滇西及滇东北地区（表 3-5）。东汉时期西南区域室墓的这一分布格局，与西汉时期西南区域室墓的分布格局大体相似。其中，成都平原是室墓分布较多的区域，在成都、郫县、宝兴、温江、资阳、达川、简阳、广汉等地都有一定数量的室墓发现，尤其成都地区室墓数量可观。

---

① 《后汉书》卷10《皇后纪》，元初五年，中华书局1965年点校本，第427页注释[七]。
② 参见四川省文物考古研究院、德阳市文物考古研究所、中江县文物保护管理所《中江塔梁子崖墓》，文物出版社2008年版，第93—94页。

峡江地区是东汉时期室墓分布最多的区域，宜宾、丰都、奉节、合川、重庆、万州、巫山、武隆、云阳、忠县见有数量可观的室墓报道。川西南的西昌地区，室墓数量有数百墓之多[①]，也是东汉时期室墓分布较多的区域。黔中及黔西的安顺、赤水、兴义、兴仁、黔西、清镇、平坝、威宁等县市，东汉时期也有一定数量的室墓见于报道。滇中、滇西及滇东北地区的保山、大理、呈贡、晋宁、祥云、昭通等地，也有室墓分布和发掘报道，但所见室墓数量较少。

表 3-5　　　　　　　　东汉时期西南区域室墓分布

地区	数量（墓）	墓地
宝兴	6	夹金山汉墓（1）、陇东东汉墓群（5）
成都	63*	曾家包东汉画像砖石墓（2）、高新区汉墓（2）、俭村汉代砖室墓（2）、天回乡东汉砖室墓（1）、青白江区大同磷肥厂工地汉墓（5*）、西郊砖室墓（5）、成都站东乡汉墓（24）、成华区槐荫路汉墓（4）、昭觉寺汉画像砖墓（13）
温江	1	寿安乡汉墓
资阳	2	雁江区兰家坡汉墓
达川	14	三里坪4号汉墓（1）、曹家梁东汉墓（13）
简阳	2	黄泥坪汉墓
剑阁	2	青树村汉墓
广汉	8	罗家包墓群
大邑	2	马王坟汉墓
理县	1	朴头公社汉墓
昭觉	>4	昭觉寺汉墓遗物、热赫溪墓地（4）
绵阳	2	公安干校汉墓
彭州	不详	义和公社画像砖墓
郫县	7	犀浦公社残墓（5）、新胜公社东汉砖室墓（2）
什邡	1	磨盘山汉墓
合江	1	胜利乡菜坝村砖室墓
双流	7	青桐村汉、唐、宋代墓地
西昌	>121	礼州以南、沿安宁河东岸和邛海沿岸汉墓群（21）、杨家山墓群（>100）

---

① 其他材料对西昌地区的室墓数量之多也有简要的报道。参见姜先杰、唐亮、刘弘《四川西昌市杨家山一号东汉墓》，《考古》2007年第5期。

续表

地区	数量（墓）	墓地
宜宾	10	翠屏村汉墓
荥经	4	牛头山汉墓（4）、高山庙西汉墓群（1）
丰都	>60	大湾墓群（24）、毛家包墓群（不详）、名山镇汉墓（1）、火地湾及林口墓地（6）、麒麟包墓群（1）、三峡淹没区汉墓（20）、天平丘东汉墓（5）、燕子村东汉墓（2）
奉节	40	白杨沟墓群（5）、节宝塔坪遗址（5）、丰获汉代墓地（5）、擂鼓台墓地（2）、莲花池墓地（4）、桂井墓地（1）、刘家院坝遗址（2002年，1）、赵家湾东汉墓（8）、赵家湾汉墓（9）
合川	10	南屏东汉墓葬
万州	>109	安全墓地（6）、包上秦汉墓（3）、曾家溪墓地（4）、陈家坝东汉墓（1）、大坪墓群（6）、柑子梁墓群（15）、古坟包汉墓（3）、古坟嘴墓群（3）、荷包丘墓群（5）、礁芭石墓群（8）、金狮湾墓群（1）、老棺丘古墓群（6）、庙湾墓地（4）、青龙嘴墓地（8）、钟嘴东汉墓（4）、沙田墓群（6）、上河坝墓地（2）、糖坊墓群（8）、团堡墓群（3）、武陵镇吊嘴墓群（5）、小周溪墓群（2）、熊绍福墓群（6）
巫山	>102	瓦岗槽墓地（10）、高唐观墓群（4）、胡家包墓地（8）、江东嘴墓群（8）、麦沱古墓群（8）、麦沱墓地（4）、神女路秦汉墓葬（3）、田湾墓地（4）、水田湾墓群（2）、土城坡墓地Ⅲ区东汉墓葬（约30）、下湾遗址（2）、军营河墓地（9）、龙头山墓地（6）、水泥厂墓地（4）
武隆	4	江口镇汉墓（不含张家拐子汉墓）
云阳	18	打望包墓地（4）、洪家包墓地（2）、马岭墓地（6）、马沱墓地（4）、营盘包墓群（1）、石匣子东汉大墓（1）
忠县	22	乌扬镇挑水沟汉墓（5）、将军村墓群汉墓（2）、瓦窑古墓群（2）、下白桥溪墓地（1）、崖脚墓地（4）、沿江四队墓群（1）、洋渡沿江汉墓（3）
彭水	2	山谷公园墓群
重庆市区	>29	化龙桥东汉砖墓（1）、晒网坝汉墓（不详）、枣子岚垭汉墓（1）、涪陵三堆子东汉墓（4）、涪陵太平村墓群（12）、涪陵网背沱墓群（4）、江北四马溪遗址汉墓（6）、江北相国寺东汉砖墓（1）、大渡口大树林汉墓（1）、长丘、青杠堡、下坝墓地（6）
安顺	36	宁谷龙滩汉墓（35）、宁谷上苑村跑马地东汉墓（1）
赤水	21	复兴马鞍山崖墓
习水	5	赤水河沿岸东汉崖墓（4）、陶罐乡小沟汉墓（1）
兴义	12	顶效汉墓
赫章	24	可乐甲类汉墓（两次发掘）
金沙	1	汉画像石墓

续表

地区	数量（墓）	墓地
黔西	37	甘棠汉墓群（6）、绿化乡汉墓（1）、黔西东汉墓（两次发掘，30）
清镇、平坝	15*	羊昌河汉墓
仁怀	1	合马东汉砖石墓
威宁	6	中水汉墓
务川	>2	喻家汉墓
兴仁	>101	交乐汉墓（11）、雨樟镇汉墓（>90）
沿河	1	县东汉墓
保山	6	汪官营、小汉庄蜀汉墓
呈贡	3	归化东汉墓（1）、七步场东汉墓（1）、小松山汉墓（1）
大理	4	大展屯二号汉墓（2）、下关城北东汉纪年墓（1）、喜洲镇庆洞村东汉墓（1）
晋宁	8	大湾山东汉墓（7）、左卫山东汉砖室墓（1）
祥云	1	大波那李樟铜棺墓
昭通	7	曹家老包（1）、城西汉墓（1）、段家梁子汉墓（1）、桂家院子汉墓（1）、鸡窝院子汉墓（1）、白泥井汉墓（1）、永善务基乡青龙汉墓（1）

注：同表3-1。此外，本表墓数含极少蜀汉墓数。
资料来源：附表2。

崖墓在西南区域出现于西汉晚期，延续至南朝时期。参考罗二虎的研究，西南区域的崖墓发展可分初始期（西汉末至东汉早期）、发展期（东汉中期）、鼎盛期（东汉中晚期）、初衰期（蜀汉时期）、衰亡期（西晋至南北朝前期）五期[1]：第一期崖墓分布在川中地区；第二期崖墓分布在川西、川南、川中地区；第三期崖墓分布在四川盆地、峡江、滇东北、黔西北地区，达到崖墓分布最大范围；第四期崖墓已开始收缩，分布在四川盆地、滇东北和黔西北地区；第五期时，仅川北地区有崖墓分布。在此种格局中，可见崖墓是以川中地区为中心区伸缩的，其不同时段的分布格局当说明崖墓的分布总体上是南进东渐的态势。

马晓亮依据墓室形态将西南区域崖墓分为六区：郪江区，即涪

---

[1] 罗二虎：《四川崖墓的初步研究》，《考古学报》1988年第2期。

江流域以郪江为中心的区域，包括三台、中江地区；新都区，即沱江流域以新都为中心的区域，包括新都、青白江、金堂西部等地；彭山区，即岷江流域以彭山为中心的区域，包括彭山、新津地区；乐山区，即岷江流域以乐山为中心的区域，包括乐山、眉山地区；川南区，以宜宾为中心，包括宜宾、泸州、自贡、昭通、赤水、习水等地；峡江区，即长江流域重庆至巫山间的区域。[①]马晓亮所总结的崖墓墓室形态分区，大体也可作为崖墓分布的分区。总体上，崖墓的分布以成都平原为中心，分布较为连续，分布地包括四川省的成都、南充、绵阳、遂宁、德阳、资阳、眉山、内江、乐山、宜宾等地，重庆市的长江沿岸诸县，云南省的昭通，贵州省遵义北部诸县，四川省的昭觉地区也有崖墓分布的报道（表3-6）。

表3-6　　　　　　　　　东汉时期西南区域崖墓分布

地区	数量（墓）	墓地
双流	14	双流牧马山灌溉渠崖墓
新都	36	马家山东汉崖墓（22）、东汉崖墓（互助村、凉水村；7）、新民乡汉墓（7）
金堂	>43	猫头山崖墓（2）、焦山崖墓（1）、城区崖墓群（>40）
新津	402	堡子山崖墓（1）、大云山东汉崖墓（1）、瑞麟寺山墓地（400）
中江	12	塔梁子崖墓
宝兴	1	夹金山崖墓
荥经	5	水井坎沟崖墓
青神	1	蛮坟坝建初元年崖墓
峨眉山	1	市区东汉墓
彭山	85	江口高家沟崖墓
乐山市	>900	沱沟嘴东汉崖墓、麻浩崖墓群、柿子湾崖墓群、高笋田崖墓
昭觉	5	好谷村古墓群
绵阳	>227	朱家梁子东汉崖墓（6）、彰明崖墓（6）、涪城区桐子梁东汉崖墓（113）、河边东汉崖墓（>150）、何家山东汉崖墓（2）
宜宾	30	真武山崖墓（1）、猫猫沱汉代崖墓群（20）、横江镇东汉崖墓（9）

---

① 马晓亮：《四川早期崖墓及相关问题探讨》，《考古》2012年第1期。

续表

地区	数量（墓）	墓地
泸县	>12	牛石函崖墓（>10）、河口头崖墓（2）
合江	100	具体未详
长宁	7	缪家林东汉崖墓群（5）、七个洞崖墓（2）
遂宁	8	船山坡、笔架山崖墓
武胜	14	山水岩崖墓群
南充	1	天宫山崖墓
璧山	11	棺山坡东汉崖墓群（6）、蛮洞坡崖墓群（5）
涪陵	1	黄溪公社点易大队崖墓
忠县	15	涂井蜀汉崖墓
重庆市	9	水泥厂东汉崖墓（1），九石岗永寿、延熹、熹平纪年墓（6），盘溪崖墓（2）
永川区	14	石坝屋基伏岩寺崖墓群
江津区	6	坪坪上汉代崖墓
奉节	26	拖板崖墓群（5）、三峡工程库区崖墓（6）、周家坪墓地（8）、赵家湾墓地汉墓（7）
巫山	1	瓦岗槽墓地
万州	6	熊绍福墓群
镇雄	数十	象鼻岭崖墓
盐津	1	墨石沟东汉崖墓
昭通	>63	大关岔河崖墓（3）、小湾子崖墓（>60）
水富	>25	小河崖墓群（不详）、楼坝崖墓（25）
赤水	24	万友号崖墓（3）、复兴马鞍山崖墓（21）
习水	4	赤水河沿岸崖墓

资料来源：附表2。

大姓、士女方面，由于大姓、列女断代不清，士人中也有部分郡断代不清，无法确定东汉时期大姓、士女的具体分布情况（表3-7）。不过，通常来说西汉时期有大姓、士女分布的区域，东汉时期也有一定数量的大姓、士女分布。在此层面上说，东汉时期大姓、士女的分布仍以成都平原为中心，蜀郡、广汉郡、犍为郡、梓潼郡、江阳郡几乎每县都有大姓、士女的分布。峡江地区的巴郡、巴西郡，大姓、士女的数量也颇为可观，但巴东郡、涪陵郡只有郡治县有大姓的分布，无士女的分布。以上区域以外，宕渠郡、汉中郡有较多的大姓、士女分布，但并非每县均有。魏兴郡、牂牁郡、平夷郡、朱提郡、建宁郡、永昌郡等或有大姓的分布，或有士女的分布，大姓、士女的数量较上述区域要少得多。

表 3-7　　　　　东汉时期西南区域大姓、士女分布

郡	县	大姓数	士女数（人）	
			士	列女
蜀郡	成都	>11[一]	22*	2
	临邛	2	1*	1
	郫	3	3*	4
	江原	2	5*	3
	繁	3	2*	1
	严道		1*	
	广都	1	1*	1
广汉郡	新都	6	14	1
	绵竹	2	7	2
	雒	4	13	1
	什邡	1	2	
	广汉	2	7	3
	郪	4	14	1
	德阳	4[二]		2
犍为郡	武阳	12	16	2
	资中	4	5	1
	南安	9	3	2
	僰道	6	4	3
	牛鞞	2		1
梓潼郡	梓潼	4	8	1
	涪	3	4	2
	晋寿	?[三]		

续表

郡	县	大姓数	士女数（人）	
			士	列女
巴郡	垫江	3	4*	
	江州	11	3*	
	枳	6		
	临江	5		
	平都	3		
巴东郡	朐忍	3		
巴西郡	阆中	13	6*	4
	南充国	2		
	西充国			
	安汉	4	8*	2
江阳郡	江阳	8		1
	汉安	>8		
	新乐	2		
	符			2
涪陵郡		6		
宕渠郡	汉昌	1		
	宕渠		10*	3
汉中郡	成固		5*	3
	褒中			
	南郑	3	30*	6
魏兴郡	西城			
汉嘉郡				
牂柯郡	毋敛		1*	
	平夷		1*	
平夷郡	鳖	1		
朱提郡		8		
建宁郡	味	5		
	同乐	1		
永昌郡	不韦	5		

注：标"*"者表示东汉数据。除此之外，均为两汉数据。表中其他注释参见附表4注释。
资料来源：附表4。

综合汉系墓（包括室墓、崖墓）、大姓和士女这些汉族分布的指示性材料来看，东汉时期西南区域汉族分布格局可分三类（图3-2）：密集分布区，主要是成都平原地区、峡江西段地区、汉中地区，汉系墓、大姓和士女数量均较为可观；分散分布区，主要是宕渠地区、峡江东段地区（含川、滇、黔接合部）、安宁河中游地区，有一定数量的汉系墓、大姓和士女分布；零星分布区，主要是川西南西昌地区，滇西保山地区、大理地区，滇中的滇池地区，黔西南地区，有一定数量的室墓分布或大姓或士女的分布。

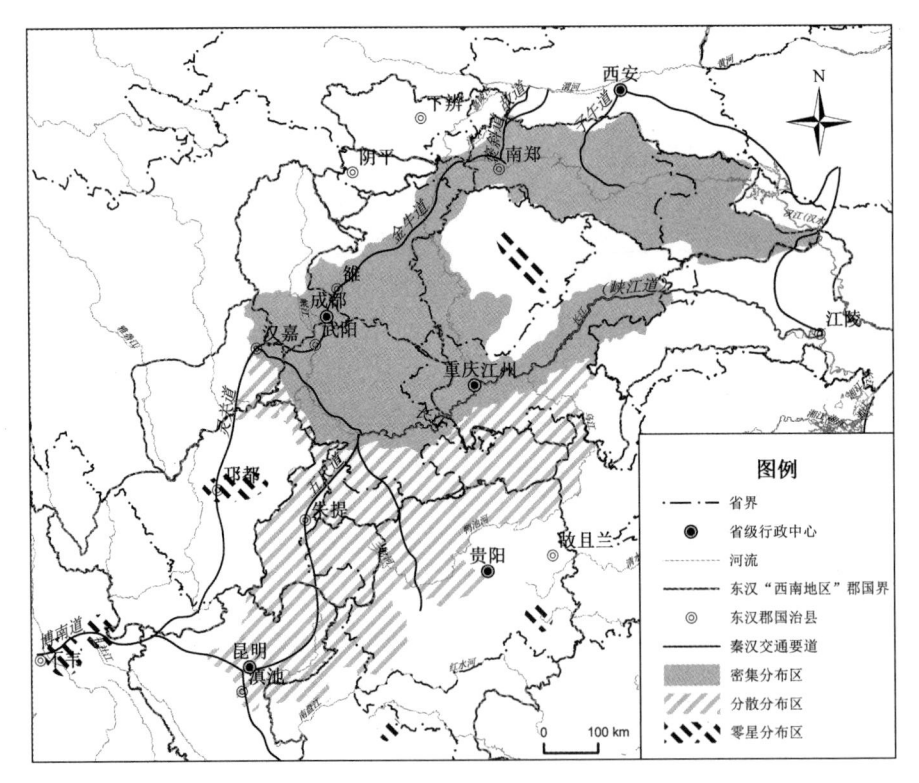

图 3-2　汉末西南区域汉族分布格局

资料来源：据本书梳理绘制。

第四节 "汉夷"格局的演变

"巴、蜀、广汉本南夷"。[①]尽管巴蜀地区在秦定巴蜀前其区域文化发展取得了极高的成就，但在中原士人看来巴蜀地区的繁荣是与汉族移民分不开的。蜀人常璩说："秦惠文、始皇克定六国，辄徙其豪侠于蜀，资我丰土。"[②]唐人卢求《成都记序》中也说："迁秦人万家实之，民始能秦言。"[③]秦定巴蜀后，巴蜀地区群体逐渐脱离"夷"的身份，"南夷"专指牂牁群体，牂牁以西、蜀郡以西区域的群体则被称为"西夷"（详见后文）。"西南夷"指称的变化，实质上也是西南区域"汉夷"格局的变化。就现有的材料来看，西南区域"汉夷"格局的变化，经历了战国及秦、西汉、东汉三个时期的变化，而且是以汉族分布区域的变化为主要推动因素的。战国及秦、西汉、东汉时期西南区域汉族分布格局的变化，前文已有较详的讨论。本节在前文基础上，具体讨论汉族分布格局的演变所引起的"汉夷"分布格局的演变问题。

一 战国中晚期至秦时期的"汉夷"格局

前文已论述过，在秦定巴蜀前，巴蜀地区已有一定数量的北方群体进入，但这些群体在史籍中并未被看成族群，只能属于人口迁徙的范畴。秦定巴蜀后，大量北方群体进入巴蜀地区，这些群体在史籍中被视为汉族先民或汉族群体，属于族群迁徙的范畴。

族群性的北方群体进入巴蜀地区，最初主要居于成都平原地区。《中国考古学：秦汉卷》认为，秦汉北方移民进入巴蜀地区的落

[①]《汉书》卷28《地理志》，中华书局1962年点校本，第1645页。
[②]（晋）常璩撰，任乃强校注：《华阳国志校补图注》卷3《蜀志》，上海古籍出版社1987年版，第148页。
[③]《全唐文》卷744卢求《成都记序》，中华书局1983年影印本，第7701页下。

脚点，从一些考古资料来看开始时当是巴蜀边缘地带。[1]其所列证据有二：其一，郫县 1966 年出土的东汉残碑《王孝渊碑》，有"□之先，元□关东，□秦□益，功烁纵横。汉徙豪桀，迁□□梁，建宅处业，汶山之阳"的记载[2]，说明王孝渊祖先在汉初居于汶山之阳，为巴蜀边缘地带。其二，汉初迁入西南区域的北方群体，有由巴蜀边缘地区向巴蜀中心区域移动的迹象，如成都近郊一处汉墓门枋上的石刻云吕氏"禄兄征过，徙蜀汶山□□□□□□□建成侯息征过，徙蜀汶山□□东杜（社）造墓藏丘冢"。[3]吕氏之墓在成都，说明吕氏群体曾由"汶山□□"迁往成都。

相关材料确能表明，秦汉时期特别是秦至西汉时期北方移民在巴蜀地区有由边缘区域向中心区域移动的迹象。不过，移民群体中的差异也当关注到。《史记》之《秦本纪》《六国年表》《张仪列传》《樗里子甘茂列传》记载，秦定巴蜀后，在蜀地存在由侯国到郡县的治理措施转换过程，且在秦惠文王更元九年（前 316）至秦昭襄王六年（前 301）的十余年间曾发生过三次蜀侯或蜀相的叛乱事件。[4]其中的蜀侯，既有认为是蜀人的意见，又有认为是秦人的意见[5]，但大规模的叛乱事件当与族群问题有关。扬雄《蜀王本纪》云："秦惠王遣张仪、司马错定蜀，因筑成都而县之。"[6]秦定巴蜀后，新筑的城不止成都，《华阳国志·蜀志》云秦定巴蜀后筑有成都城，"周回十二里，高七丈"；郫城，"周回七里，高六丈"；临邛城，"周回六里，高五丈"。[7]此三城，在当时已是规模较大的城。而且，三城

---

[1] 中国社会科学院考古研究所：《中国考古学：秦汉卷》，中国社会科学出版社 2010 年版，第 901 页。
[2] 谢雁翔：《四川郫县犀浦出土的东汉残碑》，《文物》1974 年第 4 期。
[3] 四川省博物馆藏，引自索德浩：《峡江地区汉代移民初步研究》，《中华文化论坛》2008 年第 2 期。
[4] 参见王子今《秦兼并蜀地的意义与蜀人对秦文化的认同》，《四川师范大学学报》（社会科学版）1998 年第 2 期。
[5] 参见崔建华《蜀地入秦初期的管理体制再探讨》，《四川师范大学学报》（社会科学版）2014 年第 1 期。
[6] 《蜀王本纪》，见（汉）扬雄撰、郑文注：《扬雄文集笺注》，巴蜀书社 2000 年版，第 331 页。
[7] （晋）常璩撰，任乃强校注：《华阳国志校补图注》卷 3《蜀志》，上海古籍出版社 1987 年版，第 131 页。

城楼"上皆有屋，而置观楼射栏"①，显然三楼均有防守的职能。胡大贵认为，此三楼"既不是用来对付南方少数民族，更不是用来对付楚，显然是用来对付蜀侯及其所代表的蜀王旧势力可能进行的反叛"。②此说大体可从，但临邛城应当也有防御西夷的功能，这与其位置有关，前文已述及。

成都平原的成都、郫两城，当有一定数量的驻军，属于军事性的移民，必然居于巴蜀中心区域。对于贵族群体及一般平民来说，其迁徙流向便有向成都平原边缘区域流动的痕迹：楚严王或樗里子迁居严道，秦人移民留下的秦水地名在嘉州，荥经曾家沟和古城坪墓地在成都边缘区域，扬雄家族在秦汉之际居江州，秦墓竹简记录的一位父亲要求将儿子迁往蜀地边县的情况（均详见前文），均说明秦定巴蜀后北方移民群体有流向成都平原边缘区域的态势。此外，巴蜀道远，迁居距中原地区不远的葭萌也是秦定巴蜀后北方群体流入巴蜀地区的重要区域，《史记·货殖列传》载有卓氏迁徙时"诸迁虏少有余财，争与吏，求近处，处葭萌"。③由此记载来看，秦统一六国时的北方移民，大多愿迁往靠近中原地区的区域，特别是葭萌。

贵族群体及一般平民虽居于成都平原边缘区域，但又有一定的聚居性。由可考的材料来看，秦定巴蜀后的北方群体迁入巴蜀地区，均分布在交通干线区域，包括严道、秦水（在嘉州）、青川、荥经、成都龙泉驿（此三地为秦墓发掘地，故用现代地名）、葭萌、临邛、江州等地，均分布在金牛道、峡江道区域。

由以上战国中晚期至秦时期汉族分布情况的讨论来看，战国中晚期至秦时期西南区域汉族群体的分布尚限于巴蜀交通要道区域。而且，汉族群体的分布具有明显的聚居性。由此，战国中晚期至秦时期西南区域的"汉夷"格局，总体上来说可分汉族聚居区和夷人

---

① （晋）常璩撰，任乃强校注：《华阳国志校补图注》卷3《蜀志》，上海古籍出版社1987年版，第131页。
② 胡大贵、冯一下：《蜀郡设置和第一任蜀守考》，《四川师范大学学报》（社会科学版）1993年第2期。
③ 《史记》卷129《货殖列传》，中华书局2014年点校修订本，第3977页。

分布区两类。汉族聚居区，主要包括葭萌、成都、临邛（青衣江中游）、阆中、江州等地。汉族聚居区以外，则为夷人分布区。此处需说明的是，战国中晚期至秦时期进入巴蜀区域的北方群体，不可能仅限于以上聚居区，在成都平原的其他区域可能存在汉夷杂处区，只是材料有限暂不得详。

二 西汉时期的"汉夷"格局

进入西汉时期，汉族群体分布格局的演进较战国中后期应有变化。前文已引述秦汉之际及汉初，扬雄家族先迁居江州，又迁居郫，进入了成都平原的中心区域，说明西汉初即有一定的汉族群体迁居成都平原中心区域。但在可考的材料中，西汉时期汉族群体移动的目的地仍然主要是交通干线区域，包括金牛道沿线、峡江道沿线，以及灵关道北部区域。如，前文引文已引述史料记载到景云家族迁居梓潼，王孝渊家族迁居汶山之阳，有一支吕氏群体也迁居汶山之阳。考古材料所见西汉时期室墓的分布地也主要分布在当时的交通干线上，包括成都、广汉、什邡、汉源、万县、巴县、丰都、江北、万州、云阳、忠县、巫山、昭觉、赫章、威宁、黔西、清镇、平坝等县（表3-8），均在金牛道、峡江道、灵关道、五尺道沿线。其中灵关道、五尺道沿线的室墓分布地，应当是武帝时期开西南夷地区后才迁入的汉族群体遗留，表明西汉时期汉族群体的分布较战国中晚期有一定程度的扩展。

表3-8　　　　　　　　西南区域秦汉时期室墓分布演变

时期	分布区域
秦及西汉早期	汉源、什邡、万县、巴县、广汉
西汉中、晚期	成都、什邡、巫山、昭觉、丰都、江北、万州、云阳、忠县、赫章、黔西、清镇、平坝、威宁
东汉早期（含新莽时期）	成都、理县、邛崃、巫山、荥经、奉节、江北、万州、云阳、忠县、赫章、黔西、清镇、平坝、威宁、务川、晋宁、昭通
东汉中、晚期	宝兴、成都、达县、大邑、昭觉、绵阳、彭县、郫县、什邡、双流、巫山、西昌、宜宾、大渡口、丰都、涪陵、合川、简阳、剑阁、万州、武隆、云阳、忠县、安顺、赤水、习水、兴义、兴仁、赫章、金沙、黔西、清镇、平坝、呈贡、大理

资料来源：详见附表2。

士女分布中，从可考的材料（广汉郡、犍为郡士人分期不详）来看西汉时期的士人也主要分布在金牛道、峡江道交通干线区域，包括蜀郡诸县，梓潼郡梓潼、涪县（西汉时无梓潼郡，为广汉郡属县，但在《华阳国志》中广汉郡、梓潼郡并存，故这里用梓潼郡郡名）。巴西郡的阆中，宕渠郡的宕渠有一定数量的士人，此二县虽一般认为不在交通要道上，但这两个县处嘉陵江沿线，应在秦汉时期即已成为重要的交通路径，严耕望说："嘉陵江为山南、剑南间大水，兴州（今略阳）以上至同谷（今成县）自汉以来屡经开凿通水运，兴州以下更通舟楫。"[1] 阆中、宕渠的士人，可能源于早期的秦人移民。特别是，《后汉书·板楯蛮传》记载到秦昭襄王时与"夷人"盟誓，云："秦犯夷，输黄龙一双；夷犯秦，输清酒一钟。"[2] 此处的"夷"，专指"巴郡阆中夷人"，说明此时已有相当数量的秦人迁居阆中。《华阳国志》中阆中士人在西汉时有11人之多，在东汉时也有6人，两汉时期的大姓也有13姓之多（附表4）。如此之多的大姓、士女，应是阆中北方群体进入较早的结果。

战国、秦、西汉时期巴蜀地区北方移民群体的增多，以及大量故蜀国群体对汉文化的认同，使得西汉时期的蜀地在中原士人看来已成为华夏之区。王子今曾讨论过，秦王子蜀侯恽含冤而死被蜀人尊奉为神，对蜀地水利开发作出重大贡献的李冰也被蜀人尊奉为神，表明了蜀人对秦人及秦文化一定程度上的认同。[3]

蜀地族群身份的转换，使得西汉时期的汉夷格局在可考材料的层面上发生了明显的转型，形成了汉族分布区、汉夷杂处区、夷人分布区三种汉夷格局分布类型。汉族分布区应主要限于成都平原。如前所述，西汉时期汉族聚居地主要是成都平原和峡江地区。在成都平原，西汉时期仍见有为数不少的土坑竖穴墓，特别是其中的成

---

[1] 严耕望：《唐代交通图考》（第4卷，山剑滇黔区），"中央研究院"历史语言研究所，1986年，第1163页。
[2] 《后汉书》卷86《西南夷传》，中华书局1965年点校本，第2842页。
[3] 王子今：《秦兼并蜀地的意义与蜀人对秦文化的认同》，《四川师范大学学报》（社会科学版）1998年第2期。

都市石人坝小区、成都博瑞"都市花园"、成都市青白江区大同磷肥厂工地、成都扬子山、成都洪家包等汉墓墓地（表3-9），位于成都平原中心区域，表明迟至西汉晚期成都平原中心区域仍有蜀人的分布，或至少表明有部分蜀人并未完全接受汉文化。峡江地区，土坑竖穴墓在峡江两岸发现有为数众多的庞大墓群，且这些墓群迟至东汉中期才见明显的减少趋势，说明峡江地区在西汉时期仍有大量的夷人居住，是典型的汉夷杂处区域。西汉时期其他有汉族群体分布的区域，如阆中、宕渠、西昌、赫章、黔西、清镇、平坝、威宁等地，汉族分布的区域不会太广泛，汉族数量也不会太多，在小尺度上也可看作汉夷杂处区域。余下区域，则属夷人分布区的范畴。

表3-9   西南区域两汉时期土坑竖穴墓分布演变

时期	分布地
西汉早中期	西昌市栖木沟、绵阳永兴双包山、荥经高山庙、涪陵点易、忠县松江、巫山瓦岗槽、巫山麦沱、万州大坪、万州金狮湾、万州嘴嘴、忠县将军村、忠县崖脚、云阳马沱、云阳马岭、丰都上河嘴、石柱砖瓦溪、云阳打望包、晋宁石寨山、宜良纱帽山、曲靖横大路、曲靖潇湘平坡、东川普车河、昭通营盘、昭通文家老包、呈贡石碑村、昆明大团山、安宁太极山、嵩明凤凰窝、昆明羊甫头、泸西石洞村、泸西大逸圃、个旧黑玛井、德钦永芝、祥云大波那、鹤庆黄坪、昌宁坟岭岗、昌宁大甸山、姚安营盘山、南华孙家屯、永胜枣子坪、赫章（城西）可乐、威宁中水、习水黄金湾
西汉晚期	成都市石人坝小区、成都博瑞"都市花园"、西昌礼州、芦山芦阳镇、小金日隆、涪陵易家坝、涪陵转转堡、巫山下湾、巫山神女路、巫山麦沱、万州大坪、万州金狮湾、万州古坟包、万州嘴嘴、云阳马沱、云阳马岭、云阳风箱背、奉节宝塔坪遗址、九龙坡区陶家大竹林、丰都上河嘴、万州大地嘴、石柱砖瓦溪、潼南下庙儿、云阳打望包、晋宁石寨山、宜良纱帽山、曲靖横大路、曲靖潇湘平坡、昭通营盘、呈贡天子庙、呈贡石碑村、安宁太极山、江川李家山、昆明羊甫头、泸西石洞村、鹤庆黄坪、南华孙家屯、赫章（城西）可乐、习水黄金湾、平坝夏云
西汉时期（具体断代不明）	成都市西郊、成都市青白江区大同磷肥厂工地、成都扬子山、成都洪家包、郫县古城乡、西昌市羊耳坡遗址蛮子沟、彭州市红豆树、双流华阳镇"家益欣城"、会理城河下游、涪陵小田溪、巫山江东嘴、巫山水田湾、巫山小三峡水泥厂、巫山下西坪、巫山麦沱、巫山秀峰一中、巫山江东嘴、巫山高唐观、巫山胡家包、巫山土城坡、万州礁芭石、万州曾家溪、万州柑子梁、万州老榨丘、忠县瓦窑、奉节莲花池、丰都天平丘、临江支路、云阳营盘包、丰都汇南、陆良薛官堡、曲靖珠街八塔台、呈贡小松山、澄江金莲山、江川团山、宾川夕照寺村、平坝天龙、安顺宁谷

续表

时期	分布地
东汉早中期	成都博瑞"都市花园"、郫县古城乡、西昌礼州、汉源背后山、涪陵转转堡、巫山麦沱、巫山江东嘴、巫山神女路、巫山高唐观、万州团堡、万州武陵镇吊嘴、忠县沿江四队、忠县将军村、奉节丰获、云阳马岭、云阳风箱背、奉节宝塔坪遗址、九龙坡区陶家大竹林、石柱砖瓦溪、潼南下庙儿、云阳马沱、呈贡小松山、澄江金莲山、江川李家山、江川团山、泸西石洞村、嵩明梨花村、个旧黑玛井、南华孙家屯、赫章（城西）可乐、黔西、习水黄金湾、清镇
东汉晚期	小金日隆、万州松岭包、石柱陶家坝、曲靖珠街八塔台、个旧黑玛井、黔西、兴仁交乐
东汉时期（具体断代不明）	宝兴陇东、忠县、彭州市红豆树、巫山水田湾、巫山小三峡水泥厂、巫山土城坡、万州礁芭石、万州包上、万州青龙嘴、万州熊绍福、奉节莲花池、奉节桂井、万州大地嘴、云阳营盘包、丰都汇南、广南牡宜、呈贡石碑村、平坝天龙、平坝夏云、黔西甘棠、务川喻家、安顺宁谷

资料来源：详见附表2。

三 东汉时期的"汉夷"格局

东汉时期的汉夷格局，可从《华阳国志》前四卷中对各郡大姓、族群交代的情况来窥其一斑。《华阳国志》前四卷中所载各郡大姓的分布情况及蛮夷群体的分布情况，应当主要是汉末的情况。常璩撰《华阳国志》时西南区域的族群格局较汉末已发生了极大的变化，特别是僚人遍居巴蜀区域是秦汉以降西南区域族群分布中最为重要的变化。不过，《华阳国志》前四卷常璩对于魏晋间西南区域族群分布的变化，除较小的族群迁徙如氐人的迁徙外，于西南区域族群产生巨大影响的僚人却不在前四卷中，而是在叙述李氏及成汉政权时才提及。故此可以判定，《华阳国志》前四卷中所述的族群分布，主要是汉末时的情况。

表3-10为《华阳国志》前四卷所载诸郡大姓与蛮夷分布情况。结合《华阳国志》所载士女分布来看（前文有详述），汉末西南区域汉夷格局可分如下类型：（1）汉中郡、魏兴郡、上庸郡、新城郡、蜀郡、广汉郡、犍为郡为汉族分布区，大姓、士女众多，在东汉时期没有夷人的记载。（2）汉夷杂处区，主要包括朱提郡、南广郡、

江阳郡、巴郡、巴西郡、巴东郡。在这些郡中，有一定数量的大姓、士女，甚至部分郡大姓数量并不少，如巴郡、巴西郡，但这些郡其他史料和考古材料显示并非全为汉族所居，夷人群体也不在少数。例如，巴郡、巴西郡地区在东汉时期为板楯蛮的主要分布区，且有大量的土坑竖穴墓的分布。宕渠郡、阴平郡、汉嘉郡、越巂郡、牂柯郡、平夷郡、夜郎郡、建宁郡、永昌郡、兴古郡，通常在郡治县有一定数量的大姓或士女分布，但数量不多。结合其他材料还可判定，这些郡的主要族群实际上并非汉族。换言之，以上诸郡中的部分区域是汉夷杂处区域。但就其整体而言，以上诸郡实际上是夷人分布区。（3）余下其他郡，相应为夷人分布区。

表 3-10　　　　　《华阳国志》诸郡大姓与"蛮夷"分布

郡名	大姓与"蛮夷"分布记载
巴郡	江州县冠族有波、鈆、毋、谢、然、瑰、杨、白、上官、程、常（刘表缺"常"，多"温"）；枳县有章、常、连、黎、牟、阳诸冠族；临江县有严、甘、文、杨、杜诸大姓；平都县有殷、吕、蔡氏；垫江县黎、夏、杜为大姓
巴东	郡有奴、獽、夷、蜑诸蛮民。朐忍县有扶、先、徐大姓。南浦县"主夷"
涪陵	郡多獽、蜑之民，又有蟾夷。郡有豪族徐、蔺、谢、范，大姓有韩、蒋（刘表缺，《华阳国志》说"世掌交部曲，为大姓"，本表列）
巴西	阆中县有三狐、五马、蒲、赵、任、黄、严诸大姓；南充国县大姓有侯、谯；安汉县大姓有陈、范、阎、赵
宕渠	汉昌县有大姓勾氏
汉中	南郑县有李、程、赵大姓
魏兴	本汉中西城县，无大姓记载	此三郡，常璩自己说"未能详其小委曲也"，但多处提及为秦汉罪人流徙之地，有汉族无疑
上庸	无大姓记载
新城	无大姓记载
梓潼	本广汉属县。梓潼县有文、景、雍、邓四大姓；涪县，大姓杨、杜、李；晋寿县（有故葭萌城），记载"大姓葬此者多"，有大姓无疑，然不详
武都	郡多氐傁、羌、戎，"其人半秦"
阴平	本广汉北部都尉。多氐傁，有黑、白水羌、柴羌

第三章 汉族群体分布格局的拓展与"汉夷"格局的演变　263

续表

郡名	大姓与"蛮夷"分布记载
蜀郡	成都县有大姓柳、杜、张、赵、郭、杨，并有豪富程郑、郤公、郭子平，奢豪杨伯侯兄弟（刘表缺后两类姓；此两类部分姓与前姓同，但常璩列为不同两类大姓，并采）；郫县有大姓何、罗、郭，繁县，三张为甲族；江原县，东方常氏为大姓（刘表为"东方、常氏"，可采）；临邛县，陈、刘二氏为大姓；广都县，朱氏为首族，大豪有冯氏，有獽、蜑之民
广汉	郡有羌反之事。雒县大姓有镡、李、郭、翟；绵竹县，首族为秦、杜；什邡县，杨氏为大姓；新都县，杨厚、董扶为名士，又有马、史、汝、郑四姓，计六姓（刘表缺前两姓，然名士所出当在大姓家族，常璩"又有"或已表此意，列）；郪县，大姓王、李氏，又有巴、高家；广汉县，彭、段为甲族；德阳县，"康、古、袁氏四姓"（刘表亦为"四姓"，疑有脱字）
犍为	武阳县多大姓，七杨、五李是也，共十二姓；南安县有能、宣、谢、审四姓，杨、费等五大族（刘表亦"四大姓""五大族"并举，常氏此当有省文）；僰道县有大姓吴、隗、楚、石、薛、相；牛鞞县，程、韩为冠族；资中县，王、董、张、赵为望族
江阳	江阳县有大姓王、孙、程、郑，八族赵、魏、先、周等；汉安县有大姓程、姚、郭、石，八族张、季、李、赵等；新乐县，大姓魏、吕
汶山	郡有六夷、羌胡、羌虏、白兰峒、九种之戎
汉嘉	缺
越巂	郡有越巂叟。邛都原有七部，后为七部营兵；苏示县，有夷；定筰县，多夷
牂柯	郡有大姓龙、傅、尹、董。尹氏夜郎、毋敛皆有。傅姓在平夷县，平夷县为平夷郡郡治县，当入平夷郡。其余二姓不详
平夷	鳖县有大姓王氏。平夷县有傅氏（见牂柯郡注）
夜郎	无大姓记载。然按牂柯郡之尹贡在夜郎县，记为一姓
晋宁	无大姓记载
建宁	郡有五部都尉、四姓及霍家部曲，后二者当为大姓豪族共五姓。郡治所为味县。同乐县有大姓爨氏；谈稿县有濮、僚；伶丘县"主僚"
平乐	不详
朱提	郡有大姓朱、鲁、雷、兴、伊、递、高、李。郡治在朱提县
南广	无大姓记载
永昌	郡有穿胸、僬耳种，鸠僚、"诸"濮繁盛；不韦县有南越相吕嘉之后，并四大姓陈、赵、谢、杨为五姓（刘表仅有陈、赵、杨三姓）
云南	不详
河阳	缺

续表

郡名	大姓与"蛮夷"分布记载
梁水	不详
兴古	多鸠僚、濮。龙、傅、尹、董在句町县（参前牂牁郡注）
西平	多夷

注：《华阳国志》中有部分姓数是"虚数"，其中的"四姓""八族"即是，现例释之。梓潼郡梓潼县："四姓：文、景、雍、邓者也"。广汉郡新都县："又有四姓：马、史、汝、郑者也"。蜀郡德阳县："康、古、袁氏为四姓"。犍为郡："有四姓：能、宣、谢、审；五大族：杨、费。"江阳郡江阳县："四姓、王、孙、程、郑。八族，又有魏、赵、先、周也。"安汉县："四姓：程、姚、郭、石；八族：张、季、李、赵辈。而程、石杰立，郡常秉议论选之[①]。"建宁郡"有五部都尉、四姓及霍家部曲"。《南中志》总叙泰始六年云"自四姓子弟仕进，必先经都监"。诸如此类"四姓""八族"，任乃强注曰："'四姓'者，谓世任啬夫之氏族"[②]，又云"小县四族，大县八族，皆分乡举之"。[③]同按任乃强的说法，"四姓""八族"之说，还与县职官人数多少有关，此见《百官志》刘昭注引《汉官旧仪》。[④]《汉书·百官五》"县邑"条确有"尉大县二人，小县一人"的说法，应劭注曰："大县丞左右尉"，"小县一尉一丞。"《汉书·百官五》"乡亭"条又云："有秩，郡所置，秩百石，掌一乡人；其乡小者，县置啬夫一人"。是以，秦汉确有大县与小县所置职官数量不同情况。"四姓""八族"的说法当确与此有关。

资料来源：据《华阳国志》前四卷整理，并参考刘增贵《汉代的益州士族》（黄宽重、刘增贵主编：《家族与社会》，中国大百科全书出版社2005年版，第122—169页）和孙俊、武友德《秦汉西南"汉夷"格局——以〈华阳国志〉豪族士女和考古室崖墓分布为中心》（《中国边疆史地研究》2018年第2期）梳理。

从考古材料来看，以《华阳国志》为代表的史料所得汉夷格局也大体成立。由前文讨论来看，东汉时期成都平原地区汉系墓即室墓和崖墓的数量迅速增长，土坑竖穴墓的分布地则有明显的收缩，数量也不多。在峡江地区，尽管东汉初中期崖墓数量有增长的态势，室墓在东汉时期也有增长的态势，但这一区域所发现土坑竖穴墓墓地并不少，且有大规模的墓群的存在，说明峡江地区汉夷杂处的格局比较明显。除了成都平原、峡江地区这两个比较特殊的区域外，余下区域虽也有汉系墓的发现，但多发现于郡治县区域且数量

---

① 任乃强还认为，在文学已盛之县出仕守、令、长、尉及大官者多，这些人也有权议论地方利弊，但在四姓八族之外。见（晋）常璩撰，任乃强校注《华阳国志校补图注》卷3《蜀志》，上海古籍出版社1978年版，第183页。

② （晋）常璩撰，任乃强校注：《华阳国志校补图注》卷3《蜀志》，上海古籍出版社1978年版，第183页。

③ （晋）常璩撰，任乃强校注：《华阳国志校补图注》卷3《蜀志》，第159页。

④ （晋）常璩撰，任乃强校注：《华阳国志校补图注》卷3《蜀志》，第183页。

有限。特别是，在牂牁、益州地区，迟至汉末土坑竖穴墓仍是主要的墓葬形式，墓葬文化变迁仍不明显，说明这些区域的主要族群仍是夷人。

四 不同区域的"汉夷"格局演进态势

战国秦汉时期西南地区"汉夷"格局的变化，总体上说主要受族群迁徙和族群融合两个因素的影响。这两个因素在不同区域的影响并不相同，使得西南地区不同区域"汉夷"格局演进的模式并不相同。

在考古材料的层面上，罗二虎曾总结认为，秦汉时期西南区域的土著文化演变可分三种类型：一种是以巴蜀、滇、夜郎为代表的文化，受汉文化影响之后土著文化迅速发生变化，最终走向与汉文化融合的进程之中；另一种是土著文化受汉文化影响时有融合的迹象，但尚未融入即突然消失，以"大石墓"文化为代表；再一种是，土著文化虽受汉文化影响，但一直持续发展，见于四川青衣江上游地区的石棺葬文化。[1] 对于川渝地区的土著文化，《中国考古学：秦汉卷》认为，川渝地区汉墓所见文化特征包括两期：西汉早期至中晚期，土著文化逐渐消失并融入汉文化的埋葬制度中；新莽时期至东汉晚期，川渝地区汉文化内出现新的区域性特征并逐渐加强。[2] 特别是在墓制文化层面上，巴蜀地区的室墓，一般认为是北方特别是秦文化影响后的产物。迟至东汉初，巴蜀地区的墓葬文化也发生了巨大转型，传统的土坑竖穴墓逐渐让位于室墓、崖墓。[3] 考古文化层面上的演变问题，一定程度上能够反映战国秦汉时期西南区域"汉夷"格局的演变态势，但这仅限于成都平原地区。

---

[1] 罗二虎：《秦汉时代的中国西南》，天地出版社2000年版，第47页。
[2] 中国社会科学院考古研究所：《中国考古学：秦汉卷》，中国社会科学出版社2010年版，第506、887—888页。
[3] 罗二虎：《四川汉代砖石室墓的初步研究》，《考古学报》2001年第4期；陈云洪、颜劲松：《四川地区西汉土坑墓分期研究》，《考古学报》2012年第3期；罗二虎：《川渝地区汉代画像砖墓研究》，《考古学报》2017年第3期。

在成都平原区域，族群迁徙和族群融合对"汉夷"格局演变的影响均较为激烈。其中，族群迁徙的影响方面前文已有较详的讨论，这里主要讨论族群融合的问题。战国秦汉时期成都平原的族群融合，主要是蜀人和汉族的融合。这一融合过程比较特殊。战国秦汉时期是汉族的形成时期，成都平原的蜀人与北方群体族群融合，在前半段并不完全属于蜀人与汉族的融合，其最终被称为汉族，实际上伴有族群认同的问题。换言之，战国秦汉时期蜀人与汉族的融合，是在宽泛的意义上来理解的。

前文已讨论过，迟至西汉晚期，成都平原已被看成汉族分布区，但这并不意味着蜀人与汉族已完全融合。事实上，迟至东汉中期，成都平原仍有为数不少的蜀文化遗存，如成都博瑞"都市花园"、宝兴陇东、彭州红豆树的土坑竖穴墓。什邡城关战国秦汉墓地是川渝地区秦汉时期土著文化演变的缩影，在一定程度上能够代表以成都平原为中心的汉夷文化和汉夷群体演变过程。该墓群发掘船棺葬49座，均为长方形土坑竖穴或近竖穴墓；木板墓3座、木椁墓3座，亦均为长方形土坑竖穴墓；土坑墓43座，以狭长方形为多，有21墓，长方形墓16座，近长方形墓6座。各墓制分期数量为：第一期船棺墓6座，狭长方形土坑墓1座，近方形土坑合葬墓1座；第二期38座，船棺墓28座，狭长方形土坑墓6座，长方形土坑墓3座，近长方形土坑合葬墓1座；第三期14座，船棺墓5座，狭长方形土坑墓9座；第四期12座，长方形土坑墓9座，近方形土坑墓1座，土坑木板墓2座，船棺墓和狭长方形土坑墓均消失；第五期9座，长方形土坑墓4座，近方形土坑墓1座，土坑木板墓1座，土坑木椁墓3座；第六期为近方形土坑墓M53，仅一座。各期随葬品铜器特征：第一期有船棺葬3具保存较好，铜器几乎全为巴蜀式兵器和工具；第二期铜器仍以巴蜀式兵器和工具为主，且种类增多，巴蜀式印章等出现；第三期铜器仍以巴蜀式兵器和工具为主，出现三足盆及成组铜璜，出土Ⅴ式铜戈的墓葬比例增大；第四期巴蜀式兵器和工具数量已大为减少，车马器和成组铜璜墓比例增大；第五期，铜器中新出现BIV式矛、C型和D型带钩、镜、汉字印章及"八铢八两"字样器物等；第六期器物除局部有巴蜀文化特征外大部分器物已为纯汉式陶器。

以上六期，第一期在战国早期，第二期在战国中期，第三期在战国晚期，第四期战国末期至秦，第五期在西汉早期，第六期在西汉中期偏晚。依据不同墓制的演变特征，并结合同期不同墓制随葬品相似组合的特征，报道者认为不同墓制当属不同民族。[①] 这里所谓的"不同民族"，理论上说有两种解释：一种解释是，早期墓葬属于蜀人墓葬，中晚期墓葬则除蜀人墓葬外还有汉族墓葬；另一种解释是，早期墓葬属于蜀人墓葬，中晚期墓葬则除蜀人墓葬外还有北方而来的汉族墓葬。不过，由不同墓制的演变情况来看，所谓的"汉族"应当是华夏化的蜀人，或者说是接受了汉文化的蜀人。墓葬文化的此种变化，反映了故蜀国群体对汉文化的认同，某种程度上也是族群认同。族群认同的结果之一是，蜀地不再被视为蛮夷之地，而是华夏之区，汉夷格局随之发生变化。

成都平原夷文化的遗存，还可从陶俑和画像中的"左衽"人物形象方面来窥知。"左衽"是蜀人及部分南夷群体的传统服饰形制。《华阳国志·序志》引《蜀纪》云："蜀椎髻左衽，未知书，文翁始知书学"[②]，可知蜀人早先为左衽。《华阳国志·南中志》云南中群体"或编发、左衽"。[③]《华阳国志·巴志》"总叙"条记载："建和二年（148），羌复入汉，牧守遑遑，复赖板楯破之。若微板楯，则蜀汉之民为左衽矣。"[④] 由这些记载来看，蜀人曾左衽，魏晋时已右衽，南中地区则迟至魏晋时仍是左衽。左衽的服饰特征在考古材料

---

① 四川省文物考古研究院、德阳市文物考古研究所、德阳市博物馆：《什邡城关战国秦汉墓地》，文物出版社2006年版。

② （晋）常璩撰，刘琳校注：《华阳国志校注》卷12《序志》，成都时代出版社2007年修订版，第727页。

③ （晋）常璩撰，刘琳校注：《华阳国志校注》卷4《南中志》，成都时代出版社2007年修订版，第229页。

④ （晋）常璩撰，刘琳校注：《华阳国志校注》卷1《汉中志》，成都时代出版社2007年修订版，第24页。

上也可证。如表 3-11 所示，迟至东汉中晚期，西南区域崖墓中仍见一定数量的"左衽"群体（梳理材料中，左衽群体陶俑仅见于崖墓中）。这些左衽群体分布在成都平原的中江、三台地区，川西南的乐山地区，滇东北的水富地区，以及峡江地区。尽管材料有限，但可以发现"左衽"陶俑在东汉中晚期的分布仍较为广泛，汉族分布区及汉族数量较多的成都平原、峡江地区仍见。

表 3-11　　　　　　东汉西南区域崖墓中的"左衽"陶俑

图示	编号	备注	图示	编号	备注
	中江塔梁子崖墓 M3 门人	东汉晚期。中江塔梁子崖墓 M1：10 陶抚琴俑内层左衽		三峡淹没区赤溪汉墓 M2：54 击鼓俑	
	三台柏林坡 M1：17 男拱立俑	东汉中期（有"元初四年"纪年刻字）		忠县石匣子 M1：106 佩剑俑	
	三台柏林坡 M2：14、17 男拱立俑	共 3 件，其中有 1 件编号不详		宜宾横江镇东汉崖墓 M5：26 执箕俑	东汉晚期

续表

图示	编号	备注	图示	编号	备注
	丰都汇南墓群拱立俑	编号不详		水富小河崖墓M3∶13执箕俑	东汉中期
	乐山市沱沟嘴崖墓佩剑俑	编号不详			

注：广汉罗家包M1∶9、M3∶13陶俑均为残件，报道者认为是左衽。同墓M4∶35绘本清晰，报道者云是"左衽"，实当"右衽"。此三件陶俑服饰报道可能均有误（孙智彬、敖兴全、敖天照：《四川广汉市罗家包东汉墓发掘简报》，《四川文物》2016年第1期）。武胜山水岩崖墓M1∶11、M2∶10、M2∶16、M2∶21陶俑等，报道者认为是"左衽"，但由可辨认的绘本来看，也当是"右衽"（陈祖军、刘敏、李再仁：《四川武胜山水岩崖墓群发掘报告》，《四川文物》2010年第2期）。

资料来源：四川省文物考古研究院、德阳市文物考古研究所、中江县文物保护管理所：《中江塔梁子崖墓》，文物出版社2008年版，第63页；刘章泽、李昭和：《四川中江塔梁子崖墓发掘简报》，《文物》2004年第9期；四川省文物考古研究院、绵阳市博物馆、三台县文物管理所：《三台郪江崖墓》，文物出版社2007年版，第176、186页；李水城、魏文斌、李海忠等：《重庆忠县石匣子东汉大墓发掘报告》，《南方民族考古》2014年第10辑；胡学元、杨翼：《四川乐山市沱沟嘴东汉崖墓清理简报》，《文物》1993年第1期；四川省文物考古研究所：《丰都县三峡工程淹没区调查报告》，《四川考古报告集》，文物出版社1998年版，第317页；黄家祥、王朝卫：《四川宜宾横江镇东汉崖墓清理简报》，《华夏考古》2003年第1期；康利宏、刘成武：《云南省水富县小河崖墓发掘报告》，《四川文物》2011年第3期。

陶俑所见"左衽"群体，多属平民或奴仆。与此不同，画像砖所见"左衽"群体，则多大姓。表3-12为两汉西南区域的"左衽"画像砖，均发现于成都、重庆地区，也就是两汉时期汉族聚居且差不多已尽为汉族所居的区域。前文已提及，秦定巴蜀后，蜀人的去向是颇为重要的问题。而由表3-12所反映的情况来看，两汉时期成都平原中心区域豪族大姓群体中仍有大量的"左衽"文化传统得到保留。

270 战国秦汉西南民族地理的格局与观念研究

表 3-12　　　　　　　　汉代西南地区的"左衽"画像砖

画像名	画像	画像名	画像
成都站东乡青扛包三号墓"宴饮"画像砖拓本（徐、高）		成都站东乡青扛包三号墓"传经"画像砖绘本（罗）	
重庆九龙坡陶家大竹林"妇人携子"画像砖拓本（林等）		重庆九龙坡陶家大竹林"佩剑卫士"画像砖拓本（林等）	
成都西郊出土"宴乐"画像砖绘本（高）		成都市郊出土"宴乐"画像砖绘本部分人物（高）	
成都出土"骑吏"画像砖绘本部分人物（高）		成都附近出土"宴集"画像砖拓本（重）	
成都扬子山西汉"丸剑宴舞"画像砖拓本（沈）		彭县"天帝出行""百兽率舞"画像砖拓本（高等）	

续表

画像名	画像	画像名	画像
新津单阙执棨戟人拓本（高等）		德阳"三骑吏"画像砖拓本（高等）	
重庆九龙坡陶家大竹林"轺车"图版（高等）		彭州"送客"画像砖中的"客人"拓本（高等）	

注：表中"高等""重""高""林等""罗""沈""徐"等字指的是资料来源中的作者信息。

资料来源：重庆市博物馆：《重庆市博物馆藏四川汉画像砖选集》，文物出版社1957年版，第28页；高文、左志丹、段斐斐：《中国巴蜀新发现汉代画像砖》，四川美术出版社2016年版，第20、24、56、78、207页；高文：《四川汉代画像砖》，人民美术出版社1987年版，图39、40、42、62；林必忠、刘春鸿：《重庆九龙坡陶家大竹林画像砖墓发掘简报》，《四川文物》2007年第2期；罗二虎：《西南汉代画像与画像墓研究》，四川大学博士学位论文，2001年，第181页；沈仲常：《成都扬子山的西汉墓葬》，《考古通讯》1955年第6期；徐鹏章：《成都站东乡汉墓清理记》，《考古通讯》1956年第1期。

上表的"左衽"画像砖中，成都站东乡汉墓群3号墓的"宴饮图"、"传经图"（该图有的学者认为是"讲学图"）、"车马图"、"门阙图"所反映的情况，说明墓主生前当是东汉地方豪族大姓。重庆九龙坡陶家大竹林画像砖墓之"石棺米仓"画像砖M2：19、"妇人携子"画像砖M2：20和M2：30、"轺车出行"画像砖六方、"佩剑卫士"画像砖两方，均有不少人物明显左衽，其余模糊不清。[①] 该墓出土画像繁多，有生活、出行之场景，墓主当相当富有。因有轺车，可知墓主为官吏。轺车上的人物形象不太清楚，似是左衽。

---

① 林必忠、刘春鸿：《重庆九龙坡陶家大竹林画像砖墓发掘简报》，《四川文物》2007年第2期。

若统计《中国巴蜀汉代画像砖大全》一书中的画像砖左衽人物，占四分之一强。除本书前引之外，另有成都南郊出土的画像砖之"观伎图"，左四人观伎者全左衽；成都南郊出土"宴饮图"，五人全左衽。[①]《重庆市博物馆藏四川汉画像砖选集》中，见有"左衽"人物形象的画像砖也有一定的比例。[②] 此种情形说明，两汉时期巴蜀地区的豪族大姓，有很大一部分是由蜀人、巴人演变而来，并非全是北方移民群体演变而来。

蜀地汉族群体蜀文化完全消失的时间当前材料有限难以断定。但可明确的是，晚至三国时期，蜀文化仍有一定程度的保留。1988年在大邑县董场乡董家村发现的一座画像砖墓，有丰富的画像内容，其中的"六博舞乐"、"西王母"（图3-3）、"建林"、"天阙"画像砖，其主要人物均"左衽"。由画像内容来看，墓主当是蜀人后裔，且为当时的豪族大姓。画像内容由现实生活世界到信仰世界均左衽，可见当时蜀文化影响之深远。

图3-3 大邑县董场乡三国"六博舞乐"和"西王母"画像砖
资料来源：大邑县文化局：《大邑县董场乡三国画像砖墓》，《四川考古报告集》，文物出版社1998年版，第383—398页。

如此之多的蜀人后裔豪族，在史料上多是缺乏记载的，或者说是无意强调其为蜀人后裔的，本身意味着在其时的史家看来这些群体当为汉族了。同时，成都扬子山一、二、三号墓，成都站东乡青

---

① 高文、王锦生：《中国巴蜀汉代画像砖大全》，国际港澳出版社2002年版，第91、92、94页。
② 重庆市博物馆：《重庆市博物馆藏四川汉画像砖选集》，文物出版社1957年版。

杠坡三号墓，均为砖室墓①，说明汉代蜀人中心区域墓葬文化中的墓葬形制已发生了转变。此种特殊情况也说明，前文所述的砖室墓为汉族墓葬的说法，就不仅代表着汉族由移民而来，也代表着已演变为汉族的故蜀人。

此外，有学者通过梳理四川西汉早期的土坑竖穴墓随葬品特征后发现，西汉早期蜀人上层社会文化具有明显的楚文化偏好，且最先摒弃土著蜀文化因素。与此不同，一般蜀人则保留了较多的土著蜀文化因素。②两相对比，秦至西汉早期四川地区的社会文化变迁是自上而下的，即蜀人上层社会群体接受楚文化或关东文化更快，而一般百姓则保留更多的蜀文化因素。迟至汉末，蜀地中心区域上层社会文化中仍有大量的古蜀文化，则理论上说一般平民当具有更多的古蜀文化。只不过，由于一般平民没有留下多少文化遗迹，尚难知其详情。但由古蜀文化的保存情况来看，秦汉时期巴蜀地区的汉族群体，当有很大一部分是由原巴蜀群体演变而来的。

与巴蜀地区特别是蜀地的"汉夷"格局演变态势不同，西南夷地区尽管在两汉时期也曾有一定数量的汉族进入，但其"汉夷"格局演变的态势是"夷化"。以牂牁、益州、永昌地区为例，在考古文化上，牂牁、益州地区的土著文化迟至汉末时已近为绝迹。③但这并不意味着这些区域有明显的"汉化"态势。前文已讨论过，牂牁、益州、永昌地区终于两汉仍以南夷、西夷群体为主要族群。例如，牂牁地区曾在今天的赫章、中水、威宁、清镇、平坝、安顺等地发现为数不少的室墓、崖墓，但相比于土坑竖穴墓来说仍是相对较少的。以赫章可乐为例，经 1976—1978 年、2000 年两次发掘，1976—1978 年共发掘甲类墓 39 座，乙类墓 168 座；2000 年发掘甲类墓 3 座，乙类墓 215 座。按报道者的意见，甲类墓为汉式墓，乙

---

① 罗二虎：《四川汉代砖石室墓的初步研究》，《考古学报》2001 年第 4 期。
② 王天佑：《四川西汉早期土坑墓文化因素分析》，《中华文化论坛》2018 年第 12 期。
③ 中国社会科学院考古研究所编：《新中国的考古发现和研究》，文物出版社 1984 年版，第 487—489 页；中国社会科学院考古研究所：《中国考古学：秦汉卷》，中国社会科学出版社 2010 年版，第 889 页。

类墓为土著人墓。①第一次发掘报道中，甲类墓文化特征为：出土器物多为兵器，少见妇女用具，极少生产用具，器物见"昼炊饭食，夜击持行"字，故判断为军人之墓；出土铁剑、铜壶、铜镜、摇钱树、陶屋、陶水田模型等表明部分墓主当是军队中身份较高者；墓葬形制、葬俗与两汉时期汉族的埋葬习俗基本相同。据上，报道者认为甲类墓当为汉族墓②，当是。第二次发掘仅见三座汉族墓，且分布地与第一次发掘的汉族墓在同一地，故从第一次报道的意见。关于汉族墓的时间，第一次发掘报道时，报道者推断其时间为战国晚期至西汉晚期，可分战国晚期、西汉初期、西汉晚期三期③，第二次发掘的报道者认为汉墓战国晚期这一推断可能有误，但亦同时在其他遗迹中发现"四年""建""建始"等铭文，证明西汉成帝时即有汉族进入可乐地区。④

与汉式墓相比，赫章可乐的乙类墓达到381座，远多于汉式墓。第二次发掘乙类墓葬的分期，报道者结合测年数据和文化特征，推断为：一期在战国早期至战国中期，二期为战国晚期，三期为战国末期至西汉前期。乙类墓在三期时铁器增多，但形制具有地方特色，陶器及其他器物亦未见与汉族墓存在大量文化交流迹象。⑤乙类墓的墓主，第一次发掘报道认为当为"西南夷"中的濮人，发现有椎髻所用的装饰品和大量农业工具与《汉书·西南夷传》"椎髻、耕田、有邑聚"的夜郎人特征相符合，也与汉晋传世文献所记僚人"干栏"建筑相符。⑥

赫章可乐汉墓群还很特殊，即存在两类墓的共存现象。在两类墓葬空间分布上（图3-4），锅落包是两类墓交错最多的墓区，

---

① 贵州省博物馆考古组、贵州省赫章县文化馆：《赫章可乐发掘报告》，《考古学报》1986年第2期；贵州省文物考古研究所：《赫章可乐2000年发掘报告》，文物出版社2008年版。
② 贵州省博物馆考古组、贵州省赫章县文化馆：《赫章可乐发掘报告》，《考古学报》1986年第2期。
③ 贵州省博物馆考古组、贵州省赫章县文化馆：《赫章可乐发掘报告》，《考古学报》1986年第2期。
④ 贵州省文物考古研究所：《赫章可乐2000年发掘报告》，文物出版社2008年版，第122—123、394页。
⑤ 贵州省文物考古研究所：《赫章可乐2000年发掘报告》，文物出版社2008年版，第127页。
⑥ 贵州省博物馆考古组、贵州省赫章县文化馆：《赫章可乐发掘报告》，《考古学报》1986年第2期。

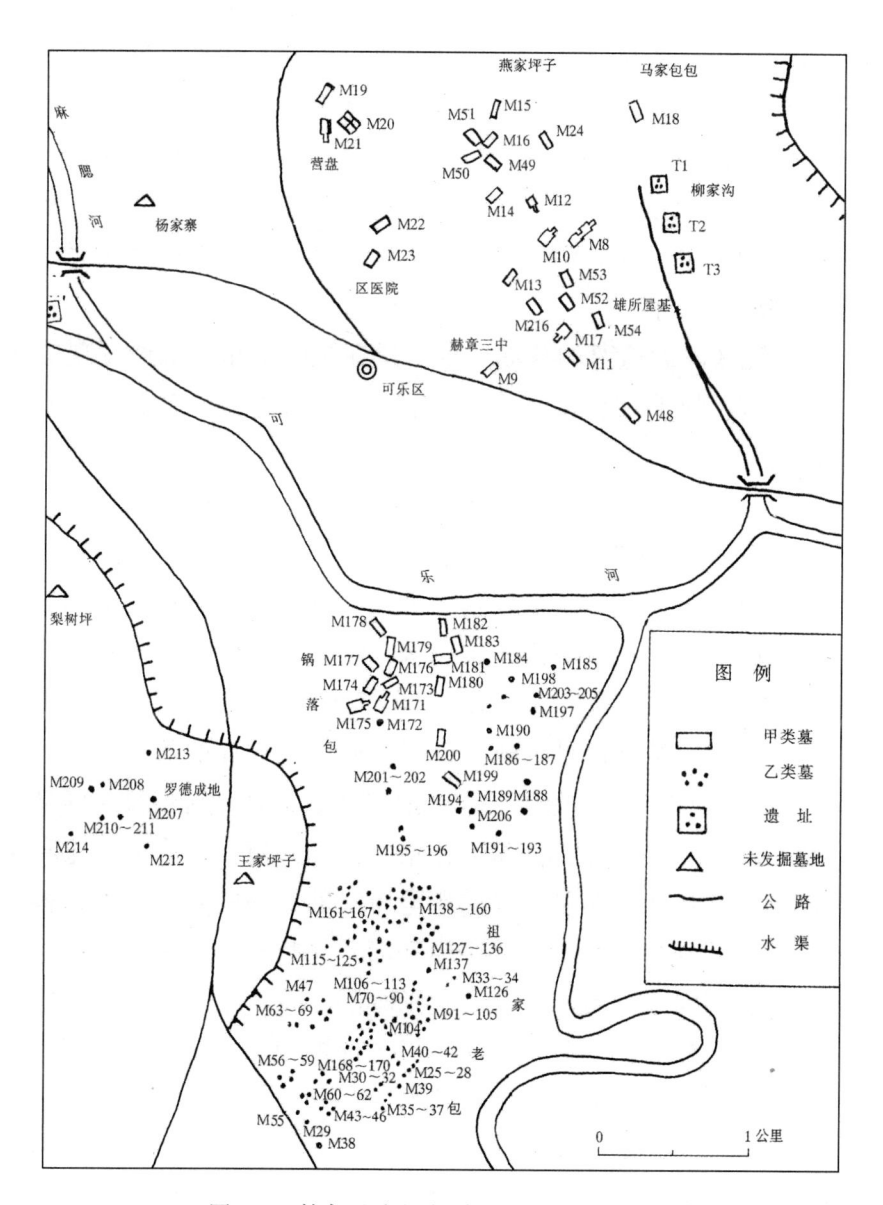

第三章　汉族群体分布格局的拓展与"汉夷"格局的演变　275

图 3-4　赫章可乐墓群局部所见"汉夷"格局

资料来源：引自贵州省博物馆考古组、贵州省赫章县文化馆《赫章可乐发掘报告》，《考古学报》1986 年第 2 期。

1976—1978年发掘的两类墓葬中，甲类墓14座，乙类墓21座，甲类墓主要分布在山头西、北两侧，乙类墓主要分布在山头东、南两侧，南侧有两类墓的交错现象。2000年的发掘，在锅落包山头南侧亦发现有两类墓的交错现象。[1]按第二次发掘的报告，祖家老包墓区和罗德城地墓区事实上也有两类墓的交错现象。[2]这些现象说明，两类墓的主人在长时期内当是和睦共处的。报道者也认为，"汉王朝初进入夜郎地区系'约为治吏'，未经历武力征战，故不存在地方民族被征剿驱赶事件"。[3]

益州地区汉族遗留的墓葬很少，只在昆明羊甫头墓地发现集群式汉族墓葬。昆明市官渡区羊甫头墓地，发掘者将该墓群分为滇文化和汉文化两种类型，其中的汉文化墓群于《昆明羊甫头墓地》卷3专门介绍，西汉末至东汉初墓20座，东汉初至东汉中期墓8座，共28座。报道者认为，这些汉墓的主人当是汉族移民，判断特征包括：早期墓葬多大型铜生活用具，多朱提堂狼造，除竖穴土坑墓外发现有墓道；晚期汉墓出现砖室结构，随葬品中多俑及模型器。报道者同时认为，这些人作为统治者，与滇归汉后的"反""复反"记载相符，两汉对滇池区域的统治已有如同内地一样的郡县之制而非遥领。[4]但在墓葬形制和随葬品文化特征上，滇池地区秦汉时期竖穴墓数量和滇文化随葬品都占相当比重。比如，位于古滇国腹地南面的江川地区，近年发布了西汉前期至东汉前期的竖穴墓考古资料，两次发掘均发现其滇文化墓葬规模和随葬品都有不断扩大、丰富的发展趋势，西汉中期后才见汉文化随葬品。总体上，铜鼓、铜贮贝器、铜仪仗兵器、铜工具、铜农具、各形铜扣饰、铜钏、玉镯、玉玦、珠襦等组成的滇人传统文化器物一直是西汉中期至东汉前期的

---

[1] 贵州省文物考古研究所：《赫章可乐2000年发掘报告》，文物出版社2008年版，第396页。
[2] 贵州省文物考古研究所：《赫章可乐2000年发掘报告》，文物出版社2008年版，第397页。
[3] 贵州省文物考古研究所：《赫章可乐2000年发掘报告》，文物出版社2008年版，第127页。
[4] 云南省文物考古研究所、昆明市博物馆、官渡区博物馆：《昆明羊甫头墓地卷3：汉式墓葬》，科学出版社2005年版，第834—835页。

主体随葬品。① 这种文化特征反映出，古滇国归汉后其统治阶层获得了很高的政治待遇，故而能够持续发展。新近发掘的陆良县薛官堡墓地、曲靖八塔台与横大路墓地考古材料，都可作此种情形的旁证。②

正是由于牂牁、益州、永昌地区的族群以南夷、西夷群体为主，虽两汉时期不断有汉族群体进入，却终未能改变"汉夷"格局的演进态势。《华阳国志·南中志》"总叙"条载太安二年（303）曰："夷愈强盛，破坏郡县，没吏民。会毅疾甚，军连不利。晋民或入交州，或入永昌、牂牁，半亦为夷所困虏。"③ "半亦为夷所困虏"，说明当时主导益州、牂牁、永昌地区的族群并非汉族。

---

① 张新宁：《云南江川县李家山古墓群第二次发掘》，《考古》2001年第12期。
② 杨勇、朱忠华、王洪斌等：《云南陆良县薛官堡墓地》，《考古》2013年第4期；云南省文物考古研究所：《曲靖八塔台与横大路》，科学出版社2003年版。
③ （晋）常璩撰，任乃强校注：《华阳国志校补图注》卷4《南中志》，上海古籍出版社1987年版，第254页。

下篇
民族地理观的建构

战国秦汉时期是西南区域民族地理观的建构时期。所谓"建构",是在大一统王朝国家政治地理层面上而言的。在战国秦汉时期,随着大一统国家疆界的推移,传统"五方之民"民族地理观的族群与方位搭配族群政治地理空间模式转变为族群与政区搭配的族群政区地理空间模式,且是在大一统王朝国家层面上实现转型的。在这一时期,随着汉族群体分布格局的变化,以及与之相伴发生的汉夷格局的演变,"巴蜀—内蛮夷—外蛮夷"[①]三重格局民族地理观形成,奠定了中古时期西南区域民族地理观嬗变的基石。

在战国秦汉时期西南区域民族地理观的建构过程中,族群政治地理空间是一个颇为重要的问题。而且,在大一统王朝国家的层面上,西南区域的族群政治地理空间也是在战国秦汉时期建构起来的。上古时期的"九州"说,只是在方位的性质上涉及西南区域。不过,在"内华夏而外夷狄"的观念下,特别是西周分封制度下,西南地区被视为非华夏区域,有明显的"华夏区域—非华夏区域"族群政治地理空间结构。与西南地区特殊的地缘因素有关,自秦定巴蜀开始,西南地区逐步进入大一统王朝国家疆域,族群政治地理空间的建构也逐步转向族群政区空间的建构。

迟至汉末已建构的"巴蜀—内蛮夷—外蛮夷"三重格局民族地理观,在区域意象、族群意象上均有明显的结构化倾向。不过,"各以地比"施治策略的存在,以及区域意象上的"差序格局"表明西南区域民族地理观也有秩序化、一体化的建构态势。

[①] 学界通常的表示是"巴蜀—西南夷—徼外夷"。这里有两个逻辑矛盾:其一,秦汉时期的"西南夷"不仅包括王朝国家疆域内的群体,也包括王朝国家疆域外的群体,"西南夷—徼外夷"说法存在族群内涵的矛盾;其二,秦汉时期西南地区的"徼"有两条,一为巴蜀沿边区分"华夷"的徼,二为新开郡县作为王朝国家疆界且区分国家疆域内外蛮夷的徼,"西南夷—徼外夷"的"徼"只涉及后者。鉴于以上原因,本书将秦汉西南地区族群政治地理空间结构及与之有关的民族地理观表达为"巴蜀—内蛮夷—外蛮夷"三重格局,前述"西南夷"的内涵问题及"内徼""外徼"的问题并见后文详述。

第四章　疆域变迁与族群政治地理空间建构

在政治地理的层面上①，西南地区在上古时期是以"方位""地域"的性质而存在的。秦定巴蜀后，西南地区才有疆域上的含义。在此过程中，地缘方面的原因是推动西南地区政治地理空间性质转变的重要因素。西南地区政治地理空间性质的转变过程同时是一个王朝国家疆域不断外推的过程，以"徼"界的变动为代表的政治地理空间建构过程，同时是一个族群政治地理空间的建构过程。

第一节　上古作为方位、地域的西南

中古及今日意义上的西南区域，在上古时期以华夏为中心的政治地理空间中只具有方位的性质而不具有疆域的性质。②在此还有一个特殊的问题需要注意，即作为方位的"西南"，其时虽不在"国家"版图内，却在"天下"之中，且被划定为梁州。

一　九州说与西南地域范围的初步奠定

九州（史籍又称"九有""九围"）之说，与中国上古、中古的"天下"观有直接的联系。中国古代的"九州"之说，其涉及的地域范围并不一致，存在"大九州""中九州""小九州"三类："大九

---

① 本书所说政治地理，均是在大一统国家层面上来说的。
② 尤中：《中国西南边疆变迁史》，云南教育出版社1987年版，第1页；徐新建：《西南研究论》，云南教育出版社1992年版，第1—2页。

州"之说，谓天下有九州，"中国"为其中一州，以神农九州为代表；"中九州"之说，谓"中国"全境有九州，九州合而为政治疆域意义上之"中国"，《尚书·禹贡》《周礼·夏官·职方》《尔雅·释地》之九州即是；"小九州"之说，《左传·昭公四年》载"四岳、三涂、阳城、太室、荆山、中南：九州之险"，其中的"九州"即是，其地域范围仅包括今河南西部和陕西南部，实为"华夏"之地。[①] 以上三类九州之说，涉及西南议题的主要是"中九州"说。

"中九州"之说，在《尚书·禹贡》《周礼·夏官·职方》《尔雅·释地》等记载中并不相同。按《通鉴地理通释·历代州域总叙》所记，"中九州"之说有黄帝星野九州，颛帝及禹之冀、兖、青、徐、扬、荆、豫、梁、雍九州，商之冀、豫、雍、荆、扬、兖、徐、幽、营九州，周之扬、荆、豫、青、兖、雍、幽、冀、并九州。[②] 以上九州之说，州名并不一致，但其所指涉地域范围相同。此外，舜之冀、兖、青、徐、扬、荆、豫、梁、雍、幽、并、营十二州，多出的三州是在原九州基础上拆分而成的，总体的地域范围也没有发生变化。[③]

以上九州或十二州，颛帝之九州"北至幽陵，南暨交趾，西蹈流沙，东极蟠木"。[④] 其地望，幽陵即幽州，交趾即交州，流沙即沙州，蟠木谓东海索山之盘桃木。《尔雅·释地》之九州，"两河间曰冀州，河南曰豫州，河西曰雍州，汉南曰荆州，江南曰扬州，济河间曰兖州，济东曰徐州，燕曰幽州，齐曰营州"。[⑤]《周礼·夏官·职方》之九州未言地域范围，但地望即在"四镇五岳"中是很明确

---

① 姚新喜、江林昌：《略论"九州岛"的范围和"九"的原始涵义》，《民族艺术》2001年第3期。

② （宋）王应麟撰，张保见校注：《通鉴地理通释校注》卷1《历代州域总叙》，四川大学出版社2008年版，第1—12页。

③ 关于如何拆分形成十二州，孔安国、马融、《汉书·地理志》的说法并不一致。详见（宋）王应麟撰，张保见校注：《通鉴地理通释校注》卷1《历代州域总叙》，四川大学出版社2008年版，第5页。

④ （宋）王应麟撰，张保见校注：《通鉴地理通释校注》卷1《历代州域总叙》，四川大学出版社2008年版，第4页。

⑤ （晋）郭璞注，（宋）邢昺疏，（清）阮元校刻：《尔雅注疏》卷7《释地》，《十三经注疏》，中华书局1980年影印本，第2614页下。

的，四镇即"扬州之会稽，青州之沂山，幽州之医无闾，冀州之霍山"，五岳即"岱在兖州，衡在荆州，华在豫州，岳在雍州，恒在并州"。[1] 这些九州所涉及的西南区域是比较模糊的。其中，颛帝及禹之九州、舜十二州有梁州，一般认为其指涉的即上古时期的西南区域。特别是，《尚书·禹贡》云梁州曰："华阳、黑水惟梁州。岷、嶓既艺，沱、潜既道，蔡、蒙旅平，和夷厎绩"[2]，明确指明了梁州的地望。

《尚书·禹贡》所载梁州的地望中，华阳指秦陇山脉以南，黑水即是梁州的西界，也是九州的西界南段。有学者认为，梁州的地界除华阳为其北界、黑水为其西界外，南界、东界并不确切。[3] 实际上，因梁州与豫、荆二州相交，其东界自然是明确的。至于南界，沱、潜、蔡、蒙、和夷即是。这五个名词虽然《禹贡》没有点明是否就是南界，但因其他三界已明确，此五名词自然成为南界。不过，历代对《禹贡》梁州地域范围的界定，并不相同；和夷及西南夷群体是否在梁州之内，意见也颇为不同（表4-1）。

表4-1　　历代《禹贡》图谱中的梁州地望及和夷、西南夷分布情况

图目	梁州西界、南界地望	和夷、西南夷分布情况
（宋）程大昌《禹贡山川地理图》之《九州山川实证总图》	海	西南夷在梁州内，益州、牂牁及其群体被划入荆州，和夷不详
（宋）傅寅《禹贡集解》之《禹贡山川总会之图》	黑水、蔡山、蒙山	西南夷、和夷均不在梁州之内
（宋）傅寅《禹贡说断》之《禹贡山川总会之图》		同上
（宋）吕祖谦《东莱先生禹贡图说》之《梁州疆界》图	嶓冢山、蔡山、蒙山	和夷在梁州之内，西南夷不详
（宋）胡渭《禹贡锥指》之《梁州图》	若水、绳水、黑水	若水、绳水汇合后称黑水，和夷在梁州内，西南夷不详

---

[1] （汉）郑玄注，（唐）贾公彦疏，（清）阮元校刻：《周礼注疏》卷22《大司乐》，《十三经注疏》，中华书局1980年影印本，第791页上。
[2] （汉）孔安国传，（唐）孔颖达疏，（清）阮元校刻：《尚书正义》卷6《禹贡》，《十三经注疏》，中华书局1980年影印本，第150页上。
[3] 张勇：《历史时期西南区域民族地理观研究》，中国文史出版社2014年版，第33页。

续表

图目	梁州西界、南界地望	和夷、西南夷分布情况
（宋）胡渭《禹贡锥指》之《四海图》	未载西界、南界地望	牂牁、夜郎均在梁州之外，同时也在九州之外
（明）郑晓《禹贡论》之《禹贡总图》	黑水、蒙山、蔡山、和夷、泯江、沱江	和夷在梁州之内，西南夷不详
（明）郑晓《禹贡要注》	同上	
（明）胡瓒《禹贡备遗》所附《梁州图》	黑水、和夷	认为金沙江即黑水，和夷在金沙江之外，为杂蛮。和夷分布地同时也是梁州西界
（明）茅瑞徵《禹贡汇疏》之《禹贡总图》	黑水、蒙山、蔡山、和夷、岷江、沱江	和夷在梁州之内，西南夷不详
（明）艾南英《禹贡图注》之《梁州图》	若水、绳水、黑水	若水、绳水汇合后称黑水，和夷在梁州内，西南夷不详
（明）夏允彝《禹贡古今合注》之《梁州疆界》图	西界黑水，南界未详	该图明确标注："云南之楚雄、大理、广南皆其南境"
（清）曹尔成《禹贡正义》所附《禹贡》图	黑水	和夷在梁州内，西南夷不详
（清）王澍《禹贡谱》所附《梁州界图》	黑水	未注和夷、西南夷情况
（清）沈大光《禹贡图解》所附《梁州图》	若水、绳水、黑水	若水、绳水汇合后称黑水，和夷在梁州内，西南夷不详
（清）马俊良《禹贡图说》所附《梁州图》	若水、绳水、黑水	若水、绳水汇合后称黑水，和夷在梁州内，西南夷不详
（清）徐文靖《禹贡会笺》之《梁州图》	西界黑水，南界未详	和夷在梁州内，西南夷不详
（民国）吴国圻《禹贡真铨》之《梁州图》	西界在高黎贡山，南界在长江一线	未注和夷、西南夷情况

资料来源：李勇先编：《禹贡集成》（1—8册），上海交通大学出版社2009年版。

对于《尚书·禹贡》所载"华阳、黑水惟梁州。岷、嶓既艺，沱、潜既道，蔡、蒙旅平，和夷底绩"，《尚书正义》是这样解释的："东据华山之南，西距黑水"，"蔡、蒙二山名。蔡山曰旅。平言治功毕。和夷之地，致功可艺。"[①] 按此解释，蔡山、蒙山、和夷

[①] （汉）孔安国传，（唐）孔颖达疏，（清）阮元校刻：《尚书正义》卷6《禹贡》，《十三经注疏》，中华书局1980年影印本，第150页上。

之地，均为梁州的边界区域，也是九州西南的边界区域。蔡山、蒙山在梁州之内，历代注家无异议。问题在于，蔡山、蒙山与黑水的关系为何。对此问题，胡渭《禹贡锥指》之《梁州图》提出若水、绳水汇合后称黑水，且将蔡山、蒙山、和夷放在黑水之内，蔡山、蒙山、和夷自然也就在梁州之内。其他的《禹贡》图谱，则将黑水视为南入海的河流，以蔡山、蒙山为梁州南界地望，以致有和夷在梁州内或不在梁州内的观点。

将黑水解释为若水、绳水汇合后的河流是《禹贡》诸图谱中的一个主要观点。在此种观点中，若水、绳水汇合后所称之黑水，实际上就是今金沙江。如此一来，西南夷在今金沙江以南的群体，自然不在梁州之内。胡渭《禹贡锥指》之《梁州图》如此，沿袭胡渭《禹贡锥指》解释黑水的诸类观点，如艾南英《禹贡图注》之《梁州图》、沈大光《禹贡图解》所附《梁州图》、马俊良《禹贡图说》所附《梁州图》等，均是如此。夏允彝《禹贡古今合注》之《梁州疆界》图明确标注"云南楚雄、大理、广南皆其南境"，将西南夷区域完全纳入梁州地域范围，其原因不在于对诸山、水提出新的解释，而是对和夷提出新的解释，谓："和夷，西南夷名，致功可艺也。严道以西有和川，有夷道，羌蛮混杂，连山接野，鸟路沿空，不知里数，即谓和夷也。"[1] "和夷，西南夷名"有两种解释。一种解释是，和夷为西南夷中的某一群体；另一种解释是，和夷即西南夷。夏允彝将楚雄、大理、广南皆纳入梁州之中，取的应是后一种解释。

不唯对《禹贡》中梁州的地域范围解释存在较大差异，后世史志对西南夷地区是否包括在梁州之内，也颇多差异。例如，晋人常璩的《华阳国志》，其中的"华阳"一般认为即《尚书·禹贡》所云梁州的"华阳"，并据此认为在晋代梁州是包括魏晋时期所说的南中地区的。不过，《水经注·桓水》注引《晋地道记》曰："梁州

---

[1] （明）夏允彝《禹贡古今合注》，李勇先编：《禹贡集成》（第3册），上海交通大学出版社2009年版，第107页。

南至桓水，西抵黑水，东限扞关。今汉中、巴郡、汶山、蜀郡、汉嘉、江阳、朱提、涪陵、阴平、广汉、新都、梓潼、犍为、武都、上庸、魏兴、新城，皆古梁州之地。"①同是晋人的作品，其指的梁州地域范围其实并不相同。明人罗曰褧《咸宾录》（又名《南夷志》）谓南中有明确的论述：

> 南中，古梁州徼外之地，西南杂夷居之。大抵汉之滇、濮、哀牢、钩町（史籍又写作"句町"）。②

这里说南中为"古梁州徼外"，便明确魏晋以降所称的南中并不在古梁州地域范围之内。但在一些官方文献中，则早已将西南夷地区纳入梁州地域范围之中。例如，唐初的《唐六典》，便明确西南夷地区为古梁州之境：

> 古梁州之境，今益、蜀、彭、汉、锦、敛、梓、遂、普、资、简、陵、邛、眉、雅、嘉、荣、泸、戎、黎、茂、龙、扶、文、当、松、静、柘、翼、悉、维、巂、姚，凡三十有三州焉。其黎、戎、泸、茂、松、巂、姚又管羁縻州……东连牂牁，西界吐蕃，南接群蛮，北通剑阁。③

此类观点，后世自然也有承袭者，如康熙《云南通志》说："考沿革于滇，其来久矣。滇自梁州，纪夏，百濮盟周已见经传。"④

历代注家对《禹贡》梁州地域范围的解释虽有差异，但亦可明确迟至《禹贡》成书的年代（不晚于西周时期），巴蜀地区已在认

---

① 《水经注》卷36《桓水》，《王国维全集》第13卷，浙江教育出版社2009年版，第453—454页。
② （明）罗曰褧著，余思黎点校：《咸宾录·南夷志》卷7《南中诸夷》，中华书局2002年点校本，第166页。
③ 《唐六典》卷3《户部尚书》，中华书局1992年点校本，第71页。
④ （清）范承勋等修：《云南通志》，书目文献出版社北京图书馆古籍珍本丛刊本1998年版，第44页。

识上被纳入"天下"之中。但是,《禹贡》的九州之说,尚属理想的"天下"意象,其划定的梁州范围只具有地域的意义而不具疆域的意义。

二 方邦制中的西南

中国夏商西周疆域范围,按顾颉刚《中国边疆沿革史》所说:"夏代中期的政治势力集中于山东、河北、河南,夏代晚期的政治中心移至伊、洛流域;商代势力所及,东至山东滨海,西至渭陇,北至河北、山西北部,南不出河南省界,西北抵包头,东南至淮水流域;周成王时,周声威所及,北至燕,南服巴、濮,西达渭陇,东达于海。"[1]考古文化所见夏商周影响范围较其实际的政治影响范围要广一些。比如,邵望平以《禹贡》九州为限,认为商青铜文化的范围东至山东、江苏、浙江海滨,南达两湖、江西,西至蜀地渭陇一线,北达山西、河北北界及辽西[2],岳洪彬所见商晚期青铜礼器分布范围亦大致如此。[3]

虽然夏商文化已西及巴蜀地区,但在上古的政治地理空间结构中,西南区域特别是巴蜀地区仍处华夏边缘。西南区域在政治地理层面上的此种性质,与上古时期的方邦之制、分封之制有密切的关联。夏商时期的政治地理基础,是以血缘关系建立起来的。在先秦古籍中,"方邦"是一个关键的政治地理概念,指的是不同区域的邦、侯、国。这些邦、侯、国,实际上在当时是氏族、部落,以血缘关系为基础,金景芳就在分析有穷氏、伯明氏、斟灌氏、有鬲氏等重要氏族之名后认为这些部落并非分封的结果,自然不存在政权性质。[4]黄松筠认为,传世文献所记唐虞时代之事,虽取"国""侯""邦"之名,但实际上是以作者时代之见解解释上古之

---

[1] 顾颉刚:《中国边疆沿革史》,商务印书馆1999年版。
[2] 邵望平:《禹贡九州岛的考古学研究》,载苏秉琦主编:《考古学文化论集》,文物出版社1989年版,第11—30页。
[3] 岳洪彬:《殷墟青铜礼器研究》,中国社会科学院博士学位论文,2001年,第159—161页。
[4] 金景芳:《中国奴隶社会史》,上海人民出版社1993年版,第35页。

事,"国""侯""邦"的基础是血缘而不是地缘。①

"国""侯""邦"虽是以血缘为基础的,但又有一定的地缘特征。此种地缘特征,明显地体现在"国""侯""邦"的所属方面。"国""侯""邦"的分布,若不考虑族群因素,则应包括当时所有的族群之"国""侯""邦"。不过,正如陈梦家所指出的,夏商王朝政治地理结构表现出明显的"商邑—商国、邦—四方"的"中心—四方"结构。②在这一结构中,商王朝的政治地理结构主要包括两个圈层。第一个圈层主要涉及商邑、侯国。商邑与夏邑在政治地理结构的层面上变化不大,但侯国方面的政治地理含义在商王朝中具有特别的意义。夏商之际,方国的数量有一个不断减少的过程,而侯国的数量则不断增多。③这些增多的侯国,受商王朝的统摄,使"商邑—商国、邦—四方"更具有一体性。不过,商代侯国虽然具有向商王朝纳贡和随商征伐的义务,其自主权也相当明显,主要包括:其一,商侯国的土地和人民为原所固有;其二,商代侯国的首领为原方国首领,与商王没有直接的血缘关系;其三,商侯国的统治阶层为原方国贵族,商王无直接统治权;其四,商侯国内保持着聚族而居的状态;其五,商侯国与商王朝的隶属关系,史无详细记载,或并不明确。④

由于侯国与商王朝的特殊关系,终商一代,商王朝实际控制的区域,也就是具有疆域含义的区域,只包括商畿或内服区域,方国、侯国与商王朝的关系也就比较复杂,时敌时友。⑤《诗·商颂·殷武》说"昔有成汤,自彼氐羌,莫敢不来享,莫敢不来王,曰商是常"⑥,表明四方诸侯入商邑朝贡是一种常规体制,但朝贡并

---

① 黄松筠:《中国古代藩属制度研究》,人民出版社2008年版,第3页。
② 陈梦家:《殷虚卜辞综述》,中华书局1988年版,第319—321页。
③ 黄松筠:《中国古代藩属制度研究》,人民出版社2008年版,第3页。
④ 黄中业:《商代"分封"说质疑》,《学术月刊》1986年第5期。
⑤ 黄松筠:《中国古代藩属制度研究》,吉林人民出版社2008年版,第257—258页。
⑥ (汉)毛亨传,郑玄笺,(唐)孔颖达疏,(清)阮元校刻:《毛诗正义》卷20(二十之四)《殷武》,《十三经注疏》,中华书局1980年影印本,第627页下。

不等于政治上的完全控制。依据商王朝与诸侯、方国的关系，黄松筠认为商王朝的疆域在商畿或内服区域以外具有"点""线""面"的特征，即商王朝主要依靠服属于商王朝的诸侯、方国扩展势力范围。[①] 由于商王朝并不直接控制诸侯特别是方国，导致距离商畿或内服区域越远的地区，其离心力越强。而对于这些区域，商王朝将其看成边侯、邦方。这其中特别值得注意的是，邦方分布在商王朝政治地理结构中的"四方""四土"区域。这些邦方，属他族诸侯、方国，构成了商王朝"商邑—商国、邦—四方"政治地理结构中的第二个圈层。

在商王朝的"商邑—商国、邦—四方"政治地理结构中，各诸侯的来源并不相同。由商代卜辞来看，近畿地区的诸侯应与商属同姓诸侯，商王借田猎活动可巡视各贵族家族，并安置犬官等官吏达到直接控制闲置区域并兼负巡卫近畿的目的。四方中靠近近畿的诸侯与商王亲属关系稍远，可能是由自身发展而来的方国，但须向商王朝纳贡，并有随商王征伐的义务。此外，这些诸侯还常见有与自外侵扰商国的方国兵戎相见的记录，说明这些方国在地缘上有屏藩商王畿的作用。[②] 因此，"商邑—商国、邦"范围内的群体，可看成同姓或异姓诸侯。这些同姓或异姓诸侯与商王朝的关系并不稳定，但在"四方""四土"的邦方，与商王朝的关系更远，属于他族诸侯。

包括分布在"四方""四土"的邦方，见于有商一代的材料主要分布在中原地区，"四方""四土"的邦方则相对要少（图4-1）。其分布的最大范围，《淮南子·泰族训》说："纣之地，左东海，右流沙，前郊趾，后幽都"。宋镇豪考此记载，认为商王朝势力所及，东至东部海滨，西至湃陇之地，南至五岭地区，北至河北北部至辽

[①] 黄松筠：《中国古代藩属制度研究》，人民出版社2008年版，第45页。
[②] 韦心滢：《殷代商王国政治地理结构研究》，上海古籍出版社2013年版，第181、231、354—355页。

西地区。①在这一地域范围内，西方和西南方的巴、蜀、楚、虎方、彭、濮、庸、越、瓯等方国，在汉水、长江一线。②

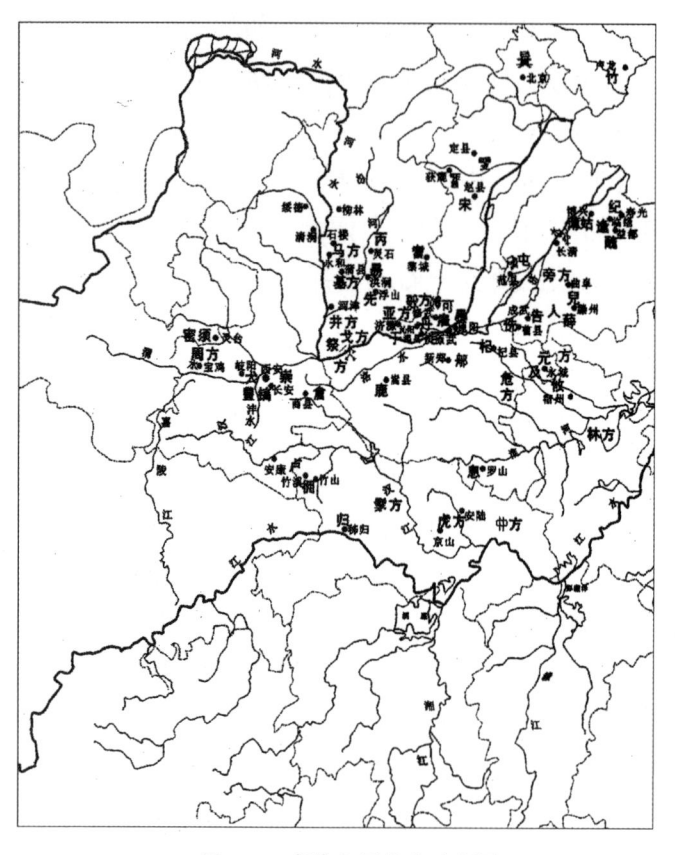

图 4-1　商代方国分布示意图

资料来源：引自孙亚冰、林欢：《商代地理与方国》，中国社会科学出版社 2010 年版，第 473 页。

三　分封制中的西南

王国维《殷周制度论》中有一段话对于商周之际国家疆域观转型的见解甚精，云：

中国政治与文化之变革，莫剧于殷周之际。……殷、周间之大变

---

① 宋镇豪：《论商代的政治地理架构》，《中国社会科学院历史研究所学刊》2001 年第 1 集。
② 李雪山等：《商代封国方国及其制度研究》，河南省哲学社会科学"十五"规划项目（2001CLS002）报告，2002 年；郑杰祥：《商代地理概论》，中州古籍出版社 1994 年版。

革，自其表言之，不过一姓一家之兴亡与都邑之转移；自其里言之，则旧制度废而新制度兴，旧文化废而新文化兴。①

在王国维看来，商周之际一姓一家及都邑之移转这种表面的转变中"里"的本质却发生了变化，即新制度和新文化的诞生，且这种新的制度和文化近于后世的制度和文化而与夏商的制度和文化相去甚远。王国维所说的周制度和文化的新，主要是由立子立嫡之制而建立起相应的宗法、封建、君臣诸侯之制，同姓不婚之制等，成为新的"纲纪天下"之制，"合天子、诸侯、卿、大夫、士、庶民以成一道德之国体"。柳宗元《封建论》没有将周制的地位拔得如王国维这般高，但其精髓亦很明显了，认为周之分封"合为朝觐会同，离为守臣扞城"。② 顾颉刚甚至认为：

> 周之所以能统一中原，开拓东土，虽受戎、夷之侵，仍能立足于成周者，则由其广封同姓子弟及功臣为诸侯之一事耳。③

按黄中业的解读，西周分封制与商方邦制之不同，主要有五点：其一，周封国的土地和人民，为周王所赐予；其二，周封国的国君，由周天子封出，且绝大部分为同姓者；其三，周封国之内的统治阶级，是随所封国君前往的，很大程度上替换了封地内原有的贵族集团；其四，西周分封打破了原区域之内的聚族而居状态；其五，周封国与周王朝具有明确的隶属关系。④ 特别是，周封国与周王朝的隶属关系主要有如下方面：其一，政治上，各封国须实行统一于周王室的社会制度，"礼乐征伐自天子出"即是说明，表现为"疆以周索"的井田之制（与戎狄为邻的唐国"疆以戎索"是例外），

---

① 王国维：《殷周制度论》，《王国维儒学论集》，四川大学出版社 2010 年版，第 242 页。
② （唐）柳宗元著，吉林师范大学历史系译注：《〈封建论〉译注》，吉林人民出版社 1974 年版，第 4 页。
③ 顾颉刚：《中国边疆沿革史》，商务印书馆 1999 年版，第 29 页。
④ 黄中业：《商代"分封"说质疑》，《学术月刊》1986 年第 5 期。

"三时务农而一时讲武"的军事制度,"天子建国"的天子拥有分封之权制度,各诸侯定时向天子进行"述职"或"受职"的册命之制,各诸侯在"方伯"率领之下的"王会诸侯"之制,周天子有权到诸侯国进行巡守、赏罚等;其二,在经济上,诸侯国有向周天子交纳贡赋的义务;其三,军事上,周制对诸侯国军队编制、指挥调动上有明确规定,"大国三军,次国二军,小国一军"即是,"天子做帅,公帅之,以征不德"更是对天子拥有军队调动权的确认;其四,周王室通过祭祀活动加强对诸侯国意识形态的控制。[1]总之,周王朝分封之制,加强了周王朝王权的行使,并使其疆域扩大到四土的范围。其结构特征,如王国维所论,是同姓、异姓参半的空间格局。[2]

周王朝的分封之制,王国维说"皆由尊尊、亲亲二义出",而治理天下的第三原则是"贤贤"。"尊尊、亲亲"世袭,而"贤贤"则不世袭。[3]这一系列的制度对于巩固周王室自然是有益的,有效避免了商代方国互相攻伐的问题。

周王朝的分封之制使得周人"国家"认同得到塑造。宋人郑樵在《通志略·氏族略·序》中认为,五帝、夏商时期以氏为国,"国"的认同显然是以血缘为基础的。周代开始,姓、氏合而为一,开始"以地望明贵贱"[4],即地缘认同的加强。由郑樵所列周王朝姓氏,确可见周代地缘认同的加强:

> 国(233,以国名类为姓数,下同)、郡国(13)、邑(160)、乡(不详)、亭(4)、地(123)、封(12)、姓(27)、字(154)、名(306)、次(30)、族(39)、夷狄大姓(25)、官(129)、爵(9)、凶德(10)、基德(3)、技(14)、事(21)、谥(28)、爵系(6)、国系(6)、族系(10)、名为主而国邑封附(34)、国爵为主而邑爵附(12)、邑系为主而邑官附(6)、官名为主而官氏附

---

[1] 黄松筠:《中国古代藩属制度研究》,吉林人民出版社2008年版,第9—12页。
[2] 王国维:《殷周制度论》,《王国维儒学论集》,四川大学出版社2010年版,第245页。
[3] 王国维:《殷周制度论》,《王国维儒学论集》,四川大学出版社2010年版,第247页。
[4] (宋)郑樵:《通志》卷25《氏族略》,中华书局1987年影印本,第439页上。

(7)、邑谥(5)、谥氏(8)、爵谥(2)、代北复姓(198)、关西复姓(14)、诸方复姓(15)、代北三字姓(66)、代北四字姓(2)、四声(平声186,上声90,去声83,入声84)、复姓("不知所本"者90)凡三十三类。①

以上姓氏,按郑樵的解释,血缘与地缘关系影响而形成的有"国""邑""乡""亭""封""字""名""次""谥"等类,血缘为主要因素影响而形成的有"族""爵系""国系""族系"("夷狄")、"复姓"等类,地缘为主要因素影响而形成的有"地""姓""官""爵""凶德""基德""技""事"等类。这一分类自然不是绝对的。鉴于郑樵的叙述以周制为主,考虑到周的分封制已大大打破了各族的血缘关系,可以认为郑樵的姓氏之来源实际上反映出周时族群的地缘关系已大大加强。地缘关系加强后,必然地产生以地望为族群认同的问题。希罗多德就这么说过:"埃及是埃及人所居住的全部国土,正如基利基亚是基利基亚人所居住的地方一样,亚述是亚述人所居住的地方一样。"②希罗多德自然不具有今天的国族观念,但他确实点明了他所说的那些"民族"有着强烈的地域认同,也就是郑樵所说的"以地望明贵贱"问题。

"以地望明贵贱"的姓氏在《通志略·氏族略》中涉及的主要是华夏地区,以及少量华夏边缘地区。换言之,"以地望明贵贱"有助于增加周王朝"国家"认同,但四土之外的四夷地区在族群、地域认同上则面临另一个问题。《春秋左传》载:"昔武王克商,成王定之,选建明德,以藩屏周。……扞御侮者,莫如亲亲,故以亲屏周"③,又云"本建母弟,以藩屏周","非我族类,封国其心

---

① (宋)郑樵:《通志》卷25《氏族略》,中华书局1987年影印本,第439—447页。
② [古希腊]希罗多德著,徐松岩译:《历史》,生活·读书·新知三联书店2008年版,第86页。
③ (周)左丘明传,(晋)杜预注,(唐)孔颖达正义,(清)阮元校刻:《春秋左传正义》卷15,"僖公二十有四年",《十三经注疏》,中华书局1980年影印本,第1817页中。

必异"①，表明周初与族群有关的藩屏观念已经产生。这些宗亲藩国承担的任务，一方面是"以藩屏周"，另一方面也具有经营、控制周王畿以外边远地区的功能。②这实际上设置了"周人""非周人"屏障，使周王朝对王畿以外边远地区的控制相当有限。与"以藩屏周"的理念相对应的是，西周初期建立的"应监"之制，其功能是"监之于外"，与后世的"监之于内"的"监察"之制有本质的不同。③换言之，周初举国分封之后，对族群演进产生了一些重大的影响：一方面，夏商一邦一国的统治主体是一个具有血缘关系的氏族组织，而西周经过分封制的实施之后，社会组织由氏族转变为宗族。另一方面，周天子与邦国的关系，逐渐由联盟性质向君臣、主从性质转变，推进了华夏群体间的交流、融合、认同。再一方面，"监于外"的"应监"之制，区分了"华夏"与"四夷"的政治地理空间，加速了"华夏"与"四夷"的分化。

西周的分封制对于转变国家族群治理性质无疑是巨大的。按王健的意见，西周的政治地理结构总体上与商相似④，但由于如前所述的诸种不同，西周对于四土之内的政治治理体现出了更强的地缘关系而不是商时的血缘关系（表4-2）。不过，由于西周的政治地理结构在四土之外沿袭商代邦国之制，并典型地体现在"监于外"的封国政治地理结构上⑤，对封国之外的区域参与到封国之内区域的融合过程产生了一定的阻隔作用。在这种情况下，西周四土之外的区域，并不具有政治疆域的性质。

---

① （周）左丘明传，（晋）杜预注，（唐）孔颖达正义，（清）阮元校刻：《春秋左传正义》卷13，"僖公十年"，《十三经注疏》，中华书局1980年影印本，第1801页下。
② 王天恩：《西周社会结构的考古学观察》，《考古与文物》2013年第5期。
③ 任伟：《西周封国考疑》，社会科学文献出版社2004年版，第274—276页。
④ 王健：《西周政治地理结构研究》，中州古籍出版社2003年版，第130页。
⑤ 王健认为西周政治地理结构的差别不在"畿内"与"畿外"，而在"内服"与"外服"（王健：《西周政治地理结构研究》，中州古籍出版社2003年版，第130页）。问题是，即使"畿内"与"畿外"的诸侯在周天子行使权力时是一致的，但"尊尊、亲亲"西周封国地望对后世所称华夷分布及四土之外的族群演化与四土之内的族群演化还是有相当的影响。

表 4-2　　　　　　　　　　西周政治地理结构分解

	分解结构			概念模式
政治结构	周王（中央）	诸侯国（地方）	诸侯国以外	天子—诸侯
	周王（中央）	方伯—诸侯	诸侯国以外	天子—方伯—诸侯
政治地理结构	都城（宗周、岐周、成周）	四土（四方诸侯国）	四土之外	都城—诸侯国
	都城（宗周、岐周、成周）	方伯区—四方国	四土之外	都城—方伯区—诸侯国

资料来源：王健：《西周政治地理结构研究》，中州古籍出版社2003年版，第130页。

于西南地区而言，昭王九年所说西土的"魏、骀、芮、岐、毕"，南土的"巴、濮、楚、邓"①，并未超出商时的地域范围。宽泛地说，周昭王九年周盛世时的西土、南土之国，可以看作周王朝政治疆域的边界地带，这些封国在东周时已相当独立，及至"秦定巴蜀"才又重新进入向疆域性质的"西南"演变的进程中，并不断稳固下来。若要按今西南范围来看，那么在西周时，今云南、贵州西部地区，仍然与周王室没有太多联系，甚至还未被认知。大体上，周的疆域不会越过汉水。《古本竹书纪年》载，"周昭王十六年，伐楚荆，涉汉，遇大兕"，"周昭王十九年，天大曀，雉兔皆震，丧六师于汉"②，是所见周王朝在西南区域较重要的事件，但也没有越过汉水。据李峰结合西周金文的考证，周前期对南方的控制，西部达汉水以北地带，东部则越过了淮河。③

要之，若以今西南地区为参照点，以汉水这一特殊的地望为有史料可证的判断依据，那么在唐虞时期，今日所言的西南地区具有局部（汉水以南不远的区域）地域的性质；巴蜀为方位的性质；长江以南没有资料表明已为"中原"所认知。夏商时期，方国分布达汉水一线，且有史料和考古资料表明商方国的分布在汉水一线构成

---

① （周）左丘明传，（晋）杜预注，（唐）孔颖达正义，（清）阮元校刻：《春秋左传正义》卷45，"昭公九年"，《十三经注疏》，中华书局1980年影印本，第2056页中。
② 见（晋）皇甫谧等撰，陆吉等点校：《古本竹书纪年·周纪》，齐鲁书社2010年版，第15页。
③ 李峰：《西周的灭亡：中国早期国家的地理和政治危机》，上海古籍出版社2007年版，第360—364页。

了块状，可为"疆域"之初步构型，具有"疆域"的性质；汉水以南区域，为"屏藩"之外区域，于中原人而言只有地域的意义而无疆域的意义；长江以南区域，考古文化表明与中原地区已有了文化上的交流，可能于中原人而言有了零星的认知，具有方位的意义。周时，有考古材料和极少的文献表明中原人对今西南的认知已越过了长江一线，但疆域意义的界限仍在汉水一线，汉水与长江之间为地域意义，长江以南大体上仍为方位的性质。当然，这一叙事是以中原为本位的，若以其时的西南群体而言，则大体上发生的是相反的情况。

需略加赘言的是，虽然西南地区在上古时期很大程度上无法纳入疆域的层面上来讨论族群政治地理空间问题，但并不意味着其时不存在族群政治地理空间。前文已详述过分封之制中的"监于外"问题，实际上就是典型的族群政治地理空间结构问题。上古时期，西南地区或被看成"西夷"，或被看成"南蛮"，均为与华夏群体所不同的群体。与华夏所不同的西南地区群体，却又在"九州"之内，亦即"天下"之内。换言之，在政治地理的层面上，上古时期的西南地区不具有疆域、政区的性质，但具有政治地理的性质。与之对应的区域与族群之政治地理关系，是一种特殊的族群政治地理空间结构。

第二节　地缘因素与西南疆域的形成

西南疆域的形成，由于上古至中古一直存在着"华夷之辨"思想的影响，很难说西南与中原是一种同质性的空间。战国秦汉时期，西南与中原在一种包容"四夷"的天下观影响下，以地缘因素为纽带协同演进，形成一个统一整体。"西南"由方位演变为地域，又演变为疆域，很大程度上是一种地缘因素演进的结果。

一 商末"牧誓八国"的地缘因素及其政治地位

地缘因素对西南疆域的影响,商末周初便已体现出来。《尚书·商书·仲虺之诰》《尚书·周书·泰誓》《尚书·周书·牧誓》中提到的"西土之众""西土之君""西土之人"及"牧誓八国"之庸、蜀、羌、髳、微、卢、彭、濮[1],是目前所见史料中最早的西南族群参与中原地区政治活动的记载。其中,《尚书·周书·牧誓》中的"西土之人",因明确提到庸、蜀、羌等八国,通常被认为是西南民族的最早记录。不过,有关西南民族的最早记录应当是《尚书·周书·泰誓中》中的"西土之众""西土之君",原因有三:其一,以上之誓,均不是武王对其臣民说的,而是对商的"下国"说的,谓商"流毒下国",故"西土"可理解为"武王在西",但亦应包括其时西部的诸国,不然武王没有必要作誓。其二,"武王戎车三百辆"的记载,说明武王得到了西方诸国的支持,戎车当是西方诸国提供的。同时,称庸、蜀、羌这些西南诸国为"人""君",在表明了周武王对西部华夷之别淡化的同时,也是一种策略,因为《尚书·周书·泰誓中》中有"戎商"的说法,可见当时的华夷之别还是很明显的。其三,夏商周所谓四海、天下,尽管存在"华夷"、"上国"与"下国"之分,但君王顺应天道获得的承认并不止于万邦(有时又称为"方"),而是全天下的人,故于周王朝的建立而言有《尚书·周书·武成》中的"华夏蛮貊,罔不率俾。恭天成命"之说[2],武王克商后"遂通道于九夷八蛮"。[3]

应当说,周的兴起与西方诸部是有直接关系的,上引"西土之众""西土之君"已表明了这一点。周初三监及淮夷反叛时,周公姬旦所作《大诰》动员东征,采用卜卦的形式说:"有大艰于西土,西

---

[1] (汉)孔安国传,(唐)孔颖达疏,(清)阮元校刻:《尚书正义》卷8《商书》、卷11《周书》,《十三经注疏》,中华书局1980年影印本,第161、180—182页。

[2] (汉)孔安国传,(唐)孔颖达疏,(清)阮元校刻:《尚书正义》卷11《武成》,《十三经注疏》,中华书局1980年影印本,第183页。

[3] (汉)孔安国传,(唐)孔颖达疏,(清)阮元校刻:《尚书正义》卷11《武成》,《十三经注疏》,中华书局1980年影印本,第187页。

土人亦不静，越兹蠢。"①这是动员西部诸国东征以求西部的稳固。及至《尚书·周书·康诰》《尚书·周书·酒诰》，皆有西土的记载，但更多地指向了周集团本身。例如，《尚书·周书·旅獒》中明确表示周之西有西夷的存在，表明周实际上把自己的集团看成独立于西夷和东部诸国的政治集团，与西夷的身份差异逐渐加强。但在整体上，周初对西部诸族都是极为尊重的，甚至在周公作《立政》时，也提到了《尚书·周书·牧誓》西土八国中的部分西南族群（夷、微、卢）。②

这里需要注意的一个问题是，过去多认为周灭商以"牧誓八国"为主要军事力量，且事在武王时。然而，上博楚简《容成氏》篇对武王伐纣给出了另一个版本：

> 汤王天下世（三十）又（有）一傑（世）而受（纣）（作）。受（纣）不述亓（其）先王之道，……于是（乎）九邦畔（叛）之：丰、镐、郍（舟）、㿯、于（邗）、鹿、黎、崇（崇）、密须是（氏）。文王闻之，曰："唯（虽）君亡（无）道，臣敢勿事虎（乎）？唯（虽）父亡（无）道，子敢勿事虎（乎）？孰天子而可反？"受（纣）闻之，乃出文王于夏台之下而问安（焉），曰："九邦者亓（其）可来虎（乎）？"文王曰："可。"文王于是……七邦来备（服），丰、乔（镐）不备（服）。文王乃（起）叵（师）（以）卿（向）丰、乔（镐），三鼓而进之，三鼓而退之。曰："吾所知多麃（存），一人为亡（无）道，百眚（姓）亓（其）可（何）辠（罪）？"丰、乔（镐）之民（闻）之，乃（降）文王。③

按《容成氏》的记载，周灭商，先是因纣无德而引起的九邦之

---

① （汉）孔安国传，（唐）孔颖达疏，（清）阮元校刻：《尚书正义》卷13《大诰》，《十三经注疏》，中华书局1980年影印本，第198页。
② （汉）孔安国传，（唐）孔颖达疏，（清）阮元校刻：《尚书正义》卷17《立政》，《十三经注疏》，中华书局1980年影印本，第232页。
③ 孙飞燕：《〈容成氏〉文本整理及研究》，清华大学博士学位论文，2010年，第89—90页。

乱，文王以德服商纣并九邦，对武王伐纣奠定了一定基础。结合"牧誓八国"的记载，李零认为周灭商实际上经过了三个阶段（并见图 4-2）：

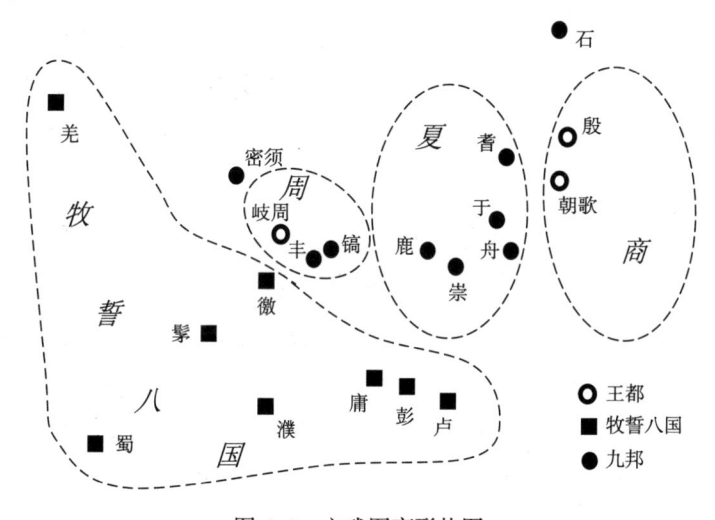

图 4-2　文武图商形势图
资料来源：引自李零：《三代考古的历史断想》，《中国学术》2004 年第 2 期。

第一阶段，以周本地今陕西宝鸡为核心，以其西部、南部为后方依托，向北征服犬戎、密须，向东征服丰、镐，形成完整的"周板块"；第二阶段，征伐商西部的舟、石、于、鹿、耆、崇六国，形成了孔子所说的"三分天下有其二"态势；第三阶段，夺取"商板块"，对商王畿形成合围之势，进行牧野决战。①

在李零的解释路径中，今日所说的西南地区的巴蜀地区已进入与周"共图大业"的角逐中，但其重要地位只处于第一阶段。同时，虽然"牧誓八国"确实表明武王伐纣得到了不少蛮夷戎狄部落的帮助，也是这些蛮夷戎狄与华夏交流的重要表现。但除此之外，这些蛮夷戎狄与周的关系是什么，与华夏的关系是什么，在《尚书·周书·牧誓》中是能够表露出来的。八国既是国名，以今天的眼光看即使不记在司徒等职官之前，亦应分开记述，何以记在司

---

① 李零：《三代考古的历史断想》，《中国学术》2004 年第 2 期。

徒等职官之后呢？一种可能是，八国参与伐纣只是一种辅助的功能，在周武王心中并不是极为重要的力量。周征服商之后，"牧誓八国"之八国并未进入周的中心地带，迟至周后期仍然如此。周后期诸国相争已到了蚕食周王朝领地的地步，并且面临"华夏交侵"的问题，是以周王朝表露出诸夏当团结以防诸夷的态度，周昭王九年划分的北土、南土、东土、西土之后所言"戎有中国，谁之咎也？"① 即是说明。

周王朝这种言论的起因是晋攻颖（周封邑），周王朝顺势把诸夷侵夏的根源归在晋征战诸夏的身上，提倡"兄弟之国当救济之"。重要的是，至此时，巴、濮、楚、邓虽然被看成诸夏，但东西南北的区分中可见"五方之民"的痕迹，且此时巴子、楚子的称呼早已形成，是谓"虽大曰子"，与诸夏是有差距的。清张邦申说《尚书》之牧誓八国"称之曰人，不以诸侯待之"②，亦点明八国与诸夏有异。同时，上引仅列"牧誓八国"的濮，说明"牧誓八国"的地位已下降，只是将濮这个近周的国列作代表了。

二 战国中后期西南战略地位的凸显与西南疆域的扩展

战国中后期，西南地区的战略地位又得到了一次极大提升。方国瑜曾指出：

> 到公元前三百年间，秦自蜀经略西南各地，又在公元前二百八十年间，楚将庄蹻率兵至滇，秦、楚争夺西南地区。……是时，秦、楚争霸中国，而西南亦为全国形势遽变中角逐的场所。③

西南区域于全国层面的重大战略意义，在战国中后期主要包括汉中、巴蜀地区。汉中地区在春秋时期尚能为周王室所控制，但随

---

① （周）左丘明传，（晋）杜预注，（唐）孔颖达正义，（清）阮元校刻：《春秋左传正义》卷45，"昭公九年"，《十三经注疏》，中华书局1980年影印本，第2056页中。
② （清）张邦伸撰：《锦里新编》卷15《异闻》"古梁州"条，巴蜀书社1984年影印本，第862页。
③ 方国瑜：《中国西南历史地理考释》，中华书局1987年版，第8页。

着楚文王时期楚国的西拓，汉中遂成为秦、楚、巴、蜀间争夺的焦点。楚文王初，"楚彊，陵江汉间小国，小国皆畏之"。[1] 此事件的发生表明周王室对汉中地区的控制力已大为减弱，周王室也未强制制止楚的西拓行为，而是对楚说"镇尔南方夷越之乱，无侵中国"。[2] 战国中期，"楚自汉中，南有巴黔中"。[3] 楚还曾试图控制巴蜀地区，史籍有"昔巴、楚数相攻伐"的记载。[4] 秦也曾试图控制巴蜀地区，秦惠公十三年（前387）就"伐蜀，取南郑"。[5] 不过，在秦定巴蜀之前，秦、巴蜀、楚的三元格局长期存在，汉中天险为秦、楚、巴蜀所共享，所争夺的区域。特别是在战国中后期，秦、楚、蜀均觊觎汉中，"周显王之世（前369—前321），蜀王有褒、汉之地。因猎谷中，与秦惠王遇"[6]，表明秦、蜀间有争夺汉中的事件。楚威王（前339—前329）曾说："寡人之国，西与秦接境，秦有举巴蜀、并汉中之心。"[7] 由楚威王的论说来看，战国中后期秦有吞并巴蜀之心已是众所周知的事，楚曾试图控制巴蜀地区当与此种认识有关。

周慎靓王五年（前316）秦定巴蜀后，汉中地区的地缘平衡关系被打破，且巴蜀的地缘意义显得更重要。秦定巴蜀时发生过著名的司马错与张仪之争。其中，司马错认为巴蜀地区不仅有劲卒、战船之利，且有水道可通楚，"得蜀则得楚，楚亡则天下并矣"。[8] 秦定巴蜀后，虽楚还控制着汉中东部地区，但秦、楚在汉中相对平衡的地缘格局已被打破。秦惠文王十三年，秦"攻楚汉中，取地六百

---

[1] 《史记》卷40《楚世家》，中华书局2014年点校修订本，第2047页。
[2] 《史记》卷40《楚世家》，中华书局2014年点校修订本，第2048页。
[3] 《史记》卷5《秦本纪》，中华书局2014年点校修订本，第255页。
[4] 《水经注》卷34《江水二》，王国维：《王国维全集》（第13卷），浙江教育出版社2009年版，第405页。
[5] 《史记》卷5《秦本纪》，中华书局2014年点校修订本，第254页。
[6] （晋）常璩撰，任乃强校注：《华阳国志校补图注》卷3《蜀志》，上海古籍出版社1987年版，第187—188页。
[7] 何建章注释：《战国策注释》，中华书局1990年版，第509页。
[8] （晋）常璩撰，任乃强校注：《华阳国志校补图注》卷3《蜀志》，上海古籍出版社1987年版，第132页。

里，置汉中郡"①，在秦楚争霸中楚完全丧失了巴蜀、汉中屏障。秦取得巴蜀、汉中之地后，在秦楚争霸过程中处于地缘上的主导地位。《战国策》有这样的记载："秦之行暴于天下，正告楚曰：'蜀地之甲，轻舟浮于汶（岷江），乘夏水而下江，五日而至郢。汉中之甲，乘舟出于巴②，乘夏水而下汉，四日而至五渚（诸）。'"③

秦定巴蜀后还导致了巴蜀、汉中地缘意义的迅速变化，对于秦国来说，巴蜀的战略意义更为重要。例如，秦惠文王十三年秦已有汉中之地，但却长时期与楚相争，张仪与甘茂均建议将汉中归于楚以换取楚与秦的结盟，只不过在何时归汉中于楚的问题上有异议。④在此案例中，汉中确实重要，但其首要意义在于楚而非秦。比较之下，巴蜀对秦国更为重要。

秦定巴蜀后逐步使之郡县化，史载"秦惠王遣张仪、司马错定蜀，因筑成都而县之"。加之有大规模移民，重新营造城镇，改革政治制度，大规模兴修水利系统等举措⑤，最终形成了"蜀既属秦，秦以益强，富厚，轻诸侯"的态势。⑥随后，巴蜀地区也成为秦统一六国的重要战略空间，主要体现在如下方面。

其一，巴蜀具有重要的战略地位，主要表现即秦定巴蜀后解除了楚对秦的威胁，使秦能将大量国力和兵力用于向东征伐。据《中国历代战争年表》的记载，秦定巴蜀之后与楚的战争减少，而与东方诸国的战争最多。⑦秦的这种征伐格局，与秦定巴蜀有很大关系。秦定巴蜀是在秦武王时期，蜀王与蜀侯内乱时蜀侯恽向秦求

---

① 《史记》卷5《秦本纪》，中华书局2014年点校修订本，第263页。
② 此巴在汉中，不在阆中。详见刘蓬春《战国秦蜀楚巴对汉中、黔中的争夺》，《成都大学学报》1998年第1期。
③ 何建章注释：《战国策注释》，中华书局1990年版，第129页。
④ 何建章注释：《战国策注释》，中华书局1990年版，第106页。
⑤ 详见胡大贵、冯一下《蜀郡设置和第一任蜀守考》，《四川师范大学学报》（社会科学版）1993年第2期；王子今《秦兼并蜀地的意义与蜀人对秦文化的认同》，《四川师范大学学报》（社会科学版）1998年第2期；郭声波《四川历史农业地理》，四川人民出版社1993年版，第13—18页。
⑥ 《史记》卷70《张仪传》，中华书局2014年点校修订本，第2776页。
⑦ 中国军事史编写组：《中国历代战争年表》，解放军出版社2003年版。

救，于是有了著名的司马错与张仪之争。在司马错看来：巴蜀"水通于楚，有巴之劲卒，浮大舶船以东向楚，楚地可得。……得蜀则得楚，楚亡则天下并矣"。[①]秦武王定巴蜀之后，秦的征伐对象发生了巨大转变，且凭借巴蜀对楚的威胁而使楚保持中立：当诸国连横以弱秦时，张仪从楚下手离间齐楚联盟的说辞是"秦西有巴蜀，方船积粟，起于汶山，循江而下。……秦兵之攻楚也，危难在三月之内。而楚恃诸侯之救，在半岁之外，此其势不相及也。夫恃弱国之救，而忘强秦之祸，此臣之所以为大王之患也"。[②]秦定巴蜀之后解除楚对秦的威胁，由此可见一斑。

其二，秦定巴蜀之后，巴蜀成为秦征战的重要大后方特别是物资供应基地。苏秦向秦惠文王献连横之策时就说："大王之国，西有巴、蜀、汉中之利"。[③]所谓巴、蜀、汉中之利，指的是"四方之物蜀兼有之"。司马错也说："夫蜀……取其地，足以广国也；得其财，足以富民。……其国富饶，得其布帛金银，足给军用。"[④]司马错周赧王七年（前308）伐楚时，"率巴、蜀众十万，大舶船万艘，米六百万斛，浮江伐楚，取商于之地为黔中郡"[⑤]，巴蜀地区的人力物力尽为秦所用。

其三，因巴蜀"道险"，成为安置六国战争人口和罪人的区域。《史记·项羽》就载范增说："巴、蜀道险，秦之迁民皆居之。"[⑥]《汉书·高帝纪》也注引如淳注曰："秦法，有罪迁徙之于蜀汉。"[⑦]

---

① （晋）常璩撰，任乃强校注：《华阳国志校补图注》卷3《蜀志》，上海古籍出版社1987年版，第132页。

② 何建章注释：《战国策注释》卷14《楚策》"张仪为秦破从连横"章，中华书局1990年版，第514页。

③ 何建章注释：《战国策注释》卷3《秦策》"苏秦始将连横说秦惠王"章，中华书局1990年版，第74页。

④ 何建章注释：《战国策注释》卷3《秦策》"司马错与张仪争论于秦惠王前"章，中华书局1990年版，第102页。

⑤ （晋）常璩撰，任乃强校注：《华阳国志校补图注》卷3《蜀志》，上海古籍出版社1987年版，第128页。

⑥ 《史记》卷7《项羽本纪》，中华书局2014年点校修订本，第403页。

⑦ 《汉书》卷1《高帝纪》，中华书局1965年点校本，第31页注释［五］。

与巴蜀地区战略空间的重要性有关，秦定巴蜀后即大力推进其华夏化进程，并促进了西南疆域的扩展。如前所述，在大一统的层面上，秦定巴蜀前的巴蜀在政治地理层面上只有地域的性质，秦定巴蜀后，巴蜀地区的政治地理空间意义则进入一个过渡时期。一方面，秦定巴蜀后虽实现了巴蜀地区的郡县化，但却缺乏完整的大一统王朝国家政治地理基础，疆域的概念只在秦的意义上成立。另一方面，随着秦统一六国并形成大一统格局，巴蜀地区疆域意义的政治地理空间在大一统层面上成立。

三　汉初战略空间的延伸与西南疆域的初步奠定

秦汉西南地区最重要的变化在于西南夷地区被纳入大一统王朝国家中，正式成为王朝国家郡县化的区域。这一重要的变化，起初也与地缘因素有关。前文已讨论过，秦楚争霸时期汉中、巴蜀均为要地。而且，楚威王时楚国已深刻意识到"秦有举巴蜀、并汉中之心"，则从滇、黔地区牵制秦的扩张意图，在战略上不失为一种明智抉择，史载楚威王"使将军庄蹻将兵循江上，略巴、黔中以西"当即此种情形的反映。庄蹻以兵威定滇，但因秦定巴蜀、黔中，阻断楚对滇池地区的治理，滇池地区也未能实现郡县化。不过，后来所称的西南夷北部地区，则在秦定巴蜀，略楚黔中后被纳入郡县，《史记·西南夷传》载："秦时常頞略通五尺道，诸此国颇置吏焉。十余岁，秦灭。及汉兴，皆弃此国而开（实为'关'[①]）蜀故徼。"[②] 按此记载，秦时曾在夜郎、滇的部分地区置有县吏。司马相如也曾提到："邛、笮、冉、駹者近蜀，道亦易通，秦时尝通为郡县，至汉兴而罢。"[③]

刘邦为汉王时，史载刘邦"虽王有巴、蜀，南中不宾"[④]，表明刘

[①] 见段渝《五尺道的开通及其相关问题》，《四川师范大学学报》（社会科学版）2013年第4期。
[②] 《史记》卷116《西南夷传》，中华书局2014年点校修订本，第3627页。
[③] 《史记》卷117《司马相如传》，中华书局2014年点校修订本，第3692页。
[④] （晋）常璩撰，任乃强校注：《华阳国志校补图注》卷3《蜀志》，上海古籍出版社1987年版，第128页。

邦未能有效控制秦已置吏的部分夜郎、滇地区。汉初要"弃此国"而"开蜀故徼"（实为"关"），与汉初国力贫弱并"西南夷"治理不易都有关系。但由"弃此国""关蜀故徼"可知，高帝时西南地区的战略空间较秦时有所收缩。高后时期，"城僰道，开青衣"，西南地区的战略空间复有延伸，但也不及秦时期。

汉初武帝时期是西南疆域迅速扩展的时期。在这一时期，武帝征伐四夷，并将四夷地区纳入王朝国家郡县范围之内，使四夷之地"永为'中国'四至"的疆域建构态势形成[①]，其中即包括西南夷地区。而且，此期西南夷地区郡县化的初衷并非为了国家疆域的开拓，而是与南越、匈奴的问题有关。与南越有关的郡县化区域是南夷的夜郎地区。南越反叛时，唐蒙云："窃闻夜郎所有精兵，可得十余万。浮船牂牁江，出其不意，此制越一奇也。诚以汉之强，巴蜀之饶，通夜郎道，为置吏，易甚。"[②]唐蒙的建议为武帝采纳，"拜蒙为郎中将，将千人，食重万余人，从巴蜀笮关入，遂见夜郎侯多同。蒙厚赐，喻以威德，约为置吏，使其子为令。"[③]约为置吏的群体不仅包括多同，还包括夜郎旁小邑。不过，因"道不通""西南夷又数反""耗费无功""力事匈奴"等原因，武帝暂时放弃了对南夷地区的开拓，仅"独置两县一尉，稍令犍为自葆就"。[④]及南越破后，汉军回军途中才"行诛头兰"，威服南夷置牂牁郡。

西夷大部分区域的郡县化则与匈奴问题有关。建元时期，司马相如曾在西夷邛、笮地区置有一都尉，辖十余县，属蜀郡。不过，这十余县不久之后同样因"道不通""力事匈奴"等原因而被放弃。元狩元年（前122），张骞使大夏归来，为武帝带回了两条重要信息[⑤]：其一，西域诸国中部分群体受匈奴攻击，可借机与西域诸国结

[①] （清）赵翼著，王树民校证：《廿二史札记》，中华书局1984年版，第34页。
[②] 《史记》卷116《西南夷传》，中华书局2014年点校修订本，第3628页。
[③] 《史记》卷116《西南夷传》，中华书局2014年点校修订本，第3628页。
[④] 《史记》卷116《西南夷传》，中华书局2014年点校修订本，第3629页。
[⑤] 《史记》卷123《大宛传》，中华书局2014年点校修订本，第3843、3846页。

为昆弟以断匈奴右臂；其二，由蜀有道可通身毒，进而通西域。张骞同时认为，"使大夏，从羌中，险，羌人恶之；少北，则为匈奴所得；从蜀宜径，又无寇"。① 武帝"以骞言为然"，派遣使者试图由蜀通身毒，进而通西域，"四道并出：出駹，出冉，出徙，出邛、僰……其北方闭氐、筰，南方闭巂、昆明"。② 元鼎五年（前112）汉王朝平服南越，"诛且兰、邛君，并杀筰侯，冉駹皆振恐，请臣置吏"③，汉王朝顺势在邛都地区置越巂郡，在筰都地区置沈黎郡，在冉駹地区置汶山郡，在白马地区置武都郡。南越破后武帝也曾使王然于以破南越的兵士威胁滇王入朝，但滇王不听，还发生"劳浸、靡莫数侵犯使者吏卒"的事件。元封二年（前109），武帝以巴蜀兵士击灭劳浸、靡莫，滇王始离西夷，请置吏，益州郡得以设置。

牂柯、越巂、沈黎、汶山、武都等郡设置后，武帝"欲地接以前通大夏"，前后派遣十余批使者均"闭昆明，为所杀"，昆明成为汉朝使者西出的主要障碍。元封二年，武帝以郭昌、卫广率三辅罪人及巴蜀士数万人击昆明，"斩首虏数万人而去"。此次大规模的征伐后，昆明地区仍未实现郡县化，"其后遣使，昆明复为寇，竟莫能得通"。④ 元封四年，郭昌"还击昆明，毋功，夺印"。⑤ 昆明地区郡县化的具体时间史无详载，《后汉书·西南夷传》概略地记载说"后数年，复并昆明地，皆以属之此郡"。⑥

西南夷地区的郡县化过程展现了其独特的地缘关系，即由之可加强对南越地区的治理，与西域诸国的结盟，甚至一定程度上有牵制匈奴的地缘意义。此种地缘意义尽管有地理层面上的失误，但却推动了西南夷地区的郡县化。许倬云就指出，西南夷地区的郡县化

---

① 《史记》卷123《大宛传》，中华书局2014年点校修订本，第3843页。
② 《史记》卷123《大宛传》，中华书局2014年点校修订本，第3844页。
③ 《史记》卷116《西南夷传》，中华书局2014年点校修订本，第3631页。
④ 《史记》卷123《大宛传》，中华书局2014年点校修订本，第3849页。
⑤ 《史记》卷111《卫将军传》，中华书局2014年点校修订本，第3562页。
⑥ 《后汉书》卷86《西南夷传》，中华书局1965年点校本，第2846页。

完全是出于"断匈奴右臂"的需要:"原意绕道南方,以进入西域的错误地理,却歪打正着,也为中国吸收西南的资源,更由此将这些散居山地的'他者',逐渐纳入'中国'的版图。"① 方铁也指出,汉朝开拓西南夷地区,其初衷或在于开通通南越的道路,或在于打通经西南夷地区到大夏的通道,"均带有明显的功利目的和决定上某种程度的随意性"。②

秦代、秦汉之际、汉初西南疆域的扩展,是以秦汉王朝主动的开边活动而实现的,尽管其诱发因素是南越叛乱事件和北部匈奴压力的问题。此后很长一段时期,西南疆域比较稳定。直到东汉建武时期,西南疆域才又见扩展,但这种扩展是以西南夷群体内附的形式而实现的。据《后汉书》记载,建武十二年(36)、十三年、二十七年(51),永平十二年(69),永元六年(94)、九年、十二年,永初元年(107)、二年,均有蜀郡、九真、益州、永昌等郡徼外群体的内属。③其中,永平十二年益州徼外多位哀牢王内属后,罢益州西部都尉,合永昌、博南共六县为永昌郡,使西南疆域进一步扩展。永昌郡设置后,秦汉西南疆域范围基本奠定。

武帝时期西南区域的战略空间有了很大的延伸,但这些成就不一定会被看成战略性的工作。元朔元年(前128),严安上书曰:"今欲招南夷,朝夜郎,降羌僰,略濊州,建城邑……此人臣之利也,非天下之长策也。今中国无狗吠之惊,而外累于远方之备,靡敝国家,非所以子民也。"④ 在严安看来,经营西南夷地区是一件劳民伤财的事。后文将叙,东汉时期西南地区的疆域又有很大的扩展,但是否应在西南夷地区广置郡县,是颇有争议的事。熹平五年(176)南夷反叛时,"朝议以为郡在边外,蛮夷喜叛,劳师远役,不

---

① 许倬云:《我者与他者:中国历史上的内外分际》,生活·读书·新知三联书店2010年版,第42页。
② 方铁:《西南通史》,中州古籍出版社2003年版,第78页。
③ 《后汉书》卷86《西南夷传》,中华书局1965年点校本,第2844—2859页。
④ 《史记》卷112《主父偃传》,中华书局2014年点校修订本,第3583—3584页。

如弃之"。① 此将"西南夷"看成"不与华同"的群体，完全是汉王朝的累赘。此种观点的产生，与秦汉时期民族地理观有关，容后详述。

第三节 "徼"界变迁与中古族群政治地理空间的初步构型

上古时期以"五方之民"为代表的族群政治地理空间构型，虽然在"华夷之辨"民族观影响下划分了不同族群分布的地理空间，但族群分布地理空间的划分主要体现在文化而不是政治的统一性上。秦汉以降，随着大一统多民族国家的建构，以及汉族群体在巴蜀地区分布的稳固，西南区域族群政治地理空间随着"徼"界的推移而形成了以巴蜀为中心的"中心—外围"族群政治地理空间结构，初步奠定了大一统王朝国家视野下的西南区域中古族群政治地理空间。

一 "徼"的疆界与族群内涵

徼，《说文解字》只注为"循也"，谓顺路而行。段玉裁又注曰："徼，循也。《百官表》曰：'中尉掌徼循京师'，如淳曰：'所谓游徼循禁备盗贼也'。按，引申为徼求，为边徼"。② 按段氏所注，汉代的徼有三种含义，即行走、游徼之官名、边徼。检之史料，秦汉时期徼的含义实际上更丰富，不过其含义往往与其他的词连用而形成了新的概念，仅与疆界、民族有关的就有近十种之多（表4-3）。这些概念总的来说有六种使用方式及其对应的含义，现列如下。

---

① 《后汉书》卷86《西南夷传》，中华书局1965年点校本，第2847页。
② （汉）许慎著，（清）段玉裁注：《说文解字注》卷2"彳"部，上海古籍出版社1981年影印本，第76页上。

表 4-3　　　　汉代与疆界、民族有关"徼"的相关概念及其使用频次

概念	词频（次）			
	史记	汉书	后汉书	小计
徼兵		1		1
徼守			1	1
故徼	1	1		2
关徼			2	2
（为）徼	2	2	1	5
徼道		1	1	2
徼人			1	1
徼北、徼南			2	2
徼亭、亭徼、塞徼	1	1		2
徼外	1	9	38	48
小计	5	15	46	

资料来源：据《史记》《汉书》《后汉书》梳理；《全汉文》和《全后汉文》也有部分资料，但多与《史记》和两汉书重复，不录。

行走和官名的含义，使用较少，也不涉及族群的问题。作为行走含义的徼有两种使用方式，形成了两种概念。一种概念是"徼道"，史载汉哀帝时"令将作为贤起冢茔义陵旁，内为便房，刚柏题凑，外为徼道"。[①]另一种是"楯（或作'行'）徼"，常与游徼之官使用来表达游徼之官执行任务时的情况。作为官名的徼只有"游徼"这一概念。游徼之官汉承秦制，其任务是徼循禁贼盗。[②]禁贼盗也可能发生于沿边地区，不过见于史籍的记载都不发生在沿边地区。

除了以上两种含义和使用方式外，其他四种徼的含义和使用方式都涉及沿边地区，也涉及族群问题。其中使用最频繁的是边关、边塞、边地的含义，其要义是"边"，有"徼亭""亭徼""徼塞""徼兵""徼守""关徼"等概念。

"徼亭""亭徼"虽不言塞，但应与"徼塞"是同一种含义，即

[①] 《汉书》卷 93《佞幸传·董贤》，中华书局 1962 年点校本，第 3733 页。
[②] 《汉书》卷 19《百官公卿表》，中华书局 1962 年点校本，第 742 页。

建立在沿边地区的军事据点。如《史记·张仪传》记张仪曾"除守徼亭鄣塞"①,《汉书·食货志》载元鼎四年(前113)新秦中"或千里无亭徼"等②,说明亭与塞均有边防功能。"徼兵""徼守""关徼"的含义更为明确,均与沿边军事有关。如《汉书·黥布传》载楚王与汉王相争时汉王于巴蜀地区"分卒守徼乘塞"③,《后汉书·董卓传》谓董卓早年"为州兵马掾,常徼守塞下"④,《后汉书·西羌传》载汉宣帝时"关徼不闭,羽檄不行"等⑤,所指的"徼"均分布在国家疆界地区。

与"徼兵""徼守""关徼"等概念的使用相对应,汉代"徼"确有边界的含义,主要的使用方式有"故徼""西徼"等。如《汉书·西南夷传》记西南夷事云:"及汉兴,皆弃此国而关蜀故徼。"⑥这里的"关蜀故徼"又或作"开蜀故徼",详见下文的分析。所谓"故徼",其含义是指秦初管理西南夷地区时在西南夷与蜀之间划出的一条界线,但秦管理的西南夷地区并不稳定。与此相应,史载司马相如于西南夷地区的功绩是"略定西夷",其中也涉及南夷,故有"二方之君鳞集仰流""请为内臣"的说法。⑦司马相如略定西夷后导致了西南夷地区徼界的变动,史载"除边关,关益斥,西至沫、若水,南至牂牁为徼",或云"故乃关沫、若,徼牂牁"⑧,即以沫水、若水、牂牁界为徼。"西徼"应指"西方之徼"。《后汉书·郡国志》云"岷山在西徼外"⑨,所谓"西徼"是作为方位之词的西与徼的搭配。

作为边界的"徼"的引申义可能在秦代即已形成。《岳麓书院藏

---

① 《史记》卷70《张仪传》,中华书局2014年点校修订本,第2768页。
② 《汉书》卷24《食货志》,中华书局1962年点校本,第1172页。
③ 《汉书》卷34《黥布传》,中华书局1962年点校本,第1882页。
④ 《后汉书》卷72《董卓传》,中华书局1965年点校本,第2341页。
⑤ 《后汉书》卷87《西羌传》,中华书局1965年点校本,第2871页。
⑥ 《史记》卷116《西南夷传》,中华书局2014年点校修订本,第3839页。
⑦ 《史记》卷117《司马相如传》,中华书局2014年点校修订本,第3697页。
⑧ 《史记》卷117《司马相如传》,中华书局2014年点校修订本,第3692页。
⑨ 《后汉书》志23《郡国志》"蜀郡"条,中华书局1965年点校本,第3509页。

秦简》中已见有"故塞徼外蛮夷""亡徼中蛮夷""故徼外蛮夷"等语[1]，"故徼"当指秦国时期与蛮夷相分的"徼"。这些"徼"至秦代已不再是国家边界含义的"边徼"，故称"故徼"。但是，这些"徼"仍有区分族群的功能，故有"故徼外蛮夷"等说法。

若说以上"徼"的地理含义是点状的、线状的，那么"徼外""外徼""徼北"等概念所表达的地理含义则是区域性的。"徼外"一词的使用主要涉及王朝边界之外的族群来属场合，且涉及的区域遍及西南、东北、南方三大区域。涉及西南之"徼外"的记载主要有《史记·佞幸传》记邓通"盗出徼外铸钱"[2]，《汉书·地理志》载广汉、越巂、益州等郡之白水、涪水、绳水、周水、劳水"出徼外"，《后汉书·哀牢传》载东汉以哀牢群体为代表的"徼外"群体内属之事等，"徼外"以蜀郡界和永昌郡界为地望。南方地区主要涉及九真、日南以外区域，史籍中也称九真、日南以外的蛮夷为徼外夷。

东北地区比较特殊，《后汉书·光武帝纪》载建武二十五年（49）春"辽东徼外貊人寇右北平、渔阳、上谷、太原"[3]，《史记·朝鲜传》和《汉书·朝鲜传》则云朝鲜在秦灭燕时"属辽东外徼"。[4] 由貊人寇右北平、渔阳、上谷、太原诸郡的记载来看，此时貊人分布在这些郡的北边，此处徼外与其他徼外的用法并无二致。云朝鲜"属辽东外徼"似乎表明了有"内徼"的存在，但秦时朝鲜地区并不在秦郡之内，实为徼外的群体，故又云"汉兴，为其远难守，复修辽东故塞，至洱水为界，属燕"。[5] 两汉时朝鲜地区已为郡（玄菟郡、乐浪郡），故《汉书》云其为"外徼"时说的是秦时

---

[1] 朱汉民、陈松长：《岳麓书院藏秦简（肆）》，上海辞书出版社2015年版，第101、170页。
[2] 《史记》卷125《佞幸传》，中华书局2014年点校修订本，第3880页。
[3] 《后汉书》1《光武帝纪》，"建武二十五年春"，中华书局1965年点校本，第76页。
[4] 《史记》卷115《朝鲜传》，中华书局2014年点校修订本，第3617页；《汉书》卷95《朝鲜传》，中华书局1962年点校本，第3863页。
[5] 《史记》卷115《朝鲜传》，中华书局2014年点校修订本，第3617页；《汉书》卷95《朝鲜传》，中华书局1962年点校本，第3863页。

的情况，至《后汉书》时已不说朝鲜处"外徼"或"徼外"了。同时，虽然《史记·朝鲜传》和《汉书·朝鲜传》均云朝鲜在秦灭燕时"属辽东外徼"，但两书所载此段内容丝毫不差，班固完全有可能照搬司马迁之言而一字不改，造成有两种记载朝鲜为"外徼"的材料，其实只是一种。与"徼外"的应用相比，"外徼"的应用又是独例，将"徼外"写为"外徼"完全有可能是笔误。

汉代之"徼"还与"人"连用，称"徼人"。如《后汉书·祭肜传》说祭肜治理之地"临守偏海，政移犷俗"，故有"徼人请符以立信"之事①，徼人指的是玄菟、乐浪地区的群体。《后汉书·西南夷传》史臣评论说："西南之徼，尤为劣焉。"②这里的"西南之徼"并不是徼界或其他地理事物的含义，而是指西南夷，其性不像北狄和南蛮"暴乱"，故说"尤为劣焉"。

以上六种与"徼"有关的概念，"徼"之本义应当是行走，故又有徼循或循徼二词，又引申为游徼之官名。徼道是徼引申后为名词的结果。以上两种徼的含义均不涉及边界或族群的问题，其他大量使用的与"徼"有关的概念则与边界和族群有关。其中，徼亭、亭徼、徼兵、关徼等是"徼"与其他军事事物结合形成的概念，实际上是亭、兵、关构成了徼的标志和条件，进而徼又可与其他词语组合形成边徼、西徼、南徼等概念，使徼具有国家疆界的含义。作为国家疆界含义的徼形成后，徼便成为划分政权界限和族群分布界限的标志，徼外地理事物、徼外蛮夷的划分及徼人的出现是徼作为国家疆界含义确定后的结果。

同时，秦汉王朝处于疆域扩张时期，作为国家疆界含义的徼也必然是变动的，总体上体现的是一种外推的趋势，由此形成了时间层面上的"故徼"和"新徼"两种含义。朱圣明结合西南区域的情况认为伴随着秦汉西南区域的郡县化有两种"徼"：巴、蜀故徼与

---

① 《后汉书》卷20《祭肜传》"论曰"条，中华书局1965年点校本，第747页。
② 《后汉书》卷86《西南夷传》"论曰"条，中华书局1965年点校本，第2861页。

第四章　疆域变迁与族群政治地理空间建构　313

西南夷诸郡之"新徼"。①将"蜀故徼"单独列为徼之一种的史料只有一处，即《汉书·西南夷传》载西南夷事云："及汉兴，皆弃此国而关蜀故徼。"②《史记》则说是"开蜀故徼"③，文渊阁四库全书本《玉海·地理》《玉海·汉北边城、外城》均作"开蜀故徼"，《册府元龟·外臣部》《通志·四夷传·西南夷序略》、宋杨侃辑《两汉博闻·西南夷传》等又作"关蜀故徼"或"闗蜀故徼"。这些记载是有错漏的，段渝等考论认为当为"关蜀故徼"④，此说甚是。确认了这一点，则蜀故徼只是秦置蜀郡时的徼界，往后随着秦汉之际"西南夷"地区郡县的设置而略有伸缩而已。吴宏岐和韩虎泰说秦汉之际西南之徼有"内缩"，正是在这个意义上讲的。⑤换言之，秦汉时期西南区域的"故徼"和"新徼"的存在是历时性的，并不是共时性的。

另外，《后汉书·西南夷传》又云："西南夷者，在蜀郡徼外。"⑥此记载较为特殊，云西南夷为蜀郡徼外者只此一处，有可能是"蜀郡故徼外"脱"故"字或"故"形讹为"郡"，因为若将作为徼内群体的西南夷也称为"徼外"群体，则大量永昌徼外群体内属时又称其为"永昌徼外"群体就显多余了。事实上，自永平十二年（69）"益州徼外夷哀牢王相率内属"置永昌郡后，永昌郡就成为《后汉书》载其外诸蛮夷的地望，可见今云南地区的徼界在东汉时曾有由益州沿边各郡向永昌郡推移的过程。此外，东汉时期的蜀郡，事实上不能完全作为判定西南夷群体的地望，因为蜀郡之南犍为郡已尽为汉族所居，蜀郡只可用于作为"西夷"的地望而不可用于作

---

①　朱圣明：《试论汉代西南夷地区的人群划分——以不同场景变换为视角》，《史学月刊》2012年第4期。
②　《史记》卷116《西南夷传》，中华书局2014年点校修订本，第3839页。
③　《史记》卷117《司马相如传》，中华书局2014年点校修订本，第3627页。
④　段渝、刘弘、李克恒：《蜀故徼的开、关问题》，《西南酋邦社会与中国早期文明》，商务印书馆2015年版，第280页。
⑤　吴宏岐、韩虎泰：《汉代西南之"徼"与"徼外"地理概念考论》，《四川师范大学学报》（社会科学版）2013年第4期。
⑥　《后汉书》卷86《西南夷传》"总叙"条，中华书局1965年点校本，第2844页。

为"南夷"的地望。由此观之,"西南夷者,在蜀郡徼外",严格说来当作"西南夷者,在蜀徼外",即蜀地徼外。

"故徼"与"新徼"的存在是历时性的,即作为国家疆界的徼实际上只有一种。但在秦汉史籍中,"故徼"往往指涉"蜀故徼"时,所涉及的"徼"可能并不指涉国家疆界,而是族群边界。《汉书·王莽传》载始建国元年(8)如下事特别值得注意:

> 秋,遣五威将王奇等十二人班《符命》四十二篇于天下。……五威将奉《符命》,赍印绶,王侯以下及吏官名更者,外及匈奴、西域,徼外蛮夷,皆即授新室印绶,因收故汉印绶。……莽《策命》曰:"普天之下,迄于四表,靡所不至。"其东出者,至玄菟、乐浪、高句骊、夫余;南出者,逾徼外,历益州,贬句町王为侯;西出者,至西域,尽改其王为侯;北出者,至匈奴庭,授单于印,改汉印文,去"玺"曰"章"。①

在此段文字记载中,大概新莽时期的边郡均被视为"外及"的区域了。所谓"徼外蛮夷",当包括东夷群体中的玄菟、乐浪、高句骊、夫余等,西部的西南夷群体及西域群体。"东出""南出""西出""北出"等后,按文意当均略去了"徼外"二字。例如,"南出者,逾徼外,历益州,贬句町王为侯",即明确了在益州、句町以北存在一个"徼",故说"逾徼外"。这一"徼",应当即是蜀徼。

由以上讨论来看,秦汉时期的"徼"在涉及族群政治地理问题时实际上有两种含义。一种是作为国家疆界的"徼",是历时性的"故徼"与"新徼",同一时期只存在一条"徼"。另一种是族群政治地理意义上的"徼",包括"蜀徼"和不同时期作为国家疆界的"徼"两种徼。族群政治地理意义上的徼,会对族群认同问题产生影响,并构型"巴蜀—内蛮夷—外蛮夷"民族地理观,详见后文。

---

① 《汉书》卷99《王莽传》,中华书局1962年点校本,第4116页。

二 "徼"的变动与族群政治地理空间的初步构型

前文已讨论,西南区域战略空间的奠定,经历了战国中后期、汉初、东汉三个阶段。在这三个阶段,随着西南区域战略空间的延伸,并在归附的西南夷地区实现郡县化,西南区域的疆域随之扩展。在这一过程中,具有政治地理含义的"徼"也在西南区域不断外推,在表征着王朝疆域扩展的同时,也不断将"外蛮夷"纳入"内蛮夷"框架中。就主要变动阶段来说,西南区域的"徼"在战国秦汉时期有四次较大的变化(表4-4)。

表4-4　　　　战国秦汉时期西南区域徼界的变动及其动因

时段	徼界变动情况	动因
战国中期	由汉水一线至巴蜀边缘	秦楚争霸,蜀国内乱
秦汉之际	由巴蜀边缘地区向内收缩	南中不宾,国力有限
汉初武帝时期	由巴蜀边缘地区推进至武都郡、汶山郡、沈黎郡、越巂郡、益州郡、牂柯郡边缘	南越叛乱后,南夷地区成为南征南越的重要战略区域;西出西域以应对匈奴的压力,是西夷地区"徼"界变动的主要因素之一。西夷请为内臣
东汉时期	由越巂郡、益州郡、牂柯郡边缘推进至永昌郡边缘	诸徼外蛮夷内附

资料来源:据《史记》《汉书》《后汉书》整理。

第一次"徼"的变动,是战国中期秦定巴蜀引起的。此次严格来说不属于政治地理含义上"徼"的变动,因为此时大一统层面上"徼"的政治地理含义尚未形成。不过,若考虑到族群的因素,特别是西周即开始实施的"监于外"的"应监"之制,汉水一线仍可作为华夏与西夷、南夷的分界线,即族群政治地理空间意义上的"徼"。考虑到战国中期大一统层面上具有政治地理意义的"徼"的含义尚未形成,此次"徼"的变动,只能在宽泛的意义上来理解。此种意见在史籍上也有可支撑的材料。班固说"巴、蜀、广汉本南夷"[①],其判断的依据便与其时对"徼"的理解有关。

---

① 《汉书》卷28《地理志》,中华书局1962年点校本,第1645页。

第二次"徼"的变动是在秦汉之际,"徼"界由巴蜀边缘地区向内有一定的收缩。前已述及,《史记·西南夷传》载"汉兴,皆弃此国而开(实为'关')蜀故徼"。①"弃此国",应指的是夜郎和滇这两个"南中不宾"的群体,但仅包括夜郎和滇的北部群体,因为夜郎和滇是在武帝时期才归附的。"关蜀故徼",表明"徼"界已退至秦定巴蜀时的区域。在蜀西地区,司马相如也曾说:"邛、筰、冉、駹者近蜀,道亦易通,秦时尝通为郡县,至汉兴而罢"②,蜀西地区的"徼"界也大为收缩。高后时期,"徼"界又向外有所扩展,但由"城僰道,开青衣"③的记载来看,变化并不大。文帝时期,"徼界"应仍维持在"蜀故徼"区域。例如,史载文帝曾赐邓通在严道铜山铸钱,"邓氏钱布天下"④,但随后有"人有告邓通盗出徼外铸钱"的记载,说明"徼"界应仍在严道即青衣区域。

第三次"徼"的变动是在汉初武帝前期,"徼"由巴蜀边缘推进至武都郡、汶山郡、沈黎郡、越巂郡、益州郡、牂柯郡边缘。前已述及,南越叛后,为由牂柯向南越进军,武帝曾命唐蒙在夜郎北部区域置有数县。南越破后,汉军在回军途中威服夜郎、滇王,并开置牂柯郡、益州郡。同时,司马相如在蜀西区域开置郡县也取得成效,"邛、筰、冉、駹、斯榆之君皆请为内臣。除边关,关益斥,西至沫、若水,南至牂柯为徼"。⑤西夷请为内臣后,在其地置有越巂郡、沈黎郡、汶山郡、武都郡。西南夷地区广置郡县后,"徼"界随之外推。

第四次"徼"的变动与前几次不同。上述几次徼的变动,是以秦汉王朝的开边或守边为主要推动因素的,但武帝之后,汉王朝主动的开边在西南区域体现得并不明显,西南区域徼界也长期处于稳

---

① 《史记》卷116《西南夷传》,中华书局2014年点校修订本,第3627页。
② 《史记》卷117《司马相如传》,中华书局2014年点校修订本,第3692页。
③ (晋)常璩撰,任乃强校注:《华阳国志校补图注》卷3《蜀志》,上海古籍出版社1987年版,第128页。
④ 《史记》卷125《佞幸传》,中华书局2014年点校修订本,第3880页。
⑤ 《史记》卷117《司马相如传》,中华书局2014年点校修订本,第3692页。

定的态势。进入东汉以后，西南区域"徼"界又不断外推，但其主要的影响因素是诸蛮夷群体的内附。建武十二年（36），"九真徼外蛮夷张游率种人内属"；十三年秋，"广汉徼外白马羌豪率种人内属"，二十七年（51），"益州郡徼外蛮夷率种人内属"。① 永平十二年（69）"益州徼外夷哀牢王相率内属，于是置永昌郡，罢益州西部都尉"。② 永元六年（94）"永昌徼外夷遣使译献犀牛、大象"，同年"蜀郡徼外羌率种人遣使内附"；九年"永昌徼外蛮夷及掸国重译奉贡"；十二年，"旄牛徼外白狼、貗薄夷率种人内属"。③ 永初元年（107）二月"蜀郡徼外羌内属"，三月"永昌徼外僬侥种夷贡献内属"；二年六月"蜀郡徼外羌举土内属"，十二月"广汉塞外参狼羌降，分广汉北部为属国都尉"；三年五月"越巂徼外夷举种内属"。④

大量内附的哀牢群体，可能部分群体迁入已置郡县的区域，但大多未能实现郡县化。例如，哀牢群体内附时，动辄数十万户，但除永平十二年哀牢王柳貌遣子率种人内属（五万余户）时置有哀牢、博南二县（割益州郡西部都尉所领六县，合为永昌郡）外，其他群体内附后均没有实现郡县化。⑤ 谭本《中国历史地图集》中永昌郡地域范围广大⑥，但哀牢、博南二县仅分布在永昌地区，其他广大的区域如何管理是颇成问题的。换言之，尽管东汉时期永昌郡设置后西南区域的"徼"界有不小的变动，但对内附群体的管理可能比较有限。西夷地区蜀郡徼外群体的内附，也存在类似的问题。

东汉之后，在大一统王朝国家政治地理的层面上，西南地区只在元、明、清时期突破过东汉奠定的"徼"界，族群政治地理空间自然又有变化。在此意义上说，东汉时期"徼"界外推，初步构型

---

① 分别参见《后汉书》卷1《光武帝纪》，中华书局1965年点校本，第60、62、79页。
② 《后汉书》卷2《显宗孝明帝纪》，中华书局1965年点校本，第114页。
③ 分别参见《后汉书》4《孝和孝殇帝纪》，中华书局1965年点校本，第179、184、186页。
④ 分别参见《后汉书》卷5《孝安帝纪》，中华书局1965年点校本，第206、211、213页。
⑤ 《后汉书》卷86《西南夷传》，中华书局1965年点校本，第2849页。
⑥ 谭其骧主编：《中国历史地图集》（第2册），中国地图出版社1982年版，图55—56。

了中古时期西南区域的族群政治地理空间。至于此种族群政治地理空间表现如何，容后详述。

三 "徼"与西南区域的族群身份

"徼"的变动在构型族群政治地理空间的同时，也会对族群身份产生影响。不过，对于"徼"的变动对族群身份的影响，当前的研究结论不尽相同，先列述主要观点如下。

主流的观点认为，秦汉时期的"徼"是区分"内蛮夷"和"外蛮夷"的边界。其中，吴宏岐和韩虎泰认为，"徼"有二意[①]：一者，汉代西南边疆地区汉族和蛮夷分布区的边界，以及设置在边界上的关塞、亭障等防御景观。其中又引司马贞《索隐》引张揖云"南至牂牁郡为徼"之"徼"谓："徼，塞也。以木栅、水为蛮夷界"；又释"分卒守徼乘塞"云："徼谓边境亭障。以徼绕边陲"；引师古注"盗出徼外铸钱"之"徼"谓："徼犹塞也。东北谓之塞，西南谓之徼"。二者，谓在边境地区进行巡守、放哨，"徼守塞下"，李贤引《说文解字》认为"徼，巡也"即是。

此处略加赘述，"边徼"的巡守之制是秦汉时期防备四夷的主要举措之一，且应当是始于秦而非汉。《汉书·百官公卿表》载有在乡一级建制有三老、有秩、啬夫、游徼之官，游徼专门职能是"游徼徼循禁贼盗"，并说县令、亭长、乡官"皆秦制"。[②]内地游徼自然主要针对贼盗而言，《汉书·景十三王传》云彭祖之事，《汉书·武五子传》记山阳太守张敞与刘贺商议督盗一事，《汉书·循吏传》记黄霸之事，均是。但"边徼"的巡守之制，当另有目的。《汉书·陈胜传》记秦末陈胜兵败被杀时，有"徼兵复聚"，"徼兵"当指镇守边关的将士，可见秦时已有边徼巡守之制。汉代边徼巡守之制当相当成熟，由《汉书·食货志》记元鼎四年天子巡新秦中置亭徼可

[①] 吴宏岐、韩虎泰：《汉代西南之"徼"与徼外地理概念考论》，《四川师范大学学报》（社会科学版）2013年第4期。

[②] 《汉书》卷19《百官公卿表》，中华书局1965年点校本，第742页。

知，汉开新域时颇为注重置亭徼管理社会治安，同时对外可以防止敌对力量的侵扰、掳掠。①

邹立波对《史记》《汉书》《华阳国志》《后汉书》使用"徼"的场景作了梳理，认为②："徼"之本意为"边关""边塞"；"盗出徼外铸钱"反映出，"徼"不仅具有防止蛮夷入侵的功能，还有控制民间私下贸易的功能；"徼"最初有指示地理方面的意义，后演化为与汉地有别的化外之区或限定蛮夷的概称。于后一个方面，《汉书》《后汉书》《华阳国志》"徼外……夷"的称呼表明有意将西南夷作族群的区分，"郡徼外……"的表达还表明了族群区分中的"华夷"之别在空间上的表现。同时，这种"概称"并不是以严格的"华夷"分布进行的，"徼内"也有"夷""蛮"的分布，最重要的依据还是是否汉王朝对其地取得了实际的统治之权。由此，在秦汉时期，在是否行使实际的统治之权的情况下，"徼"是一种族群政治地理结构的反映。在这种族群政治地理结构中，汉王朝实际控制的区域为"徼内"，但对"徼外"保持相当的开放，东汉初、中期内附、内属的"徼外"之族皆有郡县之置，而遥远地区的"蛮夷"则与汉王朝保持朝贡的关系。

石硕在《汉代的"筰都夷"、"旄牛徼外"与"徼外夷"——论汉代川西高原的"徼"之划分及部落分布》一文中，对"徼"的含义有另一种解释，颇值得注意。③石硕认为，颜师古注引《茂陵书》注沈黎郡时有二十一县，但实际上只有旄牛、徙、严道、青衣、筰都五县明确，其余十余县均不明确。另据"若水亦出徼外，南至大筰入绳，过郡二"的记载，并《史记·司马相如传》谓"西至沫、若水，南至牂舸为徼"可知，沈黎郡实际上曾包括"徼外"十余县。但是，由于汉朝实际控制的区域只有如上所列五县，其余"徼外"之界未能直接进行统治，故有"徼外"之说。同文引任乃强

---

① 汪桂海：《简牍所见汉代边塞徼巡制度》，《中国边疆史地研究》2006年第3期。
② 邹立波：《汉代西南之"徼"与"徼外"夷——从文献记载看史家对西南夷人群的区分》，《西南民族大学学报》（人文社会科学版）2009年第3期。
③ 石硕：《汉代的"筰都夷"、"旄牛徼外"与"徼外夷"——论汉代川西高原的"徼"之划分及部落分布》，《四川大学学报》（哲学社会科学版）2004年第4期。

《华阳国志校补图注》谓"徼外"云:"随当时部落酋长请置吏者置立。……时皆牧部,人无定居,县不能立,故旋复废去,并已属旄牛都尉也"。① 按此,"徼内""徼外"的划分,可取郡县为大致的族群政治地理意象,是否实际控制是区分"徼内""徼外"的最终政治地理指向。前文已提及,"徼内""徼外"的划分多认为与"华夷"分界有关,但石硕指出,沈黎郡的中心区域青衣江流域,其时是筰都夷的中心分布地。结合汉廷在青衣地区"置两部都尉:一治旄牛,主外羌;一治青衣,主汉民"②的记载看,其实青衣江流域当已是"华夷"交错地区,并非泾渭分明的"华夷"之界。

很多学者援引拉铁摩尔(Owen Lattimore)的"内边疆区域"和"外边疆区域"概念③,余英时的"内蛮夷""外蛮夷"④概念来讨论秦汉时期"徼"的问题。拉铁摩尔的意见与余英时的意见实际上是前后相承的,只是余英时将其议题限定在了汉代。今学者将这两种意见引入讨论秦汉时期的西南"徼"界问题,实际上还是有继承性。存在的问题是,如前所述秦汉时期涉及族群政治地理的"徼"有"故徼"和"新徼"两种,两种徼的存在是历时性的而非共时性的。如此一来,如何区分"内边疆区域"与"外边疆区域"、"内蛮夷"与"外蛮夷"是颇成问题的。

《史记》《汉书》《后汉书》对"西南夷"的定位,或云"巴蜀西南外蛮夷",或云"在蜀郡徼外",地望均在巴、蜀,实际上是模糊的说法。与此不同,史籍在叙述"徼"的变动时,其地望并不相同,"九真徼外蛮夷""广汉徼外白马羌""日南徼外""益州郡徼外"等叙述表明,"徼"界变动的地望是已郡县化的区域,并非一直是"巴、蜀"。因此,"徼"界的变动,可理解成一个不断将"徼外

---

① (晋)常璩撰,任乃强校注:《华阳国志校补图注》卷4《南中志》,上海古籍出版社1987年版,第197页任乃强注。
② (晋)常璩撰,任乃强校注:《华阳国志校补图注》卷3《蜀志》,上海古籍出版社1987年版,第142页。
③ [美]拉铁摩尔著,唐晓峰译:《中国的亚洲内陆边疆》,江苏人民出版社2005年版,第161页。
④ 余英时著,邬文玲译:《汉代贸易与扩张》,上海古籍出版社2005年版,第67页。

蛮夷"变为"徼内蛮夷"的过程。不过，在此又会存在一个问题，"徼外蛮夷"慕义内附时，有的群体在东汉时期并未实现郡县化，这就出现石硕所说的"徼"仅限于能实际控制的区域，即郡县化的区域。

尽管秦汉时期"徼"界的变化表现的是不断外推的态势，且"徼"界外推的参照地望并不一直在巴、蜀，但在其时确可能存在两种徼。《汉书·王莽传》载建国元年（8）遣五威将王奇等十二人班《符命》四十二篇于天下之事，前已引述，其中有"南出者，逾徼外，历益州，贬句町王为侯"等字①，明确了在益州、句町以北存在一个"徼"，故说"逾徼外"。这一"徼"，前文已指明即"蜀徼"。

由以上讨论来看，虽然秦汉时期"徼"的具体变动不一定以巴、蜀为地望，但确存在蜀徼与新开置郡县之徼两种徼。这两种徼为何徼，史料不详，似可称为"内徼"和"外徼"。"内徼"，限内郡与边郡，限华夏与蛮夷；"外徼"，限边郡与郡外，限"内蛮夷"与"外蛮夷"。正因"内徼"和"外徼"的存在，部分史籍对"徼"的定义，应考虑其为何种"徼"。晋人崔豹对"徼"有一个总结，云：

　　徼者，绕也，所以绕遮蛮夷，使不得侵"中国"也。②

在文献资料的层面上，崔豹如上所述无疑为对"徼"给出定义的经典文献之一。然而，无论是在秦汉还是在魏晋时期，将"徼"限定在"使（蛮夷）不得侵'中国'"方面是有很大弊端的。以西南地区为例，秦汉时期的西南夷地区，魏晋时期的南中地区，均为蛮夷之地，按崔豹的说法在巴蜀地区当有徼，而且此徼的功能即在于"使（蛮夷）不得侵'中国'"，西南夷即被笼统地划入"徼外夷"群体中了。比较合理且现实的解释是，崔豹所说的"徼"应指"内

---

① 《汉书》卷99《王莽传》，中华书局1962年点校本，第4116页。
② （晋）崔豹：《古今注》卷上《都邑》，中华书局1985年影印本，第7页。

徼"。

"外徼""内徼"的存在使西南地区不同群体族群身份也随之变化。"内徼"之内的群体，即巴蜀群体，被看成华夏群体；"内徼"之外的群体则属于非华夏群体，即西南夷群体。这里需要说明，西南夷群体是包括"外蛮夷"的。《史记·西南夷传》《汉书·西南夷传》中，西南夷只包括内蛮夷，但在《后汉书·西南夷传》中，外蛮夷群体也被叙述在《西南夷传》中。外蛮夷虽未进入郡县，但与汉王朝有一定的政治隶属关系，史籍常载外蛮夷群体内附、慕贡、奉贡，汉王朝也向不同的群体赐爵、封赏，使之与汉王朝保持朝贡关系。[1] 西南夷包括内蛮夷和外蛮夷，则二者的区分便是极为重要的问题。西南夷中内蛮夷和外蛮夷的区分是通过"徼"来实现的，此点向来无异议。问题是，两汉时期内蛮夷和外蛮夷的区分，是在华夷区分的框架下来进行的。如前所述，徼本为"循"之意，引申为"边徼"，且此一引申义当在秦时期即已形成。汉开西南夷后，"故徼"仍得沿用，史籍所云"汉兴，皆弃此国而开（当作'关'）蜀故徼"即如此。"蜀故徼"能区分汉夷群体，却不能区分国家疆域内外的蛮夷群体。区分国家疆域内外蛮夷群体的，是史籍所云"广汉徼外""益州郡徼外""永昌徼外""旄牛徼外""越巂徼外"等涉及的"徼"，也就是"外徼"。

秦汉时期"内徼"与"外徼"的存在，使西南地区的族群身份有明确的族群政治地理结构。巴蜀地区的群体在"内徼"之内；西南夷群体既有在"内徼"与"外徼"之间的群体，又有在"外徼"之外的群体。按此理解，迟至汉初，西南地区"巴蜀—内蛮夷—外蛮夷"的三重民族地理观格局已建构起来（图4-3）。不过，对于外蛮夷群体而言，有的群体与汉王朝有朝贡关系，已进入汉王朝的族群政治地理空间中，有的群体则仍游离于汉王朝族群政治地理空间

---

[1] 《后汉书》卷86《西南夷传》，中华书局1965年点校本，第2844—2860页。

关系之外。与汉王朝有朝贡关系的群体，一般来说居于"外徼"以外的边缘区域，与汉王朝无朝贡关系的群体，则居于汉王朝有认识但无政治关系的区域。考虑到外蛮夷群体的特殊关系，也可将西南地区"巴蜀—内蛮夷—外蛮夷"的三重民族地理观格局分解为四重民族地理观格局，即"巴蜀—内蛮夷—朝贡关系外蛮夷—非朝贡关系外蛮夷"（图4-3）。

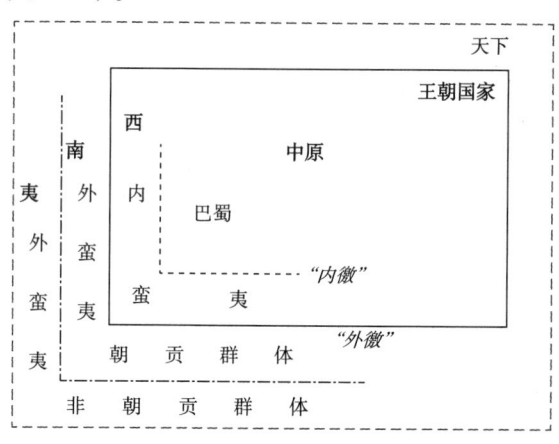

图4-3 汉代西南区域三重、四重民族地理观示意图

四重格局的"巴蜀—内蛮夷—朝贡关系外蛮夷—非朝贡关系外蛮夷"民族地理观虽不是汉代民族地理观建构的主流态势，但对建构大一统多民族王朝国家政治地理空间仍有积极的影响。中国古代族群政治地理空间的建构过程，本质上是一个"中国"与"天下"不断重合的过程，在此态势下，如何协调内蛮夷与外蛮夷的关系是一个颇为重要的问题。前文已讨论过，秦时期"边徼"的引申义已形成，但"边徼"内外的空间并非对立性的。《岳麓书院藏秦简》有"诱隶臣、隶臣从诱以亡故塞徼外蛮夷，皆黥为城旦舂；亡徼中蛮夷，黥其诱者，以为城旦舂；亡县道，耐其诱者，以为隶臣"等语[1]，将逃亡罪犯的惩罚分为"亡故塞徼外蛮夷""亡徼中蛮夷""亡县道"等类型，在法律的层面上明确了秦境内有不为县、道所控制

---

[1] 朱汉民、陈松长：《岳麓书院藏秦简（肆）》，上海辞书出版社2015年版，第147页。

的蛮夷区域。① 汉王朝虽无类似的法律文件，但可以明确其对"外徼"外的空间仍持开放的态度，不仅承认了王朝外有王朝所无法控制的蛮夷区域，而且当"徼外"蛮夷内附时亦接纳并努力使之郡县化（永昌郡即为典例），即反映了族群政治地理空间建构过程中"中国"与"天下"的不断重合过程。

总之，"徼"的变化反映了秦汉时期大一统层面上西南地区族群政治地理空间的建构与重构过程，且族群政治地理空间的建构并非以封闭的方式来进行，而是以开放、包容的方式来完成。

---

① 王勇:《里耶秦简所见迁陵蛮夷与秦朝蛮夷政策》,《中央民族大学学报》(哲学社会科学版) 2019 年第 1 期。

第五章　施治措施与族群政治地理空间的结构化、秩序化

　　武帝时期西南夷地区的郡县化，以及东汉时期徼界的外推，使得广大的西南夷地区被纳入帝国版图之内。在此背景下，族群政治地理空间的建构，不仅包括将不同族群及其所居区域纳入帝国之内的问题，也包括如何区分、施治的问题。有汉一代，包括西南夷地区在内的西南地区，在观念上是"西州"的地域范围，"西州"在某些时期还专指梁州。虽然在观念上西南区域具有明显的一体特征，但与族群结构的差异性有关，观念上的政区和实际的政区设置均有差异，巴蜀地区被视为内郡区域，西南夷地区对应为外郡区域。在西南夷地区，不同时期还有特殊的政区，主要是"道"和属国两类特殊政区。汉初武帝"广关"，使巴蜀地区进入"大关中区"的范围，某种程度上影响了"巴蜀—西南夷地区"族群政治地理空间结构化（某种程度上是二元化）的建构。不过，这种结构化并非完全是对立性的，而是秩序化的。两汉时期以巴蜀为中心经略西南夷地区，形成了"各以地比"的族群政治地理秩序，反映了两汉时期"巴蜀—西南夷地区"族群政治地理空间结构的弹性。

第一节　武帝广关后西南区域族群政治地理空间的结构化

一　"五州"说中的西南区域

　　秦汉大一统多民族国家建立后，上古"九州"之说的影响仍然

存在。不过，面对郡县化的新情况，秦汉时期形成了"五州"说。"五州"说的重要地理概念包括中州、西州、北州、南州、东州。由这些概念在史籍中的出现态势来看，"五州"说应是在秦汉时期才形成的。在关于汉代的官修正史中，与"五州"说相关的地理概念已形成了完整的概念体系（表5-1）。不过，这些官修正史中《后汉书》是在刘宋时期才完成的，难免有南北朝时期观念的影响。而在《史记》《汉书》中，与"五州"说相关的概念尚未完全形成，缺少东州、南州两个概念。尽管如此，有西州，则表明有东州；有北州，也就存在南州的观念。加之中州概念的存在，说明迄至东汉时期"五州"观念已建立起来。

表5-1　　　　　官修汉代正史中"五州"说相关概念的使用频次

相关概念	使用频次		
	史记	汉书	后汉书
中州	3	3	2
西州		3	30
北州	3	3	18
东州			10
南州			5

资料来源：据《史记》《汉书》《后汉书》整理。

与"五州"相关的地理概念中，"中州"是一个关键的概念。孙家洲讨论汉代的"区域"概念时总结了三种类型的区域划分方案，一是东南与西北、关东与关西的二元划分法，二是四方的划分法，三是十三州部分野法。其中的四方划分法典型地表现于《史记·货殖列传》的山西、山东、江南、塞北和山东、山西、岭南、沙北两种方案，并暗示了"中土"的存在，且"中土"尤重京师、三河。[①]汉代的"中州"概念，应与上古时期的"中土"概念有关。《尔雅·释言》谓"殷、齐，中也"[②]，指明上古"殷、齐"代表的

---

① 孙家洲：《论汉代的"区域"概念》，《北京社会科学》1999年第2期。
② （晋）郭璞注，（宋）邢昺疏，（清）阮元校刻：《尔雅注疏》卷3《释言》，《十三经注疏》，中华书局1980年影印本，第2851页中。

是"中"之含义。正因如此,《尔雅·释地》载"岠齐州以南戴日为丹穴",邢昺疏之曰:"此明四海之中别有下四种之名也。岠,去也。齐,中也。中州犹言中国也。"①《淮南子·坠形训》云:"何谓九州?……正中冀州曰中土"②,其所指地域也与《尔雅·释地》中的"殷、齐"有关。"正中冀州曰中土"的说法,后来演变为了以冀州为中心的"中州"说。例如,明人丘濬说:"今燕、赵、齐、晋之域,古所谓中州也,自古圣帝明王、大贤君子过化存神之地,礼义廉耻所自出也。"③

明人丘濬所说的"燕、赵、齐、晋"为"中州",大致也是汉初"中州"所指的范围。《史记·天官书》云:"中州,河、济也。"④此说虽受五行思想的影响,但已指明河、济间即为中州。将"河、济"视为中州,却与汉中后期郡县分野中内郡、近郡、边郡(详见后文)等观念不符,更与汉代政治地理秩序中的京畿区所在地域不符。汉代内郡、近郡、边郡等观念形成后,"中州"的地域范围随之变化。史载何敞曾在上书中云:"凉州缘边,家被凶害,……又中州内郡,公私屈竭。"⑤在何敞的上书中,"缘边"与"中州"对举,且"中州"与"内郡"并举,所有内郡都是中州的地域范围。汉代的内郡、近郡之外,即为边郡。而边郡区域,通常来说即蛮夷所居之地。因此,何敞所云"缘边"与"中州内郡",既是汉代政治地理结构问题,又是汉代族群政治地理结构的问题。《后汉书·西羌传》有评论曰"边州难援,宜见捐弃"。⑥这里的"边州"当指的是缘边之州。之所以认为"边州"应放弃,正是因为"边州"主要是蛮夷所居的区域。将"中州"与"缘边"或"边州"对举,将

---

① (晋)郭璞注,(宋)邢昺疏,(清)阮元校刻:《尔雅注疏》卷7《释地》,《十三经注疏》,中华书局1980年影印本,第2620页上。
② 何宁撰:《淮南子集释》卷4《坠形训》,中华书局1998年版,第312页。
③ 参见(明)丘濬撰《大学衍义补》卷49《家乡之礼》,上海书店出版社2012年版,第387页。
④ 《史记》卷27《天官书》,中华书局2014年点校修订本,第1589页。
⑤ 《后汉书》卷43《何敞传》,中华书局1965年点校本,第1481页。
⑥ 《后汉书》卷87《西羌传》,中华书局1965年点校本,第2900页。

"中州"与"内郡"（或加"近郡"）并举，其所形成的族群政治地理结构，也为后世所承袭。如，《文献通考·舆地考》对唐代疆域的总结中，便将中土、中华、中州并举[①]，使"中国"与"四夷"的二元性更为明显。

不过，汉代的"五州"说，尚没有严格的"中国"与"四夷"二元性观念。与"五州"说相关的主要地理概念，按薛小林的梳理，中州与司隶校尉区大致一致，颍川、汝南、陈留后期亦被包括在中州之内；西州早期指益州，中后期随着西北疆域的开拓而延及凉州和朔方地区；东州主要指原来的刘姓封地，涉及徐州、青州、兖州和扬州；南州比较确定的是交州、荆州；北州主要指冀州、幽州、并州；扬州、豫州、朔方地区不易判定。[②]以西州为例，益州、凉州和朔方地区并非全由蛮夷所居，特别是益州的巴蜀地区主要是汉族，其外才是蛮夷。因此，汉代的"五州"之说，具有明确的"中心—边缘"政治地理结构特征，但并不具有严格的"华夏—四夷"族群政治地理结构特征。同时，"五州"之说中的每州均涉及地域范围广大，且是观念上的区域划分，并不是政治区划，尚难以窥知其时西南区域的特殊性。

二 "广关"与西南区域政治地理空间的结构化

前文已详细讨论，西南区域的战略空间，在大一统多民族国家的层面上经历了战国中后期、汉初、东汉等阶段的拓展。除此之外，在秦汉大一统多民族国家建构的过程中，西南区域战略空间还有一个不断提升的过程。这一过程，在秦统一六国的过程中表现为战略大后方的角色。入汉以后，西南区域的战略空间特别是巴蜀地区的战略空间，又有一次极大的提升，即被纳入"大关中"范围之内。

"关中"之说，自秦立国后便有之，原指函谷关以西之地，并

---

① 《文献通考》卷322《舆地考》，中华书局1986年影印本，第2537页上。
② 薛小林：《汉代地理观念中的"西州"》，《西域研究》2012年第4期。

在秦汉逐渐演变为一种以关中为主要政治地理依托的"关中论"或"关中本位论"思想。[①] 不过，秦汉时期的"关中"，至少有三种含义[②]：一者，"小关中"，仅指渭河平原，即后世的"秦川"之地；二者，指秦岭以北的秦地，包括今天的陕北地区，史籍中所说的"三分关中"（雍王章邯都废丘，塞王司马欣都栎阳，翟王董翳都高奴），指的就是这一地域范围；三者，包括巴蜀在内的"毂函"以西的广大地区，史籍中所说的"分关中为四国"（汉、雍、塞、翟），"分关中为汉"，"巴、蜀亦关中地"等记载涉及的区域即是。这三种"关中"的含义于汉代政治地理而言主要是"小关中"与"大关中"的区分。

小关中的地域范围，《史记·项羽本纪》云："关中阻山河四（西）塞"，裴骃《史记集解》引徐广认为四塞即东函谷、西散关、南武关、北萧关。[③] 徐坚《初学记·地部》"关"条谓秦地"西有陇关，东有函谷关、临晋关（今蒲津关所在），南有峣关、武关，为关中"。[④] 除了以四关说明"关中"的地域范围外，还有以两关来说明的。如《文献通考·舆地考》"古雍州"条引潘岳《关中记》云"东自函关……西至陇关……谓之关中"。[⑤]

汉初仍以"关中"为本，并不断充实关中。[⑥] 不过，汉初充实"关中"的做法，除了特殊的官制设置、移民等因素外，还有一个重要的方式，即"广关"。汉初之所以进行广关，与关东诸侯有关。《史记·留侯世家》载刘邦讨论定都问题时，张良说"关中""阻三

---

① 史念海：《古代的关中》，《河山集》，生活·读书·新知三联书店 1963 年版，第 26 页；史念海：《关中的历史军事地理》，《河山集》（四集），陕西师范大学出版社 1991 年版，第 145—146 页。

② 详见王子今《秦汉区域地理学的"大关中"概念》，《秦汉史论丛》（第 9 辑），三秦出版社 2004 年版，第 382—395 页；王子今、祝华荣《说张家山汉简〈二年律令·津关令〉所见五关》，《中国历史文物》2003 年第 1 期。

③ 《史记》卷 7《项羽本纪》，中华书局 2014 年点校修订本，第 403 页。

④ （唐）徐坚著，司义祖点校：《初学记》卷 7《地部》"关"条，中华书局 1962 年点校本，第 159 页。

⑤ 《文献通考》卷 322《舆地考》，中华书局 1986 年影印本，第 2527 页上。

⑥ 崔在容：《西汉京畿制度的特征》，《历史研究》1996 年第 4 期；梁万斌：《从长安到洛阳：汉代的关中本位政治地理》，复旦大学博士学位论文，2013 年。

面而守，独以一面东制诸侯"①，表明故秦诸关确具有重要的战略地位。不过，汉初大封同姓、异姓诸侯，导致诸侯坐大，汉王朝是面临较大压力的。贾谊就指出，"所谓建武关、函谷、临晋关者，大抵为备山东诸侯也。天子之制在陛下，今大诸侯多其力，因建关而备之，若秦时之备六国也"。②《二年律令·津关令》也载：

御史言，越塞阑关，论未有令。请阑出入塞之津关，黥为城旦舂；越塞，斩左止（趾）为城旦；吏卒主者弗得，赎耐；令、（四八八）……塞邮、门亭行书者得以符出入。制曰：可。（四九一）

制诏御史，其令扜［扞］关、郧关、武关、函谷、临晋，及诸其塞之河津，……有犯令。（四九二）

☐议，禁民毋私买马以出扜［扞］关、郧关、武关、函谷、临晋及诸其塞之河津……（五零七）③

上引五关，其主要目的是制御关东诸侯。④值得注意的是，因为包括扜关，王子今等认为此时五关所构成之西部，即为广关前的关中区⑤，此说当是（下文有对比），从中也可见广关后的目的仍在制御关东诸侯。

武帝广关之后，东部关隘扩展很大。在叙述东部关隘之前，《二年律令·津关令》中还提供了一条重要线索：

廿三　丞相上备塞都尉书，请为夹溪河置关，诸漕上下河中者，

---

① 《史记》卷55《留侯世家》，中华书局2014年点校修订本，第2482页。
② （汉）贾谊撰，阎振益、钟夏校注：《新书校注》，中华书局2000年版，第113页。
③ 朱红林：《张家山汉简〈二年律令〉集释》，社会科学文献出版社2005年版，第286、288页。
④ 详见王子今、祝华荣《说张家山汉简〈二年律令·津关令〉所见五关》，《中国历史文物》2003年第1期；龚留柱《论张家山汉简〈津关令〉之"禁马出关"》，《史学月刊》2004年第11期；梁万斌《〈津关令〉与汉初之政治地理建构》，《复旦学报》（社会科学版）2016年第2期；胡方《汉武帝"广关"措置与西汉地缘政策的变化——以长安、洛阳之间地域结构为视角》，《中国历史地理论丛》2015年第3期。
⑤ 王子今、祝华荣：《说张家山汉简〈二年律令·津关令〉所见五关》，《中国历史文物》2003年第1期。

皆发传，及令河北县为亭，与夹溪关相直。（五二三）

皆比越塞阑关令。……制曰：可。（五二四）①

夹溪关又称夹谿关，近有大（太）河关、金门关、茅津。此条记载反映出，在武帝"广关"前借关津制御关东诸侯的事已提上日程。广关之后的东部关隘，《汉书·文三王传》记载："元鼎中，汉广关，以常山为阻。徙代王于清河，是为刚王。"② 常山即今恒山，代国原属地均在其西，新置之清河国则在河北清河与山东临清一带，故代国地为太原郡。③ 据此，清人王荣商说"常山关亦是时所广，不独函谷"④，杨树达、辛德勇袭此说。⑤ 与常山关相关，辛德勇注意到《汉书·成帝纪》所载阳朔二年（前23）之事极为特殊，云：

秋，关东大水，流民欲入函谷、天井、壶口、五阮（又作"原"）关者，勿苛留。⑥

这里所说的函谷，是新安函谷关。常山关与新安函谷关、天井关、壶口关、五阮关，基本上构成的是一条直线。辛德勇指出，扬雄撰《方言》言秦晋两国旧地之数处"自关而西秦晋之间"当即包括这些关。⑦ 除了这五关外，其北的居庸关也非常重要。建武十五年（39），"徙雁门、代郡、上谷吏人六万余口，置居庸、常山关以东"⑧，可见居庸关也是重要的政治地理据点。

武帝广关后，关中与关东的分界线东移。与此同时，关中西

---

① 朱红林：《张家山汉简〈二年律令〉集释》，社会科学文献出版社2005年版，第300页。
② 《汉书》卷47《代孝王参传》，中华书局1962年点校本，第2211页。
③ 周振鹤：《代国沿革》，《西汉政区地理》（上篇），人民出版社1987年版，第70—75页。
④ （清）王荣商：《汉书注补》卷3，清末民初间刻本，第6b—7a页。
⑤ 杨树达：《汉书窥管》卷1，上海古籍出版社1984年版，第57页；辛德勇：《汉武帝"广关"与西汉前期地域控制的变迁》，《中国历史地理论丛》2008年第2期。
⑥ 《汉书》卷10《成帝纪》，中华书局1962年点校本，第313页。
⑦ （汉）扬雄：《方言》卷1，吉林大学出版社影印明万历新安程氏刊刻《汉魏丛书》本1992年版，第196页。
⑧ 《后汉书》卷18《吴汉传》，中华书局1965年点校本，第683页。

部、北部、南部的区域，也随着郡县的开置而有推移。①例如，元朔三年（前126），武帝欲以朔方、五原为关中地，公孙弘反对，认为是"罢敝中国以奉无用之地"，武帝令朱买臣等与公孙弘辩论，"发十策，弘不得一"②，武帝乃置朔方诸郡，使朔方诸郡"自此为关中根抵"。③

武帝广关后，巴蜀地区亦被纳入"大关中"地域范围之内。前已引述，《二年律令·津关令》有"☐议，禁民毋私买马以出扜[扞]关、郧关、武关、函谷、临晋及诸其塞之河津"④的记载，说明巴蜀地区已为关中。汉代史籍也明确记载巴蜀地区为关中之地。《史记·货殖列传》云："关中……南御滇僰、僰僮，西近邛笮。"⑤所谓"南御滇僰、僰僮，西近邛笮"，应当指的是巴蜀地区。《汉书·地理志》也叙及此事，但将"关中"改为"秦地"，且范围有所扩大，云："自弘农故关以西……南有广汉、犍为、武都，……又西南有牂柯、越巂、益州，皆宜属焉。"⑥

武帝开西南夷地区并置郡县后，西南区域战略空间大为扩展，且东汉时期又有延伸。但在广大的西南区域，在政治地理上却有明显的二元划分。其中，关隘是秦汉时期西南区域政治地理分野的重要象征。为了讨论关隘于政治地理分野上的表征意义，先讨论西南区域各关隘的分布。

西南区域的关隘，彭年考有扜关、江关、零关⑦，安介生考有江关、柱蒲关、进桑关⑧，张玲考有苻关、零关、柱蒲关和进桑关

---

① 辛德勇：《汉武帝"广关"与西汉前期地域控制的变迁》，《中国历史地理论丛》2008年第2期；邢义田：《试释汉代的关东、关西与山东、山西》，《治国安邦：法制、行政与军事》，中华书局2011年版，第180—211页。

② 《史记》卷112《公孙弘传》，中华书局2014年点校修订本，第2574页。

③ （宋）李昉、李穆、徐铉等撰：《太平御览》卷164《州郡·关西道》"夏州"条，中华书局1966年影印本，第802页上。

④ 朱红林：《张家山汉简〈二年律令〉集释》，社会科学文献出版社2005年版，第288页。

⑤ 《史记》卷129《货殖列传》，中华书局2014年点校修订本，第3958页。

⑥ 《汉书》卷28《地理志》，中华书局1962年点校本，第1641页。

⑦ 彭年：《汉代的关、关市和关禁制度》，《四川师范大学学报》（社会科学版）1987年第4期。

⑧ 安介生：《略论先秦至唐代关塞格局构建的时空进程》，《历史地理》2007年第22辑。

等。① 在这些关隘中，最为重要的应是扞关。扞关，又作"扜关"，又称"江关""楚关"。扞关原本为巴、楚间重要关隘。《史记·楚世家》载，楚肃王四年（前377），"蜀（当作'巴'，其时蜀、楚间为巴地②）伐楚，楚为扞关以距之"。③ 由此记载来看，扞关最初应为楚防御巴而筑。秦定巴蜀后，扞关又为秦、楚间的重要关隘，秦惠文王十二年张仪说楚曰："（秦）不至十日而距扞关；扞关惊，则从竟陵已东，尽城守矣。"④ 汉初议论是否开置边郡时，也有大臣说楚"设扞关以拒秦。"⑤ 前已述及，《二年律令·津关令》中有扞关，由"☐议，禁民毋私买马以出扜［扞］关、郧关、武关、函谷、临晋及诸其塞之河津"的记载中也可见当时扞关之重要⑥，为汉初五关之一。《二年律令·津关令》还单独记载到一次扞关，云：

☐相国上南郡守书言，云梦附窦园一所胸忍界中，任徒治园者出入扞关，故巫为传，今不得，请以园印为传，扞关听。⑦

由此条令文来看，扞关是汉初担负盘查往来行人的重要关隘之一，在西南地区尤为重要。

汉中期扞关可能已有江关之称。《汉书·地理志》注巴郡鱼复县："江关，都尉治。"⑧《后汉书·郡国志》注巴郡鱼复县："扞水有扞关。"⑨ 由这两条记载来看，江关实即扞关。两汉之际，公孙述遣任满"出江关，下监沮、夷陵间"⑩，建武十一年（35）岑彭为南

---

① 张玲：《秦汉关隘制度研究》，河南大学博士学位论文，2012年。
② 《华阳国志·巴志》和《水经注·江水》均作"巴"。
③ 《史记》卷40《楚世家》，中华书局2014年点校修订本，第2073页。
④ 何建章注释：《战国策注释》卷14《楚策》"张仪为秦破从连横"章，中华书局1990年版，第514页。
⑤ 王利器校注：《盐铁论校注》卷9《险固》，中华书局1992年点校本，第526页。
⑥ 朱红林：《张家山汉简〈二年律令〉集释》，社会科学文献出版社2005年版，第288页。
⑦ 朱红林：《张家山汉简〈二年律令〉集释》，社会科学文献出版社2005年版，第298页。
⑧ 《汉书》卷28《地理志》，中华书局1962年点校本，第4603页。
⑨ 《后汉书》志23《郡国志》，中华书局1965年点校本，第3507页。
⑩ 《后汉书》卷13《公孙述传》，中华书局1965年点校本，第537页。

郡太守时"自率臧宫、刘歆长驱入江关"①，其中的江关当即扞关。魏晋时期，扞关仍存，现存有"扞关长印""扞关尉印"②，其中的"长印"是魏晋封给边疆族群的官印（详见附表6）。魏晋时期，扞关可能已有"楚关"之称。《三国志·吴书·甘宁传》载甘宁建议吴"西据楚关"，并认为踞有楚关"即可渐规巴蜀"。③这里的"楚关"，胡三省曰："楚关，扞关也。蜀伐楚，楚为扞关以拒之，故曰楚关。"④此说可从。

沔关，又形讹为"弱关"。《华阳国志·巴志》载，"巴楚数相攻伐，故置扞关、阳关及沔关。"⑤《华阳国志·公孙述志》载，"彭破荆门关及沔关，径至彭亡"。⑥《水经注·江水》曰："江水自关，东经弱关、捍关。捍关，廪君浮夷水所置也。弱关在建平、秭归界。昔巴、楚数相攻伐，藉险置关，以相防捍，秦兼天下，置立南郡，自巫下皆其域也。"⑦"弱关"，一般认为是"沔关"的形讹。

苻关（附筰关？），又作"符关"。《史记·西南夷传》云建元六年（前135）"拜蒙为郎中将，将千人，食重万余人，从巴蜀筰关入，遂见夜郎侯多同"。⑧这里的"筰关"应作"苻关"，且在巴地，清人王念孙已有详细的论证，云：

> 是符关即在符县，而县为故巴夷之地，故曰"符关"也。若"筰"地则在蜀之西，不与巴相接，不得言"巴筰关矣"。隶书"符"

---

① 《后汉书》卷17《岑彭传》，中华书局1965年点校本，第661页。
② 分别参见孙慰祖主编：《古封泥集成》，上海书店出版社1994年版，第144（封泥号849）、265（封泥号1571）页。
③ 《三国志》卷55《吴书·甘宁传》，中华书局1959年点校本，第1293页。
④ 《资治通鉴》卷56《汉纪十七》，"建安十三年"，中华书局1956年点校本，第2077页〔胡三省注〕。
⑤ （晋）常璩撰，任乃强校注：《华阳国志校补图注》卷1《巴志》，上海古籍出版社1987年版，第28页。
⑥ （晋）常璩撰，任乃强校注：《华阳国志校补图注》卷5《公孙述志》，上海古籍出版社1987年版，第332页。
⑦ 《水经注》卷34《江水二》，《王国维全集》第13卷，浙江教育出版社2009年版，第405页。
⑧ 《史记》卷116《西南夷传》，中华书局2014年点校修订本，第3628页。

字作"苻",与"符"相似。又涉上下文"筰"字而误。《史记》作"巴蜀筰关",多一蜀字,于义尤不可通,盖因上文"巴蜀"而衍。①

《汉书》点校本未注意到王念孙的意见,作"巴(筰)[苻]关入"。②胡三省注《资治通鉴》时,曾注引李文子曰:"筰关在沈黎郡;又云:在犍为郡界。"③此条注引中,李文子也不确定筰关是否真的存在过。

苻关应仅存于汉初期或秦至汉初期。《汉书·地理志》对各县的介绍,均注明是否有关,但对犍为郡符县的介绍中并未注明有关。从后世史籍来看,也未见明确记载苻关在汉后期仍存在的情况。《水经注·江水一》提到"符关",但也只是追述武帝时唐蒙之事。④清代可能又复置符关,《清史稿·地理》载合江县南有符关。⑤

灵关,史料音讹为"零关",复又形讹为"寒关"。《华阳国志》载蜀王杜宇时"以褒斜为前门,熊耳、灵关为后户"⑥,是涉及灵关最早的记载。左思《蜀都赋》曰:"廓灵关以为门"⑦,指的应是杜宇时的事。《华阳国志》同时记载到:"阑县。故邛人邑,治邛部城,接寒关。今省。"⑧"邛人"即邛都夷,在汉邛都县,其北即为灵关道,所谓"接寒关"当作"接零关","寒"是"零"的

---

① (清)王念孙:《读书杂志·汉书第十四·西南夷两粤朝鲜传》"巴筰关"条,江苏古籍出版社1985年影印版,第387页。
② 《汉书》卷95《西南夷传》,中华书局1962年点校本,第3839页。
③ (宋)司马光著,(元)胡三省注:《资治通鉴》卷18《汉纪十》,"建元六年",中华书局1956年点校本,第588页。
④ (北魏)郦道元注,王国维校:《水经注校》卷33《江水一》,《王国维全集》第13卷,浙江教育出版社2009年版,第388页。
⑤ 《清史稿》卷69《地理》"四川泸州"条,中华书局1977年点校本,第2236页。
⑥ (晋)常璩撰,任乃强校注:《华阳国志校补图注》卷3《蜀志》,上海古籍出版社1987年版,第118页。
⑦ (清)严可均辑:《全晋文》卷74左思《蜀都赋》,商务印书馆1999年版,第777页。
⑧ (晋)常璩撰,任乃强校注:《华阳国志校补图注》卷3《蜀志》,上海古籍出版社1987年版,第209页。

形讹。①秦汉时期与灵关有关的官印，均写为"灵关"，如"灵关道长""灵关道丞"②。但在史料中，"灵关"常音讹为"零关"。《史记·司马相如传》云司马相如功绩曰："除边关，关益斥，西至沫、若水，南至牂牁为徼，通零关道，桥孙水以通邛都"③，"灵关"已讹为"零关"。《后汉书·西南夷传》载："延光二年春，旄牛夷叛，攻零关，杀长吏"④，用的也是"零关"。

灵关在秦汉时期具有重要战略意义，向来无异议。⑤不过，史籍中的"灵关"，其实含义有二：一种含义是指汉代的"灵关道"，即政区意义上的"灵关"；另一种含义是指军事意义上的"灵关"。例如，上引延光二年旄牛夷"攻零关"，史籍中便有两种不同的解释。李贤等的解释是，灵关即灵关道，并注释说："零关道属越巂郡。"⑥《通典》《太平寰宇记》《册府元龟》《文献通考》等涉及延光二年事时，也作相同的解释。不过，《读史方舆纪要·四川·险要》却专列"临关"，云："汉灵关道，属越巂郡，亦曰零关"⑦，明确"灵关"为关隘。《明史·地理志》又载泸州芦山"西北有临关，旧曰灵关，正统初更名。有临关巡检司"。⑧由此条记载来看，"灵关"改称"临关"应是明正统时期，且明确了这里的"临关""灵关"指的均是关隘。

以上四关，是秦汉时期西南区域最重要的关隘，其分布地望见表5-2。除了这四关外，秦汉时期西南区域还存在过柱蒲关、进桑

---

① 罗二虎：《汉晋时期的中国"西南丝绸之路"》，《四川大学学报》（哲学社会科学版）2000年第1期；张玲：《秦汉关隘制度研究》，河南大学博士学位论文，2012年，第99页。
② 分别参见孙慰祖主编：《古封泥集成》，上海书店出版社1994年版，第143—144（封泥号843—845）、226（封泥号1337—1340）页。
③ 《史记》卷117《司马相如列传》，中华书局2014年点校修订本，第3692页。
④ 《后汉书》卷86《西南夷传》，中华书局1965年点校本，第2857页。
⑤ 张玲：《秦汉关隘制度研究》，河南大学博士学位论文，2012年，第99页。
⑥ 《后汉书》卷86《西南夷传》，中华书局1965年点校本，第2857页注释[三]。
⑦ （清）顾祖禹撰，贺次君、施和金点校：《读史方舆纪要》卷66《四川·险要》，中华书局2005年点校本，第3125页。
⑧ 《明史》卷43《四川》"泸州"条，中华书局1974年点校本，第1043页。

关，但其战略意义远不及以上四关，史料对其事记载也极少。[①]

表 5-2　　　　　　　　秦汉时期西南区域重要关隘地望

关名	古地望		县治所今地望		备注
	郡	县	安介生	张玲	
扞关（[扜]关，江关）	巴郡	江关县	重庆奉节县东	重庆奉节县东	
苻（符）关	犍为郡	符县		四川合江县西	
灵关（零关、寒关）	越嶲郡	灵关道		四川甘洛县海棠	
沔关（弱关）	南阳郡	建平、秭归界			湖北今县
柱蒲关	牂牁郡	且兰县	贵州瓮安县		
进桑关	牂牁郡	进桑县	云南屏边苗族自治县	云南屏边苗族自治县东	地望近

资料来源：安介生：《略论先秦至唐代关塞格局构建的时空进程》，《历史地理》2007 年第 22 辑；张玲：《秦汉关隘制度研究》，河南大学博士学位论文，2012 年。

秦汉时期的关隘，除了"关"外，"津"亦相当重要，且也承担了如同"关"一样的政治和文化功能。[②] 不过，西南区域的津，其意义要远弱于北方。《华阳国志·蜀郡》云蜀地："其大江自湔堰下至犍为有五津：始曰白华津；二曰皁（万）里津；三曰江首津；四曰沙（涉、步）头津，刘璋时召东州民居此，改曰东州头；五曰江南津。入犍为有汉安桥、玉津、东沮津，津亦七。"[③] 这里提到的诸津，只有沙头津在刘璋时具有政治地理的含义，其他的均应是交通地理的含义。《后汉书·西南夷传》提到的"度博南，越兰津"[④]，《华阳国志·蜀志》中提到的建安二十一年（216）犍为太守李严"凿天社山，寻江通车道，省桥、梁三津，吏民悦之"[⑤]，《华阳

---

① 安介生：《略论先秦至唐代关塞格局构建的时空进程》，《历史地理》2007 年第 22 辑；张玲：《秦汉关隘制度研究》，河南大学博士学位论文，2012 年。
② 李均明：《汉简所反映的关津制度》，《历史研究》2002 年第 3 期。
③ （晋）常璩撰，任乃强校注：《华阳国志校补图注》卷 3《蜀志》，上海古籍出版社 1987 年版，第 152 页。
④ 《后汉书》卷 86《西南夷传》，中华书局 1965 年点校本，第 2849 页。
⑤ （晋）常璩撰，任乃强校注：《华阳国志校补图注》卷 3《蜀志》，上海古籍出版社 1987 年版，第 172 页。

国志·南中志》中提到的南广郡"步道度三津,亦艰阻"①,这些记载所涉及的津应主要是交通地理的含义。

张玲在讨论秦汉关隘制度的意义时,梳理了关隘的四种政治军事职能:其一,拱卫京畿、保护重要战略枢纽;其二,控制地方势力,防范农民战争;其三,控制人口流动;其四,捍卫疆土。②于西南区域而言,如上关隘的意义并不明显。从西南区域关隘的分布情况来看,其确有拱卫京畿、控制地方势力、控制人口流动的职能,但在捍卫疆土方面则不及,因为西南区域的关隘并不分布在国家疆域边界地带。秦汉时期,巴蜀地区的户口不断增长,且自两汉之际即不断南流。在此意义上说,秦汉时期西南区域的关隘,可能具有一定的控制人口流动的职能。不过,史料未见秦汉王朝在西南区域控制巴蜀地区户口外流的情况,可能西南区域关隘于控制人口流动方面的职能仍然是较弱的。

西南区域关隘的重要功能,主要应是防止西南夷群体的进犯。在前述讨论诸关的建置和分布问题时,很多引证的史料已涉及西南夷群体寇关的问题,特别是其中的灵关。之所以会出现这种情况,主要与汉王朝在西南夷地区实现郡县化后的控制程度有关。无论是在南夷还是在西夷地区,汉王朝实现郡县化的方式都很特殊。史载:

> (夜郎侯多同)蒙厚赐,喻以威德,约为置吏,使其子为令。夜郎旁小邑皆贪汉缯帛,以为汉道险,终不能有也,乃且听蒙约。还报,乃以为犍为郡。……使相如以郎中将往喻,皆如南夷,为置一都尉,十余县,属蜀。……南越破后,及汉诛且兰、邛君,并杀筰侯,冉駹皆振恐,请臣置吏。乃以邛都为越嶲郡,筰都为沈黎郡,冉駹为汶山郡,广汉西白马为武都郡。……元封二年,天子发巴蜀兵击灭劳浸、靡莫,以兵临滇。……滇王离难西南夷,举国降,请置吏入朝。

---

① (晋)常璩撰,任乃强校注:《华阳国志校补图注》卷4《南中志》,上海古籍出版社1987年版,第279页。

② 张玲:《秦汉关隘制度研究》,河南大学博士学位论文,2012年。

于是以为益州郡，赐滇王王印，复长其民。[①]

以上记载反映出，武帝时期西南夷地区的郡县化，虽有"兵威"的因素，但也有封赏的因素。特别是，"约为置吏"和"复长其民"表明汉初对西南夷地区的管理仍以羁縻之制为主。方铁曾认为汉初对西南夷地区的经营"带有明显的功利目的"和决策上某种程度的"随意性"[②]，此说当是。这里也可注意到，虽然夜郎地区的郡县化有军事方面的因素，但其影响程度应当是比较有限的。两汉间，西南夷地区共发生七次较大规模的叛乱（表5-3），至少有五次与夜郎诸部有关。而且，从这些事件中可知，迟至东汉初，夜郎地区一直有王、侯的存在，足见夜郎地区郡县化后仍以羁縻之制为主。特别是，成帝河平中夜郎王兴与句町王禹、漏卧侯俞举兵相攻时，汉廷首先采取的措施是遣使持节和解，表明此时牂柯地区主要由诸夷部治理，汉廷的影响较为有限。滇、昆明等地郡县化后，对相关族群的管理应当也是以羁縻之制为主的。

表5-3　　汉代西南夷地区郡县化后的主要事件及汉廷应对方式

时间	事件	应对方式
始元元年（前86）	益州廉头、姑缯等部反，杀长吏；牂柯、谈指、同并等二十四邑三万余人反	发蜀郡、犍为万余人击牂柯，大破之
始元四年（前83）	益州姑缯、叶榆复反	遣水衡都尉吕辟胡以郡兵击之，战死及溺死者四千余人。始元五年方破。句町侯亡波因助平叛有功，封句町王
成帝河平（前28—前25）中	夜郎王兴与句町王禹、漏卧侯俞举兵相攻	遣太中大夫蜀郡张匡持节和解，未成，诛夜郎王兴
新莽间	贬诸王为侯，句町王邯等叛，三边尽反	平蛮将军冯茂发巴、蜀、犍为吏士击益州，未克；又遣宁始将军廉丹与庸部牧史熊大发天水、陇西骑士，广汉、巴、蜀、犍为吏民十万人，转输者合二十万人，击之，未克

[①]《史记》卷116《西南夷传》，中华书局2014年点校修订本，第3628—3642页。
[②] 方铁：《西南通史》，中州古籍出版社2003年版，第78页。

续表

时间	事件	应对方式
建武十八年（42）	栋蚕与姑复、楪榆、弄栋、连然、滇池、建伶、昆明皆反，杀长吏	益州太守率郡兵击之，未克，退保朱提。二十一年方克
永平元年（58）	姑复夷复叛	益州刺史发兵讨破之
熹平五年（176）	诸夷反叛	遣御史中丞朱龟讨之，不能克。朝议以为郡在边外，蛮夷喜叛，当弃。太尉掾巴郡李颙与刺史庞芝发板楯蛮击破之。颙卒后，夷人复叛，以广汉景毅为太守讨定之

资料来源：据《史记》《汉书》《后汉书》整理。

两汉特别是西汉对西南夷地区管理的有限性，还可从其军事布置上可见一斑。汉代的基层军职，主要是郡都尉，并节制部都尉、县都尉。但在西南地区，基层军职的配置并不完备。史料所见，部都尉仅有益州西部都尉。[①] 按理，益州当有郡都尉。不过，始元四年（前83）益州姑缯、叶榆叛乱时，主要的平叛者是主经济与财政的水衡都尉吕辟胡。[②] 县都尉方面，西南区域的配置也不完备。《汉书·地理志》对各县是否有都尉有特别的交代，但主要是西汉时期的情况。由《汉书·地理志》所载置有都尉的县来看，西南区域置有都尉的县并不多，不足十县。与此相反，西北、北方、东北、东部区域的县都尉，其分布密度远高于西南地区（表5-4）。

表5-4　　　　　《汉书·地理志》都尉治县分布统计

区域	属郡	都尉治县数量（县）	都尉治县
（小）关中地区	左冯翊、右扶风、南阳郡、汉中郡	4	高陵、郿、邓、褒中
西北地区	陇西郡、天水郡、武威郡、张掖郡、酒泉郡、敦煌郡、安定郡、北地郡	14	临洮、勇士、獂道、休屠、日勒、居延、番和、会水、干齐、敦煌、广至、参䜌、三水、富平

[①] 《后汉书》卷2《显宗孝明帝纪》，中华书局1965年点校本，第114页。
[②] 《汉书》卷95《西南夷传》，中华书局1962年点校本，第3843页。

第五章 施治措施与族群政治地理空间的结构化、秩序化 341

续表

区域	属郡	都尉治县数量（县）	都尉治县
北方地区	太原郡、上郡、西河郡、朔方郡、五原郡、云中郡、定襄郡、雁门郡、代郡、上谷郡、渔阳郡、右北平郡	30	广武、高望、龟兹、望松、翁龙（塞外）、埤是（塞外）、美稷、增山、虎猛、窳浑、渠搜、广牧、稒阳、蒱泽、成宜、陶林、桢陵、北舆、武进、武皋、武要、沃阳、平城、高柳、马城、且如、宁、女祁、要阳、薋
东北地区	辽西郡、辽东郡、乐浪郡	7	柳城、交黎、无虑、侯城、武次、昭明、不而
关东地区	东郡、陈留郡、汝南郡、九江郡、山阳郡、沛郡、魏郡、巨鹿郡、清河郡、涿郡、渤海郡、平原郡、千乘郡、济南郡、泰山郡、琅邪郡、东海郡、临淮郡	18	东阿、外黄、女阴、历阳、单父、蕲、魏、下曲（典）阳、贝丘、安平、高成、乐陵、蓼城、于陵、卢、姑幕、费、盱眙
西南地区	南郡、广汉郡、犍为郡、越巂郡、牂柯郡、巴郡	8	夷陵、绵竹、阴平道、汉阳、定莋、夜郎、进桑、鱼复
南方地区	会稽郡、丹扬郡、豫章郡、郁林郡、交趾郡、合浦郡、九真郡	8	钱唐、回浦、歙、新淦、领方、糜泠、朱卢、无切

资料来源：据《汉书·地理志》梳理。

如上县都尉的分布，北部县都尉的主要功能是防范匈奴等北方群体的南下，东北县都尉的主要职能与防范诸侯国间的联合有关。[①]南部包括西南地区，有大量蛮夷的分布，何以县都尉的分布极少。《汉书·辛庆忌传》载，成帝初丞相司直何武对分封之制有议论云："先帝建列将之官，近戚主内，异姓距外，故奸轨不得萌动而破灭，诚万世之长册（策）也。"[②]"近戚主内，异姓距外"是汉代族群政治格局的新因素。前文已讨论过，分封制兴盛于周，且周之分封注重的是同姓；秦废分封之制，汉代袭周、秦之制又多了异姓诸侯的因素，才形成了新的格局。汉代曾在南部地区大封诸侯，但也

---

① 马孟龙：《西汉侯国地理》，上海古籍出版社2013年版。
② 《汉书》卷69《辛庆忌传》，中华书局1962年点校本，第2997页。

有一个不断郡县化的过程，不至县都尉太少。特别是，西南地区并未在分封之列，按理当有相当数量的县都尉分布。西南地区县都尉极少的原因，当与西南夷地区特殊的羁縻制政区因素有关，详见下文。

第二节　政区、施治与族群政治地理空间的结构化、秩序化

边郡、道、属国是秦汉时期特殊的政区类型。这些特殊政区类型的形成，与秦汉时期"中心—外围"族群政治地理空间建构有关，也表征了秦汉时期族群政治地理空间的结构化。而从具体施治措施上看，特别是汉代的"各以地比"施治措施，又体现了当时族群政治地理空间的秩序化。

一　边郡与西南区域族群政治地理空间的结构化

边郡是汉代政区中的重要概念，且汉代史籍有较明确的概念界定。《汉书·王莽传》有王莽诏书曰："粟米之内曰内郡，其外曰近郡，有障徼者曰边郡。"[1]这里除给出内郡、近郡、边郡的区分外，明确指明"有障徼者曰边郡"。"障"，即设置在边境地区的军事据点。"徼"，前文已述具有王朝国家边界的含义。《汉官旧仪》曰："边郡太守各将万骑，行障塞烽火追虏"；"内郡为县，三边为道"。[2]"三边"，泛指东夷、西戎、南蛮。以上涉及的边郡，当指沿边且与"四夷"有关的郡。《汉书·宣帝纪》注引韦昭语更云："中国为内郡，缘边有夷狄障塞者为外郡。成帝时，内郡举方正，北边二十二郡举勇猛士。"[3]在韦昭看来，内郡与边郡的区别，与是否有蛮夷障塞有关；而且，内郡与边郡存在职能上的区分。

内郡与边郡职能上的区分，汉初即已形成，《居延新简》中有

---

[1] 《汉书》卷99《王莽传》，中华书局1962年点校本，第4316—4317页。
[2] （汉）卫宏撰：《汉官旧仪》卷下，中华书局1985年点校本，第16页。
[3] 《汉书》卷8《宣帝纪》，中华书局1962年点校本，第241页。

"臣请列侯中二千石诸侯相边郡万骑太守减中郎一人"（EPT51：480），"（垦）田以钱器为本。北边郡毋钱官，印器内郡。令郡以时博卖予细民。毋令豪富吏民得多取贩卖细民"（EPT52：15），"令曰：卒戍边郡者或以"（EPT52：38）等语①，其中的"北边郡毋钱官，印器内郡"尤表明了内郡与边郡的区分。《盐铁论·未通》载："御史曰：内郡人众，水泉荐草，不能相赡；地势温湿，不宜牛马。……孝武皇帝平百越以为园圃，却羌、胡以为苑囿。是以珍怪异物，充于后宫……由此观之：边郡之利亦饶矣！"②这里涉及的边郡比较特殊。在"御史"看来，边郡与内郡同样富庶，故当开置边郡。

内郡与边郡的区分，方国瑜曾有梳理如下：

> 汉晋时云南政区虽统称郡，其具体设施又与内地郡县不同而称为边郡（或初郡）。边郡的特点是：（一）郡县区域，大都以部族联系的范围为基础；（二）既设郡县，任命太守、令、长掌治之，又任命土长为王、侯、邑长，实行两重统治；（三）边郡出赋，由土长解纳土贡，无定额赋税；（四）边郡太守主兵，由内郡遣戍。③

近年来，涉及边郡的研究成果较为丰富。其中，顾颉刚认为："郡在边疆为军区，与内地之为政治区者截然不同。"④谢绍鹢《秦汉边郡概念小考》中将边郡分狭义的边郡（有障徼、边界所在）和广义的边郡（邻近边界）。⑤木芹和杜晓宇的考论尤为翔实。木芹将两汉政区分为四类：司隶部为中心，含京兆尹、左冯翊、右扶风、河东郡、弘农郡、河内郡、河南郡（两汉中心区域实际上略有差异）；汉廷直接控制的区域，共71郡，于西南地区包括汉中、

---

① 甘肃省文物考古研究所等编：《居延新简：甲渠候官与第四燧》，文物出版社1990年版，第211、228、482页。
② 王利器校注：《盐铁论校注》卷3《未通》，中华书局1992年点校本，第190页。
③ 方国瑜：《云南地方史导论》，《云南社会科学》1984年第2期。收入《方国瑜文集》（第1辑），云南教育出版社2001年版。
④ 顾颉刚：《郡与县》，《顾颉刚学术文化随笔》，中国青年出版社1998年版，第119页。
⑤ 谢绍鹢：《秦汉边郡概念小考》，《中国历史地理论丛》2009年第3期。

巴郡、蜀郡、广汉共4郡；郡中之国为一类；边郡为一类，凉州刺史部的武威、张掖、酒泉、敦煌4郡，益州刺史部的武都、汶山、沈黎、越巂、牂牁、犍为、益州等7郡，属交州刺史部的郁林、苍梧、南海、合浦、珠崖、儋耳、交趾、九真、日南等9郡，及幽州刺史部的玄菟、乐浪二郡，共22郡。此22郡，以汉族为主的民族杂居区有如武威、张掖、酒泉、敦煌、郁林、苍梧、南海、合浦、武都、沈黎、汶山、犍为等12个郡，至西汉末或东汉时或省并或建制全与内郡同；终两汉名副其实的边郡只有越巂、牂牁、益州、珠崖、儋耳（东汉后期省）、玄菟等6郡，这是名副其实的边疆少数民族区的郡，"以其故俗而治，毋赋税"；部分只存在于西汉中期的郡，如乐浪、交趾、九真、日南等，东汉时多有省缺。①

杜晓宇《试论秦汉"边郡"的概念、范围与特征》一文对边郡的概念有系统梳理。②杜晓宇认为，边郡的概念在秦代已有萌芽，《淮南子·道应训》所云"秦皇帝……发边戍、筑长城、修关梁、设障塞、具传车、置边吏"，《史记·孝文本纪》所载"陵轹边""边臣兵吏又不能谕吾内志"等，诸"边"在观念上已确立③；汉初，边郡主要是地理方位而言的，七国之乱平定后所言"燕代无北边郡，吴、淮南、长沙无南边郡"即如此；中元年间，增加郡守的权力与压制侯国的举措同时实施后，原先郡侧重于军事的职能发生变化，即出现了内地郡县职能向经济管理行政职能的转化，而外地郡县的职能则仍以军事为主（但也有经济开发与管理的职能）的态势。④东汉安帝以后，边郡与内郡的区分又有所淡化。《后汉书·百官志》载："中兴建武六年（30），省诸郡都尉，并职太守，无都试之役。省关都尉，唯边郡往往置都尉及属国都尉，稍有分县治民比郡。"⑤

---

① 木芹：《两汉民族关系史》，四川民族出版社1988年版，第124—125页。
② 杜晓宇：《试论秦汉"边郡"的概念、范围与特征》，《中国边疆史地研究》2012年第4期。
③ 此外，《史记·平准书》有边兵，《史记·伍子胥传》有"备边兵"，《史记·韩信卢绾传》有"以赵相国将监赵、代边兵"等。
④ 饭田祥子亦有此论，见［日］饭田祥子《关于东汉边郡统治的一个考察——以放弃和重建为线索》，《日本中国史研究年刊2006年度》，上海古籍出版社2008年版，第109—110页。
⑤ 《后汉书》志28《百官志》，中华书局1965年点校本，第3621页。

"治民比郡"后,边郡与内郡间的区分也就会有一定程度的淡化。

基于翔实的史料梳理和辨析,杜晓宇认为边郡的条件有六(表5-5)。这六个标准,要之为:"有夷狄障塞、与夷狄界边者一定是边郡,不直接与夷狄界边,但有部都尉、属国都尉、农都尉等特殊机构的也是'边郡'"①。这个总结的前一条没有问题,后一条则尚可商榷。比如《史记·李将军传》载李广孝景帝初为上谷太守,"匈奴日以合战"。因担心李广为匈奴所害,典属国公孙昆邪建议将李广徙出边郡,"于是乃徙为上郡太守。后广转为边郡太守,徙上郡。尝为陇西、北地、雁门、代郡、云中太守,皆以力战为名"。②周振鹤认为,"其时上郡不与匈奴邻接,不算边郡"。③不过,当时的上郡,却有两北部都尉(高望、望松)一属国都尉(龟兹)的设置。④又如,《汉书·冯奉世传》载冯奉世之子冯参"永始中,超迁代郡太守。以边郡道远,徙为安定太守"。⑤在此记载中,安定郡并不是边郡,但安定郡实有骑都尉(参䜌)、属国都尉(三水)的设置。⑥换言之,有部都尉、骑都尉、属国都尉的郡,不一定是边郡。

表5-5　　　　　　　　　汉代边郡的识别条件

	标准	出处
一	有"六牧师苑令""三丞"	《汉书·百官公卿表》
二	内郡为县,三边为道	《汉官旧仪》卷下
三	边郡太守将万骑,长史一人掌兵马,丞一人治民。部都尉、千人、司马、候、农都尉等"皆不治民,不给卫士"	《汉官旧仪》卷下
四	中国为内郡,缘边有夷狄障塞者为外郡	《汉书·宣帝纪》注引韦昭
五	粟米之内曰内郡,其外曰近郡,有障徼者曰边郡	《汉书·王莽传》
六	边郡置农都尉主屯田,殖谷;属国都尉主蛮夷降者	《后汉书·百官志》

资料来源:杜晓宇:《试论秦汉"边郡"的概念、范围与特征》,《中国边疆史地研究》2012年第4期。

---

① 杜晓宇:《试论秦汉"边郡"的概念、范围与特征》,《中国边疆史地研究》2012年第4期。
② 《史记》卷109《李将军传》,中华书局2014年点校修订本,第3468页。
③ 周振鹤:《中国历史上两种基本政治地理格局的分析》,《历史地理》2004年第20辑,第6页。
④ 《汉书》卷28《地理志》,中华书局1962年点校本,第1617页。
⑤ 《汉书》卷79《冯奉世传》,中华书局1962年点校本,第3306页。
⑥ 《汉书》卷28《地理志》,中华书局1962年点校本,第1615页。

是否有侯国也可成为判定是否是"边郡"的一个条件，但并不绝对。清全祖望对《汉书》各《侯表》进行梳理后，发现西汉边郡无侯国，其《王子侯表封国考异补正》"羹颉侯"条说："汉人分土，西不过西河、上郡，北不过涿郡、中山，其极边之地不以封"[1]；《功臣外戚恩泽侯表补正》"肥如侯"条亦说"凡边郡及巴、蜀险恶之地皆不以封"[2]。王恢袭全祖望之说，认为"巴、蜀及边郡不封王侯"[3]。马孟龙近来的研究亦认定"'边郡'范围内皆无侯国分布"[4]。换言之，有无侯国的分布也与是否为边郡有直接的关系。与侯国有关的邑也值得注意。《汉书·百官公卿表上》曰："列侯所食县曰国，皇太后、皇后、公主所食曰邑"[5]。"国"与"邑"，当均属特殊的政区。西汉时期的邑当前所考不详，但东汉时期的邑主要分布在南阳郡（5邑），河东郡（2邑）、河内郡、颍川郡、魏郡、南郡、吴郡（此五郡各1邑）[6]也有分布，均非边郡。

由于对边郡的判定标准不同，当前对秦汉边郡的划分也有不同意见（表5-6）。

表5-6　　　　　　　　　　秦汉边郡分布的不同方案

区域	方案	边郡
西南	木芹	武都、汶山、沈黎、越嶲、牂牁、犍为、益州
	李新峰	汉中、广汉、蜀、犍为、越嶲、益州、牂牁、巴
	谢绍鹢	广汉、蜀、汶山、沈黎、越嶲、犍为、牂牁、益州
	杜晓宇	牂牁、广汉、蜀郡、犍为、沈黎、汶山、益州、越嶲、武都
	本书	牂牁、犍为（此郡可为内郡）、沈黎、汶山、益州、越嶲、武都（东汉永昌郡也应归为边郡）

---

[1] 全祖望：《汉书地理志稽疑》卷5《王子侯表封国考异补正》，《全祖望集汇校集注》，上海古籍出版社2000年版，第2567页。
[2] 全祖望：《汉书地理志稽疑》卷6《功臣外戚恩泽侯表补正》，《全祖望集汇校集注》，上海古籍出版社2000年版，第2605页。
[3] 王恢：《汉王国与侯国之演变》，"国立"编译馆中华丛书编审委员会，1984年，第391页。
[4] 马孟龙：《汉成帝元延三年侯国地理分布研究》，《历史研究》2011年第5期。
[5] 《汉书》卷19《百官公卿表》，中华书局1962年点校本，第742页。
[6] 据《后汉书·郡国志》整理。

续表

区域	方案	边郡
西北	木芹	武威、张掖、酒泉、敦煌
	李新峰	武都、陇西、金城、天水、武威、张掖、酒泉、敦煌
	谢绍鹢	武都、敦煌、酒泉、张掖、武威、金城、西海、陇西、天水
	杜晓宇	陇西、天水、安定、金城、敦煌、张掖、武威、酒泉
	本书	陇西、天水、金城、敦煌、张掖、武威、酒泉、西海（新莽时期）
北	木芹	缺
	李新峰	安定、北地、上、西河、朔方、五原、云中、定襄、雁门、代、上谷、渔阳、右北平、辽西、辽东、玄菟、乐浪
	谢绍鹢	乐浪、临屯、真番、苍海、玄菟、辽东、辽西、右北平、渔阳、上谷、代、雁门、定襄、云中、五原、朔方、西河、上、北地、安定
	杜晓宇	辽东、辽西、上谷、渔阳、右北平、代郡、雁门、定襄、云中、朔方、西河、五原、北地、上郡、乐浪、玄菟
	本书	乐浪、临屯、真番、苍海、玄菟、辽东、辽西、右北平、渔阳、上谷、代、雁门、定襄、云中、五原、朔方、西河、北地
南	木芹	郁林、苍梧、南海、合浦、珠崖、儋耳、交趾、九真、日南
	李新峰	南海、郁林、苍梧、交趾、合浦、九真、日南
	谢绍鹢	交趾、九真、日南、郁林、象、合浦、儋耳、珠崖、苍梧、南海、会稽
	杜晓宇	会稽、南海、郁林、苍梧、交趾、合浦、九真、日南、临屯、真番、苍海、儋耳、珠崖
	本书	会稽、南海、郁林、苍梧、交趾、合浦、九真、日南、临屯、真番、苍海、儋耳、珠崖

资料来源：木芹：《两汉民族关系史》，四川民族出版社 1988 年版，第 124—125 页；李新峰：《试释〈汉书·地理志〉郡国排序》，《北京大学学报》2005 年第 1 期；谢绍鹢：《秦汉边郡概念小考》，《中国历史地理论丛》2009 年第 3 辑；杜晓宇：《试论秦汉"边郡"的概念、范围与特征》，《中国边疆史地研究》2012 年第 4 期。

各家意见的不一（这里的意见不一主要指是否为边郡的问题，不包括边郡划分为何区域边郡的问题），与政区变动、郡级政区归属更改、特别政区的识别有关。以西南区域为例，各家观点的差异主要在蜀郡、巴郡、武都郡是否为边郡的问题。蜀郡，终于汉世均"沿边"，且有大量特殊政区道的设置（详见附表 1，后文有详论），按理当为边郡。不过，蜀郡在秦汉时期是极为特殊的。汉代的政治地理结构，以政区而言可分三层：天子独有之"内史"为第一层；"与内史凡十五郡"中除去天子独有之郡为第二层；余下为第三层，大体即所称的"边郡"。"与内史凡十五郡"，周振鹤考为："内史"、河南、河内、上党、河东、上、云中、北地、陇西、汉中、南阳、南、巴、广汉、蜀。① 全祖望认为，"与内史凡十五郡"记载有误，实际上有十八郡，即"内史"、河南、河东、河内、魏、东、颍川、南阳、南、武陵、巴、蜀、汉中、广汉、陇西、北地、上、云中。② 无论哪种意见，其中都有蜀郡。蜀郡于汉王朝极为重要，无论是意象上还是政区上，划为边郡均为不妥。

巴郡，也有意见认为当为边郡。巴郡不宜为边郡，理由有三。其一，前已述及，巴郡是汉初"与内史凡十五郡"之一，其地位极为重要。其二，巴郡之南，尚有牂柯郡、交趾郡、九真郡等真正"沿边"的郡。其三，巴郡确实有大量蛮夷的分布，但其中的主要族群板楯蛮在汉代并不是汉王朝防范的对象，由前文西南区域关隘的讨论来看诸关防范的对象应当是南夷群体而非板楯蛮。后文还会讨论到，巴郡的区域意象，与牂柯郡、益州郡、永昌郡等真正的边郡意象相比相差悬殊。巴郡区域意象的转变与西南夷地区郡县的不断外推有关。顾颉刚曾说西南夷地区郡县化后："沈黎、汶山未久即废，犍为、牂柯等遂得比于内地诸郡矣。"③ 犍为、牂柯得比于内郡，巴郡则可能被视为内郡。《盐铁论》中还有这样的记载：

> 大夫曰：往者，四夷俱强，并为寇虐：朝鲜逾徼，劫燕之东地；东越越东海，略浙江之南；南越内侵，滑服令；氐、僰、冄、駹、嶲唐、昆明之属，扰陇西、巴、蜀。今三垂已平，唯北边未定。④

这里很明确，氐、僰、冄、駹、嶲唐、昆明等群体被看成"扰

---

① 周振鹤：《西汉政区地理》，人民出版社 1978 年版，第 11 页。
② 全祖望：《汉书地理志稽疑》卷 4《汉置百三郡国序次志疑》，《全祖望集汇校集注》，上海古籍出版社 2000 年版，第 2494 页。
③ 顾颉刚：《中国疆域沿革史》，商务印书馆 1999 年版，第 82 页。
④ 王利器校注：《盐铁论校注》卷 7《备胡》，中华书局 1992 年点校本，第 445 页。

"边"的群体，而且这里的"边"指巴、蜀之"边"，则巴、蜀必为内郡。此外，灵帝熹平五年（176）"诸夷反叛"，朝议认为："郡在边外，蛮夷喜叛，劳师远役，不如弃之。"①这里所谓的"边外"之"边"，当指的是蜀郡、巴郡之"边"，亦可证在东汉时期巴郡、蜀郡并未被看成"边郡"。

武都郡应属边郡，只是西汉时期武都郡属益州（西南边郡），东汉时期则属凉州（西北边郡）②，可按下不表。

巴、蜀为内郡，则与之毗邻的犍为、广汉、汉中、南郡也当为内郡。这四郡中，南郡、犍为郡较为特殊。南郡当为内郡：一者，南郡有大量汉族分布是可以确定的；二者，据马孟龙的研究南郡在西汉时期始终有侯国的分布③；三者，南郡也有"邑"分布；四者，南郡之南为长沙国的长期存在。以族群分布、侯国、邑的分布来看，南郡为内郡是无疑的。犍为郡虽有蛮夷分布，但也应属内郡。"犍"，古代金石中为"楗"，见有"楗为太守章""楗盐左丞"等封泥。④《说文解字》云："楗，距（限）门也。"⑤"楗"具有界、限、门户之意，则"犍为"也当有此类意义。不过，犍为郡作为汉王朝的界、限、门户，应是针对族群而言的，并非针对疆域而言。

若以汉后期的郡县而论，西南区域的南郡、汉中郡、巴郡、广汉郡、蜀郡五郡，当为内郡。此五郡中，除巴郡南部、南郡西南部至东汉末仍有大量"蛮夷"外，其他郡大抵已以汉族为主了。至于犍为郡，其中部、北部亦已有大量汉族分布，将其视为内郡或近郡亦有一定的依据，这大概也是顾颉刚所说的犍为郡"比于内郡"的原因之一。余下的武都郡、广汉属国、蜀郡属国、越巂郡、犍为属

---

① 《后汉书》卷86《西南夷传》，中华书局1965年点校本，第2874页。
② 唐旭波：《从西南到西北——历史时期武都郡地区区域归属考释》，《西北民族大学学报》（哲学社会科学版）2014年第6期。
③ 马孟龙：《西汉侯国地理》，复旦大学博士学位论文，2011年，中篇。
④ （清）陈介祺、吴式芬辑：《封泥考略》卷3、5，中国书店1990年影印本。
⑤ （汉）许慎撰，（清）段玉裁注：《说文解字注》卷6"木"部"楗"条，上海古籍出版社1981年影印本，第256页上。

国、牂牁郡、益州郡、永昌郡，当为边郡（图5-1）。

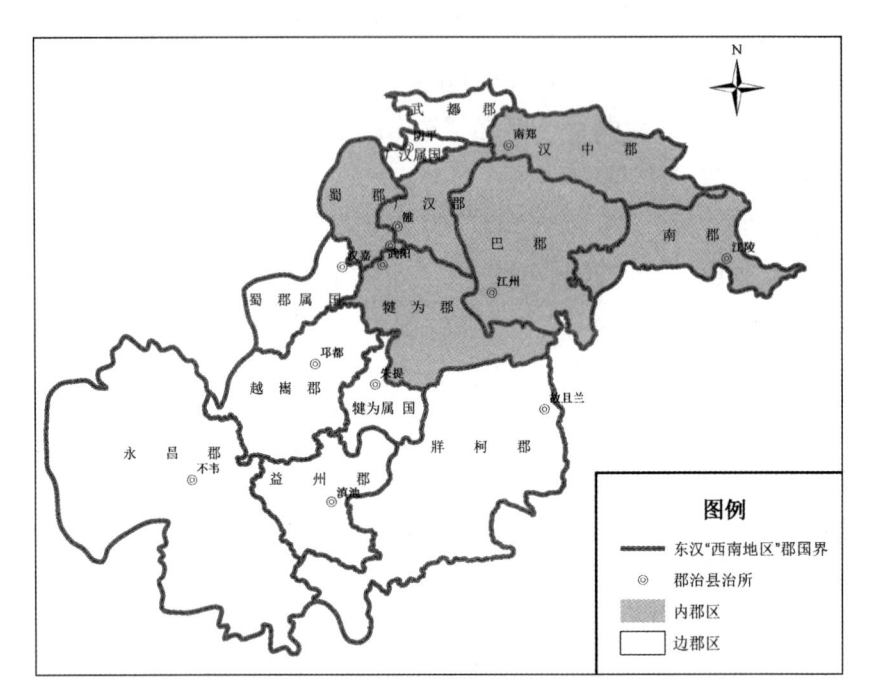

图 5-1　东汉西南地区内郡、边郡分布示意图

内郡、边郡观念的产生，应是汉代族群政治地理空间结构化的一种表现。余英时认为[①]，中国古代的边郡概念源于早已存在的"内外之分"，诸如长城的修筑这样的事件表明战国时期的华夏族已经通过长城来把"中国"与"四夷"之地通过一定的军事设施实现人文与自然的分野，东汉时阻止汉朝对外扩张的言论即为此种观念的典型，班固所总结西域匈奴"与汉隔绝，道里又远，得之不为益，弃之不为损。盛德在我，无取于彼"说明这种观念影响是相当深远的。而在余英时的观点中，"边郡"的构型并不完全由汉朝廷建立"徼""塞"来完成，还有内附的族群所构成的郡县，此即"保塞蛮夷"，在身份上称为"内蛮夷"。

---

① 余英时著，邬文玲译：《汉代贸易与扩张》，上海古籍出版社2005年版，第83页。

二 道、属国与西南区域族群政治地理空间

边郡在汉代是一种观念性政区，它在一定程度上反映了汉代政治地理结构与族群地理因素有关的族群政治地理空间结构化问题。不过，汉代政治地理空间结构化问题，不仅在观念政区上存在，在实际政区中也存在。此方面的代表，即源于秦制的"道"政区设置，以及东汉时期的属国问题。

道是两汉正式政区。《汉书·地理志》载：

> 讫于孝平，凡郡国一百三，县、邑千三百一十四，道三十二，侯国二百四十一。①

《后汉书·郡国志》说：

> 至于孝顺，凡郡、国百五，县、邑、道、侯国千一百八十。②

这两条记载中，郡、国并举，县、邑、道、侯国并举，表明道是两汉正式政区。但道又是特殊的政区，《汉书·百官公卿表》曰：

> 列侯所食县曰国，皇太后、皇后、公主所食曰邑，有蛮夷曰道。③

由此条记载来看，"道"在汉代是与"蛮夷"有关的特殊政区。《汉官旧仪》曰："内郡为县，三边为道。"④ 所谓的"三边"，指的是东夷、南越、西南夷地区（详见后文），亦即"道"是在"三边"设置的与"蛮夷"有关的政区。

"道"这种特殊的政区当在秦时已实施过。《后汉书·百官》

---

① 《汉书》卷28《地理志》，中华书局1962年点校本，第1640页。
② 《后汉书》卷19《郡国志》，中华书局1965年点校本，第3533页。
③ 《汉书》卷19《百官公卿表》，中华书局1962年点校本，第742页。
④ （汉）卫宏撰：《汉官旧仪》卷下，中华书局1985年点校本，第16页。

说:"凡县主蛮夷曰道。……皆秦制也。"①《后汉书·百官》的这一说法是能够获得出土文献的支撑的。云梦睡虎地秦简《语书》开头就说:

> (始皇)廿年四月丙戌朔丁亥,南郡守腾谓县、道啬夫……②

此条秦简中,县、道并举,说明道作为一种特殊政区当在秦代已实施了。此外,云梦龙岗秦简亦有县、道并举的记载,如"☐人其皮☐县道官☐""传书县道官""有言县道官☐☐"等。③前文所引《岳麓书院藏秦简》所载"亡县、道,耐其诱者,以为隶臣"④,也是县、道并举的。汉承秦制,县、道为同级政区,除前文所引文献外,《居延汉简》见有元康二年(前64)"谒移过所县、道河",甘露三年(前51)"县、道河津金关毋苛留止如律令",元延二年(前11)"过所县、道河津关"等记载。⑤

后世看待秦汉的道多有差异。李贤注《后汉书·马援传》的氐道县时说"县管蛮夷曰道"⑥,似是例外。张焯和张东刚认为"道"起源于秦开凿道路,筑鄣舍守护、置官吏进行治理的制度⑦;曹学群认为秦汉设道的条件并非"县有蛮夷",而且断定"没有必要,也不存在专门针对少数民族地区而设置的特殊县级机构——'道'"。⑧在曹学群看来,秦汉的道,"是一种专设在当时新开辟的交通要道旁的等同县级的机构"。⑨杨建认为秦汉"道"设立的条件尽管不是"县有蛮夷",但其特殊性也是可见的,其新补充的理由是:秦汉可

---

① 《后汉书》卷118《百官志》,中华书局1965年点校本,第3623页。
② 高敏:《云梦秦简初探》(增订本),河南人民出版社1979年版,第34页。
③ 刘信芳、梁柱:《云梦龙岗秦简》,科学出版社1997年版,第21—24页。
④ 朱汉民、陈松长:《岳麓书院藏秦简(肆)》,上海辞书出版社2015年版,第147页。
⑤ 谢桂华、李均明、朱国炤:《居延汉简释文合校》,文物出版社1987年版。
⑥ 《汉书》卷24《马援传》,中华书局1962年点校本,第836页。
⑦ 张焯、张东刚:《秦"道"臆说——兼向罗开玉先生请教》,《民族研究》1989年第1期。
⑧ 曹学群:《县"有蛮夷曰道"质疑》,《求索》1996年第1期。
⑨ 曹学群:《县"有蛮夷曰道"质疑》,《求索》1996年第1期。

考三十余道亦并非全能找到重要的交通要道。①应该说，这些解说，都表明秦汉的道是有特殊性的。尽管"县有蛮夷"构不成设道的条件，但"县无蛮夷"也不行，以今所考秦汉道的分布来看，有道的地方都是战国秦汉时期"蛮夷"分布的地方。另外，有重要道路的地方也并未设道，比如《汉书·地理志》中西河郡增山县，"有道西出眩雷塞"②；朔方郡窳浑县，"有道西北出鸡鹿塞"。③此二县均不为"道"。

清人黄以周《儆季史说略·汉县道考》的认识是可取的。黄以周在列述诸道及有蛮夷的县后对道的诸种说法作了辩驳，认为：

> 班氏于《百官表》以为"有蛮夷曰道"，于《地理志》各道下又自注某水所出，则道为蛮夷水陆往来之通卫，明矣。县治土著之民，故虽官蛮夷亦谓之县。道治蛮夷行旅之事，故惟属内地乃谓之道。有县不设道，境内虽有道，必其小者也，其事亦杂治于县。……有道不设县，其土著之民盖又通辖于道，亦有地大事剧，有非道所能兼辖者，则又道与县并设。……是县治土著之民，道治蛮夷之事，而各有其职也。④

在黄以周看来，秦汉时期的道之设置，要看是否需要施治而行，故北方、南方均曰"县"而不称"道"，只有关中西部地区及西南地区才有县、道并存的情况。而县、道并存，其要义不在于是否有蛮夷，是否有交通要道，而在于有交通要道且要处理大量蛮夷事务。

但道制在秦汉时是否一致，是一个颇值得注意的问题。杨建认为：道制在秦尤为重要，这种重要性即前述诸多方面的"特殊性"；但汉武帝开三边时，新设有蛮夷之县已不再有"道"之名，

---

① 杨建：《略论秦汉道制的演变》，《中国历史地理论丛》2001年第4辑。
② 《汉书》卷28《地理志》，中华书局1962年点校本，第1618页。
③ 《汉书》卷28《地理志》，中华书局1962年点校本，第1619页。
④ （清）黄以周：《汉县道考》，载谭其骧主编：《清人文集地理类汇编》（第1册），浙江人民出版社1986年版，第107页。

此时尚存的"道"亦在制度上与县无异；是以，秦汉作为特殊的政区的"道"，在秦末便已结束，两汉因袭之"道"，多袭故名，与是否有"蛮夷"或"管蛮夷"无关。①郑威对《二年律令·秩律》各道名作梳理，发现《秩律》时期的道、县之名已开始合称，可能反映了此时道、县之制已有趋同的趋向②，与杨建意见互证。但在新莽时，还是有道的设置的，比如建伶道。③同时应注意到，武帝元鼎四年始即开始"置属国都尉，主蛮夷降者"，说明两汉"主蛮夷"的制度仍然是存在的。

秦汉道的数量，《汉书·地理志》云西汉平帝时期有三十二道④，但《地理志》中仅三十道，可能是部分道更名为县引起的。不过，《后汉书·仲长统》有李贤注平帝时期有"道三十四"⑤，清人黄以周考证补订，复原了三十四道的名称。⑥今人罗开玉、周振鹤、刘志玲、郑威等，对秦汉道数及分布也多有考论。⑦鉴于当前关于秦汉时期的道已有较成熟的研究成果，这里不再对各道列考。不过，有两个特殊的"道"需要注意。

"彭道"在秦汉时期可能并非特殊的政区，而是交通要道之意。彭道，《汉书·地理志》巴郡阆中县有注："彭道将池在南，彭道鱼池在西南。"⑧在这里，彭道可以理解为在阆中县的重要道路，但并非县治。如上文所举西河郡增山县、朔方郡窳浑县所示，有重要交通要道并不一定意味着作为政区的道的设置，且黄以周亦注意到了

---

① 杨建：《略论秦汉道制的演变》，《中国历史地理论丛》2001年第4辑。
② 郑威：《试析西汉"道"的分布与变化——从张家山汉简〈二年律令·秩律〉谈起》，《江汉考古》2008年第3期。
③ 参见后晓荣《〈汉书·地理志〉"道"目补考》，《中国历史地理论丛》2008年第1期。
④ 《汉书》卷28《地理志》，中华书局1962年点校本，第1640页。
⑤ 《后汉书》卷49《仲长统》，中华书局1965年点校本，第1650页李贤注。
⑥ （清）黄以周：《汉县道考》，载谭其骧主编：《清人文集地理类汇编》（第1册），浙江人民出版社1986年版，第108页。
⑦ 罗开玉：《论秦汉道制》，《民族研究》1987年第5期；周振鹤《西汉政区地理》，人民出版社1978年版，第244页；刘志玲：《秦汉道制问题新探》，《求索》2005年第6期；郑威：《试析西汉"道"的分布与变化——从张家山汉简〈二年律令·秩律〉谈起》，《江汉考古》2008年第3期。
⑧ 《汉书》卷28《地理志》，中华书局1962年点校本，第1603页。

增山县的例子，彭道亦可归入此列。

督道，有学者也将其列入秦汉时期作为特殊政区的"道"中，可能有误。《史记·货殖列传》谓："宣曲任氏之先，为督道仓吏。秦之败也，豪杰皆争取金玉，而任氏独窖仓粟。楚汉相距荥阳也，民不得耕种，米石至万，而豪杰金玉尽归任氏，任氏以此起富。"[1] 此"督道"本有疑义，《集解》引《汉书音义》曰："'若领吏督租谷使上道输在所也'。韦昭曰：'督道'，秦时边县名。"[2] 同时，"宣曲"或解为侯国名，或解为地名，或侯国名与地名合，都在京辅地区，"督道"作为特殊的政区县制没有多大的可能性。按马孟龙所解，汉三辅地区无侯国[3]，故只有一种可能，即"宣曲"就是《史记·司马相如传》中所说"下棠梨，息宜春；西驰宣曲，濯鹢牛首；登龙台，掩细柳"之"宣曲"[4]，则"督道"非县道。

此外，秦代作为特殊政区的部分道，至汉代大量蛮夷已迁出，在施治上已不再为道，只是保留了道名。此类道包括除道、故道、翟道、雕阴道。[5] 例如，史载"晋文公攘戎翟，居于河西圁、洛之间"[6]，知翟等地曾为蛮夷所居。秦时，这些蛮夷群体可能仍居翟，故有翟道之说。但是，入汉以后这些区域已不再是蛮夷所居之地，而是汉政区中的中心区域，故这些"道"不再是特殊政区的道。

结合其他学者所考诸道，能够确定秦汉时期的道有43道（图5-2；详见附表1）。这43道中，故道等汉初虽仍得保留"道"名，但意义已发生变化。

除以上诸道外，东汉又置属国署理"蛮夷"事。属国，《后汉书·百官五》云："属国，分郡离远县置之，如郡差小，置本郡名。"属国有属国都尉，《后汉书·百官五》云："每属国置都尉一

---

[1] 《史记》卷129《货殖列传》，中华书局2014年点校修订本，第3979页。
[2] 《史记》卷129《货殖列传》，中华书局2014年点校修订本，第3980页注释[二]。
[3] 马孟龙：《汉成帝元延三年侯国地理分布研究》，《历史研究》2011年第5期。
[4] 《史记》卷117《司马相如列传》，中华书局2014年点校修订本，第3648页。
[5] 周振鹤：《西汉政区地理》，人民出版社1978年版，第244页。
[6] 《史记》卷110《匈奴传》，中华书局2014年点校修订本，第3488页。

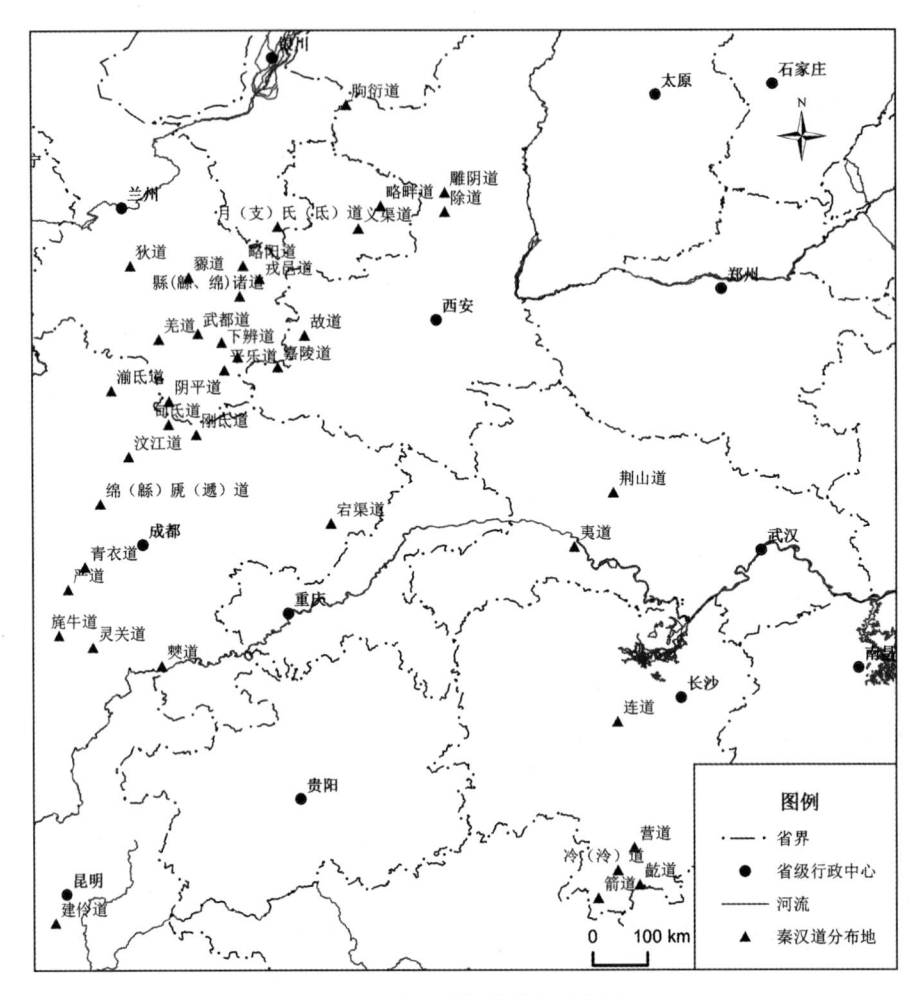

图 5-2 秦汉时期道分布示意图

注：部分道具体地望不详，未标注。

人，比二千石，丞一人。本注曰：凡郡国皆掌治民……又置属国都尉，主蛮夷降者。"[1] 由这两条记载来看属国虽有"治民比郡"的态势，但其设置的目的仍在"主蛮夷降者"，当视为一种与族群施治有关的特殊政区。

据《后汉书·郡国志》的记载，东汉时期曾设置过广汉、蜀郡、犍为、张掖、居延、辽东、西河、北地、上郡、金城、安定、

---

[1] 《后汉书》志 28《百官志》，中华书局 1965 年点校本，第 3621 页。

天水、五原十三个属国。其中西南地区的广汉、蜀郡、犍为三个属国（表5-7），均为安帝时期设置（最早的张掖属国武帝时期即已设置）。这三个属国中，广汉属国、蜀郡属国一直有蛮夷的分布，此点向来没有疑议。犍为属国，安帝永初元年（107）改南部都尉为犍为属国后只领有朱提、汉阳二县，说明当时犍为地区仍有大量的蛮夷群体居住。《华阳国志·蜀志》载犍为郡僰道县云："本有僰人，故《秦纪》言僰僮之富。汉民多，渐斥徙之。"①由《华阳国志》的记载来看，汉末僰道县当已主要为汉族居住。其南的朱提、汉阳二县，东汉时期有大量的汉系墓发掘（详见前文），其族群结构可能在东汉时期已发生变化。不过，由犍为属国的设置来看，迟至东汉中后期，朱提、汉阳二县当仍以蛮夷群体为主。朱提地区在东汉末时其族群结构可能又发生了很大的变化。晋人常璩曾盛赞朱提郡曰："滨犍为，号多人士，为宁州冠冕。"②"号多人士"，则必然有大量的汉族群体居于此区域，这与东汉安帝时期在此设置属国的情况有很大的不同。

表5-7　　　　　　　　安帝时期西南区域属国及其所领县、道

属国	领县	治所今地望	备注
广汉属国	阴平道	甘肃文县西	故北部都尉，属广汉郡，安帝时（106—125）设为属国都尉
	甸氐道	四川南坪县南	
	刚氐道	四川平武县东	
蜀郡属国	汉嘉	四川名山县北	故西部都尉，属蜀郡，延光元年（122）置为属国都尉
	严道	四川荥经县	
	徙	四川天全县东南	
	旄牛	四川汉源县南	
犍为属国	朱提	云南昭通市	故郡南部都尉，永初元年（107）置为属国都尉
	汉阳	贵州威宁县东	

今地望标注来源：钱林书：《续汉书郡国志汇释》，安徽教育出版社2007年版。

---

① （晋）常璩撰，任乃强校注：《华阳国志校补图注》卷3《蜀志》"犍为郡僰道县"条，上海古籍出版社1987年版，第210页。
② （晋）常璩撰，任乃强校注：《华阳国志校补图注》卷4《南中志》，上海古籍出版社1987年版，第278页。

三 "各以地比"与族群政治地理空间的秩序化

虽然西南区域的政治地理空间因族群的因素而有明显的二元性结构化倾向,但在具体的施治上,又有一定的一体性特征。《史记·平准书》曰:

> 汉连兵三岁,诛羌,灭南越,番禺以西至蜀南者置初郡十七,且以其故俗治,毋赋税。南阳、汉中以往郡,各以地比给初郡吏卒奉食币物,传车马被具。而初郡时时小反,杀吏,汉发南方吏卒往诛之,间岁万余人,费皆仰给大农。大农以均输调盐铁助赋,故能赡之。然兵所过县,为以訾给毋乏而已,不敢言擅赋法矣。①

其中的"各以地比给初郡"等字,司马贞《索隐》曰:"谓南阳、汉中以往之郡,各以其地比近给初郡。"②颜师古曰:"'地比',谓依其次第,由近及远也。"③"不敢言擅赋法"等字,徐广曰:"惟取用足耳,不暇顾经常法则也。"④黎小龙曾对上述文字的含义进行过考证,认为所谓"各以地比"即以巴蜀为中心治理西南夷地区。⑤"各以地比"的实践不仅在南方推行,在北方亦是如此⑥,由此形成了依靠邻近初郡的内郡治边的重要方略。

"各以地比"的施治措施具有一些明显的表征性事件。以郡守为例,两汉时期巴、蜀、广汉、犍为、越巂、益州、永昌、牂柯八郡郡守的来源呈现这样的格局:蜀郡、广汉郡,郡守大部分由西南区域以外士人充任,且北方(包括关中、关东)是充任这两个郡郡守的主要群体;巴郡、犍为郡,郡守主要由巴蜀区域以外士人和本土

---

① 《史记》卷30《平准书》,中华书局2014年点校修订本,第1736页。
② 《史记》卷30《平准书》,中华书局2014年点校修订本,第1737页司马贞《索隐》。
③ 《汉书》卷24《食货志》,中华书局1962年点校本,第1174页颜师古注。
④ 《史记》卷30《平准书》,中华书局2014年点校修订本,第1737页《集解》。
⑤ 黎小龙:《历史时期西南开发与社会冲突的调控》,西南师范大学出版社2011年版,第30页。
⑥ 孙闻博:《秦汉帝国"新地"与徙、戍的推行——兼论秦汉时期的内外观念与内外政策特征》,《古代文明》2015年第2期。

士人充任，两类群体的数量大致持平；越嶲、益州、牂牁、永昌四郡的郡守，则主要来源于巴蜀地区（表5-8）。以上两汉时期八郡郡守来源的格局，体现了前述引文所云的"南阳、汉中以往郡，各以地比"原则。但除此之外尚须注意到，"各以地比"在西南区域也深受族群差异因素的影响。蜀郡、广汉郡，迟至两汉之际或东汉初期已主要是汉族居住；巴郡、犍为郡，迟至两汉之际或东汉初期有大量的汉族，但非汉族群的数量也不少；越嶲、益州、牂牁、永昌四郡，则迟至东汉末仍以西南夷群体为主。两相对比，可以发现在"各以地比"的施治措施中，对西南夷地区的治理很大程度上落到了巴蜀士人的肩上。

表5-8　　　　　　　　两汉西南八郡郡守籍贯可考者统计

郡	郡守来源			备注
	外地（西南区域以外）	巴蜀本土	西南夷本土	
蜀郡	关中（12）、南方（3）、汉中（1）	广汉（2）		汉族为主
广汉	关中（8）、关东（3）、南方（1）	蜀（1）		汉族为主
巴郡	关中（5）、关东（3）、西北（1）、汉中（1）	蜀（5）、犍为（3）、广汉（1）、巴（1）	牂牁（1）	有板楯蛮
犍为	关中（2）、南方（1）	蜀（3）、犍为（1）		有西南夷
越嶲	关中（1）	蜀（2）、巴（2）、广汉（1）		西南夷为主
益州		广汉（4）、蜀（1）、巴（1）		西南夷为主
牂牁		蜀（2）、广汉（1）、汉中（1）		西南夷为主
永昌		蜀（1）、广汉（1）		西南夷为主

资料来源：据黎小龙《论两汉王朝西南边疆开发中的"各以地比"之治理方略》，《西南师范大学学报》（人文社会科学版）2001年第6期重新梳理。

以上所见两汉王朝对西南地区治理策略中的"各以地比"特

征，表现为以北方中原人治巴蜀，以巴蜀人治"西南夷"的空间递推特征。[①]但从中也能观察到，两汉以上八郡郡守，北方中原人的分布在人数和比例上均自北向南递减，自西向东递减。黎小龙在《两汉时期西南人才地理特征探析》一文中亦得出两汉西南士人分布有北、中、南依次递减的特征[②]，蓝勇《西南历史文化地理》据《汉书》《后汉书》《华阳国志》和《隶释》等文献所考并佐以《蜀中广记》所计两汉四川官员籍贯分布亦得此特征。[③]蓝勇解释如上"各以地比"的特征时，主要是考察秦汉移民的来源问题，认为"各以地比"的郡守特征与两汉入蜀的中原士人有关。[④]

西南地区的"各以地比"施治措施，在应对西南夷地区族群事件时也有明显的体现。自武帝开西南夷后，两汉时期西南夷群体（不包括武都郡羌人群体）共发生过约二十次动乱事件。在这二十次动乱事件中，两汉时期参与平定叛乱的军士来源并不相同（表5-9）。西汉时期，动乱事件主要集中在益州、牂牁地区，参与平叛的军士则主要来源于巴蜀罪人、平民。东汉时期，动乱事件遍及整个西南夷地区，甚至在巴郡也有板楯蛮引起的动乱。这一时期巴蜀军士也参与平叛，但益州军士、平民的分量应当更重。东汉时期梳理出的十二次动乱事件中，益州军士、平民参与平叛的有六次（包括两次推断的情况），巴蜀三郡参与的次数则只有三次。此种变化态势反映出，随着西南夷地区的稳固，益州逐渐成为汉王朝治理西南夷地区特别是牂牁、益州、永昌、越嶲等地的战略要地。

---

① 黎小龙：《论两汉王朝西南边疆开发中的"各以地比"之治理方略》，《西南师范大学学报》（人文社会科学版）2001年第6期；黎小龙：《战国秦汉西南边疆思想的区域性特征初探》，《中国边疆史地研究》2004年第4期。

② 黎小龙：《两汉时期西南人才地理特征探析》，《西南师范大学学报》（哲学社会科学版）1995年第2期；黎小龙、徐难于：《论秦汉时期西南区域开发的差异与格局》，《西南大学学报》（社会科学版）1997年第3期。

③ 蓝勇：《西南历史文化地理》，西南师范大学出版社1997年版，第22页。

④ 蓝勇：《西南历史文化地理》，西南师范大学出版社1997年版，第24页。

表 5-9　　两汉时期的西南夷动乱事件及汉廷的应对策略、兵源

时间	事件	应对策略	兵源
武帝初开西南夷地区时（建元后，元狩前）	西南夷数反	发兵兴击	不详
南越反叛被平后（约元鼎六年，前111）	夜郎倚南越	发巴蜀罪人尝击南越者八校尉击破之（包括且兰、头兰、夜郎）	巴蜀罪人
夜郎被破后（约元封元年，前110）	滇王未服	以巴蜀罪人尝击南越者八校尉胁滇	巴蜀罪人
元封二年（前109）	滇王未服	发巴蜀兵击灭劳浸、靡莫，以兵临滇	巴蜀兵
开益州、越巂、牂柯、沈黎诸郡后	昆明阻通大夏道	发三辅罪人，巴蜀士数万人，遣将军郭昌、卫广等往击昆明之遮汉使者	三辅罪人、巴蜀百姓
始元元年（前86）	益州廉头、姑缯反。牂柯、谈指、同并等二十四邑反	遣水衡都尉发蜀郡、犍为奔命万余人击牂柯	蜀郡、犍为郡精勇
始元三年（前84）	姑缯、叶榆复反	遣水衡都尉吕辟胡将郡兵击之	益州郡郡兵
成帝河平中（约26）	夜郎王兴与句町王禹、漏卧侯俞举兵相攻	遣太中大夫蜀郡张匡持节和解未成，蜀人张匡、陈立、何霸平之	蜀郡军民
约始建国元年（8）	王莽贬句町王为侯，导致句町反叛（事实上益州也有反叛）	莽遣平蛮将军冯茂发巴、蜀、犍为吏士击益州。后三年，遣宁始将军廉丹与庸部牧史熊大发天水、陇西骑士，广汉、巴、蜀、犍为吏民十万人击之	天水、陇西军士，巴、蜀、犍为吏民
建武十八年（42）	栋蚕、姑复、楪榆、弄栋、连然、滇池、建伶、昆明诸种反叛	次年遣武威将军刘尚等发广汉、犍为、蜀郡人及朱提夷击之	广汉、犍为、蜀郡民，朱提夷
永平元年（58）	姑复夷反	益州刺史发兵讨破之	益州郡兵
建初元年（76）	哀牢王类牢与守令忿争，杀守令反叛，攻巂唐城、博南城	肃宗募发越巂、益州、永昌夷汉九千人讨之	越巂、益州、永昌夷汉

续表

时间	事件	应对策略	兵源
元初五年（118）	卷夷大牛种及永昌、益州、蜀郡夷反叛	益州刺史张乔以兵及密征武士破之	不详，当有益州郡兵及平民参与平叛
延光二年（123）	旄牛夷叛，攻零关	益州刺史张乔与西部都尉击破之	不详，当有益州郡兵及西部都尉属兵参与平叛
延熹三年（160）	蜀郡三襄夷寇蚕陵	不详	不详
延熹四年（161）	犍为属国夷寇郡界	益州刺史山昱击破之	当有益州郡兵及平民参与平叛
桓帝中后期（158—167）	板楯蛮数反	蜀郡太守赵温恩信降服	
熹平五年（176）	西南夷诸夷反叛（主要是牂柯、益州群体）	太尉椽巴郡李颙与刺史庞芝发板楯蛮击破平之	巴郡板楯蛮
李颙卒后（具体时间不详）	夷人复叛	以广汉景毅为太守讨定	不详，当有广汉军民参与平叛
光和三年（180）	板楯蛮反	赦之	
中平五年（188）	板楯蛮反	西园上军别部司马赵瑾讨平之	北兵

注：始元元年（前86）水衡都尉所率的"蜀郡、犍为奔命万余人"，"奔命"为征选而来的精勇之士。此事见于《汉书·昭帝纪》，应劭曰："旧时郡国皆有材官骑士以赴急难，今夷反，常兵不足以讨之，故权选取精勇。闻命即奔走，故谓之奔命。"（《汉书》卷7《昭帝纪》，"始元元年"，中华书局1962年点校本，第219页应劭注）

资料来源：据《史记·西南夷传》《史记·大宛传》《汉书·西南夷传》《后汉书·西南夷传》《华阳国志》梳理。

以上"各以地比"的施治策略，虽仍然有巴蜀中心本位思想的迹象，即一定的"巴蜀—西南夷"二元色彩，但也有西南区域一体化的表现。此种表现，在政治地理的层面上应当是秩序化的问题。因此种秩序有族群因素的影响，实际上也是一种族群政治地理空间秩序化的表现。

第六章　区域意象、族群意象与民族地理观分区

本章主要考察战国秦汉时期西南区域的区域意象、族群意象问题，并结合前文族群地理、族群政治地理的内容进行民族地理观分区。战国秦汉时期西南区域的区域意象可从区域自然意象、区域经济意象、区域人文意象和区域政治意象方面来讨论，而且所见区域意象具有明显的差序格局，尤其是区域人文意象方面差序格局体现明显，体现了民族地理观建构过程中结构性和秩序性的双重特征。战国秦汉时期西南地区族群意象的建构也具有明显的秩序性特征，并主要体现在西南夷在"四夷"体系中的族群意象方面，以及西南夷群体不同群体间的意象方面。民族地理观的分区与族群地理、族群政治地理空间、区域意象、族群意象均有关联，不过不同尺度上的民族地理观分区其影响因素并不相同，本章在大区、亚区、区三个层面上讨论不同因素对民族地理观建构的影响。

第一节　区域意象及其差序格局

一　自然、经济、文化、政治方面的区域意象

西南区域的区域意象，在上古"九州"说中即有初步的建构。《尚书·禹贡》云梁州曰：

> 华阳、黑水惟梁州。岷、嶓既艺，沱、潜既道。蔡、蒙旅平，和夷厎绩。厥土青黎，厥田惟下上，厥赋下中，三错。厥贡璆、铁、银、镂、砮磬、熊、罴、狐、狸、织皮。①

《尚书·禹贡》所云梁州的区域意象是汉文史籍所见最早、最系统的区域意象。按《尚书·禹贡》所说，当时梁州的西界是"黑水"。"黑水"虽然可称为水名，但"黑"却有昏暗的意象。梁州的环境条件也并非优越，"岷、嶓既艺"，孔颖达疏曰："水去已可种艺"②，表明当时梁州的水利条件仍是较差的。"和夷厎绩"被解释为"和夷之地，致功可艺"③，则和夷地区尚未实现农业种植。梁州的厥土、厥田，都是"下上"，可见经济环境也不优越。厥贡虽多，均为矿物、玉器、兽皮之类，也算不得优越。

秦定巴蜀后，经秦朝的大力开发，西南区域的区域意象已有很大的转变。《史记·货殖列传》曰：

> 巴蜀亦沃野，地饶卮、姜、丹沙、石、铜、铁、竹、木之器。南御滇僰，僰僮。西近邛笮，笮马、旄牛。然四塞，栈道千里，无所不通，唯褒斜绾毂其口，以所多易所鲜。④

前文已讨论过，秦汉之际"巴蜀亦关中"的区域意象已形成。司马迁说"巴蜀亦沃野"，表明巴蜀地区已脱离厥土、厥田均"下上"的区域意象，可比附于关中地区了。司马迁所说的"巴蜀亦沃野"，正是与关中地区相比后形成的结论。关于关中地区，司马

---

① （汉）孔安国传，（唐）孔颖达疏，（清）阮元校刻：《尚书正义》卷6《禹贡》，《十三经注疏》，中华书局1980年影印本，第150页上。

② （汉）孔安国传，（唐）孔颖达疏，（清）阮元校刻：《尚书正义》卷6《禹贡》，《十三经注疏》，中华书局1980年影印本，第150页上。

③ （汉）孔安国传，（唐）孔颖达疏，（清）阮元校刻：《尚书正义》卷6《禹贡》，《十三经注疏》，中华书局1980年影印本，第150页上。

④ 《史记》卷129《货殖列传》，中华书局2014年点校本修订本，第3958页。

迁说："自汧、雍以东至河、华，膏壤沃野千里，自虞夏之贡以为上田"①。"地饶卮、姜、丹沙、石、铜、铁、竹、木之器"一句也值得注意。《尚书·禹贡》说梁州"厥贡璆、铁、银、镂、砮磬、熊、罴、狐、狸、织皮"，如前所述指的是梁州盛产矿物、玉器、兽皮。而在《史记·货殖列传》中，兽皮之类狩猎所获物产已不见载，代之的是经加工形成的卮、竹、木器物及生产工具，姜和丹沙则可能指的是药材。

《山海经》的成书年代当前仍难断定，不过其中的《海内经》一篇一般认为是后人所加，此篇成书不会晚于汉初。也正是在此篇中，有如下西南区域区域意象的描绘：

> 西南黑水之间，有都广之野，后稷葬焉。爰有膏菽、膏稻、膏黍、膏稷，百谷自生，冬夏播琴。鸾鸟自歌，凤鸟自儛，灵寿实华，草木所聚。爰有百兽，相群爰处。此草也，冬夏不死。②

《山海经》所载内容一般认为是神异化的产物。但对于"西南黑水之间"的描绘，大部分未太脱离现实。所谓的"都广之野"，应与战国末汉初形成的成都平原"天府"意象有关。接下来的物产之盛的描绘也与《尚书·禹贡》不同，更接近于《史记·货殖列传》的描述。"冬夏播琴""冬夏不死"的意象，似脱离实际，实际上也有其现实依据，即"黑水之间"区域常年温度较北方为高的问题，东汉应劭《风俗通义》也有此说（详见后文）。"鸾鸟自歌"等描绘确有神异化的倾向，但并没有巫化的倾向，这也是战国秦汉时期西南区域的区域意象建构中较为特殊的一点。

《尚书·禹贡》《史记·货殖列传》《山海经·海内经》的西南区域意象只及巴蜀地区。特别是，巴蜀是司马迁所划分的十五个经济

---

① 《史记》卷129《货殖列传》，中华书局2014年点校本修订本，第3958页。
② 袁珂校注：《山海经校注·山海经海经新释》卷13《海内经》，上海古籍出版社1980年版，第445页。

区之一①，但并不包括汉初已郡县化的西南夷地区。班固尝试将西南夷地区纳入"秦地"来讨论当时的区域问题，但似乎未对西南夷地区的真实情况有深入的了解。班固说：

> 巴、蜀、广汉本南夷，秦并以为郡，土地肥美，有江水沃野，山林竹木疏食果实之饶。南贾滇、僰僮，西近邛、莋马旄牛。民食稻鱼，亡凶年忧，俗不愁苦，而轻易淫泆，柔弱褊厄。景、武间，文翁为蜀守，教民读书法令，未能笃信道德，反以好文刺讥，贵慕权势。及司马相如游宦京师诸侯，以文辞显于世。乡党慕循其迹。后有王褒、严遵、扬雄之徒，文章冠天下。繇文翁倡其教，相如为之师，故孔子曰："有教亡类。"……及犍为、牂柯、越巂，皆西南外夷，武帝初开置。民俗略与巴、蜀同。②

由班固的总结来看，巴蜀地区在东汉时期仍持续发展，"土地肥美"，"山林竹木疏食果实之饶"，"南贾滇、僰僮"等都是赞誉之辞，与司马迁所描述的内容相似。班固所说"民食稻鱼"，"亡凶年忧"，"俗不愁苦"等，则是西南区域区域意象中东汉时期出现的新情况，表明巴蜀地区社会经济发达，且无太大的自然灾害。"有教亡类"的问题，还表明巴蜀地区汉文化的发达，与中原地区文化趋同。犍为、牂柯、越巂等（实际上也包括益州）"民俗略与巴、蜀同"的评说，则可能有失实的问题存在（详见后文）。

东汉以还，西南地区区域意象逐渐复杂化，不同区域的区域意象差异也更为明显。就所见材料来看，东汉时期西南地区区域意象可从自然、经济、文化、政治四个方面来讨论。在讨论前有必要交代，西南地区区域意象的建构，主要涉及《后汉书》《华阳国志》两份资料。其中，《后汉书》的叙事采用的是东汉时期的政区，而《华

---

① 雷虹霁：《秦汉历史地理与文化分区研究：以〈史记〉、〈汉书〉、〈方言〉为中心》，中央民族大学出版社2007年版，第37页。
② 《汉书》卷28《地理志》，中华书局1962年点校本，第1645页。

阳国志》的叙事则采用的是魏晋时期的政区，且各郡名称及辖县并不是同一时期的政区。因此，本节所说区域意象中的地名，均采用地区名而非政区名来叙述。

自然区域意象方面，秦汉时期西南地区的区域意象总体上说可分四区。汉中、梓潼、广汉、蜀、巴西等地，也就是成都平原地区、汉中盆地地区，其主要的区域意象是"土地肥美""土地平旷"。除了"肥美""平旷"的意象外，成都平原及其以北的汉中地区在汉代还有"土地温暑"的特征，应劭《风俗通义》曾有这样的记载：

> 户律。汉中、巴蜀、广汉自择伏日。俗说汉中、巴蜀、广汉土地温暑，草木早生晚枯，气异中国，夷狄畜之，故令自择伏日也。……令自择伏日，不同于风俗也。①

所谓"土地温暑，草木早生晚枯"，是巴蜀、汉中地区气候环境造成的。就本区来说，成都平原及其以北的汉中地区是西南地区自然意象最为优美的区域。不过，就当时全国层面来说，这些区域也脱离不了"险""远"的意象，特别是巴蜀地区。巴蜀地区的"险""远"意象迟至战国中晚期当已形成，所谓的"巴、蜀道险，秦之迁民皆居之"②事件就发生于秦定巴蜀后。巴蜀地区经秦国的开发，经济已大为发展，但因"险""远"的问题，还有"恶地"的意象。全祖望《功臣外戚恩泽侯表补正》"肥如侯"条说："凡边郡及巴、蜀险恶之地皆不以封。"③两汉时期，也确未见巴蜀地区有封王或侯的记载。④

---

① （汉）应劭撰，王利器校注：《风俗通义校注》之《佚文·辨惑》，中华书局1981年点校本，第604页。
② 《史记》卷7《项羽本纪》，中华书局2014年点校修订本，第403页。
③ 全祖望：《汉书地理志稽疑》卷6《功臣外戚恩泽侯表补正》，《全祖望集汇校集注》，上海古籍出版社2000年版，第2605页。
④ 马孟龙：《西汉侯国地理》，上海古籍出版社2013年版。

武帝开西南夷地区后，整个西南地区均为"险""远"之地。《晋书·地理志》云梁州："梁者，言西方金刚之气强梁，故因名焉。"①此段文字传为出自《风俗通义》，则汉代梁州为险地的意象已形成。《晋书·地理志》所说的梁州包括汉代的汉中、巴郡地区，但其引《风俗通义》所说的梁州则可能指巴蜀、汉中地区。若依《晋书·地理志》的政区，蜀地及南夷、西夷部分地区，亦为"险""远"之地。汉代纬书《春秋纬元命苞》云："参伐流为益州，益之为言厄也。"②《晋书·地理志》引《春秋纬元命苞》之言，并注曰："言其所在之地险厄也，亦曰疆壤益大，故以名焉。"③《晋书·地理志》的益州包括汉代的蜀郡、犍为郡、牂柯郡、益州郡地区，《春秋纬元命苞》所说的"益州"则暂不得详，可能专指益州郡。

西南地区尤其是巴蜀地区的"险""远"意象，在战乱时期尤为明显。刘邦据汉中而成一统大业，公孙述据蜀，刘邦入蜀而成三国鼎立之势，均与巴蜀的"险""远"有关。④例如，公孙述据蜀，光武帝未予先伐，其原因之一就在于"蜀道危险，栈阁贱绝，丈尺之地，侧不得通"。⑤更始二年（24）李熊向公孙述献议时就说"蜀地沃野千里……北据汉中，杜褒、斜之险，东守巴郡，拒扞关之口，地方数千里，战士不下百万。见利则出兵而略地，无利则坚守而力农。东下汉水，以窥秦地，南顺江流，以震荆、扬。所谓用天因地，成功之资"。⑥在李熊看来，巴蜀地区的险是"用天资地"的重要条件之一。汉末，谋士徐元直为刘备献计时也说："益州险塞沃

---

① 《晋书》卷14《地理志》，中华书局1974年点校本，第436页。
② 《晋书》卷14《地理志》，中华书局1974年点校本，第438页引《春秋纬元命苞》。
③ 《晋书》卷14《地理志》，中华书局1974年点校本，第438页。
④ 《史记》卷7《项羽本纪》，中华书局2014年点校修订本，第403页；《后汉书》卷13《公孙述传》，中华书局1965年点校本，第534页。
⑤ 《全后汉文》卷11隗嚣《复上书止讨蜀》，商务印书馆1999年版，第99页。
⑥ 《后汉书》卷13《公孙述传》，中华书局1965年点校本，第535页。

野，天府之土，高祖因之以成帝业。"①

巴蜀的"险""远"意象，主要是由其边缘区域的地貌条件造成的。而就西南地区本区来说，除了成都平原及其以北的汉中地区具有"土地肥美""土地平旷"意象外，其他地区就多是"险""远"之地了。如表6-1所示，以《华阳国志》为代表的汉晋史志，其"土地肥美""土地平旷"的区域主要集中在成都平原地区，另有昆明坝子（晋宁地区）。西南地区的"险""远"之地，总的来说又可分三区。魏兴、上庸、新城、巴东、江阳、犍为、南广、朱提、越巂、永昌（也应包括建宁、云南）等地，虽有"险""远"的意象，但尚可种稻，果蔬更是重要的种植业。涪陵、牂牁、兴古（也应包括西平、夜郎、平乐、平夷）等地，则不仅"险""远"，而且多雨潦，甚至被看成"藏温暑毒草之地"②，是极为"恶劣"的地理环境，其地为诸郡"最贫"。阴平、汶山（也可包括武都）等蜀西北地区，其地除了"险""远"的意象外，还有"寒""刚"的问题。例如，《后汉书·西南夷传》云冉駹夷之地"土气多寒，在盛夏冰犹不释"，"土地刚卤"。③

表 6-1　　　　　　东汉时期西南地区区域自然意象

地区	区域自然意象
汉中	"厥壤沃美"（《华阳国志·汉中志》）
魏兴、上庸、新城	"土地险隘"，"山水艰阻"，有黄金、子午、马聪、建鼓之阻；其中的新城郡为"隘地"（《华阳国志·汉中志》）
广汉	"土地温暑"（《风俗通义》）。"土地沃美"（《华阳国志·蜀志》）
梓潼	多原田，"至险"（《华阳国志·汉中志》）
阴平	地险（《华阳国志·汉中志》）
蜀郡	"土地温暑"（《风俗通义》）。土地肥美（《华阳国志·蜀志》）
汶山	"土气多寒，在盛夏冰犹不释"；"土地刚卤"（《华阳国志·蜀志》《后汉书·西南夷传》"冉駹夷"条）

---

① （晋）常璩撰，任乃强校注：《华阳国志校补图注》卷6《刘先主志》，上海古籍出版社1987年版，第362页。
② 《汉书》卷95《西南夷传》，中华书局1962年点校本，第3843页。
③ 《后汉书》卷86《西南夷传》，中华书局1965年点校本，第2859页。

续表

地区	区域自然意象
武都	"土地险阻",有麻田(《后汉书·西南夷传》"白马氐"条)。"土地险阻"(《华阳国志·汉中志》)
巴郡	"土地温暑"(《风俗通义》)。时有温风,遥县客吏多有疾病;枳县"土地确瘠"(《华阳国志·巴志》)
巴西	多平地(《华阳国志·巴志》)
巴东	"地贫"(《华阳国志·巴志》)
江阳	"地贫"(《华阳国志·巴志》)
涪陵	山险、水急,无蚕桑(《华阳国志·巴志》)
犍为	多陂池(《华阳国志·蜀志》)
朱提	有稻田(《华阳国志·南中志》)
越巂	土地平原,有稻田,有温泉(《华阳国志·蜀志》)
牂柯	为藏温暑毒草之地(《汉书·西南夷传》)。地多雨潦(《后汉书·西南夷传》"夜郎"条)。郡多阻险,多雨潦,有"刚水",畲山为田(《华阳国志·南中志》)
兴古	特有瘴气(《华阳国志·南中志》)
南广	道路艰险(《华阳国志·南中志》)
晋宁	河土平敞,有温泉(《后汉书·西南夷传》"滇王"条、《华阳国志·南中志》)
永昌	绝域荒外,山川阻深;"土地沃美"(《后汉书·西南夷传》"哀牢夷"条、《华阳国志·南中志》)

资料来源:据《华阳国志》《后汉书》《风俗通义》整理。

上文的自然区域意象,实际上有区域经济意象的成分。例如,所谓"土地肥美""土地沃美""土地险阻""河土平敞"等区域意象,实际上是反映是否发展农业,能否发展农业的问题。不过,就现有的材料来看,两汉时期西南地区的区域经济意象,除了"土地"的问题外,也有更直观的表征,故单独列出讨论。据《华阳国志》《汉书》《后汉书》的相关资料,两汉时期西南地区的主要经济产品包括农作物、牧渔、瓜果蔬菜、矿产四大类。《华阳国志》前四卷中,对巴蜀地区的经济产品有系统的总结,从中可见巴蜀地区区域经济意象的特殊性。蜀地,《华阳国志·蜀志》说:

> 其宝则有璧玉，金、银、珠、碧、铜、铁、铅、锡、赭、垩、锦、绣、罽、犀、象、毡、毦，丹黄、空青、桑、漆、麻、纻之饶，滇、僚、赛、僰，僮仆六百之富。……其山林泽渔，园囿瓜果，四节代熟，靡不有焉①

更始二年（24）李熊向公孙述献议时也曾说：

> 蜀地沃野千里，土壤膏腴，果实所生，无谷而饱。女工之业，覆衣天下。名材竹干，器械之饶，不可胜用。又有鱼盐铜银之利，浮水转漕之便。……所谓用天因地，成功之资。②

蜀地之经济产品，农作物、牧渔、瓜果蔬菜、矿产四大类均为齐全（牧渔要差一些），还多出"僮仆"之富来，是极为重要的经济区。而且在李熊看来，蜀地之所以经济发达，还在于其得天独厚的地理环境条件，是名副其实的"天府"。

巴地也堪称重要的经济区域。《华阳国志·巴志》说：

> 土植五谷，牲具六畜。桑、蚕、麻、纻，鱼、盐、铜、铁、丹、漆、茶、蜜、灵龟、巨犀、山鸡、白雉、黄润、鲜粉，皆纳贡之。其果实之珍者：树有荔芰，蔓有辛蒟，园有芳蒻、香茗、给客橙、葵。其药物之异者有巴戟、天椒；竹木之瑨者有桃支、灵寿。③

就经济类型来说，巴地与蜀地相似。不过，巴地有特产，如橘官多设在巴郡、巴东郡（表6-2），茶、蜜、灵龟、黄润、鲜粉等，也是巴地特贡。香料、名贵药材，巴地也是较为重要的产区。

---

① （晋）常璩撰，任乃强校注：《华阳国志校补图注》卷3《蜀志》，上海古籍出版社1987年版，第113页。
② 《后汉书》卷13《公孙述传》，中华书局1965年点校本，第535页。
③ （晋）常璩撰，任乃强校注：《华阳国志校补图注》卷1《巴志》，上海古籍出版社1987年版，第1页。

汉中地区区域经济意象不详，但由"赋贡所出，略侔三蜀"的赞誉及有铁官，出铁、锡的记载来看，当是重要的农业地区，矿产也算丰富。

蜀、巴、汉中之外的区域，其经济意象总的来说可分三区。朱提、越嶲、晋宁、建宁、永昌、云南应是两汉重要的经济区域，尽管其大量物产并不在汉王朝的贡赋范畴。这些地区，农作物、牧渔、瓜果蔬菜、矿产等经济种类在西南地区而言是比较齐全的，且农业发达，琥珀、翡翠、孔雀等尤为这些区域所独见。涪陵、牂牁、夜郎、兴古、西平、南广、梁水（也当包括平夷、平乐）等地，其主要的经济产品是采集所获产品，农业、牧业、渔业均不发达，矿产品则较为丰富。汶山、武都，其所产主要是牧（无渔），农业以麦为主，瓜果蔬菜、矿产均不发达。

表 6-2　　　　　　　　东汉时期西南地区区域经济意象

地区	区域经济意象
汉中	"赋贡所出，略侔三蜀"（《华阳国志·汉中志》《汉书·地理志》）。有铁官，出锡。（《汉书·地理志》《后汉书·郡国志》）
魏兴、上庸、新城	有锡（《后汉书·郡国志》）
广汉	绵与雒各出稻稼，有美田、盐井，出好枣；有泽渔之利（《华阳国志·蜀志》）。有工官（《汉书·地理志》）
梓潼	土地出金、银、丹、漆、药、蜜（《华阳国志·汉中志》）
阴平	所出略同武都（详见下文），有金银矿
蜀郡	有锦官，有盐井、渔田之饶，有铁矿、好稻田（《华阳国志·蜀志》）。有工官、铁官、盐官、木官（《汉书·地理志》《后汉书·郡国志》）
汶山	不生谷粟麻菽，唯以麦为资；出旄牛、名马、灵羊（可疗毒）、食药鹿、五角羊、麝香、轻毛毦鸡、牦牛、旄毡、班罽、青顿、毞毯、羊羧、杂药、咸土（煮以为盐）（《后汉书·西南夷传》"冉駹夷"条、《华阳国志·蜀志》）
武都	出名马、牛、羊、漆、蜜（《后汉书·西南夷传》"白马氐"条）
巴郡	有柑橘官、盐官，贡粉，御米，产桑、蚕、牛、马（《华阳国志·巴志》）
巴西	有盐井，产牛、马、桑、蚕（《华阳国志·巴志》）
巴东	有橘官，产灵寿木、橘圃、盐井、灵龟（《华阳国志·巴志》）。有橘官、盐官（《汉书·地理志》）

续表

地区	区域经济意象
宕渠	有铁官，产石蜜（《华阳国志·巴志》《后汉书·郡国志》）
江阳	有盐井，宜蚕桑，产荔芰、巴菽、桃枝等（《华阳国志·巴志》）。有铁官（《汉书·地理志》）。出丹（《后汉书·郡国志》）
涪陵	有盐井，无蚕桑，惟出茶、丹、漆、蜜、蜡（《华阳国志·巴志》）。有盐官、铁官（《汉书·地理志》）
犍为	有柑橘官、盐井，产荔芰，出名茶、铁、白玉（《华阳国志·蜀志》）
朱提	文齐曾"穿龙池，溉稻田"，出银、铅、白铜、杂药，有堂螂附子（《华阳国志·南中志》《汉书·地理志》《后汉书·郡国志》）
越巂	有稻田、盐池，产铁，出铜（《后汉书·西南夷传》"邛都"条、《华阳国志·蜀志》、《汉书·地理志》、《后汉书·郡国志》）
牂柯	畲山为田，无蚕桑。寡畜产，虽有僮仆，方诸郡为贫。本有盐井，出茶、蜜，有野生薜（《华阳国志·南中志》）
夜郎	出丹、雄黄、雌黄（《后汉书·郡国志》）
兴古	少谷（《华阳国志·南中志》）。西石空山出锡，东南盬町山出银、铅（《汉书·地理志》《后汉书·郡国志》）
西平	少谷（《华阳国志·南中志》）
南广	有盐官，地无稻、桑；多蛇、蛭、虎、狼（《华阳国志·南中志》）
晋宁	多出鹦鹉、孔雀，有盐池田渔之饶，金银畜产之富。（《后汉书·西南夷传》"滇王"条、《华阳国志·南中志》）。出铁、铜（《汉书·地理志》《后汉书·郡国志》）
建宁	出好升麻（《华阳国志·南中志》），出盐（《汉书·地理志》），出银（《后汉书·郡国志》）
永昌	土地沃美，宜五谷、蚕桑；有竹，出铜、铁、铅、锡、金、银、光珠、琥珀、水精、琉璃、轲虫、蚌珠、孔雀、翡翠、犀、象、猩猩、貊兽（《后汉书·西南夷传》"哀牢夷"条、《华阳国志·南中志》）。出铁、金（《后汉书·郡国志》）
云南	有盐官。土地有稻田畜牧，少谷，不蚕桑（《华阳国志·南中志》）
梁水	出银、铜、铅、锡。自梁水、兴古、西平三郡少谷。有桄榔木（《华阳国志·南中志》）。北采山出锡，西羊人出银、铅，南乌山出锡（《汉书·地理志》《后汉书·郡国志》）

资料来源：据《华阳国志》《汉书》《后汉书》整理。

前文所述区域自然意象、区域经济意象，总的来说是比较写实的。但人文意象，则不再如此（表6-3）。在前文的区域自然意象、区域经济意象中，"巴蜀—西南夷"的二元区域意象并不明显。但在人文意象中，则有明显的"巴蜀—西南夷"二元性区域意象。

表 6-3　　　　　　　　东汉时期西南地区区域人文意象

地区	区域人文意象
汉中	按：记载不详，但当是重要的汉文化区（见正文引述）
魏兴	其人半楚，风俗略与荆州沔中郡同（《华阳国志·汉中志》）
上庸、新城	按：从地理位置上看，上庸、新城风俗当与魏兴地区相似
广汉	人士俊乂，一州称望；表章礼物，殊于诸郡（《华阳国志·蜀志》）
梓潼	世有隽彦，人伴于巴、蜀。（《华阳国志·汉中志》）
阴平	多叟、羌，"人民刚勇"，有"胡虏风俗"（《华阳国志·汉中志》）
蜀郡	大姓恣纵，诸赵倚公，故多犯法。（《华阳国志·蜀志》）
汶山	郡多羌、夷（《华阳国志·蜀志》、《后汉书·西南夷传》"冉駹夷"条）
武都	人多氐、叟、羌、夷。"氐人勇戆抵冒，贪货死利"（《后汉书·西南夷传》"白马氐"条）。"其人半秦，多勇戆"（《华阳国志·汉中志》）
巴郡	特多人士、大姓（《华阳国志·巴志》）
巴西	其人自先汉以来，傀伟俶傥，冠冕三巴。"巴有将，蜀有相"。多大姓（《华阳国志·巴志》）
巴东	"汉夷"杂处之地，"人多劲勇，少文学，有将帅才"（《华阳国志·巴志》）
宕渠	先汉以来，士女贤贞（《华阳国志·巴志》）
江阳	俗好文刻，少儒学，多朴野（《华阳国志·巴志》）
涪陵	其人性质直，"人多戆勇，多獽、蜑之民。县邑阿党，斗讼必死"。少文学。山有大龟，其甲可卜（《华阳国志·巴志》）
犍为	士多仁孝，女性贞专。光武帝云："士大夫之郡也！"（《华阳国志·蜀志》）
越嶲	俗多游荡而喜讴歌，略与牂牁相类。豪帅放纵，难得制御（《后汉书·西南夷传》"邛都"条）。"郡夷刚很，皆鸱视"。（《华阳国志·蜀志》）
朱提	其民好学，滨犍为，号多人士，为宁州冠冕。（《华阳国志·南中志》）
牂牁	俗好鬼巫，多禁忌。颇尚学书，少威棱，多懦怯。少有乱，惟朱褒见诛（《华阳国志·南中志》）
兴古	重祠祀（《华阳国志·南中志》）
南广	俗"妖巫"，惑禁忌，多神祠（《华阳国志·南中志》）
晋宁	俗奢豪，难抚御（《华阳国志·南中志》）
建宁	按：史料未详，当同晋宁地区
永昌	绝域荒外（《后汉书·西南夷传》"哀牢夷"条、《华阳国志·南中志》）
云南	貊兽食铁，猩猩能言；有神鹿，一身两头，食毒草；有山神；蜻蛉县有碧鸡、金马，光影倏忽。（《汉书·地理志》《华阳国志·南中志》）

资料来源：据《华阳国志》《汉书》《后汉书》整理。

《华阳国志·南中志》总叙说：

> 南域处邛、筰、五夷之表，不毛闽濮之乡，固九服之外也。……要荒之俗，不与华同。①

显然，常璩所说的南中地区，在汉晋时期并不是华夏之地。南中为（外）徼内区域，其区域人文意象如此，则（外）徼外的区域，其区域人文意象也当相似。如永平中，白狼、槃木、唐菆等群体内附，益州刺史朱辅在奏书中称"远夷之语，辞意难正。草木异种，鸟兽殊类"②，将白狼、槃木、唐菆等群体看成语音不正的群体，其地"草木异种，鸟兽殊类"，"不与华同"。朱辅所作《远夷乐德歌诗》《远夷慕德歌诗》《远夷怀德歌》中，有"蛮夷贫薄，偻让龙洞""蛮夷所处，偻让皮尼。日入之部，且交陵悟""冬多霜雪，综邪流藩""荒服之外，土地硗埆""食肉衣皮，不见盐谷"等语③，将（外）徼外群体及习俗、物产均看成"不与华同"，结构化的二元倾向尤为明显。

在这种"巴蜀—西南夷"结构化二元性区域框架之下，不同区域的区域意象差异也就异常强烈。巴蜀及汉中地区，其主要的人文意象差异是汉文化差异的问题。其中的汉中地区，被看成典型的汉文化区，常璩云：

> 自叔之后，世修文教，有俶傥之士，异人并挺。……自建武以后，群儒修业，开按图纬，汉之宰相当出坤乡。……其州牧郡守，冠盖相继，于西州为盛，盖济济焉。④

---

① （晋）常璩撰，任乃强校注：《华阳国志校补图注》卷4《南中志》，上海古籍出版社1987年版，第311页。
② 《后汉书》卷86《西南夷传》，中华书局1965年点校本，第2855页。
③ 《后汉书》卷86《西南夷传》，中华书局1965年点校本，第2856页。
④ （晋）常璩撰，任乃强校注：《华阳国志校补图注》卷2《汉中志》，上海古籍出版社1987年版，第68—69页。

常璩此处所说，是汉中地区的总体人文意象。常璩所说的汉中包括汉中、魏兴、上庸、新城四地。其中的魏兴，常璩明确说"其人半楚，风俗略与荆州沔中郡同"。[①]不仅魏兴地区"其人半楚"，江州以东均"其人半楚"[②]，即汉中地区的上庸、新城也当"其人半楚"。换言之，汉中地区的汉文化存在明显的东西差异。

蜀地，其人文意象在常璩笔下也是典型的汉文化区。常璩说：

> 星应舆鬼，故君子精敏，小人鬼黠；与秦同分，故多悍勇。……益州以蜀郡、广汉、犍为为"三蜀"。……人士俊乂，一州称望。……蜀以成都、广都、新都为三都，号名城。[③]

这里所说的"蜀地"，是包括成都平原边缘区域特别是西北地区的诸郡的，故有"与秦同分，故多悍勇"之说。"与秦同分"，既可能指武都地区的氐羌，又可能指巴西、宕渠地区的板楯蛮，其族群性格均有"悍勇"的特征。三蜀地区"人士俊乂，一州称望"，则汉文化同样是相当发达的。与三蜀毗邻的梓潼"世有隽彦，人侔于巴、蜀"[④]，也是典型的汉文化区。

蜀地不仅为典型的汉文化区，而且是极为重要的汉文化区。前文已引述过，秦定巴蜀后，巴蜀地区特别是蜀地即开始了华夏化历程。前文还讨论过，即使在成都平原，迟至汉末也还有蛮夷风俗的遗存。但总体来看，西汉初期蜀地特别是成都平原地区文化特征当已发生了巨大的变化，汉文化成为主流文化。史载汉景帝（前

---

① （晋）常璩撰，任乃强校注：《华阳国志校补图注》卷2《汉中志》，上海古籍出版社1987年版，第83页。

② （晋）常璩撰，任乃强校注：《华阳国志校补图注》卷1《巴志》，上海古籍出版社1987年版，第20页。

③ （晋）常璩撰，任乃强校注：《华阳国志校补图注》卷3《蜀志》，上海古籍出版社1987年版，第113、163页。

④ （晋）常璩撰，任乃强校注：《华阳国志校补图注》卷2《汉中志》，上海古籍出版社1987年版，第108页。

188—前 141）文翁任蜀郡太守时：

> 见蜀地辟陋有蛮夷风，文翁欲诱进之，乃选郡县小吏开敏有材者张叔等十余人亲自饬厉，遣诣京师，受业博士，或学律令。……数岁，蜀生皆成就还归，文翁以为右职，用次察举。……又修起学官于成都市中，招下县子弟以为学官弟子。……由是大化，蜀地学于京师者比齐鲁焉。至武帝时，乃令天下郡国皆立学校官，自文翁为之始云。①

文翁本为"舒人"，即其先为蛮夷群体。文翁已为蜀郡太守，反映了当时蜀地汉文化已相当发达，甚至汉文化已成为主流文化。引文中所说的"蜀地辟陋有蛮夷风"，也反映了蜀地汉文化的发展当是有成效的。在此基础上，文翁通过选才入京授业，在蜀地兴办学官，使蜀地"大化"，自然进一步推进了蜀地的华夏化。文翁在蜀地兴学或许只是一个开端，汉代的循吏大都承担有教化的职能②，并在其努力下形成了流动于郡县与朝廷（或中原）之间的庞大汉文化传输群体，最终使华夏意象在郡县的层面上稳固下来。③

巴地在东汉时期也被看成华夏之区，尽管当时有为数不少的板楯蛮分布在巴郡地区。《华阳国志·巴志》载，西汉以还，巴地"五教雍和，秀茂挺逸。英伟既多，缎捐谣旁作。故朝廷有忠贞尽节之臣，乡党有主文歌咏之音"。④巴地虽是华夏之区，却又有独特之处。常璩说，"其民质直好义，土风敦厚，有先民之流。风淳俗厚，世挺名将"⑤，又说"巴有将，蜀有相"⑥，表明巴地具有独特的尚武区

---

① 《汉书》卷 89《循吏传·文翁》，中华书局 1962 年点校本，第 3625 页。
② 余英时：《汉代循吏与文化传播》，《中国思想传统的现代诠释》，联经出版有限公司 1987 年版，第 67—258 页。
③ 王健文：《帝国秩序与族群想像：帝制中国初期的华夏意识》，《新史学》2005 年第 4 期。
④ （晋）常璩撰，任乃强校注：《华阳国志校补图注》卷 1《巴志》，上海古籍出版社 1987 年版，第 17 页。
⑤ （晋）常璩撰，任乃强校注：《华阳国志校补图注》卷 1《巴志》，上海古籍出版社 1987 年版，第 51 页。
⑥ （晋）常璩撰，任乃强校注：《华阳国志校补图注》卷 1《巴志》，上海古籍出版社 1987 年版，第 45 页。

域意象。东汉中晚期，随着大量楚地移民的进入（详见前文），巴地区域人文意象也有变化。永兴二年（154）巴郡太守议分立巴郡之事时有这样的描述：

> 江州（在今重庆）以东，滨江山险，其人半楚，姿态敦重；垫江（在今合川）以西，土地平敞，精敏轻疾。上下殊俗，情性不同。敢欲分为二郡，一治临江（在今忠县），一治安汉（在今内江）。①

其中的"其人半楚"区域，当与汉中地区的魏兴、上庸、新城等地是相连接的。换言之，常璩所说的魏兴、上庸、新城、巴东、巴郡等地，均是"其人半楚"的区域。

常璩所说的南中地区，在常璩看来是"俗征巫鬼，好诅盟，投石结草"的区域。②不过，南中地区在东汉中晚期的人文意象也存在很大的差异。其中的朱提地区，"其民好学，滨犍为，号多人士，为宁州冠冕"。③显然，朱提地区的区域意象与三蜀地区相似。

南中的牂牁、平夷、平乐、夜郎、西平、兴古、梁水、建宁、晋宁、云南、河阳、永昌等地，其区域人文意象可分三区。晋宁、建宁地区，为汉夷杂处地区，"俗奢豪，难抚御"④的区域意象比较明显。"俗奢豪，难抚御"区域人文意象的形成，与晋宁、建宁地区的族群结构有关。常璩描绘"南人"社会情形云：

> （夷人）论议好譬喻物，谓之"夷经"。今南人言论，虽学者亦半引"夷经"。与夷为姓曰"遑耶"，诸姓为"自有耶"。世乱犯法，辄

---

① （晋）常璩撰，任乃强校注：《华阳国志校补图注》卷1《巴志》，上海古籍出版社1987年版，第20页。

② （晋）常璩撰，任乃强校注：《华阳国志校补图注》卷4《南中志》"总叙"条，上海古籍出版社1987年版，第246页。

③ （晋）常璩撰，任乃强校注：《华阳国志校补图注》卷4《南中志》，上海古籍出版社1987年版，第278页。

④ （晋）常璩撰，任乃强校注：《华阳国志校补图注》卷4《南中志》，上海古籍出版社1987年版，第260页。

依之藏匿。或曰：有为官所法，夷或为报仇。与夷至厚者谓之"百世遑耶"，恩若骨肉，为其逋逃之薮。故南人轻为祸变，恃此也。①

这里的"南人"，应指南中地区的汉族。此类"南人"，又当指晋宁、建宁地区的汉族。牂柯地区两汉有汉族的迁入，但牂柯地区的区域人文意象是"俗好鬼巫，多禁忌。颇尚学书，少威棱，多懦怯。少有乱"。②显然，前文所引"俗奢豪，难抚御"的区域人文意象，应属晋宁、建宁地区的区域人文意象。此外，味县是建宁郡的郡治，"有明月社，夷晋不奉官，则官与共盟于此社也"。③建宁地区"夷晋不奉官"的特征，与"俗奢豪，难抚御"相符。

牂柯、平夷、平乐、夜郎、西平、兴古、梁水（也包括南广、江阳南部地区）等地，则属于"俗妖巫，惑禁忌"的区域。其中的牂柯地区，因有汉文化的传播，还有"颇尚学书"的区域意象，但"少威棱，多懦怯"。云南、永昌（也包括河阳）等地，则属于被神异化的区域。例如，云南地区有食铁貊兽，有能言猩猩，有神鹿一身两头且食毒草，有山神，有碧鸡、金马等，都是"离奇"的事物。此类"事物"的存在，使永昌、云南地区被神异化。晋宁地区也有神异化的色彩，如《后汉书·西南夷传》云："有神马四匹出滇池河中，甘露降，白乌见，始兴起学校，渐迁其俗。"④

蜀西的武都、阴平、汶山、汉嘉、越嶲等地，其区域人文意象是"人民刚勇""胡虏风俗""其人半秦，多勇憨""郡夷刚很，皆鸱视"等，典型的人文意象是"人民刚勇"。其中的越嶲地区，还有神异化的色彩。例如，邛都县"多恶水"，"不可污秽及沈乱发，照

---

① （晋）常璩撰，任乃强校注：《华阳国志校补图注》卷4《南中志》"总叙"条，上海古籍出版社1987年版，第246页。

② （晋）常璩撰，任乃强校注：《华阳国志校补图注》卷4《南中志》"总叙"条，上海古籍出版社1987年版，第260页。

③ （晋）常璩撰，任乃强校注：《华阳国志校补图注》卷4《南中志》"总叙"条，上海古籍出版社1987年版，第272页。

④ 《后汉书》卷86《西南夷传》，中华书局1965年点校本，第2847页。

面则使人被恶疾,一郡通云然"。① 三缝县有石猪坪,"有石猪,子母数千头。长老传言:夷昔牧猪于此,一朝猪化为石。迄今夷不敢牧于此"。②

政治意象方面,西南地区的政治意象具有明显的"巴蜀—西南夷"二元结构,或称巴蜀本位思想。此种思想的产生,应不早于秦国时期。秦定巴蜀后,巴蜀地区最先实现郡县化,并在战国末期在西南夷地区建立了一些初郡、初县。巴蜀地区的政治意象,主要是"据险自守"的问题。"据险自守"的政治意象是从巴蜀地区的层面来说的,更始二年(24)李熊向公孙述献议时就说蜀地"北据汉中,杜褒、斜之险,东守巴郡,拒扞关之口……见利则出兵而略地,无利则坚守而力农"。③然而从中央或全国的角度来说,巴蜀地区的"险"便可能导致"乱"的政治意象。《九州春秋》载建安十九年(214)曹操欲南征,傅幹说:"蜀有崇山之阻,难以威服,易以德怀"④,可见险的问题一定程度上影响了中原王朝对巴蜀地区的施治。进入魏晋时期,巴蜀地区因"险",其人"恃险好乱"的意象正式形成,巴蜀地区的"险"便与"乱"挂上了钩。晋人张载至蜀省亲道经剑阁,"以蜀人恃险好乱,因著铭以作诫"⑤,此铭即著名的《剑阁铭》,曰:

> 岩岩梁山,积石峨峨。……惟蜀之门,作固作镇。是曰剑阁,壁立千仞。穷地之险,极路之峻。世浊则逆,道清斯顺。⑥

蜀人"恃险好乱"的族群意象,以及巴蜀地区的"险"与

---

① (晋)常璩撰,任乃强校注:《华阳国志校补图注》卷3《蜀志》,上海古籍出版社1987年版,第209页。
② (晋)常璩撰,任乃强校注:《华阳国志校补图注》卷3《蜀志》,上海古籍出版社1987年版,第210页。
③ 《后汉书》卷13《公孙述传》,中华书局1965年点校本,第535页。
④ 《三国志》卷30《魏书·武帝纪》,中华书局1964年点校本,第43页注引《九州春秋》。
⑤ 《晋书》卷55《张载传》,中华书局1974年点校本,第1516页。
⑥ 《全晋文》卷85张载《剑阁铭》,商务印书馆1999年点校本,第903页。

"乱"有关的政治意象，在魏晋南北朝时期都存在。清人顾祖禹《读史方舆纪要》曾总结四川地区的政治意象云：

> 四川非坐守之地也。以四川而争衡天下，上之足以王，次之足以霸；恃其险而坐守之，则必至于亡。①

在中央或全国的层面上说，巴蜀地区险、远，但却是不可放弃之地。甚至有学者说："夫以关中东并者，西必兼巴蜀。"② 与此不同，西南夷地区，则时有"弃边"之说。此类例子，前文已部分引述过。例如，元朔元年（前128），严安上书曰："今欲招南夷，朝夜郎，降羌僰，略濊州，建城邑……此人臣之利也，非天下之长策也。今中国无狗吠之惊，而外累于远方之备，靡敝国家，非所以子民也。"③ 在严安看来，开西南夷地区是虚耗国家财力，非为良策。成帝河平中，夜郎群体互攻，杜钦说大将军王凤曰："不毛之地，亡用之民，圣王不以劳中国，宜罢郡，放弃其民，绝其王侯勿复通。"④ 新莽时，冯英上书云："僰道以南，山险高深，茂多驱众远居，费以亿计，吏士离毒气死者什七。……空破梁州，功终不遂。宜罢兵屯田。"⑤ 熹平五年（176）南夷反叛时，"朝议以为郡在边外，蛮夷喜叛，劳师远役，不如弃之。"⑥ 在以上言论中，西南夷地区被视为不毛之地，将其纳入王朝国家版图并无益处。

以上观点，自然值得商榷。例如，汉初发生的"盐铁论"，便有一群士大夫认为边地不可弃。所谓的"盐铁论"，是当时士大夫针对是否应开置边郡、治理边郡展开的争论。无论是主张开边还是主张弃边的人，都主张"善为国者，务怀其内，不求外利；务富其

---

① （清）顾祖禹：《读史方舆纪要·四川方舆纪要叙》，中华书局2003年点校本，第3094页。
② 沈垚：《庸蜀羌僰微卢彭濮考》，载谭其骧主编《清人文集地理类汇编》（第1册），浙江人民出版社1986年版，第394页。
③ 《史记》卷112《主父偃列传》，中华书局2014年点校修订本，第3583—3584页。
④ 《汉书》卷95《西南夷传》，中华书局1962年点校本，第3843页。
⑤ 《汉书》卷99《王莽传》，中华书局1962年点校本，第4140页。
⑥ 《后汉书》卷86《西南夷传》，中华书局1965年点校本，第2847页。

民，不贪广土"。① 问题在于，边郡地区是否值得去治理。其中较为积极的态度，是主张汉王朝应积极治理边地。在"盐铁论"中的"大夫"看来，边地是王朝国家不可或缺的区域：

> 边民百战，而中国恬卧者。以边郡为蔽扞也。②

在"大夫"看来，边地、边郡，是中原地区的屏障。与之对应，若没有边地、边郡的屏障，则中原危矣：

> 地不可无边，无边亡国。是故失凉州，则三辅为边；三辅内入，则弘农为边；弘农内入，则洛阳为边。推此以上况，虽尽东海犹有边也。③

鉴于边郡与"中国"的此种肢体与腹心关系，"大夫"还建议"散中国肥饶之余，以调边境"，因为"边境强，则中国安"。④ 此外，在盐铁论的"御史"看来，"边郡之利亦饶"。⑤ 东汉时期，以王符为代表的士大夫群体，也认为边郡为王朝之重要部分，边郡不宁则京师震动，朝廷的任务不当是处守势时弃边，而是以移民、保民、垦荒、置军等措施使边郡成为京师稳定之屏障。⑥

如上"大夫""御史"的言论，与前述弃边之说形成鲜明的对比。在"大夫""御史"看来，边郡亦为国家之重要组成部分，为"国家之本"，故有"遐迩一体"之说。⑦ 此类"国本"观点虽提高

---

① 《后汉书》卷51《庞参传》，中华书局1965年点校本，第1687页。
② 王利器校注：《盐铁论校注》卷4《地广》，中华书局1992年点校本，第207页。
③ （汉）王符著，汪继培笺，彭铎校正：《潜夫论笺校正》卷5《救边》，中华书局1985年点校本，第258页。
④ 王利器校注：《盐铁论校注》卷4《地广》，中华书局1992年点校本，第207页。
⑤ 王利器校注：《盐铁论校注》卷3《未通》，中华书局1992年点校本，第190页。
⑥ （汉）王符著，汪继培笺，彭铎校正：《潜夫论笺校正》卷5《救边》，中华书局1985年点校本。关于王符治边思想的详细分析见赵梅春《王符的治边思想》，《中国边疆史地研究》2002年第2期。
⑦ 黎小龙、徐难于：《两汉边疆思想观的论争与统一多民族国家边疆思想的形成》，《中国边疆史地研究》2006年第4期。

了边郡在大一统国家中的地位，但并没有完全消除内郡与边郡间的差异。司马相如认为"贤君……必将崇论闳议，创业垂统，为万世规"，并主张开置边郡，使"冠带之伦"与"夷狄殊俗之国"纳入大统。[1] 不过，此种大一统虽主张"遐迩一体"，却也有"中外禔福"的"中外"之分。[2] 而且，是否开置、维持边郡，也要"各因世宜""知时宜之变"[3]，边郡与内郡存在着明显的轻重次序。如前所述，王符是东汉时期"遐迩一体"之说的代表，认为弃边是"割国家之地以与敌，杀主上之民以馁羌"[4]，并主张移民实边，边地荒芜过久是"开敌心"。[5] 然而，对边郡、边境的维护、充实，是"安中国之要术"[6]，边郡与内郡的轻重次序仍然极为明显。

二　区域意象的差序格局

前文已讨论过，两汉时期曾在西南地区实行过"各以地比"的施治措施。此种施治措施，主要表现为以巴蜀为中心治理西南夷地区。"各以地比"的施治措施，并不一定会导致区域意象上的差序格局，但在以《华阳国志》为代表的西南地区史志中，又见有明显的区域意象差序格局。

首先，在区域层面上，《华阳国志》试图划分出"汉中—蜀地—巴地—西南夷地区[7]"这样的差序格局。对于汉中地区，《华阳国

---

[1]《汉书》卷57《司马相如列传》，中华书局1962年点校本，第2856页。
[2]《汉书》卷57《司马相如列传》，中华书局1962年点校本，第2856页。
[3] 黎小龙、徐难于：《两汉边疆思想观的论争与统一多民族国家边疆思想的形成》，《中国边疆史地研究》2006年第4期。
[4]（汉）王符著，汪继培笺，彭铎校正：《潜夫论笺校正》卷8《边议》，中华书局1985年点校本，第276页。
[5]（汉）王符著，汪继培笺，彭铎校正：《潜夫论笺校正》卷8《实边》，中华书局1985年点校本，第285页。
[6]（汉）王符著，汪继培笺，彭铎校正：《潜夫论笺校正》卷8《实边》，中华书局1985年点校本，第288页。
[7] 若依《华阳国志》的目录，当作"南中地区"。不过，《华阳国志》所说的"南中"，是包括整个西南夷地区的，故在此称"西南夷地区"。

志》云"在天鉴为云汉，于地画为梁州"①，这是将汉中地区视为当时梁州的起点，即今所谓西南地区的起点。结合《华阳国志》称汉中郡为"汉之'天汉'"，可知汉中地区的比照对象是关中，这是很独特的比照对象。又云汉中"州牧郡守，冠盖相继，于西州为盛，盖济济焉"。②将汉中视为西南地区的"起点"，即西州中汉文化最发达的区域。蜀地，《华阳国志》称其"蕃衍三州，土广万里，方之九区，于斯为盛"③，比照的对象是西南地区，"三州"即梁州、益州、宁州④，其地位仅次于汉中地区。巴地，为中古华夏封地，秦汉甸卫⑤，仍然在华夏体系中。西南夷地区情况比较特殊。前已引述过，《华阳国志》曰："南域处邛、笮、五夷之表，不毛闽濮之乡，固九服之外也。……要荒之俗，不与华同。"⑥这里显然将西南夷地区看成与汉中、蜀地、巴地所不同的区域。《后汉书·西南夷传》的总结性评论也是此类区域意象建构的代表，评论云：

---

① （晋）常璩撰，任乃强校注：《华阳国志校补图注》卷2《汉中志》，上海古籍出版社1987年版，第61—69页。

② （晋）常璩撰，任乃强校注：《华阳国志校补图注》卷2《汉中志》，上海古籍出版社1987年版，第68—69页。

③ （晋）常璩撰，任乃强校注：《华阳国志校补图注》卷3《蜀志》，上海古籍出版社1987年版，第219页。

④ 任乃强认为，"蕃衍三州"指的是巴蜀文化发展流播"由蜀之一郡，展拓及于南中（宁州）与荆、梁三州"（《华阳国志校补图注》卷3《蜀志》，上海古籍出版社1987年版，第218页任乃强注）。"三州"当指梁州、宁州、益州。常璩云："右益州，汉初统郡五。后渐分建，蜀郡及巴郡又分为五郡；刘二主时，又自广汉、汉中、犍为、巴西分出六郡。武帝开益州五郡，明帝开永昌郡，丞相亮置建宁、兴古、云南郡，合二十五郡。及宁州、荆（？）、梁州建，复增七郡。蜀于是有州四，凡三十二郡，一百九十六县。"（《华阳国志校补图注》卷3《蜀志》，上海古籍出版社1987年版，第216页）益州汉初五郡，即汉中郡、武都郡、巴郡、蜀郡、广汉郡，"益州"是"益州刺史部"之省称，与后文的"益州"不是一回事。"蜀于是有州四，凡三十二郡"，其中的"蜀"当指"蜀汉"，非指"蜀地"。换言之，此处引述的"三州"，包括梁州、宁州、益州，在今天的意义上即整个西南地区，不涉及荆州。《华阳国志·大同志》云李雄入成都后"三州没为雄矣"（《华阳国志校补图注》卷8《大同志》，上海古籍出版社1987年版，第476页），《华阳国志·后贤志》云费立"除巴西太守，不就，转梁、益、宁三州都，兼尚书"（《华阳国志校补图注》卷11《后贤志》，上海古籍出版社1987年版，第657页）及士女目录中提及的"梁、益、宁"三州，所涉及地域范围相同，"三州"也应均指梁、益、宁。

⑤ （晋）常璩撰，任乃强校注：《华阳国志校补图注》卷1《巴志》，上海古籍出版社1987年版，第51页。

⑥ （晋）常璩撰，任乃强校注：《华阳国志校补图注》卷4《南中志》，上海古籍出版社1987年版，第311页。

第六章　区域意象、族群意象与民族地理观分区　385

卒能开四夷之境，款殊俗之附。若乃文约之所沾渐，风声之所周流，几将日所出入处也。……虽服叛难常，威泽时旷，及其化行，则缓耳雕脚之伦，兽居鸟语之类，莫不举种尽落，回面而请吏。……若乃藏山隐海之灵物，沉沙栖陆之玮宝，莫不呈表怪丽，雕被宫幄焉。又其賨幏火毳、驯禽封兽之赋，轸积于内府；夷歌巴舞、殊音异节之技，列倡于外门。①

《后汉书·西南夷传》的总结性评论，将西南夷群体视为日落之部，即生活在极边地区的群体，并描述其群体为"缓耳雕脚之伦，兽居鸟语之类"，用语极为轻慢。而西南夷地区所产，均为奇珍异兽，珍宝玩物，其文化则为奇风异俗，都不是国家社会经济文化所依赖的根本。

在郡的层面上，《华阳国志》也努力区分不同区域的差序格局。特别是，从一些郡的描绘措辞中，能看出其明显的差序格局。汉中地区，《华阳国志》独对汉中郡的区域意象有特别的描绘，云其土地、贡赋"略侔三蜀"；文教所及，"有俶傥之士，异人并挺"；为汉宰相、郡守之乡，"州牧郡守，冠盖相继，于西州为盛"。②由这些称颂来看，汉中郡的物产虽不及三蜀地区，但其文教则要优于三蜀地区。三蜀，包括益州蜀郡、广汉、犍为三郡。益州不止此三郡，划出此三郡，实际上就是益州的一种区域意象差序格局。而在三蜀地区，又当以蜀郡称首。《华阳国志》云蜀郡："箫鼓歌吹，击钟肆悬，富侔公室，豪过田文，汉家食货，以为称首"，又云"汉征八士，蜀有四焉"。③广汉郡，当列于蜀郡之后。《华阳国志》称

---

①《后汉书》卷86《西南夷传》，中华书局1965年点校本，第2860页。
②（晋）常璩撰，任乃强校注：《华阳国志校补图注》卷2《汉中志》，上海古籍出版社1987年版，第61—69页。
③（晋）常璩撰，任乃强校注：《华阳国志校补图注》卷3《蜀志》，上海古籍出版社1987年版，第145页。

广汉郡"人士俊乂，一州称望"，多出蜀郡、广汉二郡太守。[1] 巴地，与蜀地一样，有三巴之说，即巴郡、巴东郡、巴西郡。巴地有"世挺名将"的区域意象[2]，这是与汉中、蜀地所不同的区域意象。故曰："巴有将，蜀有相"。[3] 三巴以巴西郡称首，《华阳国志》称颂巴西郡曰："其人自先汉以来，傀伟倜傥，冠冕三巴，有名士学兼三才，出将。"[4] 梓潼郡的情况比较特殊。该郡在汉晋政区中一般被视为蜀地，但在《华阳国志》中被叙于《汉中志》中。《华阳国志》云其"世有隽彦，人侔于巴、蜀"[5]，其区域意象在差序格局中位于巴蜀之后。余下区域，即西南夷地区。在西南夷地区中，朱提郡之民"滨犍为，号多人士，为宁州冠冕"。[6] 显然，朱提郡在区域意象上可排西南夷区域首位。余下西南夷地区诸郡，虽部分郡载有忠烈、文学之事，但多与巴蜀士人有关。如牂牁郡，其郡守吴霸、陈立为蜀郡人，张亮则为汉中人，刘宠为广汉人，费诗为犍为人，马忠为巴西人[7]。与此相应，《华阳国志》云蜀郡出西夷官、太守[8]。

在区域意象差序格局的建构过程中，不同区域意象的比照对象并不相同（表6-4），汉中地区的比照对象是中原、西州，蜀地的比照对象是整个西南地区（即"三州"地区），巴地的比照对象是

---

[1] （晋）常璩撰，任乃强校注：《华阳国志校补图注》卷3《蜀志》，上海古籍出版社1987年版，第163页。

[2] （晋）常璩撰，任乃强校注：《华阳国志校补图注》卷1《巴志》，上海古籍出版社1987年版，第51页。

[3] （晋）常璩撰，任乃强校注：《华阳国志校补图注》卷1《巴志》，上海古籍出版社1987年版，第45页。

[4] （晋）常璩撰，任乃强校注：《华阳国志校补图注》卷1《巴志》，上海古籍出版社1987年版，第45页。

[5] （晋）常璩撰，任乃强校注：《华阳国志校补图注》卷2《汉中志》，上海古籍出版社1987年版，第108页。

[6] （晋）常璩撰，任乃强校注：《华阳国志校补图注》卷4《南中志》，上海古籍出版社1987年版，第278页。

[7] （晋）常璩撰，任乃强校注：《华阳国志校补图注》卷4《南中志》，上海古籍出版社1987年版，第260页。

[8] （晋）常璩撰，任乃强校注：《华阳国志校补图注》卷3《蜀志》，上海古籍出版社1987年版，第155页。

蜀，西南夷地区的比照对象是中原及整个西南夷地区。在郡的层面上，各郡比照对象并不相同，一种是与更为优越的区域比照，如梓潼与巴蜀地区的比照，朱提与犍为的比照；另一种是与本区的比照，强调某区与本区其他区域的优越性，如"三蜀""三巴"，以及朱提在宁州中的特殊性，均是如此。不同的比照对象，对应的是不同的序位，使西南地区不同区域的区域意象能够建构起具有明显差序的格局来。

表6-4　　　　　　　西南地区区域意象差序格局建构中的比照对象

区域差序格局	比照对象	郡差序格局	比照对象
汉中	中原、西州	汉中	中原、西州
蜀	三州（梁、益、宁）	魏兴、上庸、新城	中原
巴	蜀	三蜀（蜀郡、广汉、犍为）	益州
西南夷	中原、三州	梓潼	中原、巴蜀
		三巴（巴、巴西、巴东）	巴
		朱提	三蜀之犍为郡，宁州

注：表中差序格局只考虑明确有比照对象的区域和郡。
资料来源：据《华阳国志》整理。

此种区域意象的差序格局，若不考虑民族观的因素，则大体符合史实。不过，在某些具体问题上，又未必如此。按表6-5、表6-6统计的大姓、士女情况来看，汉中地区记载明确的大姓只有汉中郡的3姓，士女汉中郡39人、魏兴郡1人，都远远少于巴、蜀地区。文学是古代士人入仕的基本途径，据现有的研究两汉魏晋时期汉中地区都不是重要的文学区，而蜀地却是重要的文学区。[①] 即使在政治仕人的层面上，两汉及三国时期汉中也不是重要的人才源地，而

[①] 参见曾大兴《中国历代文学家之地理分布》，商务印书馆2013年版，第38—64页；梅新林《中国文学地理形态与演变》，上海人民出版社2014年版，第35—38页；胡阿祥《魏晋本土文学地理研究》，南京大学出版社2001年版。

蜀地则多出南中地区郡守。①常璩对大姓、士女分布的情况是非常熟悉的，他对汉中地区的称赞应当是出于汉文化认同因素的考虑，与实际的情况是有差异的。广汉郡的大姓数和士女数都与蜀郡相当，可见其社会经济之发达并不亚于蜀郡多少。广汉郡士女更是远多于"三巴"诸郡，却被列于巴、蜀之后，也反映了区域意象秩序中失实的一面。建宁地区的大姓、士女数也多于牂牁地区，且经济更是比牂牁要发达得多。不过，建宁郡的区域意象在差序格局中排在牂牁郡之后，这与牂牁郡大姓世保边郡而建宁郡大姓"俗奢豪，难抚御"②的因素有关。

表 6-5　　　　　　　　汉晋时期西南区域大姓分布

区域	汉中		蜀		巴		西南夷	
	郡	大姓数（姓）	郡	大姓数（姓）	郡	大姓数（姓）	郡	大姓数（姓）
	汉中	3	梓潼	>7	巴郡	28	平夷	1
			蜀郡	>20	巴东	3	建宁	6
			广汉	24	涪陵	6	朱提	8
			犍为	约30	巴西	13	永昌	4
					宕渠	1	兴古	4
					江阳	18		
小计	3		>81		69		23	

资料来源：据《华阳国志》前四卷整理；另参刘增贵《汉代的益州士族》(黄宽重、刘增贵主编：《家族与社会》，中国大百科全书出版社 2005 年版，第 122—169 页) 和孙俊、武友德《秦汉西南"汉夷"格局——以〈华阳国志〉豪族士女和考古室崖墓分布为中心》(《中国边疆史地研究》2018 年第 2 期) 梳理。

---

① 黎小龙：《论两汉王朝西南边疆开发中的"各以地比"之治理方略》，《西南师范大学学报》(人文社会科学版) 2001 年第 6 期；贾海鹏：《三国时期吴蜀两国人才的地理分布及其政治影响》，湖南师范大学硕士学位论文，2012 年。

② (晋) 常璩撰，任乃强校注：《华阳国志校补图注》卷 4《南中志》，上海古籍出版社 1987 年版，第 260 页。

表 6-6　　　　　　　　　汉晋时期西南区域士女分布

区域	汉中		蜀		巴		西南夷	
	郡	士女数（人）	郡	士女数（人）	郡	士女数（人）	郡	士女数（人）
	汉中	39	蜀郡	71	巴郡	9	牂牁	2
	魏兴	1	广汉	70	涪陵	6	永昌	1
			犍为	40	巴西	47	建宁	3
			梓潼	21	宕渠	14	朱提	1
					江阳	2	汉嘉	2
小计	40		202		78		9	

资料来源：据《华阳国志》卷 10 整理；另参孙俊、武友德《秦汉西南"汉夷"格局——以〈华阳国志〉豪族士女和考古室崖墓分布为中心》(《中国边疆史地研究》2018 年第 2 期) 梳理。

第二节　族群意象的差异

一　巴蜀、汉中地区的汉族群体意象

"巴、蜀、广汉本南夷"。[1] 秦定巴蜀后，大批北方群体进入西南区域，随后汉族群体形成，西南地区逐渐形成了具有明确族群区分的"汉夷"格局。这些群体在秦汉时期具有不同的族群意象，其中的汉族主要涉及汉中、巴蜀两大区域。巴蜀、汉中汉族群体的意象，由史籍所见材料来看，蜀地群体与巴地及汉中东部群体有很大的差别。

蜀地的汉族群体，有"精敏""柔弱""恣纵"的意象。"精敏"方面，《华阳国志·蜀志》云蜀地"君子精敏，小人鬼黠"。[2] 永兴二年（154）巴郡太守议分立巴郡之事时提到"垫江（在今合川）以西，土地平敞，精敏轻疾"[3]，这里的"精敏轻疾"群体实际上也与

---

[1] 《汉书》卷 28《地理志》，中华书局 1962 年点校本，第 1645 页。
[2] （晋）常璩撰，任乃强校注：《华阳国志校补图注》卷 3《蜀志》，上海古籍出版社 1987 年版，第 113、163 页。
[3] （晋）常璩撰，任乃强校注：《华阳国志校补图注》卷 1《巴志》，上海古籍出版社 1987 年版，第 20 页。

蜀地汉族有关。"精敏"指聪明伶俐,"鬼黠"也有此意。所谓"鬼黠",与巴蜀地区"星应舆鬼"有关,扬雄《方言》云:"虔,儇慧也。……自关而东,赵魏之间谓之黠,或谓之鬼"。①虽"鬼黠"也有"儇慧"之意,但"小人儇慧"则表明蜀地汉族有"小聪明"的意象。"柔弱"方面,《汉书·地理志》说蜀地汉族"民食稻鱼,亡凶年忧,俗不愁苦,而轻易淫泆,柔弱褊阨","未能笃信道德,反以好文刺讥"②,表明其时蜀地之人乐于安逸生活,柔弱,且好祀鬼神。"柔弱"是蜀地汉族的主要群体特征之一,三国时蜀汉须依靠蜀人用兵,士人仍认为,"蜀兵轻锐,良将少","蜀人轻脱,亮故坚用之",将蜀汉依靠蜀人看成不得已的事。③"恣纵"方面,应主要指蜀地汉族中的豪族大姓。《华阳国志·蜀志》有蜀郡成都县"大姓恣纵,诸赵倚公,故多犯法。濮阳太守赵子真父子强横"等语。④

  蜀地汉族群体与巴地汉族群体的群体意象有很大差异,《华阳国志》称颂巴西郡曰"出将"⑤,又云"巴有将,蜀有相"⑥即是说明。巴地出将,表明巴地群体尚武,这与蜀地汉族群体的"柔弱"有很大的不同。东汉时期,随着峡江地区楚人群体的增多,巴地汉族群体"其人半楚"的意象形成。永兴二年(154)巴郡太守议分立巴郡之事时提到:"江州(在今重庆)以东,滨江山险,其人半楚,姿态敦重。"⑦"姿态敦重"的群体意象,与蜀地汉族群体的"君子精敏"意象也有很大的不同。不过,巴地汉族群体的"其人半楚"意

---

① 华学诚汇证:《扬雄方言校释汇证》卷13《輏轩使者绝代语释别国方言校释汇证第十三》,中华书局2016年点校本,第865页。
② 《汉书》卷28《地理志》,中华书局1964年点校本,第1645页。
③ 《全晋文》卷55袁準(缺篇名),商务印书馆1999年点校本,第582页。
④ (晋)常璩撰,任乃强校注:《华阳国志校补图注》卷3《蜀志》,上海古籍出版社1987年版,第157页。
⑤ (晋)常璩撰,任乃强校注:《华阳国志校补图注》卷1《巴志》,上海古籍出版社1987年版,第45页。
⑥ (晋)常璩撰,任乃强校注:《华阳国志校补图注》卷1《巴志》,上海古籍出版社1987年版,第45页。
⑦ (晋)常璩撰,任乃强校注:《华阳国志校补图注》卷1《巴志》,上海古籍出版社1987年版,第20页。

象，也当与汉中东部即魏兴、上庸、新城的"其人半楚"汉族群体意象连为一体。

二 "四夷"秩序化体系中的西南夷总体意象

《礼记·王制》曰："东方曰夷，被发文皮，有不火食者矣。南方曰蛮，雕题交趾，有不火食者矣。西方曰戎，被发衣皮，有不粒食者矣。北方曰狄，衣羽毛穴居，有不粒食者矣。……五方之民，言语不通，嗜欲不同。"[①]《礼记·王制》"五方之民"民族地理观中，族群意象的首要差异是"中国"与"四夷"的问题。"四夷"的族群意象也有差异，主要体现在衣、食两个方面。不过，《礼记·王制》的"四夷"体系中，"四夷"的族群意象没有明显的秩序化倾向。晚至汉中叶，"四夷"的族群意象已被秩序化。最先使"四夷"族群意象秩序化的应当是东汉许慎《说文解字》。在《说文解字》中，夷、蛮、戎、狄、羌、貉等汉代主要的族群被安排到不同的字部中，建构了这些群体与不同事物间的关系。其中的"四夷"，有被秩序化的倾向，主要体现在是否"从人"，其文化是否接近于汉文化方面（表6-7）。

表6-7 《说文解字》中的"四夷"族群意象及其差序比照对象

族群	《说文解字》意象	备注
（东）夷	平也。从大从弓。东方之人也	《说文解字注》曰："惟东夷从大。大，人也。夷俗仁。……与夏不殊"
（南）蛮	南蛮，蛇种。从虫	未详
（西）戎	牧羊人也。从人从羊	《说文解字注》曰："当从羊儿"，非"从人"
（北）狄	本犬种。狄之为言淫辟也。从犬	《说文解字注》曰："恶与貉，辟与狄，皆叠韵为训"

注：《说文解字》"戎"为兵器，表中戎条为据段玉裁《说文解字注》补。
资料来源：（汉）许慎撰，（清）段玉裁注：《说文解字注》，上海古籍出版社1981年影印本。引文分别详见是书卷10"大"部"夷"条，第493页上；卷13"虫"部"蛮"条，第664页上；卷4"羊"部"羌"条，第476页下；卷10"犬"部"狄"条，第476页下。

[①] （汉）郑玄注，（唐）孔颖达疏，（清）阮元校刻：《礼记正义》卷12《王制》，《十三经注疏》，中华书局1980年影印本，第1338页中。

许慎《说文解字》中的"四夷"族群意象，又见于稍晚的应劭《风俗通义》中，且其内涵更为丰富：

> 东方曰夷者，东方仁，好生，万物抵触地而出。夷者，抵也……南方曰蛮者，君臣同川而浴，极为简慢。蛮者，慢也……西方曰戎者，斩伐杀生，不得其中。戎者，凶也……北方曰狄者，父子叔嫂，同穴无别。狄者，辟也，其行邪辟……①

《风俗通义》对"四夷"族群意象的描绘中，"四夷"群体也被秩序化，内涵较《说文解字》更为全面。《礼记·王制》的"五方之民"，其族群意象主要集中在衣、食方面，族群性格刻画不明显。《说文解字》《风俗通义》对"四夷"的描绘，则首在族群性格刻画，东夷"抵"，北狄"辟"，为《说文解字》所建构；南蛮"慢"，西戎"凶"，为《风俗通义》所建构。这些族群性格的刻画，实际上是对"四夷"进行了另一番解释。而且，此种解释中"四夷"的族群意象被秩序化了。其中，东夷为最接近于"中国"族群意象的群体，即"仁"，"好生"。"东夷"以下群体，其族群意象渐为异化。南蛮只是"慢"，戎则已为"凶"。至"狄"，其行为更是"邪辟"。

《说文解字》《风俗通义》"四夷"族群意象的秩序化，应是秦汉时期"四夷"族群意象秩序化的反映。在正史中，《史记·匈奴传》首先对匈奴的族群意象进行了描绘，云匈奴"习战攻以侵伐，其天性也"，"苟利所在，不知礼义"，"贵壮健，贱老弱"，"父死，妻其后母；兄弟死，皆取其妻妻之"。②《史记》所描绘的匈奴族群意象，不仅为《汉书》《后汉书》所承袭，而且被进一步渲染。例如，《汉书·匈奴传》不仅有如上《史记·匈奴传》中的内容，更有"总

---

① （汉）应劭撰，王利器校注：《风俗通义校注》之《佚文·四夷》，中华书局1981年点校本，第487页。
② 《史记》卷110《匈奴传》，中华书局2014年点校修订本，第3483—3484页。

结"说：

> 是以《春秋》内诸夏而外夷狄。夷狄之人贪而好利，被发左衽，人面兽心，其与中国殊章服，异习俗，饮食不同，言语不通，辟居北垂寒露之野，逐草随畜，射猎为生，隔以山谷，雍以沙幕，天地所以绝外内地。……其地不可耕而食也，其民不可臣而畜也。是以外而不内，疏而不戚，政教不及其人，正朔不加其国。①

《汉书·匈奴传》对匈奴族群意象的渲染，在中古史籍中达到了无以复加的地步。由此，《礼记·王制》中文化落后的"北狄"群体，在秦汉时期已被描绘成缺乏教义的群体。

《礼记·王制》《说文解字》及《风俗通义》中的"西戎"，在秦汉时期主要涉及的是氐羌群体。氐羌群体在《史记》《汉书》中均无传，至《后汉书》时有《西羌传》。《后汉书·西羌传》云西羌"父没则妻后母，兄亡则纳釐嫂，故国无鳏寡，种类繁炽"，"强则分种为酋豪，弱则为人附落，更相抄暴，以力为雄"，"以战死为吉利，病终为不祥"，"堪耐寒苦，同之禽兽。虽妇人产子，亦不避风雪。性坚刚勇猛，得西方金行之气焉"。②在史籍中，将"西戎"群体的极度异化，也应以《后汉书·西羌传》为最。

《说文解字》《风俗通义》对"东夷"群体族群意象的描绘，为《后汉书·东夷传》所承袭。《后汉书·东夷传》还评论东夷云："东夷通以柔谨为风，异乎三方者也。苟政之所畅，则道义存焉。仲尼怀愤，以为九夷可居"③，其族群意象甚为特殊。

《说文解字》《风俗通义》为汉代作品，西南夷群体中的部分群体也有涉及。其中最重要的应是僰，许慎曰："犍为蛮夷。从人，

---

① 《汉书》卷94《匈奴传》，中华书局1962年点校本，第3833—3834页。
② 《后汉书》卷87《西羌传》，中华书局1965年点校本，第2869页。
③ 《后汉书》卷85《东夷传》，中华书局1965年点校本，第2823页。

棘声"①；应劭曰："夷中最仁，有人道，故字从人。"②段玉裁《说文解字注》中僰的含义被泛化，云："西南僰人、僬侥，从人；盖在坤地，颇有顺理之性。坤，顺也。在西南。"③西南夷群体不只僰、僬侥，僰、僬侥族群性格的特殊性，后文详表。事实上，自《史记》立《西南夷传》，西南夷便成为中古时期一个相对完整的群体，在汉代被纳入"三方"体系中，在魏晋时期被纳入"五夷"体系中。

"三方"之说当出现并形成于汉初。三方，又称"三垂（陲）"，《盐铁论》有如下记载：

> 大夫曰："先帝举汤、武之师，定三垂之难，一面而制敌，匈奴遁逃。"④
>
> 大夫曰："今三垂已平，唯北边未定。"⑤
>
> 大夫曰："先帝绝三方之难，抚从方国，以为蕃蔽，穷极郡国，以讨匈奴。"⑥
>
> 大夫曰："先帝之时，郡国颇烦于戎事，然亦宽三陲之役。"⑦

以上，"三方""三垂（陲）"，王利器《盐铁论校注》曰："《文选·羽猎赋》'割其三垂'，李善注'三垂，谓西方、南方、东方，武帝侵三垂以置郡县'"。⑧"武帝侵三垂以置郡县"，尚未点明"三方"最为特殊的地方。上引文献中有"三方"最特殊的地方在于"以为蕃蔽"等语，意指平定"三方"后力事匈奴。黎小龙认为，

---

① （汉）许慎：《说文解字》卷8"人"部"僰"条，中华书局1963年影印本，第167页下引《地理风俗记》。
② （北魏）郦道元注，王国维校：《水经注校》卷33《江水》（一），《王国维全集》第13卷，浙江教育出版社2009年版，第383页。
③ （汉）许慎撰，（清）段玉裁注：《说文解字注》卷4"羊"部"羌"条，上海古籍出版社1981年影印本，第476页下。
④ 王利器校注：《盐铁论校注》卷4《地广》，中华书局1992年点校本，第208页。
⑤ 王利器校注：《盐铁论校注》卷7《备胡》，中华书局1992年点校本，第445页。
⑥ 王利器校注：《盐铁论校注》卷7《击之》，中华书局1992年点校本，第471页。
⑦ 王利器校注：《盐铁论校注》卷7《击之》，中华书局1992年点校本，第471页。
⑧ 王利器校注：《盐铁论校注》，中华书局1992年点校本，第449页注（二二）。

区分"三方"与匈奴的标准,是"已定"和"未定"。^①此说甚是。"三方"与"中国"在汉代并未被看成一致的整体,汉初有"诸侯比境,周匝三垂,外接胡、越"之说^②,所谓"周匝三垂,外接胡、越",表明在汉代"中国"与"三方""三垂(陲)"是有区别的。但是,相对来说,"中国"与"三方""三垂(陲)"的区别远不如"中国"与匈奴的区别那么明显且激烈。扬雄曾上书哀帝说:"唯北狄为不然,真中国之坚敌也,三垂比之悬矣。"^③延光二年(123)尚书陈忠上疏曰:"臣闻八蛮之寇,莫甚北虏。"^④由扬雄、陈忠的评说来看,汉代边患最严重的是北部边疆匈奴所引起的问题。

北部边缘匈奴引起的边患极为严重,导致在相对的层面上"三方""三垂(陲)"与"中国"又有一定的一体性。杜诗曾云:"唯匈奴未譬圣德,威侮三垂,陵虐中国。"^⑤在杜诗看来,匈奴的侵扰不仅影响"中国",同时也影响了"三方""三垂(陲)"。晋人陈寿曾总结秦汉"四夷"情势云:"秦、汉以来,匈奴久为边害。孝武虽外事四夷,东平两越、朝鲜,西讨贰师、大宛,开邛笮、夜郎之道,然皆在荒服之外,不能为中国轻重。而匈奴最逼于诸夏,胡骑南侵则三边受敌"。^⑥"胡骑南侵则三边受敌",也表明"三方""三垂(陲)"深受北部群体的影响。而且,陈寿所说的"三边",并不是在"三边"的立场上来说的,而是在"中国"的立场上来说的,"三边"为"中国之三边"。

"三方"之中,西南夷群体也有其特殊性。《汉书·地理志》曰:"东夷天性柔顺,异于三方之外"^⑦;《后汉书·东夷列传》论

---

① 黎小龙:《〈汉书·西南夷两粤朝鲜传〉三传合一体例与两汉边疆民族思想》,《中国边疆史地研究》2015年第6期。
② 《汉书》卷14《诸侯王表》,中华书局1962年点校本,第393页。
③ 《汉书》卷94《匈奴传》,中华书局1962年点校本,第3815页。
④ 《后汉书》卷88《西域传》,中华书局1965年点校本,第2912页。
⑤ 《后汉书》卷31《杜诗传》,中华书局1965年点校本,第1095页。
⑥ 《三国志》卷30《魏书·乌丸鲜卑东夷传》,中华书局1964年点校本,第831页。
⑦ 《汉书》卷28《地理志》,中华书局1962年点校本,第1658页。

曰:"东夷通以柔谨为风,异乎三方者也"。① 南方的越群体,为汉代"为乱"的群体之一,上古以降"余善至大逆"。② 西南夷群体的族群意象虽不及东夷群体,但也是较温顺的群体。《后汉书·西南夷传》论曰:

> 蛮夷虽附阻岩谷,而类有土居,连涉荆、交之区,布护巴、庸之外,不可量极。然其凶勇狡算,薄于羌狄,故陵暴之害,不能深也。西南之徼,尤为劣焉。③

在范晔看来,"四夷"群体中最为"凶勇狡算"的是羌、狄(匈奴),蛮夷次之,西南夷群体则属温顺的群体。所谓的"西南之徼,尤为劣焉",指的是西南夷群体比较而言未引起较大的边患。陈寿也曾说过,"秦、汉以来,……邛莋、夜郎……皆在荒服之外,不能为中国轻重。"④

中古史籍中还有"五夷"之说,但仅见一处,即《华阳国志·南中志》总叙说:"南域处邛、筰、五夷之表"。⑤ 这里的"五夷",任乃强曰:"《史记》《汉书》有《西南夷传》,魏晋人遂有'五夷'之目。"⑥ 自《史记》立《西南夷传》后,西南夷成为"四夷"群体中一个相对独立的群体。中古时期的东夷、北狄、南蛮、西戎,随着历史的进程所指对象并不相同,所涉及区域也不相同。唯西南夷群体,历史时期一直存在,较其他群体地域范围最为稳定。合"四夷""西南夷"而为"五夷",其说可从。但于族群意象方面,因资料有限,暂不得知西南夷于"五夷"体系中的族群意象详情。

---

① 《后汉书》卷85《东夷传》,中华书局1962年点校本,第2823页。
② 《史记》卷114《东越传》,中华书局2014年点校修订本,第3614页。
③ 《后汉书》卷86《西南夷传》,中华书局1965年点校本,第2860页。
④ 《三国志》卷30《魏书·乌丸鲜卑东夷传》,中华书局1964年点校本,第831页。
⑤ (晋)常璩撰,任乃强校注:《华阳国志校补图注》卷4《南中志》,上海古籍出版社1987年版,第311页。
⑥ (晋)常璩撰,任乃强校注:《华阳国志校补图注》卷4《南中志》,上海古籍出版社1987年版,第312页任乃强注。

三　西南夷各群体意象

西南夷在秦汉的“四夷”体系中是较温顺的群体，但因其族群结构复杂，各群体间的族群意象差异也颇为明显。“西南夷”本包括西夷、南夷两大群体，司马迁说“西夷后揃，剽分二方，卒为七郡”。[①]司马相如曾说“二方之君鳞集仰流”[②]，裴骃《集解》曰：“言西夷邛、僰，南夷牂牁、夜郎也。”[③]不过，西夷与南夷在族群意象上的差异，史无详载。虽然西夷、南夷的族群意象不详，但在汉晋史籍中西南夷群体在空间上具有明显的圈层结构。《史记》《汉书》《后汉书》之《西南夷传》，在叙述夜郎、靡莫之属、邛都群体后，都有“其外”二字，即其他群体在夜郎、靡莫之属、邛都群体之外。与之相应，《华阳国志·南中志》总叙说：“南域处邛、笮、五夷之表。”[④]这里的“五夷之表”，任乃强曰：“谓南中属于西南夷之最外部分也。”[⑤]西南夷群体分布中的空间意象，应属纯从地理角度而得出的族群意象，即西南夷不同群体处边远、极边地区。

秦汉时期处于不同区域的西南夷群体，各族群间的具体族群意象也有很大的差异。司马迁在《史记》中曾这样系统地描述西南夷群体：

> 西南夷君长以什数，夜郎最大；其西靡莫之属以什数，滇最大；自滇以北君长以什数，邛都最大：此皆魋结，耕田，有邑聚。其外西自同师以东，北至楪榆，名为嶲、昆明，皆编发，随畜迁徙，毋常处，毋君长，地方可数千里。自嶲以东北，君长以什数，徙、筰都最

---

① 《史记》卷116《西南夷传》，中华书局2014年点校修订本，第3632页。

② 《史记》卷117《司马相如传》，中华书局2014年点校修订本，第3697页。

③ 《史记》卷117《司马相如传》，中华书局2014年点校修订本，第3697页裴骃《集解》。

④ （晋）常璩撰，任乃强校注：《华阳国志校补图注》卷4《南中志》，上海古籍出版社1987年版，第311页。

⑤ （晋）常璩撰，任乃强校注：《华阳国志校补图注》卷4《南中志》，上海古籍出版社1987年版，第312页任乃强注。

大；自筰以东北，君长以什数，冉駹最大。其俗或土箸，或移徙，在蜀之西。自冉駹以东北，君长以什数，白马最大，皆氐类也。①

在司马迁笔下，西南夷群体包括四大类群，"魋结，耕田，有邑聚"者，"编发，随畜迁徙，毋常处，毋君长（实际上是'毋大君长'）"者，"或土箸，或移徙"者，以及武都地区的"氐类"。这段文字虽极为简短，但包括有丰富的信息，基本反映了西南夷群体不同类群间社会、经济、文化的发展状况。其中的夜郎、滇、嶲、昆明等群体，《华阳国志·南中志》"总叙"条说：

南中在昔盖夷越之地，滇濮、句町、夜郎、叶榆、桐师、嶲唐侯王国以十数。编发左衽，随畜迁徙，莫能相雄长。②

《华阳国志》是西南地区最为重要的地志之一，但在上述族群意象的说明方面，则不甚准确。"编发左衽，随畜迁徙，莫能相雄长"应仅限于叶榆、桐师、嶲等群体，也就是司马迁所说的嶲、昆明等群体。不过，也有另一种解释，即《华阳国志》所说的"滇濮、句町、夜郎、叶榆、桐师、嶲唐侯王国以十数。编发左衽，随畜迁徙，莫能相雄长"是魏晋时期的情况。也就是说，《华阳国志》所说"南中在昔盖夷越之地"是"昔"的情况，后面的内容则是魏晋时的情况。"编发左衽，随畜迁徙，莫能相雄长"，在司马迁笔下是嶲、昆明的族群意象。嶲汉代以还已不见载，昆明则是隋唐时期南中地区的重要族群。《新唐书·南蛮传》"昆明蛮"条载：

爨蛮西有昆明蛮，一曰昆弥，以西洱河为境，即叶榆河也。……土歊湿，宜粳稻。人辫首、左衽，与突厥同。随水草畜牧，夏处高

---

① 《史记》卷116《西南夷传》，中华书局2014年点校修订本，第3626页。
② （晋）常璩撰，任乃强校注：《华阳国志校补图注》卷4《南中志》，上海古籍出版社1987年版，第229页。

山，冬入深谷。尚战死，恶病亡，胜兵数万。……武德中，嶲州治中吉伟使南宁，因至其国，谕使使朝贡，求内属，发兵成守。自是岁与牂柯使偕来。龙朔三年（663），矩州刺史谢法成招慰比楼等七千户内附。总章三年（670），置禄州、汤望州。咸亨三年（672），昆明十四姓率户二万内附，析其地为殷州、摠州①、敦州，以安辑之。殷州居戎州西北，总州居西南，敦州居南，远不过五百余里，近三百里。其后又置盘、麻等四十一州，皆以首领为刺史。②

此记载中有几个问题可先厘清：一者，西洱河的问题。两《唐书》的《南蛮传》均记载到西赵蛮"西至昆明，南至西洱河"。此昆明当即唐中后期内附后分布于滇东北部的昆明族，或又指东爨乌蛮的昆明（宋代将东爨乌蛮及勿邓诸蛮称为"昆明别种"）。此"西洱河"与汉代昆明族的西洱河不可能是同一条，一般认为，此"西洱河"是今南盘江的误写，《水经注》中称温水，"洱""温"形近③，有形讹的可能。二者，东部昆明族分布的时间问题。吉伟使南宁时至其国，而且"自是岁与牂柯使偕来"，说明武德时昆明族已大体分布在与牂柯相近的区域了。三者，人数的问题。龙朔至咸亨两次内附的昆明族史料所记为二万七千户，若按每户一兵计有兵二万七千人，考虑到昆明族的"随水草畜牧"特征则可能每户有兵二人，即兵不会少于五万人，这一数据与"胜兵数万"的记载几为相近。昆明族有兵不少于五万人的推测也可从其与西赵、牂柯诸蛮争夺滇东北、黔西北地区的对比中来解释。西赵、牂柯诸蛮均盛兵各万或数万④，但唐后期至宋时其地大半为昆明族所据，足见昆明族兵数不少。

昆明族东迁后，其分布地大为扩展，东及牂柯西部地区。昆

---

① 《新唐书》卷43《地理志》载总州、敦州、殷州均咸亨三年昆明内附置，"摠"与"总"音近。
② 《新唐书》卷222《南蛮传》"昆明蛮"条，中华书局1975年点校本，第6318—6319页。
③ （北魏）郦道元注，王国维校：《水经注校》卷36《温水》，《王国维全集》第13卷，浙江教育出版社2009年版，第466页。
④ 《旧唐书》卷197《南蛮西南蛮传》，中华书局1975年点校本，第5275页。

明族的族群意象，至隋唐时期仍是"人辫首、左衽，与突厥同"，"随水草畜牧，夏处高山，冬入深谷"①，这可能是常璩说南中群体为"编发左衽，随畜迁徙，莫能相雄长"的原因之一。

在司马迁笔下，西南夷群体是由众多大、小君长或无君长组成的群体。这一族群意象在东汉时期可能已有所转变。刘宋范晔撰《后汉书·西南夷传》，在总叙西南夷时"夜郎最大"变成了"有夜郎国"，"滇最大"变成了"有滇国"，"徙、筰都最大"变成了"有筰都国"，"冉駹最大"变成了"有冉駹国"，白马氐也有国。而且，范晔特别交代，夜郎、滇"各立君长"，筰都、冉駹、白马"三国亦有君长"。②换言之，《史记·西南夷传》所描述的西南夷群体由林林总总的大君长、小君长组成的族群意象（《汉书·西南夷传》袭之），到《后汉书·西南夷传》演变为了西南夷群体由不同方国组成的族群意象，只有巂、昆明仍是"无君长，辫发，随畜迁徙"。

范晔所说的"国"，应属范晔族群意象的重新建构。魏晋时期，西南夷地区族群结构发生变化，族称几近更替，牂牁地区的群体被称为僚，益州地区的群体被称为乌蛮、白蛮，蜀西的群体则包括乌蛮、氐、羌、僚等，与两汉时期的情况有很大的差别。换言之，如上范晔所说的"国"，只能是针对两汉时期而言的。而在两汉时期，随着西南夷地区郡县化进程的加深，迟至东汉时期当已不得为"国"，范晔所说的国也就只能是汉初或西汉时期的情况。据现有的研究，汉初或西汉时期西南夷群体的"国"，无论是在考古材料还是在史料上，都具有明显的联盟性质，最多是邦国的性质③，并不是一体化的整体。范晔的论说虽有失实的一面，但其于族群意象上的建构，则无可厚非。

---

① 《新唐书》卷222《南蛮传》"昆明蛮"条，中华书局1975年点校本，第6318—6319页。
② 《后汉书》卷86《西南夷传》，中华书局1965年点校本，第2844页。
③ 详见翟国强《先秦西南民族史论》，黑龙江教育出版社2011年版；段渝《西南酋邦社会与中国早期文明》，商务印书馆2015年版；罗二虎《文化与生态、社会、族群：川滇青藏民族走廊石棺葬研究》，科学出版社2011年版。

对于西南夷各群体，史料对其具体的族群意象也有所记载。这里需要说明的是，《后汉书·南蛮传》始为板楯蛮立传，但并未在西南夷体系之中。板楯蛮是一个极为特殊的群体。原本，板楯蛮居两汉时期的巴郡，是战国秦汉时期一个极为重要的群体。不过，《史记》《汉书》均不为其立传。究其原因，当是巴蜀地区当时已被视为华夏之地，故板楯蛮被割除在"四夷"体系之外。魏晋时期，"四夷交侵"，北部群体、西部群体均大量内迁，南部群体也大量北迁，史称"自刘、石乱后，蛮渐得北迁，陆浑[①]以南，满于山谷"。[②] 由于"四夷"群体迁居内地，导致秦汉时期已建构的"中国—四夷"族群分布格局被打破，对各族群的立传、叙事问题便不能再局限于最初的"四夷"分布之地，板楯蛮也得以立传。

据《史记》《汉书》《后汉书》《华阳国志》等史料，旁补《巴郡太守樊敏碑》等资料，汉代西南地区非汉族群的族群意象可分七类（表6-8）。一是"勇且忠"的群体，主要是板楯蛮。二是"勇"但"喜叛"的群体，包括廪君蛮后裔、武都氐羌、青（衣）羌、嶲、邛都、筰都、捉马等。三是俗"妖巫"，"贪利"的群体，主要是夜郎群体。四是"仁"的群体，主要是僰人。五是俗奢侈的群体，主要是滇。滇"人俗豪忲"，"忲"，李贤注曰："奢侈也。"[③] 六是喜歌舞的群体，包括板楯蛮、邛都、"胡人"等群体。七是獽、蜑、嶲、氐、羌等群体，都有"戆"的族群意象。这是一种歧视性的族群意象。《说文解字》曰："愚，戆也。从心从禺。禺，猴属，兽之愚者"；"戆，愚也。"[④]

[①] 在今洛阳市嵩县，汉置有陆浑县、陆浑关。"陆浑以南"当以陆浑关为地望。
[②] 《北史》卷95《蛮传》，中华书局1974年点校本，第3149页。
[③] 《后汉书》卷86《西南夷传》，中华书局1965年点校本，第2846页李贤注。
[④] （汉）许慎：《说文解字》卷10"心"，中华书局1983年影印本，第220页上。

表 6-8　　　　　　　　汉代西南地区非汉族群族群意象

族群	族群意象
板楯蛮	"天性劲勇，俗喜歌舞"；"其人勇猛，善于兵战"；"世有忠功"（《后汉书·南蛮传》"板楯蛮"条）
廪君蛮后裔（南郡）	"喜叛"（《后汉书·南蛮传》"南郡蛮"条）
獽、蜑	"憨勇"（《华阳国志·巴志》）
叟（武都）	"勇憨"（《华阳国志·蜀志》）
氐（武都、阴平）	氐人"勇憨抵冒，贪货死利"；"人民刚勇"，有"胡房风俗"（《后汉书·西南夷传》"白马氐"条，《华阳国志·蜀志》）
羌（武都）	"其人半秦，多勇憨"（《华阳国志·汉中志》）
冉駹	"其王侯颇知文书，而法严重。贵妇人，党母族。死则烧其尸。众皆依山居止，累石为室，高者至十余丈，为邛笼。"（《后汉书·西南夷传》"冉駹"条）
青（衣）羌	"奸狡"（《巴郡太守樊敏碑》）
邛都	"俗多游荡而喜讴歌，略与牂柯相类。豪帅放纵，难得制御。"（《后汉书·西南夷传》"邛都"条）
筰都	"其人皆被发左衽，言语多好譬类，居处略与汶山夷同。"（《后汉书·西南夷传》"筰都"条）
捉马	骁劲（《三国志·蜀书·张嶷传》）
"胡人"	擅舞（前文考古材料）
僰	"从人"（《说文解字》）；"夷中最仁，有人道，故字从人"（《水经注》引《地理风俗记》）
夜郎	旁小邑皆贪汉缯帛（《史记·西南夷传》《汉书·西南夷传》）；颇尚学书（《汉书·西南夷传》）；俗好巫鬼禁忌，有"输忠"之功（《后汉书·西南夷传》"夜郎"条）
滇	"人俗豪忲"，居官者皆富及累世（《后汉书·西南夷传》"滇王"条）
哀牢	"皆穿鼻儋耳，刻画其身，象龙文，衣皆着尾"（《后汉书·西南夷传》"哀牢"条）
昆明、濮、徙、旄牛、楯	不详。或模糊地说，昆明、楯等群体为"编发，随畜迁徙"的群体

资料来源：据《史记》《汉书》《后汉书》《华阳国志》《巴郡太守樊敏碑》等梳理。

东汉末蜀汉时期，南中地区的群体可能因反叛较多的缘故，其族群意象还进一步被异化。例如，建兴三年（225）蜀汉平南中，"以夷多刚很，不宾大姓富豪，乃劝令出金帛，聘策恶夷为家部曲，得多者奕世袭官。于是夷人贪货物，以渐服属于汉，成夷、汉部曲"。① 王逊为宁州刺史时，"讨恶僚刚夷数千落，威震南方"。②所谓部曲，是豪族大姓借以治理南中地区的夷人，却被称为"恶夷"，殊难理解，反映了当时南中地区西南夷群体族群意象的异化问题。

第三节　民族地理观分区

基于前文族群地理、族群政治地理空间、区域意象、族群意象的讨论，本节以汉末为主要时段，对秦汉时期西南区域民族地理观的空间差异进行分区。

一　大区的划分

分区是从区域角度探讨区域单元分异组合关系的方法，旨在揭示某种地理现象在区域内的共同性和差异性。③ 无论是共同性还是差异性，均有明显的尺度效应，这一特征决定了分区的研究和探讨须从不同尺度上进行。民族地理观作为一种空间意象，也存在共同性和差异性的问题，而且共同性和差异性在不同空间尺度上都有明显的体现。比较而言，分区所依据的指标，通常需要强调差异性以揭示区域差异。但在更大的尺度上，欲进行分区的本区域却又可能具有一定的共性特征。

根据前文族群地理、族群政治地理、区域意象（含有区域自然意象、区域经济意象、区域人文意象及区域政治意象）、族群意象的讨论，战国秦汉时期西南区域的民族地理观分区至少应从大区、亚区、区三个层面来讨论。这三个层面的民族地理观分区，不同时期表现形式并不相同。战国秦汉时期，西南区域民族地理观存在明

---

① （晋）常璩撰，任乃强校注：《华阳国志校补图注》卷4《南中志》，上海古籍出版社1987年版，第241页。
② （晋）常璩撰，任乃强校注：《华阳国志校补图注》卷4《南中志》，上海古籍出版社1987年版，第257页。
③ 郑度、葛全胜、张雪芹等：《中国区划工作的回顾与展望》，《地理研究》2005年第3期。

显的上古"五方之民"民族地理观随着国家疆域变迁、民族分布变化而不断调整的过程，典型的是由"巴、蜀、广汉本南夷"民族地理观格局演变为了"巴蜀西南外蛮夷"民族地理观格局。在大一统国家的层面上，这一演变过程也是西南地区民族地理观的奠基过程[1]，因为"巴蜀西南外蛮夷"民族地理观格局实现的政治地理空间是在秦汉时期才逐步奠定的。考虑到这一点，本书的民族地理观分区集中在汉末这一特殊的时段。至于此前的情况，由前文讨论"徼"的演变可窥其一斑。

以汉末为断限，西南地区民族地理观在大区层面上可划分为汉中—巴蜀大区（Ⅰ），内蛮夷大区（Ⅱ）和外蛮夷大区（Ⅲ）（表6-9。在更大的尺度上，也可有汉中—巴蜀、西南夷的划分。此种区分须注意，西南夷是包括内蛮夷和外蛮夷的）。这一大区的划分方案具有不同的表现形式。在族群地理的层面上，汉中—巴蜀大区以汉族为主（巴地有不少非汉族群，但在汉代并未被纳入西南夷体系中，前文已有详述），内蛮夷大区以西南夷群体中的内蛮夷为主，外蛮夷大区以西南夷中的外蛮夷为主。在族群政治地理的层面上，汉中—巴蜀大区属于内郡区，是王朝国家直接管辖的区域；内蛮夷大区虽为国家疆域内群体，但有"因俗而治"的问题存在，被视为边郡；外蛮夷大区，则是国家疆域外的群体。在族群意象上，汉中—巴蜀大区的族群意象问题是该大区汉族群体意象与北方特别是中原汉族群体意象的差异问题，内蛮夷大区和外蛮夷大区的族群意象问题则是这些大区内的群体与汉族群体意象的差异问题。在区域意象层面上，区域自然意象方面汉中—巴蜀大区的主要问题是"险""远"，内蛮夷大区、外蛮夷大区的区域自然意象则还有"极"的问题存在，此外汉中—巴蜀大区还有土地温湿的意象，内蛮夷大区则有部分区域寒冷；区域经济意象稍复杂一点，汉中—巴蜀大区是重要的经济区，内蛮夷大区、外蛮夷大区也有部分地区

---

[1] 黎小龙：《周秦两汉西南区域民族地理观的形成与嬗变》，《民族研究》2004年第3期。

有发达的农业、手工业，但其发达程度是与汉中—巴蜀大区无法比拟的，何况还有大部分内蛮夷大区、外蛮夷大区"少谷"或无稻、无桑的意象存在；区域人文意象方面，汉中—巴蜀大区与内蛮夷大区、外蛮夷大区存在明显的二元性，汉中—巴蜀大区是汉文化区，而内蛮夷大区、外蛮夷大区是夷文化区。

表 6-9　　　　大区划分的影响因素、方案、具体情况

影响因素	划分方案	具体情况
族群地理	汉中—巴蜀大区（Ⅰ）	汉族群体为主
	内蛮夷大区（Ⅱ）	西南夷群体中的内蛮夷为主
	外蛮夷大区（Ⅲ）	西南夷群体中的外蛮夷为主
族群政治地理	汉中—巴蜀大区（Ⅰ）	内郡区
	内蛮夷大区（Ⅱ）	边郡区
	外蛮夷大区（Ⅲ）	（外）徼外区
区域意象	汉中—巴蜀大区（Ⅰ）	险、远、平、温湿、农业区、果蔬区
	内蛮夷大区（Ⅱ）	极边、热冷兼有（不同区域）、险、兼有稻牧、部分地区贫且无桑蚕
	外蛮夷大区（Ⅲ）	不详
族群意象	汉中—巴蜀大区（Ⅰ）	与中原汉族群体的差异
	内蛮夷大区（Ⅱ）	与汉族群体的差异
	外蛮夷大区（Ⅲ）	

资料来源：据前文梳理。

在具体范围上，汉中—巴蜀大区包括汉中、古蜀国、古巴国的大部分地区，这一点比较容易确定。外蛮夷大区即王朝国家郡县以外的区域，这一点也容易确定。内蛮夷大区的范围，虽可简要地理解为国家疆域以内，汉中—巴蜀大区以外的区域，但"西夷""南夷"所包括的区域，则需要说明。"西夷""南夷"，《史记》《汉书》《后汉书》的《西南夷传》均表达为"巴蜀西南外蛮夷"或"在蜀郡徼外"，以巴蜀为地望。巴蜀正西的群体称西夷，正南称南夷，这是顺理成章的事，但在巴蜀正西南的群体，则需要说明。巴

蜀正西南的群体，实则即滇群体。《史记·西南夷传》载元封二年（前109）："天子发巴蜀兵击灭劳浸、靡莫，以兵临滇。……滇王离难西南夷。"[1]这里的"西南夷"实际应作"西夷"，《汉书·西南夷传》即如是。[2]为何《汉书·西南夷传》要说"滇王离西夷"，颜师古的解释是："言东向事汉"[3]。"东向事汉"不失为一种解释，但其地望不再是巴蜀，而是中原，与《史记》《汉书》《后汉书》的解释不合。晋灼曾说："南夷谓犍为、牂柯也。西夷谓越嶲、益州。"[4]晋灼虽明确指出了西夷与南夷的区分，但其依据则未言明。尽管如此，晋灼的说法是可采用的。事实上，《史记》《汉书》之《西南夷传》中，其"总叙"条的说法颇值得注意。《史记·西南夷传》曰："西南夷君长以什数，夜郎最大；其西……"[5]；《汉书·西南夷传》曰："南夷君长以士数，夜郎最大。其西……"。[6]《史记·西南夷传》中的"西南夷"实际上应作"南夷"，因为后文既说"夜郎最大"，则"君长以什数"的群体当即牂柯群体，不得混称为"西南夷"。换言之，《汉书·西南夷传》所说的"南夷君长以士数"应当是正确的。此外，前文讨论过的《史记·西南夷传》所云"滇王离难西南夷"事，之所以要理解成"滇王离难西夷"，是因为这里的"西夷"当指昆明群体，"离难西夷"表明滇与昆明在当时被看成在地望上是一个相对独立的群体。

二　亚区的划分

亚区层次的分区在大区层次的基础上进行拆分，但不同亚区拆分的影响因素并不相同（表6-10），主要包括以下几点。

---

[1]《史记》卷116《西南夷传》，中华书局2014年点校修订本，第3625、3631页。
[2]《汉书》卷95《西南夷传》，中华书局1962年点校本，第3842页。
[3]《汉书》卷95《西南夷传》，中华书局1962年点校本，第3842页颜师古注。
[4]《史记》卷116《西南夷传》，中华书局2014年点校修订本，第3693页注释[五]。
[5]《史记》卷116《西南夷传》，中华书局2014年点校修订本，第3626页。
[6]《汉书》卷95《西南夷传》，中华书局1962年点校本，第3837页。

表 6-10　　　　　　　亚区划分的影响因素、方案、具体情况

影响因素	划分方案	具体情况
族群地理	氐羌亚区（Ⅱ1）	氐羌为主
	汶山—越巂亚区（Ⅱ2）	"夷"为主
	晋宁—巴东亚区（Ⅱ3）	汉夷杂居
	牂柯亚区（Ⅱ4）	夜郎群体
	永昌亚区（Ⅱ5）	永昌群体
区域意象	汉中亚区（Ⅰ1）	区域汉文化差异
	巴蜀亚区（Ⅰ2）	
	氐羌亚区（Ⅱ1）	土地"刚"、险、寒，牧、麦结合，少矿
	汶山—越巂亚区（Ⅱ2）	土地"刚"、险、寒，牧、麦结合，少矿，部分区域种稻
	晋宁—巴东亚区（Ⅱ3）	地多险阻，种稻，多果蔬，有文学
	牂柯亚区（Ⅱ4）	地特险阻，少稻，少文学，俗"妖巫"
	永昌亚区（Ⅱ5）	地虽险阻，处"绝域荒外"，却宜五谷、蚕桑、牧渔、瓜果蔬菜、矿产等经济结构相对完整，唯无或少文学
族群意象	氐羌亚区（Ⅱ1）	"勇戆"著称，"人民刚勇"，有"胡虏风俗"，武都地区群体"其人半秦"
	汶山—越巂亚区（Ⅱ2）	贪利、放纵，部分群体"颇知文书"
	晋宁—巴东亚区（Ⅱ3）	人俗豪忲
	牂柯亚区（Ⅱ4）	贪利、"俗好巫鬼禁忌"
	永昌亚区（Ⅱ5）	俗好穿鼻，多纹刻

将汉中—巴蜀大区（Ⅰ）分为汉中亚区（Ⅰ1）、巴蜀亚区（Ⅰ2）。汉中—巴蜀大区在族群地理方面有差异，但在汉末被视为华夏之地，族群地理、族群政治地理、族群意象方面具有一体性。因此，汉中—巴蜀大区的分区主要依据区域意象方面的差异。而在区域意象方面，汉中—巴蜀大区的区域自然意象、区域经济意象具有更多的相似性，差异主要体现在区域人文意象方面。区域人文意象方面，如前所述汉中、巴蜀地区本无太大差别，都是汉文化区，甚至巴蜀特别是蜀地的汉文化似更为发达。不过，在汉晋史籍表达中汉中地区的文化发展程度高于巴蜀地区，故可分为两区。

将内蛮夷大区（Ⅱ）划分为氐羌亚区（Ⅱ1）、汶山—越嶲亚区（Ⅱ2）、晋宁—巴东亚区（Ⅱ3）、牂牁亚区（Ⅱ4）、永昌亚区（Ⅱ5）。内蛮夷大区为边郡区，在族群政治地理结构上具有更多的相似性。但因内蛮夷大区族群结构有很大的差异，不同区域族群地理、区域意象、族群意象均有不同。在族群地理方面，氐羌亚区以氐羌为主，汶山—越嶲亚区以"夷"群体为主，晋宁—巴东亚区为南蛮滇人、夜郎旁小邑群体及汉族杂居之地，牂牁亚区为夜郎群体，永昌亚区为哀牢人及濮人。

在区域意象方面，氐羌亚区为土地"刚"、险、寒、牧、麦结合，少矿，多猛勇群体的区域；汶山—越嶲亚区地区也是土地"刚"、险、寒、牧、麦结合，少矿的区域，但部分区域种稻；晋宁—巴东亚区为地多险阻，种稻，多果蔬，有文学的区域；牂牁亚区为地特险阻，少稻，少文学，俗"妖巫"的区域；永昌亚区地虽险阻，处"绝域荒外"，却宜五谷、蚕桑，牧渔、瓜果蔬菜、矿产等经济结构相对完整，唯无或少文学。

族群意象方面，氐羌亚区的氐羌群体以"勇戆"著称，"人民刚勇"，有"胡虏风俗"，武都地区的群体还有"其人半秦"的意象。汶山—越嶲亚区的"夷"，其主要的族群意象是贪利、放纵，部分群体"颇知文书"。晋宁—巴东亚区族群结构较为复杂，其中涉及晋宁的滇群体有"人俗豪忲"的族群意象。牂牁亚区的夜郎群体，有贪利、"俗好巫鬼禁忌"的族群意象。永昌亚区为哀牢人及濮人，俗好穿鼻，多纹刻。

外蛮夷大区具体情况不详，未划分亚区。与之有关，区也未划分。

三 区的划分

区层次的分区为在亚区层次基础上的拆分。与亚区的划分方案相似，区的划分中影响因素也不尽相同（表6-11）。除了部分亚区无法拆分外有如下亚区的拆分并其依据叙述如下。

表 6-11　　　　　　　区划分的影响因素、方案、具体情况

影响因素	划分方案	具体情况
族群地理	氐区（Ⅱ11）	以氐人为主
	羌区（Ⅱ12）	以羌人为主
	汶山区（Ⅱ21）	以"夷"为主，汉末有"胡"
	越巂区（Ⅱ22）	以"夷"为主，有汉族
	南广—巴东区（Ⅱ31）	汉族与獠、蜒等群体杂居
	朱提—晋宁区（Ⅱ32）	汉族与滇群体杂居
	哀牢区（Ⅱ51）	哀牢群体
	其他濮区（Ⅱ52）	其他濮群体
区域意象	汉中区（Ⅰ11）	"厥壤沃美"；汉"宰相之乡"
	魏兴—新城区（Ⅰ12）	"土地险隘"；"其人半楚"
	蜀区（Ⅰ21）	"土地温暑"，"土地肥美"；多出西夷大官，多文学；其人精敏轻疾
	巴区（Ⅰ22）	"土地确瘠"，"地贫"，"山险"，"水急"；尚武；其人"半楚"，"姿态敦重"
	氐区（Ⅱ11）	土地险阻
	羌区（Ⅱ12）	土地险阻且寒
	汶山区（Ⅱ21）	土地刚卤，以麦为资，多产牧产品
	越巂区（Ⅱ22）	土地平原，有稻田、盐池之利，出矿
	涪陵—平乐区（Ⅱ41）	地多险阻，有一定文学，有一定稻田
	牂舸—梁水区（Ⅱ42）	无文学，无稻田，且俗好妖巫
族群意象	氐区（Ⅱ11）	"刚勇"，其人"半秦"
	羌区（Ⅱ12）	"刚勇"，有"胡房风俗"
	汶山区（Ⅱ21）	冉駹夷"颇知文书"
	越巂区（Ⅱ22）	"奸狡"，"放纵"，"骁劲"
	南广—巴东区（Ⅱ31）	不详，但有"巫"的可能
	朱提—晋宁区（Ⅱ32）	人俗豪忲

将汉中亚区（Ⅰ1）分为汉中区（Ⅰ11）和魏兴—新城区（Ⅰ12）。汉中亚区为汉族分布区，其族群地理、族群政治地理、族群意象均有一体性，区域意象中的区域经济意象、区域政治意象也当具有较多的一致性，差异唯体现在区域自然意象和区域人文意象方面。区域自然意象方面，汉中"厥壤沃美"，魏兴、上庸、新城则"土地险隘"，山水艰阻，其中的新城为"隘地"。区域人文意象方面，汉中汉文化发达且为汉"宰相之乡"，魏兴、上庸、新城则为"其人半楚"的区域。

将巴蜀亚区（Ⅰ2）分为蜀区（Ⅰ21）和巴区（Ⅰ22）。与汉中亚区相似，巴蜀亚区为汉族分布区，其族群地理、族群政治地理均有一体性，区域意象中的区域经济意象、区域政治意象也当具有较多的一致性，差异唯体现在区域自然意象、区域人文意象方面。区域自然意象方面，蜀地"土地温暑""土地肥美"，巴地除部分区域多平地外还有"土地确瘠""地贫""山险""水急"的区域意象。在区域人文意象方面，"巴有将，蜀有相"，蜀地多出西夷大官，多文学，巴地则尚武；此外，蜀人"精敏轻疾"，巴地群体"其人半楚""姿态敦重"，也是巴、蜀两地汉族群体间的差异。

将氐羌亚区（Ⅱ1）分为氐区（Ⅱ11）和羌区（Ⅱ12）。氐羌亚区为边郡区，其族群政治地理意象具有更多的一致性，但在族群地理、区域意象、族群意象方面略有差异。族群地理方面，氐羌亚区族群分布具有一定的差异性，武都多羌，阴平、汶山多氐。区域意象方面，氐羌亚区均为土地险阻的区域，所产也略同，但氐区还有寒的区域自然意象。族群意象方面，氐羌群体均有"刚勇"的意象，但羌人所在武都地区"其人半秦"，氐人所在阴平、汶山地区则有"胡虏风俗"。

将汶山—越嶲亚区（Ⅱ2）分为汶山区（Ⅱ21）和越嶲区（Ⅱ22）。汶山—越嶲亚区为边郡区，其族群政治地理具有一致性。汶山—越嶲亚区本为"夷"分布区，但自秦定巴蜀始即有大量汉族群体进入越嶲地区，导致其族群地理具有差异性，族群意象也略有不同。族群地理方面，汶山区始终以"夷"为主，东汉时期则还有部分"胡人"群体的进入；越巂区也始终以"夷"为主，但秦定巴蜀后即有大量汉族群体进入。区域意象方面，汶山、越巂自然地理环境差异较大，所产也不尽相同。汶山地区多寒，土地"刚卤"，以麦为资，多产牧产品；越巂地区则土地平原，有稻田、盐池之利，出矿。族群意象方面，汶山冉駹夷"颇知文书"，越巂羌人、邛都、捉马等群体则"奸狡""放纵""骁劲"。

将晋宁—巴东亚区（Ⅱ3）分为南广—巴东区（Ⅱ31）和朱提—晋宁区（Ⅱ32）。晋宁—巴东亚区内的主要差异是族群地理、族群意象的问题。其中，晋宁等地是汉族、滇群体杂居区，巴东等地主要是汉族与獽、蜑等群体的杂居区。滇群体的族群意象"人俗豪忲"，獽、蜑等群体的意象不详，但有"巫"的可能。

将牂牁亚区（Ⅱ4）分为涪陵—平乐区（Ⅱ41）和牂牁—梁水区（Ⅱ42）。牂牁亚区为边郡区域，为夜郎群体所居，汉族群体并不多，族群结构较为一致，族群政治地理、族群意象也较为一致。但在区域意象上，牂牁亚区不同区域间有明显的差异。其中，涪陵—平乐区虽地多险阻，却有一定的文学，有一定的稻田。牂牁—梁水区，则不仅无文学，无稻田，且俗好"妖巫"。

将永昌亚区（Ⅱ5）分为哀牢区（Ⅱ51）和其他濮区（Ⅱ52）。永昌亚区史料记载不多，亚区内主要的差异是族群地理的问题，哀牢区族群以哀牢人为主，濮区族群以濮人为主。

据上，汉末西南地区民族地理观分区如表6-12所示。

表6-12　　　　　　　　　西南地区民族地理观分区

大区	亚区	区
Ⅰ：汉中—巴蜀大区	Ⅰ1：汉中亚区	Ⅰ11：汉中区
		Ⅰ12：魏兴—新城区
	Ⅰ2：巴蜀亚区	Ⅰ21：蜀区
		Ⅰ22：巴区

续表

大区	亚区	区
Ⅱ：内蛮夷大区	Ⅱ1：氐羌亚区	Ⅱ11：氐区
		Ⅱ12：羌区
	Ⅱ2：汶山—越巂亚区	Ⅱ21：汶山区
		Ⅱ22：越巂区
	Ⅱ3：晋宁—巴东亚区	Ⅱ31：南广—巴东区
		Ⅱ32：朱提—晋宁区
	Ⅱ4：牂牁亚区	Ⅱ41：涪陵—平乐区
		Ⅱ42：牂牁—梁水区
	Ⅱ5：永昌亚区	Ⅱ51：哀牢区
		Ⅱ52：其他濮区
Ⅲ：外蛮夷大区	未划亚区、区	

注：本分区表以汉末为主要时段。

略需赘言的是，民族地理观的分区，因要考虑族群地理的问题，与族群地理分区有关联，即能够反映出族群地理的问题来。但是，民族地理观分区又与族群地理分区有不一致的地方，特别是其中的区域意象、族群意象问题。区域意象、族群意象，多有"诞而不经"的内容。唐人杜佑曾指出，《华阳国志》这样的作品"自述乡国灵怪，人贤物盛。参以他书，则多纰谬"。[①]今人任乃强也说常璩对各地意象的评价"纯用中原文化之精神"。[②]《华阳国志》的部分内容，与《后汉书》如出一辙，特别是其中的区域意象、族群意象异化问题。王文光等甚至认为，《史记》《汉书》《后汉书》等在涉及西南地区族群时，在民族史观上都有"内华夏，外夷狄；贵华夏，贱四夷"的倾向。[③]这些因素的存在使得民族地理观本质上应看成地理想象的产物，即民族地理观本质上是一种想象地理。

[①] 《通典》卷171《州郡序》，中华书局1988年点校本，第4451页。
[②] （晋）常璩撰，任乃强校注：《华阳国志校补图注·前言》，上海古籍出版社1987年版，第6页。
[③] 龙晓燕、王文光：《中国西南民族史研究的回顾与展望》，《思想战线》2003年第1期；王文光、朱映占：《中国西南民族史研究的实践与理论运用评述》，《思想战线》2009年第2期。

第七章　民族地理观生成的地理机制

民族地理观的生成问题是民族地理观研究的核心问题。当前民族地理观的研究，重在民族地理观的定义及不同时期民族地理观的嬗变形式两个方面，对民族地理观生成的讨论尚只是略有涉及。本章的目的，是在结合已有研究的基础上，具体从战国秦汉时期西南区域的情况来检视民族地理观的生成机制问题。本章所说的民族地理观生成机制，注重从地理因素来分析地理因素如何影响民族地理的演变，进而影响民族地理观，以及地理因素如何直接影响民族地理观的建构。

第一节　自然地理因素与民族地理、民族地理观

一　自然地理因素与族群演进多元一体的区域性与整体性协同

战国秦汉时期西南区域民族地理的演变过程，既受本区族群演进的影响，又受北方南迁群体的影响。此种族群演进态势，与自然地理因素中的地貌和气候紧密相关。

西南区域的地貌因素，长时期影响着西南区域族群演进的区域性多元一体格局。以战国秦汉时期而论，司马迁笔下的西南地区汉族群体、南夷群体、西夷群体，实际上分布在不同的地貌单元区：汉族群体分布在四川盆地区及其毗邻的秦岭大巴亚高山区南部；南夷群体分布在鄂黔滇中山区；西夷群体中的滇、昆明、巂、邛都、筰都等群体分布在川西南、滇中亚高山盆地区；西夷中的哀牢群体

分布在滇西南亚高山区；西夷中的冉駹、白马群体，则分布在横断山高山峡谷区与秦岭大巴亚高山区的接合部。① 地貌单元的不同，很大程度上影响着不同族群的生计方式。以两汉时期《史记》《汉书》《后汉书》所划分的西南地区不同类型族群而言，族群生计方式与其所居地貌类型也有明显的对应关系（表7-1）。

表7-1　汉代西南地区不同族群生计方式及其对应的地貌单元

族群类别		生计方式	地貌类型
类别	代表性族群		
汉族		农业为主	平原为主，兼有高山
魋结，耕田，有邑聚	夜郎、滇、邛都	农业为主	中山、亚高山
随畜迁徙	嶲、昆明	牧业为主	亚高山
或土著，或移徙	筰都、冉駹	农牧结合	亚高山、高山峡谷
氐类	白马	牧业为主	高山峡谷
有邑聚	哀牢	农业为主	亚高山

注：哀牢是《后汉书·西南夷传》补上的，其生计、文化特征均有特殊性，可为单独的一类。

上表中，西南地区涉及战国秦汉时期西南族群的地貌类型有平原、高山、亚高山、高山峡谷四类。平原、亚高山、高山均可发展农业，只是农业种植的类型有明显的差异（稻或麦；不过，汉代士人中有明显的"稻"本位思想）。高山峡谷发展农业较难，此点也容易理解。奇怪的是，嶲、昆明所居亚高山地貌类型，当不至于完全无法发展农业，此方面的问题涉及气候变化，后文详述。

生活在不同地貌单元内的群体，长时期进行着费孝通所说的区域性多元一体演进进程。② 例如，《史记》《汉书》《后汉书》之《西南夷传》，都在强调某个群体"最大"，以及是否有国、有君。所谓的"最大""有国""有君"，指的是对应地域内的主要族群或主导族群。费孝通在阐释中华民族多元一体演进格局时指出，"民族结构

---

① 地貌单元分区详见李炳元、潘保田、程维明等《中国地貌区划新论》，《地理学报》2013年第3期。
② 如前所述（绪论），区域性层面因空间尺度的不同又表现为不同空间尺度下的区域性"多元一体"问题。

似乎总是反映着地理的生态结构"。① 此说不仅适宜于费孝通所划分的中原地区（整体性的核心区）、北部草原区、东北高山森林区、青藏高原区、藏彝走廊区、云贵高原区、南岭走廊区、苗瑶走廊区、沿海地区②、西北走廊区③、长江中游区（主要是故楚国地区）、长江下游区、新疆地区④，就是在这些区域的内部，也可能存在类似的情况。

地貌单元的差异对战国秦汉时期西南地区"多元"族群产生的影响是明显的，但这并不意味着对"一体"演进态势没有影响。按费孝通所说，中华民族"多元一体"演进格局的形成是以汉族为中心的，而特殊地貌条件所造就的交通格局，正是战国秦汉时期西南地区族群演进区域性多元一体与中华民族演进整体性多元一体协同演进的重要条件。战国秦汉时期，西南地区涉及族群演进最重要的交通要道是金牛道和峡江道，这是两条北方群体进入西南地区最重要的交通线，也是西南地区族群区域性多元一体实现与中华民族整体性多元一体协同演进最重要的连接线。不过，这两条交通要道之所以能促进西南地区区域性多元一体与中华民族整体性多元一体的协同演进，很大程度上又与气候变化有关。

在中国历史上，气候变化往往会导致大规模的族群迁徙，从而促进族群演进区域性多元一体与整体性多元一体的协同演进。民族学家管彦波总结说：

> 中国古代，以中高纬度地区地理环境的变迁为潜在动力，以气候的变化以及旱灾、雪灾等自然灾害为触发因素不断引发游牧社会的动荡与危机，进而导致他们周期性的南迁，这在一定程度上影响了中国古代历史的进程。⑤

---

① 费孝通：《中华民族多元一体格局》（修订本），中央民族大学出版社1999年版，第4页。
② 费孝通：《民族社会学调查的尝试》，《中央民族大学学报》1982年第2期。
③ 费孝通：《谈深入开展民族调查问题》，《中南民族大学学报》（哲学社会科学版）1982年第3期。
④ 费孝通：《中华民族多元一体格局》（修订本），中央民族大学出版社1999年版，第4—39页。
⑤ 管彦波：《民族大迁徙的地理环境因素研究——以中国古代民族迁徙为考察的重点》，《西北民族大学学报》（哲学社会科学版）2010年第3期。

在历史时期，北方游牧群体南迁的同时，其南的农耕群体也不断南迁，而且其重要目的地之一即西南地区特别是巴蜀地区。北方农耕群体迁往巴蜀地区，除了与北方气候恶化有关外，还应当注意到巴蜀地区的气候情况。据葛全胜等的研究，历史时期中国华北、华中的气候演变组合特征是"冷干—暖湿"，而西南地区气候演变的组合特征则是"冷湿—暖干"。[①]这一气候演变组合特征，可能会对北方农耕群体选择进入巴蜀地区产生重要的影响。

前文讨论汉族迁徙时已涉及，战国秦汉时期北方农耕群体进入巴蜀地区且与气候变化有关的事件，主要发生于秦汉之际，两汉之际及汉末这三个时段。在这三个时段内，北方农耕群体主要的气候事件包括（表7-2）：西汉前期相对干旱，两汉间干旱，东汉后期干旱。而在对应的时段内，西南地区一直保持较湿润的气候条件，且东汉较西汉湿润。据已有的梳理来看，西南地区长时期也保持较高的温度。[②]换言之，在北方农耕群体面临气候恶化的时段，西南地区均仍具有相对优越的气候环境。在此条件下，北方农耕群体选择巴蜀地区作为迁入地，当不失为一种合理的选择。由于西南地区特别是巴蜀地区特殊的气候条件，使得北方群体在气候恶化时期一波接一波进入巴蜀地区，形成了许倬云所说的"推背行"族群迁徙现象[③]，才使巴蜀地区汉族群体不断得到充实，并融合了其他群体，最终使巴蜀地区完全华夏化。

[①] 葛全胜等：《中国历朝气候变化》，科学出版社2011年版。

[②] 详见蓝勇《中国西南历史气候初步研究》，《中国历史地理论丛》1993年第2期。同见蓝勇《历史时期西南经济开发与生态变迁》，云南教育出版社1992年版，第191—204页。此外，秦汉时期的部分作品也说明秦汉时期西南地区特别是巴蜀地区较为温湿。详见（汉）应劭撰，王利器校注《风俗通义校注》之《佚文·辨惑》，中华书局1981年点校本，第604页；（晋）常璩撰，刘琳校注《华阳国志校注》卷1《巴志》，成都时代出版社2007年修订版，第28页；袁珂校注《山海经校注·山海经海经新释》卷13《海内经》，上海古籍出版社1980年版，第445页。

[③] 许倬云：《古代欧亚大陆族群的移动给我们的启示》，《历史分光镜》，上海文艺出版社1998年版，第207页；许倬云：《"三联版"序》，《西周史》（增补2版），生活·读书·新知三联书店2012年版，第16页。

表 7-2　　两汉时期中国干湿变化的区域格局及西南区域的特性

时间 区域	西汉前期	西汉后期	两汉间	东汉前期	东汉后期
华北	相对干旱	偏湿	干旱	偏湿	干旱
华中	偏湿		干旱	湿	偏旱
华南	偏湿，前 130 年、公元 1 年、150 年有变干事件				
西北	偏旱，较今湿，新莽后转干				
西南	较湿，东汉较西汉湿润				

资料来源：据葛全胜等《中国历朝气候变化》（科学出版社 2011 年版，第 137—377 页）整理。

西南地区战国秦汉时期气候变化具体情况的研究资料比较有限，主要是蓝勇《中国西南历史气候初步研究》一文初步建立的气候演变线索[①]，以及索德浩结合史料、环境考古材料、文化遗迹对汉代四川地区气候变化的初步梳理。[②] 其中，限于史料的有限性，蓝勇讨论的主要是汉代以降的情况。对于汉晋时期西南地区的气候状况，蓝勇认为其时四川盆地较现代温暖湿润，但在东晋时期有一个短暂的寒冷时期，特别是成都地区 319 年、334 年有寒冷事件；川西北高原长期寒冷；云南地区西部寒冷，东部较今温暖湿润。蓝勇主要是从史料的角度来讨论西南地区气候变化问题的，比较而言，环境考古所得的结论要更具体一些。由环境考古研究来看（表 7-3），战国秦汉时期西南地区的气候变化具有明显的区域性特征：成都平原长期温和偏湿；川西南地区有冷干演变过程；峡江地区相对湿润，但降水有减少趋势，两汉间发生过变冷、变干事件；滇西地区长期处于暖干气候环境中；滇中地区较为湿润；黔西地区有由湿到冷干的转变过程。

[①] 蓝勇：《中国西南历史气候初步研究》，《中国历史地理论丛》1993 年第 2 期。同见蓝勇《历史时期西南经济开发与生态变迁》，云南教育出版社 1992 年版，第 191—204 页。

[②] 索德浩：《汉代四川气候初步研究》，《乐山师范学院学报》2018 年第 2 期。

表 7-3　　西南区域环境考古反映的战国秦汉时期气候状况

环境考古材料采集地	气候环境特征
四川成都金沙遗址	2600—900a BP：温和、偏湿
四川冕宁彝海	2430—2190a BP：温干；2190—1720a BP：温凉、偏湿
泸沽湖	3300a BP—今：持续冷干
四川洪雅	5000a BP—今：降温减湿，但 2150a BP 前后有偏干过程
重庆新崖洞	1870—920a BP：相对湿润
重庆中坝遗址	3500—900 a BP：降水减少（较前期）
重庆巫山张家湾遗址	2200a BP—今：总体较为暖湿，两汉间有变冷、变干事件，且持续时间较长
云南洱海	1790—1480a BP：偏暖干
云南滇池	2700—1700a BP：温湿
云南抚仙湖	1800—500a BP：冷干
云南拉市海	2000—1480a BP：偏暖干
贵州草海	3000—700a BP：湿
贵州白鹇湖	2750—1500a BP：温凉向干旱发展
贵州七星洞	400 BC—100a：偏湿；100—200a：偏干；200—600a：偏湿
贵州荔波	2300—1800a BP：干旱寒冷

说明：(1) 表中年代均用原文年代表示；(2) 表中冷、暖、干、湿情况，均用原文的判断表示；(3) 表中"a"表示"年"，"BP"表示"距今"，"BC"表示"公元前"。

资料来源：依据表中排序，资料来源分别为：罗丽萍、朱利东、向芳等：《成都平原 4000a BP 以来的孢粉记录与环境变化》，《古生物学报》2008 年第 2 期；童国榜、吴瑞金、吴艳宏等：《四川冕宁地区一万年来的植被与环境演变》，《微体古生物学报》2000 年第 4 期；郑茜、张虎才、明庆忠：《泸沽湖记录的西南季风区 15000a B.P. 以来植被与气候变化》，《第四纪研究》2014 年第 6 期；石胜强、袁道先、罗伦德等：《35000a BP 以来四川洪雅的孢粉记录与气候变化》，《中国岩溶》2012 年第 2 期；王建力、何潇、李清等：《重庆新崖洞 4.5 ka 以来气候变化的石笋微量元素记录及环境意义》，《地理科学》2010 年第 6 期；朱诚、马春梅、李兰等：《长江三峡库区全新世环境考古研究进展》，《地学前缘》2010 年第 3 期；张强、朱诚、姜逢清等：《重庆巫山张家湾遗址 2000 年来的环境考古》，《地理学报》2001 年第 3 期；张振克、吴瑞金、沈吉等：《近 1800 年来云南洱海流域气候变化与人类活动的湖泊沉积记录》，《湖泊科学》2000 年第 4 期；吴艳宏、吴瑞金、薛滨等：《13 ka BP 以来滇池地区古环境演化》，《湖泊科学》1998 年第 2 期；孙启发、沈才明、王敏等：《云贵高原抚仙湖近 13300 年的花粉/炭屑记录》，《古生物学报》2018 年第 2 期；范弢：《云南丽江生态地质环境演化过程与趋势研究》，昆明理工大学博士学位论文，2008 年；马乐、蔡演军、秦世江：《贵州七星洞石笋记录的最近 2300 年气候和环境变化》，《地球环境学报》2015 年第 3 期；陈敬安、曾艳、张维等：《贵州白鹇湖沉积物记录的 4—2 ka B.P. 干旱气候事件及其生态环境影响》，《第四纪研究》2010 年第 6 期；杜荣荣、陈敬安、曾艳等：《贵州白鹇湖沉积物中孢粉记录的 5.5 ka B.P. 以来的气候变化》，《生态学报》2013 年第 12 期；陶发祥、洪业汤、姜洪波：《贵州草海地区最近 8Ka 的气候变化》，《科学通报》1996 年第 14 期；张美良、程海、林玉石等：《贵州荔波地区 2000 年来石笋高分辨率的气候记录》，《沉积学报》2006 年第 3 期。

战国秦汉时期西南地区的气候演变态势及其差异，虽因资料有限无法建立其与族群演进的关系，但由一些典型的事例来看西南地区的气候变化仍对族群演进产生了明显的影响。汉族群体的演进方面，前文已有述及，这里主要讨论西南夷群体的问题。战国秦汉时期西南夷群体演进受气候变化影响最典型的案例，当是昆明族的东迁问题。昆明族原本居于洱海区域，这一区域在西南地区地理环境中并不属于较差的区域。然而，两汉时期居于洱海区域的嶲、昆明族群，其在司马迁所划分的类别上却是"随畜迁徙"的群体。事实上，在今洱海区域，约公元前12世纪即有农业的发展[1]，唐代农业更是发达，何以两汉时期昆明族群却成为"随畜迁徙"的群体呢？两汉嶲、昆明族群生计方式的记载有不实的可能，但若真是"随畜迁徙"的话，其实也有一定依据。

据环境考古方面的研究，战国秦汉时期，洱海区域处于暖干时期，降水减少，湖泊水位下降[2]，一定程度上可能会影响这一区域农业的发展。据张振克等的研究，洱海地区代表人类生产活动影响的色素量在70cm时出现峰值（3500-3000a BP），表明此时有一个人类活动加强的过程。第二个色素量峰值出现在20cm（1100a AD），即宋中期，而且此后CD、Myx均处增长趋势，说明人类活动特别是农业活动的不断增强（图7-1）。值得注意的是，在40-55cm段，即约2500-1800a BP的时期内，CD、TC、Myx、Osc色素量均处低值段，且约在50cm处（约2200a BP）达到4500a BP以来最低值，说明人类活动有减弱的态势。在40-55cm段对应的时段正是战国秦汉时期，而且50cm处正是汉初司马迁游历西南地区的时段。两汉

---

[1] 张增祺：《中国西南民族考古》，云南人民出版社1990年版，第20页。
[2] 张振克、吴瑞金、沈吉等：《近1800年来云南洱海流域气候变化与人类活动的湖泊沉积记录》，《湖泊科学》2000年第4期；张振克、吴瑞金、沈吉等：《近2000年来云南洱海沉积记录的气候变化》，《海洋地质与第四纪地质》2001年第2期；杨建强、崔之久、易朝露等：《云南点苍山全新世以来的冰川湖泊沉积》，《地理学报》2004年第4期。

史籍说僰、昆明等滇西群体"随畜迁徙",看来不虚。①

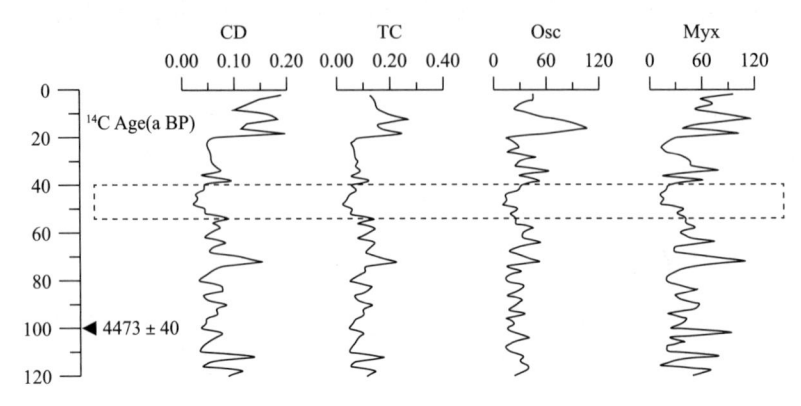

图 7-1 洱海湖泊沉积物色素含量变化

注：图中 CD 为叶绿素及其衍生物，TC 为胡萝卜素，Myx 为蓝藻叶黄素，Osc 为颤藻黄素。

资料来源：张振克、吴瑞金、朱育新等:《云南洱海流域人类活动的湖泊沉积记录分析》,《地理学报》2000 年第 1 期。

不过,关于洱海地区环境考古的成果,当前在人类活动影响方面未有一致性意见。与张振克等的研究有很大差异,沈吉等基于沉积岩芯的研究结果表明洱海区域长期处于暖湿气候条件之下,但在 8399—6371a BP 间较为暖干,湖面下降。6371a BP 前后,人类活动的显著影响出现,以森林砍伐和原始农业的发展为主要影响方式。2139a BP 前后开始,洱海湖面扩大,反映了此后一段时间内洱海区域较为暖湿。同时,2139a BP 前后,人类活动的强烈影响出现,不仅有农、牧业的发展,且冶炼活动导致了大量的森林砍伐和煤矿资源的开采,造成沉积物中金属元素富集异常。② 羊向东等的沉积物花粉研究结果在人类活动的影响方面与张振克等的研究结果相似,

---

① 张振克等认为,"西汉元始二年（2 AD）至东汉永和五年（140 AD）云南人口由 93 万人达到 270 万人,出现有史以来的第一个人口高峰时期。洱海湖泊沉积物色素含量在 40cm 左右出现的峰值是这一时期人口增长和人类活动加强的结果,反映人为富营养化的 Osc 含量上升最为显著"。(张振克、吴瑞金、沈吉等:《近 1800 年来云南洱海流域气候变化与人类活动的湖泊沉积记录》,《湖泊科学》2000 年第 4 期,第 71 页)不过,40cm 后沉积物色素含量又下降,也有人类活动减弱的指示性。

② 沈吉、杨丽原、羊向东等:《全新世以来云南洱海流域气候变化与人类活动的湖泊沉积记录》,《中国科学：地球科学》2004 年第 2 期。

但将人类活动的显著影响推迟至 5500a BP 前后，花粉反映的主要经济活动是农业和牧业；人类人口迅速增长导致的严重毁林则出现在 2160a BP，花粉浓度显示此期耕作土壤侵蚀不断加强，入湖细颗粒物质和营养物质增多。①

　　环境考古材料的研究虽未获得一致的结论，但至少有部分材料表明了战国秦汉时期的气候变化可能与昆明族的东迁有关。若结合魏晋时期的情况来看，则更可明确气候变化确实影响了昆明族的东迁。当前战国秦汉时期涉及滇西地区的环境考古材料，如前所述多认为应是较暖湿或偏干的环境，魏晋时期也如此。与之不同，史料中魏晋时期滇西地区有一次寒冷事件。《后汉书·郡国志》"永昌郡云南县"条注引《南中志》曰："县西北百数十里有山，众山之中特高大，状如扶风太一，郁然高峻，与云气相连结，因视之不见。其山固阴沍寒，虽五月盛暑不热。"又引《广志》曰："五月霜雪皓然。"②《北堂书钞》引《博物志》曰："云南郡土特寒冷，四月五月犹积雪皓然。"③《华阳国志·南中志》云云南郡虽有孔雀，但"二（当作'六'）月来翔，月余而去"④，说明全年温暖期并不长。

　　对于"随畜迁徙"的昆明族来说，相对寒冷的气候环境显然不利于其生存。而与滇西形成对比的是，滇池区域在汉晋时期却一直较为暖湿，《后汉书·西南夷传》云滇池地区"多出鹦鹉、孔雀"⑤，《华阳国志·南中志》载晋宁郡有鹦鹉、孔雀⑥，《太平御览》引《广志》云建宁郡"其气平，冬不极寒，夏不极暑，盛夏如此五

---

① 羊向东、沈吉、R. T. Jones 等：《云南洱海盆地早期人类活动的花粉证据》，《科学通报》2005 年第 3 期。
② 《后汉书》志 23《郡国志》，中华书局 1965 年点校本，第 3515 页。
③ （隋）虞世南撰：《北堂书钞》卷 156《岁时部·寒篇》，天津古籍出版社 1988 年影印本，第 713 页下。
④ （晋）常璩撰，任乃强校注：《华阳国志校补图注》卷 4《南中志》，上海古籍出版社 1987 年版，第 295 页。
⑤ 《后汉书》卷 86《西南夷传》，中华书局 1965 年点校本，第 2846 页。
⑥ （晋）常璩撰，任乃强校注：《华阳国志校补图注》卷 4《南中志》，上海古籍出版社 1987 年版，第 267 页。

月,盛冬如此九月。天下之异地,海内惟有此"。① 滇西地区气候寒冷,滇池地区则始终保持温暖甚至温湿的气候条件,应对昆明族的东迁产生过影响。而对于洱海区域部分材料所揭示的人类活动影响的增强的问题,则可能是其他族群迁入后农业活动的加强引起的。②

川西地区可能也有一部分族群因气候的因素东迁。《汉书·西南夷传》载:"冉駹夷者……土气多寒,在盛夏冰犹不释,故夷人冬则避寒,入蜀为佣。"③冉駹夷生活的区域如此寒冷,则其北部的白马氐地区当更为寒冷。"夷人冬则避寒,入蜀为佣",说明有大量的冉駹夷在冬季进入成都平原。虽有"夏则违暑,反其邑"的记载表明冉駹夷进入成都平原是季节性的流动,但部分冉駹夷群体可能长期迁往温暖的地区。例如,颜师古云:"今夔州、开州首领多姓冉者,本皆冉种也。駹音龙。"④夔州、开州并不在蜀地,而是两汉时期的巴东地区,说明冉駹夷群体可能有大规模的东迁。

二 自然地理因素与区域意象的建构

地貌与气候两个自然地理因素,在影响族群演进格局的同时,对区域意象有直接的影响。在民族地理观中,"险""瘴""荒""湿"是主要的区域意象,西南地区也有明显的体现。⑤但在战国秦汉时期,西南地区的主要区域意象是"险"及与之有关的"远"。西南地区的"险""远"意象,显然是由地貌因素引起的,但这尚属于

---

① (宋)李昉、李穆、徐铉等撰:《太平御览》卷791《四夷·南蛮》"西南夷"条,中华书局1966年影印本,第3504页上。
② 魏晋南北朝时期,哀牢群体北迁洱海以南区域,后来称为"南诏";大量的汉族群体也西迁洱海区域,后来称为白蛮。
③《汉书》卷95《西南夷传》,中华书局1965年点校本,第3837页。
④《汉书》卷95《西南夷传》,中华书局1965年点校本,第3838页颜师古注。
⑤ "险"方面参见张伟然《中古文学的地理意象》,中华书局2014年版。"瘴"方面参见张文《地域偏见和族群歧视:中国古代瘴气与瘴病的文化学解读》,《民族研究》2005年第3期;左鹏《宋元时期的瘴疾与文化变迁》,《中国社会科学》2004年第1期;周琼《三至十七世纪云南瘴气分布区域初探》,《历史地理》2007年第22辑;王子今《汉晋时代的"瘴气之害"》,《中国历史地理论丛》2006年第3期。"湿"方面参见于赓哲《疾病、卑湿与中古族群边界》,《民族研究》2010年第1期。

直观的区域意象。前文已详细讨论过，战国秦汉时期西南地区的区域意象，在自然、经济、人文三个方面均有丰富的内涵。其中，自然区域意象中土地是否平坦是一个主要的表征，而所谓"土地"，在今天的观点来看涉及土壤的问题，在秦汉时期则主要是地貌的问题。区域经济意象中，汉晋史籍主要关注的是是否适宜发展农桑、果蔬、渔业，是否有矿产。农桑、果蔬、渔业与地貌和气候条件均有关系，但矿产则与地貌条件关系更为密切。区域文化意象主要是从汉文化的层面来建构的，其与地貌方面的关系不是很清晰。

气候因素对区域意象的影响主要是热瘴、冷瘴的问题，但这两个问题在秦汉史籍中尚不明显。秦汉史籍中涉及西南地区与气候有关的区域意象主要是热和冷的问题。热集中在成都平原、峡江地区以及牂牁地区。成都平原，应劭《风俗通义》有"汉中、巴蜀、广汉土地温暑"之说，并说巴蜀地区"气异中国"。[①]峡江地区，《华阳国志·巴志》云巴郡"时有温风，遥县客吏多有疾病"。[②]牂牁地区，在东汉时期被看成"藏温暑毒草之地"。[③]冷的问题在秦汉史籍中则只及冉駹夷地区，其他区域未见详载。

以地貌、气候为代表的自然地理因素，其对民族地理观的影响主要包括两种方式：一种是直接的影响，如对"险""远""热""冷"区域意象的产生，便直接与地貌、气候因素有关；另一种是间接的影响，如地貌、气候因素对北方群体迁徙及迁徙路径的影响，进而影响族群分布格局特别是"汉夷"格局，进而影响民族地理观格局。

[①] （汉）应劭撰，王利器校注：《风俗通义校注》之《佚文·辨惑》，中华书局1981年点校本，第604页。

[②] （晋）常璩撰，刘琳校注：《华阳国志校注》卷1《巴志》，成都时代出版社2007年修订版，第28页。

[③] 《汉书》卷95《西南夷传》，中华书局1962年点校本，第3843页。

第二节　人文地理因素对民族地理观的影响

一　民族地理、民族观、地理观与民族地理观

族群分布格局的变化，是民族地理观嬗变最直接、最重要的影响因素。《汉书·地理志》说得很清楚："巴、蜀、广汉本南夷。"① 秦定巴蜀后，随着北方群体的迁入，巴蜀群体与北方群体发生族群融合，及至汉族群体形成，西南地区的民族地理观演变为了"巴蜀西南外蛮夷"的民族地理观格局。

族群分布格局的变化虽是民族地理观嬗变的现实基础，但民族地理观的划分本身是民族观影响的结果。这里所谓的民族观，实际上就是"华夷之辨"的问题。黎小龙说，民族地理观就是"'华夷之辨'思想在其地理空间上的认识和阐释所形成的理念、观念和方法"。② 正是由于"华夷之辨"民族观的影响，西南夷群体虽是"三方"中"尤为劣"的群体，却始终还是"夷"。此外，"巴蜀西南外蛮夷"，一般认为是西南地区民族地理观构型完成的标志。然而，所谓"巴蜀西南外蛮夷"，只是上古"五方之民"民族地理观的抽象演绎，即族群与方位搭配的问题。

"华夷之辨"民族观虽是划分"华"与"夷"的主要依据，但在民族地理观建构上，也不具有决定性的角色。战国秦汉时期西南区域民族地理观的嬗变中，有两个比较典型的例子。一个是僰人。僰人，许慎曰："犍为蛮夷。从人，棘声"③；应劭曰："夷中最仁，有人道，故字从人。"④ 板楯蛮的情况更为特殊。据《后汉书·南蛮

---

① 《汉书》卷28《地理志》，中华书局1962年点校本，第1645页。
② 黎小龙：《传统民族观视域中的巴蜀"北僚"和"南平僚"》，《民族研究》2014年第2期。
③ （汉）许慎：《说文解字》卷8"人"部"僰"条，中华书局1963年影印本，第167页下引《地理风俗记》。
④ （北魏）郦道元注，王国维校：《水经注校》卷33《江水》（一），《王国维全集》第13卷，浙江教育出版社2009年版，第383页。

传》记载，板楯蛮是秦汉时期西南地区一个分布广泛，数量众多的群体。但奇怪的是，在《史记》《汉书》中，居然没有为板楯蛮立传。《后汉书·南蛮传》始为板楯蛮立传，但并不在西南夷体系中，而是在南蛮体系中。在《后汉书·西南夷传》中西南夷群体大多具有鲜明的族群性格，有的族群甚至被神异化。然而，"板楯蛮"却被看成一个忠勇有加的群体。《后汉书·南蛮传》载桓帝、灵帝时期板楯蛮数反，灵帝欲派兵征讨，程包却上书称：

> 忠功如此，本无恶心。长吏乡亭，更赋至重，仆役棰楚，过于奴虏，亦有嫁妻卖子，或乃至自刭割。虽陈冤州郡，而牧守不为通理。阙庭悠远，不能自闻。含怨呼天，叩心穷谷。愁苦赋役，困罹酷刑。故邑落相聚，以致叛戾。非有谋主僭号，以图不轨。①

程包上书后，"帝从其言，遣太守曹谦宣诏赦之"。两汉时期西南地区非汉族群的此类族群意象，除板楯蛮外无他。僰人、板楯蛮的特殊性，不完全符合"华夷之辨"民族观视野下的华夷区分。此种特殊性，原因当在犍为、巴郡在东汉时期已被看成华夏之地，或者说是内郡区，不在"巴蜀西南外"的区域范畴，可见地理观对民族地理观的建构也有直接的影响。

二 族群政治地理空间的影响

族群政治地理空间是民族地理观建构的现实基础之一。不同时期的族群政治地理空间，其对应的民族地理观性质及表现形式并不相同。在西南地区，若以战国中期的民族地理观与汉末的民族地理观相比较，则族群政治地理空间对民族地理观建构的影响能够被清晰地呈现出来。

在民族地理观政治地理性质的层面上，传统"五方之民"民族地理观主要是族群与方位搭配的问题，族群的区分文化含义重于政

---

① 《后汉书》卷86《南蛮传》"板楯蛮"条，中华书局1965年点校本，第2842页。

治含义。在西南地区，在大一统王朝国家建立以前，整个西南地区在中原士人看来并不具备疆域的概念，至多是认识上的区域。秦汉时期，随着西南地区的逐步郡县化，被纳入大一统王朝国家版图内，民族地理观也就具有坚实的政区性质的族群政治地理空间基础。

在民族地理观认知地理性质的层面上，传统"五方之民"民族地理观的族群与方位搭配也显示了其对"四夷"群体认识的有限性。所谓东夷、南蛮、西戎、北狄，都是极笼统的概念，没有清晰的指向。同时，在方位与空间搭配的过程中，四隅（东北、东南、西南、西北）完全空缺，也是"当时民族认识局限性在地理上的直观反映"。①《汉书·地理志》说："巴、蜀、广汉本南夷。"②这实际上是传统"五方之民"民族地理观中族群与方位搭配的推演，而且与前文已讨论过的巴、蜀为"西土"，对应的群体为"西人"不合。秦汉时期的西南民族地理观，则有更为详细的认识，不同的族群被纳入新的"西夷""南夷"体系中，其族群状况如何，社会经济如何，社会文化如何，也有详细的认识。

在民族地理观地理空间表现方面，传统"五方之民"民族地理观只有两层，即"中国"或"华夏"与"四夷"，这是由其族群与方位搭配的性质所决定的。大一统王朝国家建立后，民族地理观的建构由族群与方位的搭配演变为了族群与政区的搭配。在西南地区，所谓"巴、蜀、广汉本南夷"无疑是以中原为地望的，其民族地理观的地理空间表现仅是"中原—巴蜀"的方位关系而已，巴蜀以"外"的群体更是未见提及。秦汉大一统国家建立后，西南地区民族地理观的地理空间表现形式为三重的"巴蜀—内蛮夷—外蛮夷"形式（也可进一步分为四重，详见前文的讨论），族群政治地理空间同时由"巴蜀—西南夷"和"内徼—外徼"两部分构成，是完全基于族群政治地理空间的表现模式。

---

① 安介生：《历史民族地理》，山东教育出版社 2007 年版，第 105 页。
② 《汉书》卷 28《地理志》，中华书局 1962 年点校本，第 1645 页。

三 地缘因素的影响

战国秦汉时期，随着西南地区"徼"界的推移，大一统王朝国家视野下的族群政治地理空间结构得以建构。前文已讨论过，战国秦汉时期西南地区的族群政治地理空间，乃至于民族地理观，都具有明显的"巴蜀—西南夷"结构化、秩序化的双重特征。此种结构化、秩序化的双重特征，与地缘因素有密切的关联。严耕望曾指出：

> 中国疆土自秦岭以南、三峡以西之西南地区，为山岳地带，山峻谷深；惟成都盆地为一广大平原，加以气候温和，物产丰富，故成都在地理形势上为中国西南部纵横数千里间之天然的交通、经济中心，亦为见史以来，中国西南部最重要且恒久性之政治军事中心。……加以去关中不远，地既富庶，而四境险阻，关中有变，士庶避地，首趋蜀中，此亦增加经济繁荣、文化发达之一背景也。[1]

巴蜀地区地缘的重要性，前文还引述过清人顾祖禹等的分析，认为"以四川而争衡天下，上之足以王，次之足以霸"，"夫以关中东并者，西必兼巴蜀"。西南夷地区在战国秦汉时期也具有明显的地缘意义，尤其在武帝时期为西通身毒、西域，南伐南越，才导致西南夷地区的郡县化。不过，西南夷地区的郡县化，其地缘意义主要是区域性层面的，并非全国性层面的。西通身毒、西域，目的在联合西域诸国合击匈奴。[2] 牂柯地区的郡县化，则与解决南越问题有关，唐蒙说："浮船牂柯江，出其不意，此制越一奇。"[3] 而匈奴、南越的问题，同时也反映出西南夷地区的地缘意义在于边疆问题，这与巴蜀地区的"夫以关中东并者，西必兼巴蜀"地缘意义（某种程度上可视为中原的问题）也有很大的差异。

---

[1] 严耕望：《唐五代时期之成都》，《严耕望史学论文集》（中），上海古籍出版社2009年版，第717—718页。

[2] 单文：《两汉的云南政策评析》，《云南社会科学》1989年第6期；罗开玉：《汉武帝开发西南夷与"南方丝绸之路"》，《中华文化论坛》2008年第6期。

[3] 《史记》卷116《西南夷传》，中华书局2014年点校修订本，第3628页。

地缘意义的不同，必然导致中原士人在看待巴蜀和西南夷地区时产生明显的结构化和秩序化倾向。例如，严耕望指出的巴蜀地区自然、经济条件，并非西南夷地区也全无。迟至东汉时期，中原士人已认识到晋宁、建宁、永昌地区具有优越的自然地理环境，社会经济并不十分落后，《后汉书·西南夷传》就说滇池地区"河土平敞，多出鹦鹉、孔雀，有盐池田渔之饶，金银畜产之富"，永昌地区"土地沃美，宜五谷、蚕桑"，物产颇丰。[1]然而，这些地区也属"荒外"之地，在边患严重的时期是守是弃往往引起争论。前已引述过，元朔元年（前128）严安上书称"招南夷，朝夜郎，降羌僰"是"外累于远方之备"[2]；成帝河平中（约前26）杜钦说大将军王凤认为夜郎为"不毛之地，亡用之民"，"宜罢郡，放弃其民"[3]；新莽时，冯英认为"僰道以南，山险高深"，治理僰道以南区域是"空破梁州"[4]；熹平五年（176）汉朝就是否维护南夷地区时朝议以为"郡在边外……不如弃之"[5]。与之形成鲜明对比的是，秦定巴蜀后从未见应放弃对巴蜀地区治理的言论。

---

[1]《后汉书》卷86《西南夷传》，中华书局1965年点校本，第2846、2848页。
[2]《史记》卷112《主父偃列传》，中华书局2014年点校修订本，第3583—3584页。
[3]《汉书》卷95《西南夷传》，中华书局1962年点校本，第3843页。
[4]《汉书》卷99《王莽传》，中华书局1962年点校本，第4140页。
[5]《后汉书》卷86《西南夷传》，中华书局1965年点校本，第2847页。

结　语

战国秦汉是西南地区族群分布格局变动激烈的时期，是族群政治地理空间建构的重要时段，是大一统王朝国家层面上民族地理观的建构时期。

战国秦汉时期西南地区的族群分布格局演进，以族群迁徙与族群融合为主要方式，以区域性多元一体演进和区域性与整体性多元一体协同演进为主要模式。史料明确记载到的族群迁徙主要涉及北方群体（两汉时期则可称汉族）进入西南地区特别是巴蜀地区，廪君蛮群体的西迁，板楯蛮群体的北迁，氐羌群体的东迁，僰人的南迁，冉駹群体的东迁，昆明群体的东迁，以及夜郎群体的南迁（附表7、8）。战国秦汉时期西南地区族群的迁徙主要涉及三大通道，即金牛道—灵关道、长江通道、五尺—南夷道。其中，金牛道—灵关道北段金牛道是战国秦汉时期北方群体南迁的主要通道，南段灵关道则既是"夷"、古蜀国群体的迁徙通道，又是巴蜀地区两汉时期汉族群体南迁的主要通道。长江通道是连接巴蜀地区与楚地的主要通道，战国秦汉时期北方群体有一部分由此道进入西南地区，楚地群体西迁峡江地区也由此通道而行。五尺—南夷道主要涉及两汉时期汉族群体的南迁，东汉时期僰人的南迁也应沿此通道而行。此外，秦汉时期益州地区实有东西向的通道，由滇池地区西行通博南道，南行通进桑（关，都尉治）。[①] 虽史料未详其道名，但确实有道。而由昆明族的东迁态势及《华阳国志》对益州各郡土地意象的

[①] 方国瑜：《中国西南历史地理考释》，中华书局1987年版，第80页；严耕望：《唐代交通图考》（第4卷，山剑滇黔区），"中央研究院"历史语言研究所，1986年，第1137—1138页。

描绘来看，地处亚高山区的益州地区东西向族群流动当无太大的自然阻隔，亦可视为一个族群通道。

　　大规模的族群迁徙往往会促进族群融合。战国秦汉时期，西南地区族群迁徙后导致的族群融合问题以巴蜀地区最为典型，尤以成都平原为甚。"巴、蜀、广汉本南夷"，秦定巴蜀后，随着大量北方群体的迁入，大量北方群体与蜀人发生族群融合，进入西汉时期成都平原已被视为汉族聚居区域。峡江地区由于汉族分布广泛，也当有大量的土著群体与汉族群体发生了族群融合。土著群体与北方群体的融合，既是西南地区特别是巴蜀地区汉族群体形成的主要影响因素，又是推动西南地区"汉夷"格局发生转型的主要力量。迟至西汉初期，西南地区的"汉夷"分布格局已经形成。除了成都平原、峡江地区以外，其他区域战国秦汉时期族群迁徙导致的族群融合体现不明显。不过，在稍后的时段内，西南夷地区因族群迁徙导致的族群融合则极为明显。其中，益州地区在魏晋时期形成的白蛮、乌蛮两大群体，其实与秦汉时期的族群迁徙因素有关；越嶲地区在南朝后期也有乌蛮、白蛮的区分，而原来所称的"夷"群体则消失，也当与族群迁徙后的族群融合有关。

　　族群迁徙及族群融合深刻影响着战国秦汉时期西南地区的族群分布格局，但与特殊的地貌因素有关，西南地区族群演进长期保持区域性多元一体的特征。《史记·西南夷传》将秦汉之际的西南夷群体归为"魋结，耕田，有邑聚""随畜迁徙""或土著，或移徙""氐类"四类，且每类均有其相对独立的生存空间。《史记·西南夷传》的如上族类及其分布空间，《汉书·西南夷传》《后汉书·西南夷传》袭之，反映了秦汉时期西南夷群体族群演进的区域性多元一体态势。西南地区族群演进的区域性多元一体态势不仅表现在西南夷地区。战国初中期，西南地区蜀国、巴国、滇国并存，战国中后期滇国、夜郎、邛都并存，两汉中后期筰都、冉駹、白马并存。这些曾出现过的方国均有着复杂的族群结构，有的方国不仅能够统摄众多的族群，并有强调其主体族群的意识，反映了不同区域族群演进的多元一体态势。

从现有的研究成果来看，战国时期西南地区不同区域族群演进的区域性多元一体演进态势未能走向整体性的多元一体。不过，秦定巴蜀后，北方群体的进入不仅改变了西南地区的族群结构、族群格局，也加强了西南族群与华夏群体的联系。秦定巴蜀引起的族群迁徙，武帝开西南夷地区后引发的西南夷地区族群结构复杂化，以及西南夷地区的郡县化，大大加强了西南夷群体间的族群联系及西南族群与华夏群体的联系，使西南地区区域性多元一体族群演进态势整合到中华民族多元一体族群演进框架中，实现了西南地区族群演进的区域性多元一体与整体性多元一体协同演进。

族群分布格局的演变、族群演进态势的变化，同时影响了战国秦汉时期西南地区族群政治地理空间的建构。在秦定巴蜀前，西南地区的族群政治地理空间主要是文化的含义。秦定巴蜀后，西南地区的族群政治地理空间主要是巴蜀和"西南夷"的问题，但"西南夷"地区并未完全实现郡县化，族群政治地理空间建构尚不完备。武帝开西南夷地区后，西南地区族群政治地理空间的建构被完全纳入大一统王朝国家政治上的族群政治地理框架中，"巴蜀—内蛮夷—外蛮夷"族群政治地理空间得以完全建构，并体现在"内郡—边郡—（外）徼外""县—道""郡—属国"等族群政区地理层面上。

族群政治地理空间的建构过程，同时是一个民族地理观的建构过程。"巴、蜀、广汉本南夷"，在秦定巴蜀前，或者简要地说在大一统王朝国家建构之前，西南地区的民族地理观虽基于"五方之民"思想而得以建构，或称"西人"，或称"南夷"，但仅是空间方位层面上的建构，尚缺乏现实的政治地理基础。大一统王朝国家建立后，随着巴蜀地区族群结构的变化，以及由之而来的"汉夷"格局的变化，西南地区民族地理观建构中的地望发生变化，以巴蜀为地望在方位的层面上形成了西夷、南夷两大群体，合称"西南夷"。"西南夷"概念的形成表征着西南地区族群身份的变化，同时也是西南地区族群身份的结构化。

在大一统王朝国家的层面上，秦汉时期西南地区民族地理观具有明显的结构特征，表现在族群政治地理空间上即"巴蜀—内蛮夷—外蛮夷"的三重民族地理观格局（若考虑到外徼外蛮夷群体的特殊性，也可视为四重）。"巴蜀—内蛮夷—外蛮夷"三重格局民族地理观具有一定的二元性特征，即在族群政治地理空间上严格的"华夷"之分。不过，在秦汉时期"三方"观念，"各以地比"施治措施，以及区域文化意象的差序格局中，西南地区的民族地理观又具有明显的秩序化特征，且此种秩序化特征是在大一统王朝国家层面上建构起来的。因此，秦汉时期西南地区的"巴蜀—内蛮夷—外蛮夷"三重民族地理观，尽管有"华夷之辨"观念的存在，但其建构的框架却出自大一统王朝国家观念，秩序化应是民族地理观建构的本质。

战国秦汉时期西南地区民族地理观的建构与嬗变与"华夷之辨"民族观不无关联，并深受族群地理、族群政治地理空间、区域意象、族群意象的影响。尽管民族地理观为地理想象的产物，具有想象地理的性质，但民族地理观的建构与嬗变确有其客观基础。西南地区特殊的地貌环境，造成了西南地区既具有一致性又具有多样性的地理环境特征，这些地理环境特征在影响族群演进的同时，对区域意象也有直接的影响。在气候变化的层面上，西南地区气候变化的"暖干—冷湿"组合特征与东部、北方的"暖湿—冷干"组合特征并不相同，且西南地区长时期保持较优越的气候环境，对北方群体南迁西南地区特别是巴蜀地区，进而影响西南区域族群演进特别是"汉夷"格局的变化，也有明显的推动作用。在地理机制的层面上，以地貌环境为静态因素，以气候变化为动态因素，不同地理因素在影响族群演进，进而影响族群地理的同时，对区域意象的建构也有直接的影响。

地貌、气候等自然地理因素并不能完全解释战国秦汉时期西南地区民族地理观的建构与嬗变问题。某些时候，民族地理观的建构与嬗变并不完全遵循客观的族群地理格局，而是受族群政治地理空间、地缘因素的直接影响。板楯蛮长期在正史"四夷"体系之外，僰人被视为"仁"的群体，与真实的族群地理有明显的偏离，这种偏离与秦汉时期西南区域族群政治地理空间建构不无关联。"巴蜀—西南夷"民族地理观的结构化、秩序化问题，则与西南地区的地缘因素有关，巴蜀地区的地缘因素涉及中原地区、全国层面的问题，而西南夷地区的地缘因素则仅涉及边疆地区、区域层面的问题。

附　　表

附表1　秦汉道的分布

道名	属郡	治所今地望	备注
翟道［县］	左冯翊	陕西黄陵县西北	《读史方舆纪要·陕西六》"延安府"条谓："翟道城（县西北四十里），汉县治此。后汉省。后魏置狄道县，属中部郡。"此说不确，《汉书·地理志》中翟道与狄道并存
夷道	南郡	湖北宜都市	《古封泥集成》有"夷道长印"两方（1020、1021）
营道	零陵郡	湖南宁远县南	
泠（冷）道		湖南宁远县东	
甸氐道	广汉郡	四川平武县北	
刚氐道		四川平武县东	
阴平道		甘肃文县西	
严道	蜀郡	四川荥经县	
湔氐道		四川松潘县北	
汶江道		四川茂县北	
绵虒（绵递）道		四川汶川县西南	
青衣道		四川名山县北	《秩律》见
旄牛道		四川汉源县南	《水经注·江水一》谓旄牛县曰："汉武帝元封四年，以蜀郡西部邛苲置，理旄牛道。天汉四年置都尉，主外羌。"旄牛，《汉书·地理志》为县，但曾为道

续表

道名	属郡	治所今地望	备注
宕渠道	巴郡	四川渠县东北	《里耶秦简牍》见，见注二
僰道	犍为郡	四川宜宾市西南	
灵关道	越巂郡	四川峨边县南部一带	
故道	武都郡	陕西凤县东北	
平乐道		甘肃康县西北	
嘉陵道		甘肃徽县东南	
循（修）成道		甘肃成县东南	
下辩道		甘肃成县西北	《后汉书·郡国志》见
武都道		甘肃礼县南	《秩律》见
羌道	陇西郡	甘肃盘曲县北	
狄道		甘肃临洮县	
氐道		无考	
辩道	整理者认为在陇西郡，地望不详		《秩律》见
予道	不详，整理者判定在陇西郡		《秩律》见
薄道	周振鹤认为在陇西郡。不详		《秩律》见
戎邑道	天水郡	甘肃清水县西北	
绵诸道		甘肃天水市北	
略阳道		甘肃泰安县东北	
獂道		甘肃陇西县东南	《水经注·渭水上》作"豲道"
月（支）氏（氐）道	安定郡	宁夏固原市南与隆德县、西吉县交界一带	
除道	北地郡	与直路县近，地不详。直路县在陕西富县西	见注四
略畔道		甘肃合水县北	
义渠道		甘肃庆阳市西峰区	
朐衍道		宁夏盐池县东南与陕西定边县交界一带	见注四
雕阴道	上郡	陕西甘泉县西	
连道	长沙国	湖南涟源市东，邻娄底市	

续表

道名	属郡	治所今地望	备注
荆山道	洞庭郡（后南郡）	湖北南漳县南	《里耶秦简牍》见，见注二
龁道		考在湖南省永州市蓝山县，汉零陵郡，入汉已省	马王堆三号墓《地形图》见，见注三
箭道		湖南江华瑶族自治县潇水旁	马王堆三号墓《驻军图》见，见注三
建伶道		考为《汉书·地理志》健伶，在今云南晋宁南	见注五

注一：备注中凡无特殊标注者，道名均源自《汉书·地理志》；标"《秩律》"者为《二年律令·秩律》所见道而《汉志》无者；其余特殊的道见相应注释。

注二：宕渠道，见于《里耶秦简》，谓："[月庚]午水下五刻，士五（伍）宕渠道平邑疵以来。/朝半。"（8—657）[见陈伟：《里耶秦简牍校释》（第1卷），武汉大学出版社2012年版，第193页]。宕渠为道在《汉书·地理志》《后汉书·郡国志》均不见载，但有"宕渠（县）"，郑威认为汉时当已为县[见郑威：《里耶秦简牍所见巴蜀史地三题》，《四川师范大学学报》（社会科学版）2015年第3期]。荆山道见于《里耶秦简》，谓："以荆山道丞印行"（8—1516）（见陈伟：《里耶秦简牍校释》（第1卷），武汉大学出版社2012年版，第344页），晏昌贵考或在洞庭郡（晏昌贵：《里耶秦简牍所见郡县名录》，《历史地理》2014年第2期）。《汉书·地理志》《后汉书·郡国志》均无洞庭郡。然《汉书·地理志》"南郡"条曰："临沮，《禹贡》南条荆山在东北"；《后汉书·郡国志》"南郡"条有注："临沮。侯国。有荆山。"按二志，荆山道在临沮东北。《汉书地理志汇释》临沮在今湖北远安县，按道里取荆山道在今湖北南漳县南。《里耶秦简牍》年代在始皇二十五年至二世二年间，荆山道在汉初当或已省。

注三：龁道，经考在湖南省永州市蓝山县，唯治所略有争议（见周九疑：《对泠道、龁道、舂陵、深平城址地域的探讨》，《湖南考古辑刊》1999年第7辑）。箭道，为道、县，其地望见周世荣：《有关马王堆古地图的一些资料和几方汉印》，《文物》1976年第1期；邢义田：《论马王堆汉墓"驻军图"应正名为"箭道封域图"》，《湖南大学学报》（社会科学版）2007年第5期。

注四：除道，地不详，《汉书地理志汇释》（第371页）疑与直路近，直路在今陕西富县西。朐衍道，疑即《汉书·地理志》之朐衍县，"朐"音"煦"，朐衍治所在今宁夏盐池县东南与陕西定边县交界一带（见《汉书地理志汇释》，第371页）。

注五：建伶道，故宫博物院藏传世新莽玺印有"建伶道宰印"，考为《汉书·地理志》健伶（《后汉书·郡国志》作"建伶"）县改（后晓荣：《〈汉书·地理志〉"道"目补考》，《中国历史地理论丛》2008年第1期）。

附表2 秦汉时期西南区域不同形制墓葬及其数量分布

附表2-1 室墓分布

省市	遗址	数量	断代	备注及资料来源
四川	宝兴汉墓	1	东汉	见"永建五年"纪年砖。宝兴县文化馆，1976
	成都曾家包东汉画像砖石墓	2	东汉晚期	见画像砖、陶俑。成都市文物管理处，1981
	成都凤凰山汉墓	3	西汉至新莽	徐鹏章，1991；刘雨茂，1992

续表

省市	遗址	数量	断代	备注及资料来源
四川	成都市高新区汉墓	2	东汉	成都市文物考古研究所，2004
	成都市南郊勤俭村汉代砖室墓	2	东汉早期	成都市文物考古工作队，2003
	成都市青白江区大同磷肥厂工地汉墓	10	西汉晚期至东汉	成都市文物考古研究所、青白江区文物保护管理所，2010
	成都市天回乡东汉砖室墓	1	东汉早期	成都市文物考古研究所、金牛区文物管理所，2005
	成都市西郊土坑墓、砖室墓	10	东汉	成都市文物考古研究所，2003
	成都站东乡汉墓	24	东汉	见画像砖，人物为高层人士，均"左衽"。徐鹏章，1956
	成都市成华区槐荫路汉墓	4	东汉	《文物鉴定与鉴赏》2018年第19期报道
	成都昭觉寺汉画像砖墓	13	东汉晚期	见画像砖、陶俑。刘志远，1984
	资阳市雁江区兰家坡汉墓	2	新莽至东汉早期	其中M1为竖穴土坑木椁墓室与砖室的复合结构墓。胡昌钰、黄家祥、任江等，2019
	崇庆五道渠蜀汉墓	1	蜀汉	陈显双，1984
	达县三里坪4号汉墓	1	东汉晚期	见陶俑。张明扬、任超俗，1997
	达县市曹家梁东汉墓	13	东汉晚期	报道称该区有更多东汉墓。马幸辛，1995
	大邑马王坟汉墓	2	东汉晚期	见"建安元年"纪年砖。丁ं春，1980
	汉源龙王庙	6	西汉早期	报道未言该类墓主族属，出土文物较少，暂归为汉族墓。郭富、卫洪强、李艳等，2013
	理县朴头公社	1	东汉	赵殿增、高英民，1976
	凉山昭觉寺汉墓（遗物）	不详	东汉晚期	报道者称此区可能有较多汉墓，并断定为"梁堆"。林声，1965
	绵阳市公安干校汉墓	2	东汉	许蓉，1992
	彭县义和公社画像砖墓	不详	东汉晚期	出土画像砖繁多。庖厨画像砖见左衽人物，但大多为右衽人物。陈显双，1983
	郫县东汉砖墓	7	东汉晚期	见石棺画。谢雁翔，1974；梁文骏，1979
	邛崃土地坡汉墓群	3	西汉早期	成都市文物考古研究所、邛崃市文物局，2008
	什邡城关战国秦汉墓地	98	战国早期晚段至西汉中期偏晚	六期十段，均有横穴墓发现。四期开始有铁器增多迹象，同时商周和巴蜀器物减少，并见秦"半两"。四期12墓、五期9墓、六期1墓，共22墓为秦汉墓。不同墓制与族属不同有关。四川省文物考古研究院、德阳市文物考古研究所、德阳市博物馆，2006

续表

省市	遗址	数量	断代	备注及资料来源
四川	什邡磨盘山汉墓	1	东汉晚期	刘章泽、刘明芬、杨剑等，2006
	合江胜利乡菜坝村砖室墓	1	东汉早期	谢荔、徐利红，1992
	双流青桐村汉、唐、宋代墓地	7	东汉中晚期	成都文物考古研究所、双流县文物管理所，2012
	万县汉墓	1	西汉	见"五铢钱"，具体断代不详。石正，1957
	西昌汉墓	21	东汉中晚期至蜀汉	见陶俑较多，人物形象见右衽椎髻、圆领椎髻特征。纪年砖阳刻隶书"建兴五年岁……"字样。初步判定为汉族墓。王兆祺，1990
	西昌市杨家山遗址	>100	东汉	仅发掘5座。报道称西昌市境内汉代砖室墓达"数百座"。姜先杰、唐亮、刘弘，2007
	宜宾市翠屏村汉墓	10	东汉晚期	见字砖、纹砖。砖文有"建光元年（121年）八月四日作×万世长乐……""永元六年（94年）宜世里宗声利后安乐""永元六年八月造""宣化宜世弹休之藏永元六年"等字样。文士俑、歌舞俑、庖厨俑、执盾俑、执箕俑、提壶俑等凡57件，多"左衽"（报道图像不清晰）。匡远滢，1957
	昭觉好谷村古墓群	9	西汉	赵德云、吕红亮、代丽鹃等，2009
	昭觉热赫溪墓地	4	东汉	赵德云、孙策、俄比解放，2011
	荥经牛头山汉墓	4	东汉初	见"大布黄千"2枚，五铢钱2000枚等汉文化物，墓主暂定为汉族。李炳中，2000
	荥经高山庙西汉墓群	1	东汉	黄家祥、代强、高俊刚等，2017
	宝兴陇东东汉墓群	5	东汉	杨文成，1987
	广汉二龙岗墓群	27	战国晚期至西汉中期	见蜀文化、周文化、秦文化与楚文化交汇特征。四川省文物考古研究院、广汉市文物保护管理所，2014
	广汉罗家包墓群	8	东汉早中期	四川省文物考古研究院、广汉市文物保护管理所，2016
	简阳黄泥坪汉墓	2	东汉	见陶俑，均"右衽"。方建国、唐朝君，1990
	剑阁青树村汉墓	2	东汉	墓群，仅发掘两座。见陶俑。毋学勇，1989
	温江寿安乡汉墓	1	东汉晚期	见"延熹七年"纪年石门。郭永棣、高文，1994
重庆	巴县冬笋坝汉墓	16	秦汉至西汉初期	见印巴蜀符但又有汉字局部特征，当是古巴蜀人。王家佑、李世芸、赖有德，1958
	巴县白市驿蜀汉砖室墓	1	蜀汉	见陶俑。李国良，1994

续表

省市	遗址	数量	断代	备注及资料来源
重庆	大渡口区大树林汉墓	1	东汉中晚期	"右衽"陶俑9件。白九江、汪伟、李国洪等，2014
	丰都大湾墓群	24	东汉	重庆市文化局、重庆市文物考古所、宝鸡市考古工作队等，2010
	丰都毛家包墓群	不详	东汉	南京市博物馆、南京市文物研究所、重庆市文物局，2007
	丰都名山镇汉墓	1	新莽	吴天清，1991
	丰都火地湾、林口墓地	6	西汉中期至蜀汉	见陶俑多件，皆右衽。见陶楼模型。蔡远福、师孝明、陈晓鹏等，2013
	丰都麒麟包墓群	3	两汉	文朝安、陈蓁、黄广民等，2015
	丰都三峡淹没区汉墓	20	东汉早期至蜀汉	包括赤溪墓群（13）、冉家路口墓群（5）、槽房沟墓群（2）。墓群共13处，局部发掘。陶俑繁多，以右衽为主，见左衽。四川省文物考古研究所，1998
	丰都天平丘东汉墓	5	东汉	见陶俑。乔栋、朱连华、彭海军等，2013
	丰都燕子村东汉墓	2	东汉晚期至蜀汉	见陶俑，右衽。乔栋、秦臻，2008
	奉节白杨沟墓群	5	新莽至东汉	陕西省考古研究所、西安半坡博物馆、重庆市文物局，2007
	奉节宝塔坪遗址	5	东汉	吉林大学边疆考古研究中心、重庆市文物局，2007
	奉节丰获汉代墓地	5	东汉中晚期	江西省文物考古研究所、奉节县文物管理所，2010
	奉节擂鼓台墓地	2	东汉中晚期	重庆文物考古所、西安半坡博物馆、重庆市文物局等，2007
	奉节莲花池墓地	4	东汉	河北省文物研究所、重庆市文物局、奉节县文物管理所，2007
	奉节桂井墓地	1	东汉	刘兴林，2011
	奉节刘家院坝遗址（2002）	1	东汉	赵宾福、段天璟、唐淼等，2007
	奉节赵家湾东汉墓	8	东汉早期	见陶俑，五铢钱。徐承泰、詹世清，2011
	奉节赵家湾墓地汉墓	9	东汉早期至蜀汉	见陶俑，多右衽戴冠。詹世清、杨淼、冯春兰等，2009
	涪陵三堆子东汉墓	4	东汉	四川省文物管理委员会、涪陵县文化馆，1998

续表

省市	遗址	数量	断代	备注及资料来源
重庆	涪陵太平村墓群	12	东汉中晚期	陕西省考古研究所、重庆市文物局、重庆市涪陵区博物馆，2007
	涪陵网背沱墓群	4	东汉晚期	刘春迎、杨海青、马新克等，2017
	合川市南屏东汉墓葬	10	东汉晚期至蜀汉时期	局部发掘。见陶俑，多右衽戴冠人物，亦见圆领长筒戴冠人物。又见"V"领长统戴圆帽人物、盘髻人物。王海阔、方刚、白九江等，2000
	江北区四马溪遗址汉墓	6	西汉早中期至东汉初期	见五铢钱、半两钱、陶俑。李大地、黄伟、徐高明等，2015
	江北相国寺东汉砖墓	1	东汉早期	沈仲常，1995
	万州安全墓地	6	东汉中期、晚期	见铭文，陶俑均右衽。刘呆运、张天恩、尚爱红，2001
	万州包上秦汉墓	3	东汉	广东省文物考古研究所、重庆市文物局、重庆市万州区文物管理所，2007
	万州曾家溪墓地	4	东汉	镇江博物馆、重庆市文物局、重庆市文物考古所等，2007
	万州陈家坝东汉墓	1	东汉	任晓燕，2001
	万州大坪墓群	13	西汉晚期至东汉	见陶俑较多。重庆市文化局、重庆市文物考古所、益阳市文物处等，2010
	万州柑子梁墓群	15	东汉	洛阳市第二文物工作队、重庆市文物局，2007
	万州古坟包汉墓	3	东汉	湖南省文物考古研究所、重庆市文物局、重庆市万州区博物馆，2007
	万州古坟嘴墓群	3	东汉	南京市博物馆、南京市文物研究所、重庆市文物局，2007
	万州荷包丘墓群	5	东汉	南京市博物馆、南京市文物研究所、重庆市文物局，2007
	万州礁芭石墓地	8	东汉	广东省文物考古研究所、重庆市文物局、重庆市万州区文物管理所，2007、2010
	万州金狮湾墓群	1	东汉	南京市博物馆、南京市文物研究所、重庆市文物局，2007
	万州老棺丘古墓群	6	东汉	云南省文物考古研究所、重庆市文物局，2007；云南省文物考古研究所、重庆市文化局三峡文物保护办公室领导小组，2010
	万州庙湾墓地	4	东汉	袁东山、林必忠，2001

续表

省市	遗址	数量	断代	备注及资料来源
重庆	万州青龙嘴墓地	8	东汉至南朝	刘宝山，2010
	万州钟嘴东汉墓	4	东汉中晚期	局部发掘。李大营、杨波、肖贵田，2004
	万州沙田墓群	6	东汉中晚期	福建省博物馆、重庆市文物局、重庆市万州区文物管理所，2007
	万州上河坝墓地	2	东汉	闫麟、陈海清、刘国宁，2001
	万州糖坊墓群	8	东汉	山东省博物馆、山东省文物考古研究所、重庆市文物局等，2007
	万州团堡墓群	3	东汉中晚期	南宁市博物馆、重庆市文物局、重庆市文物考古所，2007
	万州武陵镇吊嘴墓群	5	东汉	湖南省岳阳文物考古研究所、重庆市文物局、重庆市万州区文物管理所，2007
	万州小周溪墓群	2	东汉中晚期	陕西省考古研究所、重庆市文物局、重庆市万州区博物馆，2007
	万州钟嘴墓群	5	西汉中晚期或东汉	山东省博物馆、重庆市文物考古所、重庆市文物局等，2007
	万州嘴嘴墓群	2	西汉中晚期	刘春迎、葛奇峰、王三营，2013
	万州熊绍福墓群	6	东汉至南朝	邹后曦、赵乾坤、赵旭等，2018
	巫山瓦岗槽墓地	14	西汉至东汉，东汉数略多	见纪年砖"万岁建初六年造"。南京博物院考古研究所、重庆市博物馆、巫山县文保所，2003；中山大学人类学系、重庆市文物局、巫山县文物管理所，2007
	巫山高唐观墓群	4	新莽前后至东汉	湖南省文物考古研究所、重庆市文物局、巫山县文物管理所，2007
	巫山胡家包墓地	8	东汉	洛阳市第二文物工作队、重庆市文物局，2007
	巫山江东嘴墓群	6	东汉	重庆市文化局、中国文物研究所、吉林大学考古学系等，2003
	巫山江东嘴墓群	2	东汉	中国文物研究所、重庆市文物局、宜昌博物馆等，2007
	巫山麦沱古墓群	8	新莽、东汉	湖南省文物考古研究所、重庆市文物局、重庆市文物考古所等，2007
	巫山麦沱墓地	4	新莽、东汉	湖南省文物考古研究所、重庆市文物考古所、巫山县文物管理所，2010
	巫山神女路秦汉墓葬	3	西汉晚期至东汉	刘志云、陈艳、徐晓红等，2008

续表

省市	遗址	数量	断代	备注及资料来源
重庆	巫山水田湾墓地	8	西汉中期至东汉末	前期共三段，战国至西汉前期，为竖穴墓。重庆市文物考古所、武汉市文物考古研究所、重庆市文物局等，2007
	巫山水田湾墓群	8	秦末至东汉初	罗宏斌、陈艳，2005
	巫山土城坡墓地Ⅲ区东汉墓葬	约30	东汉早中期	见陶俑。陈艳、郭昌莲、裴健等，2008
	巫山下湾遗址	3	西汉晚期至东汉晚期	报告墓葬第二、三期。许志斌、陈艳、徐国胜等，2015
	巫山下西坪古墓群	47	西汉	湖南省文物考古研究所、湖南省怀化市文化事业管理处、重庆市文物局等，2007
	巫山秀峰一中两汉墓地	2	西汉	河南省文物考古研究所、重庆市文物局、巫山县文物管理所，2007
	巫山军营河墓地	9	东汉至东晋	李梅田、陈昊雯、乔峡，2016
	巫山龙头山墓地	6	东汉至东晋	李梅田、陈昊雯、乔峡，2016
	巫山水泥厂墓地	4	东汉	李梅田、陈昊雯、乔峡，2016
	武隆江口镇汉墓（不含张家拐子汉墓）	4	东汉	四川省文物管理委员会、武隆县文化馆，1998
	云阳打望包墓地	4	东汉	南京大学历史系考古专业、重庆市文化局、云阳县文物保护管理所，2010
	云阳洪家包墓地	5	西汉中晚期至东汉	成都市文物考古研究所、绵阳博物馆、云阳县文物保护管理所，2010
	云阳马岭墓地	6	新莽至东汉	郑州市文物考古研究所、重庆市文物局、云阳县文物保护管理所，2007
	云阳马沱墓地	4	东汉中晚期	郑州市文物考古研究所、云阳县文物保护管理所，2010
	云阳营盘包墓群	1	东汉晚期	福建省博物馆、云阳县文物保护管理所，2010
	忠县汉墓	5	东汉	见陶俑。刘兴林，2008
	忠县石匣子东汉大墓	1	东汉中期	李水城、魏文斌、李海忠等，2014
	忠县将军村墓群汉墓	2	西汉中晚期至东汉时期	见陶俑，皆右衽。李大地、邹后曦，2011

续表

省市	遗址	数量	断代	备注及资料来源
重庆	忠县瓦窑古墓群	2	东汉	长沙市文物考古研究所、忠县文物保护管理所，2010
	忠县下白桥溪墓地	1	东汉	湖南省岳阳市文物考古研究所、忠县文物管理所，2010
	忠县崖脚墓地	7	两汉	北京大学考古文博学院三峡考古队、重庆市忠县文物管理所，2003
	忠县沿江四队墓群	1	东汉晚期	重庆市文物考古研究所、湖北省长阳博物馆、重庆市文物局，2007
	忠县洋渡沿江汉墓	3	东汉中晚期	重庆市文物考古所、忠县文物管理所，2010
	重庆市化龙桥东汉砖墓	1	东汉晚期	见陶俑。胡人朝，1958
	重庆市晒网坝	不详	东汉	该区东汉至晋80余座墓，未见详细报道。肖贵田、李大营，2007
	重庆市枣子岚垭汉墓	1	东汉晚期	见陶俑，有盘髻。林必忠、冯庆豪，1991
	重庆市长丘、青杠堡、下坝墓地	6	东汉	林必忠、李映福，2006
	彭水山谷公园墓群	2	东汉晚期	白九江、文朝安、金鹏功等，2015
贵州	安顺（东）宁谷龙滩汉墓	35	东汉晚期	墓数为1971年、1994—2007年两次发掘数。摇钱树繁多。贵州省博物馆，1972；张合荣，2012
	安顺宁谷上苑村跑马地东汉墓	1	东汉	刘恩元、郭秉红，2004
	贵州兴义（顶效区）、兴仁（两樟区）汉墓	12	东汉和帝（89—105年）前后	见跪人灯、摇钱树，亦有人物形象。见辎车较为特殊。兴M8墓主或为县令妻妾。近有人认为或即为漏卧夫人，可备一说。贵州省博物馆考古组，1979
	赫章（城西）可乐甲类汉墓	44	西汉昭宣以后至东汉初期	局部发掘。汉墓数为1976—1978年、2000年两次发掘所见汉墓数。第二次发掘报告认为，M92、M126及部分少量祖家老包山头墓葬应当属于汉墓，第一次判断存在误判。M92、M126列入汉墓。前一次发掘报道者推测的该类人为汉朝军队较高地位者可采。后一次发掘所见汉墓地与前一次发掘所见汉墓地相同。贵州省博物馆考古组、贵州省赫章县文化馆，1986；贵州省文物考古研究所，2008

续表

省市	遗址	数量	断代	备注及资料来源
贵州	赫章县汉墓	7	东汉	见画像砖、五铢钱、铜摇钱树等。贵州省博物馆，1966
	金沙县汉画像石墓	1	东汉中晚期	见画像石、买地文石、吹箫俑；女性多叉髻。张合荣，1998
	黔西甘棠汉墓群	6	东汉	唐文元，1993
	黔西绿化乡汉墓	1	东汉晚期	赵小帆、胡昌国，2014
	黔西县（东）汉墓	27	东汉中晚期	见抚筝俑、托案俑、扶耳俑。唐文元、谭用中、张以容，1972
		3	东汉中晚期	见镇墓俑、立俑，陶捏而成。胡昌国，2006
	清镇、平坝羊昌河汉墓	28	西汉末东汉初	见铜人像。一件漆盘见"元始三年"（公元3年），"工卒史巡长称守丞衡掾隆守令史成主"等字样。陈默溪、牟应杭、陈恒安，1951
	仁怀合马东汉砖石墓	1	东汉	顾新民，1993
	威宁中水汉墓	9	西汉中期至东汉中期，东汉中期为主	个别墓葬年代在战国后期。墓数为两次发掘数。李衍垣、何凤桐、程学忠等，1981；李衍垣、何凤桐、万光云，1993
	务川汉墓	不详	东汉	报道者说该县发现数量较多汉墓遗迹，然数量不详。程学忠、朱祥明，1993
	务川喻家汉墓	2	东汉	吴小华、邹进杨、邹海龙，2014
	习水陶罐乡小沟汉墓	1	东汉	周必素，2014
	兴仁交乐汉墓	11	东汉晚期	汉墓数为石室墓并砖室墓M14数。砖室墓为汉族无疑，石室墓见"右衽"人物像，亦当为汉族墓。M14还见车马，墓主当为官吏。贵州省考古研究所，1993
		20	东汉晚期	该区目前已发掘汉墓20座。墓形制按十九号墓给出。同期墓见不同墓形制特征。李飞，2004
	兴仁雨樟镇汉墓	>90	东汉	出土官印"巴蜀郡守丞印"和私印"臣王千万"。史继忠，2007
	沿河东汉墓	1	东汉	席克、田景平，1993

续表

省市	遗址	数量	断代	备注及资料来源
云南	保山汪官营、小汉庄蜀汉墓	6	蜀汉	墓数为二墓地墓数。墓砖见"延熙十六年七月十日"（253年）字样；小汉庄墓见一秃顶男俑脸型窄长，女俑脸型较男俑稍短、梳粗圆形发髻。按耿德铭（1993）的研究，陶俑为土著人形象。耿德铭，1992、1993
	呈贡归化东汉墓	1	东汉中期	云南省文物工作队，1966
	呈贡七步场东汉墓	1	东汉	王涵，1998
	呈贡小松山	1	东汉	"梁堆墓"，出土一件提梁壶，足部有铭文"二千石大徐氏"。汪宁生，1980
	昆明羊甫头墓地	28	西汉末至东汉	云南省文物考古研究所、昆明市博物馆、官渡区博物馆，2005；杨帆、万扬、胡长城，2010。（《昆明羊甫头墓地》卷1附图一中除本书所录外还有杜家营汉文化墓，然暂未见报道）
	大理大展屯二号汉墓	2	东汉中晚期	杨德文，1988
	大理市下关城北东汉纪年墓	1	东汉中后期	杨德文，1997
	大理喜洲镇庆洞村	1	东汉	李昆声、胡习珍，2009
	晋宁大湾山东汉墓	7	东汉早期	杨帆、万扬、胡长城，2010
	晋宁左卫山东汉砖室墓	1	东汉中晚期	杨帆、万扬、胡长城，2010
	祥云大波那李椁铜棺墓	1	战国	关于该墓墓主有昆明人、"靡莫之属"两种意见。杨帆、万扬、胡长城，2010
	昭通曹家老包	1	东汉	见"建初五年三月"字样。汪宁生，1980
	昭通城西汉墓	1	东汉	葛季芳、陈本明，1981
	昭通段家梁子汉墓	1	东汉	谢崇昆，1992
	昭通桂家院子汉墓	1	东汉	葛季芳，1962
	昭通鸡窝院子汉墓	1	东汉前期	游有山、谢崇昆，1986
	昭通白泥井汉墓	1	东汉	曹吟葵，1965
	永善务基乡青龙汉墓	1	东汉	杨帆、万扬、胡长城，2010

说明一：（1）本表截止时间限于2019年3月发表的资料；（2）本表中数量极少且断代不清的报道未包括；（3）本表部分数据包括秦汉时期前后的数据，主要是同一墓地为方便比较而录入；（4）因各分表资料来源互有重复，资料来源俱见本表末所附文献。

附表 2-2　　　　　崖墓分布

省市	遗址	数量	断代	备注及资料来源
四川	宜宾真武山	1	东汉	王朝卫，2003
	宜宾猫猫沱汉代崖墓群	20	东汉晚期	任江、郑喆轩、段佩柔等，2017
	双流华阳乡汉墓	1	东汉早中期	见"右衽"人物形象。李加锋，1991
	双流牧马山灌溉渠崖墓	14	东汉晚期至蜀汉	罗二虎，1988
	荥经水井坎沟崖墓	5	东汉早期	罗二虎，1988
	青神蛮坟坝建初元年崖墓	1	东汉中期	罗二虎，1988
	新津县堡子山崖墓	1	东汉晚期	见陶俑。陆德良，1958
	绵阳市朱家梁子东汉崖墓	6	东汉早期	纪年纹有"元和二年"等字样。陶俑见"V"形服饰，多为"右衽"。唐光孝，2003
	绵阳市彰明崖墓	6	东汉晚期	罗二虎，1988
	绵阳市涪城区桐子梁东汉崖墓	113	东汉晚期	持续至魏晋南北朝，墓数仅列汉墓，即原文 A、B 区墓。东汉墓见摇钱树、陶井、右衽长袍陶俑等。郭富、王丽君、李琳等，2015、2016
	绵阳河边东汉崖墓	>150	东汉晚期	局部发掘见陶俑多件。何志国，1988
	三台郪江崖墓群	1638	东汉	研究者将墓群分为 52 个小墓群。一号墓见陶俑较多，服饰见右衽、圆领长筒，发髻见椎髻、盘发、双髻、绕结髻。前室左壁上有朱书题记"元初四年"。钟治、周科华、李生，2005；四川省文物考古研究院、绵阳市博物馆、三台县文物管理所，2007
	宜宾横江镇东汉崖墓	9	东汉晚期	见陶俑，"右衽"居多，但有"左衽"。黄家祥、王朝卫，2003
	遂宁市（船山坡、笔架山）崖墓	8	东汉晚期	罗二虎，1988；庄文彬，1994
	峨眉山市东汉墓	1	东汉	见陶俑，皆右衽。邱学军，1994
	乐山市沱沟嘴东汉崖墓	1	东汉	见隶书阳刻"张君""张君神舍"等字样。陶俑较多，多为右衽，见"V"形领、左衽俑。见画像砖。胡学元、杨翼，1993
	乐山市麻浩崖墓群	>320	东汉中晚期	陈卫东、刘睿、李飞等，2017
	绵阳何家山东汉崖墓	2	东汉晚期	见陶俑，右衽，发有高髻、椎髻等式。何志国，1993a、1993b
	新津大云山东汉崖墓	1	东汉	见陶俑，右衽，椎髻、戴平冠。刘雨茂、姜铭，2011

续表

省市	遗址	数量	断代	备注及资料来源
四川	新都马家山东汉崖墓	22	东汉	见陶俑，右衽，椎髻。新都县文物管理所，1984
	新都区东汉崖墓（互助村、凉水村）	7	东汉	见陶俑，右衽，见圆领长筒服、高冠，发式有椎髻、结髻。陈云洪、张俞新、王波，2007
	新都新民乡汉墓	7	东汉中期	见画像砖。张德全，1988
	宝兴夹金山	1	东汉	见"永建五年造"纪年砖。宝兴县文化馆，1976
	武胜山水岩崖墓群	14	东汉至晋	墓数为已发掘墓数。见吹箫俑、抚琴俑、听琴俑等，戴尖顶帽、平冠、鸡冠帽等，半数右衽（报道均说是"左衽"，误）、半数圆领长筒。陈祖军、刘敏、李再仁等，2010
	彭山崖墓	85	东汉	墓数为两次发掘数及罗二虎1988年报道的江口高家沟崖墓。见水田、房屋模型。陶俑数量繁多，多数为右衽，亦见左衽。M682见"永平六年王"纪年砖模印，M901见"永元十五年二月作"纪年砖，M550洞口见"永元十四年三月二十六日王相颙造"字。M900墓口有"蓝田令杨子舆所处内"字，M900为该区最大的一墓。报道者推断与M900邻近崖墓为"聚族而葬"。罗二虎，1988；南京博物院，1991
	乐山市崖墓	>590	东汉	麻浩崖墓330座；1995年发现的乐山麻浩鱼村崖墓数不详；柿子湾崖墓群240座；中区大湾嘴墓群16座；中区高笋田崖墓2座。麻浩崖墓见"杨""王景""邓景达""尹武孙""武阳赵国羊""阳嘉三年""延熹九年成""中平六年作"等字。柿子湾崖墓群画石、石刻较多。中区大湾嘴墓群见陶俑较多。中区高笋田崖墓亦见陶俑。另据唐长寿（1994）报道他墓有"陈买德""元初元年十月""元初五年十月十七日杨得采藏""黄颖神墓川出十五年""朱秉""佐孟机为子男造此冢"等字。唐长寿（1994）录洪适《隶续》《张宾公妻穿中二柱文》并考张氏家族墓值得注意。唐长寿，1987、1990、2002；胡学元、杨翼，1995；黄学谦、杨翼、胡学元，1991；胡学元，1988；陈卫东、李飞、刘睿等，2016
	中江塔梁子崖墓	12	东汉中、晚期	M3壁画墨书值得注意，本书有讨论。四川省文物考古研究院、德阳市文物考古研究所、中江县文物保护管理所，2008

续表

省市	遗址	数量	断代	备注及资料来源
四川	泸县牛石函崖墓	>10	东汉中晚期	断代为据局部发掘所得时代推断。泸州市博物馆、成都文物考古研究所，2010
	泸州河口头崖墓	2	东汉晚期	任江、胡昌钰，2006
	昭觉好谷村古墓群	5	东汉	赵德云、吕红亮、代丽鹃等，2009
	金堂猫头山崖墓	2	东汉、南朝	东汉、南朝各1座。成都市文物考古研究所、金堂县文物管理所，2005
	金堂焦山崖墓	1	东汉早期	罗二虎，1988
	金堂城区崖墓群	>40	东汉晚期	另有成汉、两晋时期崖墓。《文物鉴定与鉴赏》2018年第7期报道
	南充天宫山崖墓	1	东汉晚期	罗二虎，1988
	长宁缪家林东汉崖墓群	5	东汉晚期	金国林、刘睿、李瑞佳等，2015
	长宁七个洞M3、M4延光墓	2	东汉中期	罗二虎，1988
重庆	璧山棺山坡东汉崖墓群	6	东汉晚期	见陶俑，有右衽、圆领长筒等服饰。见画像砖。范鹏、李大地、邹后曦，2014
	璧山蛮洞坡崖墓群	5	东汉晚期	林必忠、王豫、陈安乐等，2018
	奉节拖板崖墓群	5	东汉	陕西省考古研究所、西安半坡博物馆、重庆市文物局等，2007
	奉节三峡工程库区崖墓	6	东汉中期至蜀汉	滕铭予、赵宾福、李言，2004
	奉节周家坪墓地	5	东汉中晚期	见五铢钱、双髻俑。徐承泰、熊跃泉，2005
	奉节周家坪墓地	3	东汉中期	重庆市文化局三峡办、奉节县文物管理所，2010
	涪陵东汉崖墓	1	东汉晚期	见陶俑，皆右衽，有平冠、尖帽、圆帽等。胡常钰、黄家祥，1984
	合江崖墓群	100	东汉	报道者称报道时发现的合江县崖墓达百墓，均为东汉墓。见画像砖。王庭福、李一洪，1995
	巫山瓦岗槽墓地	3	西汉	战国1，西汉2。南京博物院考古研究所、重庆市博物馆、巫山县文保所，2003
	忠县涂井蜀汉崖墓	15	蜀汉	出土钱币、陶俑、陶房模型繁多。张才俊，1985

续表

省市	遗址	数量	断代	备注及资料来源
重庆	水泥厂东汉崖墓	1	西汉至东汉	郭蜀德、王新南，1987
	九石岗永寿、延熹、熹平纪年墓	6	东汉晚期	罗二虎，1988
	盘溪崖墓	2	东汉晚期	罗二虎，1988
	永川区石坝屋基伏岩寺崖墓群	14	东汉中晚期	白九江、代玉彪、王道新等，2017
	江津区坪坪上汉代崖墓	6	东汉	白九江、孙治刚、徐克诚等，2017
	万州熊绍福墓群	6	东汉至南朝	邹后曦、赵乾坤、赵旭等，2018
云南	镇雄象鼻岭崖墓	数十	东汉	王大道，1981
	盐津墨石沟东汉崖墓	1	东汉中后期	文化特征多汉文化因素，当为汉化了的"西南夷"人（原报道的判断）。余腾松、王晓斌、岳世云等，2015
	昭通大关岔河崖墓	3	东汉	张曾祺，1965
	昭通小湾子崖墓	>60	东汉	张曾祺，1965；云南省文物考古研究所等，1992；张新宁，2006
	水富小河崖墓群	不详	东汉中期	仅清理4座。康利宏、刘成武，2011
	水富楼坝崖墓	25	西汉早、中期	墓数为清理墓数。云南省文物考古研究所、昭通市文物管理所、水富县文化馆，2006
贵州	赤水市万友号崖墓	3	东汉晚期	李飞，2014
	赤水市复兴马鞍山崖墓	21	东汉	贵州省文物考古研究所、赤水市文物管理所，2005
	习水东汉崖墓（赤水河沿岸）	4	东汉	张合荣，2002

注：表中标注的时段有的在汉代之后，但数据为汉代数据

附表2-3　　　　　　　竖穴墓分布

省市	遗址	数量	断代	备注及资料来源
四川	郫县古城乡汉墓	14	西汉至东汉	均为长方形竖穴，12座土坑，2座砖坑。见五铢钱等汉文化物品。江章华、陈云洪、颜劲松等，2004
	郫县风情园及花园别墅	27	战国晚期至西汉中期	成都市文物考古研究所、郫县博物馆，2004
	西昌礼州	5	西汉晚期至新莽	均为长方形竖穴土坑墓。王兆祺，1980

续表

省市	遗址	数量	断代	备注及资料来源
四川	西昌羊耳坡遗址蛮子沟墓地	96	战国中晚期至西汉	唐飞、郑万泉、连锐等，2017
	西昌栖木沟遗址	3	战国至西汉	杨文成、王楠、戴福绕等，2009
	西昌经久大洋堆遗址	9	春秋中前期（待考）	张正宁、姜先杰、刘弘，2004
	成都市石人坝小区汉墓	不详	西汉晚期	见五铢钱1780枚，陶俑圆领长筒，印章上甸伏盘曲。初步判定墓主为"夷"族。李明斌，2000
	成都西郊土坑墓、砖室墓墓地	10	西汉	成都市文物考古研究所，2003
	成都龙泉驿区北干道木椁墓	34	战国晚期至西汉早期	成都市文物考古研究所、龙泉驿区文物管理所，2000
	成都博瑞都市花园汉、宋墓葬	29	西汉武帝至东汉中期	成都市文物考古研究所，2003
	成都新都区清镇村土坑墓	1	战国至秦	成都市新都区文物管理所，2007
	成都青白江区大同磷肥厂工地汉墓	9	西汉	成都市文物考古研究所、青白江区文物保护管理所，2010
	成都天回乡西汉木椁墓	31	西汉早期至西汉晚期	四川省文物管理委员会，1958
	成都石羊西汉木椁墓	1	西汉武帝初年	胡昌钰，1983
	成都凤凰山园艺场汉墓	1	西汉	徐鹏章，1991
	成都天回镇老官山汉墓	4	西汉早中期	成都文物考古研究所、荆州文物保护中心，2014
	成都扬子山西汉墓	10	西汉	局部清理报道。沈仲常，1955
	成都洪家包西汉木椁墓	20	西汉	四川省文物管理委员会，1957年；江学礼，1957
	绵竹清道公社西汉墓	1	西汉早期	四川省博物馆、绵竹县文化馆，1983
	汉源背后山遗址	8	东汉初期	汤惠生、夏勇、宋清等，2011
	达县西汉木椁墓	1	西汉初	马幸辛、汪模荣，1992
	雅安市芦山县芦阳镇汉墓	1	东汉晚期至新莽	郭凤武、唐国富，1993
	武隆县江口镇张家拐子汉墓	1	不详	四川省文物管理委员会、武隆县文化馆，1998

续表

省市	遗址	数量	断代	备注及资料来源
四川	绵阳永兴双包山汉墓群	>20	汉初	报道称该区仍有许多汉墓未探明。出土陶俑繁多。赵树中、胥泽蓉、何志国等，1996年；何志国，1996
	宝兴陇东东汉墓群	105	东汉	墓数为两次发掘数。杨文成，1985
	彭州市红豆树墓群	8	西汉至东汉	西汉约3座，东汉约5座；前期为竖穴土坑墓，后期多竖穴砖室墓。成都文物考古研究所、彭州市文物保护管理所，2012
	双流华阳镇家益欣城汉墓	2	西汉	成都文物考古研究所、双流县文物管理所，2012
	会理粪箕湾墓群	150	春秋末至战国中后期	唐翔，2004
	会理城河下游墓群	5	西汉	含猴子洞石棺墓群、小营盘石棺墓群。唐翔、万娇、代洪周，2009
	荥经南罗坝村战国墓	11	战国中晚期	荥经严道古城遗址博物馆，1994
	荥经高山庙西汉墓群	9	西汉初期	黄家祥、代强、高俊刚等，2017
	荥经古城坪秦汉墓葬	3	秦至西汉	荥经古墓发掘小组，1981
	小金日隆汉代石棺葬墓地	41	西汉中晚期至东汉中晚期	刘斌、陈学志、范永刚等，2018
重庆	涪陵点易墓地汉墓	2	西汉早期	王迪、惠夕平、刘善沂等，2014
	涪陵易家坝西汉墓	3	西汉中晚期	墓群，局部发掘。重庆市博物馆、涪陵县文化馆，1998
	涪陵小田溪墓群	2	战国至西汉	战国至秦11座，汉2座。重庆市文物考古所、重庆文物局，2010
	涪陵转转堡墓群	8	西汉晚期至东汉初	周虹、湛川航、李洪等，2016
	涪陵黄溪公社西汉墓	2	西汉初年	四川省文物管理委员会、涪陵县文化馆，1984
	巫山江东嘴墓群	5	西汉	重庆市文化局、中国文物研究所、吉林大学考古学系等，2003
	巫山水田湾墓地	8	西汉至东汉	后期共三段，西汉中期至东汉末，为砖室墓。重庆市文物考古所、武汉市文物考古研究所、重庆市文物局等，2007
	巫山小三峡水泥厂墓地	23	西汉至东汉	西汉21墓，东汉2墓。见"永元十二年"纪年砖。四川省文物考古研究所、重庆市文物局、巫山县文物管理所等，2007

续表

省市	遗址	数量	断代	备注及资料来源
重庆	巫山下西坪古墓群	约100	西汉	竖穴墓数为按已发掘判断。湖南省文物考古研究所、湖南省怀化市文化事业管理处、重庆市文物局等，2007
	巫山麦沱古墓群	14	西汉至东汉初	湖南省文物考古研究所、重庆市文物局、重庆市文物考古所等，2007
	巫山秀峰一中两汉墓地	5	西汉	后期为东汉砖石墓。河南省文物考古研究所、重庆市文物局、巫山县文物管理所等，2007
	巫山江东嘴墓群	21	西汉至新莽	中国文物研究所、重庆市文物局、宜昌博物馆等，2007
	巫山麦沱墓地	6	西汉	湖南省文物考古研究所、重庆市文物考古所、巫山县文物管理所等，2010
	巫山下湾遗址	2	西汉晚期	报告墓葬第二期。许志斌、陈艳、徐国胜等，2015
	巫山神女路秦汉墓葬	12	西汉晚期至东汉	刘志云、陈艳、徐晓红等，2008
	巫山水田湾墓群	3	西汉初至东汉	罗宏斌、陈艳，2005
	巫山瓦岗槽墓地	34	战国至西汉	战国1座，西汉2座（1998年发掘）；2001年报告具体分期不详。南京博物院考古研究所、重庆市博物馆、巫山县文保所等，2003；中山大学人类学系、重庆市文物局、巫山县文物管理所等，2007
	巫山麦沱汉墓	68	西汉中期至东汉初期	见砖铭"永元十五年作治""旧永元十五年作治""永元十三年"等。出土陶俑皆"结髻""右衽"很是奇特。报道者认为该墓群文化基本上是土著文化，兼有楚文化特征。尹检顺，1999
	巫山高唐观墓群	11	西汉至新莽前后	湖南省文物考古研究所、重庆市文物局、巫山县文物管理所等，2007
	巫山胡家包墓地	10	西汉	洛阳市第二文物工作队、重庆市文物局，2007
	巫山土城坡墓地（2004）	77	战国至东汉	报道未详各时期墓数，本表为推测数据。武汉市文物考古研究所、巫山县文物管理所，2009
	万州礁芭石墓地	17	西汉	广东省文物考古研究所、重庆市文物局、重庆市万州区文物管理所，2007、2010

续表

省市	遗址	数量	断代	备注及资料来源
重庆	万州团堡墓群	1	东汉前期	南宁市博物馆，重庆市文物局、重庆市文物考古所，2007
	万州曾家溪墓地	13	西汉	镇江博物馆，重庆市文物局、重庆市文物考古所等，2007
	万州包上秦汉墓	8	秦至东汉	秦5座，西汉2座，东汉1座。广东省文物考古研究所、重庆市文物局等，2007
	万州大坪墓群	19	西汉前期至晚期	两次发掘数。益阳市文物管理处、重庆市文物局、重庆市文物考古所等，2007；重庆市文化局、重庆市文物考古所、益阳市文物处等，2010
	万州金狮湾墓群	8	西汉前期至晚期	南京市博物馆、南京市文物研究所、重庆市文物局，2007
	万州古坟包汉墓	5	西汉中晚期	湖南省文物考古研究所、重庆市文物局、重庆市万州区博物馆，2007
	万州柑子梁墓群	5	西汉	洛阳市第二文物工作队、重庆市文物局，2007
	万州武陵镇吊嘴墓群	2	战国、东汉早期	战国、东汉早期各1座。湖南省岳阳文物考古研究所、重庆市文物局、重庆市万州区文物管理所，2007
	万州老棺丘古墓群	9	西汉	云南省文物考古研究所、重庆市文化局三峡文物保护办公室领导小组，2010
	万州嘴嘴墓群	5	西汉中晚期	刘春迎、葛奇峰、王三营，2013
	万州松岭包墓地	9	东汉晚期	陈清海、闫麟、刘国宁，2001
	万州青龙嘴墓地	14	东汉至南朝	刘宝山，2010
	万州熊绍福墓群	2	战国、东汉	邹后曦、赵乾坤、赵旭等，2018
	忠县汉墓	1	东汉	刘兴林，2008
	忠县松江古墓群	4	西汉早期	长沙市文物考古研究所、忠县文物管理所，2010
	忠县沿江四队墓群	2	东汉早期	重庆市文物考古研究所、湖北省长阳博物馆、重庆市文物局，2007
	忠县瓦窑古墓群	8	秦至西汉	长沙市文物考古研究所、忠县文物保护管理所，2010
	忠县将军村墓群汉墓	3	西汉中晚期至东汉时期	见陶俑，皆右衽。李大地、邹后曦，2011
	忠县崖脚西汉大墓	1	西汉中期	见巴、楚文化。李水城、吴卫红、刘明利等，2014

续表

省市	遗址	数量	断代	备注及资料来源
重庆	奉节丰获汉代墓地	1	东汉前期	江西省文物考古研究所、奉节县文物管理所，2010
	奉节莲花池墓地	2	西汉至东汉	西汉、东汉各1座。河北省文物研究所、重庆市文物局、奉节县文物管理所，2007
	石柱陶家坝东汉墓	2	东汉末	M1陶俑有右衽、圆领长袍，无左衽。方刚、于桂兰、艾涛等，2015
	云阳马沱墓地	9	春秋晚期至西汉晚期	张建华、于宏伟、程红坤，2006；郑州市文物考古研究所、云阳县文物保护管理所，2010
	云阳马岭墓地	35	西汉至东汉初	郑州市文物考古研究所、重庆市文物局、云阳县文物保护管理所，2007
	云阳风箱背汉墓群	4	西汉晚期至东汉初	罗二虎、钱诚、毕洋，2018
	奉节宝塔坪遗址墓群	2	西汉晚期至新莽	吉林大学边疆考古研究中心、重庆文物局、奉节县文物管理所，2007
	奉节桂井墓地	5	东汉	刘兴林，2011
	九龙坡区陶家大竹林画像砖墓	2	西汉晚期至东汉中期	画像砖部分衣饰不清，然拓本可见者多为左衽。林必忠、刘春鸿，2007
	丰都天平丘西汉墓	34	西汉	乔栋，2009
	丰都上河嘴墓群	2	东汉中晚期	重庆市文物考古所、宝鸡市考古工作队、重庆市文物局等，2007
	临江支路西汉墓	5	西汉	重庆市博物馆，1986.
	开县余家坝墓地	111	战国中晚期	两次发掘数。山东大学考古学系、重庆市文物局、开县文物管理所，2007a、2007b
	万州大地嘴墓地	14	两汉	青海省考古研究所、南京师大文博系、万州市文管会，2006
	石柱砖瓦溪墓地	17	西汉中晚期至东汉	山西省考古研究所、重庆市文物局、石柱土家族自治县文物管理所，2007
	云阳营盘包墓群	43	战国中晚期至东汉中晚期	福建省博物馆、云阳县文物保护管理所，2010
	丰都汇南墓群（西汉）	24	西汉	见陶俑，右衽，"V"形领较多，圆领长筒较少。下同。陈德安、罗泽云、焦中义等，2012；陈德安、钟治、罗泽云等，2012

续表

省市	遗址	数量	断代	备注及资料来源
重庆	丰都县汇南墓群（东汉）	38	新莽至东汉	2001年发掘数包括六朝墓数。2001年发掘报告见墓制演变序列：土坑墓的年代为西汉至新莽时期，土坑砖墓复合结构墓的年代为东汉早期，砖室墓的年代从东汉至六朝。陈德安、罗泽云、焦中义等，2012；陈德安、钟治、罗泽云等，2012
	潼南下庙儿遗址汉墓	11	西汉晚期至东汉早期	重庆市文化遗产研究院、潼南县文物管理所，2014
	云阳马沱墓地	12	新莽	郑州市文物考古研究所、云阳县文物保护管理所，2006
	云阳打望包墓地	1	西汉中晚期	南京大学历史系考古专业、重庆市文化局、云阳县文物保护管理所，2010
云南	保山郎义村墓地	1	蜀汉	耿德铭，1993
	宁蒗大兴镇墓地	11	春秋晚期至战国中期	杨帆、万扬、胡长城，2010
	晋宁石寨山墓地	约90	战国至西汉中晚期	共五次发掘。杨帆、万扬、胡长城，2010
	陆良县薛官堡墓地	210	西汉	杨勇、朱忠华、王洪斌等，2013
	宜良纱帽山滇文化墓地	57	战国中晚期至西汉晚期	张德琳、张聪、刘力等，2012
	曲靖珠街八塔台古墓群	691	春秋至东汉初	本期另有大量火葬墓发掘，在唐末之后，叠压在原竖穴墓之上。王大道，1998；云南省文物考古研究所，2003；康利宏、吴沄、余晓靖等，2018
	曲靖横大路古墓群	185	战国至西汉晚期	本期另有大量火葬墓发掘，在唐末之后，叠压在原竖穴墓之上。云南省文物考古研究所，2003
	曲靖潇湘平坡墓地	204	春秋晚期至西汉晚期	杨帆、万扬、胡长城，2010
	曲靖平坡墓地	198	西汉	杨勇，2011
	东川普车河古墓葬	39	战国晚期至秦或汉初	随葬品均较少。熊正益，1998
	昭通营盘古墓群	205	战国中晚期至西汉	王涵，1998、2006a
	水富张滩墓地	6	不详	报道称具有深厚的巴蜀文化因素。杨帆、万扬、胡长城，2010
	昭通文家老包墓地	3	战国至汉初中期	杨帆、万扬、胡长城，2010
	广南牡宜东汉墓	1	东汉	杨帆、万扬、胡长城，2010
	会泽水城汉墓	24	西汉末至东汉初	云南省文物考古研究所，2015

续表

省市	遗址	数量	断代	备注及资料来源
云南	呈贡天子庙墓地	80	战国中期至西汉前期	胡绍锦，1985；杨帆、万扬、胡长城，2010
	呈贡小松山墓地	5	战国至东汉初	杨帆、万扬、胡长城，2010
	呈贡石碑村墓地	182	西汉中、晚期至东汉	杨帆、万扬、胡长城，2010
	昆明上马村五台山墓地（市北）	13	春秋至战国中期	杨帆、万扬、胡长城，2010
	昆明大团山墓地	6	西汉前后	阚勇、王涵，1983
	澄江金莲山墓地	409	战国晚期至东汉早期	蒋志龙、吴敬、杨杰等，2011
	安宁太极山	17	多为西汉中晚期	张增祺、杨天南，1965
	嵩明凤凰窝墓地	161	战国晚期至西汉中期	东汉时有火葬墓覆盖。杨帆、万扬、胡长城，2010
	江川李家山墓群	87	西汉前期至东汉前期	两次发掘数。云南省博物馆，1975；张新宁，2001；云南省文物考古研究所等，2007；杨帆、万扬、胡长城，2010
	江川团山墓地	11	战国晚期至东汉早期	杨勇，2011
	昆明羊甫头墓地	810	战国中期至西汉末	总墓数为846墓。分汉系和滇文化系两类，滇文化系可编年者524座，汉系墓均在东汉。云南省文物考古研究所、昆明市博物馆、官渡区博物馆，2005；杨帆、万扬、胡长城，2010
	泸西石洞村墓地	93	西汉中期至东汉初期	另发现火葬区共9座墓，时代亦大致在西汉中晚期至东汉初。杨帆、万扬、胡长城，2010
	泸西大逸圃墓地	190	战国末至西汉中期	杨帆、万扬、胡长城，2010
	嵩明梨花村东汉墓	1	东汉早期或新莽	杨帆、万扬、胡长城，2010
	个旧石榴坝墓地	24	上限在战国初或更早	杨帆、万扬、胡长城，2010
	蒙自鸣鹫墓地	8	春秋中期至战国	杨帆、万扬、胡长城，2010
	个旧黑玛井墓地	13	武帝前后至西汉晚期（局部新莽）	杨帆、万扬、胡长城，2010
	德钦永芝古墓葬	2	西汉初	数量仅为发掘数。云南省博物馆文物工作队，1975
	祥云大波那木椁墓	1	战国末西汉初	李朝真、何超雄，1986
	宁蒗大兴镇古墓葬	11	战国中期	张新宁，1983
	鹤庆黄坪土坑墓	3	春秋晚期至西汉	云南大理州文物管理所，2009

续表

省市	遗址	数量	断代	备注及资料来源
云南	昌宁坟岭岗青铜时代墓地	50	战国至西汉初期	王大道，2005
	昌宁县大甸山墓地	174	战国早期至西汉早期	胡长城、王黎锐、杨帆，2016
	宾川夕照寺村	1	西汉	杨勇，2011
	姚安营盘山	1	战国晚期至西汉	杨勇，2011
	楚雄万家坝古墓群	79	春秋中晚期、战国前期；部分意见认为至西汉	分期为两类墓葬之分期。云南省博物馆文物工作队、四川大学历史系考古专业七四级学员，1978
	南华孙家屯墓地	70	新石器时代晚期至东汉中期	杨帆，2001
	永胜枣子坪遗址	10	春秋晚期至西汉	报道者认为其青铜时代文化特征与鹤庆黄坪青铜时代文化特征相似，鹤庆黄坪青铜时代墓葬断代为春秋晚期至西汉。蒋志龙、朱之勇、吴敬等，2014
	元江洼垤打篙陡青铜时代墓地	73	春秋晚期至战国中期	王大道、杨帆、马勇昌，1992
贵州	赫章（城西）可乐乙类墓	约330	西汉昭宣以后至东汉初期	贵州省博物馆考古组、贵州省赫章县文化馆，1986；贵州省文物考古研究所，2008；吴小华、彭万、韦松桓等，2015
	威宁中水汉墓	49	战国末至西汉早期	个别墓葬年代在战国后期。墓数为两次发掘数。李衍垣、何凤桐、程学忠等，1981；李衍垣、何凤桐、万光云，1993
	黔西县（东）汉墓	10	东汉中晚期	见镇墓俑、立俑，陶捏而成。胡昌国，2006
	习水黄金湾遗址	31	西汉中晚期至东汉早期	张改课、许国军、李二超等，2017
	清镇平坝汉墓	不详	西汉至东汉前期	墓数原报道未详。见"樊千万""赵千万""谢买"印。贵州省博物馆，1961
	平坝天龙汉墓	6	东汉	陈学忠，1993
	平坝夏云汉墓	1	东汉	张合荣，2014
	平坝夏云镇汉墓	5	西汉末至东汉初	张兴龙、文应峰，2015
	黔西甘棠汉墓群	4	东汉	唐文元，1993

续表

省市	遗址	数量	断代	备注及资料来源
贵州	兴仁交乐汉墓	>50	东汉晚期	该区目前已发掘汉墓20座。墓形制按2014年二十号墓给出。同期墓见不同墓形特征。彭万，2014
	务川喻家汉墓	2	东汉	吴小华、邹进杨、邹海龙，2014
	安顺宁谷汉墓	6	西汉至东汉	严平，1993

附表2-4　　　　石棺墓分布

省市	遗址	数量	断代	备注及资料来源
陕西（南部）	紫阳马家营石棺墓	4	商周或略早	竖穴土坑形制。陕西安康水电站库区考古队，1994
西藏（东南部分）	隆子石棺墓	不详	一期新石器时代晚期至西汉，二期为唐	报道见8处墓地，墓数不详。霍巍、李永宪、更堆，1994
	林芝都普古遗址	>100	春秋至唐	报道为100余座，上限在新石器时代晚期，下限在7世纪初
	贡觉香贝石棺葬	5	战国秦汉	西藏文物管理委员会文物普查队，2009
	昌都热底垄石棺葬	5	夏商	李永宪，2003；王华等，2003
四川	屏山斑竹林遗址M1汉代画像石棺墓	1	东汉晚期	见陶俑、画像。报道者推断墓主为汉县邑长。辛中华、贾晓东、关伟等，2012
	汉源县麦坪遗址B区	3	距今4500—4000年	代洪周、陈爽、马兰等，2013
	汉源大窑石棺葬	1	秦汉之际	汉源县文化馆，2009
	茂县别立、勒石村的石棺葬	31	战国早期至秦汉	分三期，早期与晚期存在墓位置变化的自上而下规律。蒋宣忠，2009
	茂县牟托一号石棺墓及陪葬坑	1	战国中晚期	竖穴土坑形制。见编钟等重器。推断墓主为古蜀国人的一支。所见文化特征表明与中原文化、古滇国文化具有较多交流。茂县羌族博物馆、阿坝藏族羌族自治州文物管理所，1994
	茂县营盘山石棺葬墓地	>200	西周晚期至战国晚期	文物出版社，2013
	茂县撮箕山石棺葬	62	东周至东汉初	曾雳、李福秀、郑永霞等，2013
	茂县西郊石棺墓	1	战国至西汉	推断为冉駹部族。高维刚，1986

续表

省市	遗址	数量	断代	备注及资料来源
四川	茂县县城东北石棺墓	46	春秋末至东汉初	四川省文管会、茂汶县文化馆，1983
	茂县营盘山石棺葬	10	战国中晚期	竖穴土坑形制。蒋宣忠，1981
	宝兴汉代石棺墓	8	两汉	西汉5墓，东汉2墓，1墓无法断代。横穴室墓形制。推断为两汉青衣羌族墓。杨文成，1982、1987
	宝兴汉塔山战国土坑积石墓	数百	战国中晚期	发掘65座。该墓群数量大但时间短，为游牧民族经济形态特征。杨文成、陈显双，1999
	雅砻江呷拉遗址	不详	春秋末至汉代	报道在雅砻江中游地区形成了以呷拉为中心的石棺葬墓群达10余处，年代断定为战国中晚期至汉代。李万涛、唐飞、陈卫东，2012；四川省文物考古研究院、日本九州大学考古研究室、甘孜藏族自治州文化旅游局等，2013
	九龙乌拉溪乡石棺葬	约20	战国至西汉	报道见三处墓地，呷尔镇查尔村12座，其他两处"数座"。断代仅依据所发掘的一座给出。陈剑、刘玉兵、范永刚，2007；宋宝康、杨海香、江聪，2011
	九龙查尔村石棺葬墓地	12	不晚于汉代	陈剑、刘玉兵、范永刚，2009
	昭觉好谷村古墓群	33	战国早、中期至东汉	两次发掘数（濮苏波涅地点墓葬、好谷村古墓群）。凉山彝族地区考古队，1981；赵德云、吕红亮、代丽鹃等，2009
	炉霍卡莎湖石棺墓	>300	春秋至战国中期	竖穴土坑形制。清理275座。墓主据陈明芳（1996）所考为今藏族先人。陈显双、札西次仁，1991
	炉霍宴尔龙石棺葬墓地	13	夏商至西周中期	文化见浓重北方草原文化特征。唐飞、宫本一夫、金国林等，2012
	炉霍城中、仁达乡、朱德寨、通龙村、尤斯遗址石棺葬	>100	新石器时代晚期至汉代	具体数不详，仅城中墓群即达到100余座，后又有发现但尚未见报道。故宫博物院、四川省文物考古研究所，2009

续表

省市	遗址	数量	断代	备注及资料来源
四川	炉霍呷拉宗遗址	14	西周晚期至战国早期	牧业经济为主要经济形态。唐飞、宫本一夫、陈卫东等，2012
	德格喇格石棺葬墓地	数百	战国至西汉	喇格墓地有几百座。故宫博物院、四川省文物考古研究所，2009
	会理城河下游墓群	>200	战国至汉初	含猴子洞石棺墓群、小营盘石棺墓群。竖穴土坑形制。昆明市博物馆、禄劝县文物管理所、凉山彝族自治州博物馆等，2007；唐翔、万娇、代洪周，2009
	荥经曾家沟战国墓群	16	战国早期	两次发掘数。长方形竖穴土坑墓。赵殿增、陈显双、李晓鸥，1984
	马尔康孔龙村石棺葬墓群	>10	战国晚期至西汉初	陈学志，1994
	汶川昭店村石棺葬	1	春秋早期	叶茂林、罗进勇，1999
	汶川杂谷河下游西汉岩墓	19	西汉	徐学书，1989
	稻城瓦龙村石棺墓群	6	战国至西汉早期	秦汉白狼夷分布范围。刘化石、金国林、李文华等，2007
	甘孜吉里龙古墓葬	10	战国至秦	陈德安、扎西次仁、张康林，1986
	新龙谷日石棺葬	>10	战国至西汉	格勒，1987
	巴塘石板墓	>10	战国至西汉	童恩正、曾文琼，1981
	理县石棺墓	>10	春秋末至秦汉	郑德坤，2009
	理县佳山石棺葬	15	西汉	徐学书、王晓玲、李默等，1987
	盐边石棺葬	5	战国至秦汉	渡口市文物管理处，2009
	丹巴石棺葬	>50（出露）	两汉	主要分布在大小金川河两岸。故宫博物院、四川省文物考古研究所，2006
	石渠县石棺葬	不详	不详	罗二虎，2012
	道孚县石棺葬	不详	不详	罗二虎，2012
云南	中甸尼西乡石棺墓	57	西周（其中，M2、M6人骨碳14测年分别为前1008—前833年、前986—前813年）	竖穴土坑形制。随葬品所见贫富分化不明显，墓地距离较近、分布集中而又无叠压的特征表明该群体从事农业。推断墓主为氐羌系统。王涵，2005

续表

省市	遗址	数量	断代	备注及资料来源
云南	德钦永芝古墓葬	2	西汉初	竖穴土坑形制。数量仅为发掘数。云南省博物馆文物工作队，1975
	香格里拉尼西石棺墓	47	西周至春秋前期	罗二虎，2012
	祥云检村石棺墓	4	战国至西汉初	两次发掘数。报道者说考古调查发现该县刘厂工社、弥渡县苴力公社等十处亦有石棺墓"数十座"。田怀清、杨德文，1984
	祥云红土坡墓地	200余	不详	仅发表一座墓葬材料。李雁芬、杨伟林，2011
	德钦纳古石棺墓	24	春秋早中期	横穴室墓形制。张新宁，1983
	巧家小东门墓地	10	西周至春秋早期	另有土坑墓8座，报道者认为与石棺墓有某些渊源关系，但器物文化特征不明显。游有山、闵锐、余敏等，2009
	姚安西教场黄牛山石棺墓	1	西汉早期	郭开云，1984
	姚安石墓	1	东汉	郭开云，2009
	永仁石棺墓	105	断代不详，可能主要是西汉墓葬	含永定镇、菜园子、维的乡麻地梁子三地。楚雄彝族自治州文管所等，1986；于非林，1998；戴宗品、周志清、古方等，2003
	元谋大墩子新石器时代遗址	1	春秋战国	姜础，1994
	弥渡苴力战国石墓	10	战国	张新宁，1986
	禄劝阿巧乡营盘包石棺葬群	8	战国至西汉	大量墓葬已被破坏。竖穴土坑形制。昆明市博物馆、禄劝县文物管理所、凉山彝族自治州博物馆等，2007
	宾川石棺墓	不详	春秋晚期至西汉中晚期	报道有墓群6处，并认为此类墓在该县全境均有分布。墓数不详。宾川县文管所，2009
	武定田心石棺墓	约70	春秋战国	张家华、李剑明，2009
	大理洱海东岸石棺墓	3	西汉	杨德文，2009
	宾川古底石棺墓	13	战国至西汉	杨雪峰，2009
	永胜石棺葬	不详	不详	罗二虎，2012

续表

省市	遗址	数量	断代	备注及资料来源
云南	永胜堆子遗址	不详	新石器时代晚期至西汉，绝大多数为战国至西汉	年代据体质人类学研究（朱泓、赵东月、刘旭，2014）推断。朱泓等报告所见人骨为186例，其中战国秦汉间就有165例，可见有合葬的情形，且大多墓时间在战国至西汉间。总墓数为140墓，但有土坑墓、石棺墓、石构墓和瓮棺墓四种类型且打破关系复杂，反映了民族迁徙的通道性。目前尚未见系统报告，各类具体墓葬数量不详
	剑川鳌凤山古墓	217	战国末至西汉初	另有瓮棺葬34座，火葬墓91座。这两种墓葬为两种不同文化类型，时间大致在东汉晚期；并且，这两类墓葬是叠压在土坑墓之上的。报道者推定土坑墓主为"昆明人"。剑川鳌凤山土坑墓坑形、大小均视岩石的自然情形而定。阚勇、熊瑛，1990、1998
贵州	贞丰浪更燃山汉代石板墓	65	西汉晚期至东汉中期	杨洪，2013

附表2-5　　大石墓分布

省市	遗址	数量	断代	备注及资料来源
四川	理县桃坪大石墓	1	西汉晚期	徐学书、范永刚，1992
	西昌北山、小花山、黄水塘大石墓	3	西汉末东汉初	刘世旭、刘弘，1990
	西昌市经久大洋堆遗址	3	春秋至西汉末	张正宁、姜先杰、刘弘，2004
	喜德大石墓	>100	春秋中晚期至东汉初	童恩正、张西宁、刘世旭，1987；刘弘，2002；四川省文物考古研究院、凉山彝族自治州博物馆、西昌市文物管理所，2006
	西昌市郊大石墓	5	西周末至战国	刘世旭、王兆祺，1983
	西昌坝河堡子大石墓	11	战国至西汉	两次发掘数。四川省金沙江渡口西昌段、安宁河流域联合考古调查队，1976；西昌地区博物馆、四川省博物馆、四川大学历史系等，1987
	西昌河西大石墓群	7	战国末至两汉中期	西昌地区博物馆，1978

续表

省市	遗址	数量	断代	备注及资料来源
四川	普格小兴场大石墓群	5	约距今2400年，战国晚期	墓数据杨哲峰，2001；年代据中国社会科学院考古研究所实验室，1985
川滇	张增祺《西南地区的"大石墓"及其族属》所录大石墓分布地（前表未录部分）：四川省越西县、冕宁县、德昌县、米易县，云南省宾川县、魏山县、祥云县、姚安县、弥渡县、南涧县、双江县（张增祺，1990）			

注：关于西南区域汉系墓（室墓、崖墓）、夷系墓（土坑竖穴墓、石棺墓、大石墓等）分布、断代的材料，已有学者梳理如下。

崖墓、室墓方面，罗二虎（《四川崖墓的初步研究》，《考古学报》1988年第2期；《四川汉代砖石室墓的初步研究》，《考古学报》2001年第4期）曾有系统的梳理，孙俊（《战国秦汉西南族群演进的空间格局与地理观念》，云南师范大学博士学位论文，2016年；下同）曾在罗二虎的基础上补充了罗二虎文献发表后的数据（截至2015年10月），以及部分罗二虎遗漏的数据。此次梳理，除了补充近年的数据外（截至2019年3月；下同），又补充了局部此前遗漏的数据。

竖穴墓方面，杨勇（《战国秦汉时期云贵高原考古学文化研究》，科学出版社2011年版）曾有简要的梳理，但限于云贵地区。王天佑《四川西汉早期土坑墓文化因素分析》（《中华文化论坛》2018年第12期）一文对四川战国西汉时期土坑竖穴墓有较系统的梳理。笔者也曾在杨勇基础上进行过更为系统的梳理，今据相关研究再次补充。

石棺墓方面，《中国西南地区石棺葬文化调查与发现：1938—2008》、罗二虎《文化与生态、社会、族群：川滇青藏民族走廊石棺葬研究》二书可作综合性资料参考（详见阿坝藏族羌族自治州文物管理所、成都文物考古研究所：《中国西南地区石棺葬文化调查与发现：1938—2008》，四川大学出版社2009年版；罗二虎：《文化与生态、社会、族群：川滇青藏民族走廊石棺葬研究》，科学出版社2012年版），此次略有增补。

大石墓方面，张增祺曾有较详的梳理（《西南地区的"大石墓"及其族属》，《考古》1987年第3期），笔者也曾有进一步的梳理，近年无报道。此外，赵德云曾对安宁河流域的大石墓有系统的梳理（《安宁河流域大石墓的分期及相关问题》，《考古》2019年第3期）。

笔者曾梳理过的材料在《战国秦汉西南族群演进的空间格局与地理观念》一文中有详细的资料来源，此不赘述。附此次增补涉及的材料如下。

白九江、代玉彪、王道新等：《重庆市永川区石坝屋基伏岩寺崖墓群发掘简报》，《四川文物》2017年第1期。

白九江、孙治刚、徐克诚等：《重庆市江津区坪坪上汉代崖墓发掘简报》，《文博》2017年第3期。

白九江、文朝安、金鹏功等：《重庆彭水县山谷公园墓群发掘报告》，《南方民族考古》2015年第11辑。

陈卫东、李飞、刘睿等：《四川乐山市柿子湾崖墓B区M1调查简报》，《四川文物》2016年第5期。

陈卫东、刘睿、李飞等：《四川乐山市麻浩崖墓A区M8调查简报》，《四川文物》2017年第4期。

成都市文物考古研究所、郫县博物馆：《郫县风情园及花园别墅战国至西汉墓群发掘报告》，《成都考古研究（2002）》，科学出版社2004年版，第277—314页。

成都文物考古研究所、荆州文物保护中心：《成都市天回镇老官山汉墓》，《考古》2014年第7期。

郭富、王丽君、李琳等：《四川绵阳市涪城区桐子梁东汉崖墓发掘简报》，《四川文物》2015年第4期。

郭富、王丽君、李琳等：《四川绵阳市涪城区桐子梁东晋南朝崖墓发掘简报》，《四川文物》2016年第4期。

胡昌钰、黄家祥、任江等：《四川资阳市雁江区兰家坡汉墓发掘简报》，《四川文物》2019年第2期。

胡昌钰：《成都石羊西汉木椁墓》，《考古与文物》1983年第2期。

胡长城、王黎锐、杨帆：《云南昌宁县大甸山墓地发掘简报》，《考古》2016年第1期。

黄家祥、代强、高俊刚等：《四川荥经县高山庙西汉墓群M3发掘简报》，《四川文物》2017年第5期。

金国林、刘睿、李瑞佳等：《四川长宁县缪家林东汉崖墓群M5发掘简报》，《四川文物》2015年第5期。

康利宏、吴沄、余晓靖等：《云南曲靖市八塔台墓地2号堆第七次发掘简报》，《考古》2018年第12期。

李梅田、陈昊雯、乔峡：《重庆市巫山县汉晋墓群的发掘》，《考古》2016年第2期。

李水城、魏文斌、李海忠等：《重庆忠县石匣子东汉大墓发掘报告》，《南方民族考古》2014年第10辑。

李水城、吴卫红、刘明利等：《重庆忠县崖墓脚西汉大墓发掘报告》，《南方民族考古》2014年第10辑。

林必忠、王豫、陈安乐等：《重庆市璧山区蛮洞坡崖墓群M1发掘简报》，《四川文物》2018年第1期。

刘斌、陈学志、范永刚等：《四川阿坝小金日隆汉代石棺葬墓地发掘简报》，《文物》2018年第10期。

刘春迎、杨海青、马新克等：《重庆涪陵区网背沱墓群发掘简报》，《华夏考古》2017年第5期。

罗二虎、钱诚、毕洋等：《重庆云阳风箱背一号汉墓》，《考古学报》2018年第5期。

绵阳博物馆、成都文物考古研究所：《绵阳崖墓》，文物出版社2015年版。

任江、郑喆轩、段佩柔等：《四川宜宾县猫猫沱汉代崖墓群M10、M11发掘简报》，《四川文物》2017年第3期。

四川省博物馆、绵竹县文化馆：《四川绵竹县西汉木板墓发掘简报》，《考古》1983年第4期。

四川省文物管理委员会、涪陵县文化馆：《四川涪陵西汉土坑墓发掘简报》，《考古》1984年第4期。

四川省文物管理委员会：《成都东北角西汉木椁墓发掘简报》，《考古通讯》1958年第2期。

四川省文物考古研究院、广汉市文物保护管理所：《四川广汉市罗家包东汉墓发掘简报》，《四川文物》2016年第1期。

索德浩：《四川崖墓起源再论》，《中国国家博物馆馆刊》2018年第11期。

唐飞、郑万泉、连锐等：《四川西昌市羊耳坡遗址蛮子沟墓地2016年度发掘简报》，《四川文物》2017年第1期。

谢荔、徐利红：《四川合江县东汉砖室墓清理简报》，《文物》1992年第4期。

荥经古墓发掘小组：《四川荥经古城坪秦汉墓葬》，《文物资料丛刊》1981年第4辑。

云南省文物考古研究所：《会泽水城古墓群发掘报告》，科学出版社2015年版。

张改课、许国军、李二超等：《贵州习水黄金湾遗址发掘取得重要成果》，《中国文物报》2017年11月3日，第8版。

张兴龙、文应峰：《贵州平坝县夏云镇汉墓的发掘》，《考古》2017年第1期。

赵德云、孙策等：《四川昭觉县四开坝子汉代遗存的调查与清理》，《考古》2018年第8期。

周虹、湛川航、李洪等：《重庆涪陵转转堡墓群发掘简报》，《长江文明》2016年第2期。

邹后曦、赵乾坤、赵旭等：《重庆万州熊绍福墓群发掘简报》，《中国国家博物馆馆刊》2018年第5期。

佚名：《四川成都金堂发现90余座东汉至两晋崖墓群》，《文物鉴定与鉴赏》2018年第7期。

附表3 云贵地区青铜扣饰统计

墓地	青铜扣饰数量（件）	墓地	青铜扣饰数量（件）
昆明上马村五台山	11	楚雄张家屯	1
昆明石寨山	206	元江打篙陡	3
江川李家山	403	曲靖八塔台	27
昆明大团山	14	曲靖横大路	13
呈贡石碑村	45	曲靖平坡	4
呈贡天子庙	33	东川普车河	15
呈贡小松山	1	昭通下洒村	1
安宁太极山	9	金平龙膊河矿山	2
澄江金莲山	1	泸西石洞村	7
宜良纱帽山	9	泸西大逸圃	20
昆明羊甫头	206	蒙自鸣鹫中学	1
晋宁金砂山	29	个旧过洞村	2
晋宁梁王山	2	陆良薛官堡	1
嵩明凤凰窝	25	威宁中水	22
江川团山	6	赫章可乐	11
德钦纳古	3	师宗大园子	8
昌宁大甸山	4		

注：师宗大园子墓地为公共墓，共302座，均为竖穴土坑墓。详细报道的墓仅7座，其中就有铜扣饰8件，说明该墓地群体使用铜扣饰较为频繁。

资料来源：杨勇：《云贵高原出土青铜扣饰研究》，《考古学报》2011年第3期；邢琳：《云南青铜扣饰研究》，云南大学硕士学位论文，2014年；杨勇、朱忠华、王洪斌等：《云南陆良县薛官堡墓地》，《考古》2015年第4期；杨勇、金海生、查苏芩等：《云南师宗县大园子墓地发掘简报》，《考古》2019年第2期。

附表 4 《华阳国志》所载汉晋时期籍贯可考大姓数、士女数统计

郡	县	大姓数（姓）	士女数（人） 士 西汉	士女数（人） 士 东汉	士女数（人） 士 蜀汉	列女[四]
蜀郡	成都	>11[一]	7	22	6	2
蜀郡	临邛	2	3	1		1
蜀郡	郫	3	3	3	2	4
蜀郡	江原	2	2	5	1	3
蜀郡	繁	3	2	2		1
蜀郡	严道			1		
蜀郡	广都	1	2	1		1
广汉郡	新都	6	14	14	1	1
广汉郡	绵竹	2	7	7	2	2
广汉郡	雒	4	13	13		1
广汉郡	什邡	1	2	2		
广汉郡	广汉	2	7	7	1	3
广汉郡	郪	4	14	14	5	1
广汉郡	德阳	4[二]				2
犍为郡	武阳	12	16	16	3	2
犍为郡	资中	4	5	5		1
犍为郡	南安	9	3	3	2	2
犍为郡	僰道	6	4	4		3
犍为郡	牛鞞	2				1
梓潼郡	梓潼	4	8	8	1	1
梓潼郡	涪	3	4	4	5	2
梓潼郡	晋寿	?[三]				
巴郡	垫江	3	4	4		
巴郡	江州	11	3	3		
巴郡	枳	6				
巴郡	临江	5			2	
巴郡	平都	3				
巴东郡	朐忍	3				

续表

郡	县	大姓数（姓）	士女数（人） 士 西汉	士女数（人） 士 东汉	士女数（人） 士 蜀汉	列女
巴西郡	阆中	13	11	6	11	4
巴西郡	南充国	2			1	
巴西郡	西充国				2	
巴西郡	安汉	4		8	23	2
江阳郡	江阳	8				1
江阳郡	汉安	>8				
江阳郡	新乐	2				
江阳郡	符					2
涪陵郡		6				
宕渠郡	汉昌	1			1	
宕渠郡	宕渠		1	10	1	3
汉中郡	成固		4	5		3
汉中郡	褒中		1			
汉中郡	南郑	3		30		6
魏兴郡	西城		1			
汉嘉郡					2	
牂牁郡	毋敛			1		
牂牁郡					1	
平夷郡	鳖	1				
朱提郡		8			1	
建宁郡	味	5			3	
建宁郡	同乐	1				
永昌郡	不韦	5			1	

注：[一]《华阳国志》载"张氏兄弟""四姓""八族"后有"等"字者，大姓数均超过所列姓数，以">"表示；[二] 德阳县，《华阳国志》云"康、古、袁氏四姓"，当有脱字；[三] 晋寿县《华阳国志》云"大姓葬此者多"，可见晋寿县大姓不少，然不详，以"？"表示；[四] 列女中有极少两晋时期列女。

资料来源：大姓数据《华阳国志》前四卷整理；并参刘增贵《汉代的益州士族》（黄宽重、刘增贵主编：《家族与社会》，中国大百科全书出版社2005年版，第122—169页）和孙俊、武友德《秦汉西南"汉夷"格局——以〈华阳国志〉豪族士女和考古室崖墓分布为中心》（《中国边疆史地研究》2018年第2期）。士女数据任乃强《华阳国志校补图注》（上海古籍出版社1987年版）所附各郡士女统计数据整理。

附表5 《三国志·蜀书》所载蜀汉籍贯可考人物

人物	籍贯	人物	籍贯	人物	籍贯
刘焉	江夏	吕辰	南阳	张表	蜀郡
刘璋	江夏	吕雅	南阳	阎宇	南郡
刘备	涿郡	杜祺	南阳	王平	巴西
刘禅	涿郡	刘幹	南乡	王训	巴西
甘皇后	沛人	刘封	荆州	张嶷	巴郡
穆皇后	陈留	彭羕	广汉	蒋琬	零陵
穆吴壹	陈留	廖立	武陵	蒋斌	零陵
后主敬哀皇后	涿郡	李严	南阳	费祎	江夏
后主张皇后	涿郡	刘琰	鲁国	费承	江夏
诸葛亮	琅邪阳都	魏延	义阳	费恭	江夏
诸葛乔	琅邪阳都	杨仪	襄阳	费祎长女	江夏
诸葛瞻	琅邪阳都	霍峻	南郡	姜维	天水
董厥	义阳	霍弋	南郡	邓芝	义阳
关羽	河东	王连	南阳	邓良	义阳
关兴	河东	王山	南阳	张翼	犍为
张飞	涿郡	向朗	襄阳	宗预	南阳
张苞	涿郡	向条	襄阳	廖化	襄阳
张绍	涿郡	向宠	襄阳	杨戏	犍为
马超	（右）扶风	张裔	蜀郡	邓孔山	南郡
马岱	（右）扶风	杨洪	犍为	费宾伯	江夏
马承	（右）扶风	费诗	犍为	王元	汉嘉
黄忠	南阳	王冲	广汉	何彦英	蜀郡
赵云	常山	杜微	梓潼	何双	蜀郡
庞统	襄阳	五梁	犍为	吴子远	陈留
庞宏	襄阳	周群	巴西	陈叔至	汝南
庞林	襄阳	周舒	巴西	辅元弼	襄阳
法正	（右）扶风	张裕	蜀郡	刘南和	义阳
郑度	广汉	杜琼	蜀郡	张处仁	南阳
法邈	（右）扶风	许慈	南阳	习文祥	襄阳
许靖	汝南	胡潜	魏郡	王国山	广汉
麋竺	东海	孟光	河南	李永南	广汉

续表

人物	籍贯	人物	籍贯	人物	籍贯
糜芳	东海	孟越	河南	马盛衡	巴西
糜威	东海	来敏	义阳	马承伯	巴西
糜照	东海	来忠	义阳	姚伷	巴西
孙乾	北海	义阳	梓潼	李孙德	梓潼
简雍	涿郡	谯周	巴西	李伟南	广汉
伊籍	山阳	李譔	梓潼	龚德绪	巴西
秦宓	广汉	郤正	河南	王义强	广汉
董和	南郡	谯熙	巴西	冯休元	南郡
伟度	义阳	谯贤	巴西	程季然	巴西
伟博	义阳	谯同	巴西	程公弘	巴西
刘巴	零陵	黄权	巴西	士仁	广阳
马良	襄阳	黄邕	巴西	郝普	义阳
马谡	襄阳	黄崇	巴西	潘濬	武陵
陈震	南阳	李恢	建宁	王嗣	犍为
陈嗣	南阳	吕凯	永昌	常播	蜀郡
董允	南郡	马忠	巴西	卫继	汉嘉
陈祗	汝南	马脩	巴西	罗宪	襄阳
吕乂	南阳	马恢	巴西		

资料来源：据《三国志·蜀书》各传整理。此外《册府元龟·总录部·逃难》也有少量记载，但人物与《三国志·蜀书》同。

附表6 秦汉西南封泥所见长、丞、尉印

类型	时代	印铭	频次	出土地或汉属郡	来源	备注
长印	汉	汉率善氐佰长	1241（1）		罗福颐，1987	
	汉	汉归义氐佰长	1242、1243（2）		罗福颐，1987	
	魏	魏率善氐佰长		陕西岐山	庞怀靖，1986	
	魏	魏率善氐佰长		陕西扶风	庞怀靖，1986	

续表

类型	时代	印铭	频次	出土地或汉属郡	来源	备注
长印	晋	晋率善氐仟长		陕西扶风县张吴村	梶山胜、徐朝龙，1991	
	晋	晋率善氐仟长		陕西长武	梶山胜、徐朝龙，1991	
	晋	晋率善氐佰长		陕西省岐山县薄村公社南庄村	梶山胜、徐朝龙，1991	
	晋	晋率善氐邑长		陕西省陇县曹家湾公社	梶山胜、徐朝龙，1991	
	晋	晋归义氐王		甘肃省西和县	梶山胜、徐朝龙，1991	
	东汉	汉归义羌长	1225—1227（3）	武都郡	罗福颐，1987	
	东汉	汉归义羌佰长	1228、1229（2）	武都郡	孙慰祖，1994	
	汉	汉归义羌长		四川省	梶山胜、徐朝龙，1991	
	晋	晋归义羌王		四川泾川	梶山胜、徐朝龙，1991	
	汉	汉归义羌长		四川省	梶山胜、徐朝龙，1991	
	晋	晋归义羌侯		甘肃西和	梶山胜、徐朝龙，1991	
	晋	晋率善羌邑长		陕西千阳	梶山胜、徐朝龙，1991	
	秦汉	汉青羌邑长	2326（1）	蜀郡（后属国）	孙慰祖，1994	当汉青衣道地，后汉嘉即是
	东汉	汉归义賨邑侯		重庆万县南郊	梶山胜、徐朝龙，1991	金印
	汉	汉归义賨邑侯		重庆云阳		铜印
	汉	汉义賨邑侯		重庆云阳	梶山胜、徐朝龙，1991	
	东汉	汉叟邑长		云南省昭通县梁堆酒鱼河	梶山胜、徐朝龙，1991	

续表

类型	时代	印铭	频次	出土地或汉属郡	来源	备注
	东汉	汉叟邑长			梶山胜、徐朝龙，1991	北京故宫博物院藏。铜印
	晋	晋归义叟侯			梶山胜、徐朝龙，1991	藤井有邻馆藏。金铜印
	汉	汉夋邑长	1256—1263（8）		罗福颐，1987	"夋"通"叟"
	东汉	汉叟仟长		四川省芦山县城附近	梶山胜、徐朝龙，1991	
	西汉	滇王之印		云南省晋宁县石寨山	梶山胜、徐朝龙，1991	
	秦汉	葭明长印	820、821（2）	广汉郡	孙慰祖，1994	
	秦汉	汁邡长印	804—806（3）	广汉郡	孙慰祖，1994	
	秦汉	绵竹长印	816—818（3）	广汉郡	孙慰祖，1994	
	秦汉	新都长印	822—825（4）	广汉郡	孙慰祖，1994	
长印	秦汉	涪长之印	807—815（9）	广汉郡	孙慰祖，1994	
	秦汉	广汉长印	819（1）	广汉郡	孙慰祖，1994	广汉治所于今四川射洪县南
	秦汉	刚氐道长	826（1）	广汉郡	孙慰祖，1994	
	秦汉	沈黎长印	827（1）	蜀郡（后属国）	孙慰祖，1994	汉史有沈黎郡，此"沈黎"当为郡治县之一，不详
	秦汉	严道长印	828—837（10）	蜀郡	孙慰祖，1994	
	秦汉	牛鞞长印	838—840（3）	犍为郡	孙慰祖，1994	治所今四川简阳市南
	秦汉	南广长印	841（1）	犍为郡	孙慰祖，1994	治所今四川筠连县南
	秦汉	朱提长印	842（1）	犍为郡	孙慰祖，1994	

续表

类型	时代	印铭	频次	出土地或汉属郡	来源	备注
长印	秦汉	灵关道长	843—845（3）	越巂郡	孙慰祖，1994	
	秦汉	灊街长印	846（1）	越巂郡	孙慰祖，1994	
	秦汉	鱼复长印	847、848（2）	巴郡	孙慰祖，1994	
	秦汉	扞关长印	849（1）	巴郡	孙慰祖，1994	
	秦汉	州陵长印		巴郡	孙慰祖，1994	
丞、令印	秦汉	雒令之印/雒丞之印	775、776/1325、1326（4）	广汉郡	孙慰祖，1994	
	秦汉	成都丞印	1329—1333（5）	蜀郡	孙慰祖，1994	
	秦汉	涪令之印/涪之丞印	774/1324（2）	广汉郡	孙慰祖，1994	
	秦汉	汁邡丞印	1322、1323（2）	广汉郡	孙慰祖，1994	
	秦汉	青衣道令	777—779（3）	蜀郡	孙慰祖，1994	
	秦汉	严道令印/严道丞印	780/1334、1335（3）	蜀郡	孙慰祖，1994	
	秦汉	新都之令/新都丞印	762、763/1328（3）	广汉郡	孙慰祖，1994	
	秦汉	成固令印/成固丞印	773/1321（2）	汉中郡	孙慰祖，1994	
	秦汉	西成令印	772（1）	汉中郡	孙慰祖，1994	
	秦汉	朐忍令印	781（1）	巴郡	孙慰祖，1994	
	秦汉	牛鞞丞印	1336（1）	犍为郡	孙慰祖，1994	
	秦汉	灵关道丞	1337—1340（4）	蜀郡	孙慰祖，1994	

续表

类型	时代	印铭	频次	出土地或汉属郡	来源	备注
丞、令印	秦汉	阆中丞印	1341—1342（2）	巴郡	孙慰祖，1994	
	秦汉	宕渠丞印	1343（1）	巴郡	孙慰祖，1994	
	秦	南郑丞印		汉中郡	周晓陆、路东之，2000	
尉印	秦汉	什邡右尉	1517、1518（2）	广汉郡	孙慰祖，1994	
	秦汉	涪右尉印	1519、1520（2）	广汉郡	孙慰祖，1994	
	秦汉	雒左尉印	1521、1522（2）	广汉郡	孙慰祖，1994	
	秦汉	雒右尉印	1523—1533（11）	广汉郡	孙慰祖，1994	
	秦汉	广汉左尉	1534—1536（3）	广汉郡	孙慰祖，1994	
	秦汉	郪左尉印	1537（1）	广汉郡	孙慰祖，1994	郪左，《汉书·地理志》无，治当在今三台县南
	秦汉	新都左尉	1538（1）	广汉郡	孙慰祖，1994	
	秦汉	白水尉印	1539（1）	广汉郡	孙慰祖，1994	
	秦汉	白水左尉	1540—1542（3）	广汉郡	孙慰祖，1994	
	秦汉	白水右尉	1543、1544（2）	广汉郡	孙慰祖，1994	
	秦汉	刚氐右尉	1545、1546（2）	广汉郡	孙慰祖，1994	
	秦汉	临邛尉印	1547（1）	蜀郡	孙慰祖，1994	
	秦汉	江原右尉	1548—1551（4）	蜀郡	孙慰祖，1994	

续表

类型	时代	印铭	频次	出土地或汉属郡	来源	备注
尉印	秦汉	严道左尉	1552、1553（2）	蜀郡（后属国）	孙慰祖，1994	
	秦汉	徙尉之印	1554—1556（3）	蜀郡（后属国）	孙慰祖，1994	
	秦汉	徙右尉印	1557（1）	蜀郡（后属国）	孙慰祖，1994	
	秦汉	僰道右尉	1558（1）	犍为郡	孙慰祖，1994	
	秦汉	武阳右尉	1559（1）	犍为郡	孙慰祖，1994	
	秦汉	牛鞞左尉	1560（1）	犍为郡	孙慰祖，1994	
	秦汉	南广尉印	1561（1）	犍为郡	孙慰祖，1994	
	秦汉	存䣖左尉	1562—1565（4）	犍为郡	孙慰祖，1994	今云南宣威市北一带
	秦汉	遂久右尉	1566（1）	越嶲郡	孙慰祖，1994	
	秦汉	三绛右尉	1567（1）	越嶲郡	孙慰祖，1994	
	秦汉	同并尉印	1568（1）	牂柯郡	孙慰祖，1994	
	秦汉	枳左尉印	1569（1）	巴郡	孙慰祖，1994	
	秦汉	阆中右尉	1570（1）	巴郡	孙慰祖，1994	
	秦汉	扞关尉印	1571（1）	巴郡	孙慰祖，1994	
	秦汉	涪陵左尉	1572（1）	巴郡	孙慰祖，1994	
	秦汉	临邛尉印		蜀郡	吴幼潜，1984	原作"临尉邛印"，误

续表

类型	时代	印铭	频次	出土地或汉属郡	来源	备注
其他	秦汉	严道橘丞		蜀郡	吴幼潜,1984	
	秦汉	严道橘园		蜀郡	吴幼潜,1984	
	秦汉	江陵之印（非官）		南郡	吴幼潜,1984	
	秦汉	夷道之印		南郡	吴幼潜,1984	

注：本表所称频次，为见同铭文印次数，以《古封泥集成》编号代。

资料来源：庞怀靖：《陕西岐山县博物馆藏两方官印》，《文物》1986年第11期；罗福颐：《秦汉南北朝官印征存》，文物出版社1987年版，卷六"两汉颁给兄弟民族官印"；孙慰祖主编：《古封泥集成》，上海书店出版社1994年版；梶山胜、徐朝龙：《汉魏晋时期蛮夷印章的使用方法——以西南夷印章为主进行的考察》，《南方民族考古》1991年辑；吴幼潜：《封泥汇编》，上海古籍书店1984年版；周晓陆、路东之：《秦封泥集》，三秦出版社2000年版。

附表7 战国秦汉时期西南区域汉族群体移民的迁徙源地、迁徙地简表

时期	事件	主要移民来源	主要移民迁入地	备注
战国时期秦定巴蜀前	秦女入巴蜀	秦	蜀、巴国都城	
秦惠文王更元九年（前316）	蔺氏入蜀	秦	蜀	
秦定巴蜀后	罪犯入蜀	前期以秦民为主	巴、蜀	
	派驻官员、军士治理巴蜀地区	秦	巴、蜀中心区域	
周报王元年（前314）	戎伯尚强，移秦民万家实之	秦	巴国都城区域	万家
秦惠文王更元二十六年（前312）	严氏入蜀	楚	蜀严道	
始皇九年（前238）	嫪毐作乱被迁	秦	先迁房陵，后迁蜀，又迁永昌	4000家
始皇十一年	徙吕不韦家族入蜀	秦	先迁房陵，后迁蜀	万家
始皇时期	"上郡"移民入蜀	秦	蜀临邛等地	

续表

时期	事件	主要移民来源	主要移民迁入地	备注
秦统一六国时期	六国移民入蜀	关东	巴、蜀	
汉元元年（前206）	列侯从高帝入蜀	北方、楚地	巴、蜀、汉中	
汉朝建立后	袭秦制，迁罪犯入蜀	北方为主	巴、蜀	
汉初高帝时期	迁关东豪族入蜀	关东	蜀	
汉元二年	战争及北方大旱，北方移民入蜀汉就食	北方	蜀、汉中	
汉元十一年（前196）	梁王彭越谋反，废迁蜀	关东	蜀	
建元三年（前138）至平帝元始三年（3）	九王迁汉中	关中	汉中	
汉文帝初期	部分吕氏群体迁蜀	关中	蜀	
前元六年（前151）	淮南王刘安作乱迁蜀	关东	蜀	
武帝初开西南夷地区时	募豪民田南夷、西夷	关东	西南夷地区	数万人
武帝开西南夷地区后	派驻官员、军士管理西南夷地区	北方、巴蜀	西南夷地区郡、县驻地	
	人口压力导致的人口迁徙	蜀	西南夷地区特别是朱提、滇池地区	
两汉之际	战争及自然灾害引起关东、北方群体迁蜀	关东、关中	巴、蜀、汉中	
公孙述据蜀时期	吕鲔、延岑、田戎等入蜀	北方	蜀	数万户
元兴、延平时期	关东水灾导致关东群体入蜀	关东	巴蜀	
永和至永兴时期	楚地群体入巴	楚地	巴江州及其以东地区	十余万户
东汉中后期	李君招引儒、墨人才入蜀	北方	蜀	
	鼓励屯垦导致的人口迁徙	北方	越巂等地	
	流民进入武都、阴平	不详	武都、阴平	汉末或迁蜀，或迁关东

续表

时期	事件	主要移民来源	主要移民迁入地	备注
张鲁据汉中时期	关中人入汉中	关中	汉中	数万户
刘焉、刘璋据蜀时期	东州人入蜀	北方为主	蜀	规模可能超过十万户,有少量南方群体
建安十六年(211)	刘备及其随从群体入蜀	北方为主	巴蜀	
蜀汉时期	巴蜀群体南迁	巴蜀	益州、牂柯、越嶲地区	数万户
咸熙元年(264)	蜀汉灭亡后大批官员、士人、百姓北迁	巴蜀	关中、关东	数万户

注:(1)本表所列仅是见于史料和考古材料的部分,由这些事件也可推知战国秦汉时期北方群体迁入西南地区的概况;(2)汉末汉族群体入蜀情况可另见附表5。

资料来源:据本书讨论梳理。

附表8 战国至汉末西南主要族群分布与演进简表

族群	分布情况	汉末演进情况
蜀	战国中期秦定巴蜀前分布于今四川盆地区域,西至熊耳(今四川省青神县南)、峨眉(嵋)山、灵关(四川峨边县северная)、玉垒(四川茶坪山)、白水关(四川青川县东)、蟠冢山、褒斜道,北与秦分(以东汉中郡西北角北界为限),东与巴接(即今洋县、城固、南郑、旺苍一带),南以青衣江、长江为限与僰人、夜郎相分	秦定巴蜀后大部融合于汉族中(延续至魏晋),部分向西南迁徙至川西南区域,还有部分南迁至今越南北部
蜀苴部	战国中期秦定巴蜀前分布于葭萌,今广元地区	融合于汉族之中。或一部分在史籍中被泛称于板楯蛮中
青衣夷	战国时期主要分布于青衣江中游的汉代青衣县,今青神县。秦汉时期随着汉族迁入青衣江中游地区部分青衣夷可能西迁,有一部分则融合于汉族之中	东汉以后不复见载
青衣羌	两汉时期南迁至青衣地区	魏晋时期仍存
丹、犁	不详,可能在今汉源、茂县地区	融合于他族中,或被涵盖在笮都夷中
叟	散居武都、阴平、越嶲、晋宁、犍为南部等地	汉末武都、阴平叟人东迁关中,南迁川蜀
氐	战国时期分布于汧、陇、武都地区。两汉时期分布于武都、阴平、酒泉地区	三国时期武都、阴平氐人东迁陇右、关中地区

续表

族群	分布情况	汉末演进情况
白马羌	西汉时期分布于武都郡，具体地望不详	有南迁的态势，部分群体东迁至汉中地区
黑水羌	汉代史料只可判定集中分布地望，今南坪县北有黑水堡遗址	
白水羌	汉代史料只可判定其后裔邓至部地望，今舟曲县南白龙江、拱坝河一带	
冉䮾夷	两汉时期分布于汉初的汶山郡汶江地区，今茂县北部	两汉以后与氐、羌杂处，后演变或融入羌族中。还有一部可能东迁代的夔州、开州地区
旄牛夷	战国秦汉时期一直分布于以汉代的旄牛道为中心的区域，大体即今汉源南部、越西北部、峨边西部的区域	魏晋时期仍存，且分布范围变化不大
徙夷	战国至西汉时期分布在西汉徙县为中心的区域，分布地可能包括今天全、宝兴、炉霍等地，东与青衣夷相分，西与旄牛夷相分，北可达邛崃山	东汉时期可能有部分徙夷融合于汉族之中，更多的群体则迁居他处（或即斯臾）
邛都夷	战国末分布的具体区域不详，但可确定邛崃、临邛地区有邛都夷的分布，邛都夷可能分布在邛崃、临邛及其以南地区。西汉时期主要分布在越嶲郡西部地区，且战国时期的邛崃、临邛地区已无邛都分布，说明邛都有明显的南迁。东汉时期，邛都群体分布地向南扩展，越嶲郡雅砻江以东皆是其地，族群结构较复杂（其中凉山西南部的部分群体可能是昆明族）	邛都夷在魏晋时期仍存并继续发展，其分布地较东汉时期变化不大
笮都夷	战国末至汉初分布于汉初沈黎郡，今芦山、荥经、天全、汉源等地。西汉中期至汉末分布于汉越嶲郡雅砻江以西，即汉大笮、笮秦、定笮等县	魏晋时期仍分布在雅砻江以西地区，但已演变为后世所称的其他族群，羌、乌蛮皆有之
捉马	首见于汉末材料，分布于汉末越嶲郡卑水县，今昭觉地区	三国时期仍存，魏晋时期可能已演变为后世所称的乌蛮群体
僰人	战国末分布于汉初的严道、僰道一带，即今青衣江中下游及大渡河地区。西汉时期分布地略与战国末同，但南部略扩展到今滇东北地区。东汉时期大量南迁至今滇东地区，南界达到汉代胜休县，即今江川地区	魏晋时期发展为滇东地区的白蛮
嶲唐	为"嶲"群体中的一部，分布在汉代的永昌郡嶲唐县，辖地约为今保山以北澜沧江、怒江两岸区域	嶲唐两汉以后不复见载，当发展为后世所称的乌蛮群体

续表

族群	分布情况	汉末演进情况
巴板楯蛮	战国至东汉中后期分布于秦汉时期的巴郡西部，今川东地区，东至岚皋、镇坪、巫溪、奉节地区，北至旺苍、南郑、洋县地区，南至长江一线，西至嘉陵江一线。 汉末部分群体北迁散居陇右及三辅、弘农地区，达到今陕西中部和河南西部	两汉之后仍存，但川东地区的群体在史籍中多被泛称为僚
巴廪君蛮	主要即巫蛮。战国至东汉中后期分布于秦汉时期的巴郡南部长江以南区域，以及南郡，主要是今峡江一带。 东汉后期南郡的部分群体东迁至江夏地区	继续发展，因族群迁徙形成新的群体（如江夏蛮、豫州蛮）
獽	一直分布于涪陵地区	继续发展，部分群体魏晋时期迁居资中、简阳、金堂等地
夜郎群体	夜郎群体分布在汉代的牂牁郡，约今贵州全境及广西西北部、云南东南部。夜郎群体的主要部族分布如下： 夜郎本部，即狭义的夜郎，分布于汉代的夜郎县，今关岭、贞丰地区。 且兰部，夜郎群体中的一个较大部族，分布在汉且兰县，今福泉、黄平、余庆、瓮安一带。 句町部，夜郎群体中的重要部族，分布地以汉代句町县为中心，包括今中国滇东南、桂西及越南北方的部分地区。 头兰，夜郎群体中与"且兰"不同的一部族，在今赫章、威宁一带。 "旁小邑"群体，夜郎群体中最先郡县化的群体，分布在汉犍为郡长江以南区域，今贵州毕节市以东与大方县交界一带。 其他部族本书未详论，大体可定漏卧部分布在泸西、弥勒、罗平、富源地区；镡封部分布在丘北等地；都梦部分布在砚山、西畴、麻栗坡、马关等县；进桑部分布在屏边等地；西随部分布在元阳、金平一带；贲古部分布在蒙自、个旧一带；毋单部分布在弥勒甸溪河以西地区；谈稿、谈指分布在盘县、贞丰一带；鳖部分布在今遵义地区；毋敛部分布在夜郎本部以东、且兰以南的都匀地区。 此外，武帝平夜郎时，今可乐地区的一支夜郎群体南迁至今越南清化省西北区域，以及老挝琅勃拉邦等地	秦汉以后，夜郎群体演变为僚人
滇（含劳浸、靡莫之属）	战国末分布于汉初设立的益州郡滇池、双柏、同劳、铜濑、连然、俞元、收靡、谷昌、秦臧、邪龙、味、昆泽、胜休、健伶诸县，即今云南中部、云南东部、云南东北部地区，以及云南南部的红河州北部地区。 两汉时期分布地略有收缩，主要是云南东北部汉族、僰人的迁入导致的收缩	魏晋时期滇人与汉族、叟人等群体融合为白蛮

续表

族群	分布情况	汉末演进情况
昆明	战国末分布于汉代的永昌郡叶榆、邪龙、云南三县，益州郡的弄栋县，以及越嶲郡的姑复、蜻蛉二县，即今云南的丽江东部，大理东部，楚雄西部，以及四川凉山的西南部。两汉时期昆明有东迁的态势，以金沙江、元江为重要迁徙路径，迟至汉末已大量分布于滇南地区	魏晋时期昆明向乌蛮方向演化，并东迁至滇东北地区
哀牢	哀牢国族群结构复杂，其中狭义的哀牢群体战国末及秦汉一直分布于东汉时期设置的永昌郡中心区域哀牢、不韦地区，即今中国滇西南地区以及其毗邻的缅甸北部、东部地区	魏晋时期演化为乌蛮
鹿茤	在今施甸、镇康一带，秦汉时期其地所属县不详（或未置县辖其地）	仍存，或与唐代旱禄有渊源关系
"胡人"	族属存在较大争议或本身具有复杂的族群结构，汉晋时期广泛分布于今云贵北部、四川中部和重庆地区	族群发展方向尚不明确

资料来源：据本书讨论梳理。

参考文献

说明：参考文献部分所列文献均为正文行文所应用的文献，不包括附录资料来源涉及的文献（此类文献附录部分单独给出）。

一　古籍

（春秋）管仲述，刘柯、李克和译注：《管子译注》，黑龙江人民出版社2003年版。

（战国）吕不韦著，陈奇猷校释：《吕氏春秋新校释》，上海古籍出版社2002年点校本。

（汉）班固撰，（唐）颜师古注，陈直等校点：《汉书》，中华书局1962年点校本。

（汉）贾谊撰，阎振益、钟夏 校注：《新书校注》，中华书局2000年版。

（汉）司马迁撰，（唐）司马贞索隐，（宋）裴骃集解，顾颉刚等校点：《史记》，中华书局2014年点校修订本。

（汉）宋衷注，（清）秦嘉谟等辑：《世本八种》，商务印书馆1957年版。

（汉）王符著，汪继培笺，彭铎校正：《潜夫论笺校正》，中华书局1985年点校本。

（汉）卫宏撰：《汉官旧仪》，中华书局1985年点校本。

（汉）许慎著，（清）段玉裁注：《说文解字注》，上海古籍出版社1981年影印本。

（汉）许慎撰：《说文解字》，中华书局1963年影印本。

（汉）扬雄：《方言》卷1，吉林大学出版社影印明万历新安程氏刊刻《汉魏丛书》本1992年版。

（汉）扬雄撰，郑文注：《扬雄文集笺注》，巴蜀书社2000年版。

（汉）应劭撰，王利器校注：《风俗通义校注》，中华书局1981年点校本。

（晋）常璩撰，刘琳校注：《华阳国志校注》（修订版），成都时代出版社2007年版。

（晋）常璩撰，任乃强校注：《华阳国志校补图注》，上海古籍出版社1987年版。

（晋）陈寿等撰，（宋）裴松之注，陈乃乾校点：《三国志》，中华书局1964年点校本。

（晋）崔豹：《古今注》，中华书局1985年影印本。

（晋）皇甫谧等撰，陆吉等点校：《古本竹书纪年》，齐鲁书社2010年版。

（北魏）崔鸿著，（清）汤球辑：《十六国春秋辑录》卷76《蜀录》（一），中华书局1985年影印本。

（北魏）郦道元注，王国维校：《水经注校》，《王国维全集》第12、13卷，浙江教育出版社2009年版。

（南朝梁）萧子显撰，王仲荦等校点：《南齐书》，中华书局2017年点校修订本。

（北齐）魏收撰，唐长孺等校点：《魏书》，中华书局2017年点校修订本。

（隋）虞世南撰：《北堂书钞》，天津古籍出版社1988年影印本。

（唐）曾巩：《元丰类稿》，吉林出版集团有限责任公司2005年影印文渊阁《四库全书》本。

（唐）道宣撰，刘林魁校注：《集古今佛道论衡校注》，中华书局2018年点校本。

（唐）杜佑等撰，王文锦等点校：《通典》，中华书局1992年点校本。

（唐）樊绰著，赵吕甫校释：《云南志校释》，中国社会科学出版社 1985 年版。

（唐）房玄龄等撰，吴则虞等校点：《晋书》，中华书局 1974 年点校本。

（唐）李林甫等撰，陈仲夫点校：《唐六典》，中华书局 1992 年点校本。

（唐）李泰等撰，贺次君辑校：《括地志辑校》，中华书局 1980 年版。

（唐）李延寿等撰，陈仲安等校点：《北史》，中华书局 1974 年点校本。

（唐）林宝撰，岑仲勉校记：《元和姓纂》（附四校记），中华书局 1994 年版。

（唐）令狐德棻等撰，唐长孺等校点：《周书》，中华书局 1971 年点校本。

（唐）柳宗元著，吉林师范大学历史系译注：《〈封建论〉译注》，吉林人民出版社 1974 年版。

（唐）魏徵、令狐德棻等撰，汪绍楹、阴法鲁等校点：《隋书》，中华书局 1973 年点校本。

（唐）徐坚著，司义祖点校：《初学记》，中华书局 1962 年点校本。

（后晋）刘昫等撰，刘节等校点：《旧唐书》，中华书局 1975 年点校本。

（南朝宋）范晔撰，（唐）李贤等注，宋云彬等校点：《后汉书》，中华书局 1965 年点校本。

（宋）郭允蹈撰，赵炳清校注：《蜀鉴校注》，国家图书馆出版社 2010 年版。

（宋）乐史撰：《太平寰宇记》，中华书局 2007 年版。

（宋）李昉、李穆、徐铉等撰：《太平御览》，中华书局 1966 年影印本。

（宋）欧阳修、宋祁、范镇等撰，董家尊等校点：《新唐书》，中华书局1975年点校本。

（宋）司马光编著，（元）胡三省注：《资治通鉴》，中华书局1956年点校本。

（宋）苏轼：《苏轼文集》，中华书局1986年点校本。

（宋）王钦若等编：《册府元龟》，中华书局1960年影印明本。

（宋）王应麟撰，张保见校注：《通鉴地理通释校注》，四川大学出版社2008年版。

（宋）郑樵：《通志》，中华书局1987年影印本。

（元）马端临撰：《文献通考》，中华书局1986年影印本。

（元）脱脱等撰，聂崇岐、罗继祖、邓广铭等校点：《宋史》，中华书局1977年点校本。

（明）曹学佺：《蜀中广记》，上海古籍出版社1993年影印本。

（明）罗曰褧著，余思黎点校：《咸宾录》，中华书局2002年点校本。

（明）丘濬撰：《大学衍义补》，上海书店出版社2012年版。

（明）宋濂等撰，翁独健等校点：《元史》，中华书局1976年点校本。

（明）夏允彝：《禹贡古今合注》，李勇先编：《禹贡集成》（第3册），上海交通大学出版社2009年版。

（清）储大文：《山西通志》，文渊阁《四库全书》史部第550册。

（清）董诰等编：《全唐文》，中华书局1983年影印本。

（清）范承勋等修：《云南通志》，书目文献出版社北京图书馆古籍珍本丛刊本1998年版。

（清）顾祖禹撰，贺次君、施和金点校：《读史方舆纪要》，中华书局2005年点校本。

（清）黄以周：《汉县道考》，谭其骧主编：《清人文集地理类汇编》（第1册），浙江人民出版社1986年版。

（清）全祖望撰，朱铸禹汇校集注：《汉书地理志稽疑》，《全祖望集汇校集注》,上海古籍出版社 2000 年版。

(清)阮元校刻:《十三经注疏》,中华书局 1980 年影印本。

(清)苏舆撰、钟哲点校:《春秋繁露义证》,中华书局 1992 年点校本。

(清)王夫之:《宋论》,中华书局 1964 年点校本。

(清)王念孙:《读史书杂志》,江苏古籍出版社 1985 年影印版。

(清)王聘珍撰,王文锦点校:《大戴礼记解诂》,中华书局 1983 年点校本。

(清)王荣商:《汉书注补》卷 3,清末民初间刻本。

(清)徐松辑,刘琳、刁忠民、舒大刚校点:《宋会要辑稿》,上海古籍出版社 2014 年版。

(清)严可均辑:《全汉文》,商务印书馆 1999 年版。

(清)严可均辑:《全后汉文》,商务印书馆 1999 年版。

(清)严可均辑:《全晋文》,商务印书馆 1999 年版。

(清)张邦伸撰:《锦里新编》,巴蜀书社 1984 年影印本。

(清)张廷玉等撰,郑天挺等校点:《明史》,中华书局 1974 年点校本。

龙云、卢汉修、周钟岳等纂:《新纂云南通志》,云南人民出版社 2007 年版。

赵尔巽等撰,启功等校点:《清史稿》,中华书局 1977 年点校本。

《弘明集》,《大正新修大藏经》第 52 册《史部传四》。

《王会篇笺释》,《续修四库全书》史部第 301 册。

故宫博物院编:《长阳县志等六种》,海南出版社 2001 年版。

何建章注释:《战国策注释》,中华书局 1990 年版。

何宁撰:《淮南子集释》,中华书局 1998 年版。

华学诚汇证:《扬雄方言校释汇证》,中华书局 2016 年点校本。

王利器校注:《盐铁论校注》,中华书局 1992 年点校本。

王叔武辑著:《云南古佚书钞》,云南人民出版社 1981 年版。

王文才编:《蜀志类钞》,巴蜀书社 2010 年版。

《中国野史集成》编委会、四川大学图书馆:《先秦—清末中国野史集成 1》,巴蜀书社 1993 年版。

二 民族史志

阿洛兴德、阿侯布谷译:《益那悲歌》,贵州民族出版社 1997 年版。

毕节地区民族事务委员会、毕节地区彝文翻译组编译:《物始纪略》(第 2 集),四川民族出版社 1991 年版。

毕节地区彝文翻译组译:《西南彝志》,贵州民族出版社 1994 年版。

毕节地区彝文翻译组译:《彝族源流》,贵州民族出版社 1992 年版。

贵州省赫章县民族事务委员会、贵州民族学院彝文文献研究所编译:《彝族创世志·谱牒志》(一),四川民族出版社 1991 年版。

黄汉国、黄正祥、高廷芳等译:《铜鼓王》,云南人民出版社 1991 年版。

罗国义、陈英译:《宇宙人文论》,民族出版社 1984 年版。

马学唐、罗国义:《增订〈爨文丛刻〉》(上册),四川民族出版社 1986 年版。

王子尧译:《洪水纪》,贵州民族出版社 1988 年版。

三 考古材料

阿坝藏族羌族自治州文物管理所、成都文物考古研究所:《中国西南地区石棺葬文化调查与发现:1938—2008》,四川大学出版社 2009 年版。

陈德安、罗泽云、焦中义等:《重庆市丰都县汇南墓群 2003 年度发掘简报》,《四川文物》2013 年第 2 期。

陈德安、钟治、罗泽云等:《重庆市丰都县汇南墓群 2001 年度发掘简报》,《四川文物》2012 年第 2 期。

陈云洪、张俞新、王波：《成都市新都区东汉崖墓的发掘》，《考古》2007 年第 9 期。

陈祖军、刘敏、李再仁：《四川武胜山水岩崖墓群发掘报告》，《四川文物》2010 年第 2 期。

成都文物考古研究所、荆州文物保护中心：《成都市天回镇老官山汉墓》，《考古》2014 年第 7 期。

大邑县文化局：《大邑县董场乡三国画像砖墓》，《四川考古报告集》，文物出版社 1998 年版。

樊海涛：《再论云南晋宁石寨山刻纹铜片上的图画文字》，《考古》2009 年第 1 期。

甘肃省文物考古研究所等编：《居延新简：甲渠候官与第四燧》，文物出版社 1990 年版。

高文：《四川汉代画像石》，巴蜀书社 1987 年版。

高文：《四川汉代画像砖》，人民美术出版社 1987 年版。

高文：《四川汉代石棺画像集》，人民美术出版社 1998 年版。

高文主编：《中国画像石全集：四川汉画像石》，河南美术出版社 2000 年版。

高文、成刚：《中国画像石棺艺术》，山西人民出版社 1996 年版。

高文、王锦生：《中国巴蜀汉代画像砖大全》，国际港澳出版社 2002 年版。

高文、魏学峰、李明斌等：《中国巴蜀新发现汉代画像砖》，四川美术出版社 2016 年版。

高文、左志丹、段斐斐：《中国巴蜀新发现汉代画像砖》，四川美术出版社 2016 年版。

高文：《汉碑集释》，河南大学出版社 1997 年版。

龚廷万：《巴蜀汉代画像集》，文物出版社 1998 年版。

贵州省博物馆考古组、贵州省赫章县文化馆：《赫章可乐发掘报告》，《考古学报》1986 年第 2 期。

贵州省文物考古研究所：《赫章可乐2000年发掘报告》，文物出版社2008年版。

胡绍锦：《呈贡天子庙滇墓》，《考古学报》1985年第4期。

胡学元、杨翼：《四川乐山市沱沟嘴东汉崖墓清理简报》，《文物》1993年第1期。

胡长城、王黎锐、杨帆：《云南昌宁县大甸山墓地发掘简报》，《考古》2016年第1期。

黄家祥、王朝卫：《四川宜宾横江镇东汉崖墓清理简报》，《华夏考古》2003年第1期。

黄俞华：《古蜀金沙：金沙遗址古蜀文明探析》，巴蜀书社2003年版。

吉林省文物考古研究所、云阳县文物管理所：《重庆云阳旧县坪台基建筑发掘简报》，《文物》2008年第1期。

江章华、刘雨茂：《成都龙泉驿区北干道木椁墓群发掘简报》，《文物》2000年第8期。

姜先杰、唐亮、刘弘：《四川西昌市杨家山一号东汉墓》，《考古》2007年第5期。

蒋志龙、朱之勇、吴敬等：《云南永胜县枣子坪遗址发掘报告》，《边疆考古研究》2014年第16辑第2期。

康利宏、刘成武：《云南省水富县小河崖墓发掘报告》，《四川文物》2011年第3期。

李飞：《贵州兴仁县交乐十九号汉墓》，《考古》2004年第3期。

李国洪、徐本远、毛卫等：《重庆市丰都县汇南墓群2000年度发掘简报》，《四川文物》2013年第4期。

李水城、魏文斌、李海忠等：《重庆忠县石匣子东汉大墓发掘报告》，《南方民族考古》2014年第10辑。

李昭和、莫洪贵、于采芑：《青川县出土秦更修田律木牍——四川青川县战国墓发掘简报》，《文物》1982年第1期。

林必忠、刘春鸿：《重庆九龙坡陶家大竹林画像砖墓发掘简报》,《四川文物》2007年第2期。

刘宝山:《重庆万州区青龙嘴墓地考古发掘简报》,《华夏考古》2010年第1期。

刘弘、陈娜、唐亮:《四川凉山州昭觉县好谷乡发现的东汉石表》,《四川文物》2007年第5期。

刘宏、刘旭、吉学平等:《云南省威信县长安乡瓦石棺木岩悬棺考古发掘》,《云南地理环境研究》2001年第2期。

刘信芳、梁柱:《云梦龙岗秦简》,科学出版社1997年版。

刘章泽、李昭和:《四川中江塔梁子崖墓发掘简报》,《文物》2004年第9期。

刘章泽、杨剑、张生刚等:《四川什邡市虎头山成汉至东晋时期崖墓群》,《考古》2007年第10期。

毛求学:《燃灯寺东汉墓》,《成都文物》1983年第1期。

庞怀靖:《陕西岐山县博物馆藏两方官印》,《文物》1986年第2期。

晋宁县文化体育局:《古滇王都巡礼:云南晋宁石寨山出土文物精粹》,云南民族出版社2006年版。

沈仲常:《成都扬子山的西汉墓葬》,《考古通讯》1955年第6期。

睡虎地秦墓竹简整理小组编:《睡虎地秦墓竹简》,文物出版社1990年版。

四川省文管会、雅安地区文化馆、荥经县文化馆:《四川荥经曾家沟战国墓群第一、二次发掘》,《考古》1984年第12期。

四川省文物管理委员会、四川省博物馆、广汉县文化馆:《广汉三星堆遗址》,《考古》1987年第2期。

四川省文物管理委员会、四川省文物考古研究所、广汉市文化局等:《广汉三星堆遗址一号祭祀坑发掘简报》,《文物》1987年第10期。

四川省文物管理委员会、四川省文物考古研究所、广汉市文化局等：《广汉三星堆遗址二号祭祀坑发掘简报》，《文物》1989年第5期。

四川省文物管理委员会、荥经县文化馆：《四川荥经曾家沟21号墓清理简报》，《文物》1989年第5期。

四川省文物考古研究所、凉山彝族自治州博物馆、西昌市文化管理所：《安宁河流域大石墓》，文物出版社2006年版。

四川省文物考古研究所：《丰都县三峡工程淹没区调查报告》，《四川考古报告集》，文物出版社1998年版。

四川省文物考古研究院、德阳市文物考古研究所、德阳市博物馆：《什邡城关战国秦汉墓地》，文物出版社2006年版。

四川省文物考古研究院、德阳市文物考古研究所、中江县文物保护管理所：《中江塔梁子崖墓》，文物出版社2008年版。

四川省文物考古研究院、绵阳市博物馆、三台县文物管理所：《三台郪江崖墓》，文物出版社2007年版。

孙慰祖主编：《古封泥集成》，上海书店出版社1994年版。

孙智彬、熬兴全、熬天照等：《四川广汉市罗家包东汉墓发掘简报》，《四川文物》2016年第1期。

王军、陈平、杨永鹏等：《成都天回镇老官山汉墓发掘简报》，《南方民族考古》2016年第12辑。

魏启鹏：《读三峡新出东汉景云碑》，《四川文物》2006年第2期。

文物出版社编：《茂县营盘山石棺葬墓地》，文物出版社2013年版。

谢桂华、李均明、朱国炤：《居延汉简释文合校》，文物出版社1987年版。

谢涛、卢引科、代福尧：《成都天府广场东御街汉代石碑发掘简报》，《南方民族考古》2012年第9辑。

谢雁翔：《四川郫县犀浦出土的东汉残碑》，《文物》1974年第4期。

徐鹏章：《成都站东乡汉墓清理记》，《考古通讯》1956年第1期。

徐学书、范永刚：《理县桃坪大石墓调查简报》，《四川文物》1992年第3期。

杨帆、王桂蓉、梅丽琼等：《云南昆明羊甫头墓地发掘简报》，《文物》2001年第4期。

杨勇、金海生、查苏芩等：《云南师宗县大园子墓地发掘简报》，《考古》2019年第2期。

杨勇、朱忠华、王洪斌等：《云南陆良县薛官堡墓地》，《考古》2015年第4期。

云南省博物馆：《云南江川李家山古墓群发掘简报》，《文物》1972年第8期。

云南省博物馆：《云南晋宁石寨山古墓群发掘报告》，文物出版社1959年版。

云南省文物考古研究所：《曲靖八塔台与横大路》，科学出版社2003年版。

云南省文物考古研究所：《云南昌宁坟岭岗青铜时代墓地》，《文物》2005年第8期。

云南省文物考古研究所等：《泸西石洞村、大逸圃墓地》，云南科技出版社2009年版。

云南省文物考古研究所、红河州文物管理所、个旧市博物馆：《个旧黑玛井古墓群发掘报告》，云南省文物考古研究所编：《云南考古报告集：2》，云南科学技术出版社2006年版。

云南省文物考古研究所、昆明市博物馆、官渡区博物馆：《昆明羊甫头墓地》（全3卷），科学出版社2005年版。

云南省文物考古研究所、昆明市博物馆、晋宁县文物管理所：《晋宁石寨山：第五次发掘报告》，文物出版社2009年版。

云南省文物考古研究所、玉溪市文物管理所、江川县文化局：《江川李家山：第二次发掘报告》，文物出版社2007年版。

张德琳、张聪、刘力等：《云南宜良纱帽山滇文化墓地发掘报告》,《南方民族考古》2012 年第 8 辑。

张新宁:《云南江川县李家山古墓群第二次发掘》,《考古》2001年第 12 期。

张增祺、王大道:《云南江川李家山古墓群发掘报告》,《考古学报》1975 年第 2 期。

张增祺:《绚丽多彩的滇、昆明青铜文化》,中国青铜器全集编辑委员会:《中国青铜器全集:第 14 卷,滇、昆明卷》,文物出版社 1993 年版。

中国青铜器全集编辑委员会:《中国青铜器全集:第 14 卷,滇、昆明卷》,文物出版社 1993 年版。

中国青铜器全集编辑委员会:《中国青铜器全集》(第 13 卷,巴蜀卷),文物出版社 1993 年版。

重庆市博物馆:《重庆市博物馆藏四川汉画像砖选集》,文物出版社 1957 年版。

朱汉民、陈松长:《岳麓书院藏秦简(肆)》,上海辞书出版社 2015 年版。

朱红林:《张家山汉简〈二年律令〉集释》,社会科学文献出版社 2005 年版。

朱章义、王方、张擎等:《成都金沙遗址Ⅰ区"梅苑"地点发掘一期简报》,《文物》2004 年第 4 期。

四　环境考古材料

陈敬安、曾艳、张维等:《贵州白鹇湖沉积物记录的 4—2 ka B.P. 干旱气候事件及其生态环境影响》,《第四纪研究》2010 年第 6 期。

杜荣荣、陈敬安、曾艳等:《贵州白鹇湖沉积物中孢粉记录的 5.5 ka B.P. 以来的气候变化》,《生态学报》2013 年第 12 期。

范弢:《云南丽江生态地质环境演化过程与趋势研究》,昆明理工大学博士学位论文,2008 年。

罗丽萍、朱利东、向芳等:《成都平原 4000a BP 以来的孢粉记录与环境变化》,《古生物学报》2008 年第 2 期。

马乐、蔡演军、秦世江:《贵州七星洞石笋记录的最近 2300 年气候和环境变化》,《地球环境学报》2015 年第 3 期。

沈吉、杨丽原、羊向东等:《全新世以来云南洱海流域气候变化与人类活动的湖泊沉积记录》,《中国科学:地球科学》2004 年第 2 期。

石胜强、袁道先、罗伦德等:《35000a BP 以来四川洪雅的孢粉记录与气候变化》,《中国岩溶》2012 年第 2 期。

孙启发、沈才明、王敏等:《云贵高原抚仙湖近 13300 年的花粉/炭屑记录》,《古生物学报》2018 年第 2 期。

陶发祥、洪业汤、姜洪波:《贵州草海地区最近 8Ka 的气候变化》,《科学通报》1996 年第 14 期。

童国榜、吴瑞金、吴艳宏等:《四川冕宁地区一万年来的植被与环境演变》,《微体古生物学报》2000 年第 4 期。

王建力、何潇、李清等:《重庆新崖洞 4.5 ka 以来气候变化的石笋微量元素记录及环境意义》,《地理科学》2010 年第 6 期。

吴艳宏、吴瑞金、薛滨等:《13 ka BP 以来滇池地区古环境演化》,《湖泊科学》1998 年第 2 期。

羊向东、沈吉、R. T. Jones 等:《云南洱海盆地早期人类活动的花粉证据》,《科学通报》2005 年第 3 期。

杨建强、崔之久、易朝露等:《云南点苍山全新世以来的冰川湖泊沉积》,《地理学报》2004 年第 4 期。

张美良、程海、林玉石等:《贵州荔波地区 2000 年来石笋高分辨率的气候记录》,《沉积学报》2006 年第 3 期。

张强、朱诚、姜逢清等:《重庆巫山张家湾遗址 2000 年来的环境考古》,《地理学报》2001 年第 3 期。

张允锋、赵学娟、赵迁远等:《近 2000a 中国重大历史事件与气候变化的关系》,《气象研究与应用》2008 年第 1 期。

张振克、吴瑞金、沈吉等:《近 1800 年来云南洱海流域气候变化与人类活动的湖泊沉积记录》,《湖泊科学》2000 年第 4 期。

张振克、吴瑞金、沈吉等:《近 2000 年来云南洱海沉积记录的气候变化》,《海洋地质与第四纪地质》2001 年第 2 期。

张振克、吴瑞金、朱育新等:《云南洱海流域人类活动的湖泊沉积记录分析》,《地理学报》2000 年第 1 期。

郑茜、张虎才、明庆忠等:《泸沽湖记录的西南季风区 15000a B.P. 以来植被与气候变化》,《第四纪研究》2014 年第 6 期。

朱诚、马春梅、李兰等:《长江三峡库区全新世环境考古研究进展》,《地学前缘》2010 年第 3 期。

五 今人研究论著

安介生:《历史民族地理》,山东教育出版社 2007 年版。

安介生:《略论先秦至唐代关塞格局构建的时空进程》,《历史地理》2007 年第 22 辑。

安介生:《中国古代边疆意识的形成与发展》,《社会科学》2013 年第 3 期。

安京:《〈山海经〉与〈逸周书·王会篇〉比较研究》,《中国边疆史地研究》2004 年第 4 期。

安宁、朱竑:《他者,权力与地方建构:想象地理的研究进展与展望》,《人文地理》2013 年第 1 期。

白兴发:《近百年来彝族史研究综述》,《学术月刊》2003 年第 9 期。

白兴发:《彝族史研究的回顾与前瞻》,《贵州民族研究》2003 年第 4 期。

蔡靖泉:《巴人的流徙与文明的传播》,《华中师范大学学报》2005 年第 4 期。

苍铭:《云南边地移民史》,民族出版社 2004 年版。

曹学群:《县"有蛮夷曰道"质疑》,《求索》1996 年第 1 期。

曾大兴:《中国历代文学家之地理分布》,商务印书馆 2013 年版。

曾雯、潘其风、赵永生等:《纱帽山滇文化墓地颅骨的人类学特征》,《人类学学报》2014 年第 2 期。

常倩:《近百年来羌族史研究综述》,《贵州民族研究》2009 年第 3 期。

陈德安:《三星堆遗址的发现与研究》,《中华文化论坛》1998 年第 2 期。

陈东:《汉代西南夷之"徙"及其去向》,《西南民族大学学报》(人文社会科学版)2009 年第 6 期。

陈东、袁晓文:《唐以前西南民族地区的"夷"、"羌"之别》,《思想战线》2010 年第 1 期。

陈季君:《论土司地区的国家认同》,《中国史研究》2017 年第 1 期。

陈连开:《汉族》,中国大百科全书编委会:《中国大百科全书·民族卷》,中国大百科全书出版社 1986 年版。

陈连开:《民族称谓含义的演变及其内在联系》,费孝通主编:《中华民族多元一体格局》,中央民族大学出版社 1999 年版。

陈连开主编:《中国民族史纲要》,中国财政经济出版社 1999 年版。

陈梦家:《殷虚卜辞综述》,中华书局 1988 年版。

陈明芳:《中国悬棺葬》,重庆出版社 2004 年版。

陈平:《从"丁公陶文"谈古东夷族的西迁》,《中国史研究》1998 年第 1 期。

陈绍举主编:《夜郎史话》,贵州民族出版社 2009 年版。

陈延琪、王庭恺:《中国少数民族论著索引》,新疆人民出版社 1992 年版。

陈寅恪:《〈魏书·司马睿传〉江东民族条释证及推论》,《"中央研究院"历史语言研究所集刊》1944 年第 11 期。

陈昱曈:《川渝地区汉代胡人吹箫俑的研究》,重庆师范大学硕士学位论文,2018 年。

陈云洪、颜劲松:《四川地区西汉土坑墓分期研究》,《考古学报》2012年第3期。

陈云洪、张俞新、王波：《成都市新都区东汉崖墓的发掘》，《考古》2007年第9期。

陈宗祥：《岷江上游石棺葬的族属初探》，《西南民族学院学报》1981年第1期。

程妮娜：《从"天下"到"大一统"——边疆朝贡制度的理论依据与思想特征》，《社会科学战线》2016年第1期。

崔建华：《蜀地入秦初期的管理体制再探讨》，《四川师范大学学报》（社会科学版）2014年第1期。

崔在容：《西汉京畿制度的特征》，《历史研究》1996年第4期。

达力扎布主编：《中国民族史研究60年》，中央民族大学出版社2010年版。

单文：《两汉的云南政策评析》，《云南社会科学》1989年第6期。

德吉卓嘎：《试论嘉绒藏族的族源》，《西藏研究》2004年第2期。

邓少琴：《巴蜀史迹探索》，四川人民出版社1983年版。

董其祥：《巴史新考》，重庆出版社1983年版。

冻国栋：《中国人口史》（第2卷），复旦大学出版社2002年版。

杜晓宇：《试论秦汉"边郡"的概念、范围与特征》，《中国边疆史地研究》2012年第4期。

杜芝明：《唐宋"四夷"体系下的"西南蕃"》，《重庆师范大学学报》（哲学社会科学版）2014年第6期。

段丽波：《中国西南氐羌民族源流史》，人民出版社2011年版。

段丽波、龙晓燕：《中国西南氐羌系统民族源流研究述评》，《思想战线》2010年第3期。

段渝：《商代蜀国青铜雕像文化来源和功能之再探讨》，《四川大学学报》1991年第2期。

段渝：《政治结构与文化模式：巴蜀古代文明研究》，学林出版社 1999 年版。

段渝：《四川通史》（卷 1，先秦时期），四川人民出版社 2010 年版。

段渝：《西南夷考释》，《天府新论》2012 年第 5 期。

段渝：《五尺道的开通及其相关问题》，《四川师范大学学报》（社会科学版）2013 年第 4 期。

段渝、刘弘、李克恒：《西南酋邦社会与中国早期文明》，商务印书馆 2015 年版。

范勇：《云南青铜文化的区系类型研究》，《四川文物》2007 年第 2 期。

方国瑜：《彝族史稿》，四川民族出版社 1984 年版。

方国瑜：《云南地方史导论》，《云南社会科学》1984 年第 2 期。

方国瑜：《唐代前期洱海区域的部族》，《云南民族大学学报》1984 年第 2 期。

方国瑜：《中国西南历史地理考释》，中华书局 1987 年版。

方国瑜：《云南民族史讲义》，云南人民出版社 2013 年版。

方慧：《古滇国法制初探》，《思想战线》2003 年第 2 期。

方丽萍：《中晚唐士人的南方感知及其转型意义》，曾大兴、夏汉宁、海村惟一主编：《文学地理学：中国文学地理学会第五届年会论文集》，中山大学出版社 2016 年版。

方铁：《西南通史》，中州古籍出版社 2003 年版。

方铁：《历代治边与云南的地缘政治关系》，《西南民族大学学报》（人文社会科学版）2011 年第 9 期。

方铁：《古代云南与周边地区的关系》，《云南师范大学学报》（哲学社会科学版）2013 年第 2 期。

方铁：《方略与施治：历朝对西南边疆的经营》，社会科学文献出版社 2015 年版。

方铁：《论中原王朝的地缘政治观》，邢广程主编：《中国边疆学》（第 7 辑），社会科学文献出版社 2018 年版。

方维规:《概念史研究方法要旨——兼谈中国相关研究中存在的问题》,黄兴涛主编:《新史学》(第 3 卷),中华书局 2009 年版。

方修琦、葛全胜、郑景云:《环境演变对中华文明影响研究的进展与展望》,《古地理学报》2004 年第 1 期。

方修琦、萧凌波、苏筠等:《中国历史时期气候变化对社会发展的影响》,《古地理学报》2017 年第 4 期。

费省:《唐代人口地理》,西北大学出版社 1996 年版。

费孝通:《民族社会学调查的尝试》,《中央民族大学学报》1982 年第 2 期。

费孝通:《谈深入开展民族调查问题》,《中南民族大学学报》(哲学社会科学版) 1982 年第 3 期。

费孝通:《中华民族的多元一体格局》,《北京大学学报》(哲学社会科学版) 1989 年第 4 期。

费孝通主编:《中华民族多元一体格局》(修订本),中央民族大学出版社 1999 年版。

冯汉骥、童恩正:《岷江上游的石棺葬》,《考古学报》1973 年第 2 期。

冯汉骥:《云南晋宁石寨山出土文物的族属问题试探》,《考古》1961 年第 9 期。

高大伦:《三星堆器物坑饰"鱼凫"纹金杖与强国墓地"鸭首"形铜戉》,《中国文物报》1999 年 10 月 12 日(转引自中国社会科学院考古研究所:《中国考古学:夏商卷》,中国社会科学出版社 2003 年版。

高敏:《云梦秦简初探》(增订本),河南人民出版社 1979 年版。

戈隆阿弘:《彝族古代史研究》,云南民族出版社 1996 年版。

葛剑雄:《西汉人口地理》,人民出版社 1986 年版。

葛剑雄:《中国移民史》(第 2 卷),福建人民出版社 1997 年版。

葛剑雄:《中国人口史》(第 1 卷),复旦大学出版社 2002 年版。

葛剑雄、胡云生:《黄河与河流文明的历史观察》,黄河水利出版社 2007 年版。

葛全胜等：《中国历朝气候变化》，科学出版社 2011 年版。

葛兆光：《成为文献：从图像看传统中国之"外"与"内"——葛兆光在上海博物馆的讲演》，《文汇报》2015 年 11 月 13 日第 A23—25 版。

耿德铭：《史籍中的哀牢国》，《云南民族大学学报》（哲学社会科学版）2002 年第 6 期。

耿德铭：《哀牢国与哀牢文化》，云南人民出版社 2003 年版。

耿静：《羌族研究综述》，《贵州民族研究》2004 年第 3 期。

龚留柱：《论张家山汉简〈津关令〉之"禁马出关"》，《史学月刊》2004 年第 11 期。

龚胜生：《2000 年来中国瘴病分布变迁的初步研究》，《地理学报》1993 年第 4 期。

辜永碧：《20 世纪 60 年代前后的彝族史研究——以方国瑜、马长寿和冯汉骥三位先生为例》，《贵州师范学院学报》2015 年第 11 期。

古永继：《秦汉时西南地区外来移民的迁徙特点及在边疆开发中的作用》，《云南民族大学学报》（哲学社会科学版）2006 年第 3 期。

顾颉刚：《顾颉刚学术文化随笔》，中国青年出版社 1998 年版。

顾颉刚：《中国边疆沿革史》，商务印书馆 1999 年版。

顾颉刚、刘起釪：《尚书校释译论》，中华书局 2005 年版。

顾铁符：《楚国民族述略》，湖北人民出版社 1984 年版。

关履权：《大一统思想与中华民族的凝聚》，《增强中华民族凝聚力第一次学术讨论会论文集》，香港汉荣书局 1991 年版。

管维良：《重庆民族史》，重庆出版社 2002 年版。

管彦波：《民族大迁徙的地理环境因素研究——以中国古代民族迁徙为考察的重点》，《西北民族大学学报》（哲学社会科学版）2010 年第 3 期。

郭家骥：《云南民族关系的历史格局、特点及影响》，《云南社会科学》1997 年第 4 期。

郭声波：《四川历史农业地理》，四川人民出版社 1993 年版。

郭声波：《唐代弱水西山羁縻部族探考》，《中国藏学》2002 年第 3 期。

郭声波：《川西北羌族探源：唐宋岷江西山羁縻州部族研究》，《中南民族大学学报》（人文社会科学版）2002 年第 4 期。

郭声波：《彝族地区历史地理研究：以唐代乌蛮等族羁縻州为中心》，四川大学出版社 2009 年版。

郭声波：《圈层结构视域下的中国古代羁縻政区与部族》，中国社会科学出版社 2018 年版。

郝瑞：《再谈"民族"与"族群"——回应李绍明教授》，《民族研究》2002 年第 6 期。

何光岳：《渠搜、叟人的来源和迁徙》，《思想战线》1991 年第 1 期。

何光岳：《僰人的来源和迁徙》，《吉首大学学报》（哲学社会科学版）1998 年第 1 期。

何光岳：《氐羌源流史》，江西教育出版社 2000 年版。

何仁仲：《贵州通史》（第 1 卷），当代中国出版社 2003 年版。

何星亮：《中国历史上的民族分类与民族认同》，《云南民族大学学报》（哲学社会科学版）2015 年第 4 期。

何元灿：《严道僰人考》，李绍明、林向、徐南洲主编：《巴蜀历史·民族·考古·文化》，巴蜀书社 1991 年版。

何正廷：《句町国史》，民族出版社 2011 年版。

侯绍庄、史继忠、翁家烈：《贵州古代民族关系史》，贵州民族出版社 1991 年版。

后晓荣：《〈汉书·地理志〉"道"目补考》，《中国历史地理论丛》2008 年第 1 期。

胡阿祥：《魏晋本土文学地理研究》，南京大学出版社 2001 年版。

胡大贵、冯一下：《蜀郡设置和第一任蜀守考》，《四川师范大学学报》（社会科学版）1993 年第 2 期。

胡方:《汉武帝"广关"措置与西汉地缘政策的变化——以长安、洛阳之间地域结构为视角》,《中国历史地理论丛》2015年第3期。

胡鸿:《秦汉帝国扩张的制约因素及突破口》,《中国社会科学》2014年第11期。

胡顺利:《对〈晋宁石寨山青铜器图象所见辫发者民族考〉的一点意见》,《考古》1981年第3期。

胡兴宇、罗传富、蓝顺清等:《三峡悬棺人颅的测量与悬棺主人族属的探讨》,《泸州医学院学报》2008年第5期。

胡兴宇、肖洪文:《僰人颅骨的测量研究》,《解剖学杂志》1999年第4期。

黄华良、李诗文:《悬崖上的民族:僰人及其悬棺》,巴蜀书社2006年版。

黄烈:《中国古代民族史研究》,人民出版社1987年版。

黄尚明:《城固洋县商代青铜器群族属再探》,《考古与文物》2002年第5期。

黄松筠:《中国古代藩属制度研究》,人民出版社2008年版。

黄毅:《论"边疆观"及其空间表征的历史考察》,《西北民族大学学报》(哲学社会科学版)2013年第5期。

黄懿陆:《滇国史》,云南人民出版社2004年版。

黄中业:《商代"分封"说质疑》,《学术月刊》1986年第5期。

霍巍:《西南考古与中华文明》,巴蜀书社2011年版。

霍巍、赵德云:《战国秦汉时期西南地区的对外文化交流》,巴蜀书社2007年版。

姬兴涛:《中国西南近代民族关系特点与中华民族多元一体》,《西南农业大学学报》(社会科学版)2013年第6期。

贾海鹏:《三国时期吴蜀两国人才的地理分布及其政治影响》,湖南师范大学硕士学位论文,2012年。

江应梁:《中国民族史》,民族出版社1990年版。

蒋立松：《略论西南民族关系的三重结构》，《贵州民族研究》2005 年第 3 期。

蒋志龙：《滇国探秘：石寨山文化的新发现》，云南教育出版社 2002 年版。

蒋志龙：《金莲山墓地研究》，吉林大学博士学位论文，2013 年。

金景芳：《中国奴隶社会史》，上海人民出版社 1993 年版。

金耀基：《论中国的"现代化"与"现代性"——中国现代的文明秩序的建构》，《北京大学学报》（哲学社会科学版）1996 年第 1 期。

蓝勇：《巴蜀历史发展中的"唐代断痕"问题——兼论中国古代的低生产力势力与战争负能量问题》，《人文杂志》2017 年第 5 期。

蓝勇：《历史时期西南经济开发与生态变迁》，云南教育出版社 1992 年版。

蓝勇：《中国西南历史气候初步研究》，《中国历史地理论丛》1993 年第 2 期。

蓝勇：《西南历史文化地理》，西南师范大学出版社 1997 年版。

雷虹霁：《秦汉历史地理与文化分区研究：以〈史记〉、〈汉书〉、〈方言〉为中心》，中央民族大学出版社 2007 年版。

雷雨：《三星堆遗址的发现、发掘与研究》，李进增主编：《古蜀王国：三星堆和金沙遗址出土文物精华录》，宁夏人民出版社 2012 年版。

黎小龙：《两汉时期西南人才地理特征探析》，《西南师范大学学报》（哲学社会科学版）1995 年第 2 期。

黎小龙：《论两汉王朝西南边疆开发中的"各以地比"之治理方略》，《西南师范大学学报》（人文社会科学版）2001 年第 6 期。

黎小龙：《周秦两汉西南区域民族地理观的形成与嬗变》，《民族研究》2004 年第 3 期。

黎小龙：《战国秦汉西南边疆思想的区域性特征初探》，《中国边疆史地研究》2004 年第 4 期。

黎小龙：《历史时期西南开发与社会冲突的调控》，西南师范大学出版社 2011 年版。

黎小龙：《传统民族观视域中的巴蜀"北僚"和"南平僚"》，《民族研究》2014 年第 2 期。

黎小龙：《〈汉书·西南夷两粤朝鲜传〉三传合一体例与两汉边疆民族思想》，《中国边疆史地研究》2015 年第 6 期。

黎小龙、徐难于：《论秦汉时期西南区域开发的差异与格局》，《西南大学学报》（社会科学版）1997 年第 3 期。

黎小龙、徐难于：《两汉边疆思想观的论争与统一多民族国家边疆思想的形成》，《中国边疆史地研究》2006 年第 4 期。

黎小龙、徐难于：《"五方之民"格局与大一统国家民族地理观的形成》，《民族研究》2008 年第 6 期。

李炳海：《〈海经〉〈荒经〉东方奇形怪状之人考辨》，《齐鲁学刊》2012 年第 2 期。

李炳海：《〈山海经〉西部地区土著居民形貌特征的文化生成》，《甘肃社会科学》2012 年第 2 期。

李炳海：《空间方位理念统辖下的人体样态设计——〈山海经〉对北方土著奇形怪貌的记载》，《学习与探索》2012 年第 2 期。

李炳元、潘保田、程维明等：《中国地貌区划新论》，《地理学报》2013 年第 3 期。

李大龙：《从"天下"到"中国"：多民族国家疆域理论解构》，人民出版社 2015 年版。

李飞：《夷夏之间：宋元明时期的播州社会》，《贵州民族研究》2018 年第 10 期。

李峰：《西周的灭亡：中国早期国家的地理和政治危机》，上海古籍出版社 2007 年版。

李敬洵：《四川通史》（第 2 册），四川大学出版社 1993 年版。

李均明：《汉简所反映的关津制度》，《历史研究》2002 年第 3 期。

李昆声、黄德荣：《论万家坝型铜鼓》，《考古》1990 年第 5 期。

李昆声、黄德荣：《再论万家坝型铜鼓》，《考古学报》2007年第2期。

李昆声、黄德荣：《论黑格尔Ⅰ型铜鼓》，《考古学报》2016年第2期。

李昆声、钱成润主编：《云南通史》（第1卷），中国社会科学出版社2011年版。

李连：《安宁河流域大石墓的再探索》，《西南民族学院学报》1987年第1期。

李零：《三代考古的历史断想》，《中国学术》2004年第2期。

李龙海：《汉民族形成之研究》，科学出版社2010年版。

李明斌：《论四川盆地的秦人墓》，《南方文物》2006年第3期。

李青：《试论嘉绒、嘉良夷、冉駹与戈人的关系——兼论嘉绒藏族的族源》，《四川民族学院学报》2010年第4期。

李汝能：《岷江上游石棺葬族属探讨》，《西南民族学院学报》（哲学社会科学版）1985年第4期。

李绍明：《邛都夷与大石墓的族属问题》，《西南民族学院学报》（人文社会科学版）1981年第2期。

李绍明：《为川南"僰人悬棺"正名》，《民族学研究》1982年第1期。

李绍明：《唐代西山诸羌考略》，《四川大学学报》（哲学社会科学版）1983年第1期。

李绍明：《川东南土家与巴国南境问题》，《思想战线》1985年第5期。

李绍明：《冉駹与冉家人的族属问题》，《中南民族大学学报》（人文社会科学版）1987年第1期。

李绍明：《古蜀人的来源与族属问题》，《三星堆与巴蜀文化》，巴蜀书社1993年版。

李绍明：《从中国彝族的认同谈族体理论》，《民族研究》2002年第2期。

李绍明:《西南民族研究的回顾与前瞻》,《贵州民族研究》2004年第3期。

李绍明:《西南人类学、民族学研究的历史、现状与展望》,《西南民族学院学报》2007年第10期。

李孝聪:《中国区域历史地理》,北京大学出版社2004年版。

李孝定:《甲骨文字集释》,《"中央研究院"历史语言研究所专刊之五十》,1965年版。

李新峰:《试释〈汉书·地理志〉郡国排序》,《北京大学学报》2005年第1期。

李学勤:《包山楚简"鄾"即巴国说》,《四川师范大学学报》(社会科学版)2006年第6期。

李雪山等:《商代封国方国及其制度研究》,河南省哲学社会科学"十五"规划项目(2001CLS002)报告,2002年。

李艳峰、曾亮:《中国南方古代僚人源流史》,云南大学出版社2016年版。

李禹阶:《重庆移民史》,中国社会科学出版社2013年版。

李宗放:《四川古代民族史》,民族出版社2010年版。

梁万斌:《从长安到洛阳:汉代的关中本位政治地理》,复旦大学博士学位论文,2013年。

梁万斌:《〈津关令〉与汉初之政治地理建构》,《复旦学报》(社会科学版)2016年第2期。

林超民:《僰人的族属与迁徙》,《思想战线》1982年第5期。

林超民:《试论汉唐间西南地区的昆明》,《民族研究》1982年第6期。

林惠祥:《中国民族史》,商务印书馆1936年版。

林梅村:《古道西风——考古发现所见中西文化交流》,生活·读书·新知三联书店2000年版。

林向:《〈羌戈大战〉历史分析——岷江上游石棺葬的族属》,《巴蜀文化新论》,成都出版社1995年版。

林向:《大石墓的族属问题——巴蜀西南徼外的邛人墓葬》,《童心求真集:林向考古文物选集》,科学出版社2010年版。

林宗阅:《试论河东"蜀薛"的渊源问题》,《早期中国史研究》2009年第1期。

刘逢春:《战国秦蜀楚巴对汉中、黔中的争夺》,《成都大学学报》1998年第1期。

刘复生:《僰国与泸夷:民族迁徙、冲突与融合》,巴蜀书社2000年版。

刘复生:《由虚到实:关于"四川"的概念史》,《中国历史地理论丛》2013年第4期。

刘复生:《"泸县宋墓"墓主寻踪——从晋到宋川南社会与民族关系的变化》,《四川大学学报》(哲学社会科学版)2014年第6期。

刘弘:《川西南大石墓与邛都七部》,《文物》1993年第3期。

刘宏、孙德辉:《云南悬棺葬地理分布及其现状初步调查》,《云南地理环境研究》1996年第2期。

刘金双、段丽波:《昆明族与滇国关系考——从考古学文化的视角》,《云南社会科学》2013年第4期。

刘森垚:《中古西北胡姓与边疆经略研究——以墓志文献为主要素材》,陕西师范大学博士学位论文,2018年。

刘世旭:《试论川西南大石墓的起源与分期》,《考古》1985年第6期。

刘淑芬:《北魏时期的河东蜀薛》,黄宽重、刘增贵主编:《家族与社会》,中国大百科全书出版社2005年版。

刘文锁:《巴蜀"胡人"图像札记》,《四川文物》2005年第4期。

刘祥学:《中国古代边疆地区的地域形象与边疆建设》,《广西师范大学学报》(哲学社会科学版)2008年第4期。

刘祥学:《地域形象与中国古代边疆的经略》,《中国史研究》2014年第3期。

刘渝:《西南少数民族族群的历史形成与社会结构——以滇国动

物搏噬纹为中心考察》,《贵州民族研究》2014 年第 8 期。

刘增贵:《汉代的益州士族》,黄宽重、刘增贵主编:《家族与社会》,中国大百科全书出版社 2005 年版。

刘志玲:《秦汉道制问题新探》,《求索》2005 年第 6 期。

刘宗迪:《失落的天书:〈山海经〉与古代华夏世界观》,商务印书馆 2006 年版。

龙腾:《襄人不是胡人——四川中江塔梁子东汉崖墓榜题考》,《文物》2013 年第 2 期。

龙先琼:《试论区域史研究的空间和时间问题》,《齐鲁学刊》2011 年第 1 期。

龙晓燕、陈斌:《中国西南民族关系史纲要》,云南大学出版社 2013 年版。

龙晓燕、王文光:《中国西南民族史研究的回顾与展望》,《思想战线》2003 年第 1 期。

陇贤君:《中国彝族通史纲要》,云南民族出版社 1993 年版。

罗二虎:《四川崖墓的初步研究》,《考古学报》1988 年第 2 期。

罗二虎:《汉晋时期的中国"西南丝绸之路"》,《四川大学学报》(哲学社会科学版)2000 年第 1 期。

罗二虎:《秦汉时代的中国西南》,天地出版社 2000 年版。

罗二虎:《西南汉代画像与画像墓研究》,四川大学博士学位论文,2001 年。

罗二虎:《四川汉代砖石室墓的初步研究》,《考古学报》2001 年第 4 期。

罗二虎:《汉代画像石棺》,巴蜀书社 2002 年版。

罗二虎:《文化与生态、社会、族群:川滇青藏民族走廊石棺葬研究》,科学出版社 2012 年版。

罗二虎:《川渝地区汉代画像砖墓研究》,《考古学报》2017 年第 3 期。

罗福颐:《秦汉南北朝官印征存》,文物出版社 1987 年版。

罗开玉：《论秦汉道制》，《民族研究》1987年第5期。

罗开玉：《川西南与滇西大石墓试析》，《考古》1989年第12期。

罗开玉：《成都地区历代古墓概况》，《四川文物》1990年第3期。

罗开玉：《古代西南民族崖葬研究》，《考古》1991年第5期。

罗开玉：《川滇西部及藏东石棺墓研究》，《考古学报》1992年第4期。

罗开玉：《汉武帝开发西南夷与"南方丝绸之路"》，《中华文化论坛》2008年第6期。

罗开玉：《四川非汉系崖墓初探》，《四川文物》2008年第4期。

罗凯：《安介生著〈历史民族地理〉评介》，《地理研究》2008年第3期。

罗贤佑：《中国民族史纲要》，中国社会科学出版社2009年版。

吕春盛：《魏晋南北朝时代的"獠族"与西南土著社会的变迁》，《成大历史学报》2008年总第35号。

吕思勉：《中国民族史》，世界书局1934年版。

吕嵩崧：《对"句町"及与之相关的西林地名的考释——兼谈广西西林曾为句町国政治中心》，《广西民族研究》2008年第2期。

马大正：《中国边疆经略史》，中州古籍出版社2000年版。

马孟龙：《西汉侯国地理》，复旦大学博士学位论文，2011年。

马孟龙：《汉成帝元延三年侯国地理分布研究》，《历史研究》2011年第5期。

马孟龙：《西汉侯国地理》，上海古籍出版社2013年版。

马强：《地理体验与唐宋"蛮夷"文化观念的转变——以西南与岭南民族地区为考察中心》，《西南师范大学学报》（人文社会科学版）2005年第9期。

马戎：《理解民族关系的新思路——少数族群问题的"去政治化"》，《北京大学学报》（哲学社会科学版）2004年第6期。

马晓亮：《四川早期崖墓及相关问题探讨》，《考古》2012年第1期。

马曜:《我国西南民族研究的回顾与展望》,《云南社会科学》1982年第1期。

马勇:《近三十年国内氐羌族源的研究综述》,《四川民族学院学报》2017年第6期。

马长寿:《中国西南民族分类》,《民族学研究集刊》1936年第1期。

马长寿:《氐与羌》,上海人民出版社1984年版。

马长寿:《彝族古代史》,上海人民出版社1987年版。

梅莉、晏昌贵、龚胜生:《明清时期中国瘴病分布与变迁》,《中国历史地理论丛》1997年第2期。

梅新林:《中国文学地理形态与演变》,上海人民出版社2014年版。

蒙默:《试论古代巴蜀民族及其与西南民族的关系》,《贵州民族研究》1983年第4期。

蒙默:《试论汉代西南民族中的"夷"与"羌"》,《历史研究》1985年第1期。

蒙默:《魏晋南北朝的賨人》,李绍明、林向、徐南洲主编:《巴蜀历史·民族·考古·文化》,巴蜀书社1991年版。

蒙文通:《周秦少数民族研究》,龙门联合书局1958年版。

蒙文通:《巴蜀史的问题》,《四川大学学报》1959年第5期。

蒙文通:《巴蜀古史论述》,四川人民出版社1981年版。

蒙文通:《越史丛考》,人民出版社1983年版。

缪钺:《〈巴蜀文化初论〉商榷》,《四川大学学报》1959年第4期。

牟重行、王彩萍:《中国历史上的"瘴气"考释》,《台湾师范大学地理研究报告》2003年第1期。

木芹:《两汉民族关系史》,四川民族出版社1988年版。

潘光旦:《湘西北的"土家"与古代巴人》,《中国民族问题研究集刊》1955第4辑。

潘蛟：《解构中国少数民族：去东方学化还是再东方学化》，《广西民族大学学报》（哲学社会科学版）2009年第2期。

潘晟：《宋代地理学的观念、体系与知识兴趣》，商务印书馆2014年版。

裴一璞、张文：《拒绝边缘：宋代播州杨氏的华夏认同》，《中国边疆史地研究》2014年第1期。

彭邦炯：《关于巴的探索》，《巴渝文化》（第3辑），西南师范大学出版社1994年版。

彭年：《汉代的关、关市和关禁制度》，《四川师范大学学报》（社会科学版）1987年第4期。

彭述贤：《岷江上游石棺葬族属考》，《西南大学学报》（社会科学版）2014年第3期。

彭长林：《云贵高原的青铜时代》，广西科学技术出版社2008年版。

彭长林：《句町文化及其族系研究》，中共西林县委县人民政府、广西文物考古研究所、广西历史学会：《句町国与西林特色文化》，广西人民出版社2009年版。

蒲孝荣：《四川政区沿革与治地今释》，四川人民出版社1986年版。

钱林书：《续汉书郡国志汇释》，安徽教育出版社2007年版。

邱运胜：《彝族孤人支系族群认同与"僰人后裔"身份建构》，《思想战线》2014年第5期。

瞿林东：《关于地理条件与中国历史进程的几个问题》，《史学史研究》1999年第1期。

冉光荣：《羌族史》，四川民族出版社1985年版。

冉宏林：《试论"巴蜀青铜器"的族属》，《四川文物》2018年第1期。

冉山、李绍明：《关于羌族古代史的几个问题》，《历史研究》1963年第5期。

饶宗颐：《谈"十干"与"立主"——殷因夏礼的一、二例证》，《饶宗颐史学论著选》，上海古籍出版社1993年版。

饶宗颐:《甲骨文中的冉与冉骉》,《文物》1998年第1期。

饶宗颐:《中国史学上之正统论》,中华书局2015年版。

任伟:《西周封国考疑》,社会科学文献出版社2004年版。

邵望平:《禹贡九州岛的考古学研究》,苏秉琦主编《考古学文化论集》,文物出版社1989年版。

沈垚:《庸蜀羌髳微卢彭濮考》,谭其骧主编《清人文集地理类汇编》(第1册),浙江人民出版社1986年版。

沈长云:《论姬姓巴国的建立与其土著的族属等问题》,《巴渝文化》(第3辑),西南师范大学出版社1994年版。

施芳、李艳峰:《中国民族史史学研究述论》,云南大学出版社2013年版。

石宏、李易、罗虹等:《云南僰人源流的父系和母系遗传研究》,《动物学研究》2006年第5期。

石泉:《古代荆楚地理新探续集》,武汉大学出版社2004年版。

石硕:《汉代的"笮都夷"、"旄牛徼外"与"徼外夷"——论汉代川西高原的"徼"之划分及部落分布》,《四川大学学报》(哲学社会科学版)2004年第4期。

石硕:《汉晋时期南中夷、越辨析》,《民族研究》2006年第1期。

石硕:《羌人入据青衣江流域时间探析》,《民族研究》2007年第2期。

石硕:《"蜀曰邛":古蜀国的邛人及相关问题探讨》,《四川大学学报》(哲学社会科学版)2008年第2期。

石硕:《藏彝走廊:文明起源与民族源流》,四川人民出版社2009年版。

石硕:《藏彝走廊地区的石棺葬及相关人群系统研究》,《藏学学刊》2009年第5辑。

石硕:《汉代西南夷中"巂"之族群内涵——兼论蜀人南迁以及与西南夷的融合》,《民族研究》2009年第6期。

石硕:《青藏高原东缘的古代文明》,四川人民出版社2011年版。

石硕、李锦、邹立波：《交融与互动：藏彝走廊的民族、历史与文化》，四川人民出版社 2014 年版。

史念海：《古代的关中》，《河山集》，生活·读书·新知三联书店 1963 年版。

史念海：《关中的历史军事地理》，《河山集》（第 4 集），陕西师范大学出版社 1991 年版。

史念海：《中国历史地理纲要》，山西人民出版社 1991 年版。

舒向今：《试探考古学上的濮文化》，《民族研究》1993 年第 1 期。

水利部长江水利委员会等编：《四川两千年洪灾史料汇编》，文物出版社 1993 年版。

四川省文物考古研究院：《西南地区北方谱系青铜器及石棺葬文化研究》，科学出版社 2013 年版。

宋镇豪：《论商代的政治地理架构》，《中国社会科学院历史研究所学刊》2001 年第 1 集。

宋治民：《云南西部地区一些青铜文化墓葬的初步讨论》，《南方民族考古》1987 年第 1 期。

宋治民：《秦人移民墓葬的发现和研究》，《蜀文化与巴文化》，四川大学出版社 1998 年版。

孙保全：《中国王朝国家的疆域格局与边疆形态》，《西南边疆民族研究》2018 年第 25 辑。

孙飞燕：《〈容成氏〉文本整理及研究》，清华大学博士学位论文，2010 年。

孙功达：《氐族研究》，甘肃人民出版社 2005 年版。

孙华：《蜀人南迁考》，《成都大学学报》1991 年第 1 期。

孙华：《凸眼铜面像——蜀人的尊神烛龙和蚕丝》（二），《中国文物报》1992 年 5 月 24 日（转引自中国社会科学院考古研究所：《中国考古学：夏商卷》，中国社会科学出版社 2003 年版）。

孙华：《关于三星堆器物坑若干问题的辩证》，《四川文物》1993 年第 4 期。

孙华：《四川盆地的青铜时代》，科学出版社 2000 年版。

孙华：《成都平原的先秦文化》，宿白主编：《苏秉琦与当代中国考古学》，科学出版社 2001 年版。

孙华、苏荣誉：《神秘的王国——对三星堆文明的初步理解和解释》，巴蜀书社 2003 年版。

孙家洲：《论汉代的"区域"概念》，《北京社会科学》1999 年第 2 期。

孙江：《概念、概念史与中国语境》，《史学月刊》2012 年第 9 期。

孙俊：《战国秦汉西南族群演进的空间格局与地理观念》，云南师范大学博士学位论文，2016 年。

孙俊、武友德：《秦汉西南"汉夷"格局——以〈华阳国志〉豪族士女和考古崖墓分布为中心》，《中国边疆史地研究》2018 年第 2 期。

孙俊、武友德：《秦汉西南三重格局族群政治地理空间的建构》，《贵州民族研究》2019 年第 9 期。

孙俊、武友德、潘玉君等：《两汉魏晋时期的西南族群地理观念及其格局》，《云南师范大学学报》（哲学社会科学版）2016 年第 4 期。

孙闻博：《秦汉帝国"新地"与徙、戍的推行——兼论秦汉时期的内外观念与内外政策特征》，《古代文明》2015 年第 2 期。

孙亚冰、林欢：《商代地理与方国》，中国社会科学出版社 2010 年版。

索德浩：《峡江地区汉代移民初步研究》，《中华文化论坛》2008 年第 2 期。

索德浩：《成都老官山汉墓 M1 墓主族属考察》，《考古》2016 年第 5 期。

索德浩：《汉代四川气候初步研究》，《乐山师范学院学报》2018 年第 2 期。

索德浩：《四川崖墓起源再论》，《中国国家博物馆馆刊》2018

年第 11 期。

覃圣敏:《句町古史钩沉》,《广西民族研究》1988 年第 3 期。

谭红:《巴蜀移民史》,巴蜀书社 2006 年版。

谭其骧主编:《中国历史地图集》(全 8 册),中国地图出版社 1982 年版。

唐嘉弘:《春秋时期的戎狄夷蛮》,《中国古代民族史研究》,青海人民出版社 1987 年版。

唐嘉弘:《试论四川西南地区石墓的族属》,《考古》1979 年第 5 期。

唐金裕:《汉水上游巴文化与殷周关系的探讨》,《文博》1988 年第 1 期。

唐晓峰:《从混沌到秩序:中国上古地理思想史述论》,中华书局 2010 年版。

唐旭波:《从西南到西北——历史时期武都郡地区区域归属考释》,《西北民族大学学报》(哲学社会科学版)2014 年第 6 期。

唐长寿:《乐山崖墓和彭山崖墓》,电子科技大学出版社 1994 年版。

滕铭予:《关中秦墓研究》,《考古学报》1992 年第 3 期。

田怀清:《大理地区石棺葬族属试探》,《云南社会科学》1986 年第 2 期。

田继周:《先秦民族史》,四川民族出版社 1988 年版。

田继周:《中国历代民族史:先秦民族史》,社会科学文献出版社 2007 年版。

田阡:《句町:古壮国初探》,《社会科学战线》2014 年第 4 期。

佟柱臣:《中国边疆民族物质文化史》,巴蜀书社 1991 年版。

童恩正:《四川西北地区石棺葬族属试探》,《思想战线》1978 年第 1 期。

童恩正:《四川西南地区大石墓族属试探——附谈有关古代濮族的几个问题》,《考古》1978 年第 2 期。

童恩正：《近年来中国西南民族地区战国秦汉时代的考古发现及其研究》，《考古学报》1980年第4期。

童恩正：《试论我国从东北至西南的边地半月形文化传播带》，《文物与考古论集》，文物出版社1987年版。

童恩正：《中国西南地区的奴隶社会》，《天府新论》1987年第1期。

童恩正：《中国西南地区的奴隶社会（续一）》，《天府新论》1987年第2期。

童恩正：《四川西北地区石棺葬族属试探》，《中国西南民族考古论文集》，文物出版社1990年版。

童恩正：《中国西南民族考古论文集》，文物出版社1990年版。

童恩正：《中国西南地区古代的酋邦制度——云南滇文化中所见的实例》，《中华文化论坛》1994年第1期。

童恩正：《中国北方与南方古代文明发展轨迹之异同》，《中国社会科学》1994年第5期。

童恩正：《古代的巴蜀》，重庆出版社1998年版。

童恩正：《古代中国南方与印度交通的考古学研究》，《考古》1999年第4期。

童书业：《夷蛮戎狄与东南西北》，《中国古代地理考证论文集》，中华书局1962年版。

童书业：《春秋左传研究》，上海人民出版社1980年版。

汪桂海：《简牍所见汉代边塞徼巡制度》，《中国边疆史地研究》2006年第3期。

汪宁生：《晋宁石寨山青铜器图象所见古代民族考》，《考古学报》1979年第4期。

汪宁生编：《云南考古》，云南人民出版社1980年版。

汪宁生：《中国西南民族的历史与文化》，云南民族出版社1989年版。

王大道：《云南青铜文化的陶器及其与越南东山、泰国班清文化陶器的关系》,《南方民族考古》1991年第3辑。

王大道:《云南青铜文化及其与越南东山文化、泰国班清文化的关系》,《考古》1990年第6期。

王国维:《古史新证:王国维最后的讲义》,清华大学出版社1994年版。

王国维:《殷周制度论》,《王国维儒学论集》,四川大学出版社2010年版。

王恢:《汉王国与侯国之演变》,"国立编译馆"中华丛书编审委员会,1984年。

王会昌:《2000年来中国北方游牧民族南迁与气候变化》,《地理科学》1996年第3期。

王家传:《赛义德后殖民理论对福柯和德里达理论的借鉴》,《厦门大学学报》(哲学社会科学版)2001年第3期。

王建民:《中国民族学史:1950—1997》,云南教育出版社1998年版。

王建民:《中国人类学西南田野工作与著述的早期实践》,《西南民族学院学报》2007年第12期。

王健:《西周政治地理结构研究》,中州古籍出版社2003年版。

王健文:《帝国秩序与族群想象:帝制中国初期的华夏意识》,《新史学》2005年第4期。

王明珂:《台湾地区近五十年来的中国西南民族史研究》,黄应贵主编:《人类学在台湾的发展:回顾与展望》,"中央研究院"民族学研究所1999年版。

王铭铭:《东南与西南——寻找"学术区"之间的纽带》,《社会学研究》2008年第4期。

王善才:《我国古代早期巴人历史考证》,《湖北民族学院学报》2008年第6期。

王叔武辑著:《云南古佚书钞》,云南人民出版社1981年版。

王天恩:《西周社会结构的考古学观察》,《考古与文物》2013

年第 5 期。

王天玺、张鑫昌主编:《中国彝族通史》,云南人民出版社 2012 年版。

王天佑:《四川西汉早期土坑墓文化因素分析》,《中华文化论坛》2018 年第 12 期。

王桐龄:《中国民族史》,文化学社 1934 版。

王文光:《中国古代的民族识别》,云南大学出版社 1997 年版。

王文光:《中国民族发展史》,民族出版社 2005 年版。

王文光、李晓斌:《百越民族发展演变史:从越、僚到壮侗语族各民族》,民族出版社 2007 年版。

王文光、龙晓燕、陈斌:《中国西南民族关系史》,中国社会科学出版社 2005 年版。

王文光、龙晓燕、张媚玲:《中国民族发展史纲要》,云南大学出版社 2010 年版。

王文光、翟国强:《西南民族的历史发展与中华民族多元一体格局关系述论》,《思想战线》2005 年第 2 期。

王文光、朱映占:《中国西南民族史研究的实践与理论运用评述》,《思想战线》2009 年第 2 期。

王文光、朱映占:《中国西南民族史研究论纲》,《西南边疆民族研究》2010 年第 7 辑。

王文光、朱映占:《哀牢研究三题:历史人类学视角》,《广西民族大学学报》(哲学社会科学版)2014 年第 4 期。

王文光、朱映占:《继承与突破:中国西南古代民族的历史人类学研究前景及其可能》,《西南边疆民族研究》2018 年第 25 辑。

王文光、朱映占、赵永忠:《中国西南民族通史》,云南大学出版社 2015 年版。

王文杰:《中国民族史论著总目:1874—1992》,陕西人民教育出版社 1995 年版。

王勇:《里耶秦简所见迁陵蛮夷与秦朝蛮夷政策》,《中央民族大学学报》（哲学社会科学版）2019 年第 1 期。

王铮、张丕远、周清波：《历史气候变化对中国社会发展的影响——兼论人地关系》，《地理学报》1996 年第 4 期。

王锺翰：《中国民族史》，中国社会科学出版社 1994 年版。

王锺翰：《中国民族史概要》，山西教育出版社 2004 年版。

王子今：《秦兼并蜀地的意义与蜀人对秦文化的认同》，《四川师范大学学报》（社会科学版）1998 年第 2 期。

王子今、祝华荣：《说张家山汉简〈二年律令·津关令〉所见五关》，《中国历史文物》2003 年第 1 期。

王子今：《秦汉区域地理学的"大关中"概念》，《秦汉史论丛》（第 9 辑），三秦出版社 2004 年版。

王子今：《汉晋时代的"瘴气之害"》，《中国历史地理论丛》2006 年第 3 期。

王子今：《中江塔梁子崖墓石刻画像榜题"襄人"考》，《秦汉边疆与民族问题》，中国人民大学出版社 2010 年版。

王子今：《上古地理意识中的"中原"与"四海"》，《中原文化研究》2014 年第 1 期。

韦心滢：《殷代商王国政治地理结构研究》，上海古籍出版社 2013 年版。

魏启鹏：《新都廖家坡东汉崖墓〈石门关〉铭刻考释》，《四川文物》2002 年第 3 期。

翁独健：《中国民族关系史纲要》，中国社会科学出版社 1990 年版。

翁家烈：《僰人考》，《贵州民族研究》1986 年第 2 期。

翁时秀：《基于理论旅行视角的人文地理学中想象地理研究反思》，《地理学报》2018 年第 2 期。

吴焯：《四川早期佛教遗物及其年代与传播途径的考察》，《文物》1992 年第 11 期。

吴宏岐、韩虎泰：《汉代西南之"徼"与"徼外"地理概念考论》,《四川师范大学学报》(社会科学版) 2013 年第 4 期。

吴幼潜:《封泥汇编》,上海古籍书店 1984 年版。

伍雄武:《多元一体——论云南民族关系的历史经验之一》,《云南师范大学学报》(哲学社会科学版) 2005 年第 5 期。

夏鼐:《临洮寺洼山发掘记》,《考古学论文集》,科学出版社 1961 年版。

萧明华:《青铜时代滇人的青铜扣饰》,《考古学报》1999 年第 4 期。

萧映朝:《战国秦汉之际巴蜀地区地缘意义述论》,《理论界》2010 年第 10 期。

谢崇安:《中江塔梁子东汉崖墓胡人壁画雕像考释——兼论印欧人种入居我国西南的时代问题》,《四川文物》2005 年第 5 期。

谢崇安:《从环滇池墓区看上古滇族的聚落形态及其社会性质——以昆明羊甫头滇文化墓地为中心》,《四川文物》2009 年第 4 期。

谢端琚、张长寿:《新中国的考古发现和研究》,文化出版社 1984 年版。

谢凌:《〈东汉巴郡太守樊敏碑〉考》,《四川文物》2000 年第 1 期。

谢绍鹢:《秦汉边郡概念小考》,《中国历史地理论丛》2009 年第 3 辑。

辛德勇:《汉武帝"广关"与西汉前期地域控制的变迁》,《中国历史地理论丛》2008 年第 2 期。

邢琳:《云南青铜扣饰研究》,云南大学硕士学位论文,2014 年。

邢义田:《画为心声——画像石、画像砖与壁画》,中华书局 2011 年版。

邢义田:《试释汉代的关东、关西与山东、山西》,《治国安邦:法制、行政与军事》,中华书局 2011 年版。

徐国利:《关于区域史研究中的理论问题——区域史的定义及其区域的界定和选择》,《学术月刊》2007年第3期。

徐杰舜:《中国民族史新编》,广西教育出版社1989年版。

徐鹏章:《古蜀人所处的自然环境与种属问题》,《文物考古研究》,时代出版社1993年版。

徐新建:《西南研究论》,云南教育出版社1992年版。

徐学书:《试论岷江上游"石棺葬"的源流》,《四川文物》1987年第2期。

徐中舒:《〈交州外域记〉蜀王子安阳王史迹笺证》,《徐中舒历史论文选辑》(下),中华书局1998年版。

徐中舒:《论巴蜀文化》,四川人民出版社1981年版。

许蓉生、林成西:《河东薛氏研究——两晋南北朝时期地方豪强的发展道路》,《西南民族大学学报》(人文社科版)2004年第11期。

许倬云:《历史分光镜》,上海文艺出版社1998年版。

许倬云:《西周史》(增补2版),生活·读书·新知三联书店2012年版。

薛小林:《汉代地理观念中的"西州"》,《西域研究》2012年第4期。

闫丽娟、李智勇:《"中华民族共同体意识"的理论渊源探析》,《广西民族研究》2018年第4期。

严耕望:《唐代交通图考》(第4卷,山剑滇黔区),"中央研究院"历史语言研究所,1986年。

严耕望:《唐五代时期之成都》,《严耕望史学论文集》(中),上海古籍出版社2009年版。

颜建华、颜勇:《论"西南夷"中的部落族群》,《贵州民族研究》2013年第6期。

杨帆:《试论金沙江流域及云南青铜文化的区系类型》,《中华文化论坛》2002年第4期。

杨帆:《试论云南及周边相关青铜文化的区系类型》,《云南文物》2002 年第 1 期。

杨光华:《廪君巴人发源地"武落钟离山"地名新解》,《中国历史地理论丛》2010 年第 1 期。

杨华:《巴族之"巴"字涵义》,《四川文物》1994 年第 2 期。

杨华:《对巴人起源于清江说若干问题的分析》,《四川文物》2001 年第 1 期。

杨建:《略论秦汉道制的演变》,《中国历史地理论丛》2001 年第 4 期。

杨骊、叶舒宪:《四重证据法研究》,复旦大学出版社 2018 年版。

杨凌、罗亚平:《"邛"、"笮"分布区域考》,《南方民族考古》1993 年第 5 辑。

杨铭:《氐族史》,吉林教育出版社 1991 年版。

杨铭:《巴人源出东夷考》,《历史研究》1999 年第 6 期。

杨铭:《西南民族史研究》,重庆出版社 2000 年版。

杨铭:《"廪君传说"的姓氏由来与分布研究》,《巴蜀文化研究集刊》第四卷,巴蜀书社 2008 年版。

杨铭:《氐族史》,商务印书馆 2014 年版。

杨权喜:《荆楚地区巴蜀文化因素的初步分析》,《三星堆与巴蜀文化》,巴蜀书社 1993 年版。

杨思机:《民国时期改正西南地区虫兽偏旁族类命名详论》,《民族研究》2014 年第 6 期。

杨树达:《汉书窥管》卷 1,上海古籍出版社 1984 年版。

杨勇:《云贵高原出土青铜扣饰研究》,《考古学报》2011 年第 3 期。

杨勇:《战国秦汉时期云贵高原考古学文化研究》,科学出版社 2011 年版。

姚新喜、江林昌:《略论"九州岛"的范围和"九"的原始涵义》,《民族艺术》2001年第3期。

叶舒宪:《鲧大启化熊的神话通释——四重证据法的立体释古方法》,《兴大中文学报》2008年第23期。

叶舒宪:《羌人尚白与夏人尚黑——文化文本研究的四重证据法示例》,《文学人类学研究》2018年第1期。

叶舒宪、萧兵、郑在书:《山海经的文化寻踪——"想象地理学"与东西文化碰触》,湖北人民出版社2004年版。

叶自成:《地缘政治与中国外交》,北京出版社1988年版。

伊强:《〈光和四年石表〉文字考释及文书构成》,《四川文物》2017年第3期。

易谋远:《彝族史要》,社会科学文献出版社2000年版。

易学钟:《晋宁石寨山12号墓贮贝器上人物雕像考释》,《考古学报》1987年第4期。

易学钟:《晋宁石寨山1号墓贮贝器上人物雕像考释》,《考古学报》1988年第1期。

尤中:《中国西南的古代民族》,云南人民出版社1980年版。

尤中:《汉晋时期的"西南夷"》,《西南民族史论集》,云南民族出版社1982年版。

尤中:《西南民族史论集》,云南民族出版社1982年版。

尤中:《云南民族史》,云南大学西南边疆民族历史研究所1985年版。

尤中:《中国西南民族史》,云南人民出版社1985年版。

尤中:《中国西南边疆变迁史》,云南教育出版社1987年版。

尤中:《开展中国西南边疆史地研究的一些设想》,《中国边疆史地研究》1991年第1期。

尤中:《云南民族史》,云南大学出版社1994年版。

尤中:《滇国及其境内外的民族》,《思想战线》1999年第6期。

尤中:《中国西南民族地区沿革史:先秦至汉晋时期》,民族出版社2004年版。

于大成：《理选楼论学稿》，台湾学生书局 1979 年版。

于赓哲：《疾病、卑湿与中古族群边界》，《民族研究》2010 年第 1 期。

于赓哲：《蓄蛊之地：一项文化歧视符号的迁转流移》，《中国社会科学》2006 年第 2 期。

余英时：《汉代循吏与文化传播》，《中国思想传统的现代诠释》，联经出版公司 1987 年版。

袁广阔、罗伊：《从考古发现看中原与西南地区早期文化的关系》，社会科学文献出版社 2014 年版。

袁珂校注：《山海经校注·山海经海经新释》，上海古籍出版社 1980 年版。

袁琳蓉：《百年来羌族民族学研究回顾》，《西南民族大学学报》（人文社科版）2017 年第 1 期。

岳洪彬：《殷墟青铜礼器研究》，中国社会科学院研究生院博士学位论文，2001 年。

翟国强：《先秦西南民族史论》，黑龙江教育出版社 2011 年版。

詹坚固：《试论蜑名变迁与蜑民族属》，《民族研究》2012 年第 1 期。

张焯、张东刚：《秦"道"臆说——兼向罗开玉先生请教》，《民族研究》1989 年第 1 期。

张光直：《序》，童恩正：《中国西南民族考古论文集》，文物出版社 1990 年版。

张合荣：《夜郎地理位置解析——以滇东黔西战国秦汉时期考古遗存为主》，《南方民族考古》2012 年第 7 辑。

张卉：《西南夷地名拾零》，《贵州民族研究》2012 年第 5 期。

张轲风：《从"障"到"瘴"："瘴气"说生成的地理空间基础》，《中国历史地理论丛》2009 年第 2 期。

张轲风：《历史时期"西南"区域观及其范围演变》，《云南师范大学学报》（哲学社会科学版）2010 年第 5 期。

张轲风：《历史语境下"四隅"概念的空间表达——以"西南"为中心》，《中国边疆史地研究》2013年第1期。

张磊、孔庆榕：《中华民族凝聚力学》，中国社会科学出版社1999年版。

张玲：《秦汉关隘制度研究》，河南大学博士学位论文，2012年。

张敏：《自然环境变迁与北魏的兴衰——兼论十六国割据局面的出现》，首都师范大学博士学位论文，2002年。

张世铨：《汉句町四题》，《民族研究》1983年第5期。

张微微、于海洋：《"华夷秩序"研究的历史演进及其启示》，《东北师大学报》（哲学社会科学版）2017年第1期。

张伟然：《中古文学的地理意象》，中华书局2014年版。

张文：《地域偏见和族群歧视：中国古代瘴气与瘴病的文化学解读》，《民族研究》2005年第3期。

张文：《民族关系视野中的传统族群形象问题浅议》，《中央民族大学学报》（哲学社会科学版）2006年第2期。

张希鲁：《滇东古物目略》，《西楼文选》，云南美术出版社2006年版。

张勇：《"西南"区域地理概念及范围的历史演变》，《中国历史地理论丛》2012年第4期。

张勇：《历史时期西南区域民族地理观研究》，中国文史出版社2014年版。

张勇：《唐宋三重格局西南区域民族地理观的形成与演变》，《贵州民族研究》2014年第2期。

张增祺：《古代滇王国奴隶制社会的特征》，《贵州民族研究》1982年第2期。

张增祺：《西南地区的"大石墓"及其族属问题》，《考古》1987年第3期。

张增祺：《古代云南的"梁堆"墓及其族属新探》，《云南民族大学学报》1989 年第 4 期。

张增祺:《中国西南民族考古》,云南人民出版社 1990 年版。

张增祺:《滇国与滇文化》,云南美术出版社 1997 年版。

张增祺:《滇文化》,文物出版社 2001 年版。

张增祺:《云贵高原的西南夷文化》,湖北教育出版社 2004 年版。

张正明:《巴人起源地综考》,《华中师范大学学报》2004 年第 6 期。

赵炳林:《"别种"辨义——以西南民族为例》,《贵州民族研究》2007 年第 4 期。

赵炳清:《"巴人起源"问题的检讨》,《江汉考古》2012 年第 4 期。

赵德云:《安宁河流域大石墓的分期及相关问题》,《考古》2019 年第 3 期。

赵梅春:《王符的治边思想》,《中国边疆史地研究》2002 年第 2 期。

赵蕤:《近 30 年来日本学者的羌族研究文献综述——以文化人类学为中心》,《贵州民族研究》2014 年第 5 期。

赵水静:《洛阳出土〈薛府君夫人张氏墓志〉、〈薛文休墓志〉考释》,《唐史论丛》2015 年第 20 辑。

赵玉中:《中心和边缘——海外中国西南少数民族研究》,《广西民族大学学报》(哲学社会科学版)2008 年人文社会科学专辑。

郑度、葛全胜、张雪芹等:《中国区划工作的回顾与展望》,《地理研究》2005 年第 3 期。

郑度、欧阳、周成虎:《对自然地理区划方法的认识与思考》,《地理学报》2008 年第 3 期。

郑杰祥:《商代地理概论》,中州古籍出版社 1994 年版。

郑连斌、陆舜华、丁博等:《云南蒙古族体质特征》,《人类学学报》2011 年第 1 期。

郑威:《试析西汉"道"的分布与变化——从张家山汉简〈二年律令·秩律〉谈起》,《江汉考古》2008年第3期。

郑维宽:《构建中国历史民族地理学体系的开拓之作——评安介生著〈历史民族地理〉》,《中国边疆史地研究》2008年第4期。

郑维宽:《历代王朝治理广西边疆的策略研究:基于地缘政治的考察》,社会科学文献出版社2014年版。

中国军事史编写组:《中国历代战争年表》,解放军出版社2003年版。

中国社会科学院考古研究所编:《新中国的考古发现和研究》,文物出版社1984年版。

中国社会科学院考古研究所:《中国考古学:夏商卷》,中国社会科学出版社2003年版。

中国社会科学院考古研究所:《中国考古学:秦汉卷》,中国社会科学出版社2010年版。

中国社会科学院考古研究所:《中国考古学:两周卷》,中国社会科学出版社2012年版。

周光辉、李虎:《领土认同:国家认同的基础——构建一种更完备的国家认同理论》,《中国社会科学》2016年第7期。

周宏伟:《廪君巴人夷水应为今大宁河考——兼论廪君巴人的迁徙原因》,《历史地理》2008年第23辑。

周平:《国家视阈里的中国边疆观念》,《政治学研究》2012年第2期。

周平:《国家治理须有政治地理空间思维》,《探索与争鸣》2013年第8期。

周琼:《三至十七世纪云南瘴气分布区域初探》,《历史地理》2007年第22辑。

周琼:《藏区"冷瘴"新辨》,《中国藏学》2008年第1期。

周琼:《清代云南澜沧江、元江、南盘江流域瘴气分布区初探》,《中国边疆史地研究》2008年第2期。

周琼、李梅：《清代云南生态环境与瘴气区域变迁初探》，《史学集刊》2008年第3期。

周晓陆、路东之：《秦封泥集》，三秦出版社2000年版。

周星：《古代汉文化对周边异民族的"生/熟"分类》，《民族研究》2017年第1期。

周振鹤：《西汉政区地理》，人民出版社1978年版。

周振鹤：《中国历史上两种基本政治地理格局的分析》，《历史地理》2004年第20辑。

周振鹤：《汉书地理志汇释》，安徽教育出版社2006年版。

周振鹤、李晓杰：《中国行政区划通史·总论、先秦卷》，复旦大学出版社2009年版。

周振鹤：《中国历史政治地理十六讲》，中华书局2013年版。

朱泓、赵东月、刘旭：《云南永胜堆子遗址战国秦汉时期人骨研究》，《边疆考古研究》2014年第16辑第2期。

朱泓：《"僰人县棺"颅骨的人种学分析》，《南方民族考古》1987年第1辑。

朱浒：《汉画像胡人图像研究》，上海大学博士学位论文，2012年。

朱浒：《汉画像胡人图像研究》，生活·读书·新知三联书店2017年版。

朱惠荣：《汉晋时期西南边疆的地理分区》，复旦大学历史地理研究中心主编：《面向新世纪的中国历史地理学：2000年国际中国历史地理学术讨论会论文集》，齐鲁书社2001年版。

朱圣明：《试论汉代西南夷地区的人群划分——以不同场景变换为视角》，《史学月刊》2012年第4期。

朱圣明：《华夷之间：秦汉时期族群的身份与认同》，厦门大学出版社2017年版。

朱映占、翟国强、龙晓燕等：《云南民族通史》，云南大学出版社2016年版。

朱章义：《成都市金沙遗址的发掘及初步认识》，李进增主编：《古蜀王国：三星堆和金沙遗址出土文物精华录》，宁夏人民出版社2012年版。

诸葛亮：《后出师表》，中国人民解放军五四七三二部队、烟台师范专科学校《诸葛亮著作选注》组选注：《诸葛亮著作选注》，山东人民出版社1976年版。

邹立波：《汉代西南之"徼"与"徼外"夷——从文献记载看史家对西南夷人群的区分》，《西南民族大学学报》（人文社会科学版）2009年第3期。

左培鼎、吴光烈、尹显德等：《四川青川县郝家坪战国墓群M50发掘简报》，《四川文物》2014年第3期。

左鹏：《宋元时期的瘴疾与文化变迁》，《中国社会科学》2004年第1期。

左鹏：《"瘴气"之名与实商榷》，《南开学报》（哲学社会科学版）2011年第5期。

《中国少数民族社会历史调查资料丛刊》编辑委员会：《羌族社会历史调查》，民族出版社2009年版。

六　外国文献

［古希腊］希罗多德著，徐松岩译：《历史》，生活·读书·新知三联书店2008年版。

［德］康德著，李秋零译：《康德著作全集：第9卷，逻辑学、自然地理学、教育学》，中国人民大学出版社2010年版。

［德］黑格尔著，杨祖陶译：《精神哲学：哲学全书，第3部分》，人民出版社2006年版。

［法］涂尔干、（法）莫斯著，汲喆译：《原始分类》，上海人民出版社2005年版。

［美］艾森斯塔德著，阎步克译：《帝国的政治体系》，贵州人民出版社1992年版。

〔美〕安德森著，吴叡人译：《想象的共同体：民族主义的起源与散布》，上海人民出版社 2003 年版。

〔美〕布劳特著，谭荣根译：《殖民者的世界模式：地理传播主义和欧洲中心主义史观》，社会科学文献出版社 2002 年版。

〔美〕拉铁摩尔著，唐晓峰译：《中国的亚洲内陆边疆》，江苏人民出版社 2005 年版。

〔美〕萨义德著，王宇根译：《东方学》（第 2 版），生活·读书·新知三联书店 2007 年版。

〔美〕施特劳斯著，李幼蒸译：《野性的思维》，中国人民大学出版社 2006 年版。

〔美〕余英时著，邬文玲译：《汉代贸易与扩张》，上海古籍出版社 2005 年版。

〔日〕渡边信一郎著，徐冲译：《中国古代的王权与天下秩序：从日中比较史的视角出发》，中华书局 2008 年版。

〔日〕饭田祥子：《关于东汉边郡统治的一个考察——以放弃和重建为线索》，《日本中国史研究年刊 2006 年度》，上海古籍出版社 2008 年版。

〔日〕石川荣吉、佐佐术高明著，尹绍亭译：《民族地理学的学派及学说》，《世界民族》1986 年第 5 期。

〔日〕梶山胜著，徐朝龙译：《汉魏晋时期蛮夷印章的使用方法——以西南夷印章为主进行的考察》，《南方民族考古》1991 年。

Alexander von. Humboldt. *Letters of Alexander von Humboldt to Varnhagen von Ense from 1827 to 1858, with Extracts from Varnhagen's Diaries, and Letters of Varnhagen and others to Humboldt*. Cambridge: Cambridge University Press, 2009.

Alison Blunt and Cheryl McEwan (Eds.). *Postcolonial geographies*. London: Bloomsbury Publishing, 2003.

Alison Blunt and Gillian Rose (Eds.). *Writing women and space: Colonial and postcolonial geographies*. London: Guilford Press, 1994.

Dean W. Bond. Hegel's geographical thought. *Environment and Planning D: Society and Space*, 2014, 32 (1): 179—198.

Derek Gregory. *Geographical Imaginations*. Oxford: Blackwell, 1994.

G W F. Hegel *Hegel: The Letters*. Trans. Clark Butler and Christiane Seiler, with commentary by Clark Butler. Bloomington: Indiana University Press, 1984.

Joanne Sharp. *Geographies of postcolonialism*. London: Sage, 2008.

Melvin Richter. *The history of political and social concept: A critical introduction*. Oxford: Oxford University Press, 1995.

Michel Foucault. Of other spaces. Trans. Jay Miskowiec. *Diacritics*, 1986, 16 (1): 22-27.

Peter Stallybrass, Allon White. *The poetics and politics of transgression*. London: Methuen, 1986.

Pliny (E). *Pliny: Natural history, Volume III, Books 1—2*. Trans. Rackham H. London: Harvard University Press, 1942.

Quentin Skinner. *The foundations of modern political thought (Vol.1, the renaissance)*. Cambridge: Cambridge University Press, 1978.

Quentin Skinner. *Vision of politics (volume 1, Regarding Method)*. Cambridge: Cambridge University Press, 2002.

Rob Shields. *Places on the margin: Alternative geographies of modernity*. London: Routledge, 2013.

后　　记

本书为作者博士学位论文完成后经3年多时间修改而成。在学位论文写作、评审、答辩，书稿修改及"中国历史研究院学术出版资助"项目申报、修改过程中，导师潘玉君教授、武友德教授，3位学位论文匿名评审专家，4位中国历史研究院学术出版项目匿名评审专家，学位论文开题组、答辩组专家沈镭研究员、吕昭河教授、罗淳教授、陈忠暖教授、张洪教授、罗宏翔教授，本校邹建达教授、周智生教授、骆华松教授，中国社会科学出版社宋燕鹏编审等给予指导良多。本校博士和硕士研究生朱思吉、邓伟坤、张琳玲、吴成业、李鸿、夏天顺、梁栩琪、张晓梅等协助进行了部分文字修订工作。本书研究受国家社科基金重大项目"中缅泰老'黄金四角'跨流域合作与共生治理体系研究"（16ZDA041）资助，并入选"中国历史研究院学术出版资助"得以出版。本书出版之际，承蒙葛剑雄先生指导，并指出进一步学习方向，提出期望。我的家人特别是父母一直支持我的学业，使书稿得以顺利完成。在此一并致以敬意！